ALTDEUTSCHE TEXTBIBLIOTHEK

Begründet von Hermann Paul · Fortgeführt von G. Baesecke und Hugo Kuhn
Herausgegeben von Burghart Wachinger

Nr. 109

Die Werke Notkers des Deutschen

Neue Ausgabe

Begonnen von Edward H. Sehrt und Taylor Starck
Fortgesetzt von James C. King und Petrus W. Tax

Band 7

Notker der Deutsche

Die kleineren Schriften

Herausgegeben von James C. King und Petrus W. Tax

Max Niemeyer Verlag
Tübingen 1996

Die Deutsche Bibliothek – CIP-Einheitsaufnahme

Notker <Labeo>:
[Die Werke]
Die Werke Notkers des Deutschen / begonnen von Edward H. Sehrt u. Taylor Starck. Fortges. von James C. King u. Petrus W. Tax. – Neue Ausg. – Tübingen : Niemeyer.
(Altdeutsche Textbibliothek ; ...)

NE: Sehrt, Edward H. [Hrsg.]; Notker <Labeo>: [Sammlung]

Neue Ausg.
Bd. 7. Notker <Labeo>: Die kleineren Schriften. – 1996

Notker <Labeo>:
Die kleineren Schriften / Notker der Deutsche. Hrsg. von James C. King und Petrus W. Tax. – Tübingen : Niemeyer, 1996
(Die Werke Notkers des Deutschen ; Bd. 7)
(Altdeutsche Textbibliothek ; Nr. 109)
NE: King, James C. [Hrsg.]; Notker <Labeo>: [Sammlung] ; 2. GT

Geb. Ausgabe ISBN 3-484-21209-8

Kart. Ausgabe ISBN 3-484-20209-2

ISSN 0342-6661

Printed in Germany.
Gedruckt auf alterungsbeständigem Papier.
Druck: Allgäuer Zeitungsverlag, Kempten.
Einband: Heinr. Koch, Tübingen.

INHALT

Dem um das Althochdeutsche von St. Gallen verdienten
Zürcher Gelehrten Stefan Sonderegger
gewidmet

V O R W O R T

In diesem Band legen wir den Germanisten wie auch Mittellateinern und anderen Mediävisten die kleineren Schriften Notkers des Deutschen vor, und zwar nicht nur die ihm bisher zugeschriebenen Titel: *De partibus logicae*, *De syllogismis*, *De definitione*, *De arte rhetorica*, *Computus*, *De musica* und seinen Brief an Bischof Hugo von Sitten, sondern auch als *alia quędam opuscula latine conscripta* drei weitere Texte: die *Distributio omnium specierum nominis inter cathegorias Aristotelis*, *De dialectica* und den sog. St.Galler Traktat (*Incipit quomodo septem circumstantiae rerum in legendo ordinandae sint*), deren Aufnahme in den notkerschen Kanon demnächst in einem gesonderten Aufsatz, voraussichtlich in den *Beiträgen zur Geschichte der deutschen Sprache und Literatur*, sowie später durch den Kommentar (*Notker latinus*) zu diesen kleineren Schriften näher begründet werden soll.

Einer der beiden Herausgeber ist im allgemeinen jeweils für einen Text und die dazugehörige Einleitung verantwortlich. Wir haben uns im Technischen um eine gewisse Einheitlichkeit bei der Darstellung bemüht, aber eine Identität wurde nicht angestrebt. Die Texte sind nämlich nicht nur sprachlich, sondern auch kodikologisch und überlieferungsmäßig recht verschieden, so daß auch ihre Behandlung differenziert werden mußte.

Allein hätten wir diesen Band nie zustande bringen können. Unser Dank gebührt also der Stiftsbibliothek St. Gallen, der Zentralbibiothek Zürich, der Stiftsbibliothek Einsiedeln, der Bayerischen Staatsbibliothek München, der Herzog-August-Bibliothek Wolfenbüttel, der Hessischen Landesbibliothek Fulda, der Leipziger Universitätsbibliothek, der Deutschen Staatsbibliothek Berlin, der Österreichischen Nationalbibliothek Wien, der Bibliothèque Royale Albert Ier Bruxelles, der Bibliothèque Nationale Paris, der Bibliothèque Municipale Rouen, der Vatikanischen Bibliothek Città del Vaticano und der Pius XII Memorial Library St. Louis, Missouri, in denen wir die Handschriften an Ort und Stelle studieren durften oder die uns Mikrofilme und Photographien besorgt und uns auch den Abdruck mehrerer Faksimiles erlaubt haben. Für die oft langjährige Benutzung von Gedrucktem sind wir auch der Davis-Bibliothek der Universität von North Carolina in Chapel Hill wie auch der Melvin-Gelman-Bibliothek der George-Washington-Universität und der Kongreßbibliothek in

Washington, DC sehr verbunden. Eine besondere Dankesbezeigung gilt dem Max Niemeyer Verlag in Tübingen, der diese Ausgabe schon seit mehr als zwei Jahrzehnten fördert.

Auch mehreren Personen möchten wir für immer wieder freundlich gewährte Hilfe und öfter gegebenen guten Rat herzlichen Dank sagen: Herrn Stiftsbibliothekar Prof. Dr. Peter Ochsenbein, Herrn Karl Renggli und Herrn Dr. Karl Schmuki (St. Gallen), Herrn Dr. Jean-Pierre Bodmer und Herrn Dr. Martin Germann (Zürich), Herrn Prof. Dr. Hartmut Broszinski (Fulda), Frau Dr. Regina Hausmann (Stuttgart), Frau Dr. Eva Irblich (Wien), Herrn Prof. Dr. Calvin Bower (Notre Dame, Indiana), Frau Dr. Patricia Stirnemann (Paris), Madame Marie-Françoise Rose und Madame Valérie Neveu (Rouen), Frau Prof. Dr. Anna A. Grotans (Columbus, Ohio) und nicht zuletzt dem Präfekten der Biblioteca Apostolica Vaticana, Hochwürden Herrn Prof. Dr. Leonard Boyle OP. Wir schulden auch Herrn Prof. Dr. Herbert Backes (Saarbrücken) unseren Dank dafür, daß er uns großzügig die Herausgabe des St.Galler Traktats überlassen hat, dessen Edition er selber plante.

Wir haben noch die von Notker benutzten Quellen für den *Notker latinus zu Boethius, »De consolatione Philosophiae«* (Tax) und für den *Notker latinus zu den kleineren Schriften* (King und Tax) zu ermitteln und zusammenzustellen. Damit wird die Ausgabe abgeschlossen, deren Erscheinen 1972 begann.

Washington, DC und Chapel Hill, NC, im Januar 1996

James C. King und Petrus W. Tax

ABKÜRZUNGS-, SIGLEN- UND LITERATURVERZEICHNIS

Vorbemerkung: Die Siglen solcher Handschriften, die von mindestens einem der beiden Herausgeber im Original eingesehen werden konnten, sind mit einem Sternchen versehen.

A*	Handschrift 825 der Stiftsbibliothek in St. Gallen, S. 4-271: Nb, S. 275-338: Nk; siehe Tax 1986/88/90 und King 1972.
ABAW	Abhandlungen der philosophisch-philologischen Klasse der Bayerischen Akademie der Wissenschaften.
AfdA	Anzeiger für deutsches Altertum und deutsche Literatur.
AhdSg	Das Althochdeutsche von St. Gallen. Texte und Untersuchungen zur sprachlichen Überlieferung St. Gallens vom 8. bis zum 12. Jahrhundert. Hg. v. Stefan Sonderegger.
ATB	Altdeutsche Textbibliothek.
B*	Handschrift 818 der Stiftsbibliothek in St. Gallen, S. 3-143: Nk, S. 143-245: Ni; siehe King 1972, 1975.
Backes	Herbert Backes: Die Hochzeit Merkurs und der Philologie. Studien zu Notkers Martian-Übersetzung. Habilitationsschrift Saarbrücken 1979. Sigmaringen 1982.
Baechtold 1887	Jakob Baechtold: Beiträge zur SGallischen litteraturgeschichte. II. Notkers Computus. ZfdA 31, S. 196.
Baechtold 1892	Ders.: Geschichte der Deutschen Literatur in der Schweiz. Frauenfeld.
Be	Handschrift Phillipps 1786 der Deutschen Staatsbibliothek in Berlin, f. 2r/v: Ndis (Bruchstücke); f. 2v: Nl (Bruchstücke).
Bericht	Bericht vom Jahre 1836 an die Mitglieder der Deutschen Gesellschaft zu Leipzig.
Borst 1984	Arno Borst: Ein Forschungsbericht Hermanns des Lahmen. DAEM 40, S. 379-477.
Borst 1988	Ders.: Computus. Zeit und Zahl im Mittelalter. Ebda 44, S. 1-82.
Bruckner	Albert Theophil Bruckner: Scriptoria medii aevi Helvetica. Denkmäler schweizerischer Schreibkunst des Mittelalters. 14 Bde. Genf 1935-78. 2/3 (1936/38): Schreibschulen der Diözese Konstanz. St. Gallen I-II; 4 (1940): Schreibschulen der Diözese Konstanz. Stadt und Landschaft Zürich; 13 (1973, bearb. v. J. Leisibach): Schreibstätten der Diözese Sitten.

Bubnov	Nicolaus Bubnov: Gerberti postea Silvestri II papae Opera Mathematica (972-1003) ... . Berlin 1899 (Nachdr. Hildesheim 1963).
Bursill-Hall	Geoffrey L. Bursill-Hall: A Census of Medieval Latin Grammatical Manuscripts. Stuttgart-Bad Cannstadt 1981 (= Grammatica speculativa 4).
C(C)Sg.	Codex (Codices) der Stiftsbibliothek in St. Gallen.
Clm.	Codex Latinus Monacensis der Bayerischen Staatsbibliothek in München.
D*	Handschrift C 121 der Zentralbibliothek in Zürich, f. 28r-49r: Ns, f. 49v-51v: Nb (Buch III, Metrum 9), f. 51v-54v: Nl, f. 55v, Ndef (Bruchstück), f. 59r-72ar: Nr.
DAEM	Deutsches Archiv für Erforschung des Mittelalters.
Delisle	Léopold Delisle: Mélanges de paléographie et de bibliographie. Paris 1880.
Dieter	Otto Alvin Loeb Dieter: The Rhetoric of Notker Labeo. Diss. (masch.) Staatsuniversität Iowa 1939.
E*	Handschrift 275 der Österreichischen Nationalbibliothek in Wien, f. 91v: Nl (Bruchstück), f. 92r/v: Ndef (Bruchstück).
Ehrismann	Gustav Ehrismann: Die althochdeutsche Literatur. München ²1932 (= Geschichte der deutschen Literatur bis zum Ausgang des Mittelalters 1). S. 416-458 zu Notker dem Deutschen.
F*	CSg. 242, S. 10-16: Nm (Abschn. 2-5), S. 267/268: Nl (Bruchstück).
F2	Handschrift Aa 72 der Hessischen Landesbibliothek Fulda, f. 152va/b: Ncom (Bruckstück).
F3	Handschrift B2 ebda, f. 4rb: Ncom (Bruchstück).
G*	Handschrift 10 615-729 der Bibliothèque Royale Albert Ier in Brüssel, f. 58ra: Nep, f. 58ra-60rb: Nr, f. 60rb-62vb: Ntr, f. 63rb-64va: Ndia, f. 64va: Ntr (Bruchstück), f. 64va-65ra: Nl, f. 65ra-vb und f. 74r/v: Ndis.
Gerbert	Martin Gerbert (Hg.): Scriptores ecclesiastici de musica sacra potissimum. ... . 3 Bde. St. Blasien 1784.
GGA	Göttingische Gelehrte Anzeigen.
Glauche	Günter Glauche: Schullektüre im Mittelalter. Entstehung und Wandlungen des Lektürekanons bis 1200 nach den Quellen dargestellt. München 1970 (= Münchener Beiträge zur Mediävistik und Renaissance-Forschung 5).

Graff	Eberhard Gottlieb Graff (Hg.): Diutiska. Denkmäler deutscher Sprache und Literatur ... . 3 Bde. Stuttgart und Tübingen 1826/27/29 (Nachdr. Hildesheim und New York 1970).
Grotans	Anna A. Grotans: Reading Notker in Fifteenth-Century Bavaria. Vortrag vom 7. Mai 1994 im Rahmen der 29. Internationalen Mediävistentagung in Kalamazoo, Michigan.
Grotans/Porter	Dies. und David W. Porter (Hgg. <und David W. Porter Übers.>): The St. Gall Tractate. A Medieval Guide to Rhetorical Syntax. Columbia, South Carolina 1995.
H*	Clm. 4621, f. 56r-75r: Nr, f. 75r/v: Nl (Bruchstück).
H2	Handschrift 429 der Deutschen Staatsbibliothek in Berlin, f. 19v-46r: eine Abschrift von Nr in H, f. 46r-47v: eine Abschrift von Nl in H.
Von der Hagen	Friedrich Heinrich von der Hagen (Hg.): Denkmale des Mittelalters 1. Berlin 1824.
Hattemer	Heinrich Hattemer (Hg.): Denkmahle des Mittelalters. St. Gallen's altteutsche Sprachschætze. 3 Bde. St. Gallen 1844/49 (Nachdr. Graz 1970).
Hausmann	Regina Hausmann: Die theologischen Handschriften der Hessischen Landesbibliothek Fulda bis zum Jahr 1600. Codices Bonifatiani 1-3. Aa 1-145a. Wiesbaden 1992.
Hellgardt	Ernst Hellgardt: Notkers des Deutschen Brief an Bischof Hugo von Sitten. In: Befund und Deutung. Zum Verhältnis von Empirie und Interpretation in Sprach- und Literaturwissenschaft (FS Hans Fromm), S. 169-192. Tübingen 1979.
Henkel	Nikolaus Henkel: Deutsche Übersetzungen lateinischer Schultexte. Ihre Verbreitung und Funktion im Mittelalter und in der frühen Neuzeit. Mit einem Verzeichnis der Texte. München und Zürich 1988 (= MTU 90).
Hubbell	Harry M. Hubbell (Hg. und Übers.): Cicero, De inventione, De optimo genere oratorum, Topica. Cambridge, MA und London 1949 (= Loeb Classical Library).
J (I)*	CSg. 872, S. 2-170: Nc; siehe King 1979.
Jaffe	Samuel Peter Jaffe: Antiquity and Innovation in Notker's Nova rhetorica: The Doctrine of Invention. Rhetorica 3 (1985), S. 165-181.
Jellinek	Max Hermann Jellinek: Geschichte der neuhochdeutschen Grammatik von den Anfängen bis auf Adelung. 2 Bde. Heidelberg 1913/14.
K*	Clm. 18 937, f. 295v-297r: Nm (Abschn. 1).

Kalinka — E. Kalinka: Analecta latina. Wiener Studien 16 (1894), S. 78-120, 254-313.

Kelle 1886 — Johann Kelle: Die philosophischen Kunstausdrücke in Notkers Werken. ABAW 18.1, S. 1-58.

Kelle 1888 I — Ders.: Die S.Galler deutschen Schriften und Notker Labeo. Mit 6 Tafeln. ABAW 18.1, S. 205-280.

Kelle 1888 II — Ders.: Verbum und Nomen in Notkers De syllogismis, De partibus logicae, De rhetorica arte, De musica. ZfdPh 20, S. 129-150.

Kelle 1892 — Ders.: Geschichte der deutschen Litteratur von der ältesten Zeit bis zum dreizehnten Jahrhundert. 2 Bde. Berlin 1892/96. 1: 232-263, 395-408 (Anmerkungen) zu Notker dem Deutschen.

Kelle 1901 — Ders.: Die rhetorischen Kunstausdrücke in Notkers Werken. ABAW 21.3, S. 445-454 (= Sonderdruck, 1899, S. 1-10).

King 1972 — James C. King (Hg.): Notker der Deutsche. Boethius' Bearbeitung der »Categoriae« des Aristoteles. Tübingen (= ATB 73).

King 1975 — Ders. (Hg.): Notker der Deutsche. Boethius' Bearbeitung von Aristoteles' Schrift »De Interpretatione«. Ebda (= ATB 81).

King 1979 — Ders. (Hg.): Notker der Deutsche. Martianus Capella, »De nuptiis Philologiae et Mercurii«. Ebda (= ATB 87).

King 1986 — Ders. (Hg.): Notker der Deutsche. Notker latinus zum Martianus Capella. Ebda (= ATB 98).

King 1990 — Ders.: Notker der Deutsche zur Mensurberechnung der Orgelpfeifen. American Journal of Germanic Linguistics and Literatures 2.1, S. 53-66.

King 1993 — Ders. (Hg.): Sangallensia in Washington. New York 1993.

L* — Handschrift Paulinus 1493 der Universitätsbibliothek in Leipzig, f. 60rb-61vb: Nm (Abschn. 1 und 5).

Lülfing — Daniela Lülfing: Dienstkatalog der Deutschen Staatsbibliothek in Berlin.

M* — Clm. 27 300, f. 75r/v: Nm (Fragment von Abschn. 5).

M2* — Clm. 14 804, f. 172r-182r: Ncom.

M3 — Clm. 22 307, f. 188r-191r: Ncom.

Manitius — Max Manitius: Geschichte der lateinischen Literatur des Mittelalters. 3 Bde. München 1911/23/31 (Nachdr. ebda 1965).

Meier — Gabriel Meier: Die sieben freien Künste im Mittelalter (Schluß). Nebst einem Anhang erstmals gedruckter Stücke (Programm Einsiedeln). Einsiedeln 1887.

Menhardt — Hermann Menhardt: Verzeichnis der altdeutschen literarischen Handschriften der Österreichischen Nationalbibliothek. 1. Bd. Berlin 1960 (= Veröffentlichungen des Instituts für deutsche Sprache und Literatur 13).

MGH — Monumenta Germaniae Historica.

Mohlberg — Leo Cunibert Mohlberg: Katalog der Handschriften der Zentralbibliothek Zürich. I. Mittelalterliche Handschriften. Zürich 1952.

Morel-Fatio — A. Morel-Fatio: Segen. ZfdA 23 (1879), S. 435-437.

MSD — Karl Müllenhoff und Wilhelm Scherer (Hgg.): Denkmäler deutscher Poesie und Prosa aus dem VIII-XII Jahrhundert. Dritte Ausgabe von Elias Steinmeyer. 1. Bd.: Texte, 2. Bd.: Anmerkugen. Berlin 1892 (Nachdr. ebda und Zürich 1964).

MTU — Münchener Texte und Untersuchungen zur deutschen Literatur des Mittelalters.

Münchener Katalog 1876 — Catalogus codicum Latinorum Bibliothecae regiae Monacensis. Secundum Andreae Schmelleri indices composuerunt Carolus Halm et alii. Tomi II pars II. Codices num. 11 001-15 028 complectens. München.

Münchener Katalog 1878 — Dasselbe. Tomi II pars III. Codices num. 15 121-21 313 complectens. Ebda.

Münchener Katalog 1881 — Dasselbe. Tomi II pars IV. Codices num. 21 406-27 268 complectens. Ebda.

Münchener Katalog 1894 — Catalogus codicum Latinorum Bibliothecae regiae Monacensis. Editio altera emendatior. Tomi I pars II. Codices num. 2501-5250 complectens. Ebda.

Münchener Katalog 1975 — Katalog der lateinischen Handschriften der Bayerischen Staatsbibliothek München. Clm. 27 270-499, beschrieben von Hermann Hauke. Wiesbaden.

Murphy — James Jerome Murphy: Rhetoric in the Middle Ages. A History of Rhetorical Theory from Saint Augustine to the Renaissance. Berkeley 1974.

N* — Handschrift Gudianus 72 der Herzog-August-Bibliothek in Wolfenbüttel, f. 50v: Nm (Abschn. 5).

Nb — Notker der Deutsche, De consolatione Philosophiae.

Nc — Ders., De nuptiis Philologiae et Mercurii.

Ncom	Ders., Computus.
Ndef	Ders., De definitione.
Ndia	Ders., De dialectica.
Ndis	Ders., Distributio.
Nep	Ders., lateinischer Brief an Bischof Hugo von Sitten.
Ni	Ders., De interpretatione.
Nk	Ders., Categoriae.
Nl	Ders., De partibus logicae.
Nm	Ders., De musica.
Np	Ders., Psalter.
Nr	Ders., De arte rhetorica.
Ns	Ders., De syllogismis.
Ntr	Ders., St. Galler Traktat.
Näf	Anton Näf: Die Wortstellung in Notkers Consolatio. Untersuchungen zur Syntax und Übersetzungstechnik. Berlin und New York 1979 (= AhdSg 5).
Omont	Henri Omont: Catalogue général des manuscrits des bibliothèques publiques de France. Départements. Tome 1. Rouen. Paris 1886.
P2	Handschrift nouv. acq. lat. 229 der Bibliothèque Nationale in Paris, f.10v-14v: Ncom.
P3	Handschrift lat. 10 444 ebda, f. 61r: Nl (Bruchstück), f. 85r-87r: Ndis (Bruchstück).
P[iper 1882,1]	Paul Piper (Hg.): Die Schriften Notkers und seiner Schule. 3 Bde. Freiburg/Br. und Tübingen 1882/82/83 (= Germanischer Bücherschatz 8-10). 1: Schriften philosophischen Inhalts.
Piper 1880/82	Ders.: Aus Sanct Galler handschriften. ZfdPh 11, S. 257-286 und 13, S. 305-337, 445-479.
Piper 1890	Ders.: Zu Notkers Rhetorik. ZfdPh 22, S. 277-286.
Piper, Nachträge	Ders. (Hg.): Nachträge zur älteren deutschen Litteratur von Kürschners deutscher National-Litteratur. Stuttgart o.J. (um 1898).
Plew	Eugen Plew: Zu der notkerischen Rhetorik. Germania 14 (1869), S. 47-65.

Prantl	Carl Prantl: Geschichte der Logik im Abendlande. Bd. 1/2 (Bd. 2 in 2. Aufl.). Leipzig 1855/1885.
R*	CSg. 21, S. 8-575: Np; siehe Tax 1979/81/83.
R2	Handschrift I 69 (932) der Bibliothèque Municipale in Rouen, f. 169r-174v: Ndis (Bruchstück).
Rankin	Susan Rankin: The Song School of St Gall in the Later Ninth Century. In: King 1993, S. 173-198.
De Rijk	L.M. de Rijk: On the Curriculum of the Arts of the Trivium at St. Gall from c. 850 - c. 1000. Vivarium 1 (1963), S. 35-86.
Rose	Valentin Rose (Hg.): Verzeichniss der lateinischen Handschriften. Bd. I: Die Meerman-Handschriften des Sir Thomas Phillipps. Berlin 1893 (= Die Handschriftenverzeichnisse der Königlichen Bibliothek zu Berlin 12).
Samman/Mazal	Tarif al Samman / Otto Mazal: Die arabische Welt und Europa. Ausstellung der Handschriften- und Inkunabel-Sammlung der Österreichischen Nationalbibliothek. Handbuch und Katalog. Graz 1988.
S2*	CSg. 820, S. 51-62: Ndia.
Scherrer	Gustav Scherrer: Verzeichniss der Handschriften der Stiftsbibliothek von St. Gallen. Halle/S. 1875 (Nachdr. Hildesheim und New York 1975).
Schmeller	Johann Andreas Schmeller: Deutsches des X-XIIten jahrhunderts aus Münchener handschriften. ZfdA 8 (1851), S. 106-155.
Schönemann	Carl Philipp Christian Schönemann: Notitiae et excerpta. Codices bibliothecae Augustae. Helmstedt 1830.
Sehrt	Edward H. Sehrt: Notker-Glossar. Ein Althochdeutsch-Lateinisch-Neuhochdeutsches Wörterbuch zu Notkers des Deutschen Schriften. Tübingen 1962.
Sehrt/Legner	Notker-Wortschatz. Das gesamte Material zusammengetr. von Edward H. Sehrt und Taylor Starck. Bearbeitet und hg. von Edward H. Sehrt und Wolfram K. Legner. Halle/S. 1955.
Singer	Samuel Singer: Die Dichterschule von St. Gallen. Leipzig 1922.
Sonderegger 1970	Stefan Sonderegger: Althochdeutsch in St. Gallen. Ergebnisse und Probleme der althochdeutschen Sprachüberlieferung in St. Gallen vom 8. bis ins 13. Jahrhundert. St. Gallen und Sigmaringen (= Bibliotheca Sangallensis 6).

Sonderegger 1980 Ders.: Notker der Deutsche und Cicero. Aspekte einer mittelalterlichen Rezeption. In: Florilegium Sangallense. FS Johannes Duft, S. 243-266. St. Gallen und Sigmaringen.

Sonderegger 1982 Ders.: Schatzkammer deutscher Sprachdenkmäler. Die Stiftsbibliothek Sankt Gallen als Quelle germanistischer Handschriftenerschließung vom Humanismus bis zur Gegenwart. St. Gallen und Sigmaringen (= Bibliotheca Sangallensis 7).

Sonderegger 1987 Ders.: Notker III. von St. Gallen. In: Die deutsche Literatur des Mittelalters. Verfasserlexikon, 2. Aufl. hg. von Kurt Ruh u.a., 6. Bd., Sp. 1212-1236. Berlin und New York.

Starck/Wells Taylor Starck und John C. Wells: Althochdeutsches Glossenwörterbuch. Heidelberg 1972-84.

Steinmeyer 1874/75 Elias Steinmeyer: Sangallensia. ZfdA 17, S. 431-504 und 18, S. 160.

Steinmeyer 1893 Ders., Notkers Computus. AfdA 19, S. 274-276.

Steinmeyer 1916 Ders., (Hg.): Die kleineren althochdeutschen Sprachdenkmäler. Berlin (Nachdr. ebda und Zürich 1963).

Steinmeyer/Sievers Ders. und Eduard Sievers: Die althochdeutschen Glossen. 5 Bde. Berlin 1879-1922.

Tax 1972/73/75 Petrus W. Tax (Hg.): Notker latinus. Die Quellen zu den Psalmen. 3 Bde. Tübingen (= ATB 74/75/80).

Tax 1979/81/83 Ders. (Hg.): Notker der Deutsche. Der Psalter. 3 Bde. Ebda (= ATB 84/91/93).

Tax 1986/88/90 Ders. (Hg.): Notker der Deutsche. Boethius, »De consolatione Philosophiae«. 3 Bde. Ebda (= ATB 94/100/101).

Tax 1987 Ders.: Wer hat die Einleitung zu den Stufenpsalmen in Notkers Psalter verfaßt? In: Althochdeutsch (FS Rudolph Schützeichel), hg. v. Rolf Bergmann u.a. Bd. I: Grammatik. Glossen und Texte, S. 872-888. Heidelberg.

Thorndike Lynn Thorndike: A History of Magic and Experimental Science during the First Thirteen Centuries of Our Era. Bd. I. New York 1923.

Thorndike/Kibre Ders. und Pearl Kibre: A Catalogue of Incipits of Mediaeval Scientific Writings in Latin. Cambridge, Mass. ²1963.

Traube 1888 Ludwig Traube: Zu Notkers Rhetorik und der Ecbasis captiui. ZfdA 32, S. 338/339.

Traube 1896 Ders. (Hg.): Poetae Latini aevi Carolini. Berlin (= MGH. Poetarum Latinorum medii aevi tomus III).

V4 — Handschrift Vat. Regin. lat. 1281 der Vatikanischen Bibliothek in Città del Vaticano, Teil II, f. 17v-19v: Ndis (Bruchstück).

Van de Vyver — A. van de Vyver: Vroeg-Middeleeuwsche Wijsgeerige Verhandelingen. Tijdschrift voor Philosophie 4 (1942), S. 156-199.

Wackernagel 1835 — Wilhelm Wackernagel: Altdeutsches Lesebuch. Basel.

Wackernagel 1844 — Ders.: Die sanctgallische rhetorik. ZfdA 4, S. 463-478.

Wagner 1972 — Alfred Hermann Wagner: Notkers des Deutschen kleinere logische Schriften. Diss. (masch.) München.

Wagner 1860 — Josef Maria Wagner: Bruchstück einer lat.-ahd. Logik. Germania 5, S. 288/289, 508.

Wiener Katalog — Tabulae codicum manu scriptorum praeter Graecos et Orientales in bibliotheca Palatina Vindobonensi asservatorum. 2 Bde. Wien 1864-68 (Nachdr. Graz 1965-68).

Wolfenbütteler Katalog — Kataloge der Herzog-August-Bibliothek Wolfenbüttel. Die alte Reihe. Wolfenbüttel 1884-1913. Abt. 4: Codices Guelferbytani Gudiani graeci et Gudiani latini. 9. Bd.: Die Gudianischen Handschriften (Nachdr. Frankfurt/M. 1966).

Z* — Handschrift C 98 der Zentralbibliothek in Zürich, f. 1-22r: Ndis, f. 22r-38v: Ndia, f. 38v-66v: Ntr.

Z2* — Handschrift Car. C 176 ebda, f. 232r-237v: Ncom.

ZfdA — Zeitschrift für deutsches Altertum.

ZfdPh — Zeitschrift für deutsche Philologie.

Ziolkowski — Jan M. Ziolkowski: The Spirit of Play in the Poetry of St. Gall. In: King 1993, S. 143-169.

E I N L E I T U N G

Diese Einleitung besteht aus einem allgemeinen und einem besonderen Teil. In der Allgemeinen Einleitung haben wir vor, zunächst einige Vorbemerkungen zu formulieren, danach die zwei wichtigsten Sammelhandschriften, Zürich C 98 und Brüssel 10 615-729, generell zu beschreiben und zu charakterisieren, dann auch das Verhältnis dieser Handschriften zueinander; einige Bemerkungen zu Notkers Latein bilden den Schluß. Auf diese Weise kann bei späterer Bezugnahme einfach zurückverwiesen werden, so daß unnötige Wiederholungen vermieden werden. Der besondere Teil bietet die Einführungen zu den einzelnen Texten. Für den Anteil der beiden Herausgeber an dieser doppelten Einleitung siehe die Inhaltsangabe des Bandes.

A l l g e m e i n e r   T e i l

1. Vorbemerkungen

In diesem textlichen Schlußband von Notkers kleineren Schriften erscheinen die Texte in der Reihenfolge der sieben freien Künste angeordnet, Notkers lateinischer Brief an Bischof Hugo von Sitten bildet den Abschluß. Dabei folgen wir Notkers eigener Auffassung dieser Reihenfolge: Für ihn steht die Rhetorik an zweiter Stelle, innerhalb der Logik erscheinen zuerst die allgemeineren Übersichten, dann die Lehren von den Syllogismen und der Definition.

Es ist in der Forschung üblich, für Notkers Einzeltexte Kürzel zu benutzen wie z.B. Nm für *De musica*, Np für den Psalter, Nr für die Rhetorik. Wir haben diese Tradition fortgesetzt, indem wir bei noch nicht so bezeichneten älteren wie auch bei neu dem Kanon hinzugefügten Werken entsprechende Abkürzungen eingeführt haben. Neu sind Ncom für Notkers *Computus*, Ndef für *De definitione*, Ndia für *De dialectica*, Ndis für die *Distributio*, Nep für seinen lateinischen Brief (*epistula*) an Bischof Hugo von Sitten und Ntr für den sog. St.Galler Traktat. Eine Zusammenstellung dieser Kürzel findet man oben im integrierten Literaturverzeichnis, S. XIII/XIV.

Piper hatte in der Einleitung zum ersten Band seiner Notker-Ausgabe den einzelnen Handschriften und Fragmenten Buchstabensiglen zuerkannt (wobei er manche aus der früheren Forschung übernahm) und hat dabei das Alphabet fast ganz ausgeschöpft.[1] Deshalb sahen die Herausgeber bei dem Zuwachs an neuen oder auch bisher nicht gekennzeichneten Codices sich genötigt, eine neue Methode zu benutzen. Wir haben uns im Prinzip darauf geeinigt, in Anlehnung an eine neuere Editionspraxis als Kürzel jeweils einen (einmal auch zwei) Buchstaben für die Stadt, wo die Handschrift heute aufbewahrt wird (Bibliotheksheimat), mit Zahlenindex anzuwenden; so steht etwa Be für den Berliner Codex Phillipps 1786, M2 für Clm. 14 804, P2 für die Pariser Handschrift, Bibliothèque Nationale, nouv. acq. lat. 229, S2 für CSg. 820, V4 für den Codex Vat. Regin. lat. 1281[2] und Z für die Handschrift Zürich C 98. H2 bezeichnet hingegen eine Abschrift von H. Im integrierten Literaturverzeichnis sind die alten wie die neuen Siglen für die Codices, die in dieser Ausgabe herangezogen werden, in alphabetischer Anordnung verzeichnet, so daß die Leser sich leicht orientieren können.

Es war den Herausgebern in einigen Fällen leider nicht möglich, die Handschriften selbst an Ort und Stelle einzusehen, zumal einige Textzeugen erst vor kurzer Zeit bekannt geworden sind. Um keine Mißverständnisse aufkommen zu lassen, haben wir im Literaturverzeichnis die Siglen von den Codices mit einem Sternchen versehen, die von mindestens einem der Herausgeber im Original kollationiert und studiert werden konnten.

Wenn ein Text mehrfach überliefert ist, hätten wir gerne alle Fassungen vollständig, seiten- und zeilengetreu wiedergegeben, was in diesem Band bei Nm und Nr tatsächlich geschehen ist. Für Ndef, Nep und Ns besteht bei der einmaligen Überlieferung kein Problem. Von Ncom und Nl ist jeweils nur die Leithandschrift ganz abgedruckt, aus Raummangel sind für die anderen Textzeugen nur die Varianten angegeben. Bei Ndia sind die zwei St.Galler Fassungen S2 und Z parallel abgedruckt; G hingegen, das aus beiden Handschriften schöpfte, ist durch Lesarten oder u.U. durch längere Stellen vertreten. Bei Ndis und Ntr ist die ursprünglich St.Galler Version in Z vollständig wiedergegeben, während Varianten aus den anderen, auf Z zurückzuführenden Handschriften (bei Ntr ist es nur eine, nämlich G) unten im Apparat stehen.

2. Die Sammelhandschriften Z und G

Die in Frage kommenden Handschriften mit mehreren Notkertexten sind Z und G. Die jeweiligen Notkerstücke in der Handschrift D sind textlich und kodikologisch in mancher Hinsicht zu disparat, um hier auf einer gemeinsamen Basis

---

1 Piper 1882,1: V-XCVII.

2 Die Siglen V-V3 waren schon für Bruchstücke von Notkers Psalter in Anspruch genommen worden.

charakterisiert werden zu können; auch mußte ein Text aus D, das Metrum III, 9 der *Consolatio*, schon in einem früheren Band ediert und behandelt werden[3]. Die restlichen neuen Codices sind eigentlich keine Sammelhandschriften von Notkers Werken und werden am besten in einer der besonderen Einführungen besprochen.

Der Sammelcodex Zürich C 98 (= Z), der in der ersten Hälfte des 11. Jahrhunderts im Kloster St. Gallen geschrieben wurde (der Abteistempel und zwei weitere St.Galler Stempel stehen f. 1r), wird heute in der Zentralbibliothek Zürich aufbewahrt.[4] Er umfaßt 136 Seiten (f. 1r-68v). Sein alleiniger Inhalt[5] besteht aus drei ganz lateinisch verfaßten Notkertexten: Ndis, Ndia, Ntr, die von mehreren Händen geschrieben sind.

Die Handschrift beginnt mit vier Quaternionen, es folgen zwei Quinionen, und zwei Quaternionen bilden den Schluß. Da die meisten Lagen kodikologisch gesehen und teilweise auch textlich verschieden sind und die Hände einige Male mit einer neuen Lage, nicht mit dem Beginn eines neuen Textes, wechseln, empfiehlt es sich, zuerst die Lagen selbst kurz zu besprechen.

Lage 1, f. 1-8. Das Pergament der Doppelblätter 1/8 und 2/7 ist dick, rauh, stark abgerieben und von fast grauer Farbe; das der Doppelblätter 3/6 und 4/5 ist etwas dünner und von hellerer Farbe, weist aber mehrere Löcher auf. F. 1r ist stark verschmutzt und verstempelt. Die Tinte ist schwarz, die Rubrizierung orange. Majuskeln sind oft gestrichelt (schattiert), die Tinte ist gleichfalls orange oder auch orange mit braun (= nachgedunkeltes Orange?). Bei den Doppelblättern 1/8 und 2/7 ist das Format ca. 18 x 14 cm, die Schreibfläche mißt ca. 12 x 10,5 cm; bei den zwei anderen Doppelblättern ist das Format 17,5 x 13 cm, der Schriftspiegel mißt 12,5 x 8 cm.

Lage 2, f. 9-16. Das Pergament ist ziemlich dünn, glatt und hell. Die Haarseiten zeigen wegen Haarsäcke viele graue Partien. Die Tinte ist meistens schwarz, gelegentlich dunkelbraun. Die Rubrizierung ist wie bei Lage 1. Die Maße sind ca. 19,5 x 14,5 cm, der Schriftspiegel mißt ca. 14 x 10,5 cm.

Lage 3, f. 17-24. Das Pergament ist ziemlich dünn und hell, aber die zwei inneren Doppelblätter f. 19-22 sind dicker und steifer, gelblich und fettig. Die Tinte ist dunkelbraun mit einem Stich ins Schwarze. Die Rubrizierung ist

3 Siehe Tax 1986, Einlegeheft und Einl., XXV und XXXIII. Man vergleiche für D auch unten die besonderen Einl. zu Nl, Np und Nr.
4 Siehe Mohlberg, 51/52 und 360 (Nachtrag) sowie Bruckner, 3: 47 und 126/127.
5 abgesehen von einem Fragment aus Priszians *Institutiones grammaticae* auf f. 67r/v und die Überreste einiger Notizen und Schemata auf f. 67v unten und f. 68r/v.

orange. Das Format ist ca. 19,5 x 14,5 cm, die Schreibfläche mißt ca. 14 x 10,5 cm.

Lage 4, f. 25-32. Das Pergament ist ziemlich dünn und meistens hell, aber teilweise gelblich. Die drei Doppelblätter f. 26-31 sind sehr fettig. Die Tinte ist dunkelbraun (29r ist heller, weil mal naß geworden). Die Rubrizierung ist orange (so auch die Linien im Schema auf f. 28v), die Strichelung leicht orange oder auch gelegentlich braun. Die Maße sind ca. 17,5 x 13,5 cm (bei dem von einer anderen Hand geschriebenen Doppelblatt 28/29 mit dem Schema aber ca. 18,5 x 14 cm), der Schriftspiegel mißt ca. 13 x 10 cm.

Die Lagen 5, f. 33-42, 6, f. 43-52, 7, f. 53-60, und 8, f. 61-68. Das Pergament ist ziemlich dünn, glatt und hell, teilweise auch gelblich (36r wirkt wegen vieler Haarsäcke grau), und es gibt mehrere Löcher. Die Tinte ist braun (f. 33, 64/65) bis dunkelbraun/schwarz (f. 34-63). Die Rubrizierung ist orange, die Strichelung leicht orange. Das Format ist ca. 18,5 x 14 cm, die Schreibfläche mißt ca. 12,5 x 10,5 cm. Auf f. 41/42 sind die oberen Ecken mit etwas Textverlust abgeschnitten.

Ingesamt ist das Pergament von ungleichmäßiger und nicht sehr hoher Qualität. Obwohl der Codex anscheinend eine Einheit bildet, sind die Formate der Lagen mehrmals verschieden; außerdem gibt es viele kleinere und größere alte Löcher, auch im Schreibraum. Wo das Pergament dünn ist, scheint die Beschriftung der anderen Seite oft durch. Merkwürdig ist, daß beim Text von Ndis die Zeilenzahlen pro Seite jeweils so unterschiedlich sind: 21 (1r und 2v); 20 (1v, 2r, 5v, 6r, 7r-8v); 19 (3r-5r, 6v); 18 (9r-16r) und 16 (16v). Und es fällt auf, daß der untere Rand bei Ndis öfter sehr breit ist (bis 4-4,5 cm) und nicht besser ausgenutzt wurde (für eine mögliche Erklärung siehe unten). Aufnahmen von f. 22r und 38v stehen auf S. 195 bzw. 47 in dieser Ausgabe.

Die Notkertexte dieser Handschrift sind von mehreren Händen geschrieben worden: Hand Z1 hat f. 1-8, den ersten Quaternio, kopiert, Hand Z2 f. 9-16, den zweiten. Hand Z3 findet sich f. 17-20r,13 est, sie ist der Haupthand A1 von Nb sehr ähnlich.[6] Hand Z4 schrieb f. 20r,13 *prius* bis 22r,2, Hand Z5 f. 22r,3-22v. Die recht ungeübte Hand Z6 ist verantwortlich für f. 23-27, 30-33 und 64-65r; das innere Doppelblatt f. 28/29 von Lage 5 - es enthält das Schema auf f. 28v - stammt von Hand Z7. Hand Z8 kopierte das meiste von f. 34r-63v sowie f. 65/66. Eine andere, sehr geübte Hand hat das grammatische Fragment auf f. 67

6 Siehe Tax 1986, Einl. XXVI und Anm. 4.

geschrieben, mehrere weitere Hände sind für die Notizen und Schemata auf f. 67v unten und f. 68 verantwortlich.

Die in Z überlieferten Texte sind, wie von Notker zu erwarten, im allgemeinen deutlich und klar verständlich (für einige verdorbene oder schwierige Stellen siehe unten). Doch fallen die vielen auf den Rändern ergänzten Auslassungen (a-, b-, c-Zeilen) auf.

Im Gegensatz etwa zu der St.Galler Handschrift mit dem lat. Text von Ncom erscheint Z vor allem wegen dieser Auslassungen (aber auch etwa wegen des mittelmäßigen Pergaments) als ein Manuskript, das teilweise noch *in statu nascendi* war und so etwas wie ein *working copy* darstellt. Ich halte es etwa für wahrscheinlich, daß zumindest Ndis in Z ein *working text* ist, an dem Notker im Alter und vielleicht erst nach seinem Brief an Bischof Hugo (weiter) gearbeitet hat und mit dem er selber - aus welchen Gründen auch immer - möglicherweise nicht ganz fertig geworden war, so daß er ihn in seinem Brief nicht eigens erwähnen konnte oder wollte. Für ein Arbeitsexemplar ist auch verständlich, daß bei Ndis der Titel wie auch alle Abschnittsüberschriften später auf den Rändern ergänzt wurden, daß die Zeilenzahlen pro jeweilige Seite so unterschiedlich sind und daß die unteren Ränder oft sehr breit sind; einer der Gründe für diese breiten Ränder ist zweifellos, daß sie allerlei Nachträge und Präzisierungen ermöglichen, ohne daß auf Pergament"zettel" zurückgegriffen werden müßte, die leicht verloren gehen. Und es könnte ein paar anscheinend unrichtige Stellen erklären, die geblieben sind[7], auch einige Härten, wie z.B. den syntaktisch ungewöhnlich schwierigen Satz in 18r,11-13 oder auch den (doppelt) schiefen Vergleich in 3v,10 *altus ad breuem uel tenuem*, der nur dann einigermaßen stimmt, wenn man *altus* als 'hochgewachsen' (wie von Bäumen) versteht (man erwartet vielmehr *longus ad breuem uel pinguis ad tenuem*).[8]

G: Der Sammelcodex Bruxellensis 10 615-729 (= G),[9] der im 12. Jahrhundert für das Kloster St. Eucharius-Matthias in Trier geschaffen wurde,[10] wird heute in

7 Siehe die unpassende Mehrzahl *certę sedes* (4v,12) oder *illum* für korrekteres *illud* (7r,7b).

8 Richtiger ist etwa der Wortlaut *comparamus ... longum ad breuem* in Nk (King 1972, 88, Z. 17/18).

9 Zu G siehe auch unten King, Einl. zu *De arte rhetorica*, §5; Backes, 32/33; Hellgardt, 174-180; de Rijk, 64-84; van de Vyver, 181-190; Piper 1882,1: XII-LXXXIX und Traube, 1896, 152/153. Trotz der Titel beziehen sich Traube 1888 (Zu Notkers Rhetorik und der Ecbasis Captiui) und Piper 1890 (Zu Notkers Rhetorik) nicht auf Nr, sondern auf Ndis, Nr. 9 des Sammelcodex.

10 Siehe zuletzt Hellgardt, 175.

der Brüsseler Bibliothèque Royale Albert Ier aufbewahrt. Von den 232 Folien (232v ist unbeschrieben), welche zahlreiche geistliche und gelehrte Texte sowie Briefe und die Tierfabel *Ecbasis captivi* umfassen, gilt unsere Aufmerksamkeit einem einzigen Quaternio, 10 661-665 (f. 58-65), mit dem davon abgetrennten f. 74, in dem folgendes steht: 1) der lateinische Brief Notkers des Deutschen an Bischof Hugo von Sitten (58ra,1-33 = Nep), 2) *De arte rhetorica* mit der Überschrift *EXCERPTVM RHETHORICĘ NOTKERI MAGISTRI* (58ra,33-60rb,47 = Nr), 3) der St.Galler Traktat mit der Überschrift *INCIPIT Quomodo .vii. circumstantie rerum in legendo ordinande SINT* (60rb,47-62vb,30 = Ntr, mit einem nach 60v eingehefteten Zettel mit 34 Zeilen Text auf der verso-Seite; der Anfang des Traktats wurde 64va, 51-68, ohne Überschrift versehentlich wiederholt), 4) *DE NATVRA QVID SIT* (62vb,31-57) aus dem fünften *Opusculum theologicum* von Boethius,[11] 5) *QVOMODO QVID SIT* (62vb,57-66), *Dicta* V/VI von Candidus,[12] 6) ein lateinischer Brief von einem L. an Dominus I. (62vb,68-63rb,18),[13] 7) *INCIPIT DIALECTICA* (63rb,18-64va,50 = Ndia), 8) *De partibus logicae* ohne Überschrift (64va,69-65ra,14 = Nl) und 9) *INCIPIT DISTRIBVTIO OMNIVM SPECIERVM NOMINVM INTER CATHEGORIAS ARISTOTILIS* (65ra,14-65vb,70 = Ndis; die Fortsetzung steht abgetrennt 74ra,1-74vb,59, die letzten 11 Zeilen sind unbeschrieben). Diese Texte wurden von ein und derselben Hand kopiert; nur die 34 Zeilen auf dem oben unter 3) erwähnten eingeschalteten Zettel stammen von einer anderen Hand.

Bei f. 58-65 sowie 74 ist das Format der Durchschnittsseite mit zwei Spalten ca. 27,5 x 19,2 cm, der Schriftspiegel mißt ca. 24 x 15,1 cm, eine Spalte jeweils ca. 24 x 7,2 cm. Wie überhaupt in diesem Codex strebte der Schreiber auch hier danach, möglichst viel Text auf wenig Pergament zu bringen. Die Schrift ist sehr klein; die Seiten weisen jeweils nicht weniger als 70 Zeilen pro Spalte auf. Faksimiles von f. 58r, 60r und 74r stehen auf S. 347, 46 bzw. 2 in dieser Ausgabe.

Diese Handschrift zeigt allgemein die jüngste Stufe der karolingischen Minuskel mit schon mehreren Ansätzen zu gotisch anmutenden Brechungen und Abknickungen sowie gelegentliche Bogenverbindungen (vgl. die Faksimiles). Die Tinte ist bräunlich-schwarz. In den Rustica-Überschriften wechseln Großbuchstaben und (oft vergrößerte) Minuskelformen miteinander ab; sie sind nicht in roter, sondern in gewöhnlicher Tinte eingetragen. Auch die Abschnittsinitialen sind in gewöhnlicher Tinte geschrieben.

---

11 Van de Vyver, 185 und Anm. 79.

12 Ders., ebda und Anm. 80.

13 Ders., 185/186 und Anm. 81.

Trotz der sehr kleinen, gedrängten und oft schwer leserlichen Schrift stellt der Schreiber sich als durchaus geübt heraus. Dies ist nicht verwunderlich angesichts der Tatsache, daß diese Handschrift zu einem Korpus von nicht weniger als 10 Codices gehörte, die als Kollektivunternehmen für das Kloster St. Eucharius-Mattias in Trier geschaffen wurden.[14] Er benutzt oft und konsequent die normalen wie auch einige besondere Abkürzungen und Ligaturen[15]; einige mehr oder weniger regelmäßig vorkommende Sonderformen sind von Interesse. So begegnet für *et* neben der Ligatur & auch das alte tachygraphische Zeichen ⁊, für *est* neben ē auch ÷; ħ steht für *hoc*; neben der Ligatur für *or(um)* findet sich auch eine für *ar(um)*. Bemerkenswert ist auch, daß der Schreiber alte Abkürzungsweisen erweitert. So kann ꝑ (= *per*) auch einige Male *par* oder *por* vertreten, éin *m/n*-Strich übt mehrere Funktionen aus, z.B. in *hōes*, *oīa*, *aiām*, einmal (Z25v,15) steht *ut̄* nicht, wie gebräuchlich, für *uter*, sondern für *utinam*, ein ł bezeichnet die Endung *lis*, etwa in *ilł* oder *iudicał*, und die Hochstellung von Vokalen unter Aussparung anderer Buchstaben umfaßt nicht nur, wie früher üblich, *r* und *u* (*p*ⁱ*mus*, *q*ⁱ*a*), sondern auch *b* und *d*, wie z.B. in ⁱ*u* und ᵒ*mi*, oder gar *ib*, *ih* und *is*, wie etwa in ⁱ*s*, ⁱ*m* und ⁱ*n*. Schließlich vertritt das umgekehrte *c* (ɔ) sehr oft *con*. Die meisten dieser Fälle weisen schon auf die abkürzungsfreudige gotische Zeit voraus. Es ist noch zu erwähnen, daß der Schreiber das *i* mit akutartigem Strich darüber einsetzt, aber nur bei *ii*, anscheinend um eine Verwechslung mit *u* zu verhindern, so z.B. bei *terentíí*, *filíí* oder *alíís*, und daß er ein auslautendes *s* sehr oft hochstellt.

Im Bereich der lateinischen Rechtschreibung spiegeln die Abschriften in G natürlich weithin die Entwicklungen des 10. und 11. Jahrhunderts, wie sie in den jeweiligen Vorlagen vorkommen (siehe dazu unten §4). Aber der Schreiber intensiviert einige solcher Tendenzen, während bei ihm auch andere begegnen, die relativ neu sind. So erscheint einerseits sehr viel öfter *e* für ę (*ae*, *æ*) oder *c* für *t* und umgekehrt (wie in *cercius*, *confitere*), andererseits finden sich nicht selten Verdoppelungen wie *speccula*, *occulus*, *opportet*, *construcxit* (ab und zu auch Mischformen wie *analictica* statt *analitica*), und einige Male wird zwischen *m* und *n* als Übergangslaut ein *p* eingefügt, etwa in *dampnatio* oder *erumpna*. In solchen Fällen (und in einigen anderen) werden die

14 Siehe zuletzt Hellgardt, 175 und Anm. 10.
15 Siehe zuletzt King 1979, Einl., XXVI/XXVII, mit einer Übersicht der Grundtypen; Tax 1986, Einl., §9. Man beachte auch die Faksimiles von G.

paläographisch und sprachlich, u.U. auch bedeutungsmäßig relevanten Varianten und Abweichungen regelmäßig im Apparat verzeichnet.[16]

Aber seine Erfahrung hat nicht verhindern können, daß er sich öfter vertan hat: Da wir die richtige Vorlage kennen (siehe unten), zeigt sich, daß er sie nicht selten mißverstanden hat, und es gibt auch manche Auslassungen durch Zeilensprung (*Homoioteleuton*), die nicht beseitigt wurden und die Texte mehrmals schwer verständlich machen (siehe die Apparate). Der Mangel an Überprüfung überrascht bei einem solchen umfangreichen Kollektivunternehmen. Auch die Interpunktion wurde sehr nachlässig, öfter auch eigenwillig gehandhabt: Am Ende eines Satzes fehlt sie fast immer, so daß nur ein Großbuchstabe den neuen Satzanfang bezeichnet. Aber im Vergleich mit der Vorlage zeigt sich auch häufig, daß der Schreiber Majuskel statt Minuskel und umgekehrt schreibt. Die kurzen Pausen werden oft überhaupt nicht bezeichnet, oder aber das angewendete Zeichen, meistens der Punkt, wird so gesetzt, daß der Sinn nicht selten geradezu verunklärt wird.[17] Die vielfachen Varianten bei der Interpunktion müssen in der Regel schon aus Raumgründen unberücksichtigt bleiben.[18]

3. Wie sich G und Z zueinander verhalten

Für die Fassungen von Nl und Nr in G und deren Verhältnis zu den Vorlagen siehe die Einzeleinleitungen zu diesen Texten. Was aber das Verhältnis von G zu Ndis, Ndia und Ntr betrifft, so läßt sich nachweisen, daß G in allen drei Fällen fast sicher direkte Abschriften der Texte in Z enthält. Abhängigkeit kann auf Grund gemeinsamer Fehler aufgezeigt werden. So hat Ndis, Z4r,15/16, statt *supremo* die Form *suppre/mo*; sie erscheint in G sogar als *suppmo* mit *prę*-Strich. In Z21r,1/2 findet sich ursprünglich die unrichtige Form *fin/gebantur* statt *figebantur*. In Z erscheint *n*¹ jetzt radiert, G hat noch *fingebantur*. Entweder fand die Rasur statt, nachdem G diesen Text aus Z kopiert hatte, oder G hat das radierte *n* übersehen.

Aber es gibt stärkere Argumente. Zweimal in Ndis wurde eine *varia lectio* in Z vom Schreiber in G unrichtig untergebracht. In Ndis, Z10r,5a–c steht die

---

16 Auch bei den anderen Textzeugen, die keine Leithandschriften sind, wird *mutatis mutandis* so verfahren.

17 So heißt es z.B. in G: *que in oratione proprie cęsa . dicuntur* (= Z60v,11) oder *Habent enim naturam prępositiuam et tendentem . ad sequentia redditiua* (= Z57v,8/9), wo der Punkt beide Male Zusammengehöriges trennt, und in einem Zitat aus dem Propheten Jeremias *priusquam te formarem . in utero noui te* (= Z41v,15), wo die Pause natürlich richtig hinter *utero* gehören würde.

18 Dies gilt auch bei den anderen Texten für die Codices, die keine Leithandschriften sind.

deutlich mit *Uel* angegebene "andere Lesart" *Nam ... superlatiui;* auf dem unteren Rand, mit einem Einfügungszeichen davor sowie über *nam ita* des Satzes *nam ... proximum.* (3-5a) im Text. Ein Abschreiber würde normalerweise entweder den im Text selbst stehenden Satz zuerst kopieren, dann anschließend die auf dem Rand befindliche *varia lectio*, oder aber den Satz im Text nicht, sondern nur das Satzgefüge auf dem Rand. Der Schreiber von G aber kopierte zuerst den Satz auf dem Rand, dann aber doch noch den im Text - ein Fall also von umgekehrter Anordnung (*praeposterus ordo*) bzw. Konservatismus. Der andere Fall ist fast identisch: Z17v,16a-16c steht die deutlich mit *.Aliter.* angegebene "andere Lesart" auf dem linken Rand, mit einem Einfügungszeichen über *Unde* des Satzes *Unde ... dicitur* (15/16a) im Text. G hat wiederum zuerst die marginale Variante, dann trotzdem anschließend die Lesart im Text kopiert.[19]

Die Vorlage kann aber auch zu anderen Fehlern führen. So läßt sich in Ndis der Fehler von G *ad disciplinis* leicht durch die zusammengeschriebene Form *adisciplinis* in Z4r,2 erklären, und der Schreiber von G kopiert den Namen des Kaisers *ocdauianus* nur deshalb mit *d*, da in Z11v,12 *octa* am Ende der Zeile so geschrieben wurde, daß nur der Bauch des *a* erscheint, *t* aber in einer Ligatur, die leicht als ein unziales *d* (*δ*) verlesen werden konnte.

Wenn G den ersten Text von Z, Ndis, gewiß direkt daraus kopiert hat, liegt es auf der Hand, daß auch Ndia und Ntr unmittelbar aus Z stammen. Der Nachweis ist aber nicht so leicht, da eben die Fassungen von Ndia und Ntr in Z textlich weit besser sind als Ndis; die besseren Vorlagen haben weit weniger bedeutsame Fehler erzeugt. Allerdings ist G die einzige Handschrift mit Abschriften von Ndia (nach Z, nicht nach S2) und Ntr. Aber es gibt einiges Beweismaterial.

Wir haben schon auf die vielen Zeilensprünge durch *Homoioteleuton* hingewiesen, die G im Vergleich mit Z enthält. Wichtig als Argument für eine direkte Abhängigkeit ist die Tatsache, daß in fast allen Fällen es deutlich Zeilensprünge in Z sind; wie der zeilengetreue Abdruck jeweils zeigt, stehen die gleichen Wörter, die den Sprung visuell veranlaßten, in Z fast immer direkt untereinander, und solche Zeilensprünge begegnen nicht nur in Ndis, sondern auch in Ndia und Ntr; siehe in Ndis: 6v,11-13, 11v,10/11, 16r,8/9, 16v,2/3 und 12-14; in Ndia: 27v,16/28r,1, 34v,3/4, auch 35v,2; in Ntr: 58r,14/15.

---

19 Siehe die dazugehörige Darstellung des Sachverhalts jeweils im Apparat.

Demgegenüber fallen die Veränderungen, die G im Vergleich mit Z bietet, kaum ins Gewicht. Es sind, wie die Apparate zeigen, meistens kleine Umstellungen und Verdeutlichungen, auch mehrere Auslassungen. Nur die Ergänzung, et *propter Hierusalem non q‹uiescam›*, zu einem Zitat in Ntr, *Propter sion non tacebo* (Z42r,2), wäre problematisch. Dies ist eine sehr bekannte Stelle aus dem Propheten Isaias (62,1). Der Schreiber von G hat den parallelen zweiten Vers leicht aus dem Gedächtnis ergänzen können; die Kurzfassung von Z genügt und ist m. E. die *lectio difficilior* und ursprünglich, denn im allgemeinen wird ein (frommer) Abschreiber ein (längeres) Bibelzitat nicht verkürzen, sondern ein kurzes verlängern, falls und weil er es für zu knapp hält.

Es bleibt noch die Frage zu beantworten, ob die Wiederholung des Anfangs von Ntr in G auf Z beruht oder aber auf einer anderen Vorlage. Sowohl van de Vyver wie de Rijk glauben an die letztere Möglichkeit.[20] Van de Vyver schließt vor allem deswegen auf eine andere Quelle, weil an den zweiten Anfang von Ntr auf f. 64va sich Ndia anschließt, diese Vorlage also eine andere Reihenfolge beider Texte als Z (Ndia-Ntr) aufgewiesen hätte. Aber das Argument ist nicht sehr stark, denn der Irrtum des Schreibers könnte einfach auf Mangel an Aufmerksamkeit oder auf Müdigkeit beruhen, und wir bräuchten doch zumindest einen Nachweis, daß in irgendeiner Handschrift Ndia direkt auf Ntr gefolgt wäre. De Rijk versucht auf Grund der Abweichungen zwischen beiden Texten von Ntr zwei Vorlagen anzusetzen. Bei den Unterschieden freilich, die er aufführt, handelt es sich - abgesehen von der Interpunktion - einmal um einen fehlenden *n*-Strich und weiter um einige Verschreibungen wie die Endung *-um* statt *-a*, *minor his* für *minoribus his*, *et* statt *in*, und *quid disputat* statt *qui disputat* (siehe unten) - alles Verschlimmbesserungen und Sorglosigkeiten, die in G auch sonst auf Schritt und Tritt begegnen und daher für den Schreiber bezeichnend sind. Nur *infinitum* in G für *infinitiuum* (Z39r,14) ist eine - leicht zu erklärende - Verbesserung, denn im Textzusammenhang kommt kein Infinitiv vor, sondern nur das Pronomen *qui*.

Gegen den Ansatz einer zweiten Vorlage spricht, daß in beiden Fällen ein ganzer Satz, Z38v,10, fehlt; darin werden in unmittelbarem Anschluß an die Überschrift die sieben *circumstantiae rerum* (*periochae*) wortwörtlich und in éiner Zeile aufgeführt. Da diese Reihe bald danach (39r,3-5) in zweifacher Variation nochmals aufgelistet wird (und die einzelnen Termini später in der Abhandlung öfter erwähnt werden), hat es den Anschein, daß der Schreiber von G den ganzen Satz, der ohnehin wie eine Glosse anmutet, einfach weggelassen hat,

20 Siehe van de Vyver, 185/186; de Rijk, 80/81.

zumal er sonst keine Glossen aus Z in seinen Text übernimmt. Gerade weil Z die Reihe in éiner Zeile aufführt, als ob es sich um eine Interlinearglosse handelte, liegt es auf der Hand, daß der Schreiber von G beim Kopieren derselben Vorlage dieselbe ganze, für ihn überflüssige Zeile auch zweimal ausließ. Auch die nächste Glosse, Z39r,4/5, fehlt in beiden G-Versionen. Daß aber die Wiederholung des Anfangs auch auf Z beruht, läßt sich durch eine Verschreibung zeigen: Für *qui disputat* in Z39r,14 heißt es auf f. 64va in G unrichtig *quid disputat*; aber Z setzt *quidisputat*, eine Zusammenschreibung, welche die falsche Abtrennung leicht hat veranlassen können.

Anscheinend wurden also vom Schreiber des Codex G die drei Notkertexte in Z direkt daraus, wenn auch in anderer Anordnung, kopiert. Dies verhindert natürlich nicht, daß noch weitere Textzeugen dem Schreiber von G vorgelegen haben können, so daß zumindest an einigen Stellen Kontamination stattgefunden haben mag.[21]

4. Das Latein Notkers des Deutschen

Das Latein in Notkers eigenen umfangreicheren Schriften, in denen er nicht allein wie in Nb oder Nc seine Vorlagen syntaktisch umarbeitet, sondern, wenn auch auf Grund gewisser Quellen, sich den Text selbst erarbeitet, erscheint in CSg. 820 (mit Ndia) und in den ursprünglich St.Galler Handschriften D (mit Nr), Z (mit Ndis, Ndia, Ntr) und auch Z2 (mit Ncom) im allgemeinen als sehr regelmäßig und fast klassisch,[22] wenn auch mit einigen vor allem orthographischen Eigenheiten, wie sie um das Jahr 1000 wohl fast überall in Westeuropa im Gebrauch waren, als auch mit einigen Eigentümlichkeiten, die anscheinend typisch notkersch sind. Bei den normalen Schreibungen der Zeit ist vor allem an solche Vereinfachungen zu denken wie ę oder auch schon e für ae bzw. æ oder *oe*, *i* für *y* (Ypsilon) bei ursprünglich griechischen Wörtern, auch *an y* statt *i*, etwa in *phylosophus* oder *sydus* 'Stern(bild)', t für *th* und *th* für t, t statt c oder umgekehrt *c* statt t wie in *speties* oder *tercius* und an den h-Verlust vor Vokal, besonders wiederum bei griechischen Wörtern, etwa *ypot(h)eticus*. Doch gibt es offensichtlich auch einige Besonderheiten, die typisch notkersch sind. So weiß man schon lange, daß er im Bereich *ae/æ/ę/e*

21 Für seine Fassung von Notkers *De dialectica* hat der Schreiber von G wohl auch den Text von CSg. 820 (= S2) herangezogen. Siehe unten die Einl. zu Ndia.

22 Der klassische Philologe E. Kalinka, 254, gibt seiner Edition des für ihn anonymen Textes von Ndis in R2 die Überschrift: "Commentarius antiquus ad species nominis, quae a Prisciano feruntur". Das Prädikat "antiquus" umschreibt knapp den klaren klassischen Stil des Textes.

immer *grecus* schreibt, auch in den Ableitungen. Und es begegnen stets die Formen *merere* 'trauern, klagen', dazu das Substantiv *meror* und das Adjektiv (Partizip) *mestus*, *pene* 'beinahe', *sepe* 'häufig', *herere* 'kleben, hängen' (auch in Zusammensetzungen), *estimare* 'schätzen', fast immer *querere* 'fragen' und *questio*, dagegen meistens *cęteri*. Beim Konsonantismus etwa schreibt er "unrichtig" immer *cathegorię* mit *th* oder *dinoscere* ohne *g*. Solche so regelmäßig vorkommenden Eigentümlichkeiten deuten auf Absicht des Autors, nicht Zufall der Schreiber. Eine umfassende Untersuchung, wobei ich - als heuristisches Prinzip - methodisch zu unterscheiden versuche zwischen Notkers vorherrschend eigenen Texten wie Ndia, Ndis, Nr oder Ntr und den Passagen, die in seinen kommentierenden Übersetzungen vorliegen und die er aus anderen Werken und Vorlagen übernommen und normalerweise in der Hauptsache nur syntaktisch umgeordnet hat (wie Nb oder Nc), ist in Vorbereitung. So viel ist jetzt schon deutlich: Eine starke Normierung der Sprache, wie sie für das Deutsche in Buch 1 und 2 der *Consolatio* sowie auch in einigen frühen Psalterfragmenten am kräftigsten ausgeprägt erscheint, gilt anscheinend *mutatis mutandis* auch für das Latein Notkers des Deutschen. Die Frage ist auch hier, inwiefern und wie lange der Meister seinen Einfluß auf die Schreiber im Kloster St. Gallen und sonstwo und deren Schreibgewohnheiten ausüben konnte oder wollte.[23]

---

23 Zur Problematik siehe Tax 1986, Einl., §18. Ich hoffe demnächst in größerem Rahmen auf dieses Thema zurückzukommen.

E I N L E I T U N G

B e s o n d e r e r   T e i l

Einleitung, *Distributio*

A l l g e m e i n e s

1. Notkers *Distributio*: eine Brücke zwischen Grammatik und Logik

Die *Distributio*[1] ist der erste der drei lateinisch geschriebenen Texte (Ndis, Ndia und Ntr), die hier "offiziell" als echte Werke Notkers des Deutschen vorgestellt und herausgegeben werden. Wie schon der volle Titel *Distributio omnium specierum nominis inter cathegorias Aristotelis*,[2] besagt und die Schrift selber zeigt, behandelt Notker darin Fragen, die das Grenzgebiet zwischen der Grammatik (dem Nomen im Gegensatz zum Verbum) und der Logik (den Kategorien des Aristoteles) betreffen, und versucht dabei, eine Brücke zwischen beiden Bereichen zu schlagen. Der Darstellung nach ist dieser Traktat in mancher Hinsicht ein erweitertes und vertieftes Seiten- und Gegenstück zu der Behandlung des Nomens in Buch 2 und 3 von Priszians *Institutiones grammaticae*. Wie bei Notker üblich, ist die Schrift in Abschnitte eingeteilt; am Anfang, d.h. vor dem 1. Abschnitt, steht der Titel, jeder der 26 weiteren Abschnitte trägt eine Überschrift. Auffällig ist, daß der letzte Abschnitt (27), der *POSSESSIUUM* überschrieben ist, so ausführlich ist und etwas mehr als die Hälfte des Textes ausmacht. Es kommt hinzu, daß die Überschrift *POSSESSIUUM* auch schon über Abschnitt 10 steht, wenn auch dieser Abschnitt sehr kurz und allgemein gehalten ist, während Abschnitt 27 sich spezifisch mit einer großen Anzahl von Possessivendungen (*diuersas ... terminationes* Z11r,1) befaßt. Auch diese partielle Überschneidung und die Unausgeglichenheit in der Darbietung mögen Anzeichen dafür sein, daß die Schrift noch nicht ganz fertig war.

Das Werk wird in Notkers Brief an Bischof Hugo von Sitten nicht erwähnt, aber es ist der Forschung bisher entgangen, daß eine Art von Vorstufe zur *Distributio* sich in einem Exkurs zu Buch 2 von Notkers Bearbeitung der

---

1 Siehe Hellgardt, 176; van de Vyver, 182/183, 186, 189; er schreibt S. 189 über Ndis: "Deze verhandeling beteekent toch een eerste alhoewel zeer bescheiden poging tot *Sprachlogik* of *grammatica speculativa*, die zich zeer snel zal ontwikkelen en vanaf de XIIe eeuw één der hoofdkenmerken vormen der Westersche logica ... ".

2 Dieser Titel fehlt als Incipit im Register bei Bursill-Hall.

Categoriae findet.[3] Die Frage, ob es unter seinen im Brief erwähnten *quedam opuscula latine* <*conscripta*>[4] subsumiert werden kann oder erst nach dem Brief geschrieben bzw. vollendet wurde, wird wohl (siehe oben) im letzteren Sinne beantwortet werden müssen. Die Schrift sieht nicht nur wie ein Spätwerk aus, sondern auch als ein nicht ganz ausgefeiltes und etwas unausgeglichenes *opusculum*.

D i e Ü b e r l i e f e r u n g

2. Übersicht

Notkers *Distributio* ist in zwei Handschriften vollständig, in vier weiteren teilweise oder fragmentarisch erhalten: Zürich C 98 (= Z), f. 1r,1-22r,2 und G, f. 65ra,14-65vb,70 sowie f. 74r/v enthalten den ganzen Text; Vat. regin. lat. 1281 (= V4), II, f. 17v,27-19v,37 und Rouen I 69 (heutige Signatur, früher 932; = R2), f. 169r,1-173v,20 haben etwas weniger als die erste Hälfte; Paris, Bibliothèque Nationale, lat. 10 444 (= P3), f. 85r,1-87r,34 bietet ungefähr ein Drittel, auch aus der ersten Hälfte; und Berlin, Phillipps 1786 (= Be), Vorblatt 2r/v, hat nur einige Sätze aus dem letzten Drittel. Das Werk wird, soweit wir sehen, sonst, z.B. in mittelalterlichen Katalogen, nicht erwähnt. Aber auf Grund seiner offensichtlich weiten, wenn auch namenlosen, Verbreitung halte ich es für durchaus möglich, daß neue Textzeugen noch auftauchen werden.

3. Die älteren Ausgaben

Ndis nach der Brüsseler Handschrift G wurde zum ersten Mal von Piper in zwei Schüben veröffentlicht. Der erste, zum eigentlichen Notker-Quaternio gehörige Teil, f. 65rv bis *aliquid* (Z10v,12), wurde 1882 in der Einleitung von Band 1 seiner Ausgabe, S. LXXV-LXXXIX, ediert. Der zweite, das ergänzte spätere Blatt 74r/v umfassende Teil (Z10v,13 *dici* bis Schluß) folgte erst 1890, nachdem Traube 1888 darauf aufmerksam gemacht hatte, und wie bei Traube unter falscher Flagge;[5] diese Ausgabe ist, abgesehen von der Interpunktion, handschriftengetreu und nicht normalisiert. Ohne Kenntnis von Pipers Abdrucken ist der Text von R2 dann 1894 von E. Kalinka in seinen "Analecta latina" veröffentlicht worden;[6] der Herausgeber hat ihn dabei auf ein klassisches Latein hin

---

3 Siehe King 1972, 87-94. Nicht nur gibt es zahlreiche Übereinstimmungen zwischen der Wortwahl und den benutzten Beispielen in beiden Texten, sondern auch die Tatsache, daß der Exkurs sich an die Behandlung der Kategorie *ad aliquid* anschließt, findet eine Entsprechung in der Häufigkeit, mit der Notker in Ndis seine Paradigmen derselben Kategorie *ad aliquid* zuweist.

4 Siehe unten Nep, Z. 19.

5 Piper 1890, 278-286; vgl. Traube 1888; beide Male als "Notkers Rhetorik".

6 Als: "VI. Commentarius antiquus (!) ad species nominis, quae a Prisciano

normalisiert und mit einer modernen Interpunktion versehen. Pipers nicht sehr zuverlässiger Text ist von der Forschung gelegentlich benutzt worden, Kalinkas viel besserer anscheinend nicht.[7]

K o d i k o l o g i s c h e s

4. Die Handschriften von Notkers *Distributio*

Diese Handschrift wurde generell schon oben in der Allgemeinen Einleitung, §2, behandelt. Hier ist einiges Wichtige für den Text von Ndis zu ergänzen.[8] Wie schon oben in §1 erwähnt wurde, ist er in Abschnitte eingeteilt, beginnt der Text selber mit einem längeren Titel und haben alle Abschnitte Überschriften. Es ist auffällig, daß der Titel auf f. 1r über dem Schreibraum angebracht erscheint und daß alle Überschriften auf den Rändern stehen. Es hat also den Anschein, daß der Text in Z zunächst rein vorlag (= Fassung X), dann - in einem zweiten Arbeitsgang - Titel und Überschriften erhielt (= Fassung Y). Dieser Anschein wird bekräftigt durch die Tatsache, daß der jeweilige Abschnittsanfang meistens nicht, wie man bei Notker erwartet, als rubrizierte Initiale erscheint, sondern als Majuskel, die regelmäßig rot gestrichelt (schattiert) worden ist - eine Strichelung, die wohl im selben Arbeitsgang wie Titel und Überschriften, aber dann nicht ganz konsequent, angebracht wurde. Diese beiden Stadien von Ndis in Z spiegeln sich, wie unten gezeigt werden soll, auch in den Abschriften. Aber auch von hier aus gesehen ist der in Z vorliegende fertige Text von Ndis sicherlich keine Reinschrift.

Wie in der Allgemeinen Einleitung, §2, ausgeführt wurde, erstreckt der Text von Ndis sich über zwei Lagen sowie den ersten Teil von Lage 3 und haben vier Hände sich an der Niederschrift beteiligt.

Falls ein Satzanfang und der Beginn einer neuen Zeile zusammenfallen, wird der Großbuchstabe ausgerückt. Nicht ausgerückt wurden: *Et* (Z3r,17), *Fulcimentum* (17v,5), *Pedites* (19r,16), *Eodem* (19v,4), *Penetrabilis* (19v,14), *Furax* (20r,11); halb ausgerückt ist *Omnis* (5v,8).

Zu der Sammelhandschrift G und dem Text von Ndis darin beachte man oben die Allgemeine Einleitung, §2.[9] Der Text weist einen Titel wie auch Abschnittsüberschriften auf. Jeder Abschnitt beginnt mit einer Initiale. Rubrizierung

---

feruntur", 254-271; Text: 257-265, Kommentar: 265-271.

7 Ich werde auf die ältere und neuere Literatur zu Ndis im *Notker latinus* weiter eingehen.

8 Z fehlt bei Bursill-Hall.

9 Siehe van de Vyver, 182; de Rijk, 48 (Nr. 9) und 81. G fehlt bei Bursill-Hall. Eine Aufnahme von f. 74r steht unten in der Ausgabe, S. 2.

ist nicht vorhanden. Falls eine Zeile mit einer Majuskel beginnt, wird normalerweise nicht ausgerückt.

V4: Die Handschrift Vat. regin. lat. 1281[10] enthält in Teil II, f. 17v,27-19v,37 etwa die erste Hälfte von Ndis. Ein Titel und die Abschnittsüberschriften fehlen.

Die Handschrift kam zur Vatikanischen Bibliothek (zusammen mit anderen Reginenses) als Nr. 8 der Sammlung Petau und besteht aus zwei Abteilungen. Der uns hier nur interessierende Teil II wurde wohl in dem Kloster Fleury (südöstlich von Orléans) oder dessen näherer Umgebung geschrieben. Er umfaßt 44 Blätter und enthält neben Ndis Texte zu den Artes (Logik und Arithmetik), auch eine Einteilung der Philosophie.[11] Jede Seite mißt ca. 34,2 x 24,5 cm, der Schriftspiegel ca. 25 x 17 cm. Eine Seite hat normalerweise 41 Zeilen. Auf f. 19v endet der Text in Zeile 37 mit dem ersten Wort *Ergo* eines neuen Satzes; danach ist ein Viertel der Zeile noch leer, auch Z. 38-41 sowie f. 20r sind leer. Anscheinend endete auch die Vorlage von V4 mit dem Wort *Ergo* und hoffte der Schreiber (oder sein Auftraggeber) noch auf eine Fortsetzung.

Das Pergament ist relativ dünn (die andere Seite scheint oft durch) und insgesamt von sehr guter Qualität. Die Tinte ist schwarz, eine Rubrizierung ist nicht vorhanden. Der Text, der mit einer zwei Zeilen hohen Initiale *O(cto)* beginnt, wurde um die Mitte des 11. Jahrhunderts sehr sorgfältig von einer Hand, die sehr geübt, fest und gleichmäßig (Boyle: "crisp and assured") ist, in einer kleinen, mehr oder weniger rechtsgeneigten und etwas scharfen spätkarolingischen Minuskel eingetragen. Großbuchstaben am Zeilenanfang werden normalerweise nicht ausgerückt.

R2: Die Handschrift Rouen I 69 (jetzige Signatur, früher 932)[12] stammt aus dem unweit Rouen gelegenen Kloster Jumièges und wurde nicht, wie Henri Omont meinte, im 11., sondern, wie E. Kalinka und G. Bursill-Hall richtig sahen, im 12. Jahrhundert geschrieben.[13] Der Codex, der neben Ndis in der Hauptsache den zweiten Kommentar des Boethius zu *De interpretatione* sowie Alkuins Ars

10 Siehe van de Vyver, 183, 195/196. V4 fehlt bei Bursill-Hall. Eine kodikologische Beschreibung der Handschrift fehlt. Ich möchte auch hier dem Präfekten der Vatikanischen Bibliothek, Hochwürden Herrn Prof. Dr. Leonard Boyle, für wichtige Information über den Codex aufrichtig danken.

11 Siehe die Übersicht bei van de Vyver, 195/196.

12 Siehe die knappe Beschreibung bei Omont, 235; van de Vyver, 182; Bursill-Hall, 227 (Nr. 238.7).

13 Siehe Kalinka, 254-256, der die über das 11. Jahrhundert hinausweisende Technik der Abkürzungen wie auch spätere orthographische Züge hervorhebt.

dialectica enthält, umfaßt 176 Blätter.[14] Der Text von Ndis, f. 169r,1-173v,20, weist keinen Titel und keine Abschnittsüberschriften auf und reicht bis *sine corpore .i.ii.iii.* (Z10r,18). Über dem Text steht in einer modernen Hand: *Tractatus grammaticus incerti auctoris*. Der Text selber beginnt mit einer vier Zeilen hohen rubrizierten Initiale *O(cto)*. Das untere Drittel von f. 173v ist an und für sich leer, aber eine spätere Hand hat in gotischer Bastarde eine lateinische *subscriptio* angebracht, in der die Handschrift (oder zumindest der vorhergehende Text) als Eigentum der Benediktinerabtei des heiligen Petrus (*abbatia sanctj petrj ... ordinis sanctj Benedictj*)) in Jumièges beansprucht wird.

Jede Seite mißt ca. 17 x 10,5 cm, die Schreibfläche wechselt pro Seite und reicht von 13,7 x 8 bis 14,5 x 8,5 cm, denn f. 169r/v, 170r/v und 173r haben je 32 Zeilen auf der Seite, 171r/v je 35, 172r/v je 34 (173v hat 20). Die Tinte ist dunkelbraun. Nur die Initiale *O(cto)* des Textbeginns auf f. 169r,1 ist rubriziert. Das Pergament von f. 169, 170 und 173 ist mittelstark, das von f. 171, 172 und 174 dick und steif; es ist ziemlich weiß auf den Fleisch-, gelblich auf den Haarseiten (nur f. 175v ist richtig vergilbt). Das Pergament ist insgesamt sauber. Die Schrift steht im Übergang zwischen einer spätkarolingischen Minuskel und einer frühgotischen Textura: sie ist kompakt und nicht sehr rund, und obwohl es noch keine Bogenverbindungen gibt, sind normalerweise die Schäfte auf der Zeile nach gotischer Art umgebrochen. Auch gibt es regelmäßig (schräge) Bindestriche am Zeilenende. Majuskeln am Zeilenanfang werden ausgerückt.

P3: Die Pariser Handschrift lat. 10 444[15] besteht aus 87 Blättern und wurde fast ganz im 11./12. Jahrhundert geschrieben.[16] Der Einband ist modern. Der Codex enthält hauptsächlich zwei exegetische Werke zur Bibel: f. 4r-48v *Glossae in Genesim* und f. 52r-84v Augustins *Expositio in epistolam ad Romanos*. Der Teil 52r-84v ist verbunden; die richtige Reihenfolge ist: 62-84 + 52-57 + 58-60. Darauf folgen dann einige Artes-Texte: f. 60v-61r ein Fragment von *De quadra-*

14 Da eine kodikologische Beschreibung fehlt, möchte ich auch hier Madame Valérie Neveu (Rouen) für wichtige Information über R2 freundlich danken.

15 Siehe Bursill-Hall, 198 (Nr. 208.176); van de Vyver, 183. Eine kodikologische Beschreibung der Handschrift fehlt. Ich bedanke mich auch hier bei Frau Dr. Patricia Stirnemann für wichtige Information über den Codex.

16 So van de Vyver, 183, auch Hellgardt, 176; Stirnemann und Bursill-Hall datieren in das 12. Jahrhundert. Da aber die (Echternacher) Schrift in N1 und Ndis noch ziemlich rund ist und keine Andeutungen gotischer Merkmale aufweist, denke ich eher an die Jahrhundertwende, die Zeit um 1100 also.

tura *circuli* des Ragimbold von Köln,[17] 61r ein Bruchstück von N1, 61v Exzerpte aus Gerberts von Rheims *De ratione uti* und 85r-87r das längere Fragment von Ndis.[18] Die exegetischen Werke wurden von zwei Lütticher Händen geschrieben, die Artes-Stücke von einem Echternacher Schreiber, der auf f. 3v auch ein "Testamentum Porcelli" eingetragen hat.

Das Fragment von Ndis auf f. 85r-87r umfaßt etwa ein Drittel des Textes: von *Pluriuoca* (Z3v,1) bis *Patronomicum est* . (Z10v,8), endet also mitten im Satz. Bei diesem Text sind die Maße der Seite ca. 25,5 x 17 cm, der Schriftspiegel mißt ca. 21 x 13,5 cm. Jede Seite hat 34 Zeilen, auch die letzte; aber zwei Drittel der letzten Zeile auf 87r sind leer, und auch 87v war ursprünglich leer geblieben.[19] Dies läßt darauf schließen, daß auch die Vorlage von Ndis dort endete, wo P3 aufhört, und daß der Schreiber (oder sein Auftraggeber) auf eine - wohl noch zu findende - Fortsetzung rechnete.[20] Eine Aufnahme von f. 85r steht unten in der Ausgabe, S. 1.

Das Pergament ist von einer mittleren Stärke, es ist aber vergilbt und schmutzig; f. 85 wurde mit einer Art Gaze repariert und ist jetzt dünn und mehr oder weniger durchsichtig. Die Außenränder sind ungleichmäßig, auf f. 86 unten wurde die äußere Ecke vor der Beschriftung abgeschnitten, auf f. 85 und 87 unten jeweils die äußere Ecke ohne Textverlust abgerissen. Die Tinte ist hell braun. Auf f. 86 und 87r finden sich mehrere Tintenflecken. Der Text wurde in einer relativ kleinen spätkarolingischen Minuskel (Stirnemann: "small bookhand") von einer Hand eingetragen, die sehr geübt und kräftig, kompakt und noch ziemlich rund sowie etwas linksgeneigt ist (siehe das Faksimile). Großbuchstaben am Zeilenanfang werden nicht ausgerückt. F. 86r rechts oben und 86v links oben - das Pergament dort war mal der Feuchtigkeit ausgesetzt - wie auch 87r unten sind stark abgerieben.

---

17 Dieses Werk ist enthalten in einem 1025 verfaßten Brief an den Lütticher Mönch Radulfus; das Jahr 1025 ist also auf jeden Fall *terminus post quem* der Handschrift (Notker starb 1022).

18 Rechts oben findet sich eine Foliierung mit Tinte durch eine Hand des späteren 19. Jahrhunderts: 89 (!), 86, 87; rechts daneben ist eine frühere mit Bleistift (84, 85, 86) noch sichtbar.

19 Das Fragment *De invasione Tartarorum* auf f. 87v wurde später eingetragen.

20 Eine weitere Untersuchung könnte die Frage beantworten, ob vor f. 85r ursprünglich ein Blatt vorhanden war, das den Anfang von Ndis enthielt, so daß auch P3 - wie V4 und R2 - etwa die ganze erste Hälfte von Ndis umfaßte. Eine Seite in P3 entspricht textlich etwas mehr als drei Seiten in Z; das in P3 Fehlende (falls es fehlt) würde genau fünf Seiten in Z füllen.

e: Auf dem Vorblatt 2r,1-13/2v,1 zu der Handschrift Berlin Phillipps 1786[21], die in der Hauptsache den *Liber definitionum* des Marius Victorinus und den *Liber definitionum* des Boethius enthält, stehen auch fünf Passagen aus Ndis: 2r,1-7: *Quid* bis *facta*. (= Z21v,7-15); 7-11: *Speties* bis *qualitatis*. (= 21v,15-22r,2); 11/12: *Suffecti successores dicuntur*. (vgl. 14v,14: ... *suffectos successores dicere*); 12/13: *Tabellarius* bis *attulit;* (vgl. 12v,1/2); 2v,1: *Chiliarchi* bis *prȩsint;* (= 14v,6). Es folgt Z. 2-8 eine Stelle aus N1.[22] Rose bestimmt das Alter der Handschrift als "X/XI. Jh.". Die Schriftheimat der Handschrift ist (noch) unbekannt.

Das kleine Blatt mißt ca. 8,5 x 7 cm, die Schreibfläche von 2r (mit 13 Zeilen Text) ca. 6 x 5,3 cm, die von 2v (mit 9 Zeilen Text) ca. 6 x 3,6 cm. Die Schrift, die van de Vyver ins 11. Jahrhundert datiert, ist eine spätkarolingische Minuskel; die Hand ist geübt, aber etwas ungleichmäßig, und sie schreibt kompakte und sehr kräftige, ja schwerfällig wirkende Buchstaben. Großbuchstaben am Zeilenanfang werden ausgerückt.

5. Wie sich die Handschriften Z, G, V4, R2 und P3 zueinander verhalten

Der in Z vorliegende Text von Ndis war anscheinend der Archetyp aller späteren Fassungen, und zwar in der Version ohne Titel und Überschriften (X) und in der mit Titel und Überschriften (Y).[23] Wie oben in der Allgemeinen Einleitung, §3, schon gezeigt wurde, ist der Text von Ndis in G eine direkte Abschrift von Z, und zwar von der Fassung Y, nicht X. G ist die einzige erhaltene Abschrift von Z (Y) und wurde anscheinend nicht weiter kopiert.

Schon weil Titel und Überschriften in V4, R2 und P3 fehlen, gehören diese Textzeugen zur Fassung X von Z. Sie haben auch mehrere Abweichungen von Z gemeinsam, etwa *bruti* (4v,13) sowie syntaktische Umstelllungen in 5r,18; 5v,2; 10r,3-5a; 10r,8. Die Apparate von V4 und R2 machen an sehr vielen Stellen deutlich, daß diese beiden Textzeugen enger zusammengehören, denn sie haben zahlreiche Abweichungen von Z und Fehler gemeinsam, so z.B. gleich am Anfang: *ipse sint* (Z1r, 7), *inflexionem* (1r,10), *cognoscenda* (1r,17). Doch kann R2 keine direkte oder indirekte Abschrift von V4 sein, da V4 im Vergleich mit Z Lücken hat, die R2 nicht aufweist, z.B. *sint* (1v,4), *qui* (5r,17), vor allem die längere Auslassung in 8v,5-7. Wir müssen also eine Zwischenstufe zwischen Z und V4/R2 ansetzen.

---

21 Siehe zum Codex Rose, 389/390, zum 2. Vorblatt ebda Sp. 390a, Nr. 3, wo die Texte nicht identifiziert wurden; van de Vyver, 183, der die Stelle aus N1, nicht aber obige Exzerpte aus Ndis erkannt hat. Be fehlt bei Bursill-Hall.

22 Siehe unten die Einl. zu N1, §4.

23 Siehe oben §4.

Aber die Affiliation läßt sich auf Grund der Textschlüsse in V4 und R2 etwas weiter aufhellen. Denn V4 hört mit dem ersten Wort *Ergo* (Z10r,18) eines neuen Satzes auf, aber danach sind etwa ein Viertel der Zeile, die drei letzten Zeilen der Seite und die ganze recto-Seite des nächsten Blattes leer. Der Schreiber von V4 (oder sein Meister) hat also gehofft, den Rest des Textes später zu ergänzen; falls die Ergänzung mehr als etwa eine Seite umfassen würde, könnte man einfach weitere Blätter anheften oder ankleben. Auf jeden Fall würde es auf der Hand liegen, daß auch die direkte Vorlage von V4 mit dem Wort *Ergo* endete, und es ist wahrscheinlich, daß R2 von dieser Fassung abgeschrieben wurde. R2 hätte dann die Waise *Ergo* beseitigt, denn auch am Ende von R2 sind noch mehr als 10 Zeilen leer, so daß auf jeden Fall für das eine Wort *Ergo* Platz genug gewesen wäre. (Auch der Schreiber von R2 hat natürlich hoffen können, daß eine Fortsetzung noch auftauchen möchte.)

Das (für uns) abrupte Ende von V4 macht es wahrscheinlich, daß *Ergo* das letzte Wort einer Lage (oder zumindest eines Schlußblattes) der Vorlage war. Schon weil *Ergo* in Z sich zwar in einer letzten Zeile befindet, aber weder das letzte Wort ist noch auf einer verso-Seite steht, kann Z selbst - natürlich in unvollständig zu denkender Form - nicht die direkte Vorlage von V4 gewesen sein. Auch nach diesem Gedankengang ist mindestens eine Zwischenfassung vor V4/R2 und nach Z (X) anzusetzen.

Daß R2 keine direkte Abschrift von V4 ist, wird auch durch folgenden Umstand nahegelegt. V4 hat gegenüber Z3v,6 *qualitas est* die Umstellung ÷ (= *est*) *qualitas*, R2 dafür *equalitas*. Diese Form läßt sich aber nur auf Grund von *e qualitas* (oder vielmehr zusammengeschrieben *equalitas*) in der Vorlage erklären. Aber vielleicht beruht R2 auf mehr als einer Vorlage, ist also kontaminiert. Denn V4 weist im Vergleich mit Z (5v,2/3) auch eine Umstelllung von zwei Sätzen auf; obwohl die Reihenfolge in Z etwas stimmiger ist, ist auch die V4-Version deutlich genug. R2 hat dieselbe Umstellung, aber macht sie durch übergeschriebene Buchstaben wieder rückgängig. Also lag dem Schreiber auch ein Text vor, der in diesem Falle die Reihenfolge von Z aufwies.

Auch der Text in P3 gehört zur Fassung X von Z. Aber obwohl P3 in einigen Fällen mit V4 und R2 zusammengeht (siehe oben), kann er doch nicht direkt von V4 abhängig sein, denn einiges, das im Vergleich mit Z in V4 fehlt, ist in P3 vorhanden, z.B. 5r,3 *arabicus* oder 6v,7 *indiuiduam*, besonders auch die oben zu R2 schon erwähnte Auslassung (Z8v,5-7) in V4, die auch in P3 nicht fehlt, und R2 ist zu spät, um als Vorlage für P3 in Betracht zu kommen. P3 wurde also entweder von einer Version abgeschrieben, die vor V4 und R2, aber nach Z (X) angesiedelt werden muß, oder ist kontaminiert. Es wäre weiter zu untersuchen, ob die Zwischenfassung zwischen V4/R2 und Z (X) mit der zwischen P3 und Z (X) identisch sein könnte.[24]

6. Korrekturen und Rasuren

Die Verbesserungen des Textes von Ndis in der Leithandschrift Z wie auch in den anderen Textzeugen wurden wie üblich in den Apparaten verzeichnet. Sie bleiben im allgemeinen innerhalb der Grenzen des Normalen.[25] Die Korrekturen in G, V4, P3 und R2 stammen meistens vom jeweiligen Schreiber, in Z sind sie oft von anderer Hand.

7. Abkürzungen und Ligaturen[26]

In dem Text von Ndis nach Z wurden die normalen Abkürzungen (mit Ausnahme von *.i.* = *id est*) wie auch die Ligaturen *&*, *rt*, ſt, vs sowie normalerweise an *m* oder *n* unten angehängtes *a* und *i*, z.B. in *nominatur* (Z5r,13), stillschweigend aufgelöst. Bemerkenswerte Fälle wurden in den Apparaten verzeichnet. Wie in G steht auch in P3 und R2 -ł vielfach für die Endung *-lis*. Auffällig sind in P3, R2 und V4 die Kürzel *h* für *hoc*, in P3 und V4 *h* für *hęc*. Aussparung von *r* oder *u* unter Hochstellung des folgenden Vokals ist häufig: *q*ⁱ*a*, *p*ⁱ*ma*, auch *eloq*ᵉ*ntia* (Z9v,10). Die Abkürzung *p* für *per* vertritt in R2 auch einige Male *par*, z.B. in *comparatio* (Z3r,19). Das tachygraphische Zeichen ÷ für *est* begegnet in V4, P3, G und R2, ⁊ für *et* in G und R2. Be hat für *est* dreimal einen Schrägstrich, danach Punkt auf Zeilenhöhe (eine Variation von ÷?). In den jüngeren Textzeugen G und R2 übt ein Strich oder Haken gelegentlich zwei oder mehrere Funktionen aus, so z.B. in *ōſ* (= *omnes*), *ōiſ* (= *omnis*), *āal* (= *animal*), *aiām* (= animam).

Die Ligatur & steht natürlich oft allein und auch als Verbalendung im Auslaut (*hab&*), einige Male aber auch im Anlaut, wie bei *&hiopes* (Z4v,19). Die Ligatur -vs als Endung, die in G sehr häufig, in den anderen Textzeugen sporadisch eingesetzt wird und dann regelmäßig am Zeilenschluß, erscheint in Z20r,2-8 plötzlich nicht weniger als 12mal. Andere Textzeugen als Z weisen auch die *or*-Ligatur, P3 noch eine *es*-Ligatur im Auslaut auf (das s wird dabei hochgestellt).

---

24 Die wenigen Sätze von Ndis in Be lassen keine Schlüsse auf Abhängigkeiten zu.

25 Siehe zuletzt unten Kings Einl. zu Nr, §8; Tax 1986, Einl., §6; vgl. für R2 Kalinka, 267/268.

26 Siehe zuletzt unten Kings Einl. zu Nr, §9, und Tax 1986, §9; vgl. für G oben die Allgemeine Einleitung, §2, für R2 die Zusammenstellung bei Kalinka, 254/255.

P h i l o l o g i s c h e s

8. Lateinisches und Orthographisches

Zu Notkers Latein generell ist oben die Allgemeine Einleitung, §4, zu beachten.[27] Auch der Text in Z erscheint einerseits als in hohem Maße normalisiert, andererseits nicht ohne einige zum Teil typisch notkersche Eigentümlichkeiten und sonstige Unregelmäßigkeiten. Für ae (æ) findet sich meistens *ę*, aber auch *e* ist nicht selten, z.B. 3r,10 *equiuoca*, 6r,8 *cesaris*, 11v,12 *emilianus*. Es heißt z.B. 1r,13/14 *quęstio*, aber 20r,14 *questionem*, 3r,11 *ceteris*, aber 6v,13/14 *cęteris*. Auf 19v allein werden 10 Formen von klassisch *aedium/aedilis* dreimal mit *ę*, aber siebenmal mit *e* geschrieben. Ein unrichtiges *ę* steht in 7r,6a *hannibalęm*. Typisch notkersch sind die Formen: *grec-*, *pene* statt *pęne*, *sepe* statt *sępe*. Für zu erwartendes *cęperunt* (= *coeperunt*) 'sie haben angefangen' findet sich 1r,12 *ceperunt*, eigentlich 'sie haben genommen' (von *capio*). Und 21v,3,4 steht neben richtigem *intercepta* (von *intercipere*) - analogisch nach *coepi* 'ich habe angefangen' - *intercoeptorum* und *intercoepta*. Auffällig ist auch in Ndis die Tatsache, daß der Name *priscianus* immer als *pręscianus* oder *prescianus* erscheint, also mit *pręー*, *pre-* oder *p-* (das ich als *pręー* aufgelöst habe). Die Formen mit *ę* oder *e* waren in irischen Texten der Karolingerzeit beliebt und finden sich auch regelmäßig in der irischen St.Galler Handschrift CSg 904 von Priszians *Institutiones grammaticae*.[28] Möglicherweise verband Notker die von ihm benutzte Namensform etymologisch mit lat. *pręscire* 'vorher wissen'. Andere Textzeugen gleichen solche typisch notkerschen wie auch andere Eigentümlichkeiten öfter wieder aus, so schreibt etwa P3 regelmäßig *priscianus*. V4 benutzt auffällig oft *ae* für um 1000 und auch bei Notker normales *ę*, z.B. *Secundae substantiae* (Z1v,17) - was vielleicht auf eine bewußte ("nostalgische"?) Rückkehr zu einer klassischen Rechtschreibung in der Schriftheimat von V4 schließen läßt.

In (ursprünglich) griechischen Wörtern wechseln in allen Handschriften *y* und *i* (für gr. Ypsilon) miteinander ab: *synonimi* (Z2r,5), *egyptus* (Z2v,12), aber *hilaeus* (Z11r,13); Im Bestandteil *-onim-* (von gr. ὄνυμα 'Name, Wort') steht immer *i*. Auch der Wechsel *c/t* kommt in allen Textzeugen mehr oder weniger oft vor; so hat V4 fast immer *speties* für *species*, umgekehrt aber findet sich in Z etwa *concio* (8r,10; vgl. *concionatur*, ebda 15), in Be *immutacio* (Z21v,17).

---

27 Zum Stand des Lateins in R2 vgl. Kalinka, 255/256.

28 Siehe zu diesem Codex Scherrer, 319/320, und den Apparat in der Ausgabe von Hertz, passim.

Dieser Wechsel hängt gewiß damit zusammen, daß c vor palatalen Vokalen stets weniger als [*k*], sondern immer mehr als [ts] ausgesprochen wurde. Merkwürdig, weil verwirrend, ist der Umstand, daß R2 einmal c̲res statt t̲res schreibt (Z9v,15) - wohl eine graphische Verwechslung von ähnlichen Schriftzeichen. In ursprünglich griechischen Wörtern wird ein anlautendes *h* (spiritus asper) häufig weggelassen, z.B. in *ydria*, *omonima*; das gilt dann auch gelegentlich für andere Wörter wie *ispania*, während umgekehrt ab und zu ein *h* angefügt wird, z.B. in *hisrahelis*. Ursprünglich griechisches *th* (Theta) wird öfter zu t vereinfacht wie in *tessalię* oder *cloantus*; vergleiche auch *cartago* (Z10r,12).

R2 bringt ab und zu Schrägstriche bzw. Akute über Vokalen an: einige Male bei der Präposition *á* (wohl um die Form als selbständig zu kennzeichnen), auffälligerweise auch bei *ficulnéé* (Z2r,12).

9. Interpunktion

Mit Ausnahme von G ist die Interpunktion in den Textzeugen sehr regelmäßig, auch in Z, wo nicht weniger als 4 Hände den Text von Ndis geschrieben haben.[30] Der halbhohe Punkt, gelegentlich ein niedriger, bezeichnet die kleine, der hohe Punkt, nicht selten auch ein halbhoher, die große Pause. R2 benutzt normalerweise den niedrigen oder halbhohen Punkt in beiden Funktionen. In Z, Be, V4 und P3 wird die große Pause mehrmals auch durch eine Kombination von Punkt und *depositio*-Haken wiedergegeben; dieser Haken ist sehr kräftig bei *qualitatis*., (dem letzten Wort von Ndis in Z).[29] Für die kleine Pause kommt in Z, V4 und P3 einige Male die Kombination Punkt mit Suspensionsstrich (*!*) vor; freilich steht diese Kombination in Z auch mindestens einmal für die große Pause: 2r,1 vor *Sunt*; vgl. auch 5r,11 vor *Ut*. Umgekehrt bezeichnet einmal die Kombination ., (in Z19v,4 *dicuntur*.,) eine kleine Pause[30]. Die Abkürzung ẽe (= esse) erscheint auch als .ẽe. oder ẽe., ẽ (= est) auch als .ẽ., aber nur in V4. Eine neumatische Schleife über halbhohem Punkt vertritt, wie üblich, fast immer das Fragezeichen; in G steht öfter nur die Schleife, ein paar mal in Be, einmal auch in Z (7r,6b) - in einer Korrektur von anderer Hand. In Be begegnet zweimal der "Galgen" als Paragraph- oder Abschnitts-zeichen, in V4 einmal, u.zw. vor Abschnitt 7 (Z4r,4).

29 Zur Interpunktion in G siehe oben die Allgemeine Einleitung, §2; zur Interpunktion bei Notker siehe zuletzt unten Kings Einl. zu Nr, §12, und Tax 1986, Einl., §16.

30 Einmal findet sich in Z nach sunt (20v,9) die Kombinatio ·. für die kleine Pause, aber der zweite Punkt könnte einfach ein Tintenfleck sein, der nicht radiert wurde.

Einen besonderen Fall stellen die Adjektivendungen, Kurz- oder Langvokale und Konsonanten dar, die Notker in Z vor allem f. 11r/v und 17r-20r behandelt. Die aufgeführten Endungen bzw. Vokale stehen entweder allein, wie acus (11r,2), *e* (11r,8), *al* (17v,3), oder es geht ein Punkt vorher, wie bei .e (11r,7), .il (17v,14), *.ul* (17v,18).[31] Eine Regel läßt sich m.E. - auch in den anderen Textzeugen - nicht feststellen, so daß ich auf *-Rekonstruktionen im Apparat verzichtet habe.

V e r s c h i e d e n e s

10. Zur Einrichtung dieser Ausgabe

Der Abdruck des lateinischen Textes von Ndis erfolgt seiten- und zeilengetreu nach Z und bleibt so nahe wie möglich bei dieser Leithandschrift. Vor allem der Zitierbarkeit wegen werden offentsichtliche, insbesondere sinnstörende Fehler im Text verbessert, kleinere Verschreibungen mittels <> für Einzufügendes, [] für Auszulassendes berichtigt. Alle Veränderungen im Text werden deutlich durch solche Klammern oder im Apparat angegeben. Für alles andere werden mit einem Sternchen versehene Rekonstruktionen im ersten Apparat benutzt.

Was diese *-Formen betrifft: Es kommt beim Latein an erster Stelle darauf an, das Verständnis der Leser zu fördern. Daher bezeichnen die *-Formen im Apparat normalerweise *lectiones meliores*, d.h. richtigere Formen, wie etwa *ęquiuocaę für equiuoca im Text (Z3r,10,19), *romę für rome usw., gelegentlich auch *lectiones faciliores*, regelmäßigere, d.h. auf das um 1000 gebräuchliche Latein hin normalisierte Formen, so z.B. *sępe für sepe im Text, **ęmilianus* für *emilianus* (11v,12), *ęacus bzw. *ęacides (= klassisch Aeacus bzw. Aeacides) für eacus bzw. *eacides* (10v,11,14) usw. Manche Formen und Namen dürften so leichter zu erkennen und auch aufzufinden sein. Deshalb wurde - auch im Hinblick auf relativ unerfahrene Lateinkundige - eher zu viel als zu wenig geboten. Eine echte Konjektur (Emendation) ist *tego . teges (Z19r,15).

Falls Großbuchstaben zu Anfang eines Abschnitts als (später) gestrichelt oder schattiert erscheinen, werden sie im Fettdruck wiedergegeben. Handschriftliche Initialen werden als solche gedruckt.

---

31 Es könnte auch sein, daß solche Endungen oder deren Bestandteile - ähnlich wie .i. oder .s. - zwischen zwei Punkten stehen sollen, wobei dann der 2. Punkt leicht weggelassen wird oder aber mit dem eine Pause bezeichnenden Punkt zusammenfällt. Ein solcher Usus fände eine Parallele in den (römischen) Zahlenzeichen, die sehr oft mit einem Punkt davor und/oder danach versehen werden, so z.B. xx. (Z11r,2), und sehr häufig im Text von Ncom vorkommen.

Wenn eine Zeile in der Handschrift überlang ist, steht der Rest in der nächsten Zeile, die aber mitten auf der Seite um 1 Spatium tiefer beginnt und diesselbe Zeilenzahl behält. Falls im Text ausgelassene, aber auf den Rändern nachgetragene Zeilen in den Text eingefügt werden, wie etwa Z7v,6, werden diese Zeilen mit a und b (usw.) bezeichnet, aber etwas enger (normalerweise mit 1 Spatium) gesetzt. / = Ende einer Zeile in der Handschrift, // = Ende einer Seite bzw. eines Textes (Bruchstücks) in der Handschrift.

Die Ränder werden für Angaben, die vom Herausgeber stammen, benutzt. Links auf dem Rand stehen die Zeilenzahlen nach Z, rechts oben die Blattzahl nach Z mit Angabe von r(ecto) oder v(erso), auf dem rechten Rand dann auch die Abschnittszahlen, Seitenangaben zu der Parallelüberlieferung in G, V4, P3, R2 und Be sowie zu beiden früheren Ausgaben von Ndis. Angaben wie P,LXXV, P278 bzw. K257 verweisen auf Pipers Notkerausgabe P[iper 1882,1], Piper 1890 bzw. Kalinka und besagen, daß die Seiten LXXV und 278 bei Piper bzw. 257 bei Kalinka jeweils in dieser Zeile beginnen. Oben steht der Kolumnentitel und links bzw. rechts jeweils die laufende gerade bzw. ungerade Seitenzahl dieser Ausgabe.

A l l g e m e i n e s

1. Besseres Lateinverständnis durch syntaktische Umordnung beim Lesen

Der sogenannte St.Galler Traktat ist der zweite der drei ganz lateinisch geschriebenen Texte (Ndis, Ndia und Ntr), die hier "offiziell" als echte Werke Notkers des Deutschen vorgestellt und herausgegeben werden. Es ist bekannt, daß Notker in seinen Übersetzungen der lateinischen Artes-Literatur die nicht immer leichten Sätzgefüge seiner Vorlagen syntaktisch bearbeitet, damit sie besser zu verstehen sind. Es gibt wohl mehrere Anstöße zu solchen Umordnungen: allgemein pädagogische Rücksichten, Quereinfluß deutscher Syntax oder auch deutschen Sprachdenkens, in der Vorlage schon vorhandene sog. "construe marks" (syntaktische Konstruktionshilfen),[1] aber es ist deutlich, daß der sog. "St. Galler Traktat" als das Resultat solcher Anstöße einen wichtigen theoretischen Beitrag zu diesem Thema darstellt.[2] Denn Notker gibt darin anhand der sieben *circumstantiae rerum* oder *periochae*[3] eine systematische und mit vielen Beispielen illustrierte Erörterung solcher Umordnungen oder Rekonstruktionen (*constructiones*), die helfen sollen, zu einem besseren, ja vollen Verständnis gerade von schwierigen lateinischen Satzgefügen zu gelangen.[4] Dabei kommen auch andere, für Notker wichtige Fragen zur Sprache, so vor allem die über *comma*, *colon* und *periodos*, und damit die kleine und große Pause (*suspensio* und *depositio*).[5]

Wir haben den Titel "St.Galler Traktat", der sich in der Forschung schon mehr oder weniger eingebürgert hat, beibehalten, obwohl wir auch von "Notkers

---

1 Siehe dazu Henkel, 78-86; Näf, 78-84; Tax 1986, Einl. XII und Anm. 6.

2 Siehe Backes, 27-64, bes. seine eingehende Analyse des Ntr-Textes nach G, 34-49; Sonderegger, 1987, Sp. 1218; de Rijk, 48, 73, 83/84; van de Vyver, 182/183. Es gibt weitere Einzelbemerkungen zu Ntr in der - auch jüngsten - Sekundärliteratur, auf die im *Notker latinus* näher eingegangen werden soll. Eine diplomatische Ausgabe nach Z mit englischer Übersetzung durch Anna A. Grotans und David W. Porter ist 1995 erscheinen; für Näheres vgl. oben das Literaturverzeichnis. Das Frontispiz zeigt eine Aufnahme von f. 39v.

3 Zu diesen *periochae* oder Einleitungsschemata vgl. Glauche, bes. 48-53 und 85/86 (zu Ntr).

4 Vgl. etwa *plenum intellectum* (Z43v,8).

5 Gerade hier sind die - auch terminologischen - Entsprechungen zwischen Ntr und Notkers sonstigem Oeuvre am stärksten; ich denke vor allem an die Anwendung der Termini: *Suspensio* / *Et hic* / ... / *Depositio* bei der Analyse von Satzgefügen; vgl. etwa in Ntr, Z57v,1-3 und die Fälle, die in den Übersichten bei King 1986, 14 und Backes, 56/57, Anm. 17 und 62/63, Anm. 28, aufgeführt werden, dazu auch Backes' Erörterung, 56-61.

Traktat" (Ntr) reden. Ein Titel, der weniger vage wäre, ist noch zu erdenken; Notkers Titel: *(Incipit) quomodo septem circumstantiae rerum in legendo ordinandae sint*, ist wegen seiner Länge nicht gut brauchbar.

Ntr wird in Notkers Brief an Bischof Hugo von Sitten nicht erwähnt. Die Schrift könnte eventuell als eines der *quedam opuscula latine* <*conscripta*> (Nep, Z. 19) zu verstehen sein, erscheint aber als zu bedeutend, um nicht eigens genannt zu werden. Man darf wohl annehmen, daß Ntr erst nach diesem Brief geschrieben oder vollendet wurde, also ein Spätwerk Notkers darstellt.

Die Überlieferung

2. Übersicht

Der St.Galler Traktat (Ntr) ist vollständig in zwei Handschriften[6] auf uns gekommen. In dem ursprünglich St.Galler, jetzt in der Zentralbibliothek Zürich befindlichen Codex C 98 (= Z) aus dem 11. Jahrhundert folgt der Text unmittelbar auf Ndia und steht auf f. 38v,7-66v,8 (der Rest von 66v ist leer). In der Brüsseler Handschrift 10 615-729 (= G) aus dem 12. Jahrhundert steht er nach Nr auf f. 58ra,38-60rb,47; der Anfang (von Z38v,11 *Sciendum* bis 39r,15 *in consilio*) steht in G nochmals f. 64va,51-68, bricht aber mitten im Satz ab.[7] Wie oben in der Allgemeinen Einleitung, §3, gezeigt wurde, ist auch der Ntr-Text in G einschließlich der Wiederholung des Anfangs wohl eine direkte Abschrift von Z. Aufnahmen von f. G60r und Z38v stehen auf S. 46 und 47 in dieser Ausgabe.

3. Die ältere Ausgabe

Ntr wurde nur einmal herausgegeben, u.zw. von Piper in der Einleitung zum 1. Band seiner Notker-Ausgabe, S. XII-XLIX; die Wiederholung des Anfangs steht ebda, von Piper unerkannt, S. LXXV. Alle weitere Forschung beruht auf G selbst und/oder dieser Ausgabe, so daß diejenigen, die diese Texte benutzten, öfter textlich nachhelfen, konjizieren oder auch die Flinte ins Korn werfen mußten. Die Z-Fassung zeigt sehr deutlich, wie viel G und Pipers Abdruck zu wünschen übrig lassen.

---

6 Siehe auch oben die Allgemeine Einleitung, §2.

7 Dies ist Psalm 1, Vers 1; erst hier merkte der Schreiber, daß er unnötige doppelte Arbeit leistete.

K o d i k o l o g i s c h e s

4. Die Handschriften des St.Galler Traktats

Z: Zu dem Sammelcodex Z generell beachte man oben die Allgemeine Einleitung, §2. Wie in den meisten anderen Werken Notkers ist auch Ntr in Abschnitte eingeteilt, die jeweils mit einer Überschrift versehen sind. Diese Überschriften wurden in einer roten (orange) Capitalis rustica und zumindest teilweise von anderer Hand angebracht. Jeder Abschnitt beginnt normalerweise auch mit einer roten Intiale. In gewöhnlicher Tinte erscheint aber eine solche, aber etwas kleinere Initiale bei *Item* (57v,5), *Similis* (58r,17) und *Omne* (61v,1). Nur eine Abschnittsmajuskel steht bei *Sepissime* (49r,14) und rot gestrichelt (schattiert) bei *Rex* (46v,3), *Non* (49v,5) und *Hinc* (49v,11). *Veniamus* (55r,6) beginnt mit einer größeren roten Majuskel.

Der Text, der sich auf die Lagen 5 (2. Teil), 6, 7 und 8 (1. Teil) von Z erstreckt, ist hauptsächlich von éiner Hand in einer sehr kräftigen spätkarolingischen Minuskel geschrieben. Die Tinte ist braun bis dunkelbraun/schwarz. Das Seitenformat ist ca. 18,5 x 14, der Schriftspiegel mißt ca. 12,5 x 10,5. In Lagen 5 und 6 (38v-52v) hat jede Seite 16, in 7 und 8 (53r-66r) 17 Zeilen; 66v hat 8 Zeilen, der Rest ist leer. Auf f. 41 und 42 sind die oberen Ecken mit etwas Textverlust abgeschnitten, auf f. 66 ist eine größere Ecke, gleichfalls mit Textverlust, abgerissen.

Falls ein Satzanfang und der Beginn einer neuen Zeile zusammenfallen, wird der Großbuchstabe ausgerückt.

G: Zu der Sammelhandschrift G und dem Text von Ntr darin beachte man oben die Allgemeine Einleitung, §2.

5. Korrekturen und Rasuren

Die Verbesserungen des Textes von Ntr in Z und G wurden wie üblich in den Apparaten verzeichnet. Sie bleiben im allgemeinen innerhalb der Grenzen des Normalen.[8]

6. Abkürzungen und Ligaturen

Auch in dem Text von Ntr nach Z wurden die durchaus normalen Abkürzungen sowie auch die Ligaturen (es kommen nur & und das an dem vorhergehenden Buchstaben, vor allem *n*, unten angehängte *i* vor) - mit Ausnahme von *.i.* für *id est* - stillschweigend aufgelöst.[9] Das Nomen sacrum *iesus* erscheint gräzisiert einmal als ɪʜᴄ (42v,9) und einmal als ɪʜᴜᴄ (64v,4). Das *potentior sapientia* im Bibel-

8 Siehe zuletzt unten Kings Einl. zu Nr, §8; Tax 1986, Einl., §6.
9 Siehe zuletzt unten Kings Einl. zu Nr, §9; Tax 1986, §9.

zitat in der Glosse zu 42r,2 wird als *pot sap.* abgekürzt. Einmal steht das *per*-Kürzel *p* für *par*: *compatiua* (61r,2). Eine Kombination von Ligatur und Abkürzung findet sich 56v,13 in *deb&* (= *debent*). Öfter werden r und u durch Hochstellung eines *i* oder *o*, einmal eines *a*, ausgespart: p^{i}mum, q^{i}a, q^{i}d, q^{o}d. Auch in G finden sich die normalen Abkürzungen und Ligaturen, nur stehen sie sehr viel häufiger als in Z. Bemerkenswert und anders als in Z ist ein mehrmals gesetztes *h* für *hoc* und *dꝫ* für *deus*.

P h i l o l o g i s c h e s

7. Lateinisches und Orthographisches

Zu Notkers Latein generell beachte man oben die Allgemeine Einleitung, §4. Auch der Text von Ntr in Z erscheint einerseits als in hohem Maße normalisiert, andererseits nicht ohne einige typisch notkersche Eigentümlichkeiten. Einige Male steht ursprüngliches *ae* (æ), vor allem in den Überschriften, aber sonst findet sich dafür fast immer ę oder e; in (ursprünglich) griechischen und auch anderen Wörtern wechseln *y* (für gr. Ypsilon) und *i* miteinander ab: *simbolo* (Z40r,12) oder *sillabas* (Z46r,8), umgekehrt *sylo* (45v,9), *citharę* (Z60r,15), *Isydorus* (Z63v,6). Selten fehlt ein *h* im Anlaut, z.B. *arundinea* (Z57v,15). Auffällig ist auch in Ntr die Tatsache, daß der Name *priscianus* immer als *pręscianus* oder *prescianus* erscheint, also mit *prę-*, *pre-* oder *p-* (das ich regelmäßig als *prę-* aufgelöst habe). Die Formen mit ę oder e waren in irischen Texten der Karolingerzeit beliebt und finden sich auch regelmäßig in der bis heute in St. Gallen erhaltenen irischen Priszian-Handschrift CSg. 904 aus dem 8. Jahrhundert.[10] Möglicherweise verband Notker die von ihm benutzte Namensform etymologisch mit lat. *pręscire* 'vorher wissen'.

8. Interpunktion

Die Interpunktion von Ntr in Z ist ein merkwürdiges *mixtum compositum*. Die kleine Pause wird einige Male durch das Suspensionszeichen *!* wiedergegeben, meistens aber durch einen niedrigen oder auch halbhohen Punkt, gelegentlich auch durch einen hohen.[11] Für die große Pause erscheint der halbhohe oder hohe Punkt, aber sehr oft auch das Zeichen *;* (in mehreren Kombinationen), das wohl als redendes Depositionszeichen aufgefaßt werden muß: Am Ende des Satzes wird

10 Siehe Scherrer, 319/320.
11 Einmal, in uox *:* (50v,5), steht *:* für die kleine Pause. In *:* quoque *!* (42r,10) hat die Interpunktion Zitierfunktion.

die Stimme gesenkt.[12] Dabei ist bemerkenswert, daß von anderer Hand oft ein die große Pause bezeichnender Punkt um einen Depositionshaken erweitert wurde;[13] solche Fälle sind im Apparat vermerkt. Wir haben auch hier (vgl. Ns) also eine Art von Interpunktionswechsel, wobei ein System, das mehr oder weniger mit dem Notkers übereinstimmt, durch ein anderes, das die *depositio* am Satzende ausdrücklich angibt, ersetzt wird.[14] Das Fragezeichen wird, wie üblich, durch eine neumatische Schleife über halbhohem Punkt wiedergegeben. Freilich wird - auffällig genug in einem Traktat über Syntax - häufig der Satzschluß überhaupt nicht bezeichnet, nur der nächste Satz durch Majuskel.[15] Dies führt zu der interessanten Frage, ob bei fehlender Interpunktion am Ende eines Abschnitts die Überschrift des nächsten Abschnittes sich eben ohne Pause an den Schlußsatz des vorhergehenden anschließt oder nicht. Deutlich fehlt die Interpunktion z.B. 47v,8, "pausenlos" könnte gewiß etwa Z46v,2 sein, aber in einigen anderen Fällen gibt es Zweifel; ich habe sie im Apparat mit einem *(?)* versehen.[16]

Einen Sonderfall stellt in Ntr die Tatsache dar, daß in Z an mehreren Stellen bei Vergilzitaten die großgeschriebenen Versanfänge in den Text übernommen wurden.[17] Man darf annehmen, daß Notkers jeweilige Vorlage diese Majuskeln auch hatte. Leider gibt es in der St.Galler Stiftsbibliothek heute nur noch Fragmente einer im Mittelalter gewiß reichen Überlieferung an vollständigen Werken Vergils, so daß die damaligen Quellen wohl nicht mehr direkt identifiziert werden können. Falls vor einem solchen Großbuchstaben Interpunktion vorhanden ist, kann es sich natürlich um eine große oder auch kleine Pause handeln; der jeweilige Vergil-Kontext bestimmt die Pause und daher die Spatiierung vor einer solchen Majuskel.

---

12 *!* steht zweimal, jeweils am Zeilenende, für die große Pause: *cicero est!* (39r,14) und excursu*!* (62v,6). Ganz am Schluß (66v,8) bezeichnet die Kombination *;:·* das Ende des Textes - offensichtlich eine sehr große Pause.

13 Es wird öfter nur der Haken für die große Pause gesetzt, z.B. 41r,11 vor *Harum* oder - wohl von anderer Hand - 55r,4 vor *Nam*.

14 Da *;* auch vom Schreiber benutzt wird (es erscheint dann aus einem Guß), weist die spätere Erweiterung des . zu *;* vonseiten des Korrektors oder der Korrektoren auf eine Tendenz zu einer vereinheitlichenden Wiedergabe der *depositio* hin. Daher steht *;* etwa in 57v,3: *Depositio;* oder 58r,10: *cum demissione uocis;* ganz "logisch" als (große) Depositionspause vor einem neuen Satz.

15 Diese Erscheinung ist auffälligerweise besonders ausgeprägt in Lage 6, dem Quinio f. 43-52.

16 Zur Interpunktion in G beachte man oben die Allgemeine Einleitung, §2; zur Interpunktion bei Notker siehe zuletzt unten Kings Einl. zu Nr, §12; Tax 1986, Einl., §16.

17 Siehe Z49v,2-4; 49v,9-11; 57r,14-17.

V e r s c h i e d e n e s

9. Zur Einrichtung dieser Ausgabe

Der Abdruck des lateinischen Textes von Ntr erfolgt seiten- und zeilengetreu nach Z und bleibt so nahe wie möglich bei der Handschrift. Vor allem der Zitierbarkeit wegen wurden offentsichtliche, insbesondere sinnstörende Fehler im Text verbessert, kleinere Verschreibungen mittels <> für Einzufügendes, [] für Auszulassendes berichtigt. Alle Veränderungen im Text wurden deutlich durch solche Klammern oder im Apparat angegeben. Für alles andere werden mit einem Sternchen versehene Rekonstruktionen im ersten Apparat benutzt.

Was diese *-Formen betrifft: Es kommt beim Latein an erster Stelle darauf an, das Verständnis der Leser zu fördern. Daher bezeichnen die *-Formen im Apparat normalerweise *lectiones meliores*, d.h. richtigere Formen, wie etwa **paucioribus* für *pautioribus* im Text, **priscianus* für *prȩscianus*, **quȩ* für *que*, **hȩc* für *hec*, **romȩ* für *rome*, **cȩdit* 'schlägt' für *cedit* 'schreitet' (Z44r,5) usw., gelegentlich auch *lectiones faciliores*, d.h. auf das um 1000 gebräuchliche Latein hin normalisierte Formen, so z.B. **pȩne* für *pene* im Text, **ȩneas* für *eneas*, **ȩstimat* für *estimat* usw. Manche Formen dürften so leichter zu erkennen und auch aufzufinden sein. Deshalb wurde, auch im Hinblick auf relativ unerfahrene Lateinkundige, eher zu viel als zu wenig geboten.

Wenn eine Zeile in der Handschrift überlang ist, steht der Rest in der nächsten Zeile, die aber mitten auf der Seite um 1 Spatium tiefer beginnt und diesselbe Zeilenzahl behält. Falls im Text ausgelassene, aber auf den Rändern nachgetragene Zeilen in den Text eingefügt werden, wie etwa Z57r,13, werden diese Zeilen mit a und b (usw.) bezeichnet, aber etwas enger (mit 1 Spatium) gesetzt. / = neue Zeile, // = neue Seite.

Die Ränder werden für Angaben, die von den Herausgebern stammen, benutzt. Links auf dem Rand stehen die Zeilenzahlen nach Z, rechts oben die Blattzahl nach Z, auf dem rechten Rand die Abschnittsnummern, dann auch Angaben zu Blatt und Spalte in G sowie zu Pipers Ausgabe; eine Angabe wie P,XIII besagt, daß S. XIII bei Piper in der Zeile davor beginnt. Oben steht der Kolumnentitel und links bzw. rechts jeweils die laufende gerade bzw. ungerade Seitenzahl dieser Ausgabe.

A l l g e m e i n e s

1. Eine neue lateinische Rhetorik

Notker der Deutsche teilt Bischof Hugo von Sitten ca. 1015 in einem Brief mit:

> . . . . Nec solvm hec sed et nouam rhethoricam et computvm nouum et alia/ quedam opuscula latine conscripsi. . . .
>
> Codex Bruxellensis 10 615-729 (= G), f. 58ra, Z. 18/19

Daß die uns überlieferte Rhetorik von Notker Labeo stammt, steht außer Frage trotz der Vermutung de Rijks, Notker Balbulus (gest. 912) könne sie verfaßt haben.[1] Unser Notker hatte schon früher eine kleinere, althochdeutsche Rhetorik geschaffen, die in der lateinisch-althochdeutschen „Consolatio", Liber II, Abschnitt 10.-14. steht.[2]

Am Anfang der in G befindlichen Rhetorik steht der Titel *EXCERPTVM RHETHORICĘ NOTKERI MAGISTRI* (f. 58ra,33), der sich nun so deuten läßt: Die Rhetorik des Klosterlehrers Notker, die im Vergleich mit Ciceros Kompendium als ein Auszug gilt.[3] Abzulehnen wäre dann Kelles Auslegung, daß G nur Auszüge aus einem verlorenen Original enthalte.[4]

Man fragt aber mit Recht, ob Notkers Rhetorik doch nicht auch zwei selbständig vorkommende Texte umfaßt. Das Fragment einer Logik *De definitione*, das in Codex Vindobonensis 275 (= E), f. 92rv steht, legt keine rhetorische Definition an den Tag, sondern eine philosophische bzw. dialektische, es bezieht sich also vielmehr auf *De consolatione Philosophiae*, Liber III, Abschn. 109.[5] In der Schrift *De syllogismis* (Codex Turicensis C121 [= D], f. 28r-49r) wechselt der lateinische Text durchgehend mit der althochdeutschen Übersetzung ab, was sie mit *Categoriae* und *De interpretatione* gemeinsam hat. Auch der Inhalt verbindet die Lehre von den Schlüssen mit den vorangegangenen Abhandlungen über Logik. Kelle meint dagegen, *De syllogismis* und *De definitione* gehörten mit zur Rhetorik.[6]

Kurzum, Notkers lateinische Rhetorik, wie sie in G, f. 58ra-60rb und H (Codex latinus Monacensis 4621), f. 56r-75r vorliegt (d.h. ohne die Praerhetorica in H, f. 47r-56r[7]), wird wohl vollständig sein. Beginnt sie doch logisch mit dem Vorwort *OLIM DISPARUIT CUIVS FACIES DEPINGENDA est* . . . . (H56r,17-56v,21

1 De Rijk, 72.
2 A54,21-61,14 nach Tax 1986; siehe auch Sonderegger 1980, 248.
3 Hellgardt, 190 und van de Vyver, 184 Anm. 76.
4 Kelle 1888 I, 255/256 und 1892, 254.
5 A169,27-170,25 nach Tax 1988.
6 Kelle 1888 I, 255-259 und 1892, 254-258.
7 Siehe dazu §2. unten. Zu Notkers Rhetorik überhaupt siehe Ehrismann, 1:448/449 und Sonderegger 1987, Sp. 1218.

= G58ra,34-53) und schließt ebenso folgerichtig mit dem *Epilogus* (H74v,18-75r,3 = G60rb,39-47 und D71r,16-71v,6).

2. Die Praerhetorica

Von den drei Handschriften, die Notkers Rhetorik überliefert haben, weist nur eine, Codex latinus Monacensis 4621 (= H), f. 47r,1-56r,16 - also unmittelbar vor Notkers Text - ohne Überschrift einen lateinischen Dialog zwischen Schüler und Lehrer über Dialektik und Rhetorik auf, der von Alkuin (†804), *De dialectica* und *Disputatio de rhetorica et virtutibus* ausgeht, ohne ausschließlich darauf zu beruhen. Obwohl die Stiftsbibliothek St.Gallen je vier Abschriften von Alkuins Dialogen aus dem neunten Jahrhundert besitzt,[8] ist deren Bearbeitung in H für St.Gallen nicht belegt.

Es bleibe nun dahingestellt, wann[9] und wo[10] der zu H gehörige Dialog entstand. Ein eingefügter Zettel hinter dem Vorsatzblatt von H führt dafür den Eintrag *Tractatus inter magistrum et discipulum de artibus* und für Notkers Text *De Rhetorica*. Der Münchener Katalog verzeichnet *(Notkeri?) Dialogus de dialectica et rhetorica (secundum Alcuinum)* und *(Notkeri?) Rhetorica*.[11]

De Rijk stellte 1963 fest, daß die Überarbeitung von Alkuins Dialogen unabhängig von Notkers Rhetorik in einer Münchener und einer Wiener Handschrift steht,[12] mit denen ich mich eingehend befaßt habe. Clm. 19 473, früher Tegernsee 1473, stammt aus dem zwölften Jahrhundert. Er umfaßt 52 Folien, von denen 23v,14-29v,8 nach dem Münchener Katalog *(Alcuini) Dialogus de philosophia 'Si omnis uita nostra'*. bzw. der Praerhetorica gelten.[13] Sonst stehen Texte von Cicero, Donatus und Plautus, eine rhetorische Deutung der Psalmen und ein Kommentar zu Ovidius, *Metamorphoses* im Codex. Die genau abgeschriebene Praerhetorica beginnt ohne Überschrift, obschon eine jüngere Eintragung oben auf der ersten Seite lautet: *Alcuinus Dyalogus de Phylosophya*. Codex Vindobonensis 2508, Philos. 558, der von unbekannter Provenienz ist, stammt nach dem Wiener Katalog aus dem elften Jahrhundert,[14] nach de Rijk aber aus dem zehnten.[15] Er besteht aus 22 Folien, 1r,1-11v,3 stehen etwa drei Viertel der Praerhetorica

8 Scherrer, 29, 101/102, 103/104, 104/105 und 289-291 zu Cod. Sang. 64 (beide Texte), 270 (nur *De dialectica*), 273 (beide Texte), 276 (beide Texte) und 855 (nur *De rhetorica*).
9 Nach de Rijk, 52 spätestens im neunten Jahrhundert.
10 De Rijk, 49: in St.Gallen?
11 Münchener Katalog 1894, 219.
12 De Rijk, 56/57.
13 Münchener Katalog 1878, 248.
14 Wiener Katalog, 2:87.
15 De Rijk, 57.

ohne Überschrift, oben auf 1r trug eine jüngere Hand ein: *Quaestiones aliquot Dialecticae*. Der Katalog verzeichnet *Dialectica sub forma Dialogi inter magistrum et discipulum*. 12r,1-22v,21 enthalten nach de Rijk hauptsächlich einen Auszug aus Boethius zu Porphyrius, *Isagoge*.[16] Der Text ist ungenau geschrieben, und die Abschrift ist schlecht erhalten.

Piper druckte die Praerhetorica 1882 als den ersten Teil der allgemeinen Einleitung von Notker, *De arte rhetorica* ab,[17] aber die meisten Forscher - Hellgardt, Jaffe, Kelle, de Rijk und van de Vyver - lehnen Notkers Verfasserschaft ab und halten den Dialog für einen von seiner Rhetorik unabhängigen Text. Für Dieter stammt die selbständige Praerhetorica schon von Notker, während Hattemer Bedenken hegt. Nach Murphy beginnt Notkers Text erst mit Abschn. 1. **DE MATERIA ARTIS RHETORICĘ*. ab H57v,15, also ohne die Praerhetorica und den Prolog, der mit einem Zitat aus Cicero, *De inventione* endet.[18] Nach längerer Erwägung habe ich nun beschlossen, den besagten Dialog aus der vorliegenden Ausgabe auszuschließen. Wenn bei weiterer Untersuchung Wechselbeziehungen andeuten, daß Notker aus der Praerhetorica geschöpft haben kann, so wird sie als etwaige Quelle in den späteren *Notker latinus zu den kleineren Schriften* aufgenommen.

D i e Ü b e r l i e f e r u n g

3. Übersicht

Zwei Handschriften - Clm. 4621 aus dem elften Jahrhundert und Cod. Bruxel. 10 615-729 aus dem zwölften - enthalten Notkers Rhetorik vollständig, während Cod. Turic. C121 aus dem elften Jahrhundert nur Auszüge umfaßt. Ausführliches über die drei Handschriften steht in §5. unten. Angaben über eine neulich entdeckte Abschrift von Clm. 4621 aus dem fünfzehnten Jahrhundert folgen in §6.

Die verlorenen Handschriften aus Metz und Pontigny sprechen für die weite Verbreitung von Notkers *nova rhetorica* - und *computus novus*. Manitius berichtete 1923 über einen Eintrag im Katalog des Klosters St. Symphorian in Metz aus dem elften Jahrhundert: *Excerptum Notgeri de retorica. Compotus Notgeri*.[19]

---

16 De Rijk, 58-64.

17 Piper 1882, 1:CLIV/CLV (Lesarten), 623-642 (Text), LXXXIX: „. . . die Rhetorik nebst der allgemeinen Einleitung . . . ."

18 Hellgardt, 176; Jaffe, 167/168; Kelle 1888 I, 255 und 1892, 254; de Rijk, 52, 82/83; van de Vyver, 162 mit Anm. 20, 183 und 189 Anm. 88; Dieter, 11, 56, 132, zu den Quellen siehe 131-137; Hattemer, 3:529; Murphy, 86 Anm. 149.

19 Manitius, 2:697 Anm. 2. Siehe auch de Rijk, 72 mit Anm. 4 (Prost, Catalogue général des manuscrits des bibliothèques des départements, 5[1879]:97), Hellgardt, 176 mit Anm. 12, 190/191 und van de Vyver, 184 Anm. 76.

Schon 1888 war bei Kelle die Rede von einem Manuskript mit den zwei Texten in der Zisterzienserabtei zu Pontigny in der Champagne.[20] Beide Handschriften scheinen verschwunden zu sein.

4. Die älteren Ausgaben

Wackernagel gab Notkers Rhetorik 1844 nach dem Züricher Codex D heraus,[21] nachdem er 1835 in seinem *Altdeutschen Lesebuch* einen kleineren Ausschnitt mit den deutschen Versen abgedruckt hatte.[22] 1849 folgte Hattemers Ausgabe, in der er sich bald nach D, bald nach dem Münchener Codex H richtete,[23] nur Stichproben aus der Praerhetorica wurden vorangestellt.[24] Plew ergänzte 1869 Auszüge aus der Rhetorik nach dem Brüsseler Codex G.[25] 1882 erschien Pipers Ausgabe, die von H mit der Praerhetorica ausgeht, D und G aber mit in Betracht zieht.[26]

K o d i k o l o g i s c h e s

5. Die Handschriften von Notkers Rhetorik

Der Sammelcodex Turicensis C121, früher 462 (= D),[27] kam als Beute des Toggenburger Krieges von 1712 aus der Stiftsbibliothek St.Gallen nach Zürich, wo er heute in der Zentralbibliothek untergebracht ist. F. 1r,1-28r,2 enthalten eine Abschrift von Isidorus Hispalensis, *Differentiarum liber secundus* aus der ersten Hälfte des neunten Jahrhunderts, sonst stammen die Texte dieses Manuskripts aus dem elften Jahrhundert. 73r,1-206v,14 umfassen Beda, *Super epistolas catholicas expositio*. 206v steht das Siegel der St.Galler Abtei unter dem Textschluß, 207rv ist unbeschrieben.

Von den Texten, die den mittleren Teil dieser Handschrift bilden, zählen folgende zu Notkers Schriften: 1) *De syllogismis* (f. 28r,3-49r,12), 2) Metrum III, 9 aus der lateinisch-althochdeutschen Fassung von Boethius, *De consolatione Philosophiae* (49v,1-51v,14), 3) *De partibus logicę* (51v,14-54v,18) und 4) Auszüge aus der Rhetorik (59r,18-72ar,3). Der Verfasser der drei Stücke *Quis sit dialecticvs* (54v,18-55v,9), *De difinitione philosophię* (55v,10-58v,19)

20 Kelle 1888 I, 255 mit Anm. 3 (Montfaucon, Bibliotheca bibliothecarum [1739], 2:1334) und 256 mit Anm. 2; siehe auch Kelle 1892, 254/255 mit Anm. 404/405.

21 Wackernagel 1844, Die sanctgallische rhetorik. 22 Wackernagel 1835, 109.

23 Hattemer, 3:529-536 (Einleitung), 560-585 (Text: Von der Redekunst). Nach Sonderegger 1982, 123 mit Anm. 1 hätte B.J. Docen schon 1806 Auszüge aus H in den Münchener Beyträgen zur Geschichte und Literatur 7:290-294 vorgestellt.

24 Hattemer, 3:532-535. 25 Plew, Zu der notkerischen Rhetorik.

26 Piper 1882, 1:V-XII (zu D), XII/XIII und LXXXIX (zu G), LXXXIX (zu H), CLIV-CLXXVI (Lesarten), 623-642 (Praerhetorica), 643-684 (*De arte rhetorica*).

27 Zu D siehe Bruckner, 3:22, Anm. 77 und 127; Mohlberg, 59, 362; Piper 1882, 1:V-XII; de Rijk, 48/49, 54/55; Tax 1986, XXV, XXXIII/IV und van de Vyver, 183. Manches oben Angegebene habe ich aber selber ermittelt.

und *De principalibus quęstionibus* (59r,1-17) ist noch nicht festgestellt worden. 72ar ist ein Drittelblatt, auf dessen Rückseite das Abteisiegel steht.

Cod. Tur. C121 hat für f. 59r-72ar ein Format von ca. 18,6 x 15,5 cm, der Schriftspiegel mißt ca. 14,6 x 11,0 cm. Das früher gut geglättete, mittelstarke, weiße Pergament ist ab 59r gelblich, nicht mehr glatt, durch mehrere Löcher beschädigt und besonders am Außenrand abgenutzt. Je eine neue Lage beginnt in der Rhetorik mit 59rv und 67rv. Für diese Ausgabe wurde 70r photographiert.

Der Schreiber des vorangegangenen Textes, *DE PRINCIPALIBUS QUĘSTIONIBUS.*, hat auch Notkers Rhetorik ab f. 59r,18 *DE MATERIA ARTIS RETHORICĘ.* angefangen. Ein Schreiberwechsel ist 70r,13 zu merken. 59r und 67r-72v weisen 21 Zeilen pro Seite auf gegenüber 59v-66v mit 20 Zeilen und 72ar mit nur drei.

Der Text von Notkers Rhetorik ist in einer spätkarolingischen Minuskel geschrieben. Die Tinte des Textes ist dunkelbraun, die von sieben Überschriften in Rustica ist rot und die von den vier übrigen dunkelbraun. Nur die erste Überschrift f. 59,18 besteht aus Majuskeln, in den anderen Fällen folgen Minuskeln auf die Anfangsmajuskel (siehe z.B. 62v,17). Der Rubrikator ergänzte sieben rote Abschnittsinitialen. Eine Satzinitiale am Zeilenanfang ist meistens ausgerückt (z.B. 60r,3,7,11,18), 60r,1 begegnet aber eine Ausnahme.

G: *De arte rhetorica* steht mit der Überschrift *EXCERPTVM RHETHORICĘ NOTKERI MAGISTRI* in Codex Bruxellensis 10 615-729 (= G),[28] zwölftes Jahrhundert aus Trier, f. 58ra,33-60rb,47 zwischen dem lateinischen Brief Notkers des Deutschen an Bischof Hugo von Sitten und dem sog. St.Galler Traktat. Näheres über die Brüsseler Handschrift ist oben in der Einleitung zu *Distributio* . . . ausgeführt.

Die Abschnittsüberschriften und -initialen sind nicht in roter, sondern in gewöhnlicher Tinte eingetragen. F. 60rb,39 fehlt aber die Überschrift **EPILOGUS*, 58va,43 die Initiale *H*.

Die Ausrückung von Satzinitialen am Anfang der Zeile wurde nicht konsequent durchgeführt, vgl. z.B. f. 59ra,61 ausgerücktes *P* gegenüber nicht ausgerücktem *C* bzw. *N* in Zeile 39/40. Um Raum zu sparen, begann der Schreiber womöglich einen Abschnitt innerhalb der Zeile (siehe 60ra,17,33 die Anfangsmajuskel *M* bzw. *I*), obwohl eine Abschnittsmajuskel eigentlich am Anfang der Zeile stehen sollte (wie 60ra,53 *P*). Siehe die Photographien von 58r und 60r in diesem Band.

---

28 Zu G siehe Backes, 32/33; Hellgardt, 174-80; Piper 1882, 1:XII-LXXXIX; de Rijk, 64-84; Traube 1896, 152/153 und van de Vyver, 181-190. Trotz der Überschriften beziehen sich Traube 1888 (Zu Notkers Rhetorik und der Ecbasis Captiui) und Piper 1890 (Zu Notkers Rhetorik) nicht auf *De arte rhetorica*, sondern auf 9) des Sammelcodex (*INCIPIT DISTRIBVTIO* . . .).

H: Codex latinus Monacensis 4621, früher Benediktbeuern 121 (= H),[29] befindet sich heute in der Bayerischen Staatsbibliothek München. Enthalten sind u.a. fünf Texte, die im zwölften Jahrhundert abgeschrieben wurden, u.zw. 1) Hugo von St. Viktor, *Liber sententiarum* (f. 1r-46v), 5) Porphyrius, *Isagoge* von Boethius übersetzt und kommentiert (76r-121r), 6) ein lateinischer Abakus mit arabischen Ziffern (121v), 7) Wilhelm von Hirsau, *Liber consuetudinum Cluniacensium* (122r-224r, 224v ist unbeschrieben) und 8) *Historia fontis salutis* (225r-232v) zu Heilbrunn zwischen Tölz und Benediktbeuern.

Die übrigen Stücke, die aus dem elften Jahrhundert stammen, waren früher separat gebunden. Gemeint sind: 2) *Dialogus de dialectica et rhetorica secundum Alcuinum*, allerdings ohne Überschrift in der Handschrift (f. 47r,1-56r,16 mit eigenem unbeschriebenem Vorsatzblatt 46arv), 3) Notker, *De arte rhetorica*, auch ohne Überschrift (56r,17-75r,3) und 4) ein Auszug aus dem Dialog *De partibus logicae*, wiederum ohne Überschrift (75r,4-75v,16).

Das Format der Durchschnittsseite bei f. 47-75 ist 18,7 x 14,Ø cm, wobei der Schriftspiegel 15,Ø x 11,Ø cm mißt. Die zahlreichen ursprünglichen Löcher deuten auf ein minderwertiges Pergament. Vier Bünde beginnen mit 46a, 54, 62 und 70. E i n Schreiber wird wohl alle drei Texte kopiert haben. Der Einsatz einer anderen Feder kann vielleicht 64r,7 ab *Inde liberatiuo* und 75r,6 ab *loca* festgestellt werden. 47r weist 25 Zeilen auf, sonst sind je 26 Zeilen belegt; die Schlußseite 75v hat aber nur 16. Siehe die Photographie von 56r in dieser Ausgabe.

Die spätkarolingische Minuskel des Textes ist in dunkelbrauner Tinte geschrieben. Die einzige rote Anfangsmajuskel ist f. 47r,1 *S*, alle übrigen Abschnittsinitialen sind schwarz. Nur der Beginn des Prologs 56r,17 *OLIM DISPARUIT CUIVS FACIES DEPINGENDA* zeigt Capitalis rustica, freilich in dunkelbrauner Tinte.

Kein Rubrikator ergänzte in Notkers Rhetorik die Überschriften in dem dafür freigelassenen Raum. Nur einmal (f. 72v,16) kam der Schreiber dem Rubrikator mit einer in gewöhnlicher Tinte eingetragenen Überschrift zuvor. 60r,18 ist kein Raum für die Überschrift freigelassen. Alle fehlenden Überschriften sind in dieser Ausgabe im Apparat zu H als Rekonstruiertes angegeben.

Omnis beginnt 56v,21 innerhalb der Zeile einen Abschnitt ohne Anfangsmajuskel. Eine Satzinitiale, die am Anfang der Zeile steht, ist meistens ausgerückt, aber Ausnahmen kommen vor (so z.B. 60r,26 ausgerücktes *U* gegenüber 60r,2 nicht ausgerücktem *O*).

---

29 Zu H siehe den Münchener Katalog 1894, 219; Piper 1882, 1:LXXXIX; de Rijk, 48, 56 und van de Vyver, 183.

6. Entdeckung einer Abschrift von H aus dem fünfzehnten Jahrhundert

Professor Anna A. Grotans von der Ohio Staatsuniversität in Columbus hat mich freundlichst auf Codex Berolinensis 429 (= H2) in der Deutschen Staatsbibliothek Berlin aufmerksam gemacht, dessen erste drei Texte auf Clm. 4621 (= H) aus Benediktbeuern zurückzuführen sind.[30] H2, das in der zweiten Hälfte des fünfzehnten Jahrhunderts auf Papier geschrieben wurde, umfaßt neben einem Vorsatzblatt 84 Blätter mit einem Format von 18,5 x 13,5 cm. Unser Interesse gilt in erster Linie 1) der Praerhetorica bzw. dem Dialog über Dialektik und Rhetorik f.1r,1-19v,6 (= H47r,1-56r,16), 2) Notkers Rhetorik 19v,9-46r,17 (= H56r, 17-75r,3) und 3) *De partibus logicae* fragmentarisch 46r,18-47v,7 (= H75r,4-75v,16), die alle wie schon in H ohne Titel und anonym wiedergegeben sind.

Der Berliner Codex enthält sonst 4) Guarino von Verona (†1460), *Carmina differentialia* f. 48r-54v, 5) *De declinatione patronymicorum* eines Anonymen 58rv, 6) gleichfalls *De quantitate syllabarum et de praepositionibus* 59r-61r, 7) das mittellateinische kalendarische Hilfsmittel *Cisio-Janus* 68r-69v, 8) das griechische Alphabet zweimal 70r, 9) eine Berechnung des Fastnachtstages 1486-1509 mit deutschen Erläuterungen 70v, 10) aus dem mittellateinischen Liebesgedicht *Pamphilus de amore* Vers 1-24 f. 71r, 11) einen lateinischen Brief (Ingolstadt 1488) 71v, 12) Albertano von Brescia, *Ars loquendi et tacendi* unvollständig 72r-76r, 13) einen viergeteilten Kreis mit lateinischen Inschriften, die je ein Element dem halben Teil des Tages bzw. der Nacht anweisen 77r und 14) lateinische Briefe in roter Tinte, darunter zwei an Johannes V. von Weißenbach, Bischof von Meißen 1476-1487 f. 83v.

Die Handschrift weist durchgehend die humanistische Schrift Notula auf, eine Ausprägung der gotischen Kursive. Der Schriftspiegel von f. 1r-47v mißt 14,5 x 8,Ø bzw. 9,5 cm. Diese Seiten umfassen je 21 Zeilen außer 6r mit 20 Zeilen.

H2 wird wohl durch indirekte Abschreibung aus H in Ingolstadt entstanden sein, wo die erste bayerische Landesuniversität 1472 gegründet wurde. Zwei lateinische Vermerke am oberen und unteren Rand von f. 83v lauten: *Iste est liber Ieronimi Holtzsc*[u]*ers . quem coparauit anno domini 1483/70 denarii;* und: *docto et perhumano n. universitati ingolstettensi suppositum se gerenti amico suo fraterno alias universalis studii ingolstettensis constudentem se gerenti*. Der spätere Nürnberger Ratsherr Hieronymus Holzschuher (1469-1529)

30 Meine Angaben beruhen auf Frau Grotans' Vortrag Reading Notker in Fifteenth-Century Bavaria vom 7. Mai 1994 im Rahmen der 29. Internationalen Mediävistentagung in Kalamazoo, Michigan, auf einer Eintragung von Dr. Daniela Lülfing im Dienstkatalog der Deutschen Staatsbibliothek und meiner Befassung mit dem Positiv eines Mikrofilms vom besagten Codex.

kaufte als Vierzehnjähriger den Band in Ingolstadt (ob für den Selbstunterricht?). Ferdinand Hoffmann, Freiherr von Grünbüchel (†1607), besaß die Handschrift eine Zeitlang und nachher Alexander Fürst Dietrichstein zu Nikolsburg in Mähren, dessen Bibliothek laut eines Luzerner Katalogs am 25./26. Juni 1934 versteigert wurde. Noch in den dreißiger Jahren erwarb der selbständige Münchener Gelehrte Ernst Schulz (†1944) den Codex, den er 1942 der Deutschen Staatsbibliothek Berlin überließ.

Daß 59 Überschriften fehlen, beweist schon, daß Clm. 4621 bzw. eine daraus abgeschriebene Kopie dem Schreiber von Cod. Berol. 429 vorlag. Allerdings vergaß dieser in 16 Fällen, Raum für die Überschrift freizulassen. Wie in H kam auch in H2 der Schreiber dem Rubrikator bei der Überschrift 57. **ITEM DE UITIOSIS*. f. 42v,18 mit *te diuicioſiß;.* (= H72v,16 *te deuıtıoſıſ;*) in gewöhnlicher Schrift und Tinte zuvor. Bald wiederholte der Schreiber von H2 Fehler in H (so z.B. 24v,10 *ſcderatiſſime* = H60r,9 *ſcderatıſſimę*] **sceleratissimę* und 46r,11 *cibi* = H74v,24 *cıbı*] **ubi*), bald beseitigte er offenbare Verschreibungen (27v,8 *clericiß* gegenüber H62r,15 *clıcerıſ* und 32r,13 *ornatus* gegenüber H65v,7 *oratus*). Dafür kamen neue Fehler in H2 auf (siehe 26r,3 *comperacio* für H61r,8/9 *comparatıone* und 35r,4 *qui* für H67v,5 *quem*). Beide Handschriften weisen die für den Korrektor gedachte Anweisung *require* (33r,17 = H66r,20) auf.

Meines Erachtens interessierten sich die Ingolstadter Humanisten im fünfzehnten Jahrhundert unter den anderen Texten dieser Sammelhandschrift zwar für Notkers neue lateinische Rhetorik, aber kaum für die altalemannischen Glossen, die der Schreiber von H2 noch weniger verstand als vier Jahrhunderte früher der bairische Kopist von H. In der Tat strich ein Leser von H2 bei §59. **DE PRONUNTIATIONE*. alle Glossen durch, können sie doch den Gedankengang gestört haben.

Da die Glossen in H2 dem Germanisten von großem Wert sind, sind sie in diesem Band verzeichnet, u.zw. hinter dem Text *De arte rhetorica*. In der jüngeren Schrift der Humanisten ist das *i* jetzt mit einem Tüpfelchen versehen, so daß das frühere, einfache *ı* oft falsch gedeutet ist: *ıu* kann durch *ui* wiedergegeben werden, *uuı* durch *uiu* und *ıı* sogar durch *u* (so z.B. 36r,16 *vigilꝫ* bzw. *vigiluß* für H68r,26 *uıgılıı ſ*). Nicht nur im lateinischen Text, sondern auch in den althochdeutschen Glossen wurde *tı* zu *ci*, *ciu* und *cui* vertreten manchmal den deutschen Artikel *tıu*. Man ersieht aus dem Glossenverzeichnis, daß der Akut nur dreimal erhalten ist. Der Zirkumflex ist zwar öfter belegt, zweimal mißdeutet (z.B. 24r,7 *ſinuß* für H59v,13 *ſın̂*) und auch für postvokalisches *r* (siehe z.B. 38r,21 *hebê* = H69v,25 *heber*) gesetzt. Der *m*- bzw. *n*-Strich kommt neben anderen Abkürzungszeichen vor. Das Diakritische beim Prosodischen ab

42r,13 (= H72r,22) ist weggelassen, ę (also das *e caudatum* = lat. *ae*) ist durch *e* ersetzt.

7. Wie sich die Handschriften D, G und H zueinander verhalten

G und H wurden je aus einer eigenen verlorenen Vorlage abgeschrieben, jenes im zwölften Jahrhundert in Trier und dieses im elften Jahrhundert in Benediktbeuern. Die beiden Vorlagen stimmten in den meisten Punkten überein, ein Vergleich von G und H in dieser Ausgabe wird Varianten ans Licht bringen.

Nur G trägt einen Titel, u.zw. f. 58ra,33 *EXCERPTVM RHETHORICĘ NOTKERI MAGISTRI*. Die Stelle H56v,21 *Omnis res argumentando confirmatur* bis 57v,15 *hęc attributa esse uidentur*, die unmittelbar auf das Vorwort folgt, fehlt in G, worüber Näheres demnächst. Von den nie ergänzten Überschriften der Abschnitte in H war in §5. oben die Rede: Daß sich der Rubrikator gar nicht meldete, ist doch auffällig.

Es wäre nun zu erwarten, daß das im elften Jahrhundert in St.Gallen geschaffene D dem verlorenen Original am nächsten stünde, was in mancher Hinsicht - vor allem in Gliederung und Umfang - nicht der Fall ist. Die soeben erörterte Stelle *Omnis res argumentando* . . . . kommt in D erst 71v,8-72ar,3 hinter dem letzten Abschnitt, 60. *Epilogus*, nach einer freigelassenen Zeile vor. Wenn Notker diese Stelle, die Cicero, *De inventione* I.XXIV.34.-XXV.36.[31] entnommen ist, überhaupt in seinen Text aufnahm, gehört sie wohl ans Ende des Ganzen. Die Auslassung des Zitats aus Cicero in G ist also meines Erachtens berechtigt.

Manches fehlt völlig in D, wie z.B. das Vorwort H56r,17 *OLIM DISPARUIT CUIVS FACIES DEPINGENDA est* · bis 56v,20/21 *Et hinc effusa oratio*. und 18 Abschnitte (1. 7.-13. 35.-43. 48.). Zusammengefaßt bzw. gekürzt ist der Inhalt von sechs Abschnitten (4./5. 30. 33./34. 49.). Drei Abschnitte weisen einen anderen Wortlaut auf (2./3. 6.). Vollständig wiedergegeben ist der Text von 33 Abschnitten: 14.-29. (14. und 17. mit kurzer Auslassung) 31./32. 44.-47. 50.-60. (52. mit kurzer Auslassung)

Die Abschrift der Rhetorik in D beginnt 59r,18 mit der Überschrift *DE MATERIA ARTIS RETHORICĘ*., die eigentlich für den fehlenden Abschnitt 1. gedacht ist. Sonst sind sechs Abschnitte (49.-52. 55. 59.) mit Überschrift und Absatzmajuskel versehen. In vier Fällen (56.-58. 60.) erscheint die Überschrift in gewöhnlicher Schrift und Tinte, die Abschnitte selber beginnen innerhalb der Zeile ohne Anfangsmajuskel. Ausrückung der Anfangsinitiale, die aber keine Abschnittsmajuskel ist, bezeichnet fünf Abschnitte (3. 14. 17. 21. 29.) bei fehlender Überschrift. 25 Abschnitte (4.-6. 15./16. 18.-20. 22.-28, 30.-34.

31 Hubbell, 68-75.

44.-47. 53.) beginnen ohne Überschrift innerhalb der Zeile, d.h. ohne Ausrükkung der Satzinitiale. Die eingeschlossene Überschrift von 60. steht am Rand, der Text beginnt innerhalb der Zeile mit gewöhnlicher Satzinitiale. Bei 54. fehlen Überschrift und Absatzmajuskel im dafür freigelassenen Raum.

Abschnitt 44. verletzt die Reihenfolge, indem er sich ohne Überschrift und Bezeichnung des ersten Satzes zwischen 51. und 52. befindet. 61v,9-11, der Anfang von 30., wiederholt 4. (60r,5/6), der in falscher Reihenfolge zwischen 6. und 14. steht.

So viele Unregelmäßigkeiten erwecken den Eindruck, als habe der Kopist das für ihn Wichtige aus der Vorlage abgeschrieben, ohne dabei allzu sehr auf die Förmlichkeiten der Handschriftenpraxis zu achten. Zu den althochdeutschen Glossen in D siehe §10. unten.

8. Korrekturen und Rasuren

Der Apparat verzeichnet u.a. alle Korrekturen und Rasuren. Siehe z.B. die Lesarten zu H57v,13 *qua* und 21 *quod*, zu D63r,11 *iudith* und 17 *saluare* und zu G58rb,15 *namen* und 20 *erat*. Der Schreiber von G hatte manchmal Ausgelassenes am Rand zu ergänzen, so 59va,19 *currere obliuioni* und 29 *Quarum* bis *eloquencie*. Bemerkenswert ist H66r,20-23, wo *require* eine verdorbene Stelle bezeichnet und Umstellung durch die Buchstaben *.a.* und *.b.* geschieht. Die Stelle H68r,16-20 *Paulus* bis *christianos*, die nach oben auf der gleichen Seite gehört, wurde nicht umgeordnet.

9. Abkürzungen und Ligaturen

Zu den Abkürzungen und Ligaturen überhaupt siehe die Ausgabe des lateinisch-althochdeutschen Martianus Capella, wo die Grundtypen zusammengestellt sind.[32] In der vorliegenden Ausgabe sind alle Belege bis auf *.i.* (= *id est*) und *.s.* (= *subaudis*, *subaudiendum est*, *subaudi*) der Lesbarkeit halber stillschweigend aufgelöst, aber auffällige Fälle sind im Apparat verzeichnet, so z.B. G58vb, 63 *í* = ahd. *in*, H68r,5 *ihu* = *iesu* und 70r,22 *xp̄c* = *Christus*.

P h i l o l o g i s c h e s

10. Die althochdeutschen Glossen bzw. Belege[33]

Von den 93 Stellen mit Althochdeutschem in Notkers lateinischer Rhetorik sind 66 Fälle durch *.i.* (wie z.B. H57v,26 *.i. tiu dinchlicha*) eingeleitet, einer durch *.s.* (H59r,4 *.s. dis unrectis*, siehe auch G59vb,48 *.s. unchiuskiu* für

32 King 1979, XXVI/XXVII.

33 Steinmeyer/Sievers und Starck/Wells lassen diese in den lateinischen Text eingegliederten Glossen außer Betracht.

H71r,17 *.i. unchiusciu*), 6 durch nichts (z.B. H58r,17 *scripsit . unde uuillo* = G58rb,5 *scrîft uuillo*; siehe auch H58r,19 58v,3/4,9,24 65r,22/23, in allen Fällen wäre *.i.* zu erwarten) und einer durch *Daz chît* (H68r,22/23 *Daz chît kehugeda dés tu ge-dachtost ze sprechenne.*). 2mal fehlt *.i.* in H, während es in G vorkommt (H58v,23 = G58rb,31, H74v,6/7 = G60rb,30/31), umgekehrt fehlt *.i.* 2mal da in G, wo es in H belegt ist (G58rb,27 = H58v,18/19, G60rb,32/33 = H74v,9).

Man könnte nun behaupten, daß diese Fälle im verlorenen Original interlinear entstanden seien, daß sie mit anderen Worten nicht von Notker stammten. An 19 Stellen aber baute Notker das Althochdeutsche durch Lateinisches in den Text ein wie folgt: 1) H57v,16 *Quid est materia?* 2) 57v,24/25 *Ecce causa quę propterea dicitur . . . .* 3) 59r,17/18 *Solemvs autem status et constitutiones . . . interpretari . sicut et causam.* 4) 59r,24 *Hec quoque . . . dicitur.* 5/6) 63r,25/26 *sunt enim ciues . . . ciuiles [quęstiones] . . . .* 7) 66r,21 *Diffinitio interpretatur . . . .i. nihil plus nihil minus* 8/9) 68v,5-7 (durch Wiederholung des Lateinischen) *Elocutio . daz chit. . . . Idoneorum uerborum accommodatio ad inuentionem. . . .* 10) 69v,22/23 *sicut et illud teutonicum.* 11) 69v,24 *Et item.* 12) 70r,9 *Sicut et teutonicę de apro.* 13) 70r,15/16 *Similiter teutonice postulantibus obsonia promittimvs sic.* 14) 70v,26-71r,1 *et in legibus alamannorum plurima leguntur . ut . . . .* 15) 73v,23/24 *Possumus hęc uerba sic interpretari. Pronuntiatio.* 16) 73v,26 *Item quid [est] pronuntiatio?* 17) 74r,2 *Item pronuntiare dicimus . . . .i. pręuenire . . . .* 18) 74r,3 *Quid est gestus?* 19) 74r,4/5 *Et quid est moderatio?* Auf Grund dieser Belege kann ich nicht umhin zu glauben, daß auch alle übrigen ins Original eingegliedert waren.

Althochdeutsche Glossen bzw. Belege kommen in 20 von 60 Abschnitten vor, u. zw. in 1./2. 4.-7. 10./11. 20. 36. 40. 46. 49.-55. und 59. Der Schreiber von D gab erst ab 50. die Glossen wieder, obwohl ihm schon für 2. 4.-6. 20. 46. und 49. Althochdeutsches im Original vorlag; wie früher ausgeführt, wurden 1. 7. 10./11. 36. und 40. nicht abgeschrieben. D enthält insgesamt 42 Glossen bzw. Belege, 67r,14 (= H71r,17) fehlt die Glosse *.i. ûnchîuskîu* hinter *Turpia sunt*. Das sonst belegte *.i.* fehlt 5mal in D (z.B. 65r,12 = H69v,8 vor *tagaltlichen*), 63v,5 (= H68r,11) wurde *.i.* durch *Táz chît* ersetzt.

11. Die Laute, Formen und Akzente der althochdeutschen Glossen bzw. Belege

Da der Schreiber von G zeitlich und räumlich noch weiter entfernt vom St. Galler Urtext wirkte als der von H, zeigte jener noch weniger Verständnis für das Althochdeutsche und die Akzente als dieser. Eine Bekanntschaft mit Notkers Laut- und Formenlehre, auch mit seiner Akzentsetzung, ließe sich vom

St.Galler Kopisten erwarten, aber Verstöße gegen den Usus des Klosterlehrers Notker begegnen auch in D.

Kelle behandelte 1888 die Laute und Formen des Nomens und Verbums in Notkers Rhetorik und sammelte 1901 die rhetorischen Kunstausdrücke.[34] Er befand diese sowie den Wortvorrat des Textes für Notker eigentümlich. In dieser Ausgabe sind die althochdeutschen Laute und Formen von D, G und H im Text getreu wiedergegeben, Rekonstruktionen nach Notkers Norm[35] stehen im Apparat zu H. Der Interessierte Forscher kann daher auf Grund der Angaben den Rohstoff der drei Fassungen nach Belieben untersuchen.

Auch die Akzente sehen im Text der Gestalt und Lage nach so aus wie in den Handschriften, der Apparat zu H weist die nötigen Berichtigungen auf.[36] Fehlende, unberechtigte und falsch geratene Akzente bezeichnen alle drei Handschriften, wobei sich der Akut und Zirkumflex in G oft kaum unterscheiden.

Ein einziges Nebeneinander möge genügen zu zeigen, inwieweit die drei Abschriften miteinander und der Rekonstruktion übereinstimmen bzw. voneinander und der Rekonstruktion abweichen. Die Rede ist von dem wohlklingend und hyperbolisch beschriebenen Eber in Abschnitt 53. von Notkers Rhetorik.[37] Die Aufteilung der Zeilen in Kurz- und Langverse rührt übrigens von keinem der drei Schreiber, sondern vom Herausgeber her.

Der heber gât in lîtun
  trégit spér in sîtun .
sîn báld éllin
  nelâzet în uéllin. . . .
	Der ebêr gat in litun
	  er teget spér in sîtun .
	sîn bald ellên
	  nelazêt in uuellên . . . .

Imo sínt fûoze
  fûodermâze .
îmo sînt búrste
  ében hô fórste .
únde zéne sîne
  zuuélifélnîge.
    D65v,7/8, 16-18
	Jḿo sînt fuêze
	  fudermâze .
	îmo sînt purstê
	  ebênhôh fôrste
	ûnde zêne sîne
	  zvelifelnîge.
	    G59va,68-70, 59vb,6/7

Der heber gat in lîtun .
  er trégit sper in sîtun .
sînt balt ellen
  nelazit in uallin. . . .
	*Der éber gât in lîtûn .
	  *er tréget spér in sîtûn .
	*sîn báld éllen
	  *nelâzet în uállen. . . .

34 Kelle 1888 II,134-141 zum Verbum und 142-150 zum Nomen in Notkers Rhetorik. Kelle 1901 (Die rhetorischen Kunstausdrücke in Notkers Werken).

35 Zu Notkers Praxis siehe King 1979, XXII/XXIII (Anlautgesetz), XXIII (Gegensätze im Vokalismus), XXV/XXVI (Orthographie und Graphetik) und Tax 1986, XLIV/XLV (Anlautgesetz), XLVI/XLVII (Gegensätze im Vokalismus), XLVII/XLVIII (Orthographisches).

36 Zu Notkers Akzentlehre siehe King 1979, XXIV und Tax 1986, XXXVII-XLIV.

37 Zu diesen althochdeutschen Versen siehe Ehrismann, 1:245-247 (Aus der St. Galler Rhetorik); Kelle 1892, 229 mit Anm. zu Z. 15; Sonderegger 1970, 95/96 und Ziolkowski, 154-156.

Imo sînt fuêze	*Ímo sînt fûoze
fuodermâze	*fûodermâze .
imo sint purste	*îmo sînt púrste
ébenhô fórste	*ébenhôh fórste .
únde zéne sîne	*únde zéne sîne
zuuélif elnîge.	*zuélifélnîge.
H69v,24-26, 70r,9-11	Rekonstruktion

12. Interpunktion

Ein niedriggestellter Punkt bezeichnet in den Handschriften nicht nur die kleine Pause im Satzinnern, sondern in D und H meistens auch die große Pause am Satzende.[38] Die Zusammengedrängtheit von G - vielleicht auch die Eile des Schreibers - führte oft zum fehlenden Endzeichen für Satz und Überschrift, das seltener in H und am seltensten in D ausbleibt. Diese Ausgabe gibt besondere Zeichen wieder, so z.B. H57v,15 *uidentur*; 59v,26 *ciceronem·*; 60r,6 *est:* 63r,17 *ortę!* 75r,3 *oratio;·* Die Gestaltung des Fragezeichens ist dem Schreiber eigen (vgl. z.B. H67r,16 *probabilis·* mit D63r,2 *probabilis·* und G69rb,49/50 *probabilis·*). Zum Diakritischen der lateinischen Prosodie siehe H72r,22-73r,12 (= D68v,4-69v,1 und G60ra,20-49).

13. Getrennt- und Zusammenschreibung

Zur Praxis in anderen Handschriften siehe Notkers „Consolatio" und „Nuptiae".[39] Das Zeichen ‿ trennt in dieser Ausgabe aufeinander folgende althochdeutsche Wörter, die in der Handschrift zusammengeschrieben sind (siehe z.B. H58r,17 *undeuuillo*). Der Bindestrich füllt den Zwischenraum der Handschrift bei Zusammengehörigem (58r,19 *rect saga*). Gegen den heutigen Gebrauch getrennt oder zusammengeschriebenes Latein ist nicht bezeichnet.

V e r s c h i e d e n e s

14. Zur Einrichtung dieser Ausgabe

Die Handschriften von Notkers Rhetorik sind seiten- und zeilengetreu, ja überhaupt möglichst genau abgedruckt, so daß der Leser stets des exakten Inhalts sicher sein kann. Auffälliges, Unregelmäßiges und Fehlerhaftes sind - meistens oben im Text - beibehalten, durch Sternchen bezeichnete Rekonstruktionen - althochdeutsche sowie lateinische - sind gewöhnlich im Apparat (vor allem zu H) zu suchen. Überlange Zeilen sind deutlich geteilt; wenn aber der Text wegen Raummangels bis zum rechten Rand reichen muß, trennt ein Schrägstrich die Zeilen.

---

38 Zur Interpunktion in anderen Handschriften von Notkers Werken siehe King 1979, XXVIII/XXIX und Tax 1986, XLVIII-LI.

39 King 1979, XXVII/XXVIII und Tax 1986, LI-LIII.

H steht als die Leithandschrift auf der rechten Seite, während D und G die linke Seite einnehmen. Folgende Randangaben stammen vom Herausgeber: die Zeilenzahl, Spaltenbezeichung in G, Seitenzahl nach Piper und Abschnittsziffer. Die Überleitungspunkte . . . in der Wiedergabe von D und G besagen, daß der angeführte Text mitten in der Zeile beginnt bzw. endet.

In der Regel wechselt bei Notker der althochdeutsche Text mit dem lateinischen ab. Das ursprüngliche Latein ist bei der Herausgabe von solchen Schriften kursiviert, wogegen das Althochdeutsche und Notkers Latein in Antiqua stehen. *De arte rhetorica* ist aber im Grunde lateinisch abgefaßt, bilden die althochdeutschen Glossen und Belege doch einen viel kleineren Teil des Ganzen. Daher ist in dieser Ausgabe der lateinische Text ausnahmsweise in Antiqua wiedergegeben, Althochdeutsches dagegen im Fettdruck.

A l l g e m e i n e s

1. Eine lateinische Übersicht der Logik mit deutschen Beispielen

Die in allen Handschriften anomym überlieferte Schrift *De partibus logicae* trägt diesen Titel nur in der ursprünglich St.Galler Handschrift D, nicht in den Codices F, E und G, die auch den Anfang bieten.[1] Sie wird in Notkers Brief an Bischof Hugo nicht erwähnt. Es würde schwerfallen, das kleine Werk unter den *quedam opuscula latine <conscripta>* des Briefes zu subsumieren, da zumindest auf den letzten vier Seiten von D (und entsprechend in G) - auffälligerweise nur bei der Behandlung der Topik - sich mehrere deutsche Sätze finden, die, wenn auch anders als sonst bei Notker, einigermaßen in den lateinischen Text integriert erscheinen. Aber es wäre möglich, daß der Text ursprünglich nur lateinisch war, so daß er implizit im Brief erfaßt sein könnte, oder aber erst nach dem Brief geschrieben bzw. vollendet wurde.

Die Echtheit von Nl ist bisher kaum angezweifelt worden.[2] Aber zumindest die Frage muß gestellt werden, ob Notker diese Schrift wirklich verfaßt hat. Nun fällt auf, daß dieser Text vor allem der Form nach kaum solche Züge aufweist, die sonst für Notkers Werke charakteristisch sind. Hier sei nur kurz auf folgendes hingewiesen: Wenn auch das Werk in D einen Titel hat, so fehlen sowohl Abschnitte (mit ihren Anfangsinitialen oder -majuskeln) wie auch die für Notker so bezeichnenden Überschriften. Wir haben in den anscheinend vollständigen Fassungen D und G weder einen ganz lateinischen Text noch

1 Siehe zu Nl besonders Wagner 1972, 101-130; Prantl, 2:64; van de Vyver, 187; de Rijk, 49 (Nr. 12) und 83; Hellgardt, 176; Sonderegger 1987, Sp. 1219. Zu den deutschen sprichwörtlichen Texten siehe vor allem MSD 1:57-59 und 2:133-135 (Nr. XXVII,1), auch Steinmeyer 1916, 403/404 (Nr. LXXXVI).

2 Prantl (2:61/62, Anm. 244) möchte "in Anbetracht der inneren Verschiedenheit" von Notkers Arbeiten "annehmen, dass die Werke, welche Notker's Namen tragen, von verschiedenen Autoren nur unter der Leitung desselben verfasst seien"; Prantl folgt dabei einer frühen, pauschal gemeinten Ansicht Wilhelm Wackernagels, aber er könnte in diesem Kontext an Nl und Ns gedacht haben. Auch van de Vyver, 189, scheint inbezug auf Nl (und Ns) nicht ganz von Notkers Verfasserschaft überzeugt zu sein. De Rijk, 49 und 83, erkennt auch Nl überhaupt Notker und seiner Zeit ab und setzt diese Arbeit ins 8. oder 9. Jahrhundert, aber er kann das nur machen, indem er einige Textzeugen von Nl unrichtig datiert und zu Unrecht dem 9. Jahrhundert zuweist. Aber der Text von Nl wurde erst 1972 von Wagner in seiner Münchener Dissertation eingehend quellenmäßig untersucht; obwohl er Prantl in seinem Literaturverzeichnis aufführt, äußert er keine Zweifel an der Echtheit. Nach der Meinung meines Kollegen James C. King stammt *De partibus logicae* ebensowenig von Notker wie die in der Münchener Handschrift H überlieferte Praerhetorica (siehe oben seine Einl. zu Nr, §2). Er wartet immer noch auf die Entdeckung einer vor 950 datierbaren Fassung von Nl.

Notkers berühmte Mischprosa, sondern nur in der zweiten Hälfte werden bloß einige deutsche sprichwortartige Beispiele als Illustrationen der lateinischen Theorie und parallel zu schon gegebenen lateinischen Paradigmen angeführt. Und obwohl Notker in seinen Schriften regelmäßig Fragen einer mehr oder weniger rhetorischen oder auch allgemein didaktischen Natur stellt, scheint das Frage/Antwort-Format ihm fern zu liegen. Trotz des Nachweises durch Kelle, daß das Deutsche von Nl in grammatischer Hinsicht und im Wortschatz mit den anderen Schriften Notkers (abgesehen vom Psalter) übereinstimmt, weist der deutsche Wortschatz keine Beispiele auf, die Notkers besondere Sprachkunst an den Tag legen.[3] Auch ist das Deutsche nicht übersetzt, sondern es sind deutsche Beispiele, die parallel zu lateinischen illustrativ benutzt werden. Und der Text ist nicht, wie normalerweise bei Notker, ausbalanciert; das gilt nicht nur für das Verhältnis Lateinisch/Deutsch - das Deutsche begegnet nur in der zweiten Hälfte -, sondern auch innerhalb des Lateins: Man beachte z.B. innerhalb des knappen Rahmens die unnötige Häufung von Beispielen etwa in D53r,5-13, 53v,4-10 (insgesamt 10!) und 54r,7-16[4]. Auch ist merkwürdig, daß in D53r,18/53v,1 zuerst das deutsche Beispiel, dann das lateinische geboten wird (in G erscheint die übliche Reihenfolge wiederhergestellt). Einige Male ist auch die Sprachgebung fehlerhaft, so z.B. die Wiederholung in D52v,15-17 oder die unrichtigen Mehrzahlformen in D52v,2 (und G). Obwohl es in den vollständigen Fassungen D und G zumindest einen deutlichen Anklang an Notker gibt[5], ist die kleine Abhandlung auch gedanklich so allgemein und unpersön-

---

3 Kelle 1888 II. Obwohl Kelle eingangs (S. 129) behauptet, daß das Deutsche in Ns, Nl, Nr und Nm "wider" (sic), auch "was den wortvorrat anbelangt", mit "diesen drei Übertragungen" (gemeint sind Nc, Nk und Ni, Nb) "alseitig (sic) und vollständig" übereinstimme, erwähnt er S. 131 bei der Besprechung des Wortvorrats in Nl nur das (doch sehr alltägliche und wenig charakteristische) Substantiv *gouh*, das darüberhinaus in einem angeführten Sprichwort steht, also eventuell nur zum passiven Sprachschatz eines Autors gehören kann.

4 H (auch H2) hat in all diesen Fällen eine geringere Anzahl von Beispielen; H hat also vernünftig gekürzt, oder aber die Häufungen stammen von dem Schreiber/Bearbeiter der Nl-Fassung von D.

5 Die Behandlung der Topik in Nl, D53r,1-54v,15 stimmt in mancher Hinsicht, einschließlich der gewählten Beispiele, mit Ndia, Z34v,10-35r,15 und 37v,12-38r,9 überein; es könnte sich hier um Entlehnung oder "Zitat" handeln, oder dasselbe gemeinsame Quellenmaterial könnte beiden Texten zugrundeliegen. Aber der Schluß von Nl spielt bei der Behandlung des Topos *comparatio a pari*: "*Merito díues ille guttam aquae non impetrauit . qui micas panis lazaro negauit.* Ýbilo tûo bezzeres né-wâne" (D54v,16-18), deutlich auf eine Stelle Notkers am Ende von Buch IV der *Consolatio* an (Tax 1990, 231,6-9), wo nicht nur dieselbe Lazarus-Stelle aus dem Lukas-Evangelium an Hand eines Hinweises auf eine *omelia* Gregors des Großen besprochen wird, sondern auch dasselbe Sprichwort wie in Nl: "Úbelo tûo

lich, daß man an Notkers Verfasserschaft zumindest zweifeln kann, zumal die Schrift *De dialectica*, die wir gewiß als Notkers Eigentum ansehen müssen, wie auch sein *De syllogismis* vergleichsweise in fast jeder Hinsicht weit mehr notkersch sind. Vielleicht bezeichnet man daher das lateinisch-deutsche *De partibus logicae* mit Prantl doch am besten als einen Text irgendwie "aus Notkers Schule" - als Schulübung, in der versucht wird, in Anlehnung an Notker und aus Gedankengut Notkers und/oder anderer zur Logik eine tunlichst knappe Zusammenfassung lateinisch-deutschen Charakters zu schaffen.

D i e Ü b e r l i e f e r u n g

2. Übersicht

De partibus logicae (N1) ist in zwei vollständigen lateinisch-deutschen Fassungen und in fünf nur lateinischen Fragmenten auf uns gekommen. Die vollständigen Texte stehen in der ursprünglich St.Galler, jetzt Züricher Sammelhandschrift C 121 (= D) aus dem 11. Jahrhundert auf f. 51v,14-54v,18 und in dem Brüsseler Codex 10 615-729 (= G), der aus dem 12. Jahrhundert stammt, auf f. 64va,69-65ra,14. Fragmente begegnen in folgenden Handschriften: In CSg. 242 (= F) steht auf den letzten Seiten 267/268 eines Quaternio fast die erste Hälfte des im 11. Jahrhundert geschriebenen Textes; das Wiener Manuskript 275 (= E) überliefert auf f. 91v etwa das erste Drittel des Textes, auch aus dem 11. Jahrhundert; in dem Codex Clm. 4621 (= H) steht das gleichfalls aus dem 11. Jahrhundert stammende Bruchstück, das etwa das mittlere Drittel des Textes umfaßt, auf f. 75r,4-75v,16, und in der Berliner Handschrift Ms. lat. oct. 429 (= H2) aus dem 15. Jahrhundert findet sich eine Kopie des Textes in H auf f. 46r,18-47v,7; der Berliner Codex Phillipps 1786 (= Be) und die Pariser Handschrift lat. 10 444 (= P3) haben jeweils nur einige Sätze aus der Mitte des Textes, die zum großen Teil miteinander übereinstimmen - in Be auf dem im wahrscheinlich noch im 11. Jahrhundert geschriebenen Vorblatt f. 2v,2-9, in P3, der wohl aus der Zeit um 1100 stammt, auf f. 61r,10-12. Anscheinend war N1 schon im 11. Jahrhundert weit verbreitet.

3. Die älteren Ausgaben

Der Text von N1 wurde zuerst von Wilhelm Wackernagel in den *Altdeutschen Blättern* 2 (1840), S. 133-136, nach D ediert. Auch Hattemers Ausgabe beruht

---

bézeren neuuâne", als Beispiel fungiert. Doch könnte Notker der Verfasser beider Texte sein. Allerdings ist Notker im Gegensatz zu anderen St.Galler Schriftstellern nicht dafür bekannt, daß er sein Quellenmaterial in Reime bringt; die oben zitierte Stelle, die in etwas anderer Form in Gregors Predigt steht, ist aber deutlich (*impetrauit/negauit*) endgereimt.

auf D.[6] Piper lieferte in Band 1 seiner Notker-Ausgabe, S. 591-595 ein *mixtum compositum* aus den ihm bekannten Textzeugen, die Lesarten stehen in der Einleitung, S. CXLVII-CLIII, siehe auch Piper 1882, 459.

K o d i k o l o g i s c h e s

4. Die Handschriften von *De partibus logicae*

In der Züricher Sammelhandschrift C 121 steht der Text f. 51v,14-54v,18 und nimmt den 2. Teil des Quaternios f.45-52 und den 1. Teil des Trinios f. 53-58 ein - in unmittelbarem Anschluß an eine Fassung von Notkers Bearbeitung von Buch III, Metrum 9 der *Consolatio*.[7] Die Hand ist verschieden von der, die den Text des Metrums geschrieben hat, aber dieselbe Hand ist auch für den nachfolgenden anonymen Text mit der Überschrift *QUIS SIT DIALECTICVS* (54v,18-55v,9) verantwortlich. Eine andere Hand hat anschließend bis zum Lagenende - Nr beginnt f. 59r mit einer neuen Lage - einen anonymen Text mit der Überschrift *DE DIFINITIONE* (so) *PHILOSOPHIE* geschrieben; dies ist gewiß eine St. Galler Hand des 11. Jahrhunderts.

Der Text ist in einer kompakten, geübten, relativ ungleichmäßigen und noch ziemlich runden spätkarolingischen Minuskel geschrieben. Die Tinte ist dunkelbraun, nur der Titel und das Q von *Quot*, dem ersten Wort des Textes, sind rubriziert. Wenn ein Satzanfang mit dem Beginn einer Zeile zusammenfällt, wird ausgerückt, aber die Ausrückung ist unterblieben bei *Prima* (52r,17) und A (53r,2). Die Interpunktion ist unnotkersch: ein niedriger, nur gelegentlich ein halbhoher Punkt, bezeichnet die kleine wie auch die große Pause.[8] Die Hand ist mir in St.Galler Handschriften noch nicht begegnet; daher bin ich nicht sicher, ob die Schriftheimat dieses Textes von Nl das St.Galler Skriptorium ist.

Die Seitenmaße dieses Teiles der Handschrift sind jetzt ca. 18,5 x 15,5 cm, der Schriftspiegel mißt ca. 14,5 x 11,5 cm, aber da auf S. 52v,5 von dem auf dem linken Rand ergänzten Wort *homo* die erste Hälfte abgeschnitten erscheint, muß dieser Teil ursprünglich um ein paar cm breiter gewesen sein. Auch oben erscheint dieser Teil wohl um mindestens 1 cm beschnitten. Jede Seite hat 19 Zeilen.

Da der Codex D die einzige vollständige St.Galler Fassung von Nl enthält, werde ich sie - trotz allerlei Unvollkommenheiten - als Leithandschrift

6 Siehe Hattemer 3:537-540.
7 Siehe oben Kings Einl. zu Nr, §3, und unten die Einl. zu Ns, §4.
8 Einmal bezeichnet die Kombination Punkt mit Depositionshaken die große Pause: *cedat;* (54v,6).

behandeln und zum Abdruck bringen. Die anderen Textzeugen werden in den Apparaten gebührend berücksichtigt. Eine Aufnahme von D54v steht unten in der Ausgabe auf S. 187.

F: Der CSg. 242 besteht aus mehreren zeitlich verschiedenen, erst später vereinigten Teilen.[9] Auf den letzten Seiten 267/268 des nach Scherrer[10] im 11. Jahrhundert geschriebenen vorletzten Teiles, eines Quaternios, steht fast die erste Hälfte von Nl, f. 51v,14 *Quot* bis 53r,2 *contra*. Das Pergament des 1. und 3. Doppelblattes ist fest, recht kräftig und gelblich-weiß, das der Doppelblätter 2 und 4 ähnlich, aber etwas dünner; nur S. 268, die letzte Seite der Lage und eine Haarseite, ist etwas bräunlich und verschmutzt. Da der Text mitten in einem Wort abbricht, stand die zweite Hälfte ursprünglich wohl auf den ersten Seiten der folgenden Lage, die anscheinend nicht erhalten geblieben ist. In der Handschrift folgt heute der letzte Teil, ein Doppelblatt in lombardischer Schrift aus dem 8. Jahrhundert.

Die Seiten 267 und 268 messen etwa 24,5 x 18,5 cm, die Maße der Schreibfläche sind ca. 17,5 x 12,5 cm. Die Tinte ist dunkelbraun bis schwarz. Die Schrift ist eine relativ kleine und sehr harmonische spätkarolingische Minuskel; sie findet sich in mehreren St. Galler Handschriften dieser Zeit. Wenn ein Satzanfang mit dem Beginn einer Zeile zusammenfällt, wird nicht ausgerückt, aber *Syllogistica* (D52v,9/10) erscheint als halb ausgerückt. Da der Text von F abbricht, ehe in D Deutsches erscheint, wissen wir nicht, ob F Deutsches enthalten hätte oder nicht.

Ein hoher, gelegentlich halbhoher Punkt bezeichnet die große, ein halbhoher Punkt die kleine Pause.

E: Diese Handschrift, Wien 275, ist unten in der Einleitung zu Ndef, §4, kodikologisch eingehend besprochen worden. Das Fragment von Nl füllt f. 91v ganz, bricht mit dem ersten Wort eines neuen Satzes ab und umfaßt ungefähr das erste Drittel des Textes: <Q>*VOT* bis *Omnis* (= D51v,14-52v,5). Eine Überschrift fehlt. Diese Seite hat 24 Zeilen.

Die Seite mißt ca. 20 x 12,5 cm, der Schriftspiegel ca. 15 x 9,5 cm. Der Text ist in einer sicheren und eleganten, etwas rechtsgeneigten und kleinen spätkarolingischen Minuskel geschrieben, die sich einer Glossenschrift nähert.

---

9 Siehe zuletzt unten Kings Einl. zu Nm, §4; Steinmeyer/Sievers 4:445/446 geben eine Beschreibung der Handschrift, wobei allerdings weder Nl noch Nm erwähnt werden.

10 Siehe Scherrer, 89 (so auch Steinmeyer/Sievers, van de Vyver, Bruckner).

Die Schrift ist mit der etwas größeren zweiten Hand (E2) von Ndef sehr verwandt, wenn auch nicht identisch. Die Tinte ist dunkelbraun, das Pergament erscheint recht stark nachgedunkelt und verschmutzt.

Wenn ein Satzanfang mit dem Beginn einer Zeile zusammenfällt, wird ausgerückt. Ein halbhoher oder hoher Punkt bezeichnet die große Pause, ein halbhober die kleine.

: Diese Sammelhandschrift, Brüssel 10 615-729, ist kodikologisch oben in der Allgemeinen Einleitung, §2, ausführlich besprochen worden.[11] Eine fast vollständige lateinisch-deutsche, am Anfang etwas erweiterte Fassung von Nl steht auf f. 64va,69-65ra,14. Der Titel fehlt. Vorher geht Ndia, Ndis folgt.

: Zu diesem Codex, Clm. 4621, siehe oben Kings eingehende Beschreibung in der Einleitung zu Nr, §5. Der Text des Bruchstücks von Nl steht in direktem Anschluß an Nr auf f. 75r,4-75v,16 und umfaßt D52v,15 *Quid (tractatur)* bis 54r,14 *inbecillis non est* ·,· (nur Lateinisches); der Rest von 75v ist - abgesehen vom Stempel der Bayerischen Staatsbibliothek - leer. Das Blatt maß ursprünglich ca. 18,7 x 14 cm, die Schreibfläche mißt ca. 15 x 11 cm; heute erscheint ein ca. 13 x 2 cm breiter Streifen ohne Textverlust aus dem unteren Rand ausgeschnitten. S. 75r hat 26 Zeilen. Der Text ist m.E. von éiner Hand geschrieben; sie ist spätkarolingisch, ziemlich rund und kompakt wie auch etwas rechtsgeneigt, und sie hat auch Nr, zumindest von f. 64r,7 an, kopiert. Die Tinte ist braun, das Pergament dieses Blattes ist insgesamt in einem guten Zustand; es weist links bzw. rechts unten einen größeren Feuchtigkeitsfleck auf, und die untere Hälfte des linken Randes von f. 75v ist etwas schmutzig.

Wenn ein Satzanfang mit dem Beginn einer Zeile zusammenfällt, wird ausgerückt. Ein niedriger oder halbhoher Punkt - selten ein hoher - bezeichnet normalerweise die kleine wie die große Pause; dreimal wird *!* für die kleine Pause benutzt, zweimal (so nach dem letzten Wort est) ·,· für die große.

2: Zu dieser Handschrift, Ms. lat. oct. 429 der Deutschen Staatsbibliothek in Berlin aus dem 15. Jahrhundert, siehe oben Kings ausführliche Beschreibung in der Einleitung zu Nr, §6. Auch hier folgt Nl unmittelbar auf Nr, und der (wiederum nur lateinische) Text - m. E. eine direkte Abschrift von Nl in H - steht auf f. 46r,18-47v,7; der Rest von 47v ist leer. Jede Seite mißt ca. 18,5 x 13,5 cm, die Schreibfläche ca. 14,5 x 9,5 cm. Jede volle Seite hat 21 Zeilen. Wenn ein Satzanfang mit dem Beginn einer Zeile zusammenfällt, wird nicht ausgerückt.

---

11 Siehe auch oben Kings Einl. zu Nr, §5.

Ein niedriger oder halbhoher Punkt bezeichnet normalerweise die große wie die kleine Pause. Einmal wird ·,·, nach dem letzten Wort est sogar ;· ;· für die große Pause benutzt. Der Bindestrich am Zeilenende erscheint, wie in gotischen Handschriften üblich, als ein etwas schräggestelltes =.

Es ist bemerkenswert, daß N1 in H und H2 kein Deutsches aufweist, während D und G das deutsche sprichwörtliche Material enthalten. Hat H Deutsches bewußt ausgelassen, oder fehlte es schon in der Vorlage? Da der Schreiber von Nr in H wohl alemannische Einsprengsel aus der St.Galler Überlieferung von Notkers Rhetorik übernommen hat, wäre es nicht folgerichtig, wenn derselbe Schreiber bei N1 in seiner Quelle vorhandenes Deutsches unterdrückt hätte. Es ist also durchaus möglich, daß die Vorlage von *De partibus logicae* in H nur lateinisch war. Und diese Vorlage braucht nicht aus St. Gallen zu stammem, denn auch die sog. Praerhetorica, die in H auf f.47r,1-56r,16 vor Notkers Rhetorik steht, ist in der St.Galler Überlieferung unbekannt, ist aber sonst in drei weiteren Fassungen in München (Clm. 19 473), Wien (ÖN, Codex 2508) und Berlin (H2) vorhanden.[12]

Be: Diese Berliner Handschrift, Phillipps 1786, ist oben in der Einleitung zu Ndis, §4, kodikologisch besprochen worden. Das Fragment von N1 steht auf dem Vorblatt f. 2v,2-9 und umfaßt *Quid* bis *argumentorum;* (= D52v,9-16).

Wenn ein Satzanfang mit dem Beginn einer Zeile zusammenfällt, wird ausgerückt. Ein halbhoher Punkt bezeichnet die kleine Pause, eine Kombination von Punkt und Depositionshaken die große. Für das in Notkers Texten gebräuchliche St.Galler *.i.* (= *id est*) wird *i.* gesetzt.[13]

P3: Diese Pariser Handschrift, lat. 10 444, ist oben in der Einleitung zu Ndis, §4, kodikologisch eingehend besprochen worden. Das Bruchstück von N1 steht f. 61r,10-12 und umfaßt *Quid* bis *sillogismos.* (= D52v,9-15), etwas weniger als der Text in Be. Die Hand ist identisch mit der, die das Fragment von Ndis geschrieben hat. Wenn ein Satzanfang mit dem Beginn einer Zeile zusammenfällt, wird nicht ausgerückt.

5. Wie sich die Handschriften von N1 zueinander verhalten

Wie der Apparat auf f. 52v-54r deutlich macht, gilt auch für N1, daß H2 eine wohl direkte Abschrift (mit einigen eigenen Fehlern) von H ist.[14] Die H/H2-Gruppe, die nur lateinisch ist und kein deutsches Wortgut enthält, ist im

12 Siehe oben Kings Einl. zu Nr, §2.
13 Die Texte in den Handschriften Be, D, E und F benutzen gelegentlich Kapitälchen.
14 Zu Nr in H2 siehe oben Kings Einl. zu Nr, §6.

Vergleich mit der sonstigen Überlieferung, auch der St.Galler, relativ selbständig und hat nichts Auffälliges mit irgendeinem der anderen Textzeugen gemeinsam.

Auch E und F gehören nach Ausweis gemeinsamer Varianten, vor allem auch wegen der Erweiterungen zu D52r,19-52v,2 und 52v,5, enger zusammen, aber beide Texte gehen sonst, wie die Apparate zeigen, so oft eigene Wege, daß von einer direkten Abhängigkeit nicht die Rede sein kann.

Da nur N1 in G auch Deutsches enthält, würde es auf der Hand liegen, daß G und D enger zusammenhängen. Dies wird auch durch manche gemeinsame Lesarten und Fehler bestätigt, vor allem durch die irrigen Plurale in D52v,2, aber G hat auch mit F einiges gemeinsam, z.B. den Fehler *pręter* statt *propter* (D52r,15) sowie die Auslassungen zu 52v,16/17 und 52v,18-53r,1, so daß G wohl auf beiden St.Galler Handschriften (oder deren Vorgängern) beruht.

Obwohl die Fragmente in Be und P3 sehr kurz sind, haben sie im Gegensatz zu allen anderen Textzeugen eine Auslassung gemeinsam (D52v,12), so daß sie wohl enger zusammengehören. Gerade nach dem Abbruch von P3 fehlt sowohl in F wie in Be das Zeitwort *consideratur* (D52v,15); freilich steht *tractatur* zwei Zeilen früher. Falls nicht beide Handschriften unabhängig voneinander die (halbe) Wiederholung vermeiden wollten, würden auch F und Be enger verwandt sein.

Da vor allem der Text von N1 in H nur lateinisch ist (aber vielleicht enthielt auch der Text in F kein Deutsches), stellt sich die Frage, ob N1 ursprünglich nur lateinisch war oder ein lateinisch-deutscher Mischtext. Die Frage muß wegen Mangels an Beweismaterial offenbleiben. Aber wie oben in §4 schon angedeutet wurde, hätte der Textzeuge H in seiner Vorlage vorhandenes Deutsches kaum ausgelassen. Dies führt zu der Möglichkeit, daß ein rein lateinischer Text von *De partibus logicę* in St. Gallen vorhanden war oder dorthin mitgebracht wurde, der dann zu oder nach Notkers Zeiten um das Deutsche vermehrt wurde. Ein Argument für eine solche Entstehungsweise ist der Umstand, daß einige Stellen eben unmittelbar aus Notkers Schriften stammen können und daß das Sprichwort über Regen und Wind (D54v,4/5) schon in der St. Galler Handschrift 111 überliefert ist[15] und daher leicht von dort aus in eine

15 Dieser Codex stammt nach Scherrer, 42, und anderen aus dem 9. Jahrhundert, die beiden sprichwörtlichen Texte wurden nach allgemeiner Ansicht erst im 11. Jahrhundert von éiner Hand auf der Schlußseite 352 als Federproben eingetragen; siehe Hattemer, 1:410b (auch Texte); Piper, V; Piper 1882, 446 (Texte); MSD, 1:58/59 (Texte) und 2:135 (Nr. XXVII,1); Steinmeyer 1916, 403/404 (Nr. LXXXVI; auch Texte). Steinmeyer 1916, 404, bemerkt zu diesen Sprichwörtern: "da ein zweites von Notker (in N1) nicht angeführtes (über das Rehböcklein und seinen Arsch) sich anschließt, so geht unsere Feder-

lateinisch-deutsche Version von N1 hätte übernommen werden können. Falls N1 als eine Art St.Galler Schularbeit betrachtet werden kann, könnte man sich vorstellen, daß sie unter Ekkehard IV., der ja mit Notkers Werk wie auch mit dessen Quellenmaterial innig vertraut war und ihm wohl kurz nach 1031 als Klosterlehrer nachfolgte, angefertigt wurde. Diese lateinisch-deutsche St. Galler Version wurde dann zumindest in der Trierer Handschrift G nach Westen weitergereicht; die Kürze der nur lateinischen Fragmente in Be, E, F, H (mit H2) und P3 läßt keinen Schluß darauf zu, ob sie - oder zumindest ihre Vorlagen - ursprünglich auch Deutsches enthielten, so daß die Frage, ob die lateinisch-deutsche Fassung oder etwa eine nur lateinische Version eine weitere Verbreitung (auch nach Osten) fand, offen bleiben muß.

6. Korrekturen und Rasuren

Die Korrekturen und Rasuren des Haupttextes und der anderen Textzeugen werden, wie üblich, in den Apparaten verzeichnet; sie gehen nicht über das Normale hinaus[16].

7. Abkürzungen und Ligaturen[17]

Die Abkürzungen und Ligaturen des Haupttextes (und der anderen Textzeugen, insofern sie zur Sprache kommen) - sie gehen auch in der späten Handschrift H2 nicht über das Normale hinaus - werden im Abdruck stillschweigend aufgelöst, besondere Fälle bei den verschiedenen Textzeugen in den Apparaten vermerkt. An Ligaturen kommen &, rt, ſt und vs regelmäßig vor (vs meistens am Zeilenende), die Ligatur *ct* begegnet nur in G, H und P3, *or* bloß in Be, F und G, der Digraph æ nur in D. In *&himoloia* (D53r,18) steht die Ligatur & im Anlaut eines Wortes.

P h i l o l o g i s c h e s

8. Lateinisches und Orthographisches

Notkers Latein wurde generell oben in der Allgemeinen Einleitung, §4, besprochen. Das Latein des N1-Textes in dem ursprünglich St.Galler Codex D

---

probe kaum auf Notker zurück". Möglicherweise geht aber umgekehrt die Fassung in N1 auf diese Federprobe zurück. Da die Hand, welche diese Federprobe geschrieben hat, ungeübt ist und recht primitiv wirkt, ist sie schwer zu datieren; sie kann m.E. durchaus früher anzusetzen sein, aber eine genauere Datierung sollte nur auf Grund weiterer kodikologischer Untersuchungen erfolgen.

16 Siehe zuletzt oben Kings Einl. zu Nr, §8; Tax 1986, Einl., §6.

17 Siehe zuletzt oben Kings Einl. zu Nr, §9, sowie die Übersicht der Grundtypen bei King 1979, Einl., XXVI/XXVII; Tax 1986, Einl., §9.

steht auf einem etwas niedrigeren Niveau, als normalerweise in St.Galler Texten, die von Notker stammen, der Fall ist. Zwar kommen die zu Notkers Zeiten und in Notkers Werken relativ häufigen und normalen Varianten wie *i* für *y* (Ypsilon) und umgekehrt, c für t und umgekehrt, e für ę (*ae*, *æ*), Auslassung von *h* vor allem im Anlaut (ursprünglich) griechischer Wörter, auch hier vor, aber so viele Verschreibungen auf so knappem Raum wie *quit* statt *quid*, *diferentia*, *ęquvs* ('Pferd'), die dreimalige Auslassung von *g* (in *LOICĘ* (51v,14), *ethimoloia* (53r,18) und *sacrileio* (54v,12), das öftere Erscheinen von Minuskeln zu Anfang von neuen Sätzen sowie regelrechte Fehler wie in 52v,2, wo anscheinend der Text plötzlich zu mehreren Pluralformen des Neutrums hinüberwechselt, lassen auf eine verringerte Disziplin und Kontrolle im Skriptorium schließen. Die anderen Textzeugen (abgesehen von der Abschrift in G) haben solche Fehler nicht; entweder waren sie von vornherein nicht vorhanden, oder sie wurden verbessert. Im ersteren Fall ist der Zustand in D ein weiteres Argument dafür, daß *De partibus logicae* ursprünglich nur in einem korrekteren Latein vorlag und dann wirklich von einem Schüler bearbeitet und um das deutsche Material erweitert wurde. Zumindest für diesen Text von Nl muß auch die Möglichkeit eines Exemplars, das nur für den privaten Gebrauch bestimmt war, erwogen werden.

In den wenigen erhaltenen Sätzen von Be zeigt der Schreiber bei zwei ursprünglich griechischen Termini die (gräzisierende?) Tendenz, c durch k (für Kappa?) zu ersetzen, ist dabei aber nicht konsequent; vgl. *kategoricorum*, aber *ypothetikorum* (D52v,11/12).

9. Deutsches und Orthographisches[18]

Die Sprachgebung im Deutschen, das nur in der D-Version und deren Abschrift in G vorkommt, ist gleichfalls häufig nachlässig und insgesamt nicht selten unnotkersch. Ich habe im 1. Apparat mittels *-Rekonstruktionen den richtigen notkerschen Wortlaut wiederzugeben versucht, vor allem um anzudeuten, daß die Abweichungen von Notkers normalem Gebrauch erheblich sind.

Auch steht in D oft eine Majuskel, wo man Minuskel erwartet, so z.B. zweimal in 53r,11/12. Im Anlaut findet sich dreimal w statt notkersches uu: *wé* sowie *wóla* (54r,16) und *wâne* (54v,18); vgl. aber *uuât* sowie *uuágôt* (54v,5) und *zeuuene* (54v,1). Diese Wiedergabe von uu nicht einmal mehr durch vv, sondern durch modernes w deutet vielleicht auf eine relativ späte Entstehungszeit der Abschrift von Nl in D hin.

---

18 Siehe zuletzt oben Kings Einl. zu Nr, §11 und Tax 1986, Einl., §15.

Da der Schreiber von G von sprachlichen Aspekten seiner Vorlage wie Anlautgesetz, Akzentuierung, Bedeutungsmäßigem und Mundartlichem wenig verstand, ist, wie der Apparat von G zeigt, seine Abschrift in mehrfacher Hinsicht eine Verschimmbesserung des schon nicht immer optimalen Wortlauts in D; das Resultat seiner Wiedergabe der deutschen Bestandteile ist insgesamt nur etwas weniger nachlässig als das seiner Abschrift von Deutschem in Notkers Rhetorik.

10. Das Anlautgesetz

Eine Ahnung von Notkers Anlautgesetz[19] scheint in D vorhanden zu sein, aber es wurde insgesamt nicht sehr konsequent durchgeführt. Die meisten Fälle betreffen den Wechsel *d/t*; ob der Schreiber auch über *b/p* und *u/f* irgendwie Bescheid wußte, wird nicht klar. So wird im zweiten deutschen Passus (53r,19) allein dreimal - etwa 50% der Chancen - gegen den Wechsel *d/t* verstoßen, und dieser Prozentsatz gilt allgemein. Neben dem öfteren Unterbleiben des Wechsels stehen auch einige unrichtige Anwendungen der Regel: *dîer* (53v,13) und gleich zweimal *dóh-der* (54v,1). Zu *f/u* vergleiche man etwa *hûs follez* (53r,12) mit *ein fúnt* (53r,11) und mit *dér uállet* (53r,19). Im einzigen Fall von *b/p*, *dóh blásen* (54v,2), wurde nicht zu *plâsen* geändert.

11. Die Akzente

Im Vergleich mit dem relativ streng geregelten Gebrauch in den meisten in St. Gallen geschriebenen Werken Notkers erscheint *De partibus logicae* sehr unregelmäßig und sorglos akzentuiert.[20] Oft fehlt überhaupt ein Akzent, so z.B. in 53r,12 allein fünfmal, oder er steht dort, wo er nicht stehen sollte, etwa auf *Dír (scólo)* (53v,9), *íz*^{2} (54v,5), *né* (54v,18). Zahlreiche Male wird der falsche Akzent benutzt oder er wird unnotkersch gesetzt, z.B. bei Diphthongen auf dem unrichtigen Bestandteil oder Akut statt Zirkumflex oder umgekehrt. All diese Fälle sind im Apparat mittels *-Formen gekennzeichnet, und es wird dabei sehr deutlich, daß der Schreiber von N1 in D auch in dieser Hinsicht nicht mehr als eine Ahnung von Notkers System hatte.

12. Phonematische Varianten[21]

Am Augenfälligsten ist das häufige Erscheinen von *i* statt *e*.[22] Dieser - frei-

19 Siehe zuletzt unten Kings Einl. zu Nm, §8; Tax 1986, Einl., §13.
20 Siehe zuletzt unten Kings Einl. zu Nm, §9; Tax 1986, Einl., §12, und King, ebda, §11.
21 Siehe zuletzt King 1979, Einl., XXIII und Tax 1986, Einl., §14; Kelle 1888 II.
22 Vgl. zu dieser *i*-Haltigkeit Tax 1987, 874 und Anm. 10, und unten die Einl. zu Ns, §10 und Anm. 10.

lich nicht sehr folgerichtig durchgeführte - *i*-Ersatz findet sich nicht nur in Ableitungssilben (wie es in St.Galler Texten dieser Zeit, auch in denen Notkers, nicht ungewöhnlich ist), sondern auch in haupttonigen Silben; man beachte etwa *begínnit* und *tír* gegenüber *léder* und *ézzen* (53r,17), *dér úbelo* (53r,19) gegenüber *dír scóffícit* (53v,9) und *Vbilo* (54v,17). Sonstige Varianten sind selten: Elision findet sich bei *límble* statt *límbele* (53r,17) und zweimal bei *ne* in *nist*, umgekehrt ein unnotkersches Übergangs-e in *zeuuena* (54v,1; für **zuêna*). Statt *z* bei Notker steht dreimal *zz*, in *ézzen* (53r,17/18), *stúrzzet* (53r,19) und *bezzeres* (54v,17).

13. Getrennt- und Zusammenschreibung[23]

Im Deutschen deutet der Bindestrich an, daß Wortteile in der Handschrift mit Spatium geschrieben worden sind, der Trennungsbogen hingegen, daß zwei Wörter zu Unrecht ohne Spatium geschrieben wurden.[24] Der Bindestrich wurde auch bei der Silbentrennung am Zeilenende angebracht.

14. Interpunktion

Die Interpunktion für die kleine und große Pause in den Textzeugen wurde oben in §4 schon besprochen.[25] Das Fragezeichen wird normalerweise überall durch eine neumatische Schleife über halbhohem Punkt wiedergegeben; in E (und G) kommt aber diese Schleife auch ohne Punkt vor.

V e r s c h i e d e n e s

15. Zur Einrichtung dieser Ausgabe

Der Abdruck des Textes von Nl erfolgt seiten- und zeilengetreu nach D und bleibt möglichst nahe bei der Handschrift. Vor allem der Zitierbarkeit wegen wurden einige offentsichtliche, insbesondere sinnstörende Fehler im Text verbessert, kleinere Verschreibungen mittels <> für Einzufügendes berichtigt. Alle Veränderungen im Text wurden deutlich durch solche Klammern oder im Apparat angegeben. Für alles andere werden mit einem Sternchen versehene Rekonstruktionen im ersten Apparat benutzt.

---

23 Siehe zuletzt unten Kings Einl. zu Nr, §13; Tax 1986, Einl., §17.

24 Lateinisches wird dem heutigen Gebrauch entsprechend behandelt, bleibt also von der obigen Regelung (abgesehen von der Silbentrennung am Zeilenende) unberührt.

25 Zur Interpunktion in G siehe oben die Allgemeine Einleitung, §2; zur Interpunktion bei Notker siehe zuletzt oben Kings Einl. zu Nr, §12; Tax 1986, Einl., §16.

Was diese *-Formen betrifft: Es kommt beim Latein an erster Stelle darauf an, das Verständnis der Leser zu fördern. Daher bezeichnen die *-Formen im Apparat normalerweise _lectiones meliores_, d.h. richtigere Formen, wie etwa *_LOGICȨ_ für _LOICȨ_, *_quid_ statt _quit_ im Text, *_differentia_ für _diferentia_, *_equus_ ('Pferd') statt _ȩquvs_ (eigentlich 'eben, gleich, gerecht'), *_syllogism-_ für _sillogism-_, *_fugienda_ statt _fugenda_ usw., gelegentlich auch _lectiones faciliores_, d.h. auf das um 1000 gebräuchliche Latein hin normalisierte Formen, so z.B. *_singulȩ_ für _singule_ im Text, *_prȩdicatur_ für _predicatur_, *_negotio_ statt _negocio_ usw. Manche Formen dürften so leichter zu erkennen und auch aufzufinden sein. Deshalb wurde, auch im Hinblick auf relativ unerfahrene Lateinkundige, eher zu viel als zu wenig geboten. Auch einige Hinweise auf eine bessere Interpunktion wurden als *-Rekonstruktion gegeben.

Beim Deutschen bezeichnen die *-Formen Notkers Normalsprache, wie die frühere Forschung sie in manchen Studien zu bestimmen versucht und erörtert hat und wie sie u.a. das _Notker-Glossar_ von Sehrt und der _Notker-Wortschatz_ von Sehrt-Legner erfaßt haben. Diese *-Rekonstruktionen fungieren hier vor allem als Hinweise darauf, wie verschieden auch die deutsche Sprachgebung in diesem N1-Text von der Notkers ist.

Wie auch sonst in unseren Ausgaben (und in denen anderer) von Notkers lateinisch-deutschen Texten erscheint das Latein kursiviert, das Deutsche in Antiqua. Die Handschriften unterscheiden diese Textstufen nicht.

Nur einmal (D53v,2) ist eine Zeile überlang; der Rest erscheint in der nächsten Zeile, die aber mitten auf der Seite um 1 Spatium tiefer beginnt und dieselbe Zeilenzahl behält.

Die Ränder werden für Angaben, die vom Herausgeber stammen, benutzt. Oben steht der Titel des edierten Texte als großgeschriebener und klassisch formulierter Kolumnentitel, links bzw. rechts davon jeweils die laufende gerade bzw. ungerade Seitenzahl dieser Ausgabe. Auf dem linken Rand findet man die Zeilenzahlen der jeweiligen Seite nach D, rechts oben jeweils die Seitenzahl. Auf dem rechten Rand stehen auch die Seitenangaben zu Pipers Ausgabe, dann auch Angaben zu Seite und Spalte in G sowie zu den Seiten in Be, E, F, H, H2 und P3. Eine Angabe wie P591 bzw. F267 bedeutet, daß diese Seite in Pipers Abdruck bzw. in CSg. 242 in dieser Zeile beginnt.

Die Apparate verzeichnen, wie üblich, die Varianten der Textzeugen, wobei ich der Übersichtlichkeit wegen meistens Gemeinsames zusammen gruppiert habe.

Bei der H-Gruppe habe ich in éinem Apparat zuerst das Gemeinsame von H und H2 verzeichnet, danach jeweils mit neuem Zeilenanfang das Abweichende in H, dann das in H2. Die vielen Variationen bei der Interpunktion wurden normalerweise nicht berücksichtigt. / = Zeilenende in der Handschrift, // = Beginn oder Ende einer Seite oder eines Textes (Bruchstücks) in der Handschrift.

A l l g e m e i n e s

1. Notkers *De dialectica*: eine Übersicht über die Logik

De dialectica[1] ist der dritte der drei lateinisch geschriebenen Texte (Ndis, Ndia und Ntr), die hier "offiziell" als echte Werke Notkers des Deutschen vorgestellt und herausgegeben werden. Wie der Titel andeuten mag, handelt es sich um einen Versuch, den Inhalt der aristotelischen Logik, also des *Organons*, kurz wiederzugeben und zu charakterisieren. Die Schrift liegt sogar in zwei Fassungen vor, die beide bis heute in ursprünglich St.Galler Handschriften erhalten geblieben sind. Darauf soll unten ausführlich eingegangen werden. Wie bei Notker üblich, ist die Schrift in Abschnitte eingeteilt; am Anfang, d.h. vor dem ersten Abschnitt, steht der Titel,[2] mit Ausnahme der Abschnitte 4-6 in CSg. 820 trägt jeder der 12 weiteren Abschnitte eine Überschrift.

Das Werk wird in Notkers Brief an Bischof Hugo nicht erwähnt, aber es überschneidet sich inhaltlich in mancher Hinsicht mit dem lateinisch-deutschen Text *De syllogismis*, der in der Hauptsache sicher von Notker stammt, ja Ns und die Abschnitte 11-13 von Ndia stimmen gedanklich weithin überein, und es gibt in Ndia auch sonst viele Anklänge an andere Notkertexte aus dem Bereich der Artes. Die Frage, ob es unter seinen im Brief an Bischof Hugo von Sitten erwähnten quedam *opuscula latine* <*conscripta*>[3] subsumiert werden kann oder erst nach dem Brief abgefaßt bzw. vollendet wurde, wird möglicherweise im letzteren Sinne beantwortet werden müssen. Denn da das *Organon* des Aristoteles zu Notkers Zeiten nur teilweise, u.zw. hauptsächlich in den Übersetzungen und Kommentaren des Boethius zugänglich war, konnte Notker nur versuchsweise herausfinden, was Aristoteles wo über die Logik geschrieben hatte. Und Notker hat, wie van de Vyver, S. 186/187, gezeigt hat, ein paar mal unrichtig geraten oder gefolgert - darauf werde ich im *Notker latinus* zurückkommen. Der Umstand, daß es zwei St.Galler Fassungen dieses Werkes gibt - in der 2. Fassung er-

---

1 Siehe van de Vyver, 182, 186-189; De Rijk, 53, 83; Hellgardt, 176. Prantl hat das Werk auch noch in der 2. Auflage (1885) von Band 2 seiner *Geschichte der Logik im Abendlande* nicht behandelt; auch Wagner 1972 geht auf Ndia nicht ein.

2 *INCIPIT DIALECTICA* in Z, *DE DIALECTICA* in S2. Analogisch nach den Titeln der meisten Werke Notkers wurde der Titel von S2 als Arbeitstitel gewählt. Mit dem Incipit des Textes, *Dialectica est bene disputandi scientia*, fängt auch eine Abhandlung über Logik in der Einsiedler Handschrift 324, S. 54-72 (10. Jahrh.) an, aber der sonstige Text ist verschieden von Ndia; eine Ausgabe davon findet sich in Migne, PL 32, Sp. 1409-1420.

3 Siehe unten Nep, Z. 19.

scheinen vor allem die Inhalte der zwei letzten Abschnitte vertauscht - läßt vielleicht darauf schließen, daß Notker selbst (oder einer seiner Schüler) danach strebte, mehr Klarheit über diese beiden letzten Teile der aristotelischen Logik zu gewinnen. Ob nun diese zweite Fassung noch irgendwie von Notker stammt oder nicht, die Tatsache, daß es sie in St. Gallen gab, mag ein Anzeichen dafür sein, daß das Streben nach mehr Klarheit nicht mit einem endgültigen Resultat gekrönt wurde, so daß die Auseinandersetzung weiterging. Es ist reizvoll, sich vorzustellen, daß Notker selbst, auch noch gegen Ende seines Lebens, seinen *confratibus* und Schülern gegenüber gewisse Zweifel über seine Rekonstruktion des *Organons* nicht verschwiegen hätte.

D i e Ü b e r l i e f e r u n g

2. Übersicht

Notkers *De dialectica* ist in drei Handschriften vollständig erhalten: Zürich C 98 (= Z), f. 22r,3-38v,6; CSg. 820 (= S2), S. 51b,1-62b,20 und G, f. 63rb,18-64va,50. Das Werk wird, soweit wir sehen, sonst, z.B. bei späteren Autoren oder in mittelalterlichen Katalogen, nicht erwähnt. Aber weil die Schrift eine so klar geschriebene, knappe und übersichtliche Zusammenfassung der Logik ist, halte ich es für wahrscheinlich, daß neue Textzeugen noch auftauchen werden.

3. Die ältere Ausgabe

Ndia wurde nach der Brüsseler Handschrift G von Piper 1882 in der Einleitung von Band 1 seiner Ausgabe, S. LVI-LXXV, ediert. Diese Ausgabe ist, abgesehen von der Interpunktion, handschriftengetreu und nicht normalisiert. Sie ist relativ zuverlässig,[4] aber die Abhandlung selbst ist bisher von der Forschung kaum beachtet worden.

K o d i k o l o g i s c h e s

4. Die Handschriften von Notkers *De dialectica*

Z: Diese Handschrift wurde generell schon oben in der Allgemeinen Einleitung, §2, behandelt. Hier ist einiges über den Text von Ndia zu ergänzen. Wie schon oben in §1 erwähnt wurde, ist er in Abschnitte eingeteilt, beginnt der Text selber mit einem Titel und haben alle Abschnitte Überschriften. Titel und Überschriften sind, wie bei Notker üblich, rubriziert und erscheinen in einer

4 Eine Zeile fehlt bei Piper durch *Homoioteleuton* (Zeilensprung): *probabilia* bis *possint* (G64rb,54 = Z36r,9/10).

Capitalis rustica, auch der erste Buchstabe eines jeden Abschnittes ist rot (orange) und besteht aus einer 3-4 Zeilen hohen Initiale in Unzialform.[5] Das *D* von *Distat* (24v,5) am Beginn der Zeile und das *E* von *Ex*, dem ersten Wort am Zeilenanfang nach dem Schema auf 28v, sind ausgerückte und rubrizierte, zwei Zeilen hohe Kleininitialen; sie erscheinen in der Ausgabe im Fettdruck. Eine orange Strichelung (Schattierung) fast aller Majuskeln findet sich auf f. 22r, 26v, 27r, 30r-32r und 33r; der Grund (warum hier, nicht sonstwo in Ndia?) ist nicht deutlich.

Wie in der Allgemeinen Einleitung, §2, ausgeführt wurde, erstreckt der Text von Ndia sich in Z über drei Lagen (den zweiten Teil von Lage 3, Lage 4, den ersten Teil von Lage 5) und haben insgesamt vier Hände (Z5-Z8) sich an der Niederschrift beteiligt. Die Zeilenzahl pro Seite wechselt: 22r-24v haben 18 Z. pro Seite (wie der erste Teil von Lage 3), 25r-28r haben 16, 28v hat wegen des Schemas 30, 29r 17, 29v 15, 30r-38r haben wiederum 16, 38v hat bis zum Anschluß an Ntr 6 Zeilen. Falls ein Satzanfang und der Beginn einer neuen Zeile zusammenfallen, wird das mit Majuskel anfangende erste Wort ausgerückt.

S2: Der Text von Ndia steht auf S. 51b-62 in einem zweispaltig geschriebenen Teil (S. 31-62) von CSg. 820.[6] Diese Handschrift umfaßt insgesamt 176 Seiten und enthält sonst hauptsächlich das erste Buch von Boethius' Kommentar zu *De interpretatione* des Aristoteles (S. 2-51a,9) und Cicero, *De inventione libri II* (S. 72-172). Der Codex hat noch den ursprünglichen Einband. Bruckner hält es für fraglich, ob dieser Teil (S. 31-62) - mit S. 31 beginnt eine neue Lage - aus St. Gallen stammt, aber er wurde m.E. zweifellos im St.Galler Skriptorium geschrieben. Denn der Text von Ndia erstreckt sich über den 2. Teil eines Binios, S. 47-54, und über einen zweiten Binio, S. 55-62 (mit S. 63 beginnt eine neue Lage); der 1. Teil des ersten Binios enthält S. 47-51a den Schluß von Boethius' *De interpretatione*, Buch 1, das aber gleich am Anfang des Codex auf S. 2 zweispaltig beginnt. Auch wenn von S. 31 an die Schrift etwas kleiner wird, kein Rotes mehr vorkommt und der Schreiber 30 statt davor 28 Zeilen auf die Seite bringt, erscheint diese Abschrift, auch wegen der durchgehenden Zweispaltigkeit, als einheitlich genug, um insgesamt aus St. Gallen zu stammen. Warum sollte nicht auch der Text von Ndia, der zumindest zum Teil von einer ähnlichen Hand wie *De interpretatione* geschrieben wurde, aus St. Gallen stammen? Indem van de Vyver unseren Text in CSg. "820, I" ansiedelt, gibt er

5 Siehe das Faksimile von 22r unten in der Ausgabe, S. 195.
6 Siehe Scherrer, 277 (10. Jahrh.); van de Vyver, 182 ("s. X-XI"); de Rijk, 55/56; Bruckner, 3:117; er datiert diesen Teil "10. Jh. oder später".

zu erkennen, daß auch er die Handschrift mindestens bis S. 62 als Einheit betrachtet.

Der Text von Ndia wurde von sechs Händen in einer spätkarolingischen Minuskel geschrieben. Hand α besorgte S. 51b,1-54b,12 sowie 56a,1-40 (Schluß, einschließlich des Schemas) und ist eine relativ runde, sehr klare und geübte, etwas rechtgeneigte Glossenschrift; die Tinte ist braun. Hand β schrieb 54b,13-55b,10, ist Hand α ähnlich, benutzt aber dunkelbraune Tinte. Hand γ kopierte 55b,11-30 (Schluß) und ist keine Glossenschrift mehr, sondern eine normale Hand, die etwas kompakter und runder, weniger geübt und gleichmäßig, auch stärker rechtsgeneigt ist und mit hellerer Tinte schreibt. Hand δ schrieb 56b-59b,30 (Schluß) und ist auch eine Glossenschrift, aber noch kleiner als Hand α oder β, schärfer, höher aufgerichtet und deutlich rechtsgeneigt; die Tinte ist dunkelbraun. Hand ε schrieb 60a,1-62b[7] und ist eine äußerst kleine, kompakte, sehr geübte und sichere Glossenschrift, bei der auch die Buchstaben oft relativ weit voneinander stehen und die Tinte schwarzbraun ist. Eine "Korrekturhand" hat schließlich mit schwarzgrauer Tinte auf S. 60-62 eine erweiterte Interpunktion angebracht (siehe unten, §6). Ein Grund für Bruckners oben erwähnten Zweifel war wohl der Umstand, daß dieser Teil von S2 fast ganz von solchen Glossenhänden geschrieben erscheint, die schwerer zu beurteilen und oft auch zu datieren sind.

Das Pergament ist ziemlich dünn, aber fest; es hat einige alte Löcher, ist recht schmutzig und oft gelblich, nur S. 60-62 sind weiß. Eine Rubrizierung fehlt. Der Text beginnt mit einer 3 Zeilen hohen Initiale *D*. Jeder neue Abschnitt fängt meistens mit einer etwa 2 Zeilen hohen Kleininitiale an, gelegentlich mit einer Majuskel. Wenn ein Satz mit einer neuen Zeile beginnt, wird normalerweise ausgerückt,[8] aber auch hier wird sehr oft eine Kleininitiale statt einfacher Majuskel geschrieben. Kleininitialen erscheinen auch nicht selten bei Satzanfängen in der Zeile (wo man auch nur einen Großbuchstaben erwartet). Ein Grund für den Wechsel ist nicht ersichtlich; auch ist der Unterschied zwischen beiden Formen nicht immer klar.[9] Die Überschriften der Abschnitte 4-6 fehlen.

---

7 Die von Hand ε geschriebenen Seiten 60-62 enthalten den Text, der u.a. laut der Anweisung ꝁ auf dem Rand (= *Karet*/*caret* 'fehlt'; siehe den Apparat in der Ausgabe) hinter S. 58b,16 eingefügt werden sollte.

8 Nicht ausgerückt wurden, weil das Schema auf 56a im Wege war, *Dictum* und *In* (56b, 17 und 29). Halb ausgerückt erscheinen *Igitur* (58a,15) und *Forma* (58b,4).

9 Falls ein neuer Abschnitt deutlich mit einer Kleininitiale beginnt, habe ich sie durch Fettdruck kenntlich gemacht.

Eine Seite unseres Textes mißt normalerweise ca. 28 x 21 cm, die Schreibfläche pro Spalte ist ca. 20,5 x 7,5 cm, aber auf den enger beschriebenen Seiten 60-62 ca. 23 x 7,5 cm. Eine Spalte enthält gewöhnlich 30 Zeilen, 56a aber wegen des Schemas 50, S. 60-62 wiederum wegen der engeren Schrift 33 Zeilen pro Spalte. Eine Aufnahme von S. 56 steht unten in der Ausgabe, S. 264.

G: Zu der Sammelhandschrift G und dem Text von Ndis darin beachte man oben die Allgemeine Einleitung, §2.[10] Der Text weist einen Titel wie auch Abschnittsüberschriften auf. Jeder Abschnitt beginnt mit einer Initiale. Rubrizierung ist nicht vorhanden. Falls eine Zeile mit einer Majuskel beginnt, wird sie normalerweise nicht ausgerückt.

5. Wie sich die Handschriften Z, S2 und G zueinander verhalten

In der Allgemeinen Einleitung, §3, habe ich versucht zu zeigen, daß der Text von Ndia in G insgesamt eine direkte Abschrift von dem in Z ist. Aber der G-Text hat einige Varianten, die darauf hindeuten, daß der Schreiber auch den Text von Ndia in S2 vor sich hatte. In Z27v,13 heißt es: (*Verum autem) sit*, S2 hat aber *fit* statt *sit*, G hat beides: *fit* mit *uel sit* als *varia lectio* darüber geschrieben. Ähnlich ist folgender Fall: Z29r,8 benutzt den Ausdruck *late (dici)* 'im weiten Sinne (genannt werden)', S2 bietet *latine* 'lateinisch' statt *late*; in G findet sich *latine* im Text, aber darüber die Variante *uel latę* (so). In beiden Fällen hat der Schreiber von G also der Lesart von S2 vor der von Z den Vorzug gegeben, dennoch aber auch die Z-Variante vermerkt. Noch deutlicher ist m.E. folgendes Beispiel: In Z33r,3 begegnet die Reihe *(addere .) aut demere . uel mutare*, wobei *aut* über durch Punkte getilgtem *uel* steht. Aber S2 bietet hier umgekehrt *uel* ... *aut*, was auch G hat. Auch hier ist G vielmehr S2 gefolgt als Z.

Es hat also den Anschein, daß beide St.Galler Fassungen von Ndia dem Trierer Schreiber von G vorlagen. Man könnte sich vorstellen, daß etwa folgendes geschah. In Trier hatte man gehört, daß es im Kloster St. Gallen einen Traktat über Logik mit dem Incipit *Dialectica est bene disputandi scientia* gab. In St. Gallen war bekannt, daß es in der Bibliothek zwei Texte gab, die dieses Incipit hatten. Also hat man beide Versionen nach Trier geschickt, und der Schreiber hat auch beide herangezogen, hauptsächlich die Z-Fassung, aber gelegentlich auch eine *varia lectio* aus dem Text in S2.

10 Siehe van de Vyver, 182; de Rijk, 48 (Nr. 8) und 80.

Wie verhalten sich beide St.Galler Ndia-Texte, in Z und S2, zueinander? Zunächst erscheint es als nicht gut möglich, daß Z eine direkte oder indirekte Abschrift von S2 ist, denn vor allem die ursprünglich vorhandene textliche Auslassung und dann die Einfügung des Textes nach S. 58b,16 müßte sich irgendwie in Z bemerkbar gemacht haben. Auch fehlen in S2 die Überschriften der Abschnitte 4, 5 und 6, nicht aber in Z. Es liegt also vielmehr auf der Hand, daß S2 unmittelbar oder mittelbar aus Z stammt, aber dergestalt, daß man von einer redaktionellen Bearbeitung sprechen muß. Denn nicht nur weist S2 einige unnotkersche terminologische Veränderungen gegenüber Z auf,[11] sondern auch stilistische in den Abschnittsüberschriften und im Text selbst.[12] Vor allem aber ist die inhaltliche Umstellung in den beiden letzten Abschnitten (12 und 13) auffällig. In Z wird nämlich in Übereinstimmung mit Notkers anderweitigen Auffassungen[13] über die aristotelische Logik ausgeführt, daß in der Zweiten Analytik (Abschnitt 12) die notwendigen oder apodiktischen bzw. prädikativen, das heißt für ihn die kategorischen Syllogismen behandelt werden, in der Topik (Abschnitt 13) dagegen die hypothetischen oder konditionalen. In S2 erscheinen die Inhalte beider Abschnitte vertauscht: In 12 (*DE SECUNDIS ANALITICIS*) werden die konditionalen, in 13 (*DE TOPICIS*) die prädikativen (kategorischen) Syllogismen erörtert.

Die Umarbeitung in S2 erscheint von Notkers Text in Z aus gesehen als terminologisch verwirrend und sachlich betrachtet - auch mit Bezug auf die Abschnitte 12 und 13 - als eine Verschlimmbesserung. Möglicherweise kann eine umfassende Quellenuntersuchung neues Licht vor allem auf die Veränderungen in S2 werfen und vielleicht einige Gründe dafür beibringen. Es spricht für G, daß dieser Codex fast überall den Ndia-Text von Z übernommen hat.

6. Korrekturen und Rasuren

Die Verbesserungen des Textes von Ndia in der Leithandschrift Z wie auch in den zwei anderen Textzeugen wurden wie üblich in den Apparaten verzeichnet. Sie bleiben im allgemeinen innerhalb der Grenzen des Normalen.[14] Die Kor-

---

11 Gleich zu Anfang des 2. Abschnittes heißt es in Z: *Est syllogismus . qui dicitur cathegoricus .i. prędicatiuus . et est qui dicitur ypotheticus .i. conditionalis*, in S2 aber: *Est syllogismus qui dicitur dialecticus . id est prędicatuus ! et est qui dicitur apodicticus uel apotheticus . id est conditionalis et demonstratiuus*. S2 benutzt die verschiedene Terminologie auch weiterhin.

12 Vgl. die Überschriften der Abschnitte 9 und 10; für den Text etwa die mit *Distat* beginnenden Sätze Z24v,5-7 und S2,53a,26-28.

13 Siehe van de Vyver, 186/187.

14 Siehe zuletzt unten Kings Einl. zu Nr, §8; Tax 1986, Einl., §6. In Z begegnet auf f. 22v und 25r einige Male ein e (= *emenda*) auf dem Rande.

rekturen stammen in G meistens vom Schreiber, in Z und S2 sind sie oft von anderer Hand.

Die Korrekturseiten 60-62 in S2 enthalten selbst eine weitere Korrektur: eine andere Hand hat mit schwarzgrauer Tinte häufig eine neue Interpunktion angebracht, die normalerweise aus suspensiven (*!* bzw. ʼ), gelegentlich auch aus großen Pausen (*;* bzw. ,) besteht. Die ursprüngliche Interpunktion war die in Notkers Schriften übliche: niedriger oder halbhoher Punkt für die kleine, hoher Punkt (gelegentlich ein halbhoher) für dir große Pause. Der Korrektor bringt dabei ganz neue *!* an, ergänzt vorhandene Punkte um einen Schrägstrich, trägt mehrere Male auch bloß Schrägstriche (also ohne Punkt) nach, die mehr oder weniger hochgestellt sind, oder aber bringt *depositio*-Haken unter Satzschlußpunkten an[15] - und ist insgesamt nicht sehr konsequent. Öfter unterbleibt z.B. die Verbesserung oder werden die Zeichen für die große Pause mit denen für die kleine (und umgekehrt) verwechselt. Ich habe diese ver(schlimm)besserte Interpunktion als Ganzes so genau wie möglich in die Ausgabe übernommen, wobei ich die Pause, die nur aus einem Schrägstrich besteht, auch durch einen (etwas höher gestellten) Schrägstrich (ʼ) wiedergebe.

7. Abkürzungen und Ligaturen[16]

In dem Text von Ndia nach Z und S2 wurden die gebräuchlichen Abkürzungen (mit Ausnahme von .i. = *id est*) wie auch die Ligaturen &, *NT* (in Kapitälchen), ſt, vs - in S2 auch or und rt - sowie normalerweise an *h*, *m* oder *n* unten angehängtes *i*, z.B. in *enim* (Z37v,6 und 11) oder *nihil* (S2,60b,20), gelegentlich auch *a*, stillschweigend aufgelöst. Bemerkenswerte Fälle werden in den Apparaten verzeichnet. Hier mögen folgende Beispiele erwähnt werden. In Z26r,6² und 7 wird *huius* durch *h*ꝰ wiedergegeben; für regelmäßiges *utinā* (Z26v,15) schreiben sowohl S2 wie G *ut̄* (das normalerweise *uter* vertritt). In S2,60b,16 steht *mod'* für *modis*, ebda 18 *fr̄em* für *fratrem*. Solche freiere Abkürzungsweisen können auf eine relativ späte Entstehungszeit von S2 deuten.

Die Ligatur & steht natürlich oft allein und auch als Verbalendung im Auslaut, sie kann aber aber auch im Inlaut vorkommen, wie bei *rh&or* (S2,51b,8). Die Ligatur *-vs* als Endung, die in G sehr häufig ist, begegnet in den anderen Textzeugen nur gelegentlich.

15 Nach *est* (60b,2) wird ein hochgestellter Punkt (für die große Pause) um ein *;* vermehrt, aber so, daß der neue Haken links unter dem ursprünglichen Punkt steht, der neue Punkt rechts darüber. In 60b,19/20 wird nach *relinquat* das ursprüngliche Fragezeichen (Schleife über halbhohem Punkt) um einen *depositio*-Haken darunter ergänzt.

16 Siehe zuletzt unten Kings Einl. zu Nr, §9, und Tax 1986, §9. Vgl. für G oben die Allgemeine Einleitung, §2.

P h i l o l o g i s c h e s

8. Lateinisches und Orthographisches

Zu Notkers Latein generell beachte man oben die Allgemeine Einleitung, §4.[17] Auch die Texte in Z und S2 erscheinen einerseits als in hohem Maße normalisiert, andererseits nicht ohne einige zum Teil typisch notkersche Eigentümlichkeiten und weitere Unregelmäßigkeiten. Für *ae* (*æ*) findet sich meistens *ę*, aber auch e ist nicht selten, z.B. Z23v,8 *prenoscimus*, 24r,6 *coniuncte*, 25r,7 *quedam* usw., umgekehrt dann unrichtig *ę* für regelrechtes e z.B. in *mortalę* und *specię* (Z25v,4 und 16). Typisch notkersch sind die Formen *pene* statt *pęne*, *questio* statt *quęstio*, *estimandum* statt *ęstimandum*. In Z erscheint einmal ein Schrägstrich bzw. Akut über Vokal, 27r,10: *Héc* (das zu erwartende Schwänzchen fehlt).

In (ursprünglich) griechischen Wörtern wechseln in den Handschriften *y* und *i* (für gr. Ypsilon) miteinander ab: *porphirivs* (Z22v,14), *phisicam* (Z23r,6); umgekehrt dann *ysagogis* (Z23r,18) für regelmäßiges *isagogis*, auch *phylosophorum* (Z34r,11; 37r,6) oder *hystoricos* (Z27r,5). Auch der Wechsel c/t begegnet in den Textzeugen mehr oder weniger oft; so hat Z etwa *mendatiter* (29r,6), S2 sehr häufig *speties* für *species*, umgekehrt aber findet sich etwa in Z *Tercia* (32v,10) oder *substancia* (26v,1), in S2 *racione* (51b,3) und *racionale* (54a,13). In ursprünglich griechischen Wörtern wird ein anlautendes *h* (spiritus asper) oft weggelassen, z.B. in *istoricos* (Z27r,5) oder *Ypotheticus* (Z33r,6), auch aber in *astile* (Z25r,8 und S2,53b,25; von lat. *hasta*, nicht von ahd. *ast*). Ursprünglich griechisches *th* (Theta) erscheint zu t vereinfacht in *talamos* (Z26v,15 und S2,55a,11); umgekehrt steht *th* für korrektes t in *peripathetici* (Z29r,5 und S2,56b,10) - die Peripatetiker haben ja nichts mit "pathetisch" zu tun.

9. Interpunktion

Die Interpunktion in Z ist recht regelmäßig, obwohl nicht weniger als vier Hände den Text von Ndia geschrieben haben.[18] Ein halbhoher oder niedriger Punkt bezeichnet die kleine, der hohe Punkt, nicht selten auch ein halbhoher, die große Pause. Aber die große Pause wird häufig durch einen *depositio*-Haken

---

17 Siehe auch oben jeweils die Einl. zu Ndis und Ntr, §8.

18 Zur Interpunktion in G vgl. oben die Allgemeine Einleitung, §2; zur Interpunktion bei Notker siehe zuletzt oben Kings Einl. zu Nr, §12, und Tax 1986, Einl., §16.

allein wiedergegeben,[19] mehrmals auch durch eine Kombination von Punkt und *depositio*-Haken; freilich steht diese Kombination auch einige Male für die kleine Pause, so 35r,10 vor a (in derselben Zeile auch vor *A*). Für die kleine Pause kommt mehrmals die Kombination Punkt mit Suspensionsstrich (*!*) vor.[20] Das Fragezeichen wird fast immer, wie üblich, durch eine neumatische Schleife über halbhohem Punkt wiedergegeben. Nach *tollitur* (Z31r,6) steht diese Schleife über einem *depositio*-Haken.

Die Interpunktion in S2 war ursprünglich ziemlich notkersch; auch die Zeichen *!* für die kleine und *;* für die große Pause begegnen - mit Ausnahme von S. 60-62[21] - kaum, aber es fehlt öfter ein Punkt vor einem Relativsatz sowie vor einer Konjunktion zu Anfang eines kurzen Nebensatzes. Da diese Unterschiede in S2 auf einer redaktionellen Bearbeitung beruhen mögen und daher wohl einen anderen Stilwillen bekunden, habe ich es normalerweise nicht für nötig gehalten, im Apparat mit *-Formen und anderen Mitteln nachzuhelfen, zumal das echt Notkersche in Text und Apparat der gegenüberliegenden Z-Fassung genügend vertreten ist.

V e r s c h i e d e n e s

10. Zur Einrichtung dieser Ausgabe

Der Abdruck der lateinischen Texte von Ndia in Z und S2 erfolgt parallel sowie seiten- und zeilengetreu und bleibt so nahe wie möglich bei diesen Handschriften; G wird nur in den Apparaten der Z-Seiten berücksichtigt. Vor allem der Zitierbarkeit wegen wurden offentsichtliche, insbesondere sinnstörende Fehler im Text verbessert, kleinere Verschreibungen mittels <> für Einzufügendes, [] für Auszulassendes berichtigt. Alle Veränderungen im Text wurden deutlich durch solche Klammern oder im Apparat angegeben. Für alles andere werden mit einem Sternchen versehene Rekonstruktionen im ersten Apparat benutzt.

Was diese *-Formen betrifft: Es kommt beim Latein an erster Stelle darauf an, das Verständnis der Leser zu fördern. Daher bezeichnen die *-Formen im Apparat normalerweise *lectiones meliores*, d.h. richtigere Formen, wie etwa **hypotheticus* für *ypotheticus* (22r,19) im Text, **syllogisticam* für *sillogi-*

---

19 Dieser Gebrauch findet sich regelmäßig auf S. 25v-27v und 30r-32v, kommt 28r-29v (Hand Z7) nicht, 33r-Schluß kaum noch vor.

20 Gelegentlich steht umgekehrt *!* für die große Pause, etwa 36v,12 vor *Nam*.

21 Zu der verbesserten und ergänzten Interpunktion auf diesen Seiten siehe oben, §6.

sticam (22v,4), **hastile* für *astile* (25r,8), **rhetoricis* für *rethoricis* (35v,12) usw., gelegentlich auch *lectiones faciliores*, regelmäßigere, d.h. auf das um 1000 gebräuchliche Latein hin normalisierte Formen, so z.B. **pęne* für *pene* im Text, **quęstio* für *questio* (31r,3), **o melibęe* (oder klassisch **o meliboee*) in einem Vergilzitat für die handschriftliche Schreibung *omoelibee* (Z27r,2). Gewisse Formen und Namen dürften so leichter zu erkennen und auch aufzufinden sein. Deshalb wurde, auch im Hinblick auf relativ unerfahrene Lateinkundige, eher zu viel als zu wenig geboten.

Handschriftliche Initialen werden auch als solche gedruckt. Zu den Kleininitialen in Z und S2 siehe oben, §4.

Die Texte von Z und S2 werden parallel abgedruckt (Z als Haupthandschrift rechts, S2 links), aber unter Beibehaltung der Zeilen nach den Spalten in S2 - normalerweise mit Ausnahme der ersten und der letzten Zeile, die jeweils mit dem ersten Wort einer neuen Seite in Z beginnen bzw. mit dem letzten Wort der Seite in Z enden; die jeweilige Zeilenzahl wird dabei im Abdruck von S2 zweimal, d.h. vor der letzten und vor der (neuen) ersten Zeile angebracht, und die Forsetzung in der jeweiligen ersten Zeile fängt räumlich dort an, wo der Text in der letzten Zeile aufhört.

Wenn eine Zeile in der Handschrift (nur in Z) überlang ist, steht der Rest in der nächsten Zeile, die aber mitten auf der Seite um 1 Spatium tiefer beginnt und diesselbe Zeilenzahl behält. / = neue Zeile, // = neue Seite.

Die Ränder werden für Angaben, die vom Herausgeber stammen, benutzt. Links auf dem Rand stehen jeweils die Zeilenzahlen nach Z und S2, rechts oben die Blattzahl nach Z mit Angabe von r(ecto) oder v(erso), die Seitenzahl nach S2 mit Angabe der Spalte durch a bzw. b, auf dem rechten Rand dann auch die Abschnittszahlen, allein in Z Seitenangaben zu der Parallelüberlieferung in G, in Z und S2 Hinweise auf die frühere Ausgabe von Ndia durch Piper. Eine Angabe wie P,LVI besagt, daß die Seite LVI des Textes in der Einleitung von Pipers Ausgabe in dieser Zeile beginnt. Oben steht der Kolumnentitel und links bzw. rechts jeweils die laufende gerade bzw. ungerade Seitenzahl dieser Ausgabe.

A l l g e m e i n e s

1. Wahrheitsfindung durch syllogistische Schlußrede

Der Titel *De syllogismis* stammt von Piper. Die Überschrift des ersten Abschnittes in der Handschrift lautet QUID SIT SYLLOGISMUS (D28r,3; vgl. das Faksimile).[1] Diese Schrift Notkers wird in seinem Brief an Bischof Hugo von Sitten (um 1015) nicht erwähnt. Das kann heißen, daß Notker sie erst später geschrieben bzw. vollendet hat. Wie bei Nk, Ni, Nb, Nc gibt es die vertraute Kombination von lateinisch-deutscher Mischprosa, auch insgesamt 19 Abschnitte mit den bei Notker gebräuchlichen Überschriften. Aber es gibt einige Unterschiede. Notkers Latein beruht natürlich auch hier auf lateinischen Quellen,[2] aber im Gegensatz zu den eben genannten Werken ist die Verarbeitung so frei, daß man weithin von Notkers eigenem Text reden muß, nicht nur oder nicht mehr von einem in der Hauptsache syntaktisch umarrangierten Text eines anderen Autors. Auch das Deutsche, das vom ersten Wort an typisch notkersch ist, zeigt einige Verschiedenheiten; vgl. unten unter Philologisches. Etwas auffällig ist der Umstand, daß das Deutsche einige Male eigens durch den Terminus *Teutonice* eingeführt wird. Es hat den Anschein, daß eine redigierende Hand am Werke war.

D i e Ü b e r l i e f e r u n g

2. Übersicht

Ns ist nur in der aus St. Gallen stammenden Züricher Sammelhandschrift C 121 (= D), f. 28r,3-49r,12 auf uns gekommen. D wird heute in der Zentralbibliothek Zürich aufbewahrt.

3. Die älteren Ausgaben

Ns wurde zuletzt 1882 von Piper in Band 1 seiner Ausgabe, S. 596-622, herausgegeben, die Lesarten stehen in seiner Einleitung, S. CLIII/CLIV.[3] Davor hatte Heinrich Hattemer 1849 den Text in Band 3 seiner Ausgabe, S. 541-559, ediert.

K o d i k o l o g i s c h e s

4. Die Handschrift von Notkers *De syllogismis*

1 Siehe Sonderegger 1987, Sp. 1218 und 1219; de Rijk, 49 (Nr. 13), 53-55; van de Vyver, 188/189; Prantl, 2:64-67. Die Schrift ist zusammenzusehen mit ähnlichen Texten Notkers in der *Consolatio*, Buch III, Abschn. 15 (Tax 1988, 114/115), Abschn. 78 (ebda, 154/155), Abschn. 121 (ebda, 177/178) und *De dialectica*, unten S. 196-263, bes. die Abschnitte 11-13.

2 Siehe Wagner 1972, 11-101.

3 Siehe auch Piper 1882, 459-461; Kelle 1888 II.

Diese Handschrift, die neben anderem mehrere Notkertexte enthält,[4] ist auch für Ns in fast jeder Hinsicht ein typisches Produkt des St.Galler Skriptoriums. Der Codex beginnt mit 4 Quaternionen, f. 1-32, dann folgen ein Trinio, ein Quaternio, dessen 3. und 7. Blatt ausgeschnitten sind, noch ein Quaternio und wiederum ein Trinio, f. 33-58. Notkers Rhetorik folgt; sie fängt f. 59 mit einem neuen Quaternio an. Da Ns auf f. 28r-49r steht, umfaßt die Schrift vier Lagen, zwei vollständig, nur die erste und letzte jeweils den 2. bzw. 1. Teil. Eine Aufnahme von f. 28r steht unten in der Ausgabe auf S. 265.

Die Durchschnittsseite von f. 28-49 mißt jetzt ca. 18,5 x 15,5 cm, die Schreibfläche ca. 15 x 11,5 cm. Aber dieser Teil der Hs muß ursprünglich 2-3 cm breiter gewesen sein, denn auf 41r sind von der Überschrift zu Abschnitt 14 - sie steht ausnahmsweise auf dem rechten Rand - u.a. die Buchstaben SMUS (mit oder ohne Punkt) von SYLLOGISMUS abgeschnitten, so daß zumindest dieses Blatt im Original um 4-5 Buchstaben breiter war. Es stehen von 28r-44v 20 Zeilen auf der Seite, von 45r an (neue Lage, aber dieselbe Hand) aus unbekannten Gründen nur 19, die letzte Seite 49r hat 12 Zeilen, der Rest ist leer. Es gibt insgesamt 19 Abschnitte, jeder Abschnitt beginnt mit einer rubrizierten Überschrift in Capitalis rustica, das erste Wort danach fängt mit einer gleichfalls rubrizierten Initiale an. Die längeren Abschnitte 4, 6, 8 und 13 werden mittels Kleininitialen, die in Abschnitt 13 (Hand D2; siehe unten) auch rubriziert sind, weiter gegliedert. Ns wurde von zwei Händen geschrieben; Hand D1 ist verantwortlich für die Abschnitte 1-8, f. 28-34v,16 bis *malum;*, D2 für den Rest, die Abschnitte 9-19, f. 34v,16 *DE CONDITIONALI* bis Schluß. Die Schrift von D1 ist relativ klein, kräftig, kompakt, sehr regelmäßig und geübt, die Buchstaben stehen gerade; vgl. das Faksimile von 28r. D2 ist auch kompakt, aber runder und größer, weniger gleichmäßig und mit einer Tendenz zur Rechtsneigung und zu größerer Schrift. Die Schrift wird gegen Ende hin noch größer, wohl weil der Schreiber versuchte, den Anschluß an den folgenden Text auf f. 49v zu erreichen; das gelang trotzdem nicht: die 2. Hälfte von f. 49r ist leer. D2 hat für seinen Teil auch die roten Überschriften, Abschnittsinitialen und Kleininitialen geschrieben, D1 wohl kaum - sie stammen wegen ihrer Dünne und Größe m.E. von einem anderen Rubrikator, der nicht D2 ist. Der sonstige Text ist mit gewöhnlicher dunkelbrauner Tinte geschrieben. Das Pergament ist gut geglättet, mittelstark, aber auch nicht selten dünn. Es ist normalerweise weiß, aber die Haarseiten sind oft gelblich geworden und weisen regelmäßig

4 Siehe oben Kings Einl. zu Nr, §5.

dunkle Haarsäcke auf. Wenn eine Zeile mit einem Großbuchstaben beginnt, wird sie nicht ausgerückt.

5. Korrekturen und Rasuren

Alle von den Schreibern oder von anderer Hand angebrachten Korrekturen sind im Apparat verzeichnet. Die Arten der Verbesserung sind die normalen: Punkte, Striche, Rasuren, Übergeschriebenes, auf den Rändern Nachgetragenes, Durchstreichung.[5] Einmal wurde ein Wort, *réht* (32r,14), durch einen Kreis drum ("Umzäunung") getilgt, der noch über dem Kreis stehengebliebene Akut radiert. Da das Pergament oft dünn ist und auch teilweise feucht geworden war, habe ich auch auf Durchscheinendes und Flecken - sie können auf Mikrofilm leicht in die Irre führen - regelmäßig hingewiesen. Verbesserungen sind nicht selten unterblieben oder zu Unrecht angebracht; vgl. dazu die mit Sternchen versehenen Formen im Apparat.

6. Abkürzungen und Ligaturen

Die im Text von Ns benutzten Abkürzungen sind die üblichen,[6] sie wurden - mit Ausnahme von .i. = *id est* - stillschweigend aufgelöst. Die Abkürzung *p̄* habe ich meistens als *prę* wiedergegeben (Präposition und Präfix), einige Male lautgemäß als *pre*, wie z.B. in *interpretatur* (48v,2). An Ligaturen kommen regelmäßig vor: &, *ft*, *or*, *rt*, *ſt*, der Digraph æ, einige Male auch *NT* in Kapitälchenform und immer am Zeilenende, so z.B. suNT (35r,4). Auch unten an *h*, *m* oder *n* angehängtes *i* findet sich gelegentlich, meistens am Zeilenende; bei einer Form wie *chídit* (40v,8/9) steht der Akut dann über dem *h*. Auch die Ligaturen wurden abgesehen von æ stillschweigend aufgelöst. Die sehr zahlreichen deutschen Formen mit & als Endung wurden im Apparat aufgeführt.

P h i l o l o g i s c h e s

7. Lateinisches und Orthographisches

Zu Notkers Latein generell beachte man oben die allgemeine Einleitung, §4. Auch der lateinische Text in D erscheint einerseits als recht stark normalisiert, andererseits nicht ohne einige typisch notkersche Eigentümlichkeiten. Die Schreibung *ae* (æ), die um 1000 normalerweise, auch von Notker, durch *ę* wiedergegeben wird, kommt noch mehrere Male vor, so daß z.B. sowohl *Hæc* (28v,10) wie auch *Haec* (42v,1) und *hęc* (mehrmals) vertreten sind. Unrichtig

5 Siehe zuletzt Kings Einl. zu Nr, §8; Tax 1986, Einl., §6.
6 Siehe zuletzt Kings Einl. zu Nr, §9 sowie die Übersicht der Grundtypen bei King 1979, Einl., XXVI/XXVII; Tax 1986, Einl., §9.

steht æ bzw. ę in *interpraetari* (34v,3) bzw. *interprętatur* (45r,9 und 46v,14; vgl. 46v,12). Auch e statt des zu erwartenden normalen ę findet sich öfter, nicht nur in Formen, die Notker anscheinend eigentümlich sind, wie *Questio* (28r,12, aber 41v,10,13/14 2mal mit ę), *queritur* (28v,8 = 'wird gefragt'), *coherentibus* (36v,8), sondern auch in Schreibungen wie *predicantur* (30r,3) und *formule* (42v,8). In *dialecticên* (45v,8) und *dialecticê* (46v,13) wird wohl versucht, das griechische Eta wiederzugeben. Ypsilon erscheint einige Male wie üblich als *y*, aber der spiritus asper (*h*) von *hypotheticus* fehlt stets, z.B. in *ypotetici* (36v,7), eine Form, bei der auch das ursprüngliche Theta (θ = *th*) zu t vereinfacht wurde. Ein hyperkorrektes *y* findet sich in *phylosophos* (46r,8), ein überflüssiges *h* in *thopicis* (46v,4; vgl. 45v,19). Es wird öfter c für t gesetzt, z.B. in *tercius*, umgekehrt auch einige Male t statt c, wie etwa in *ratiotinatio* für das normale *ratiocinatio*, etwa 28r,4.

8. Das Anlautgesetz

Notkers Anlautgesetz[7] ist ziemlich konsequent durchgeführt, nicht nur bei b/p, d/t, g/k, sondern auch bei f/u, so z.B. *éinis t̲íngis* (28r,6), *.i.* (= *id est̲*) *f̲éste* (28v,8), *man u̲rî* (28r,13), in Zusammensetzungen: *súmis-f̲éstenungo* (30v,14), *F̲îer/u̲álter* (40r,16/17). Aber Ausnahmen sind nicht selten: *Uuémo p̲îeten* (29r,12), *zuéi f̲úre* (28r,15) usw. Falsch angewendet erscheint die Regel bei *álde d̲ág* (38r,14).

9. Die Akzente

Im Vergleich mit dem relativ streng geregelten Gebrauch in den meisten anderen in St. Gallen geschriebenen Werken Notkers erscheint *De syllogismis* sehr nachlässig akzentuiert.[8] Oft wird der falsche Akzent benutzt, aber am auffälligsten ist, daß Akzente so oft überhaupt fehlen. Ja, es gibt eine starke Tendenz, für jedes kürzere Wort nur éinen Akzent zu benutzen, und nicht selten gibt es bloß einen Akzent auch in längeren Wörtern und Zusammensetzungen, so z.B. in *ge-uuâr-rah-chunga* (Z28r,5) oder *urîheit* (28r,19). Auch steht er oft nur auf einer Vorsilbe, nicht, wie bei Notker üblich, auch auf dem Vokal des Hauptwortes: *úndanchis* (28r,17), *únera* (31r,7), oder unrichtig auf unbetonter Vorsilbe: *cáscaft* (29v,17). Lateinisches wird normalerweise nicht akzentuiert, doch steht 35v,20f. *pártium*, allerdings in deutscher Umgebung.

7 Siehe zuletzt unten Kings Einl. zu Nm, §8; Tax 1986, Einl., §13.
8 Siehe zuletzt unten Kings Einl. zu Nm, §9; Tax 1986, Einl., §12, und King, ebda, §11.

10. Phonematische Varianten[9]

Monophthongierung von ûo zu û findet sich in *zû* (Z38r,2). Die einige Male vorkommende Schreibung ûe statt ûo, z.B. in *fûegi* (38v,10), bezeichnet wohl schon den *i*-Umlaut. Sonst ist der Diphthong ûo regelmäßig erhalten. Der Diphthong *éi* erscheint zu ê vereinfacht in *pêdiu* (28v,15). Bei *iêunga* statt *iéhunga* ist das *h* ausgefallen, *ie* dann wohl als Diphthong (mit verschobenem Zirkumflex) aufgefaßt worden.

Am auffälligsten ist, wie oft Notkers schwachtoniges e durch *i* ersetzt worden ist.[10] Da beide Schreiber diese *i*-haltigen Formen haben, standen sie wohl schon in der Vorlage, die man auch in dieser Hinsicht[11] als umredigiert wird bezeichnen müssen.

11. Orthographisches[12]

Im Anlaut findet sich *k* einige Male als *c*, ku als qu: *cáscaft*, *cûot*, *quísso*. Die Schreibung *cr* statt *kr*, z.B. *crûozit* (Z28v,14), begegnet in Notkers Texten oft und scheint eine akzeptierte Variante zu sein. In der Form *uuílæ* (28v,16) erscheint a zu *e* verbessert.

12. Interpunktion

Die Interpunktion[13] in Ns erscheint als mehrfach gemischt. Im allgemeinen darf man für Notkers Texte annehmen, daß es eine große Pause gibt, wenn ein neuer Satz mit einer Majuskel oder Initiale anfängt. Der erste Schreiber D1 benutzt den niedrigen Punkt für die kleine Pause, für die große einerseits denselben Punkt, andererseits auch sehr oft eine Punkt/Haken-Kombination (meistens *;*), d.h. einen niedrigen oder halbhohen Punkt, darunter den *depositio*-Haken. Der zweite Schreiber D2 arbeitet in der Regel nur mit dem niedrigen Punkt für beide Pausen. Aber D1 benutzt auch einmal das suspensive Pausezeichen *!*, freilich nur für die große Pause (Z29r,2 vor *Uulgares*), umgekehrt *;* auch für die kleine, so daß z.B. in 33r,6 das Zeichen *;* einmal die große, einmal die kleine Pause angibt. Gelegentlich bezeichnet bei D1 ein niedriger Punkt die kleine Pause, der hohe Punkt, nicht selten auch ein halbhoher, die große. Und D2 benutzt *!* auch einige Male, und zwar auch für die große Pause, z.B. 35v,8 vor *Assumptio*, während umgekehrt auch einige Male *;* steht, allerdings fast immer für die kleine Pause, so z.B. 39r,9 vor *et*, aber 39v,8 vor *Notandum*.

9 Siehe zuletzt King 1979, Einl., XXIII und Tax 1986, Einl., §14.
10 Vgl. Tax 1987, 874 und Anm. 10.
11 Siehe oben, §1.
12 Siehe zuletzt unten Kings Einl. zu Nr, §11 und Tax 1986, Einl., §15.
13 Siehe zuletzt unten Kings Einl. zu Nr, §12; Tax 1986, Einl., §16.

Einmal schreibt D2 *!* statt eines Fragezeichens: *eius!* (42v,8), für die große Pause einmal *;.* (46v,17 nach *significat*) und einmal *;* plus ·.· (43v,3 nach *énde*). Es ist noch zu erwähnen, daß auf den Seiten Z43v–45r oft der niedrige Punkt für die große Pause radiert, dann ein hoher oder sehr hoher Punkt darüber geschrieben worden ist; ich habe das im Apparat "Punktwechsel" genannt.

Vielleicht läßt sich die Anwendung von *;* für die kleine, von *!* für die große Pause mit der Auffassung von Sehrt und Starck erklären, wonach der Haken (von *;*) den Punkt für die große Pause zu einer kleinen, den Strich (von *!*) den Punkt für die kleine Pause zu einer großen machen soll;[14] entsprechend müßte man sich den folgenden Großbuchstaben als klein, den Kleinbuchstaben als groß vorstellen, wobei dann die jeweilige Verbesserung unterblieben wäre.

Das Fragezeichen wird von beiden Händen, wie üblich, durch eine neumatische Schleife über niedrigem oder halbhohem Punkt wiedergegeben. Aber D1 hat dreimal auch diese Schleife über *;* (ob konsequent oder nachlässig – der Schreiber vergaß vielleicht, den Haken zu radieren – ist nicht auszumachen).

Insgesamt mischt also D1 in der Hauptsache ein älteres Punkte-System, das Notker, wenn auch abgestufter, anscheinend in der Praxis selber anwendete, mit einer Neuerung (Punkt/Haken-Kombination) für die große Pause, die Notker zumindest theoretisch mit seiner *suspensio/depositio*-Lehre vor allem im St. Galler Traktat vorbereitet hatte. Obwohl diese Neuerung nicht konsequent durchgeführt wurde, stellt sie doch einen kräftigen Versuch zu einer Umarbeitung dar. Der "Punktwechsel" im von D2 geschriebenen Text deutet wohl auf eine Rückkehr zu Notkers abgestuftem Usus etwa in der *Consolatio*-Übersetzung und wäre also reaktionär.

13. Getrennt- und Zusammenschreibung[15]

Im Deutschen deutet der Bindestrich an, daß Wortteile in der Handschrift mit Spatium geschrieben worden sind, der Trennungsbogen hingegen, daß zwei Wörter zu Unrecht ohne Spatium geschrieben wurden. Der Bindestrich wurde auch bei der Silbentrennung am Zeilenende angebracht. Da der Schreiber allgemein, vor allem auch am Anfang, anscheinend große Schwierigkeiten mit der Einheit deutscher Wörter hatte, ist die Anzahl gesetzter Bindestriche viel größer als in den meisten anderen Notkertexten. Lateinisches wird dem heutigen Gebrauch entsprechend behandelt, bleibt also von der obigen Regelung (abgesehen von der Silbentrennung am Zeilenende) unberührt.

14 Vgl. King 1979, Einl., XXVIII/IX; Tax 1986, Einl., §16, Anm. 1 und 3.
15 Siehe zuletzt unten Kings Einl. zu Nr, §13; Tax 1986, Einl., §17.

Verschiedenes

14. Zur Einrichtung dieser Ausgabe

Der Abdruck des Textes erfolgt seiten- und zeilengetreu nach D und bleibt so nahe wie möglich bei der Handschrift; auch die handschriftliche Interpunktion wurde beibehalten, aber Abkürzungen und Ligaturen wurden normalerweise aufgelöst. Nur einige Male brauchte bei sinnstörenden Fehlern in den Text eingegriffen zu werden, so z.B. bei Z28v,16 *Dicitur* statt *Dioitur*, 30r,6 *QUOT* statt *QUOD*. Auch einige andere, geringfügige Verschreibungen wurden im Text berichtigt mittels [] für Auszulassendes, <> für Einzufügendes. Für alles andere wurden mit Sternchen versehene Rekonstruktionen im Apparat benutzt.

Was diese *-Formen betrifft: Beim Latein kommt es an erster Stelle darauf an, das Verständnis der Leser zu fördern. Daher bezeichnen die *-Formen im Apparat normalerweise *lectiones meliores*, d.h. richtigere Formen, wie etwa **formulę* für *formule* im Text, **interpretari* für *interprætari*, gelegentlich auch *lectiones faciliores*, d.h. auf den lateinischen Sprachstand um 1000 hin normalisierte Formen, so z.B. **quęritur* (= 'es wird gefragt', nicht 'er klagt') für *queritur*, **prędicantur* (= klassisch *praedicantur*) für *predicantur*. Einige Formen dürften so leichter zu erkennen und auch aufzufinden sein.

Beim Deutschen suchen auch in dieser Ausgabe die *-Rekonstruktionen Notkers eigene Formen wiederherzustellen, wie die frühere Forschung sie in manchen Einzeluntersuchungen eruiert und erörtert hat und wie sie sich u.a. im *Notker-Glossar* von Sehrt und im *Notker-Wortschatz* von Sehrt-Legner niedergeschlagen haben. Es wird auf diese Weise leichter sein, die sprachliche Überarbeitung, die dieser Text gewiß erfahren hat, zu untersuchen. Einige Male fungiert eine *-Form auch als Konjektur, so z.B. 29r,1 **ze hólz ze indrínnenne* für *ze hólz . ze hólz* (vgl. 28v,20). Der handschriftliche Wortlaut hier ist, wenn man ihn als Imperativ auffaßt, nicht ganz unmöglich, aber doch in Notkers ruhig dahinfließender Prosa sehr unwahrscheinlich.

Wie auch sonst in unseren Ausgaben (und in denen anderer) von Notkers Bearbeitungen lateinischer Texte erscheint das Latein kursiviert (auch wenn es weit mehr notkersch ist als in seinen meisten anderen Schriften), das Deutsche in Antiqua. Die Handschrift unterscheidet diese Textstufen nicht.

Die Ränder werden für Angaben, die vom Herausgeber stammen, benutzt. Oben steht der Titel des edierten Texte als großgeschriebener Kolumnentitel sowie links bzw. rechts jeweils die laufende gerade bzw. ungerade Seitenzahl dieser Ausgabe. Auf dem linken Rand befinden sich die Zeilenzahlen der jeweiligen Seite in der Handschrift, rechts oben jeweils die Seitenzahlen, auf dem rechten Rand die Abschnittsnummern von Ns, dann auch die Seitenzahlen von Pipers Ausgabe. Eine Angabe wie P596 bedeutet, daß diese Seite in Pipers Abdruck in dieser Zeile beginnt.

A l l g e m e i n e s

1. Ein Versuch, die *definitio* zu definieren

Der lateinisch-deutsche Text von Notkers *De definitione* (= Ndef) ist nur in zwei Fragmenten auf uns gekommen. Der deutsche Wortschatz weist die Schrift unverkennbar als eine Arbeit Notkers aus, aber das Frage/Antwort-Format vor allem am Anfang und auch einige stilistische Eigentümlichkeiten mögen auf eine redaktionelle Bearbeitung durch einen anderen hindeuten. Es ist schwer zu sagen, wie umfangreich Ndef ursprünglich war, aber Notkers weiterer Versuch in deutscher Mischprosa: *QUID SIT DIFFINITIO* (Nb, Buch III, Abschnitt 109), umfaßt in der Handschrift nur etwa eine Seite.[1] Es liegt deshalb nahe, daß auch Ndef ein relativ kurzes *opusculum* war - vielmehr ein Scholion als ein Traktat. Das war wohl auch einer der Gründe, weshalb Notker die Schrift in seinem Brief an Bischof Hugo nicht eigens erwähnte - falls das Werk schon vorlag. Aber Ndef ist zweifellos ein weiteres Zeugnis für das Interesse, das der St.Galler Lehrer logischen Fragen entgegenbrachte.[2]

D i e Ü b e r l i e f e r u n g

2. Übersicht

Das umfangreichere, lateinisch-deutsche Bruchstück von Ndef ist in der Wiener Sammelhandschrift 275, f. 92r/v (= E; 130 Blätter) überliefert. Der Codex, der nach einem Besitzvermerk auf f. 66v mindestens bis 1301 in Calw (Württemberg) und nach einer weiteren Notiz auf f. 1v noch 1409 wahrscheinlich im Kloster Reichenbach (Bayern) war, wird heute in der Österreichischen Nationalbibliothek in Wien aufbewahrt. Einige weitere, nur lateinische Sätze aus dem Anfang finden sich in der Züricher Sammelhandschrift C 121 (= D), f. 55v. Diese Textzeugen werden unten in §4 eingehend besprochen.

3. Die älteren Ausgaben

Der Text von Ndef nach E wurde 1860 von Josef Maria Wagner als erstem in diplomatischer Form abgedruckt.[3] Piper gab diesen Text nach einer Abschrift Josef Seemüllers nochmals - in einer Anmerkung und ohne Hinweis auf Wagner -

1 Siehe Tax 1988, 169/170.

2 Zu Ndef siehe Sonderegger 1987, Sp. 1219; de Rijk, 84/85. Van de Vyver und Hellgardt haben sich nicht zu Ndef geäußert. Wagner 1972, 131-138, hat den Text quellenmäßig eingehend untersucht.

3 Wagner 1860, 288/289 und 508 (Nachtrag) unter dem Titel BRUCHSTÜCK EINER LAT.-AHD. LOGIK.

heraus.[4] In MSD wurde der Text als BRUCHSTÜCK EINER LOGIK von Wilhelm Scherer veröffentlicht; dabei erscheint das Latein in klassischer Orthographie, das Deutsche mit Zirkumflexen über langen Vokalen.[5] Steinmeyer lieferte 1916 den jüngsten Abdruck, dem er den Titel DE DEFINITIONE [BRUCKSTÜCK EINER LOGIK] gab und den er mit moderner Interpunktion und Absätzen versah.[6] Dieser Haupttitel wird seitdem benutzt. Keiner dieser Herausgeber schreibt die Arbeit direkt Notker zu. Erst Kelle erkannte - schon 1886 - Notker als den Verfasser.[7]

K o d i k o l o g i s c h e s

4. Die Handschriften von Notkers *De definitione*

Die Wiener Sammelhandschrift 275 (früher Philol. 326) besteht aus mehreren Teilen verschiedenen Alters (11.-13. Jahrhundert) und enthält vor allem Schriften von Arator und Cicero, auch einen Traktat über den Computus.[8] Der 5. Teil umfaßt vier zusammengehörige Lagen (f. 67-74, 75-82, 83-88 und 89-92); sie enthalten bis f. 91r,20 Ciceros *Laelius* (11. Jahrh.). Die letzte Lage, heute vier Blätter, war ursprünglich ein Trinio; nach f. 91 und f. 92 ist je ein Blatt herausgeschnitten. F. 91v enthält ein Bruchstück von N1, das etwa den ersten anderthalb Seiten von D entspricht. F. 92r/v enthalten das längere Fragment von Ndef. Das Seitenformat ist ca. 19,5 x 13 cm, der Schriftspiegel mißt ca. 15 x 10 cm (92r heute ca. 10 x 10 cm). Das Pergament ist fest und in einem noch recht guten Zustand, wenn auch stark nachgedunkelt und etwas beschädigt; auf f. 92r finden sich mehrere teilweise radierte Tintenflecken. Auf dem unteren Rand von f. 92v steht der Stempel der Wiener Hofbibliothek. Aufnahmen von f. 92r und 92v stehen unten in der Ausgabe auf den Seiten 311 und 312.

Diese Blätter erscheinen für 23 Zeilen liniiert, aber der Schreiber benutzte auch die Zeile über der oberen Grenzlinie, so daß 24 Zeilen auf die Seite kamen. Auf f. 92r ist der ursprüngliche Text der oberen 19 Zeilen radikal ausgeschabt, aber die Linien sind noch gut sichtbar. Eine Hand, E1, hat von Linie 8/9 an zwischen den Linien die ersten acht Zeilen von Ndef eingetragen, also offenbar dort, wo das Pergament noch relativ gut beschreibbar war.

4 Piper 1882,1: CXLIX/CL, Anm. Die Sätze aus D finden sich ebda, VI,31-VII,2, am Ende des Textes *QVIS SIT DIALECTICUS*, den Piper nach einer Abschrift "des Herrn Dr. Herm. Escher in Zürich" abgedruckt hat.

5 MSD, 1:260/261 (Nr. LXXXI).

6 Steinmeyer 1916, 118/119 (Nr. XXV).

7 Kelle 1886, 22-25.

8 Zum Codex siehe Samman/Mazal, 244; Menhardt, 37; Steinmeyer 1916, 119/120; Steinmeyer/Sievers 4:633; MSD 2:407; Piper 1882,1: XII und CLXXXXIII und Wiener Katalog, 38.

Diese Hand schreibt eine recht ungleichmäßige spätkarolingische Minuskel und scheint nicht sehr geübt zu sein; auffällig ist, daß der Schaft von a öfters nach links oben verlängert und umgebogen erscheint. Die Tinte ist hellbraun. Eine zweite Hand, E2, schreibt anschließend vier Zeilen normal auf der Linie, läßt aber die letzte Zeile leer; dieselbe Hand schreibt dann den Rest des erhaltenen Textes auf f. 92v (24 Zeilen). Auch E2 schreibt eine spätkarolingische Minuskel, die aber kleiner, gleichmäßiger und geübter als E1 ist; die Schrift fängt auf f. 92v sehr klein an, wird dann allmählich größer, bis Z. 10/11, von wo an das Format sich gleich bleibt. Die Tinte von E2 ist anfänglich dunkelbraun bis schwarz, sie wird aber von f. 92v,11 an heller. Wenn ein Satzanfang mit einem Zeilenbeginn zusammenfällt, rückt Hand E2 aus, E1 nicht. Diese zwei Hände - auch eine dritte, die N1 geschrieben hat - sind dem (wohl späten) 11. Jahrhundert zuzuweisen.[9]

Menhardt, ebda, meint zu unseren Blättern: "Da dieser Text (Ciceros *Laelius*) 91ʳ Z. 20 schließt und also in dem ehemaligen Trinio 3 Bll. überzählig waren, so ist das Bl. hinter Bl. 91 wohl schon im 11. Jh. herausgeschnitten worden, bevor das lat. Stück De partibus logicae auf Bl. 91ᵛ-92ʳ geschrieben wurde. Denn Bl. 92ʳ Z. 1-19 enthielt wahrscheinlich die Fortsetzung von 91ᵛ." Dazu ist folgendes zu sagen.

Zwar weiß man selten über die Gründe Bescheid, warum Blätter aus Handschriften ausgeschnitten werden, aber Überzähligkeit ist vor allem bei unbeschriebenen Blättern ein guter Grund, denn Pergament war und blieb kostbar. Menhardts Argument macht aber nicht einsichtig, warum f. 92, das mittlere der drei überzähligen Blätter, das nach ihm noch ohne Text war, belassen wurde. Nur so viel ist klar, daß f. 91 geschont werden mußte, da die Vorderseite den Schluß des *Laelius* enthielt, auch wenn die Rückseite leer war. Daß f. 92r, 1-19 ursprünglich "wahrscheinlich die Fortsetzung von 91ᵛ" enthielt, ist wohl richtig, nur daß ich für "die Fortsetzung" vielmehr "den Schluß des auf f. 91v beginnenden Textes von N1" sagen möchte. Denn eine andere Erklärung des Sachverhalts ist möglich und wahrscheinlicher.

Ich nehme an, daß auf f. 91v, auf dem danach herausgeschnittenen Blatt und auf f. 92r,1-19, fast vier Seiten also, eine vollständige Fassung von N1

9 Hand E2 benutzt gelegentlich im Wortanlaut Großbuchstaben, die sich dem Kleinformat von Kapitälchen nähern; ich habe sie auch so wiedergegeben. Bemerkenswert ist folgender Fall: Am Anfang der letzten Zeile erscheint das Wort *c*orpus ausgerückt, was aber eine regelrechte Majuskel C verlangen würde.

eingetragen wurde.[10] Der auf 91v befindliche Text von N1 (24 Zeilen) umfaßt etwa 1 1/2 Seiten in D (29 Zeilen), es bleiben etwas weniger als fünf Seiten Text in D (88 Zeilen) übrig, d.h. etwa 75 Zeilen im Format von E. Davon standen 19 auf f. 92r, so daß für das herausgeschnittene Blatt (zwei Seiten) etwa 55 Zeilen zur Verfügung standen. Aber eine Seite in E enthält 24 Zeilen.

Obige Berechnung der Zeilen in D beruht auf dessen lateinisch-deutschem Text. Nun ist es aber durchaus möglich, daß N1 auch in einer nur lateinischen Fassung vorlag, ja vielleicht war das die ursprüngliche Version.[11] In D umfaßt das Deutsche insgesamt etwa 9 1/2 Zeilen, etwas weniger als acht Zeilen in E also. Es liegt darum nahe, daß in E eine vollständige lateinische Fassung von N1 eingetragen wurde, deren Schluß dann dem Anfang des lateinisch-deutschen Textes von Ndef weichen mußte. Falls einer der beiden Schreiber von Ndef auch die 19 Schlußzeilen des Textes von N1 auf f. 92r abgeschabt hat, haben wir eine weiteres Argument dafür, daß N1 in E kein Deutsches enthielt. Denn gerade die letzte Seite von N1 in D gibt mehrere deutsche Beispiele. Man darf annehmen, daß ein Interesse am Deutschen solche Abschriften begünstigte. Aber warum sollte ein Schreiber einen lateinisch-deutschen Text einem neuen lateinisch-deutschen opfern, anstatt den neuen Text - zumal gegen Ende einer Lage, wo man leicht ein Blatt anfügen oder ankleben kann - folgen zu lassen? N1 in E enthielt also wohl keine deutschen Bestandteile.

Auch Ndef in E ist fragmentarisch überliefert. Ehe die Schreiber diesen Text eintrugen, waren die letzten fünf Zeilen von f. 92r leer, auch 92v war ganz leer, vermutlich auch das heute nach f. 92 ausgeschnittene Blatt, d.h. zwei Seiten, insgesamt also etwas mehr als drei leere Seiten. Die Schreiber wußten natürlich, wie umfangreich ihre Vorlage, der vollständige Text von Ndef, war. Es liegt auf der Hand, daß sie bei der Berechnung des benötigten Raumes entdeckten, daß sie mehr als die drei noch textfreien Schlußseiten des Trinios, ja etwas mehr als 3 1/2 Seiten brauchten, und es wurde für nötig gehalten, auch f. 92r, die 4. Seite vom Ende, textfrei zu machen. Wie bei unbeschriebenen Blättern natürlich ist, wurde der Textraum für Ndef vom Ende her berechnet, was auch bedeutet, daß der Text von Ndef auch beide Seiten des nach f. 92 herausgeschnittenen Blattes füllen sollte. Da der Schluß von N1 auf f. 92r schon geopfert worden war - anscheinend galt N1 als wenig bedeutend - konnte das erste der ursprünglich drei überzähligen Blätter entfernt werden, wodurch

10 Vgl. Scherer, MSD 2:407: "danach (nach f. 91v) ein blatt ausgeschnitten, worauf ohne zweifel die fortsetzung (von N1) stand".

11 Siehe oben die Einl. zu N1, §4 (Besprechung von H und H2) und §5.

auch der Mittelteil von N1 verloren ging. Der Anfang von N1 auf f. 91v blieb - wie oben schon angedeutet - erhalten, da Ciceros *Laelius* nicht seines Schlusses auf f. 91r beraubt werden durfte. Warum und wann das letzte Blatt der Lage herausgeschnitten wurde, ist nicht deutlich; vielleicht war es als Schlußblatt der Lage noch schmutziger als f. 92v, beschädigt oder abgerieben, oder es war das Deutsche unwichtig oder unverständlich geworden, und man benötigte es anderweitig für neue Zwecke.

D: Steinmeyer hatte zuerst darauf aufmerksam gemacht, daß die ersten fünf Worte *Duę specificę differentię constituunt hominem* auch in dem aus St. Gallen stammenden, heute Züricher Sammelcodex D, f. 55v,8/9, stehen.[12] Die dort vorhergehenden Sätze (6-8): *Dic substantialem diffini<ti>onem. Quid est homo? Animal rationale mortale risus capax.*, betrachtete er nur als "den richtigen Zusammenhang", um "den abrupten Übergang" von *differentia* zu *definitio* in E zu erklären. Aber dieser ganze Passus steht in D selbst ohne einen direkten Kontext nach einem längeren Abschnitt über Tugenden und Laster und unmittelbar vor einer kleinen neuen Abhandlung, die von einer anderen Hand geschrieben wurde (55v,10-58v) und die Überschrift trägt: *DE DIFINITIONE* (so) *PHILOSOPHIE*. Es hat also den Anschein, daß die ganze Passage von *Dic* bis *hominem* ursprünglich irgendwie zum Anfang von Ndef gehörte, wobei einiges fehlen mag. Man beachte, daß der dort eingeführte Begriff *substantialis diffinitio* in E92v, 15/16 (wieder) aufgenommen wird, ohne daß er in E vorher erwähnt worden wäre, um dann zu einem zweiten weitergeführt zu werden: *Item est alia diffinitio non substantialis sed accidentalis*.

Das Format von D55v ist ca. 18,5 x 15,5 cm, der Schriftspiegel mißt ca. 14 x 11 cm. Die Tinte ist dunkelbraun. Das Blatt ist vielleicht oben etwas beschnitten.

5. Korrekturen und Rasuren

Die Korrekturen und Rasuren der beiden Texte in E und D werden, wie üblich, in den Apparaten verzeichnet; sie gehen nicht über das Normale hinaus[13].

6. Abkürzungen und Ligaturen

Die Abkürzungen und Ligaturen in dem Text von E (D hat nur einmal ē für est) - sie bleiben innerhalb der Grenzen des Normalen[14] - werden im Abdruck

---

12 Siehe Steinmeyer 1916, 120. Zu D siehe oben Kings Einl. zu Nr, §3, und die Einl. zu Ns, §4.

13 Siehe zuletzt oben Kings Einl. zu Nr, §8; Tax 1986, Einl. §6.

14 Siehe zuletzt oben Kings Einl. zu Nr, §9, sowie die Übersicht der Grundtypen bei King 1979, Einl., XXVI/XXVII; Tax 1986, Einl., §9. In Wagners

stillschweigend aufgelöst, besondere Fälle im Apparat vermerkt. An Ligaturen kommen nur & und ſt regelmäßig vor, einmal (Hand E1) *vs*. Auffällig ist der Gebrauch von & in *d&erminatio* (Hand E1, 92r,3/4). Der Fehler *& plicatio* für et *explicatio* beruht vielleicht darauf, daß in der Vorlage auch für ex eine Ligatur benutzt wurde; sie pflegt der &-Ligatur sehr ähnlich zu sehen.

P h i l o l o g i s c h e s

7. Lateinisches und Orthographisches

Notkers Latein wurde generell oben in der Allgemeinen Einleitung, §4, besprochen. Der Lateinbestand des Ndef-Textes in E ist zu gering, um Stichhaltiges darüber zu sagen, aber insgesamt erscheint die in den lateinischen Texten Notkers übliche starke Normierung getreu wiedergegeben. Für klassisches ae (æ) kommt nur ę oder e vor; dabei wurde allerdings einige Male das Schwänzchen von ę radiert, nur weiß man nicht wann.

In den wenigen Sätzen von D benutzt der Schreiber in drei Fällen zweimal e statt des um diese Zeit gebräuchlicheren ę.

8. Deutsches und Orthographisches[15]

Die Sprachgebung im Deutschen, das nur in E vorhanden ist, erscheint mehrmals unnotkersch und ein paar mal mundartlich angepaßt. Der deutsche Dialekt zumindest des Schreibers E2 war nach Ausweis der Form *inan* (E92v,13) statt Notkers *in* anscheinend bairisch; der Umstand, daß er solche unabgeschwächten Endungen wie in *genom<u>an</u>* und *u<u>urch<u>a</u>nt* (92v,7) anbringt, wo Notker ein e benutzt, weisen auch auf einen sprachlich konservativen Schreiber. Da die früheste uns bekannte Bibliotheksheimat des Codex E in Calw war, darf man für die Schriftheimat vielleicht an ein Skriptorium im Grenzgebiet zwischen dem Bairischen und Alemannischen denken, oder zumindest der Schreiber E2 stammte aus diesem Gebiet.

Da die Schreiber von E sprachliche Aspekte ihrer Vorlage wie Rechtschreibung, Anlautgesetz, Akzentuierung und Mundartliches öfter nicht verstanden, ist, wie der Apparat von E zeigt, ihre Abschrift in mehrfacher Hinsicht eine ungenaue Wiedergabe von Notkers Text. Hand E1 modernisiert einmal Notkers u zu v: *vragenten* (92r,5). Die Wiedergabe des notkerschen uu (= *w*) ist bemerkenswert. Hand E1 schreibt es nur beim erste Vorkommen in *<u>uu</u>irdit* (E92r,4/5),

diplomatischem Abdruck sind alle Abkürzungen und Ligaturen von E getreu wiedergegeben.

15 Siehe zuletzt oben Kings Einl. zu Nr, §11 und Tax 1986, Einl., §15.

wechselt danach zu w hinüber, das sie dann weiter sechsmal ausschließlich benutzt, dabei einmal, in *gant-wrtit* (92r,5), statt wu (Notkers uuú); w war offenbar ihre eigene Schreibung. Diese Wiedergabe von uu nicht einmal mehr durch vv, sondern durch modernes w mag auf eine relativ späte Entstehungszeit der Abschrift von Ndef durch Hand E1 hindeuten. Die Hand E2 hat ihre eigenen Schwierigkeiten mit Notkers uu-Laut, den sie durch u wiederzugeben pflegt, wobei auch zweimal Notkers uuú zu uu vereinfacht wurde: *geuundenun* (92r,11) und *uurchant* (92v,7); umgekehrt erscheint dann Notkers u als uu in *uuerrechin* (92r,12).

Neben einigen Emendationen im Text selbst habe ich im Apparat mittels *-Rekonstruktionen den richtigen notkerschen Wortlaut anzugeben versucht, vor allem um anzudeuten, daß die Abweichungen von Notkers normalem Gebrauch erheblich sind.

9. Das Anlautgesetz

Die Wiedergabe von Notkers Anlautgesetz[16] erstreckt sich nur auf den Wechsel d/t und *g/k* und erscheint auch dann gemischt; wie solche Formen wie *Mit tero* und *waz daz* (E92r,4/5) oder *uns geougit* (92r,4) und *dinges kougida* (92v,1) zeigen, kopiert der betreffende Schreiber anscheinend seine Vorlage einmal richtig, dann wieder nicht. Dies bleibt grosso modo so im ganzen Text.

10. Die Akzente[17]

Abgesehen von dem Zirkumflex auf dem langem *i* in *chît* (E92r,8; aus *chidit* kontrahiert) fehlt jegliche Akzentuierung. Ich habe es für nicht nötig gehalten, im Apparat bei den *-Rekonstruktionen auch alle die richtigen Akzente anzubringen, hätte das doch bedeutet, daß fast jede deutsche Form hätte aufgeführt werden sollen.

11. Phonematische Varianten[18]

Auffällig ist das häufige Erscheinen von *i* statt *e* in Ableitungssilben, z.B. bei *geougit* (92r,4) oder *habist* (92v,6).[19] Dieser *i*-Ersatz wurde allerdings nicht sehr folgerichtig durchgeführt, wie etwa *selbis dinges* (92v,1) zeigt. Statt uo findet sich ue einmal in *ruerin* (92v,18) - wohl eine Andeutung von *i*-Umlaut. Elision von e vor Vokal findet sich bei *gant-wrtit* (92r,5) und

16 Siehe zuletzt oben Kings Einl. zu Nm, §8; Tax 1986, Einl., §13.
17 Siehe zuletzt oben Kings Einl. zu Nm, §9; Tax 1986, Einl., §12, und King, ebda, §11.
18 Siehe zuletzt King 1979, Einl., XXIII und Tax 1986, Einl., §14.
19 Vgl. zu dieser *i*-Haltigkeit Tax 1987, 874 und Anm. 10, und oben die Einl. zu Nl, §12 und zu Ns, §10 und Anm. 10.

kougida (92v,1); vgl. aber *geougit* (92r,4). Zum a in *genoman* und u<u>*urchant* siehe oben, §8.

12. Getrennt- und Zusammenschreibung[20]
Im Deutschen deutet der Bindestrich an, daß Wortteile in der Handschrift mit Spatium geschrieben worden sind, der Trennungsbogen hingegen, daß zwei Wörter zu Unrecht ohne Spatium geschrieben wurden.[21] Der Bindestrich wurde auch bei der Silbentrennung am Zeilenende angebracht.

13. Interpunktion[22]
Die Interpunktion in E und D ist sehr regelmäßig, aber nicht ganz notkersch. Der halbhohe oder hohe Punkt bezeichnet die kleine wie die große Pause. Das Fragezeichen wird, wie üblich, durch eine neumatische Schleife über halbhohem Punkt wiedergegeben, aber der Punkt fehlt einige Male (E92v,10,11,15,22; Hand E2). In den wenigen Sätzen von D bezeichnet der niedrige Punkt die kleine und die große Pause, er steht hier auch einmal unter der Schleife des Fragezeichens.

V e r s c h i e d e n e s

14. Zur Einrichtung dieser Ausgabe
Der Abdruck des lateinischen Textes von Ndef erfolgt seiten- und zeilengetreu nach D und E und bleibt so nahe wie möglich bei den Handschriften. Vor allem der Zitierbarkeit wegen wurden einige offentsichtliche, insbesondere sinnstörende Fehler im Text verbessert, kleinere Verschreibungen mittels <> für Einzufügendes oder [] für Auszulassendes berichtigt. Alle Veränderungen im Text wurden deutlich durch solche Klammern oder im Apparat angegeben. Für alles andere werden mit einem Sternchen versehene Rekonstruktionen im ersten Apparat benutzt.

Was diese *-Formen betrifft: Es kommt beim Latein an erster Stelle darauf an, das Verständnis der Leser zu fördern. Daher bezeichnen die *-Formen im Apparat normalerweise *lectiones faciliores*, d.h. auf das um 1000 gebräuchliche Latein hin normalisierte Formen wie **specificę differentię* für *specifice differentie* (D55v,8). Im Deutschen handelt es sich in der Regel um *lectiones*

---

20 Siehe zuletzt oben Kings Einl. zu Nr, §13; Tax 1986, Einl., §17.

21 Lateinisches wird dem heutigen Gebrauch entsprechend behandelt, bleibt also von der obigen Regelung (abgesehen von der Silbentrennung am Zeilenende) unberührt.

22 Zur Interpunktion bei Notker siehe zuletzt oben Kings Einl. zu Nr, §12; Tax 1986, Einl., §16.

meliores, d.h. richtigere Formen, so wie Notker sie normalerweise benutzt, wie die frühere Forschung sie in manchen Studien zu bestimmen versucht und erörtert hat und wie sie u.a. das *Notker-Glossar* von Sehrt und der *Notker-Wortschatz* von Sehrt-Legner erfaßt haben. Diese *-Rekonstruktionen fungieren hier vor allem als Hinweise darauf, wie verschieden die deutsche Sprachgebung in Ndef von der Notkers ist. Auf diese Weise dürften auch manche Formen leichter zu erkennen und daher aufzufinden sein. Auch mehrere Vorschläge zur Emendation sowie zu einer besseren Interpunktion sowie wurden als *-Rekonstruktionen gegeben.

Wie auch sonst in unseren Ausgaben (und in denen anderer) von Notkers lateinisch-deutschen Texten erscheint das Latein kursiviert, das Deutsche in Antiqua. Die Handschriften unterscheiden diese Textstufen nicht.

Die Ränder werden für Angaben, die vom Herausgeber stammen, benutzt. Oben steht der Titel des edierten Texte als großgeschriebener und klassisch formulierter Kolumnentitel, links bzw. rechts davon jeweils die laufende gerade bzw. ungerade Seitenzahl dieser Ausgabe. Auf dem linken Rand findet man die Zeilenzahlen der jeweiligen Seite nach D und E. Auf dem rechten Rand stehen auch die Seitenangaben zu den früheren Ausgaben: Pipers (P), Wagners (W), Scherers in MSD, Band 1 (MSD) und Steinmeyers (St), dann auch Angaben zu der Seite in D und E. Eine Angabe wie P,VI oder P,CL bedeutet, daß diese Seite des Textes in Pipers Einleitung in dieser Zeile beginnt.

Die Apparate verzeichnen, wie üblich, die Verbesserungen und Varianten der Textzeugen, dann auch einige Emendationen sowie die *-Formen des Herausgebers. // = Ende der Seite oder des Textes in der Handschrift.

A l l g e m e i n e s

1. Ein neuer lateinischer Computus

Notker erwähnt in seinem Brief an Bischof Hugo von Sitten (um 1015) nicht ohne Stolz, daß er nicht nur eine *nouam rhethoricam*, sondern auch einen *computvm nouum* lateinisch geschrieben habe (G, f. 58ra, Z. 18/19). Tatsächlich besteht das Werk, wie der Titel *De quatuor quęstionibus compoti* deutlich macht, aus der Behandlung von vier Problemen aus dem komputistischen Bereich.

Der Computus als Gattung gehört zum Gebiet des Quadriviums,[1] und zwar vor allem der Astronomie. Hauptzweck dieser Komputistik ist die Errechnung des richtigen Kalenders für die beweglichen Fest- und Sonntage, vor allem für das Osterndatum mit den Fasten davor und dem Rest des beweglichen Kirchenjahres danach. Dabei kommen oft auch andere Probleme wie die des Sonnen- und Mondjahres, des *embolismus*, des *circulus decennouenalis*, des *saltus lunae* und des Schaltjahres zur Sprache.[2] Notker konzentriert sich auf die Problemkreise um das Osterfest, das Mondjahr, den Mondsprung und das Schaltjahr.

D i e Ü b e r l i e f e r u n g

2. Übersicht

Notkers Computus (= Ncom) ist in vier vollständigen Fassungen und zwei Bruchstücken auf uns gekommen. Den vollständigen Text enthalten der Züricher Codex Car. C 176 (= Z2), Clm. 14 804 (= M2), Clm. 22 307 (= M3) - diese Versionen stammen aus dem 11. Jahrhundert - und der Codex Parisiensis, Bibliothèque Nationale, nouv. acq. lat. 229 (= P2; 12. Jahrhundert). Die beiden Fragmente

---

1 In dem aus Tegernsee stammenden Clm. 18 764, 10. Jahrh., steht sofort nach einem Text von Boethius' *Arithmetica Institutio*, f. 78v-79r, ein "Notgeri scholium" (11. Jahrh.; zu Buch II, Kap. 2 dieses Werkes) mit dem Incipit: *Nohtgerus de superparticulari hæc*. Dieser Text wurde schon 1899 von Bubnov, 297-299, abgedruckt; zur Handschrift, ebda, XLVIII und Steinmeyer/ Sievers, 5:70. Die Frage, ob es sich um einen Rest von Notkers im Brief an Bischof Hugo, f. 58ra, Z. 16, erwähnten, aber nicht erhaltenen *principia arithmetice* handelt, muß wohl verneint werden. Ist doch dieses Scholium ganz lateinisch geschrieben, während Notker die *principia arithmetice* als Übersetzung ins Deutsche geschaffen hat (*transtuli*), gewiß ähnlich wie Nc, Nk und Ni, die er in demselben Zusammenhang aufführt. Aber der Text könnte trotzdem von unserem Notker stammem, allerdings natürlich auch von einem der vielen anderen, ob aus St. Gallen oder auch nicht.

2 Zum Computus siehe vor allem jetzt Borst 1988, teilweise auch Borst 1984. Sein Buch, Computus. Zeit und Zahl in der Geschichte Europas, Berlin 1991 (engl.: The Ordering of Time: From the Ancient Computus to the Modern Computer, Chicago 1993), das weithin mit Borst 1988 übereinstimmt, geht für Notker nicht darüber hinaus.

stehen in den Fuldaer Handschriften Aa 72 (= F2; vom Jahre 1319), f. 152v, und B 2 (= F3; 1. Viertel des 12. Jahrhunderts), f. 4r. Diese Textzeugen werden unten in §4 eingehend besprochen.

Es hat mindestens zwei weitere, jetzt anscheinend verlorene Exemplare gegeben, eines, das schon für das 11. Jahrhundert im Kloster St. Symphorian in Metz bezeugt ist, und ein zweites, das noch im 17. Jahrhundert im Zisterzienserkloster zu Pontigny (Champagne) vorhanden war.[3] Beide Male wird Ncom zusammen mit Notkers Rhetorik erwähnt; sie waren wohl in éiner Handschrift vereint. Der Text von Ncom wurde offensichtlich oft und noch zwei Jahrhunderte nach Notker abgeschrieben und war auch geographisch weit verbreitet.

3. Die älteren Ausgaben

Piper veröffentlichte den Text des Clm. 14 804, auf den Steinmeyer 1893 als erster aufmerksam gemacht hatte,[4] in einem Band *Nachträge* zu Kürschners Deutscher National-Litteratur (o.J., ca. 1898), u.zw. nach der Abschrift eines anderen;[5] diese Ausgabe mit Apparat ist diplomatisch und seiten- und zeilengetreu. Davor hatte P. Gabriel Meier OSB, der im Kloster Einsiedeln Geschichte lehrte, den Text des gerade bekannt gewordenen Pariser Codex in dem Einsiedler Programm vom Jahre 1887 herausgegeben;[6] der Text erscheint auf ein klassisches Latein hin normalisiert.

K o d i k o l o g i s c h e s

4. Die Handschriften von Notkers *Computus*

Z2: Der kleinformatige Züricher Sammelcodex Car. C 176 (= Z2; 10. und 11. Jahrhundert, 242 Blätter) besteht aus mehreren Abteilungen, von denen uns hier nur die heutigen Teile vier und fünf (nach Mohlberg), f. 145r-Schluß, 11. Jahrhundert, interessieren.[7] Sie sind von éiner Hand geschrieben, sind "jedenfalls st.gallisch"[8] und enthalten vorwiegend Texte zum Quadrivium, darunter f. 232r-237v auch die früheste Fassung von Ncom. Die Handschrift, die aus der mit dem Großmünster verbundenen Propstei in Zürich stammt und in alten mit weißem Leder überzogenen Holzdeckeln gebunden ist, wird heute in der Zentralbibliothek Zürich aufbewahrt. Der Text von Ncom erstreckt sich über Teile von zwei Quaternionen, f. 226-233 und 234-241.

3 Siehe oben Kings Einl. zu Nr, §3, mit den Anm. 18 und 19, auch Bubnov, CX.
4 Steinmeyer 1893, 274; 275/276 bieten die Lesarten im Vergleich mit Meiers Ausgabe der Pariser Handschrift.
5 Piper, Nachträge, 312-318.
6 Meier, Anhang II, Sp. 31a-34b.
7 Siehe zum Codex Bruckner, 4:84; Mohlberg, 146-149 und 378 (Nachtrag).
8 Bruckner, ebda, 84, Anm. 35.

Dieser Textzeuge ist mindestens seit Mohlbergs Katalog (1952) bekannt,[9] ist auch im Register S. 589 unter Notker Labeo aufgeführt, wurde aber bisher von der germanistischen Forschung nicht beachtet oder benutzt.[10] Eine Aufnahme von f. 232r steht in dieser Ausgabe auf S. 315.

Das Format für f. 232-237 ist ca. 16,5 x 12,5 cm, der Schriftspiegel mißt ca. 12,5 x 10 cm. Das Pergament ist sauber gearbeitet, wenn auch auf den Haarseiten viele Poren geblieben sind, es ist hell und ziemlich dünn, so daß an mehreren Stellen die Beschriftung der anderen Seite durchscheint. Es gibt sehr viele kleine Löcher durch Wurmfraß. Die Tinte ist mittel- bis dunkelbraun, die Rubrizierung rot-orange. Pro Seite gibt es 22 Zeilen, auf der Schlußseite 237v sind die vier letzten Zeilen leer. Wenn ein Satzanfang mit einer neuen Zeile zusammenfällt, wird diese Zeile ausgerückt.

Ncom ist von éiner Hand in einer sehr geübten, sauberen und deutlichen, kompakten aber schönen und runden spätkarolingischen Minuskel geschrieben. Der Text, offensichtlich als Reinschrift geschaffen (siehe das Faksimile), ist auch ausgezeichnet überliefert und erscheint nahezu fehlerfrei.[11] Z2 fungiert in dieser Ausgabe mit Recht als Leithandschrift.

M2: Ncom findet sich auch in der kleinformatigen Sammelhandschrift Clm. 14 804 (= M2; 9., 10. und 11. Jahrhundert, 183 Blätter).[12] M2 stammt aus dem Kloster St. Emmeram in Regensburg, das vielfache Verbindungen mit dem Kloster in St. Gallen hatte, und wird heute in der Bayerischen Staatsbibliothek in München aufbewahrt. Der Codex ist vor allem wegen seiner deutschen Glossen bekannt.

Ncom steht in M2 auf f. 172r-182r und ist der Schlußtext; er wurde in der 1. Hälfte des 11. Jahrhunderts geschrieben[13] und erstreckt sich über Teile der beiden letzten Lagen, f. 169-183 (f. 182v und 183r sind leer, f. 183v enthält nur Federproben).

Das Format für f. 172-182 ist nur ca. 15 x 11 cm., die Maße der Schreibfläche sind etwa 12 x 8 cm. Das Pergament ist hell und dünn, und ziemlich unrein; es gibt auch einige kleine Löcher durch Wurmfraß. Der Text ist in einer kleinen, runden, typisch spätkarolingischen Minuskel geschrieben. Drei etwa gleich-

9 Eigentlich schon 1932, als die erste Lieferung von Mohlbergs Katalog, die auch die Beschreibung von Z2 enthält, erschien.

10 Der Historiker Arno Borst erwähnt sie in Borst 1984, 415, Anm. 78, mit drei weiteren bislang unbekannt gebliebenen Textzeugen zu Ncom: M3, F2 und F3; siehe unten.

11 Borst 1984, 415, Anm. 78: "nach meinem Urteil der beste Zeuge".

12 Zur Handschrift siehe Steinmeyer/Sievers, 4:553, und Münchener Katalog 1876, 235.

13 Steinmeyer 1893, 274; siehe auch die vorige Anm.

zeitige Hände haben sich an der Abschrift beteiligt: Die erste, recht geübte schreibt bis f. 179v,9 *ianuario* und benutzt eine dunkelbraune Tinte, eine zweite von dort bis zum Ende. Hand 2 schreibt etwas kleiner und runder, ist weniger geübt und benutzt eine meistens hellbraune Tinte. Eine dritte Hand ist verantwortlich für einige Verbesserungen und Marginalien; bei ihr ist der senkrechte Strich des r auffällig lang. Der Titel, die Überschrift von Abschnitt 2 und das *Explicit* am Schluß sind in Minuskeln geschrieben (die Überschriften der Abschnitte 3-9 fehlen), die Abschnittsinitialen wurden nicht eingetragen. Pro Seite gibt es 16 Zeilen (die erste Seite 172r hat 15). Wenn ein Satzanfang mit dem Beginn einer neuen Zeile zusammenfällt, wird diese Zeile nicht ausgerückt.

M3: Ein drittes Exemplar von Ncom steht in der Sammelhandschrift Clm. 22 307 (= M3; 10. und 11. Jahrh., 195 Blätter). M2 stammt aus dem bayerischen Kloster Windberg und enthält ein *mixtum compositum* an Texten (Exegetisches, Theologisches, Grammatisches, lateinische wie auch deutsche Glossen usw.). Die letzte Lage, das Quaternio f. 188-195, enthält f. 188r,1-191r,8 den Text von Ncom; einige weitere Texte astronomischen Inhalts schließen sich an.[14]

Das Pergament für f. 188-191 ist dick, ziemlich rauh und jetzt stark nachgedunkelt, sogar braun; die zweite Hälfte von 188r zeigt in der Mitte einen großen Fleck (Öl? Tinte?).

Das Format für Ncom ist ca. 19 x 13 cm, die Schreibfläche mißt ca. 17,5 x 9,5 cm. Die Handschrift, deren oberer Rand meistens weniger als 1 cm hoch und nach außen hin etwas abgeschrägt erscheint, ist hier gewiß abgeschnitten; auch der untere Rand ist nur etwa 1 cm hoch. Jede Seite hat 32 Zeilen. Der Text wurde in einer kleinen, sehr geübten, etwas rechtsgeneigten, scharfen und klaren spätkarolingischen Minuskel geschrieben. Der Titel und die Abschnittsüberschriften, insofern sie vorhanden sind oder noch erkennbar, sind rubri-

---

14 Siehe Steimeyer/Sievers, 4 (1898):580 und Münchener Katalog 1881, 41/42. Es ist merkwürdig, daß Steinmeyer im Jahre 1898 Ncom in dieser Handschrift nicht als ein Werk Notkers identifizierte, obwohl er nur einige Jahre früher (1893) die Lesarten zum Text von Notkers Computus in M2 geliefert hatte. M.W. hat erst Arno Borst 1984 auf diesen "neuen" Textzeugen aufmerksam gemacht, siehe Borst 1984, 415, Anm. 78. Die Datierung dort, "12. Jh.", scheint mir zu spät zu sein, die Schrift ist durchaus spätkarolingisch und zeigt noch keine gotischen Ansätze. Ich möchte auch hier meinem früheren Kollegen, Herrn Prof. Dr. Calvin M. Bower (jetzt University of Notre Dame, Notre Dame, Indiana), herzlich dafür danken, daß er Ncom in M3 für mich kollationiert und mir wichtige Auskünfte über Handschrift und Text besorgt hat.

ziert, aber die rote Tinte ist stark oxidiert und öfter silbern geworden; sie erscheinen in einer etwas ungleichmäßigen vergrößerten spätkarolingischen Minuskel von anderer Hand. Da der Titel auf f. 188r über der eigentlichen Schreibfläche angebracht wurde, erfolgte die ganze Rubrizierung wohl später, in einem zweiten Arbeitsgang. Die Überschriften der Abschnitte 3 und 5 fehlen, obwohl zu Abschnitt 3 eine ganze Zeile offengelassen wurde, die Überschriften zu Abschnitt 6, 7 und 8 sind teilweise unsichtbar geworden. Rote Initialen erscheinen nur zu Anfang der Abschnitte 8 und 9, sie sind sonst nicht eingetragen, aber es wurden Spatien für sie offengelassen, und sie wurden durch je einen Punkt auf dem Rand davor "vorgemerkt". Nur der Schlußabschnitt 9 hat sowohl eine Überschrift wie auch eine rubrizierte Abschnittsinitiale *C(onstat)*. Wenn ein Satzanfang mit dem Beginn einer neuen Zeile zusammenfällt, wird diese Zeile ausgerückt.

2: Ein viertes Exemplar findet sich in der kleinformatigen Pariser Handschrift nouv. acq. lat. 229 (= P2). P2 wurde im 12. Jahrhundert, möglicherweise in der 2. Hälfte, in Deutschland geschrieben und wird heute in der Bibliothèque Nationale in Paris aufbewahrt.[15]

P2 bildet den zweiten Teil eines Codex, der einmal 364 Seiten umfaßte, von denen die ersten 233 Seiten anscheinend nicht erhalten sind. S. 234-364 wurden im 19. Jahrhundert neu foliiert: 1-66; die alten Zahlen mit Bleistift - dieselbe Hand schrieb unter dem Text auf S. 364 (= f. 66v) die Jahreszahl 1836 - sind noch vorhanden. Ncom, f. 10v,1-14v,19 (neue Zählung; alt S. 252-260) eröffnet eine längere Partie mit astronomischen Texten, die teilweise anonym sind, teilweise von Gerbert von Rheims († 1003) und Hermann dem Lahmen von der Reichenau († 1054) stammen. Dazu gehört auch ein Brief Hermanns des Lahmen - ein "Forschungsbericht"[16] zu astronomischen Fragen - in dem der Verfasser sich auf Ncom bezieht und daraus zitiert. Vorher gehen medizinische Texte, darunter auch frühmittelhochdeutsche.[17]

Das Pergament für f. 10-14 ist ungleichmäßig, mitteldick bis dick und vergilbt. Der Text ist von einer sehr geübten und etwas rechtsgeneigten Hand in einer kräftigen, ziemlich runden und kompakten spätkarolingischen Minuskel

15 Ich verdanke wichtige briefliche Information zur Handschrift, auch weiter unten, Frau Dr. Patricia Stirnemann (Paris); siehe jetzt v.a. Borst 1984, passim, bes. 444-459 (449-451 zu Ncom); auch de Rijk, 72/73; Thorndike, 677 und Anm. 2; Steinmeyer 1916, 381; Bubnov, LXX/LXXI und 111; Meier, 11/12; Baechtold 1887, 196; Morel-Fatio, 435-437 und Delisle, 455-457.

16 F. 17r-19r; siehe Borst 1984, bes. 407-426, und den neuen Abdruck des Textes, 474-477; Erstdruck bei Meier, Anhang, 34-36.

17 Siehe bes. Morel-Fatio und Steinmeyer 1916, 373/374, 379, 381, 386 und 391.

geschrieben. Die Tinte ist hellbraun. Die ungleichmäßig gearbeitete Rubrizierung der Überschriften und Abschnittsinitialen erfolgte in einem Orange, das aber teilweise zu einem tiefen Rot oxidiert erscheint, z.B. beim Titel, f. 10v. Die Überschriften der Abschnitte 2-9 sind in Kleinbuchstaben geschrieben. Wenn ein Satzanfang mit dem Beginn einer neuen Zeile zusammenfällt, wird diese Zeile normalerweise nicht ausgerückt.

Das Seitenformat ist nur ca. 14,7 x 11,2 cm, der Schriftspiegel mißt ca. 11 x 9 cm. Es gibt 25 Zeilen pro Seite.

F2: Die Handschrift Aa 72 der Hessischen Landesbibliothek Fulda umfaßt 153 Blätter und stammt aus dem Benediktinerkloster Weingarten (Baden-Württemberg).[18] Ein Schreiber Hainricus hat die Handschrift, wohl in Weingarten selbst, kopiert; sie wurde 1319 vollendet.[19] Sie enthält hauptsächlich Texte zur Liturgie, vor allem f. 10v-147v einen *Liber Ordinarius* mit den Gebeten zu den Sonn- und Festtagen sowie den Heiligenfesten. Ganz am Schluß findet sich f. 152va,7-152vb,7 das Fragment von Ncom als Nachtrag von anderer Hand. Es umfaßt den ersten Abschnitt von Ncom, *<P>r<i>ncipalis* bis *umquam.* (Z2,232r,2-12), der Titel fehlt und zwei Sätze erscheinen umgestellt.

Die zweispaltige Seite mißt ca. 31 x 21,5 cm, der Schreibraum ca. 25 x 17 cm, der Schriftspiegel der Spalte ca. 25 x 8 cm. Die Spalten auf dieser Seite haben 22 Zeilen. Vor dem Text von Ncom auf f. 152va stehen eine historische Notiz (vier Zeilen) und ein zweizeiliger Schreibervers; es folgen auf f. 152vb eine leere Zeile, dann vier Zeilen mit einer weiteren historischen Notiz; der Rest der Spalte wie auch f. 153 sind unbeschrieben.

Der Text von Ncom ist in einer frühgotischen Bastarde geschrieben; die Hand ist recht geübt, aber etwas ungleichmäßig. Die Tinte ist hellbraun mit einem Stich ins Rötliche, der obere Teil von f. 152vb ist etwas dunkler; der Text von Ncom weist keine Rubrizierung auf. Falls ein Satzanfang mit dem Beginn einer neuen Zeile zusammenfällt, wird die Zeile nicht ausgerückt.

Das Pergament ist von guter Qualität, mittelstark, hell aber nachgedunkelt und besonders am Rand schmutzig. Es gibt einige Wurmlöcher; die untere linke Ecke wurde vor der Beschriftung abgeschnitten. Eine Aufnahme von f. 152v steht in dieser Ausgabe auf S. 316.

---

18 Siehe die neue Beschreibung der Handschrift durch Regina Hausmann, 154-156. Ich möchte auch hier Herrn Prof. Dr. Hartmut Broszinski, dem Direktor der Hessischen Landesbibliothek Fulda, freundlich für weitere Auskunft über die Handschrift und für eine Aufnahme von f. 152v danken.

19 Hausmann, Abb. 11 zeigt eine Aufnahme mit einem Text, der in einer gotischen Textura von diesem Hainricus geschrieben wurde.

3: Die Handschrift B 2 der Hessischen Landesbibliothek in Fulda umfaßt 55 Blätter und stammt gleichfalls aus dem Benediktinerkloster Weingarten. Sie wurde im 1. Viertel des 12. Jahrhunderts im Bodenseegebiet geschrieben und enthält f. 1v-31v allerlei Texte zur Komputistik (auch das Fragment von Ncom), 32r eine Predigt *De symbolo*, 32v-54r den *Micrologus* des Bernhard (Bernold) von Konstanz (+ 1100) und 54r-55v den ersten Teil einer Osterpredigt des sog. Eusebius Gallicanus (5. Jahrh.).[20] Das Bruchstück von Ncom steht f. 4rb,18-36 und umfaßt den zweiten Abschnitt von Ncom, *Quod* bis *comprehenditur*. (Z2,232r,12-232v,6).

Die zweispaltige Seite mißt ca. 24,5 x 22 cm, der Schreibraum ca. 20 x 16 cm, der Schriftspiegel der Spalte ca. 20 x 7,5 cm. Die Spalten auf dieser Seite haben 38 Zeilen, aber die zwei letzten Zeilen von Spalte 4rb sind unbeschrieben.

Der Text ist in einer sehr harmonischen, kräftigen und selbstsicheren wie auch ziemlich kompakten und etwas rechtsgeneigten spätkarolingischen Minuskel geschrieben; dieselbe Hand ist auch verantwortlich für die (orange) rubrizierte und kleingeschriebene Überschrift und die rote Abschnittsinitiale *H(oc)*. Das hellgelb-bräunliche Pergament ist von guter Qualität. Die Farbe der Tinte ist hellbraun. In unserem Text fällt kein Beginn einer Zeile mit der Majuskel eines Satzanfanges zusammen, aber die Handschrift rückt sonst aus.

5. Wie sich die Handschriften Z2, M2, M3, P2, F2 und F3 zueinander verhalten

Obwohl das aus St. Gallen stammende Exemplar Z2 der beste Textzeuge von Ncom ist und alle anderen Versionen sich nicht sehr weit von ihm entfernen, läßt sich kaum nachweisen, daß Z2 die unmittelbare oder alleinige Mutterfassung der anderen Zeugen sei. Denn es gibt einige Male merkwürdige Varianten. In M2 steht z.B. vor dem Titel von Z2 noch: *Incipit tractatus notkeri magistri*. Davon hat Z2 nichts, obwohl auf der dort vorhergehenden Seite (231v) nach einem anderen Text zwei Zeilen leer gelassen wurden. Auch P2 hat eine Zuschreibung, ja sogar eine doppelte: an derselben Stelle vorne steht: *NOTGER ERKENHARDO Discipulo*, entsprechend am Schluß: *VSQVE HVC NOTGER ERKENHARDO DISCIPVLO*. Mit *Erkenhardus* in P2 ist zweifellos Ekkehard IV., Notkers Lieblingsschüler, gemeint; die Verschreibung zu *ERKENHARDO* läßt sich leicht durch eine größere Entfernung von St. Gallen erklären. Aber warum tragen zwei Abschriften, die nicht in St. Gallen geschrieben wurden (einschließlich der jetzt verlorenen Exemplare in Metz und

20 Auch hier möchte ich Frau Dr. Regina Hausmann (Stuttgart), der Bearbeiterin der Fuldaer Handschriftenkataloge, aufrichtig für wichtige Auskünfte über F3 und den Text von Ncom danken.

Pontigny), den Autornamen (in P2 auch den Namen des Adressaten), während der Text der St.Galler Handschrift Z2 anonym bleibt?

Eine Lösung dieser Frage wäre folgende: Es ist vorweg daran zu erinnern, daß keiner der in St. Gallen niedergeschriebenen Texte Notkers seinen Namen trägt, umgekehrt aber die in Einsiedeln geschriebene Handschrift R von Notkers Psalter wohl. Die auffällig konsequente Anonymität der notkerschen Schriften in St. Gallen beruht kaum auf Zufall. Sie ließe sich einerseits durch Notkers eigene Einflußnahme auf Anonymität erklären, die auf Demut oder Bescheidenheit beruhen mag, andererseits auch dadurch, daß zumindest während Notkers Lebenszeit (und eine gewisse Zeit lang danach) man im St.Galler Kloster sowieso wußte, wer der Autor dieser Schriften war. Es muß also vielmehr begründet werden, warum erst auswärtige Exemplare von Notkers Schriften ihm mit Namen zuerkannt werden. Nun ist kaum Zweifel, daß Notker selbst, sein Schüler Ekkehard IV. und wohl auch das Kloster stolz waren auf die Leistungen des Klosterlehrers; das wird nicht zuletzt durch die einheitliche Sorgfalt, mit der die meisten St.Galler Handschriften der Werke Notkers angefertigt worden sind, nahegelegt. Es würde also auf der Hand liegen, daß beim "Export" von Notkers Schriften zumindest eine Zeit lang der Leiter des Skriptoriums (oder auch Ekkehard IV. selber, bis er starb) dafür sorgte, daß die Verfasserschaft nicht verborgen blieb. Man kann dabei ganz konkret an eine mündliche Mitteilung oder vielmehr an einen an der betreffenden Handschrift angehefteten oder in ihr eingelegten Pergamentstreifen denken; der Name wurde in die Abschrift übernommen, der Streifen konnte weggeworfen werden. Freilich ist es auch durchaus möglich, daß es in der Stiftsbibliothek selber zu Anfang, und vor allem solange Ekkehard IV. im Kloster lehrte, mindestens zwei Exemplare von Ncom (vgl. Nk) gab, eines anonym (wie Z2), ein anderes oder andere mit Autornamen (die Vorlagen von M2 oder P2) und möglicherweise in Kombination mit Nr.[21]

M2 und M3 gehören enger zusammen, wie einige gemeinsame Abweichungen von Z2 zeigen: das fehlende *nosti*^{2} (Z2,234v,14), die Erweiterung *nonas* zu *nonas decembris* (235r,6) und die Verschlimmbesserung *a nobis* statt *anno bis* (237v,7). Doch sind diese Textzeugen keine direkten Abschriften voneinander.

M2 kann nicht aus M3 abgeschrieben worden sein. Zunächst ist M3 gewiß jünger als M2. Auch hat M3 z.B. eine Ergänzung: *& septimus in nono decimo* (236v,3), die in M2 fehlt. Und eine Abweichung wie xxx^{ta} (233r,21/22) in M3 für *tricenorum* findet sich nicht in M2. Umgekehrt ist M3 keine direkte Abschrift von

21 Siehe oben, §2, zu den verlorenen Exemplaren von Ncom und Nr.

M2. Eine eigene Lesart von M2 wie *sequitur* (234r,14) findet sich nicht in M3, und *potius* (236r,21) fehlt in M2, steht aber in M3. Auch fehlen in M2 die Abschnittsüberschriften (abgesehen von Abschnitt 2), während M3 sie (mit Ausnahme von Abschnitt 3 und 5) aufweist. Es sei denn, wir setzten für M3 etwa zwei Vorlagen an, müssen wir annehmen, daß M2 und M3 auf eine gemeinsame Quelle zurückgehen, die nicht mit Z2 identisch ist. M3 steht sonst in mancher Hinsicht Z2 am nächsten.

M2 und P2 gehören enger zusammen, wie vor allem die gemeinsame Mehrzahl *subponantur* in der Überschrift von Abschnitt 6 (Z2,235v,18) und die Hinzufügung von *decennouenalis* in der Überschrift von Abschnitt 7 (236r,6) zeigen. Andererseits sind die Überschriften der Abschnitte 2 und 4 in P2 und M3 sehr verschieden (232r,12/13 und 234r,22 - bei Abschnitt 2 ist M3 anders als die anderen Textzeugen, bei Abschnitt 4 P2); von direkter Abhängigkeit kann also kaum die Rede sein, man wird vielmehr in zumindest einem Falle Kontamination erwägen müssen.

M2, aber vor allem P2, gehen mehrere Male eigene Wege. Wie die Apparate lehren, gibt es nicht selten stilistische oder syntaktische Veränderungen und Umstellungen, kleinere in M2, z.B. *reuertitur* statt *reuoluitur* (232r,15/16), *prius clauderetur* (233r,20) oder *ita &* statt *ita* (232r,16), größere in P2: die Überschriften von Abschnitt 4, 6 und 7, *autem* statt *ergo* (237v,9), *super hanc questionem* (237r,12), *embolismus primus* (236r,22f.) oder *maiorem et minorem* (237v,18). M2 wurde auch von Hand 3 noch im 11. Jahrhundert mehr oder weniger redigiert und mit Randnotizen versehen, was auf eine eingehendere Beschäftigung mit Notkers Werk in St. Emmeram schließen läßt.

6. Korrekturen und Rasuren

Die Korrekturen und Rasuren der herangezogenen Textzeugen, die durchaus innerhalb der Grenzen des Normalen bleiben,[22] wurden in den Apparaten verzeichnet.

7. Abkürzungen und Ligaturen

Die Abkürzungen (durch Punkte, Striche und Haken) in diesen Textzeugen sind im allgemeinen durchaus regelrecht.[23] Auffällig ist das tachygraphische Zeichen *⁊* (= *et*), das in P2 einige Male vorkommt. Der Terminus *kalendae* (eigentl. 'der erste Monatstag') wird meistens durch *k*, auch durch *ƙ*, *kl* oder *kł* abgekürzt; zur Verdeutlichung und Abgrenzung werden oft Punkte benutzt, wobei ein Punkt vorangehen oder folgen, oder beides stattfinden kann. Monatsnamen und Termini

22 Siehe oben Kings Einl. zu Nr, §8; King 1979, Einl., XXVI/XXVII; Tax 1986, Einl., §6.
23 Siehe oben Kings Einl. zu Nr, §9; Tax 1986, Einl., §9.

technici wie *embolismus* oder *nonę* werden oft abgekürzt (und diese Kürzel teilweise oder ganz in Kapitälchen bzw. Majuskeln geschrieben). Hochgestelltes a und *i* unter Aussparung von r oder u kommt nicht selten vor, z.B. $\overset{a}{q}$, $\overset{i}{p}$ma. All diese unproblematischen und uninteressanten Abkürzungen wurden im Hinblick auf bessere Verständlichkeit und Zitierbarkeit stillschweigend aufgelöst.

Notkers *Computus* enthält sehr viele Kardinal- und Ordinalzahlen. Um Raum zu sparen, werden sie in den Handschriften selten ausgeschrieben, sondern erscheinen meistens als kleingeschriebene römische Ziffern, wobei der Schreiber von Z2 sehr systematisch und fast immer die richtige Endung übergeschrieben hat, gelegentlich auch folgen läßt, so z.B. $\overset{im}{xii}$ für *duodecim* oder $\overset{ta}{v}$ für *quinta*. Auch die anderen Textzeugen folgen dieser Technik, wenn auch weniger systematisch. P2 hat noch eine Besonderheit bei den Zahlen:[24] Wenn drei Striche vorkommen, wie z.B. bei *viii*, steht regelmäßig der 3. Strich über dem 2., im Falle von vier Strichen, wie etwa bei *xiiii*, der 3. über dem 1. und der 4. über dem 2. Auch bei diesen Zahlen werden regelmäßig Punkte zur Abgrenzung benutzt; hier kann gleichfalls ein Punkt vorhergehen oder auch folgen, oder beides findet statt, oder aber (was selten geschieht) es fehlt jeder Punkt. Da alle Variationen mit solchen Punkten regelmäßig belegt sind, habe ich beim Text von Ncom darauf verzichtet, in den Apparaten mittels *-Formen nachzuhelfen.

An Ligaturen finden sich oft *&*, *ſt*, *rt* und *vs*, einige Male *or*, in Z2 einmal auch *NT*. Ligaturen mit unten angehängtem *a* und *i* (vor allem bei *h*, *m*, *n*) kommen in Z2 sehr häufig vor (siehe die Aufnahme von 232r), gelegentlich auch in den anderen Textzeugen.

P h i l o l o g i s c h e s

8. Lateinisches und Orthographisches

Zu Notkers Latein generell beachte man oben die allgemeine Einleitung, §4. Auch der in St. Gallen geschriebene Text von Z2 erscheint als in sehr hohem Maße auf den Sprachstand um das Jahr 1000 hin normalisiert. Für ae (æ) findet sich fast immer ę; das Schwänzchen steht "unrichtig" in 237r,11 *comprę̲hendi* (stand in der Vorlage *p* ?) und wurde wohl vertauscht in 234v,9 *hę̲brei* (statt **hebrę̲i*). Von den typisch notkerschen Eigentümlichkeiten begegnen nur *cę̲ter-* (mit ę statt e), und umgekehrt *pe̲ne*, nicht aber *que̲stio*. In (ursprünglich) griechischen Wörtern wechseln *y* und *i* (für gr. Ypsilon) miteinander ab: *myste-rii* (232r,13), aber *misterium* (ebda, 21/22). Die anderen, nicht st.gallischen

24 Vgl. etwa den Apparat von P2 zu 235v,16.

Textzeugen weisen ähnliche Züge auf. Die späte Handschrift F2 hat, wie zu erwarten, nur e für ę.

9. Interpunktion[25]

Die Interpunktion in Z2 ist sehr regelmäßig und typisch notkersch. Der halbhohe Punkt, gelegentlich ein niedriger, bezeichnet die kleine, der hohe Punkt, nicht selten auch ein halbhoher, die große Pause. In M2 vertritt normalerweise ein niedriger Punkt (er kann gelegentlich höher stehen) beide Funktionen, ein Punkt mit *depositio*-Strich (;) einige Male die große Pause. In M3 und F2 steht ein niedriger oder halbhoher Punkt für beide Pausen, in F3 ein halbhoher oder hoher. Der halbhohe Punkt vertritt in P2 regelmäßig beide Funktionen. Ein Suspensionsstrich über Punkt (*!*) für die kleine Pause kommt ab und zu in M3 und P2 vor. Das Fragezeichen wird, wie üblich, in allen Textzeugen durch eine neumatische Schleife über niedrigem oder halbhohem Punkt wiedergegeben.

V e r s c h i e d e n e s

10. Zur Einrichtung dieser Ausgabe

Der Abdruck des lateinischen Textes bleibt so nahe wie möglich bei der Leithandschrift Z2 und ist wiederum seiten- und zeilengetreu. Da Ncom in Z2 fast fehlerfrei ist, wurde nur einmal in den Text eingegriffen: f. 234r,1 *kalendę* für leicht verschriebenes *kelendę*. Für alles andere werden mit einem Sternchen versehene Rekonstruktionen im Apparat benutzt.

Was diese *-Formen betrifft: Es kommt beim Latein an erster Stelle darauf an, das Verständnis der Leser zu fördern. Daher bezeichnen die *-Formen im Apparat normalerweise *lectiones meliores*, d.h. richtigere, auf den Sprachgebrauch um 1000 hin normalisierte Formen, wie etwa **quę* für que im Text, **pęne* für *pene*, **sidera* für *sydera*, **mysterium* für *misterium*, **sagaciorem* für *sagatiorem* usw., gelegentlich auch *lectiones faciliores*, so z.B. **computista* für *compotista* im Text, **duobus* für *iibus*. Einige Formen dürften so leichter zu erkennen und auch aufzufinden sein.

Wenn eine Zeile in der Handschrift überlang ist, steht der Rest in der nächsten Zeile, die aber mitten auf der Seite um 1 Spatium tiefer beginnt und diesselbe Zeilenzahl behält.

Die Ränder werden für Angaben, die vom Herausgeber stammen, benutzt. Links auf dem Rand stehen die Zeilenzahlen nach Z2, rechts oben die Folienzahl nach Z2, auf dem rechten Rand die Abschnittszahlen, dann auch jeweils die Siglen

25 Zur Interpunktion bei Notker siehe zuletzt oben Kings Einl. zu Nr, 12; Tax 1986, Einl., §16.

mit Folienangaben der anderen Textzeugen sowie die Kürzel mit Seitenangaben der beiden früheren Ausgaben (P = Piper, M = Meier); eine Angabe wie P312 bzw. M31a weist darauf hin, daß diese Seite bzw. Spalte bei Piper oder Meier in der Zeile davor beginnt. Oben steht der Kolumnentitel und links bzw. rechts jeweils die laufende gerade bzw. ungerade Seitenzahl dieser Ausgabe.

In den Apparaten zu den einzelnen Textzeugen habe ich versucht, an geeigneter Stelle gemeinsame Lesarten oder Abweichungen systematisch zusammen zu gruppieren. Dadurch konnte nicht nur Zusammengehöriges und eventuell Relevantes übersichtlicher dargeboten, sondern auch Raum gespart werden. / = Ende einer Zeile, // = Ende einer Seite bzw. eines Textes (Bruchstücks).

A l l g e m e i n e s

1. Musikunterricht bei Notker dem Deutschen

Nur in der Schrift *De musica*, die Notker in seinem Brief an Bischof Hugo von Sitten verschweigt (er kann sie ja später geschrieben haben), benutzt er ausschließlich Althochdeutsch bis auf die griechisch-lateinischen *termini technici*. Der erste Abschnitt steht ohne Überschrift in einer Leipziger und einer Münchener Handschrift; er fehlt also im St.Galler Manuskript, das als einziges Abschn. 2. bis 4. enthält und mit drei anderen Handschriften Abschn. 5. überliefert.[1]

Verfasser und Titel sind in keiner der fünf Handschriften angegeben, aber die Sprache - Wortschatz, Laute, Formen und Akzente - verrät unseren Notker auf den ersten Blick. Der St.Galler Codex weist für Abschn. 2.-5. Überschriften auf, sie fehlen in den übrigen Handschriften (nämlich für Abschn. 1. und 5.).

Daß Notker ausgerechnet hier auf die Gelehrtensprache Latein verzichtet, ist meinetwegen ein Beweis dafür, daß er eine Lehre über die Mensurberechnung der Orgelpfeifen mit den dazugehörigen Vorkenntnissen für den Handwerker, den Orgelbauer, abfaßte, der Latein nicht konnte und dem auch der deutsche Text unter Umständen vorgelesen werden mußte. Die größeren Kirchen - Kathedralen und Münster - ließen sich zu der Zeit eine Orgel bauen, insoweit sie sich keine fertige erwerben konnten, was Notkers Bemühungen auf diesem Gebiet erhellen kann.[2]

Der erhaltene Text ist sicher keine vollständige Lehre. Meines Erachtens aber wird Notker wohl keine weiteren Abschnitte geschrieben haben.

Trotz des Verweises auf Boethius, *De institutione musica libri quinque* im vorletzten Satz des ersten Abschnitts sollte Notkers Versuch einer Tonlehre an den Texten seiner mittelalterlichen Vorgänger und Zeitgenossen etwa vom neunten bis zum elften Jahrhundert gemessen werden. Zu diesen zählen vor allem Aurelian von Moutier-St.-Jean, *Musica disciplina* (um 850); Remigius von Auxerre, Kommentar zu Martianus Capella, liber 9 *De harmonia* (ca. 900); Regino von Prüm, *De armonica institutione* (um 900); *Musica enchiriadis* von einem Anonymen nach 900 (Hoger von Werden +902 oder Odo Abt von Cluny +942?); Hucbald von St.-Amand (+930), *De mensuris organicarum fistularum*; Bernelinus, *Mensura fistularum et monochordi* (ca. 980) und Berno von Reichenau, *Tonarius* mit *Musica* bzw. *Pro-*

1 Zu Notkers Text im allgemeinen siehe Ehrismann, 1:450/451; Kelle 1888 I, 260-262 und 1892, 259/260 mit Anm. 406; Sonderegger 1970, 98 und 1987, Sp. 1220.

2 King 1990, 53-56, 64/65.

logus in tonarium und Überreichungsbrief (nach 1027).[3] Es sei in diesem Zusammenhang auch Gerbert von Reims (ca. 970-991 an der Domschule tätig) genannt, der die Musik als Unterrichtsgegenstand einführte.[4]

D i e Ü b e r l i e f e r u n g

2. Übersicht

Fünf Handschriften aus dem elften Jahrhundert enthalten Teile des überlieferten Textes. Codex Sangallensis 242 weist Abschn. 2.-5. auf. Abschn. 1. steht nur in Codex latinus Monacensis 18 937 und Codex Lipsiensis Paulinus 1493, der auch Abschn. 5. umfaßt. Abschn. 5. ist außerdem in Clm. 27 300 (fragmentarisch) und Codex Guelferbytanus Gudianus 72 (vollständig) überliefert. Siehe §4. unten für Ausführliches über alle fünf Codices.

3. Die älteren Ausgaben

Gerbert gab 1784 als erster *De musica* nach Cod. Sang. 242 heraus,[5] also ohne den ersten Abschnitt, wobei er den richtigen Urheber, Notker Labeo, nannte. Er beseitigte die Akzente, ergänzte aber einen eigens dazu geschaffenen, dem althochdeutschen Original entsprechenden lateinischen Text. Von der Hagen ließ seine Ausgabe von der gleichen Handschrift 1824 folgen,[6] die Lesarten erschienen 1829 bei Graff.[7] 1849 wurde Hattemers Ausgabe veröffentlicht,[8] die sich auf von der Hagens Vorarbeit gründet. Hattemer war 1844 der Ansicht, daß Notker Balbulus die Schrift verfaßt hätte, aber 1849 schrieb er in Anlehnung an Ildefons von Arx die Schrift Notker dem Deutschen zu.[9] Steinmeyer und Piper lieferten 1874[10] und 1880[11] die Lesarten zu Hattemers Ausgabe. Cod. Guelf. Gud. 72 wurde 1830 der gelehrten Welt bekanntgegeben,[12] und Cod. Lips. Paul. 1493 wurde 1836 abgedruckt.[13] Schmeller veröffentlichte 1851 den Text nach den Münchener Codices 18 937 und 27 300.[14] Pipers Ausgabe von 1882 umfaßt alle Handschriften.[15]

3 Rankin, 177-179 (bis zu Hucbald von St.-Amand); King 1990, 55 (zu Bernelinus); Manitius, 2:69/70 (zu Berno von Reichenau).
4 Manitius, 2:731.
5 Gerbert, 1:95-102.
6 Von der Hagen, 1:25-31.
7 Graff, 3:197.
8 Hattemer, 3:536 (Einleitung), 586-590 (Von der Musik).
9 Hattemer, 1:278, 3:536.
10 Steinmeyer, 503/504.
11 Piper 1880, 257/258.
12 Schönemann, 22/23.
13 Bericht vom Jahre 1836 an die Mitglieder der deutschen Gesellschaft zu Leipzig, 56-60.
14 Schmeller, 108/109 (Clm. 18 937) und 109/110 (Clm. 27 300).
15 Piper 1882, 1:XII (zu F), XC (zu K), XC/XCI (zu L), XCI (zu M), XCII-XCV (zu N), CLXXXVIII-CLXXXXII (Lesarten), CLXXXXIII (Nachtrag), 851-859 (Text).

K o d i k o l o g i s c h e s

4. Die Handschriften von Notker, *De musica*

F: Codex Sangallensis 242 (= F)[16] umfaßt mehrere zusammengebundene Handschriften aus dem achten bis elften Jahrhundert, insgesamt 272 bzw. 274 Seiten (167 und 203 sind doppelt gezählt). Metrisches von Notker Balbulus (S. 3-9, 9./10. Jh.), Aldhelm (21-167, 10. Jh.) und Sedulius (168-247, 10. Jh.) schlägt den Ton des Bandes an, den Notker der Deutsche, *De musica* (10-16, 11. Jh.) fortsetzt. Von Interesse sind unter sechs weiteren Texten ein Fragment der *Passio sancti Apollinaris* (17-20, 10. Jh.), ein lateinisch-althochdeutsches sachlich geordnetes Glossar (247-252, 10. Jh.)[17] und die erste Hälfte des Dialogs *De partibus logicae* (267/268, 11. Jh.).

Dieser Codex hat für S. 10-16 ein Format von ca. 24,8 x 18,8 cm, der Schriftspiegel mißt ca. 18,5 x 14,6 cm. Das starke, gut zugeschnittene und geglättete Pergament ist noch heute in gutem Zustand. Bemerkenswert ist, daß die Abschrift von *De musica* auf der Rückseite vom Schluß des älteren Textes von Notker Balbulus beginnt. Eine Photographie von S. 10 steht in dieser Ausgabe.

Unser Text zeigt eine spätkarolingische Minuskel in dunkelbrauner Tinte. Die vier Überschriften in Rusticamajuskeln und die vier Abschnittsinitialen sind auch - wider Erwarten - in gewöhnlicher Tinte eingetragen. Der erste Abschnitt nach K und L fehlt in F, der Titel **DE MUSICA*. fehlt ja in allen Handschriften.

Nach Tax[18] kopierte der Schreiber α von Notkers „Nuptiae" auch *De musica*. S. 10-15 weisen je 24 Zeilen auf. 16 hat nur 4, sonst ist diese Schlußseite unbeschrieben. Eine Satzinitiale am Zeilenanfang wurde zweimal ausgerückt (11,20 16,1), viermal aber blieb die Ausrückung aus (10,7 11,4 14,7 15,10).

K: Codex latinus Monacensis 18 937, früher Tegernsee 937 (= K),[19] umfaßt 297 Blätter, von denen f. 261-297 im elften Jahrhundert Musikalischem gewidmet wurden: 261r,1-295r,10 weisen den *Tonarius* mit dem Prolog Bernos von Reichenau auf, sonst füllen *Nomina et signa tonorum scalae* 295r aus. Vorne im Band steht Kirchliches aus dem elften und fünfzehnten Jahrhundert. Der erste Abschnitt von Notkers Musiklehre beginnt 295v,1 ohne Überschrift und endet

16 Zu F siehe Bruckner, 3:85 und Tafel XLI (Cod. Sang. 242, S. 10); Hattemer, 1:278, 3:536; Piper 1882, 1:XII, CLXXXXIII (Nachtrag) und Scherrer, 88-90.

17 Hattemer, 1:294-299; Steinmeyer/Sievers, 3:14-20. Die Glossen der *Aenigmata Aldhelmi* (Cod. Sang. 242, S. 22-48) und des *Carmen paschale Sedulii* (S. 194, 197, 210) sind in Hattemer, 1:279/280, 282 und Steinmeyer/Sievers, 2:8-10, 622 verzeichnet.

18 Tax 1986, S. XXVI Anm. 4 und King 1979, Photographie von J57.

19 Zu K siehe den Münchener Katalog 1878, 223 und Piper 1882, 1:XC, CLXXXVIII (zu K297r,7-297v,1).

297r,4. Es folgen besondere Tonbuchstaben und -zeichen in Zeile 7 9 11 und anschließend 297r,13-297v,21 ein lateinischer Text zur Mensurberechnung der Orgelpfeifen von einem Unbekannten[20] - ein Thema, das Notker in dem in K fehlenden fünften Abschnitt aufgreift.

Unser Text hat ein Format von ca. 2Ø,7 x 14,Ø cm, wobei der Schriftspiegel ca. 14,Ø x 8,5 cm mißt. Die ersten drei Seiten enthalten je 23 Zeilen.

Die genau geschriebene spätkarolingische Minuskel weist dunkelbraune Tinte auf, auch die Abschnittsinitiale ist in gewöhnlicher Tinte geschrieben. Sonst wurde nur 296r,1 eine Satzinitiale am Zeilenanfang ausgerückt, viermal (295v, 16 296r,20 296v,10,20) fehlt die Ausrückung.

L: Codex Lipsiensis Paulinus 1493 (= L),[21] aus dem elften bzw. zwölften Jahrhundert, stammt aus Merseburg, befindet sich aber heute in der Leipziger Universitätsbibliothek. Die überlieferte Sammelhandschrift umfaßt 90 Blätter. F. 1r-46r enthalten Boethius, *De institutione musica libri V*, obwohl der Anfang von *liber I* fehlt. Es folgt 47ra,1-60rb,34 Berno von Reichenau, *Tonarius*, dem die Widmung an Erzbischof Piligrim von Köln und der bekannte Prolog vorangehen.

Notker, *De musica*, Abschnitt 1. und 5. nimmt f. 60rb,35-60vb,37 und 61ra,27-61vb,3 ein. Zwischen 1. und 5. stehen 61ra,1-4,6-20,22-25 eine Tafel von fränkischen Tonbuchstaben und Dasiazeichen, der Anfang eines Textes zur Mensurberechnung der Orgelpfeifen von einem Unbekannten (beides auch in K erhalten) und vier an *bone artifex* gerichtete Zeilen.

F. 61vb,5-62rab und 74vb steht ein mit Neumen versehenes Officium auf den heiligen Emmerich von Ungarn (+1031, Fest 4.11.), den Sohn Stephans I. Sonst weisen 62va-79vb Alkuin, Verse und *Disputatio de rhetorica et virtutibus* auf, 80ra-90vb steht Alkuin, *De dialectica* mit zwei vorangestellten Liedern.

Das Format von Notkers Schrift ist ca. 29,Ø x 23,8 cm, der Schriftspiegel mißt 22,Ø x 8,6 cm pro Spalte (= 37 Zeilen). Der Schreiber von Bernos Texten kann auch *De musica* kopiert haben.

Die Schrift ist eine spätkarolingische Minuskel, die Tinte ist dunkelbraun. Eine Überschrift fehlt für jeden Abschnitt, der aber mit einer roten Initiale beginnt. Durchgehend ist jeder großgeschriebene Buchstabe des Textes dunkelbraun mit roter Schattierung, gleichfalls die römischen Zahlen am Rand von f. 61rb-61va. Keine Satzinitiale wurde am Zeilenanfang ausgerückt.

---

20 K297r,7-297v,1 (bis *ut ad eam dupla sit prima*) entspricht L61ra,1-4,6-20, K297v,1-21 (*Si uolueris facere nolas* bis *ita etiam nolarum pondus a prima usque ad viii. crescit*) fehlt aber in L.

21 Zu L siehe Piper 1882, 1:XC/XCI, CLXXXVIII/IX (zu L61ra,1-4,6-20,22-25), CLXXXXIII (Nachtrag).

M: Codex latinus Monacensis 27 300 (= M),[22] im elften und zwölften Jahrhundert in Regensburg geschrieben, enthält auf 76 Blättern, die am Anfang und Ende defekt sind, Abhandlungen über Musikalisches (*Tonarius* f. 1r-41v) und Theologisches (*De initio adventus domini ratio generalis* 66v-67v, *Dialogus de quatuor temporum ieiuniis per sua sabbata observandis* 67v-74v) sowie Briefe (je einen an und von Erzbischof Aribo von Mainz 61r-66r, 66rv) von Berno von Reichenau und Musikalisches von Unbekannten (*Mensura monochordi* 42r-44v, *Tractatus de musica* 45r-49v, nochmals *Tonarius* 50r-60r, einen Kyrie-Tropus 60v). Das Fragment aus Abschnitt 5. von Notker, *De musica* bildet ein einziges Folio, 75rv, aus dem elften Jahrhundert, der untere Teil ist abgeschnitten.

Das Format des Vollblattes ist ca. 23,5 x 18,Ø cm, das des Teilblattes ca. 12,4/12,5 x 18,Ø cm; der Schriftspiegel mißt ca. 1Ø,6/1Ø,7 x 11,4 cm. 13 bis 14 Zeilen pro Teilseite sind erhalten. Das Fragment entspricht F14,24-15,10 und 15,15-16,2. Eine Photographie von M75rv steht in dieser Ausgabe.

Die spätkarolingische Minuskel ist in dunkelbrauner Tinte geschrieben. Eine Überschrift mit darauf folgender Abschnittsinitiale fehlt. Es begegnet keine Satzinitiale am Zeilenanfang, die hätte ausgerückt werden können.

N: Codex Guelferbytanus Gudianus 72 (= N)[23] entstand im Augsburger Kloster der heiligen Ulrich und Afra oder war in dessen Besitz, als Reginbald 1012-14 die Abtswürde bekleidete. Die Handschrift wird heute in Wolfenbüttel aufbewahrt. N besteht aus 87 Blättern, das unbeschriebene f. 88 wurde auf den Holzdeckel geklebt.

F. 1r-50r enthalten Boethius, *De institutione musica libri V*, 50v steht ohne Überschrift Notker, *De musica*, Abschnitt 5. Es folgen *Descriptio monochordi* (von einem Unbekannten) 51rv, *Musica enchiriadis* angeblich des Abtes Odo von Cluny 52r-61v, dessen *Scholia in enchiriadem* 62r-82r, dessen *Commemoratio brevis de tonis et psalmis modulandis* 82v-87r und *Literae Noeanae cum notis musicis* 87v.

F. 50v hat ein Format von ca. 29,Ø x 25,5 cm, wobei der Schriftspiegel ca. 21,2 x 18,4 cm mißt. Die Seite weist 34 Zeilen auf. 50v bis 51v sind - gegenüber dem Vorangehenden und dem darauf Folgenden - von der gleichen Hand in einer spätkarolingischen Minuskel und dunkelbrauner Tinte geschrieben.

Die Abschnittsmajuskel f. 50v,1 *S*, in gewöhnlicher Tinte, wurde nicht einmal ausgerückt. Zweimal aber geschah doch Ausrückung am Zeilenanfang, u.zw. 2 *.i.* und 22 *V*.

---

22 Zu M siehe den Münchener Katalog 1975, 14-17 und Piper 1882, 1:XCI.
23 Zu N siehe den Wolfenbütteler Katalog, 9:124/125.

5. Korrekturen und Rasuren

Alle vom Schreiber bzw. Korrektor durchgeführten Änderungen des Textes sind im Apparat verzeichnet, z.B. zu F10,5 *daz* und 6 *síben*, zu M75r,1 *zungun* und N50v, 4 *suegelun*. Mancher Fehler blieb unberichtigt, siehe u.a. F10,14 *frabicator* und K296v,21/22 *Uuiohil*. Ausgelassenes gilt auch als Unberichtigtes, wie z.B. das zu F15,5/6 und zu K297r,4 Vermerkte. Die Änderung L60vb,1 *gerobor uel oborore* ist vielmehr eine Verballhornung.

6. Abkürzungen und Ligaturen

Der Leser sei auf die Ausgabe von Notkers „Nuptiae"[24] verwiesen, wo die gewöhnlichen Abkürzungen und Ligaturen aufgeführt sind. Nur *.i.* (= *id est*) und *.s.* (= *subaudis*, *subaudiendum est*, *subaudi*) sind in der vorliegenden Ausgabe beibehalten, sonst sind alle Belege der Lesbarkeit wegen ohne weiteres aufgelöst. Die Ligaturen ſt und & kommen übrigens nicht nur im Lateinischen, sondern auch im Althochdeutschen vor, wie z.B. F10,3 *íſt* und 2 *héiz&* gegenüber L61ra,34 *heizet* und F13,1 *keréichet*. M75v,10 steht *diâm&rum* gegenüber 5 *diâmetrum*.

P h i l o l o g i s c h e s

7. Die griechisch-lateinischen Bezeichnungen

Die technischen Bezeichnungen, die Notker im Griechisch-Lateinischen beibehielt, sind mit Frequenzangaben hier aufgeführt. Die gelegentliche althochdeutsche Bezeichnung, die mit dieser oder jener klassischen konkurriert, ist auch verzeichnet.

alphabetum < ἀλφάβητος *m./f.* 2
alphabeti 1
alphabeto 1
alphabeta 3

antiphona < ἀντιφώνη *f.* 2

in armonico genere
< ... ἁρμονικό- ... 1

bis diapason < δὶς διαπασῶν *f.* 1

in chromatico genere
< ... χρωματικό- ... 1

cithara < κιθάρα *f.* 1

coniuncta [tetrachorda] *ntr.pl.* 1
= *ahd.* úngeskéideníu 1

diametrum < διάμετρον 8
= *ahd.* uuîti *f.* 5
diametri 5
diametro 1
diametra 2

diapason < διαπασῶν *f.* 6

diapente < διάπεντε *f.* 6

diatesseron < διατεσσάρων *f.* 6

diatonicum 1
in diatonico genere
< ... διατονικό- ... 1

septem discrimina uocum 1
= *ahd.* sîben uuéhsela dero stímmo 1

disiuncta [tetrachorda] *ntr.pl.* 1
= *ahd.* geskéideníu 1

dodrantem *m.acc.sg.* (dodrans *nom.*) 1

24 King 1979, XXVI/XXVII.

dores < δωριεῖς 2

dorius < δώριος 1
dorium 1
dorio 2

duplum 2
= *ahd.* zuîuált 9
duplo 1
dupla 1

excellentium *gen.pl.* [tetrachordum] 1

cum fabricator mundi 1

finale [tetrachordum] 1

fistula *siehe* DE MENSURA FISTULARUM ORGANICARUM:- 1
im Text nur ahd. suégela *f.* 5

friges < φρύγες 2

frigius < φρύγιος 1
frigium 1
frigio 2

grauium *gen.pl.* [tetrachordum] 1

lichanos *bzw.* lychanos < λιχανός *f.* 1
lichanum *bzw.* lychanum 1

lichanos *bzw.* lychanos meson
< λιχανὸς μέσων *f.* 1

lichanos *bzw.* lychanos ypaton
< λιχανὸς ὑπάτων *f.* 1

lidius < λύδιος 1
lidio 2

mensura *siehe* DE MENSURA FISTULARUM ORGANICARUM:- 1
im Text nur ahd. mâza *f.* 4

mese < μέση *f.* 3

mixolidius < μιξολύδιος 1
mixolidio 1

modus 1
= *ahd.* uuárba *f.* 3
modum 1
modo 1
modis 1
DE OCTO MODIS:-[25] 1

daz regulare monochordum
< μονόχορδον 1
monochordo 1

demo regulari monachordo 1

musica < μουσική 1
in musica boetii 1
musicis 1

nete < νήτη *f.* 10

nete diezeugmenon
< νήτη διεζευγμένων *f.* 2

organicus < ὀργανικός 1
organica *siehe* DE MENSURA FISTULARUM ORGANICARUM:- 1

paramese < παραμέση *f.* 2

paranete < παρανήτη *f.* 2

paranete diezeugmenon
< παρανήτη διεζευγμένων *f.* 1

parypate meson < παρυπάτη μέσων *f.* 2

parypate ypaton < παρυπάτη ὑπάτων *f.* 1

plectrum 1
= *ahd.* zúnga *f.* 7
plectro 1

proportio 1

proslambanomenos < προσλαμβανόμενος *m.* 3
proslambanomeno 1

quadruplo 1
= *ahd.* fîeruált 6

qualitate 1

rationem 1

semitonium < ἡμιτόνιον 4
semitonii 2
semitonio 2

simphonia < συμφωνία 1
simphonię 2
simphoniis 1

simplum 1
simpla 1
simplo 1

sinemenon < συνημμένον *ntr.* 2

octo species 1
= *ahd.* sláhta *f.* 1

superiorum *gen.pl.* [tetrachordum] 1

---

25 Siehe dazu die Zeichnung in King 1986, gegenüber 169.

quatuor tetrachorda < τετράχορδα *ntr.pl.* 1
DE TETRACHORDIS. 1

tonus < τόνος 7
= *ahd.* uuéhsal *m.* 1
toni 5
tono 6
primo tono 1
tonum 5
DE OCTO TONIS:- 1

trientem *m.acc.sg.* (triens *nom.*) 1
= *ahd.* dâz chît den trítten têil 1

trite < τρίτη *f.* 1

trite diezeugmenon
< τρίτη διεζευγμένων *f.* 1

ypate meson < ὑπάτη μέσων *f.* 2

ypate ypaton < ὑπάτη ὑπάτων *f.* 2

ypermixolidius < ὑπερμιξολύδιος 3
ypermixolidio 3

ypodorius < ὑποδώριος 2
ypodorio 2

ypofrigius < ὑποφρύγιος 2
ypofrigio 1

ypolidius < ὑπολύδιος 2
ypolidio 1

Neben den oben aufgeführten althochdeutschen Bezeichnungen seien auch folgende vermerkt, die die lateinischen aus dem Text verdrängten:

bûohstâb *m.* 13 *für* litera
léngi *f.* 24 *für* longitudo
órgana *f.* 3 *für* organum
séito *m.* 11 *für* chorda
uuîti *f.* 5 *für* latitudo
neben diametrum

8. Das Anlautgesetz

Codex F zeigt Notkers Usus in dem Maße auf, wie der Schreiber an dem ihm vorliegenden Original festhielt.[26] Der Umfang von F (vier Abschnitte) ist sowieso am größten, gegenüber dem von K und N (je ein Abschn.), L (zwei Abschn.) und M (ein Fragment). Der Wechsel von *p* und *b* ist am schwächsten belegt, der von *k* und *g* kommt öfter vor, während der von *t* und *d* am stärksten belegt ist.

Die Abweichungen vom Anlautgesetz bilden eine Minderzahl. Zu den Verstößen in F zählen einmal *b* für *p* (10,21 *simphoniis bestât*), neunmal *d* für *t* (z.B. 11,9 *sínt . dáz*) und einmal *g* für *k* (15,20 *íst gágen*) in stimmloser Lautumgebung (nach einem Reibe- oder Verschlußlaut) sowie einmal *p* für *b* (13,13 *ímo peníderêt*) und zweimal *t* für *d* (z.B. 14,5 *den trítten*) in stimmhafter Lautumgebung (nach einem Vokal, Diphthong oder *l m n r*). N50v,22 wurde *Tara-nah* $\overset{k}{g}$*ib* der stimmlosen Stellung gemäß verbessert. Das häufige Oppositionspaar *t* : *d* ist auch in den anderen Handschriften am stärksten verletzt, u.zw. steht *d* für *t* 16mal in K, 28mal in L, 3mal in M und 5mal in N. Dagegen steht *t* für *d* 2mal in K, 4mal in L, Ømal in M und 1Ømal in N.

Der Wechsel von *T* und *D* im Satzanlaut ist manchmal nach dem Muster des Satzinnern geregelt. Vgl. z.B. F12,6 *ypodorius. Táz* und 14,19 *dríttûn. Dáz* mit 12,4 *Nóh tánne* und 14,5 *mêr dánne*.

26 Zum Anlautgesetz in Notkers „Nuptiae" und „Consolatio" siehe King 1979, XXII/XXIII und Tax 1986, XLIV/XLV.

Der einzige Beleg für konsonantisches *u* im Wortanlaut ist L60va,8/9 *der uier-ualta* (= K295v,11 *ter fier-ualta*). Sonst kommt ausschließlich *f* vor, gleichviel in welcher Lautumgebung, wie z.B. F15,7 *êristûn fóre* (L61va,4 und N50v,19/20 *eristun fore*, M75r,11/12 *eristûn fóre*) und K 296r,12 = L60va,33/34 *Temo folget*. Allerdings wechselt in den fünf Handschriften *f* mit *u* im Anlaut des zweiten Glieds eines Kompositums in stimmhafter Lautumgebung ab, in F verhält sich *u* zu *f* in dieser Stellung wie 13 zu 9. Siehe z.B. F12,15 *ána-uáhên* und 13,4 *zuí-uált* gegenüber 12,16 *ána-fáhên* und 14,9 *dâr-fóre*. F13,14/15 steht bei *erhéuénne* *u* für *f* im Silbenanlaut.

Der Anlaut des zweiten Glieds eines Kompositums weist auch den regelmäßigen Wechsel von Verschlußlauten auf. Belege dafür sind F11,4 *zû-getân* und 13,13 *ûf-kestépfen*.

9. Die Akzente

Die Akzente der Handschriften sind im Text dieser Ausgabe genau verzeichnet.[27] Der Apparat zu H weist die nötigen Berichtigungen und Vermerke auf.

Von den fünf Handschriften bewahrt F Notkers Praxis am getreuesten, aber falsche und fehlende Akzente bezeichnen auch diesen St.Galler Codex. In den vier Abschnitten fehlt der Akut 26mal (z.B. 12,20 *nemugen*), der Zirkumflex 16mal (u.a. 11,15 *únderlaza*). Der Akut sollte 16mal als unberechtigt fehlen (14,14 *ín*), der Zirkumflex 17mal (14,16 *léngî*). 7mal ersetzte der Akut einen eher zu erwartenden Zirkumflex (14,11 *érist*), 4mal der Zirkumflex einen Akut (15,1 *ân*). Lateinisches wurde 2mal mit einem Akut versehen (13,8 *ántiphona*, 16,2 *álphabeta*), 14,21 (*diâmetra*) wurde ein Zirkumflex radiert. 3mal betraf eine Verbesserung des Textes einen Akut (11,24 *nâmôt*] Akut auf Zkfl.), 4mal einen Zirkumflex (14,11 *sî*] Zkfl. rad.). Der Akut wurde ca. 8mal nach rechts geschoben (11,16 *oúh*), der Zirkumflex ca. 20mal (12,24 *fieng*). 11,2 wurde der Akut nach links geschoben (11,2 *zúei*), 15,13,15 der Zirkumflex (2mal *zuo*).

In K wurde kein einziger Akzent gesetzt. Der Schreiber von L setzte hingegen den Zirkumflex 5mal in Abschnitt 1. und 18mal in 5. auf einen starkbetonten langen Vokal (z.B. 60vb,36 *ûobet*, 61ra,34 *uuîti*), sonst fehlen die Akzente.

Der Schreiber des Fragments M setzte den Akut 97mal; 6mal wäre vielmehr der Zirkumflex am Platz, und 19mal ist kein Akzent berechtigt - lat. *diámetrum* kommt z.B. 9mal vor. Der Zirkumflex ist 28mal gesetzt, u.zw. jedesmal mit Recht. 91mal fehlt ein zu erwartender Akut, 27mal ein Zirkumflex.

In N setzte der Schreiber Akzente nur in den ersten drei Zeilen (bis *diámetrum*), nachher fehlen alle Akzente außer 50v,6 *úf* und 20/21 *eben/mícheliu*.

27 Zur Akzentsetzung in den Handschriften A und J (Notkers „Consolatio" und „Nuptiae" siehe King 1979, XXIV und Tax 1986, XXXVII-XLIV.

In diesen Anfangszeilen sind die Akzente von N einerseits in sieben Fällen richtiger als die von F (z.B. N50v,1 *bechénnêst* gegenüber F14,7 *becennêst*), andrerseits sind die Akzente von F in fünf Fällen richtiger als die von N (u.a. F14,8 *dīh* gegenüber N50v,1 *dich*).

10. Phonematische Varianten

Notkers schwachtoniges *e* [ə] ist in allen Handschriften ab und zu durch *i* vertreten.[28] Belege dafür sind F15,23 *êristûn* = M75v,11 *êristun* gegenüber M75r,11 *êrestûn*, K295v,5 *heizit* = L60va,2 *heizzit* gegenüber F14,11/12 = N50v,3 *héizet* und L61ra,34 *heizet*, N50v,29 *firlazenemo* gegenüber F15,21 *ferlâzenemo*.

F10,14/15 (*zû/zesézzenne*) und 11,4 (*zû getân*) ist *ûo* monophthongiert. Der Diphthong *ûo* ist aber im allgemeinen erhalten (z.B. K297r,3 *uobet* = L60vb,36 *ûobet* und F10,18 *gnûoge dûohti*).

Die st.gallische Verbindung *nd* von F und M ist in L und N weitgehend durch *nt* ersetzt (nur einmal *unde*, sonst *unte* und *uuanta* in L; nur zweimal *unde*, sonst *unte* gegenüber *uuanda* in N), während *unde* in K nur einmal *unte* weicht und ausnahmslos *uuanda* belegt ist. K296r,9 und L60va,30 steht *lanc* mit *nc* gegenüber F13,20 und 14,2 zweimal *láng* mit *ng*. Ein bairischer oder ostfränkischer Schreiber kann ja *nt* und *nc* geliefert haben.

L61rb,17 steht *giêt* gegenüber F14,23 *gât* (= N50v,10 *gat*) und L61va,9 *gat* (= F15,10 *gât* und N50v,22 *gad*). L61rb,29 *scoltu* (= N50v,15 *scolt tu*), das in F, K und M fehlt, und 61va,37 *scol‿er* bilden den Gegensatz zu F16,2 *sól er* (= M75v,14 *sól ér* und N50v,33 *sol‿er*). Auch hier wird wohl bairischer bzw. ostfränkischer Einfluß vorliegen.

11. Orthographisches

Durch den Digraph æ korrigierte der Schreiber F13,5 *buôh-stabæ* *a* zu *e*. Ein Extrastrich oben deutet an, daß der Schreiber mit der Schleife des *e* unzufrieden war, so z.B. F11,20 *ûnder* und öfters, K296v,12/13 *gerobero* und M75r,11 *éristûn*.[29]

Gelegentlich schrieb man in K, L und N *v* für vokalisches *u* (z.B. K295v,3 *vnde* gegenüber 296r,2,6,9,22 4mal *unde* und L61rb,28 *ahto-uuiv* gegenüber 61va,1 *ahto-uuiu*) und in L, M und N die Majuskel *V* für *U* (L61va,21 = N50v,26 *Vbe* und M75v,3 *V́be* gegenüber F15,17 *Úbe*). K295v,1/2 *vuerden* mit halbvokalischem *vu* entspricht L60rb,36 *uuerden*, L61va,34 = N50v,32 *Vuile* und M75v,12 *Vuil* ver-

28 Zum Vokalismus und Konsonantismus in Notkers kleineren Schriften siehe Kelle 1888 II, 130. King 1979, XXIII und Tax 1986, XLVI/XLVII behandeln Gegensätze im Vokalismus der „Nuptiae" und der „Consolatio".

29 Zum Orthographischen in den Handschriften A und J siehe King 1979, XXV/XXVI und Tax 1986, XLVII/XLVIII.

treten F16,1 *Uuîle*. M75v,4 *Wânda* weist die einmalige Majuskel *W* auf.

Griech. υ wurde zu lat. *y*, das in Notkers Text bald erhalten (z.B. K296v,9 = L60vb,18 *ypate ypaton* und F12,6 *ypodorius* mit Verlust des *spiritus asper*), bald durch *i* ersetzt wurde (F10,20 simphonia, 12,2 *lidius* und 12,17 *frigius*). Bei *lychanos* gegenüber *lichanos* (L60va,6/7 bzw. K295v,9) ist *y* hyperkorrekt, also falsch. Nur bei *diezeugmenon* (z.B. K295v,22/23 = L60va,20/21) wurde griech. υ zu lat. *u*, das auch in unserem Text steht.

Bei *churcesten* gegenüber *churzisten* (K296r,1 bzw. 296v,3) wurde *z* vor einem hellen Vokal durch *c* mit dem gleichen Lautwert ersetzt.

12. Interpunktion

Wie in den Handschriften von Notkers „Consolatio" und „Nuptiae" bezeichnet auch in F ein halbhochgestellter Punkt (selten ein niedriggestellter) die kleine Pause im Satzinnern und ein hochgestellter Punkt die große Pause am Satzende.[30] M weist durchgehend einen halbhohen Punkt auf. In K, L und N ist es bald ein halbhoher Punkt, bald ein niedriger - gleichviel in welcher Stellung. Die Vermerke *Punkt gehört hinter . . .* und *Punkt ist zu tilgen hinter . . .* im Apparat zu F besagen, daß der Schreiber im gegebenen Fall von Notkers Norm abwich. Das Sonderzeichen :- steht dreimal hinter einer Überschrift (F10,1 11,16 14,6).

13. Getrennt- und Zusammenschreibung

Einerseits trennt das Zeichen ‿ in dieser Ausgabe aufeinander folgende althochdeutsche Wörter, die in der Handschrift zusammengeschrieben sind (wie z.B. F10,12 *zedemo* gegenüber 12,11 *ze demo*, K295v,20 *indriu* und 296r,23 *dazist*, L60va,3 *sidaz* und 60vb,1 *souilo*, M75r,11 *andêro* und 75v,4 *dîris*, N50v,2 *sú-lensio* und 6 *fondero*). Andrerseits füllt der Bindestrich den Zwischenraum der Handschrift bei Zusammengehörigem (u.a. F10,19 *în châde* und 13,9 *nío man*, K296r,20 *fure sezze* und 296v,20 *Sus licha*, L60vb,31 *Uuio lich* und 61rb,19 *fer nim*, M75r,4 *dâra nah* und 75v,9 *zuî ualt*, N50v,1 *ne bedrîeze* und 15 *ah touuiu*).[31] Gegen den heutigen Gebrauch getrennt oder zusammengeschriebenes Latein bleibt außer Betracht.

30 Zur Interpunktion in anderen Handschriften von Notkers Werken siehe King 1979, XXVIII/XXIX und Tax 1986, XLVIII-LI.

31 King 1979, XXVII/XXVIII und Tax 1986, LI-LIII erörtern Getrennt- und Zusammenschreibung in Notkers „Nuptiae" und „Consolatio".

V e r s c h i e d e n e s

14. Zur Einrichtung dieser Ausgabe

Die Handschriften von Notker, *De musica* sind seiten- und zeilengetreu, ja überhaupt möglichst genau abgedruckt, so daß der Leser stets des exakten Inhalts sicher sein kann. Auffälliges, Unregelmäßiges und Fehlerhaftes sind - meistens oben im Text - beibehalten, durch Sternchen bezeichnete Rekonstruktionen sind gewöhnlich im Apparat (vor allem zu F) zu suchen. Da in Abschnitt 5. der Text von L, M und N wegen Raummangels bis zum rechten Rand reichen muß, trennt ein Schrägstrich die Zeilen der Handschrift.

In Abschn. 5. steht F als die Leithandschrift auf der rechten Seite, während L, M und N die linke Seite einnehmen. Folgende Randangaben stammen vom Herausgeber: die Zeilenzahl, Spaltenbezeichnung in L, Seitenzahl nach Piper und Abschnittsziffer. Die Überleitungspunkte . . . in der Wiedergabe von L, M und N besagen, daß der angeführte Text mitten in der Zeile beginnt bzw. endet.

In der Regel wechselt bei Notker der althochdeutsche Text mit dem lateinischen ab. Das ursprüngliche Latein ist bei der Herausgabe von solchen Schriften kursiviert, wogegen das Althochdeutsche und Notkers Latein in Antiqua stehen. In dieser Ausgabe der Schrift *De musica* ist nun alles in Antiqua wiedergegeben, denn die griechisch-lateinischen Bezeichnungen sind ja in Notkers althochdeutschen Text eingefügt.

A l l g e m e i n e s

1. Notkers lateinischer Brief

Der Brief Notker des Deutschen an Bischof Hugo von Sitten (+ 1017) ist ein wichtiges Zeugnis zu der *persona* Notkers als Mönch, Lehrer, Gelehrter und Übersetzer. In diesem Sinne ist das Werk autobiographisch und persönlich, auch wenn es im Hintergrund etwas auf frühere Gelehrte und Übersetzer wie Hieronymus oder Priszian und ihre christliche oder auch bildungskulturelle Problematik hin stilisiert erscheint. Der Brief wird allgemein um das Jahr 1015 angesetzt und gibt also den Stand der Dinge in Notkers Alter wieder: Falls er um 950 geboren wurde, war er etwa 65 Jahre alt und hatte noch ungefähr 7 Jahre zu leben. Leider wissen wir nicht, was Bischof Hugo ihm geantwortet hat.[1] Wenn Notker aber solche im Brief nicht erwähnten, aber so bedeutenden und abgeschlossenen Werke wie *De musica*, *De syllogismis*, die *Distributio*, *De dialectica* und den St.Galler Traktat erst nach seinem Brief geschaffen bzw. vollendet hat, dürfte Hugo ihn ermutigt haben, die freien Künste doch weiter zu pflegen, im Latein wie in der "Vater"sprache.[2]

D i e Ü b e r l i e f e r u n g

2. Übersicht

Der Text von Notkers *epistula* (= Nep) ist nur in éiner Handschrift auf uns gekommen, und zwar als relativ späte Abschrift (um 1150) in dem Brüsseler Codex G, f. 58ra,1-33.[3] Der Brief eröffnet nicht unpassend den sog. Notker-Quaternio, f. 58-65. Die Abschrift scheint zuverlässig genug zu sein; wenn wir von der Crux[4] in Z. 12/13 absehen, zeigt der Text nur einige offensichtliche Schreibfehler, die meistens leicht zu berichtigen sind. Eine Aufnahme von f. 58r steht auf S. 347 in dieser Ausgabe.[5]

3. Die älteren Ausgaben

Notkers Brief wurde von Jacob Grimm aufgefunden und von ihm 1835 als erstem

1 Bruckner, Bd. 13 (1973), der dem Bistum Sitten gewidmet ist, ist für Notker unergiebig.

2 Siehe zum Brief jetzt vor allem Hellgardt, passim; Henkel, 74-77; Glauche, 83-85; Sonderegger 1970, 81-87; de Rijk, 50-53 und van de Vyver, 185/186.

3 Siehe zu G jetzt besonders oben Kings Einl. zu Nr, §3, oben die Allgemeine Einleitung, §2, und Hellgardt, 174-180.

4 Siehe Hellgardt, 172, den 2. Apparat zu Z. 18/19, sowie die eingehende Erörterung, 184-189.

5 Ein Faksimile nur des Brieftextes in G steht bei Hellgardt, gegenüber S. 176.

herausgegeben.[6] Seitdem ist der Text mehrere Male abgedruckt worden, und zwar von Grässe, Hattemer, Gremaud und Piper;[7] Pipers Abdruck, der auf einer Abschrift vom Brüsseler Konservator Dr. C. L. Ruelens beruht, steht S. 859-861 in Bd. 1 seiner Ausgabe, die Lesarten S. CLXXXXII. Die jüngste, sehr gewissenhafte Edition stammt von Ernst Hellgardt.[8] Er hat den handschriftlichen Befund auf ein klassisches Latein hin normalisiert und auch eine moderne Interpunktion angebracht. Der erste Apparat enthält die Lesarten, der zweite eine nahezu erschöpfende Übersicht über alle Versuche, den Text zu verstehen oder zu emendieren. Aufschlußreiche Ausführungen zur Überlieferungsgeschichte des Briefes und von Notkers lateinischen Schriften überhaupt wie auch ein wichtiger Kommentar zu einzelnen Stellen des Briefes schließen sich an den Abdruck an.

K o d i k o l o g i s c h e s

4. Die Handschrift

G: Kodikologisches zu G ist generell oben in der allgemeinen Einleitung, §2, zur Sprache gekommen; vgl. auch oben Kings Einleitung zu Notkers Rhetorik, §3. Die einzelnen, stets normalen Korrekturen und Rasuren werden im Apparat verzeichnet. Auffällig ist in unserem späten Text das alte insulare tachygraphische Zeichen .ʜ. als Kürzel für *enim* (Z. 4), das einige frühere Herausgeber als .H., Abkürzung für Hugo, mißverstanden haben.[9] Einmal steht ꝑ (= normalerweise *per*, gelegentlich *par*) für *por*: Oꝑt& (Z. 25). Man beachte auf der Aufnahme auch die besondere Stellung des Schwänzchens von quę, dem ersten Wort von Z. 5.

P h i l o l o g i s c h e s

5. Lateinisches und Orthographisches

Zu Notkers Latein generell beachte man oben die Allgemeine Einleitung, § 4. Die Abschrift von Nep in G ist rein textlich wohl kaum eine ganz getreue Wiedergabe der St.Galler Vorlage. Trotzdem erscheint dieser Text als noch recht stark normalisiert, z.B. beim Konsonantismus und beim häufigen Vorkommen von ę, andererseits nicht ohne einige Eigentümlichkeiten einer späteren Über-

---

6 In den GGA 92 (1835), 911-913, wiederholt in seinen *Kleineren Schriften*, Bd. 5, Berlin 1871, 190-191.

7 Siehe Hellgardt, 171, Anm. 6. Übersetzungen finden sich bei Baechtold 1892, 61/62; Ehrismann, 421/422; und Singer, 78-80.

8 S. 172/173; in Z. 36/37 bei ihm lies *Oportet* statt *Opportet*, in Z. 38 *ipsi soli* statt *ipsi*.

9 Dazu Hellgardt, 184. Die Abkürzung .H. für Hugo, Z. 1, ist deutlich anders geformt und größer; vgl. das Faksimile.

lieferung. Für Notkers regelmäßiges ę steht einige Male e, für t ein c (Z. 27/28 *diu*c*ius*). Für den Vokal u findet sich öfter v, z.B. svm (Z. 1). Die latinisierte Schreibung *Notkerus* (Z. 1) zeigt Notkers Anlautgesetz innerhalb eines Wortes am Werke, denn der zweiteilige Name *Notker* ist aus *nôt* '(Gedränge im) Kampf' und *gêr* 'Speer' aufgebaut.

6. Zur Interpunktion

Der niedrige oder halbhohe Punkt ist das normale Interpunktionszeichen. Im Gegensatz zum eigenen Usus Notkers läßt die Interpunktion von G auch in der Abschrift von Notkers Brief viel zu wünschen übrig. Das Satzende wird selten bezeichnet, die kleine Pause viel zu wenig, so daß meistens nur der Satzanfang mit Majuskel übrigbleibt.[10] Das suspensive Zeichen *!* für die kleine Pause kommt viermal vor. Als Fragezeichen steht einmal (Z. 3) eine sehr steile neumatische Schleife, aber ohne Punkt.

V e r s c h i e d e n e s

7. Zur Einrichtung dieser Ausgabe

Der Abdruck des lateinischen Textes des Briefes erfolgt seiten- und zeilengetreu nach G und bleibt so nahe wie möglich bei der Handschrift. Vor allem der Zitierbarkeit wegen wurden offensichtliche, insbesondere sinnstörende Fehler im Text verbessert, kleinere Verschreibungen mittels <> für Einzufügendes, [] für Auszulassendes berichtigt. Alle Veränderungen im Text wurden deutlich durch solche Klammern oder im Apparat angegeben. Mit einem Sternchen versehene Rekonstruktionen werden im Apparat untergebracht.

Was diese *-Formen betrifft: Es kommt beim Latein an erster Stelle darauf an, das Verständnis der Leser zu fördern. Daher bezeichnen die *-Formen im Apparat normalerweise *lectiones meliores*, d.h. richtigere Formen, wie etwa *quę für que im Text, **rhetorica* für *rethorica*, usw., gelegentlich auch

10 Mit der Rekonstruktion in Z. 14 **terentii . mox* statt *terentii. Mox* will ich meine Auffassung nahelegen, daß Notker zwar gebeten worden war, auch Dichterisches in seine Muttersprache zu übersetzen, aber die genannten Werke nicht wirklich auch übertragen hat; vgl. jetzt im selben Sinne, aber mit anderen Argumenten Henkel, S. 76/77. Glauches beachtenswerte und einleuchtende Emendation **uel* (S. 84), das so oft als uł abgekürzt erscheint, für das einigermaßen ungewöhnliche (wenn auch im Sinne von 'wie auch' nicht unmögliche) ut *(bucolica uirgilii)* weist m. E. in dieselbe Richtung: "Warum, Notker, übersetzest du auch nicht den Cato oder (sogar) Virgils Hirtengedichte und Terenz' Andria?" - eine Herausforderung, auf die Notker auch aus christlich-pädagogischen Gründen, wie dieser Brief selber zeigt, kaum eingehen konnte, denn es kommt für ihn nicht auf die Übersetzung per se an, sondern auf die Übertragung als Verständnishilfe bei lateinischen Texten, zumal den "kirchlichen" Büchern.

lectiones faciliores, d.h. regelmäßigere, auf das um 1000 gebräuchliche Latein hin normalisierte Formen, so z.B. **pęne* für *pene* im Text, **petiit* für *peciit*. Gewisse Formen dürften so leichter zu erkennen und auch aufzufinden sein. Deshalb wurde, auch im Hinblick auf relativ unerfahrene Lateinkundige, eher zu viel als zu wenig geboten.

Wenn eine Zeile in der Handschrift überlang ist, steht der Rest in der nächsten Zeile, die aber mitten auf der Seite um 1 Spatium tiefer beginnt und dieselbe Zeilenzahl behält.

Die Ränder werden für Angaben, die vom Herausgeber stammen, benutzt. Links auf dem Rand stehen die Zeilenzahlen nach G, rechts oben die Folienzahl (mit Spaltenangabe) nach G, auf dem rechten Rand dann auch Seitenangaben zu zwei früheren Ausgaben. Eine Angabe wie P859 bzw. H172 besagt, daß diese Seite in Pipers Abdruck bzw. in Hellgardts Edition in dieser Zeile beginnt. Oben steht der Kolumnentitel und links oder rechts jeweils die laufende gerade bzw. ungerade Seitenzahl unserer Ausgabe.

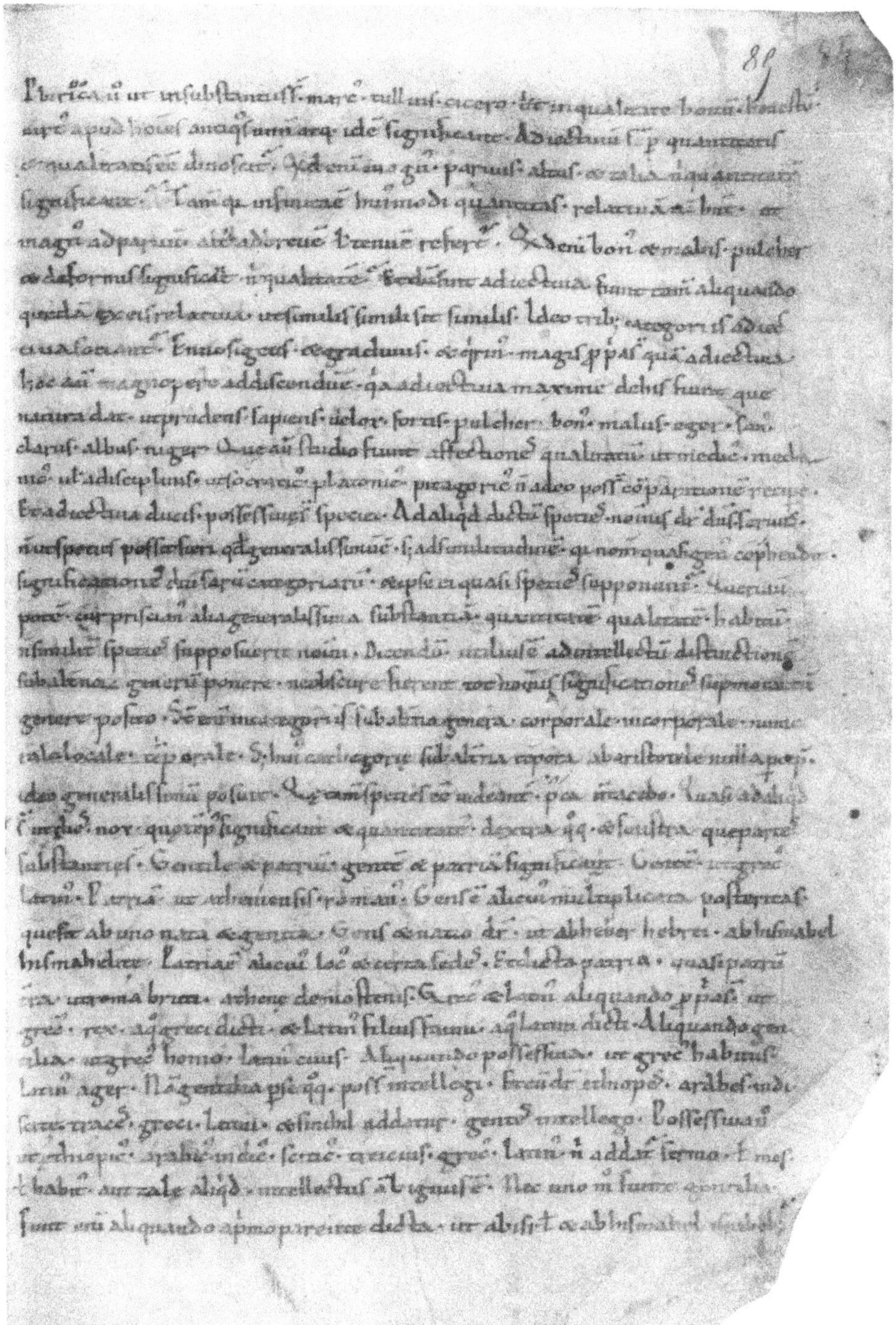

Codex Parisiensis lat. 10 444 (P3), f. 85r, aus *Distributio*
Service de la reproduction, Bibliothèque Nationale de France

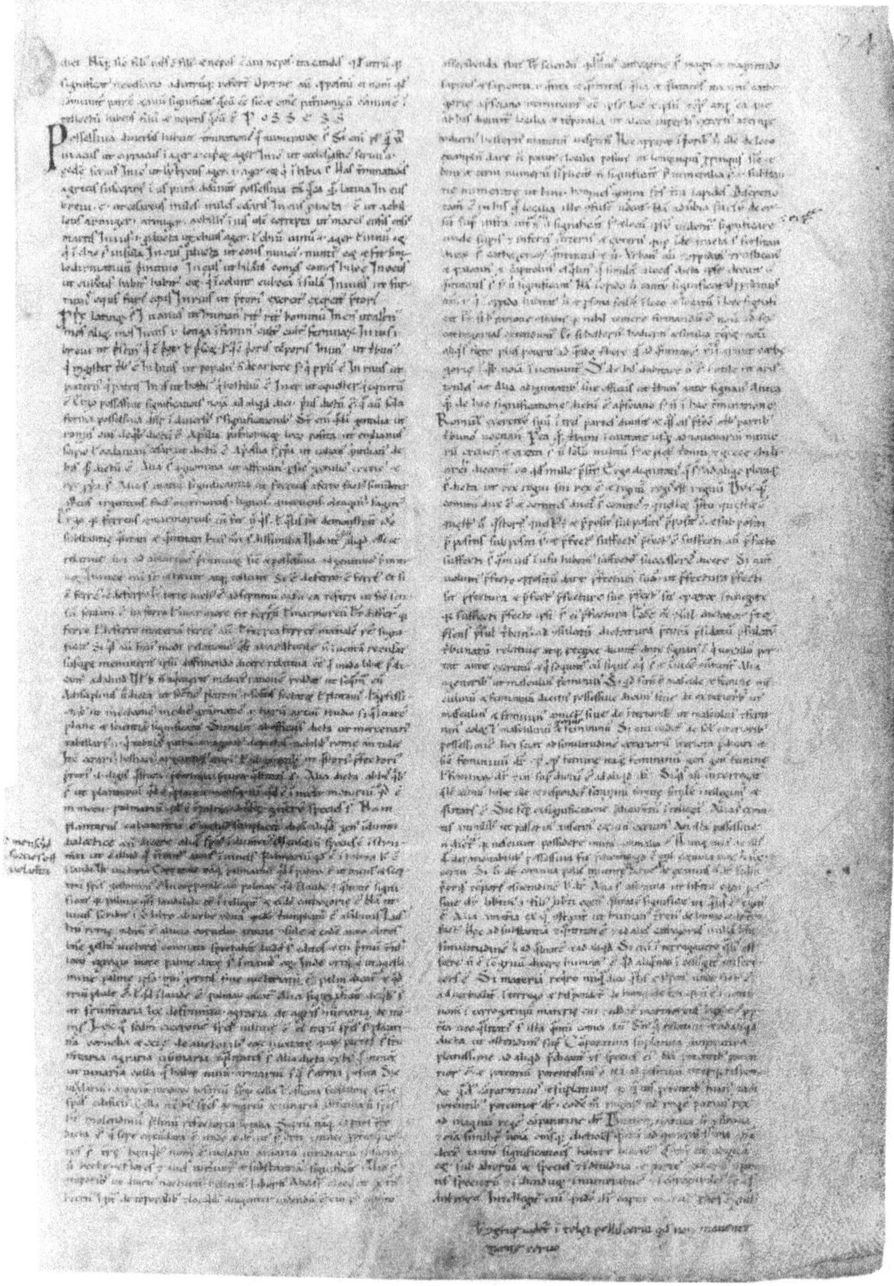

Codex Bruxellensis 10 615-729 (G), f. 74r, aus der Schrift *Distributio*
Service photographique, Bibliothèque Royale Albert Ier, Bruxelles

Z1r

INCIPIT DISTRIBUTIO OMNIUM SPECIERUM NOMINIS 1. P,LXXV G65ra

INTER CATHEGORIAS ARISTOTELIS. P,LXXVI

Octo partes orationis in gramatica . quales in se ipsis dicti- V4,17v R2,169r K257
ones sint . liquido ostendunt; Decem uero aristotilis cathegorię .
quę ad logicam pertinent . quid ipsę partes orationis extra se
significent . subtilius docent. Et primum est . noscere quid uoces significent . deinde quales per se sint ipsę. Hunc ordinem in pue-
ris natura ostendit . qui prius intellegunt ea uox quę
est homo . unde prędicetur . quam in ipsa uoce fieri discant
hanc flexionem . homo hominis homini hominem ab homine. Et a prima origine linguarum omnes se ad intellectum
solum sermonum ferebant. Postea aliqui ceperunt de ipsa quoque
uoce sermonum tractare. Ergo inter scolasticos fit quęstio . quę pars orationis ad illam uel illam cathegoriam pertineat.
Certum namque est nomen ad quinque cathegorias significationem
suam extendere . ut in illo uersu apparet . quem priores
nostri . ad agnoscenda decem prędicamenta . exemplum dederunt.
Augustinus magnus prędicator filius municę stans in tem-
plo hodie . infulatus disputando fatigatur. Ergo substantia quantitas qualitas ad aliquid habitus. Singulis his nominibus osten-
duntur. Augustinus magnus prędicator filius infulatus. Unde K258

Z *Diese Seite ist stark verwischt und trägt in der Mitte von Z. 9 bis 18 den schwarzen Abteistempel, der manches schwer leserlich macht.*
längere Federprobe auf dem oberen Rand 1/2 *die Überschrift ist über der normalen Schreibfläche nachgetr.* 3 *grammatica 4 liquido, 6 subtilius *von anderer Hand übergeschr.* 12 *cęperunt (= *G,V4*) 15 .est *übergeschr.* 18 *monicę (*vgl. R2*) 19 Substantia] .Ergo *übergeschr.* 20 *singulis (= *V4*)
auf dem unteren Rand mehrere Federproben sowie 2 weitere Abteistempel
Punkt gehört hinter 8 intellegunt.

G 1 O OMNIVM SRECIERVM .] R[1] *durch Punkt darunter getilgt,* P *übergeschr.* NO INVM] *dazwischen Rasur,* M[1] *übergeschr.* 2 ARIST̄ 4 aristotiles] e *durch Punkt darunter getilgt,* i *übergeschr.* 6/7 subtilius *bis* significent *fehlen durch Homoioteleuton* 12 postea 15 est namque chathegorias] h[1] *durch Punkt darunter getilgt* 20 singuli ÷ (= est)

V4 4 cathegoriae] h *übergeschr.* pertinent] *über* p *Tintenfleck, keine Rasur* 6 nocere 7 ipse sint (= *R2*) 8 intelligunt (= *R2*) 10 inflexionem (= *R2*) homo] m *aus Ansatz von* o *verb.* 10/11 ab homine *fehlen* 11 Et a] Ea 13 tractare] *über* t[1] *Zkfl.* 17 cognoscenda (= *R2*) 18 filius stans] *dazwischen Rasur* 20 Substantia ergo (= *R2*)

R2 4 aristoteł 7/8 impueris 10 hanc] hunc hominem ab *fehlen* 11 prime] e *zu* a *verb.* 14 categoriam 18 monice 20 q[a]litas] *hochgestelltes* a[1] (= ua) *aus Ansatz von übergeschr.* ę (= uę) *verb.*

apparet quoque omnes illas species nominis . quas numerauit prę- Z1v
scianus in diuersis significationibus . his quinque prędicamentis
subditas esse. Quę species . etsi non omnes a significatione aliqua
sint appellatę . ut denominatiuum . aduerbiale . partici-
piale . ipsa tamen quę in eis comprehenduntur nomina . nil extra hęc prędicamenta significare possunt. Hęc nomina si quis
discernere posset . et in singulis speciebus ad certum dinoscere . cui prędicamento assignentur . non paruę hoc scientię
et utilitatis esse iudicaretur PRENOMEN / NOMEN . 2. P,LXXVII
/ AGNOMEN / COGNOMEN. Planum illud est . primas quatuor species
propriorum nominum pręnomen nomen agnomen cog- V4,18r
nomen . primas substantias significare. Quę primę substantię a grammaticis propria . a dialecticis indiuidua
uocitantur. Quid enim publius pręnomen . cornelius nomen .
scipio cognomen . affricanus agnomen . nisi substantiam . et R2,169v
eam indiuiduam significant? CORPOR/ALE. Corporale quoque substan- 3.
tiam significat . aliquando primam . aliquando secundam.
Secundę substantię sunt apud dialecticos . genera et species .
apud grammaticos appellatiua. Sunt primę substantię . ut
plato . cicero. Sunt partes eius . ut manus platonis . uel oculus ciceronis. Sunt secundę substantię . ut homo . ani-

---

Z 1/2 *priscianus (= *V4,R2*) 8 hoc *mit Einfügungspunkt übergeschr.* 9a :iudicaretur *mit 2 Einfügungspunkten von anderer Hand übergeschr.* 9a/b *die Überschrift, deren orange Farbe ausgewaschen ist, steht in 4 Zeilen auf dem linken Rand;* *PRĘNOMEN 11/12 substantię] tię *auf Rasur* 12 propria] *Unterlänge des* p^2 *verwischt* 14 *africanus (= *R2*) 15 *die stark verwischte Überschrift steht in 2 Zeilen auf dem linken Rand* *Punkt gehört hinter* 9a iudicaretur. *Punkt ist zu tilgen hinter* 17 dialecticos.

G 3 aliqua] li *mit Einfügungshäkchen übergeschr.* 9b est illud 18 sunt

---

V4 4 sint *fehlt* 7 ſinguliſ] g *aus* ſ *verb.* 8/9a scientiæ &] *dazwischen großer Tintenfleck* 10 nominum .i. 12 gramaticis] ci *übergeschr.* indua 15 significant *!* corporale

---

R2 5 ispsa compreheduntur] d *aus* n *verb. (!)* 11 que 13 publicis] cis *durch Strich darunter getilgt,* us-*Haken übergeschr.*

mal*!* Sunt partes earum . ut manus hominis . oculus animalis. Z2r

Itaque de toto .i. indiuiduo ut est cicero . si interrogaueris cuius speciei. Respondendum est propriȩ. Item. Cuius speciei de propriis? Corporalis. Potest et alterius esse? Utique. Dic. Agnominis . atque synonimi. Si autem interrogaueris . marcus tullius cicero . tria nomina unius hominis . cuius speciei? Respondendum est. Quia in unum collecta . unius quoque sunt speciei . ut corporalis uel synonimi. Separata uero trium cernuntur esse specierum. Prȩnominis nominis agnominis. Item de partibus indiuiduorum. Manus uel pes ciceronis cuius speciei? Corporalis. Potest et alterius esse? Non potest. Similiter ungula buzephalȩ . uel rhebi . uel ramus ficulneȩ . cui maledixit dominus . uel paries templi salomonis . et similia . corporalis sunt speciei . et non alterius. Item de generibus . ut serpens . piscis . auis pecus . animal arbor . herba . lapis metallum . frumentum uestimentum . uas telum et talia . cuius speciei? Corporalis.

Possunt et alterius esse. Possunt. Cuius? Generalis. Item interrogandum de speciebus eorum . ut homo equus bos canis . leo draco scorpius aquila grus delfinus . anguilla . lilium rosa . uitis laurus . aurum argentum . triticum hordeum . pallium toga . P,LXXVIII

Z 2 est *übergeschr., davor Rasur* 3 *speciei?[1] (= *G*) Item.] *Punkt fast ganz verwischt* 8 Separata *bis* cernuntur *halb verwischt* 9 nominis .] *Punkt rad.* 10 cuius] *unter* i *punktartiger Tintenfleck* 12 *rhȩbi ficulneȩ .] 14 speciei .] *2mal Punkt halb verwischt* 17 *esse? (= *V4,R2*) 19 delffinus] f[1] *rad.* *Punkt gehört hinter* 15 auis, animal *und* lapis, 15/16 frumentum, 16 uas.

G 3 Item cuius 4 corporalis potest utique 5 interrogaueris] r[2] *aus Ansatz von* ⌈ *verb.* 6 unius] huius 7 quia sunt quoque 9 prȩnominis 11 corporalis potest non 12 faculneȩ parietes] *über* r *noch ein* r, es *über* ete *übergeschr.* (parietes *zu* paries *verb.*) 14 spetiei 17 possunt cuius geneneralis 19 delphinus

---

V4 3 spetiei *!* respondendum Item cuius 4,16 *2mal* corporis 4 utique 4/5 agnominis 5 martius 9 prȩnominis 10 manus pes] ⌈pe⌈ci] ci *durch 2 Punkte darunter getilgt,* ⌈[2] *eingefügt,* ⌈[1] *nicht getilgt* 11 corporalis non 12 buzephali Uel[2] 14 spetiei] i[1] *aus Ansatz von* e *verb.* 15 lapis] p *aus* b *verb.* 16 et *fehlt* 17 possunt cuius *!* generalis 18 aequus 19 Scorpivs 20 argentum *und* hordeum *fehlen* (= *R2*)

R2 1 sunt 3 speciei *!* respondendum (*vgl. V4*) 5 atque] t *übergeschr.* 6 unus (*mit* us-*Haken*) 12 aungula] a[1] *durch Punkt darunter getilgt* buthephale 15 arbor] *davor Ansatz zu einem* h *oder* b 17 ⁊ (= et) *nachgetr.* 20 trititum

urceus . ydria . uenabulum . sagitta gladius et his similia . cuius Z2v
speciei? Corporalis. Possunt et alterius esse? Utique Cuius? Specialis. Item de partibus generum et specierum . ut caput equi . caput animalis . manus hominis . animalis pes . et similia . K259
cuius speciei? Corporalis. Possunt et alterius fieri? Non possunt.
Si autem eisdem partibus secundarum substantiarum nihil addideris . uidentur secundum aristotilem ad aliquid esse. Ut caput capitati . R2,170r
manus manuati . ala alati . penna pennati . remus remitę rei .
folium foliatę rei. Cauendum est in hac specie . totum dum scitur .
ne partes nesciantur. Ut cęlum totum quiddam est . et substantia est . po-
lus autem non idem . sed pars eius est. Terra quoque totum elementum est .
partes
eius asia europa africa . partes partium egyptus syria palesti-
na . italia . grecia . ispania . numidia mauretania. Mare
similiter totum est . partes eius . freta ęstus sinus. Et quia non de solo
mari dicuntur ęstus et sinus . possunt quoque et ad aliquid esse. Tirrenum uero et ionicum et adriaticum . ligusticum . pamphilicum . liburnicum .
si mare
adieceris . partes eius sunt . si per se quid significent consideran- G65rb
tur . ad aliquid sunt .
quia tirrenum ionicum adriaticum ligusticum pamphilicum liburnicum est .
non solum mare . sed quicquid est tyrrenię ionię adrię ligurię pamphi-
lię liburnię. Huius namque speciei nomina . etsi cum aliis speciebus
possunt esse communia . ad unam tamen solam cathegoriam pertinent substan-
P,LXXIX

Z 1 *hydria 2 speciei?] *Schleife des ? mit trockener Feder nachgetr.* 12 *ęgyptus 12/13 *palęstina 13 *hispania (= *V4*) 15 dicuntur .] *Punkt rad.* 15/16 *Tyrr(h)enum 18 *tyrr(h)enum *Punkt gehört hinter* 2 Utique, 13 numidia.

G 2 corporalis cuius? 3/4 capud 5 corporales possunt fieri 7 vt 12 affrica (= *V4*) 12/13 apalestina] a[1] *dünn, wohl verwischt* 13 yspania 15/16 Terrenum 18 est .] *dahinter* si mare *durch Strich darunter getilgt* 20 speciebus] e[2] *übergeschr.*

V4 1 Sagitta Cladius 2 utique cuius 2/3 specialis 4 hominus (*mit us-Haken*) animalis pes . *fehlen* (= *R2*) 5 corporalis Non possunt.] non. 7,10 *2mal* ut (= *R2*) 8 Ala 10/11 popolus] po[1] *durch 2 Punkte darunter getilgt* 11 idem] id.ē partes autem (= *R2*) 13 mauritania (= *R2*) 19 Ioniae 19/20 ligurię *bis* liburnię *fehlen* (= *R2*) 21 Ad cathegoriam] h *übergeschr.*

R2 2 spetieius (*mit us-Haken*) esse?] ?.ee? cuius? 4 animalis[1] *über durch Strich darunter getilgtem* hominis 5 fieri] *über* r *ein c-förmiger Strich* 6 nichil 7 aristotelem capud 8 remitę] remice . remite 13 Italia Ispania 18 iomicum . et 19 quidquid ionice] c *durch Punkt darunter getilgt*

tiam. INCORPO/RALE. Incorporale ut prȩscianus docet . non tantum ad 4. Z3r
substantiam . sed ad qualitatem quoque et alias cathego-
rias transit. Commune etiam est propriis et appellatiuis nominibus et diuersis speciebus. Ut uirtus dea
indiuidua substantia est . uirtus autem communis . generalis qualitas est. Hinc datur intellegi . omnia
nomina harum duarum specierum esse corporalis et
incorporalis . sed quia ad alias quoque transeunt species . de his maxime interrogandum est.
OMONI/MUM . SYNO/NIMU/M; Omonima et synonima . id est equiuoca et pluri- 5.
uoca . in substantiis et qualitatibus et in ceteris
cathegoriis inueniuntur. Pirrus namque filius
achillis . et pirrus epirota substantiȩ sunt. Homo
pictus et homo uerus etiam de diuersis cathegoriis equiuocantur . dum uerus homo substanciam . pictus
imaginem . quȩ ad aliquid est . significare uidetur.
Et latinus proprium . et latinus gentile . uel possessiuum omonima sunt. Aristotiles album corpus . et
album quod ipsam albedinem significat . equiuoca

Z 1 *die Überschrift steht in 2 Zeilen auf dem rechten Rand* *priscianus (= *G,V4*) 8 transeunt] tran *halb verwischt* 10 *die stark verwischte Überschrift steht in 4 Zeilen auf dem rechten Rand;* *HOMONIMUM *bzw.* *HOMONYMUM; *SYNONYMUM *Homonima *bzw.* *Homonyma synonima] nim *halb verwischt;* *synonyma idē] *rechts unter* e *punktartiger Tintenfleck* *ȩquiuoca 12 *Pyrr(h)us 13 *pyrr(h)us 15 *ȩquiuocantur substanciam] c *aus Ansatz von* t; *substantiam 18 *homonima *bzw.* *homonyma 19 *ȩquiuoca

---

G 2 et ad alias 3 est etiam; *dahinter* cathegorias *durch Strich darunter getilgt* 4 ut 8 ad] et 8/9 species transeunt

---

V4 5 Uirtus 6 ÷ qualitas intelligi (= *R2*) 7 corporis 9 quoque maxime (= *R2*) 13 achyllis pyrrus homo (= *R2*) 15 equi uocantur 17 &[1]

R2 2 substantantiam 2/3 categorias 3 commune 6 qualitas est] equalitas (*vgl. V4*) 12,14/15 *2mal* categoriis 17/18 possesiuum 18 Aristoteles 19 equiuocat

nuncupat. Et hęc qualitatis sunt. Pluriuoca P3,85r Z3v
uero ut in substantia sunt marcus tullius cicero .
ut in qualitate bonum honestum uirtus . apud antiquos unum atque idem significant. ADIECTI/UUM. Adiectiuum 6.
semper quantitatis et qualitatis esse dinoscitur. Quid R2,170v
enim magnus paruus altus et talia nisi quantitatem
significant? Tamen quia infinita est huiusmodi quantitas . relatiuam uim habent . ut magnus ad paruum .
altus ad breuem uel tenuem refertur. Quid etiam K260
bonus et malus . pulcher et deformis significant
nisi qualitatem? Et dum sint adiectiua . fiunt tamen aliquando quędam ex eis relatiua ut similis simili fit similis.
Ideo tribus cathegoriis . adiectiua sociantur. Enno- P,LXXX
sigeus et gradiuus et quirinus . magis propria sunt .
quam adiectiu[u]a. Hoc autem magnopere addiscendum est . quia adiectiua maxime de his fiunt . quę natura dat . ut prudens sapiens uelox fortis
pulcher bonus malus ęger sanus clarus albus
niger. Quę autem studio fiunt affectiones qua- V4,18v

Z 3 uirtus] *Ligatur* rt *aus Ligatur* ſt *verb.* 4 *die Überschrift steht in 2 Zeilen auf dem linken Rand* 7/8 quantitas] i *aus Ansatz von* a *verb.* 11/12 Et *bis* tamen *sowie* ando *bis* eis *auf Rasur,* ali *hinter und* qu *vor der Zeile ergänzt* 11 . fiunt] *unter* . fiu *Rasur* 12 relatiua *mit Einfügungszeichen davor und über* eis *auf dem rechten Rand* 15 autem magnopere *auf Rasur* 16 .adiectiua *mit Einfügungspunkt von anderer Hand übergeschr.*

G 2 in *fehlt* 5 et *fehlt* 13 socientur 15/16 ad discendum 18 ęger] er

---

V4 1 & 2 marcius 6 nisi *fehlt (= R2)* 10 et malus *fehlen (= R2)* 11 & 13/14 Ennosigeuus *(mit* us*-Haken)* 15/16 est addiscendum (= *R2)* 19 *2mal* studio

---

R2 1 pluricoca 2 martius *(vgl. V4)* 8 ad] ⁊ *(=* et*)* 13 categoriis (= *P3)* 13/14 En nosiegeus 15 magno-/opere *(mit Bindestrich)*

P3 1 Pluriuoca] uo *übergeschr.* 3 apud] apud homines 9 etiam] enim 12 sit (= *G)* 15 hoc

litatum . ut medicus mechanicus grammaticus . uel Z4r
si a disciplinis sunt . ut socraticus platonicus phitago-
ricus . non adeo possunt comparationem recipere . et adiectiua dici . sed possessiuę speciei sunt. AD ALIQUID ./ DICTUM. Ad ali- 7.
quid dictum . species nominis dicitur . ut dominus seruus .
non ut species possit fieri . quod generalissimum est . sed ad similitudinem . quia nomen quasi genus . comprehendit significationes diuersarum cathegoriarum . et ipsę
ei quasi species subponuntur. Quęri autem potest . cur prescianus . alia generalissima . substantiam qualitatem quantitatem habitum . non
similiter species subposuerit nomini. Dicendum . utilius esse ad intellectum . distinctionem
subalternorum generum ponere . ne obscurę fierent tot nominis significationes . sup[p]re-
mo tantum genere posito. Sunt enim in cathegoriis subalterna genera . corporale incorporale . numerale locale temporale . sed
huius cathegorię subalterna genera ab ari-

Z 2/3 *pythagoricus 4 *die Überschrift steht in 2 Zeilen auf dem rechten Rand* 6 sed ad si *hinter der Zeile nachgetr.* 7 militudinem] militu *vor der Zeile angeschr.* 7/8 significationes] e *aus* i *verb.* 10 *priscianus (= *V4*) 14 subalternorum] ern *übergeschr.* *Punkt ist zu tilgen hinter* 4 ALIQUID.

G 2 a] ad 3 adio recipere comparationem 12/13 dicendum est 15/16 sup-pmo (= *R2*) 18 Sed (= *P3*) 19f. aristotilę

V4 1 gramaticus Vel 2 a] ad 4 Ad²] *davor Paragraphzeichen* (/‾) 8 cate-goriarum (= *R2*) 10/11 .i. substantiam 13 esse] est (= *R2*) 15/16 sub p mo 19f. aristotele] e¹ *zu* i *verb.*

R2 2 plantonicus 4 possiue 6 possint 7/8 significationum] um *durch Strich darunter getilgt, es übergeschr.* 9 supponuntur 12 disposuerit 12/13 Dicendum est 16/17 categoriis (= *P3*) 17 subalternam . 19 cate-gorie] i *übergeschr.*

P3 1 grammaticus *fehlt* 2 si *und* sunt *fehlen* 2/3 pitagoricus 3 Et 4 dici . sed] ducis . sunt speciei 5 ut *fehlt* 8 categoriarum 9 sup-ponuntur 11 quantitatem . qualitatem 12 supposuerit 14 obscure 15/16 supmo 16/17 categoriis 19f. aristotele

stotile nulla percepit. Ideo generalissimum Z4v
necessitate posuit. Quę tamen eius species esse
uideantur . postea non tacebo. QUASI AD ALI/QUID. Quasi ad aliquid sunt . 8.
ut dies et nox . quę tempus significant
et quantitatem. Dextra quoque et sinistra . quę
partes substantię sunt. GENTILE . ET / PATRIUM. Gentile et patrium . 9.
gentem et patriam significant . gentem . ut grecus
latinus ! patriam . ut atheniensis romanus. Gens P,LXXXI
est . alicuius multiplicata posteritas . quę quod ab
uno sit nata et genita . gens et natio dicitur.
Ut ab heber hebrei . ab ismahel ismahelitę.
Patria est locus alicuius . et certę sedes . et dicta
patria quasi patrum terra. Ut roma bruto. Athe-
nę demosteni. Grecvs et latinus aliquando propria sunt . R2,171r
ut grecvs rex . a quo greci dicti . et latinus filius
fauni . a quo latini dicti . aliquando gentilia . ut
grecus homo . latinus ciuis . aliquando possessiua .
ut grecus habitus . latinus ager. Nam gentilia
per se quoque possunt intellegi. Et cum dicitur ethiopes .

Z 2 eius *mit Einfügungspunkt übergeschr.* 3 *die Überschrift steht in 2 Zeilen auf dem linken Rand* 6 *die halb verwischte Überschrift steht in 2 Zeilen auf dem linken Rand* 8 patriam] *größeres* p *verkleinert* 9 multiplicata (= *V4,G*)] multiplitata 10 &] *davor I-förmiger Tintenfleck* 11 hebrei] h *übergeschr.*; *hebręi 12 certę] c *aus Ansatz von* e *verb.* *certę sedis *bzw.* *certa sedes (= *V4,P3*) &^{2} *übergeschr.* 13/14 *athenę (= *V4; vgl. G*) 14 *demostheni Gregvs] c *als Korrektur über* g *übergeschr.* 19 *ęthiopes

---

G 3 Postea AD *mit Einfügungshäkchen übergeschr.* 5 Dexteri 6 GENTILE] GERERALE; R^1 *durch Punkt darunter getilgt,* N *übergeschr.* Gentile] Generale 7 ut] & 11 ut ad 12 certe (= *R2*) 13/14 athene 14 Grecus] r *übergeschr.* 16 Aliquando 19 ethiopes] h *übergeschr.*

V4 1 ideo (= *R2*) 7 Gentem^2 (= *R2*) 8 Patriam (= *R2*) 9 quod] quia 11,13 *2mal* ut 11 Ab^2 13 bruti (= *R2,P3*) 15 et] Et 16 Aliquando 17 ciuis *bis* possessiua .] similiter. / Cuius aliquando possessiua inueniuntur ! 18 Latinus 19 intelligi (= *R2*)

R2 7/8 significant *bis* Patriam !] *als Homoioteleuton über der Zeile nachgetr.* 9 quod] *übergeschr.* 10 naga] g *durch Punkt darunter getilgt,* t *übergeschr.* 11 ab ismahel ab ismaelite 12 patria] a^2 *mit Einfügungshäkchen übergeschr.* et dicta] addicta 13 patrium] *2. Strich des* u (!) *durch Punkt darunter getilgt* 13/14 Athene 17 aliquando] n *aus* a *verb.*

P3 1 ideo 2 necessitate *fehlt* eius *fehlt* 4 et *fehlt* dextra 7 Gentem grec /] us-*Haken fehlt, über* c *Tintenfleck* 8 Patriam 9/10 quę *bis* sit] quesit ab uno 10 Gens 11 ut hismahel hismahelitę 12 alicuius locus Et^2 14 demostenis 16,17 *2mal* Aliquando

arabes . indi . scithę . traces . greci latini . et si Z5r
nihil addatur . gentes intellego. POSSESSIUUM Possessiua uero 10.
ut ethiopicus . arabicus . indicus . scithicus . treicivs .
grecus . latinus . nisi addatur . sermo . uel mos . uel . habitus .
aut tale aliquid . intellectus ambiguvs est. Nec
uno modo fiunt gentilia. Sunt enim aliquando
a primo parente dicta . ut ab israhel et isma- K261
hel . israhelitę et ismahelitę . aliquando P3,85v
a rege . ut a greco greci . aliquando ut isido-
rvs docet . a rege primum terra nominatur . et
gens deinde a terra nominatur! Ut hispanus
rex dictus est . a quo hispania . item ab hispania
hispanus. Eadem quoque gens bis nominatur . a rege
et a prouintia . triplici diriuatione facta.
Ut grecus tessalię rex . grecis nomen dedit.
Transmigrantes deinde in italiam greci .
greciam nuncupabant . a qua iterum qui ibi nati sunt greci
sunt dicti. Hoc considerato . diffiniendum est .
cuius sint cathegorię. Non enim sunt substantię .

Z 1 *scythę *thraces 2 *die Überschrift steht auf dem rechten Rand* 3 *ęthiopicus *scythicus *thręicius 11 .a *mit Einfügungspunkt übergeschr.* 14 *prouincia (= *G,V4,R2*) deriuatione] e[1] *in* i *geänd.*; *deriuatione 15 *thessalię (= *V4,R2*) 17 qui ibi nati sunt *mit Einfügungszeichen davor und vor* greci *sowie mit Einfügungspunkt auf dem rechten Rand* Punkt *gehört hinter* 1 greci (?), 2 POSSESSIUUM.

G 3 treiticius] ti *durch 2 Punkte darunter getilgt* 9 Aliquando 12 ispana[1] Item hispania[2]] h *übergeschr.* 13 hispanus] is *übergeschr.* genus 15 ut 16 greci in italiam 17 qua] quo 19 non

---

V4 1 scitę (= *P3*) 2 intelligo (= *R2*) 3 arabicus *fehlt* (= *R2*) sciticus (= *P3*) 5 Aut 8,9 *2mal* Aliquando (= *P3*) 9/10 sisidorus] s[1] *durch Punkt darunter getilgt* 11 ispanus (= *R2*) 12 Item 14 prouinctia Triplici 15 ut 17 A qua (= *R2*) qui *fehlt* 18 dicti sunt (= *R2,P3*)

R2 1 thite 2 nichil adatur 3 scititus 4 nisi] si (i *übergeschr.*) 5 ambuus] gu *mit Einfügungshäkchen über* uu *übergeschr.* 7 ut *über durch Punkt darunter getilgtem* ł (= uel) *übergeschr.* 13 rege] re *übergeschr.* 17 grecia sunt] *davor* dicti *durch Strich darunter getilgt* 19 categorie substante

---

P3 6 sunt 7/8 ab hismahel 8 israhelę // hismahelite 11 nominatur] n[1] *aus* m *rad. und verb.* 12 dictus est rex 14 diriuatione *aus* diuisione *verb.* 15 te[ſalię] l *aus* ſ *verb.* grecis] *über* c *Zkfl. bzw. Ansatz eines* us-*Hakens* 17 ibi] inibi 18 sunt categorię

quia interrogantibus . quid est homo? nemo respondet . Z5v grecus . aut latinus. Item qualis uel quantus est homo . nemo dixerit grecus aut latinus. Si autem dixero cuiâs homo? uel cuius gentis homo? recte respondetur . grecus aut latinus. Dicamus ergo P,LXXXII ea ad aliquid dici . et referri ad genitiuos primitiuorum . siue propriorum . siue appellatiuorum.

Omnis enim genitiuus ad aliquid dicitur. Similiter et nominatiui in quibus genitiui primitiuorum intelleguntur. Nam nisi sit greci regis uel grecię . quomodo dicatur grecus greca gentilis speciei? uel grecus greca grecum . possessiuę speciei? Itaque gentilis nominatiuus . ut est grecus homo . intellegitur greci regis homo . uel grecię. Possessiuus autem nominatiuus . ut est greca uestis . grecum uinum grecus mos . intellegitur regis greci uel grecorum. Hisrahelita quoque gentile . intellegitur progenitus . progenitoris hisrahelis. G65va

Pluraliter autem hisrahelitę . gens quę progenies est hisrahelis.

Z 4 cuiâ[] i *und* [*auf Rasur;* *cuias (= *G,P3*) cuius] *unter* ui *runder Tintenfleck* 18 *Israhelita (= *P3*) 19,21 *2mal* *israhelis (= *G,P3*) 20 *israhelitę (= *G*) gens *bis* est *auf Rasur,* n *von* progenies *halb verwischt* *Punkt gehört hinter* 16/17 uinum. *Punkt ist zu tilgen hinter* 19 progenitus.

G 2 latine] e *durch Punkt darunter getilgt,* us-*Haken übergeschr.* 9 & genitiui 10/11 greci regis sit 16 nominat̄ 18 Hismahelita 19 progenitoris] progenitus 20 pluraliter qua *durch Punkt darunter getilgt,* que *übergeschr.*

V4 1 homo *!* (= *R2*) 2 quantus uel qualis (= *R2,P3*) homo *!* 2/3 Item *bis* latinus.] *der Satz folgt auf den nächsten:* Si *bis* latinus. (= *R2, wo aber die Reihenfolge nach Z durch* a *über* quantus *und* b. *über* Si *angegeben ist*) 4 cuiâs] cuius (= *R2*) homo[1] (= *R2*) homo[2] *!* (= *R2*) 10 intelliguntur (= *R2*) snisi] s[1] *durch Punkt darunter getilgt* 14,18/19 *2mal* intelligitur (= *R2*) 20 quę progenies *fehlen* (= *R2,P3*)

R2 1 respondiss&] iss *durch 3 Punkte darunter getilgt* 7 propum] io (*ohne* r) *mit Einfügungshäkchen vor* u *übergeschr.* 21 israhelis

---

P3 10/11 regis greci 12 grecus] r *verwischt*

Hisraheliticus autem mos . hisrahelitarum mos in- Z6r
tellegitur. Ergo hisrahelitarum possessorem significat . hisraheliticus possessionem. Sicut enim
nostri primitiuum . possessorem . noster uero deriuatiuum .
possessionem significat . ita omnia nomina posses- R2,171v
siua in genitiuo primitiui possessorem . et in
diriuatiui nominatiuo possessionem significant . ut euandri et euandrius . cesaris et
cęsareus . hectoris et hectoreus . regis et
regius . uxoris et uxorius. Genitiui quoque
propriorum nominum . a quibus gentilia nomina de-
riuantur . ut est greci . latini . eam discretionem habent ad nominatiuos deriuatiuorum
gentilium . ut est grecus latinus . quę est inter regem
et regnum. Nam greci et latini . regnum sunt regis greci . et regis latini. Genitiui uero ter-
rarum . ut sunt gręcię latii . ad gentilium nominatiuos grecus et latinus . ita sunt . ut quod continet . ad hoc
quod continetur. Nam grecia et latium . continent grecos P,LXXXIII
et latinos. Similis ratio est de nominibus patriam significantibus .

Z 1 *Israheliticus (= *P3*) 1,2 *2mal* *israhelitarum (= *G*) 3 *israheliticus (= *P3*) 7 *deriuatiui 8 .&^{1} *mit Einfügungspunkt übergeschr.* *cęsaris 11 quibus] *untere Hälfte* des b *auf Rasur* 20 significantibus;· //] (us-*Haken wie auch* us-*Abkürzung*) *Punkt gehört hinter* 14 grecus (?), 17 grecię (?).

G 4 diriuatiuum (= *V4,R2,P3*) 5 Ita 5/6 possessiua nomina 7/8 significant] *dahinter* tionem *durch Strich darunter getilgt* 9 cesareus] e^2 *aus* i *verb.* 10 regeus oxoris] *über* o^1 *ein* v (= u) *als Korrektur* uxorius] i *aus* e *verb.* Nenitiui] *davor* Genitiuus *durch Strich darunter getilgt* 16 latini reges Nenitiui 19 gretia

---

V4 1/2 intelligitur (= *R2*) 9 haeccoris haectorius 12 discretione 15 rægnum (a *zu* e *verb.*) 17 latii .] latini . lacii 18 continuet 19 latinum (= *R2*) continent] continet (= *R2*)

R2 1 Hisraheliticus] li *mit Einfügungshäkchen übergschr.* 8 euandius (*mit* us-*Haken*) 10 uxoris] uxori 11 nomina *hinter der Zeile nachgetr.* 17 latii.] latini . latii (*vgl. V4*)

P3 1 israhelitarum 1/2 intellegetur] e^3 zu i *verb.* 2 israhelitapo⌈⌈e⌈⌈orem] po *aus* ru, ⌈⌈^{2} *aus* ⌈o *verb.* 4 nostri] nos 5/6 possessiua *fehlt* 8-10 et *fehlt 5mal* 11 propriorum nominum] primitiuorum 11/12 diriuantur 17 latij 18 id quod

quia romanus et alexandrinus et antiochenus et the- Z6v
banus . intelleguntur homines . urbis romę ale-
xandrię . antiochię . thebarum . et omne quod alicuius esse intellegitur . ad aliquid dici necesse est.
Non enim roma alexandria antiochia the- V4,19r K262
bę nominatiui . ad aliquid dici possunt . significant enim indiuiduam substantiam .
sed genitiui illorum et omnium nominum
ut supra dictum est. Sicut enim omne quod urbis
est . urbanum est . ita omne quod romę est . romanum est. Ergo romanus romana romanum . si
de homine dicitur . ut romanus ciuis . romana matrona . romanum mancipium . P3,86r
patrium est . si autem de aliis rebus . ut romanus ager . romana lex . romanum rus .
romanorum ager . et lex et rus intellegitur . et possessiue dicitur. Sic et in cę-
teris. INTERRO/GATIUUM Interrogatiuum est . ut quis qui quę quod 11.
qualis quantus quotus quot . cum suos seruant

Z *einige halb verwischte Federproben stehen auf dem linken Rand* 3 antiochię .] *Punkt ganz dünn* 5 roma] a *aus* o *verb.* 11 romanum] u *aus* a *verb.* 18 *die Überschrift steht in 2 Zeilen auf dem linken Rand* 18 quę quod] *hinter der Zeile ergänzt* *Punkt gehört hinter* 2 romę, 8 nominum, 16 lex, 18 INTERROGATIUUM. *Punkt ist zu tilgen hinter* 2 homines.

G 3 atiochie 5/6 thebę antiochia 6 nominatī 6/7 Significant 11-13 romanum *bis* romana *fehlen durch Homoioteleuton (= V4)*

V4 1 ronus 2 intelliguntur *(= R2)* 4,16/17 *2mal* intelligitur *(= R2)* 6 dici] dicta dici *(= R2)* 7 indiuiduam *fehlt (= R2)* 9 omne enim] *durch Zeichen umgestellt*

R2 13 mancipium est *!* 18 interrogatiuum

P3 1 antiochenus} n^1 *übergeschr.* 6 nominatiui] m *aus* u *verb.* dici esse 9 dictum] d *aus* ſ *verb.* 10 omne *fehlt* 18 quot] *über Rasur übergeschr.*

accentus . id est cum quis et qui quod acutum accentum habent . quę qualis circumflexum . Z7r
quantus acutum . quotus circumflexum . quot acutum. Hoc ergo sciendum de his . quia de quibus interrogant . hęc et significant. Quis et qui et quę et quod aliquando substantiam requirunt indiuiduam . ut quis uel qui homo uicit hannibalęm? Scipio. / Quę creatura pręstat in terris? uel quod animal? homo; / Aliquando quantitatem indiuiduam . ut quis locus? Iste uel ille. / Quod tempus? Hoc pręsens uel illum pręteritum / Quę oratio? Hęc interrogatiua. / Quis uel qui numerus? Septenarius uel denarius. Aliquando qualitatem indiuiduam siue specialem . ut quis color soli? Igneus. Quis color cigno? Albus. Qualis de sola qualitate interrogat indiuidua uel speciali . ut qualis socrates? P,LXXXIV
Caluus crispus. Qualis est homo? Rationalis mortalis; Quantus certam mensuram uel numerum aut pondus desiderat . ut quantus est chorus? triginta R2,172r
modiorum. Quantus est circulus lunaris? Decennouenalis. Quantum est magnum talentum? Lxx duarum librarum. Quot . solius numeri est interrogatio . ut quot sunt dies anni? trecenti sexaginta v. sine quadrante. Quotus ordinem quęrit . ut quota est hac nocte luna? Duodecima. Ordo autem ad aliquid

---

Z 1 quod und quę *sind übergeschr., wohl zu Unrecht* accentum *mit Einfügungszeichen davor und nach* acutum *auf dem rechten Rand* .habent . *übergeschr.* 4 & quę & quod *mit Einfügungszeichen davor und nach* qui *auf dem rechten Rand* 5/6a *hannibalem (= *G,V4,R2*) 6a/b Quę *bis* homo; *mit Einfügungszeichen davor und nach* Scipio. *auf dem unteren Rand* 7a/c Quod *bis* interrogatiua. *mit Einfügungszeichen davor und nach* ille. *in 2 Zeilen von anderer Hand auf dem unteren Rand* 7b *illud (= *V4,R2,P3*) pręteritum] *unter* pr *2 punktartige Tintenflecken* 11 speciali] *über* c *Ansatz einer Oberlänge* 18 trecenti] t^2 *aus* c *verb.;* *Trecenti (= *P3*) *.v.

G 1,2 accutum] *2mal* c^1 *durch Punkt darunter getilgt* 6a quę 6b aliquando 7a ille 7b que 7c,10 *2mal* quis 10 albus 11 interragat 12 caluus 17 quot interrogatio] r^2 *übergeschr.* 18 sexaginta] i *übergeschr.*

V4 1 qui . quod (= *R2*) habent accentum (= *R2*) quę . qualis (= *R2*) 6a Qui terris (= *R2*) 6b Homo (= *R2,P3*) 7a iste temus 7c interrogatio 9,17,19 *3mal* Ut 10 cigno *!* 11 socrates. 12 Calutis 12/13 metalis 13 Aut 14 chorus?] corus

R2 1 cum] ut 3 sciendum est 9,11,14,17,19 *5mal* Vt 11 speciali] petiali 12 caluus 13 numerus *(mit* us-*Haken)* 14 corus? 20 lune? Ordo] r *mit Einfügungshäkchen übergeschr.*

P3 1 .i. *fehlt* qui & quod habent acutum accentum quę . & qualis 3 et *fehlt* 4 et^2 *fehlt* 5 quis] quid 6a creatura *fehlt* pręstant in terris] cęteris 9 Ignis] .e *über* i *übergeschr.,* is *zu* us-*Ligatur verb.* 12 crispus . uel caluus 13 aut] uel 15/16 decem nouennalis 16 Lxx duarum] Duarum 17 est numeri 19/20 nocte hac est 12 duodecima

dicitur . quia ordinatę rei est. INFINI/T[IU]UM. Infinitum est interrogatiuo con- 12. Z7v
trarium . quia interrogatiuum propria et indiuidua quęrit. In-
finit[iu]um uero ad omnes communiter destinatur . ut qui tyrannum
occiderit . pręmium accipiat. Hic nulli uni certo homini pręmium proponitur . dum dicitur qui occiderit . sed omnibus
communiter . et dum infinitum est . semper substantiam significat .
/ in aliis autem cathegoriis quoties inuenitur . necesse est /
pręcedere sententiam ex qua . intellegatur . acsi aliquis /
de numerorum diuersitate loquatur . et dicat . qui suis partibus /
constat . perfectus est. Hoc de senario intellegitur.

Sic qualis et quantus et quotus et quot infinita sunt . quando
grauem accentum habent . ut quales dederis . tales reddidero . quantos dederis . tantos reddidero . quot dederis . tot reddidero. Terentius. Quot homines . tot K263
sententię. Quotus in nauali certamine cloantus uicit .
totus merito et remunerabitur. Similitudinis quoque erunt
qualis et quantus . dum alterum quemlibet alteri comparamus . ut
qualis uirgilius . talis homerus . quantus hector .
tantus ęneas. DEMONST/RATIUUM. Demonstratiua etiam erunt . dum aliquem 13.
cernentes / eius nomen tacemus . / et digito eum / monstrantes /
similem illi esse alterum dicimus. Ut si cice- P,LXXXV
ronem uidentes dicamus . talis et tantus erat uarro.
REDDI/TIUUM. Redditiua quoque hęc sunt . quando pręcedit interrogatio. 14.

Ut quis est gratus deo? Qui custodit mandata eius.
Quales oportet esse filios dei? Quales sunt angeli dei.

Z 1 *die Überschrift steht in 2 Zeilen auf dem linken Rand* 2 quęrit] *das Schwänzchen unter e verwischt* 4 accipiat.] *Punkt halb verwischt* 6b-e in aliis *bis* intellegitur. *mit Einfügungszeichen davor und vor* 7 Sic *in 4 Zeilen von anderer Hand auf dem unteren Rand* 6b quontiens] n¹ *und* n² *rad.* 6d diuersitate] i² *aus* e *verb.* 6e perfectus] *über* e² *Tintenfleck* 11 certamine] e² *aus* a *verb.* cloantus· ; *cloanthus 13 quemlibet *mit Einfügungspunkt von anderer Hand (hellere Tinte) übergeschr.* 15,18 *die Überschriften stehen in 2 Zeilen auf dem linken Rand* 16a eius *bis* monstrantes *mit Einfügungszeichen vor 16b* similem *in 3 Zeilen auf dem linken Rand* *Punkt ist zu tilgen hinter* 6c qua.

G 1 INFINITIVVM Infinitiuum *(= P3)* 2/3 infinitum 15 heneas] h *durch Punkt darunter getilgt* 16a nomen eius 16b ut *(= P3)* 17 vt gratis

---

V4 2/3 infinitiuum *(= R2)* 3 destinat *(= R2)* Ut *(= R2)* 6b In *(= R2,P3)* est *fehlt (= R2)* 6e intelligitur *(= R2)* 10 reddidero] d³ *aus* i *oder Ansatz von* r *verb.* 11 certa 13 Ut 14 haector 15 & aeneas 20 dei?²

R2 6b categoriis *(= P3)* 6c intelligatur 14 uirglius 15 enenas alique 18 interrogo/tio 19 eius? 20 angelis

---

P3 2 propria querit . et indiuidua. 2/3 Infinitiuum 5 pręponitur *(mit p)* 6d Qui 6e de senario] denario 9 Quantos Quot 10 reddidero] *Querstrich durch Oberlänge von* d¹ TERENTIVS. 12 totus merito] tantus remunerabiliter 15 & eneas *(vgl. V4)* 19 ut

Quanti perueniunt ad regnum cęlorum? Quanti remanserunt in P3,86v Z8r
cęlo angeli . post ruinam diaboli. RELATI/UUM. Relatiua sunt autem . quando ad 15.
pręcedentem sententiam . sine interrogatione respondent.
Ut est illud. Dum intrasset iesus quoddam castellum . occurrerunt
ei decem uiri leprosi. Sequitur relatiuum Qui steterunt a longe. Item. Talis enim de-
cebat . ut nobis esset pontifex. Nam ad priorem sententiam R2,172v
respicit. Item scriptum est in liuio. In ultionem lucretię . omnes tarqui-
nii bruto faciente . urbe expulsi sunt. Tanta erat aucto-
ritas bruti. COL<L>ECTI/UUM. Collectiuum est . quod in singulari nume- 16.
ro multitudinem significat . ut populus pleps concio.
Cuius hęc sunt cathegorię? Hoc ex diffinitione considerandum est. Est enim populus multitudo hominum . collecta
in unam ciuitatem. Pleps uero inferior pars populi
est. Contio conuenticulum est hominum ad audiendum aliquem
qui concionator dicitur. Nam et turba et turma et cohors .
et concilium . et exercitus . et chorus . et grex talia sunt. G65vb
Hęc si unam rem significarent . unius prędicamenti diffinitionem ad certum susciperent . sed quia substantiam significant et multitudinem . multitudo autem infinitę quantitatis est . et ad aliquid prędicatur . ideo duobus his assignantur

---

Z 2 *die Überschrift steht in 2 Zeilen auf dem rechten Rand* 5 Sequitur relatiuum *mit Einfügungszeichen davor und vor* Qui *von anderer Hand auf dem oberen Rand* 5 enim *übergeschr.* 7 est] *unter* e *punktartiger Tintenfleck* in liuio *mit Einfügungszeichen davor und nach* est *auf dem rechten Rand* liuio] i^{2} *übergeschr.* 9 *die Überschrift steht in 2 Zeilen auf dem rechten Rand,* TI/UUM. *verwischt* 10 *plebs (= *G,V4,R2,P3*) *contio (= *G,V4,R2,P3*) 13 unam] a *aus* u *verb.* *Plebs (= *G,V4,R2,P3*) 15 *contionator (= *V4,R2,P3*) co hors] *vor* h *Rasur, unter Rasur Strich* 16 exercitus] erci *auf Rasur* 18 substantiam] *danach kleiner punktartiger Tintenfleck* *Punkt gehört hinter* 5 relatiuum, 15 turba *und* turma.

G 5 Item talis 7 respicitur 15 chohors] h^{1} *durch Punkt darunter getilgt,* h^{2} *mit Einfügungspunkt übergeschr.* 20 Ideo asignantur

V4 4 intrasset] transiret (= *R2*) 5 Ite 6 nam (= *R2*) 6/7 respicit sententiam (= *R2*) 7 Omnes (= *R2*) 8 erat *fehlt* (= *R2*) 11 cathegoriae. 15 chohors] h^{2} *über* cho ors *übergeschr.* 16 corus (= *R2*)

R2 5 sequitur qui 6 esse 7 spcriptum 9 singulari] ar *mit Einfügungshäkchen übergeschr.* 11 categorie. 16 gres 17/18 diffinicioē

P3 2 sunt *und* quando *fehlen* 4 ut 5 sequitur 7 omnes *fehlt* 7/8 tarquinio 9/10 est *bis* significat. *fehlen* 11 hęc *fehlt* categorię sunt? 15 et^{2} *fehlt* 16 et^{3} *fehlt* 18 Sed 20 his *fehlt*

prędicamentis . et ęque communia substantię et relationi. Aristoti- Z8v
les uero non mirandum esse dixit . scientiam simul qualitatiue
et relatiue dici . et duarum esse cathegoriarum. Et diffe- P,LXXXVI
rentias bipedale et quadrupedale . duplicis nouimus
prędicationis esse . substantię scilicet et quantitatis.
Alias autem differentias . quę sunt rationale et inrationale .
mortale et inmortale . substantię et qualitatis apud
omnes constat. Nam inter genera substantiarum subalterna in isagogis V4,19v
ponuntur . et recipiuntur tamen ad naturalem potentiam .
uel inpotentiam . in prędicamento qualitatis. Sicut enim durus et mollis . fortis et fragilis . quod naturaliter facile uel difficile patiantur ostendunt . ita mortalis et inmortalis .
qui potest mori et non mori significant . rationalis autem et in- K264
rationalis . qui ratione possit uti uel non uti simili modo decla-
rant. Magnum uero et paruum . et cęteras infinitas quantitates confuse prędicari . et magis tamen esse ad aliquid ab
ipso aristotile accepimus. Ventus quoque et fluctus . commotus
aer . et commota aqua . et non aer tantum . nec aqua tantum .
confuse similiter prędicantur. Eo igitur modo et collectiua prędicari dicimus. DIUIDU/UM. Diuiduum est quod a duobus uel amplioribus 17.

Z 1 .ęque *mit Einfügungspunkt übergeschr.* 1/2 Aristotiles] r *aus Ansatz von Ligatur* st *verb.* 8 .subalterna *mit Einfügungspunkt übergeschr.* 15 *et cetera *(Kalinka, 264)* 16 ad] *aus* l *oder* b *rad. und verb.* 17 accepimus] e *aus* i *verb.* 20 *die Überschrift steht in 2 Zeilen auf dem linken Rand eine Initiale* D *steht auf dem unteren Rand links*

G 1 et[1] *fehlt* 8 ysagogis 12 Ita mortales et inmortales

V4 1 aequę 5-7 scilicet *bis* substantię *fehlen durch Homoioteleuton* 7 aput 8 generat 11/12 dificile paciantur 16 aliqid 17 ipso] *danach Rasur* 17/18 commota aqua et commotus aer (= *R2*)

R2 1 equo 1/2 Aristoteles (= *P3*) 8 subalterne 10 imprędicamento 12 ita *fehlt* 14 rationi[] [*zu* e *verb.,* i[2] *stehengeblieben*

P3 1 communia] *davor Rasur,* c *auf Rasur* 3 categoriarum 9 ad] d *übergeschr.* 11 uel] & *durch Strich darunter getilgt,* ł (= uel) *von anderer Hand übergeschr.* 13 significant. Rationalis *(Strich für kleine Pause ?)* 14 qui] quę poss& simili modo] sillimus *(mit us-Haken);* l[1] *durch Punkt darunter getilgt,* mi *mit Einfügungspunkt übergeschr.* 17 aristotele 16,19 *2mal* confusę 19/20 prędicare 20 uel *bis Z9r,4* duobus *fehlen durch Homoioteleuton*

ad singulos habet relationem . uel ad plures in numeros Z9r pares distributos. Ut uterque alteruter . quisque . singuli . bini . terni . centeni. Discernenda sunt hęc. Nam uterque et alteruter . R2,173r a duobus habent relationem ad singulos . quia uterque duorum dicitur . et alteruter similiter duorum dicitur. Quisque autem et singuli . uel trium uel quatuor . uel decem uel centum uel mille solemus dicere. Item de amplioribus quam duo solemus dicere . bini terni centeni . et hęc est relatio . ad plures in numeros pares distributos. Dicimus enim. Triginta homines exierunt . de ciuitate . bini atque bini . uel terni et terni. Item dicimus . innumerabiles homines transierunt . deni atque deni . uel centeni et centeni. Hęc relatiue dici et ad aliquid esse . ipse docet pręscianus. Conuertuntur ergo ad hunc modum. Si duo P,LXXXVII sunt . est et uterque et alteruter. Et si uterque est uel alteruter . duos esse necesse est. Item si plures sunt . sunt et singuli . et bini et terni et centeni. Et si non sunt singuli uel bini uel terni uel centeni . quomodo plures? FACTITI/UM Facticium est . quod a proprietate sonorum per 18. P3,87r imitationem factum est . et est commune substantię . cęte-

Z 1 relationem] *akutartiger Strich unter* e[1] 12 ipse] *das orange* O *der anderen Seite scheint durch* se *hindurch* 13 *priscianus *(= P3)* 17 *die Überschrift steht in 2 Zeilen auf dem rechten Rand;* *FACTICIUM *Punkt gehört hinter* 17 FACTITIUM.

G 2 ut 14 &[3] 15 sunt[2] *fehlt*

V4 2 distributus *(mit* us*-Haken)* 3 discernænda] a[1] *zu* e *verb.* 10 dicimus] dn̄s *(=* dominus*)* 12 esse] dicta esse *(= R2)* 17 quod] quia

R2 13/14 duo sunt] duos 14 alteruter] t[1] *aus* a *verb.* uterque[2]] utraque altut[2]] *über* tut *3mal* er*-Haken* 15 et[2,3]] *2mal* ɫ *(=* uel*) rad. und* ⁊ *(=* et*) übergeschr.*

P3 5 et *bis* dicitur. *fehlen durch Homoioteleuton* 8 numeras] e *verwischt* partes 9 distributa 10 uel *fehlt* et] uel 11 deni .[1] *übergeschr.* 14 uel] & alterutrum 17 plures sunt? 18 est[2] *fehlt*

risque cathegoriis. Ut tintinnabulum turtur corax ci- Z9v
cadę . grus cuculus . substantię sunt. Clangor autem et fremitus et
stridor et screatus et gargarismus et talia . ad aliquid dici
possunt. Ut clangor clangentis est non hominis sed ipsius tubę GENERA/LE. 19.
Generale est . quod in diuer-
sas species potest diuidi. Ut animal arbor in substantia .
numerus et oratio in quantitate . uirtus et scientia in
qualitate . comparatio et oppositio in ad aliquid. SPETIALE. Speciale 20.
est . quod a genere diuiditur. Ut homo equus uitis laurus . in
substantia . par et inpar . uel affirmatio et negatio in quantitate. Prudentia iustitia . uel sapientia et eloquentia in qualitate . maior et minor . uel habitus et priuatio in ad aliquid.
ORDIN/ALE. Ordinale est . quod ordinem significat . ut primus . et ad primum . 21.
secundus tertius quartus . duodecimus centesimus . quę in infini-
tum relatiue dicuntur . et ad aliquid sunt. NUMERALE Numerale est . quod numerum significat. 22.
Vt unus duo tres . et quantitatis sunt. ABSOLU/TUM Absolutum est . quod per se intel- 23.
legitur . et non eget alterius coniunctione nominis. Ut deus K265
ratio . substantia et qualitas. TEMPORA/LE. Temporale est . quod tempus osten- 24.
dit. Ut mensis et annus . quę quantitatis sunt. LOCALE. Locale est . quod locum 25.

Z 1/2 *cicada 4 non *bis* tubę *mit Einfügungszeichen davor und nach* est *von anderer Hand übergeschr.* 4,12,15,17 *die Überschriften stehen in 2 Zeilen auf dem linken Rand* 7 comparatio] *davor hochgestellter Schrägstrich* 7,14,18 *die Überschriften stehen auf dem linken Rand* 7 *positio (*Kalinka, 264)* *SPECIALE (= *G*) 9 uel affirmatio] *auf Rasur oder vielmehr rauher Stelle im Pgm.* 14 nu/merum significat.] nu *am Ende der Zeile,* merum significat. *auf dem linken Rand zwischen den Zeilen ergänzt* 15 Vt *vor der Zeile ergänzt* quant itatis] t i *verb., dazwischen Rasur* 17 .& *mit Einfügungspunkt übergeschr.* Temporale] *über* mp *2 umlautartige Tintenflecken* *Punkt gehört hinter* 4 tubę, 14 NUMERALE, 15 ABSOLUTUM, 16 deus.

G 1,15,18 *3mal* ut 6 Numerus 7 appositio 8 equs 10 prudentia (= *P3*) 11 Maior 13 Secundus 16 vt 17 TEMPORALE. *fehlt* 17/18 ostendit] significat

---

V4 1/2 cicadę] orcade 4 hominis est (= *R2*) turbę (*mit ur-Haken*) 5 ut (= *P3*) Animal . Arbor 6 Numerus Uirtus (= *R2*) 7 Comparatio (= *R2*) in *fehlt* (= *R2*) Aliquid 8 aequus In 11 Maior ad *fehlt* (= *R2*) 14 relatiuę 15 ut (= *R2,P3*) 15/16 intelligitur (= *R2*) 18 ut et *fehlt* (= *P3*) Annus quę] aeque locale

---

R2 1/2 cicade 4 clagentis 6 Numerus (N *ausgerückt; vgl. V4*) 7 opositio 12 primam] am *zu* um *verb.* 13/14 quę in infinitum] quod imfinitum 15 cres absolutum] o *aus* u *verb.* 17 racio 18 quę] eque (*vgl. V4*)

P3 1 categoriis 1,16,18 *3mal* ut 2 grux Glangor] c *über* G *übergeschr.* 5 & arbor 6 oratio] o[1] *übergeschr.* 8 ęquus (*vgl. V4*) 9 et[1]] ac 9-11 uel *fehlt 3mal* 9 et[2]] uel 12 Et 13 & tertius . & quartus quę] atque 18 quę] &

Z10r

significat. Ut propinquus longinquus . medioximus proximus ; hęc P,LXXXVIII
ad aliquid sunt. Dicente augustino de doctrina christiana . quia / R2,173v
proximus proximo proximus est / pręterea propinquus ad propinquum dicitur . medioximus
siue medius ad extremos . nam ita fit comparatio . lon-
ginquus ad propinquum . propinquus ad propinquiorem . propinquior
ad proximum. Uel Nam positiui positiuis comparantur . ut longinqu<u>s longinquo
/ propinquus propinquo. Et non solum positiui inter se sed eorum /
quoque comparatiui ad eos; Ad utrosque autem superlatiui; Notandum quod dixit . locale est quod locum significat . sicut prius dixit . temporale est . quod tempus signifi-
cat . et uerum est . quia mensis et annus tempora sunt . propinquus autem
et longinquus non sunt loca. Nam ut iustus et sanctus qualia sunt et non qualitates . item antiquus et modernus temporalia sunt et non tempora .
ita longinquus et propinquus localia sunt et non loca. Quare hoc?
Forte non inuenit exempla quę daret de loco . quia loca quę
nos dicimus . ut roma cartago . non loca sunt . sed in loco .
et locus in illis. Nam ut uictorinus dicit . et unus locus potest
esse totius mundi . et multa. Si mundus totus unum corpus
est . unum locum oportet habere. Si plurima sunt mundi
corpora . singulis . suus locus est. Non potuit ergo
locum mo<n>strare sine corpore . sicut numerum monstrauit sine corpore .i.ii.iii. Ergo ut cicero

---

Z 1 significat] *darüber Rasur* 2a/b Dicente *bis* est *mit Einfügungszeichen davor und nach* sunt. *in 2 Zeilen von anderer Hand auf dem oberen Rand* 2b pręterea *mit Einfügungszeichen davor und vor* propinquus *auf dem rechten Rand* propinquum *von anderer Hand auf Rasur* 4 prop inquiorem] *dazwischen Rasur* 5a–c Nam *bis* superlatiui;] *mit Einfügungszeichen über* Nam *und über* 3 nam ita *in 3 Zeilen von anderer Hand auf dem unteren Rand* 5a positiuis] positiuus; *cum positiuis *(Kalinka, 265; vgl. P3)* 5b non *übergeschr.* 7 propinquus] i *übergeschr.* 8 longus] u *übergeschr.* 8/9 quantitates] nti *durch Strich darunter getilgt,* li *darübergeschr.* 12 nos *auf Rasur* *carthago loco] *über* o^{1} *punktartiger Tintenfleck* 14 multa] ulta *auf Rasur* 17 sine] *über* e *2 umlautartige Punkte* numerum] u^{2} *verwischt* *Punkt gehört hinter* 2b est *und* medioximus, 5a Uel. *Punkt ist zu tilgen hinter* 16 singulis.

G 1 ut *(= V4,P3)* longinquus propinquus 2a christi 2b pręterea] Uel 7 Propinquus 9 Item ut 10 *2mal* localia 11/12 *2mal* que nos 12 kartago 16 Singulis 17 locum] *dahinter* habere *durch Strich darunter getilgt* monstrare *(= V4,R2,P3)*

V4 1 ut 2a dicente *(= R2,P3)* 2b Pręterea 3–5a nam *bis* proximum. *stehen vor 5c* Notandum *(= R2,P3)* 3/4 longinus *(= R2)* 4 propinquior] proprior 5a Uel *fehlt (= R2)* positiuis] compositiuis *(= R2)* 5b propinquo] est 6 Sicut 8 loca non sunt *(= R2,P3)* 10 Ita *(= R2)* 11 quę^{2}] aeque 12 sed] ꝑ *(= post)* 16 Non] Nam 17,18 *2mal* siue 18 Ergo //

R2 1 Hec 2a quia] ut á 2b dicitur] dicit 4 proquinquum 5b propinquus *fehlt* ⁊ *(= et)* 5c ad^{2} *(= P3)* utroque 6 sicut] Sed 7 propinqus autem [8 qualia sunt] qualia[9 Item 10 longinquus] gin *mit Einfügungshäkchen übergeschr.* 11 loco] o^{2} *aus* a *verb.,* o^{3} *darübergeschr.* quę^{2}] eq; (= eque; *vgl. V4)* 16 singulis est 18 .i.ii.iii. //

P3 1 Hęc 2b pręterea *fehlt* 3 extremos dicitur Nam 3/4 Longinquus 5a positiuis] cum positiuis 6 prius] supra est *fehlt* 7 propinquus] *davor Rasur* 8 loca] c *aus* i *verb.* 9 ita 10 ita *fehlt* 11 quę^{2}] ęque *(vgl. V4)*

Z10v
in rethoricis testatur difficile est diffinire tempus et locum. Ipse tamen
tempus diffinit partem esse ęternitatis. Quodsi hoc ue-
rum est . mensis et annus quę pręscianus exempla dedit
temporalia . partes partis sunt ęternitatis. Locum uero
diffinire non pręsumpsit . sed in quęstione dimi-
sit . quid locus sit . species an indiuiduum. Inde forte
est . quod pręscianus non simpliciter locum significantia nomi- P,LXXXIX
na potuit inuenire; PATRONO/MICUM. Patronomicum est . quod a propriis 26.
tantummodo diriuatur patrum nominibus . secundum grecam
formam . id est grecam terminationem . ut eacides .
quod significat eaci filius uel nepos. Apparet ex
hac diffinitione omnia patronomica ad aliquid
dici. Namque sicut filius patris est filius . et nepos aui est G74ra P278
nepos . ita et eacides . quod utrumque significat . necessario ad utrumque refertur. Oportet autem oppositum ei nomen quod communiter patrem et auum significat . grecum esse . sicut et omne patronomicum . communem intellectum habens filii et nepotis grecum est.

Z 1 .in rethoricis *mit Einfügungspunkt auf dem oberen Rand;* *rhetoricis 2 &ernitatis] *zwischen* & *und* e *Rasur* 3,7 *2mal* *priscianus (= P3) 4 partis] i *aus* e *rad. und verb.* 8 *die Überschrift steht in 2 Zeilen auf dem linken Rand;* PATRONO/MICUM] O[1] *aus* I *verb.;* *PATRONYMICUM *Patronymicum 9 *deriuatur (= G) secundum] *unter* m *punktartiger Tintenfleck* 10,14 *2mal* *ęacides 11 *ęaci 13 dici] *davor auf dem Rand und dahinter Haken mit Bleistift* .est[1] *mit Einfügungspunkt übergeschr.*

G 1 locum et tempus 4 *2mal* sunt ęternitatis 8 patronononomicum 9 nominibus patrum tantummodo deriuatur Secundum] *davor* sod *durch Strich darunter getilgt* 13 est aui 14 et *fehlt* eatides

---

P3 2 diffiniuit 5 in quęstione] inquisitione 6 quid] quod; q *aus* ſ *verb.* 8 Patronomicum est . // *Unten auf der Seite stehen einige teilweise verwischte Federproben.*

POSSES/SIUUM. Possessiua diuersas habent terminationes . quę nume- 27. Z11r
randę sunt. Sunt enim plus quam xx. in acus . ut cypriacus ager .i. cypriorum ager. In icus . ut eclesiasticus seruus . i. seruus eclesię. In ycus. Ut libycus ager .i. ager eorum qui in libya sunt. Has terminationes a grecis suscepimus. In us puram desinunt possessiua tam greca quam latina. In eus breui .e . ut cesareus miles . miles cesaris. In eus producta e . ut achilleus armiger . armiger achillis. In ius i correpta . ut martius ensis . en- martis. In ius i producta . ut chius ager . uel chium uinum .i. ager uel uinum eorum qui in chio sunt insula. In ous o producta . ut eous nuntius . nuntius eoorum . et fit simile diriuatiuum primitiuo. In aeus . ut hilaeus comes . comes hilę. In oeus . ut euboeus habitus . habitus eorum . qui incolunt euboeam insulam. In iuus . ut furtiuus equus . furis equus. In rius . ut prętorius exercitus . exercitus prętoris. Proprie latinorum sunt. In anus . ut humanus ritus . ritus hominum. In enus . ut alienus mos .

Z 1 *die Überschrift steht in 2 Zeilen auf dem rechten Rand* 2 *.xx. *bzw.* *xx 3 *ecclesiasticus (= *G*) 4 *ecclesię *ycus . ut 7 *cęsareus *cęsaris 10 i *mit Einfügungspunkt übergeschr.* 13 simile] *davor* fit *rad.* *deriuatiuum *hylaeus *bzw.* *hylęus 14 *hylę

G 2 cipriacus in 3 cipriorum 4 ęcclesę (*so*) seruus icus lybycus] y^{1} *durch Strich darunter getilgt,* i *übergeschr.* 6 in 8 e] *davor* ÷ (= est) *rad.* 9 i] idest 10 .i. 12 o] ó *mit Einfügungshaken übergeschr.* eorum 13 hilaeus] e *über* a *übergeschr.* 14 hilee euboeus] o *übergeschr.* 15 iuús 18 alienus] i *mit Einfügungshäkchen übergeschr.*

aliorum mos. In inus i longa . ut femininus cultus . Z11v cultus feminarum. In inus i breui . [ut] ut pristinus qui est priorum uel priscorum . uel qui est / prioris / tempo/ris. In unus . ut tribunus . qui magister tribus est. In lnus . ut populnus . non de arbore . sed qui populi est. In rnus . [ut] ut paternus qui patris est. In is . ut hostilis . qui hostium est. In er . ut equester . qui equitum est. Ergo possessiuę significationis nomina . ad aliquid dici . prius dictum est. Quę autem sola forma possessiua dicuntur . in diuersis sunt significationibus. Sunt enim quędam gentilia . ut romanus ciuis . de quibus dictum est. Alia sunt propria . ut iulianus . quintilianus . de his quoque dictum est. Alia patronomicorum loco posita . ut emilianus scipio . uel octauianus cęsar . ut dictum est. Alia sunt agnomina . ut affricanus persicus getulicus creticus . et hęc propria sunt. Alia sunt materiam significantia . ut ferreus a ferro factus . similiter aureus argenteus marmoreus ligneus querneus oleaginus faginus. Ergo quia ferreus et marmoreus unde sit . non quis uel qualis uel quantus sit demon-

Z 2a/b ut[2] *bis* temporis. *über der Zeile und dann in 3 Zeilen auf dem rechten Rand* breui . ut] *dahinter Rasur bis Zeilenende, das ursprüngl.* ut *nicht getilgt* 3 magister] g *aus* i *verb.* 5 ut *bis* est. *über durchgestrichenem* ut ueteranus . non de uitio corporis . sed qui ueterum est. *übergeschr., ursprüngl.* ut *hinter* 4 rnus . *nicht getilgt* 11/12 *patronymicorum 12 *ęmilianus octa] *Strich des* a *fehlt,* t *sieht wie* d *aus* 13/14 *africanus 14 et *bis* sunt *auf Rasur*

G 1 ius i. ut femininus] in feminus 6 hostium] hostilium 7 significatiois ad] d *mit Querstrich* 8 est!que (! *zur Trennung?*) 10/11 *dieser Satz folgt auf den nächsten,* 10 Alia] Aprioslia, 11 Alia] Ap'alia (*mit* ost-*Haken*); *anscheinend soll die Umstellung durch die ungewöhnlichen Einfügungen* -prios- (*statt* -prius- ?) *bzw.* -post- *angedeutet werden* 12/13 ocdauianus 16 aureus] u[1] *übergeschr.* argenteus factus 18 inde fit uel quantus *fehlen*

strant . ideo substantię qualitati et quantitati huiusmodi Z12r
dissimilia sunt. Uidentur autem ad aliquid esse . et relatiue dici P279
ad ablatiuos primitiuorum . sicut et possessiua ad genitiuos primitiuorum. Inuicem enim se constituunt atque tollunt. Si est de ferro . est et ferreus. Et si est ferreus . est et de ferro. Et forte melius est ad septimum casum ea referri . ut sicut sensu sensatum est . ita ferro uel marmore . sit ferreum uel marmoreum. Et differunt . quia ferro uel de ferro materiam . ferreus autem uel ferrea ferreum materialem rem significat.

Si quis autem huiusmodi relationem quasi ab aristotile non inuentam recusat suscipere . meminerit ipsum diffiniendo dicere . relatiua esse quę quomodolibet prędicantur ad aliud. Uel si non acquieuerit . meliorem rationem reddat . ut sequamur eum. A disciplinis uero dicta . ut socraticus platonicus . id est socratis sectator uel platonis. Uel a professionibus . ut mechanicus medicus grammaticus . id est harum artium studiosi . qualitatem plane et scientiam significant. Similiter ab officiis dicta .

Z 6 melius] *Querstrich durch* l *rad.* 9 autem uel ferrea fereum *mit Einfügungszeichen davor und über* ⌈ *von* ferreu⌈ *auf dem oberen Rand* 13 acquieuerit] e² *aus* i *oder* u-*Strich verb.* *Punkt ist zu tilgen hinter* 7 marmore.

G 2 sunt dissimilia autem *mit Einfügungshaken übergeschr.* 6 et¹ *fehlt* 7 sensu] sensum 8 fit ferreum] e² *mit Einfügungshäkchen übergeschr.* 12 quomodolibet] modo libet 13 aquieuerit 17 studio si qualitatem

Be2r Z12v

mercennarius tabellarius . id est qui tabulas patrum imaginibus depictas . nobilibus rome antetulit. Item cęrarius hostiarius . argentarius aerarius . uel a dignitatibus . ut quęstorius pręfectorius prętorius .i. dignus quęstura . pręfectura prętura . qualitatis sunt. Alia dicta ab his in quibus sunt . ut plantarium quod est in planta . mensorium quod est in men/sa ! motorium quod est in motu . palmarium quod est in palma . diuersorum generum species sunt. Nam plantarium calciamentum est . uel ut simpliciter dicam . aliquod genus indumenti . dialectice autem dicere . aliqua species indumenti. Mensorium . species est uelamenti. Motorium . species instrumenti . ut est illud quo terrentur aues in uineis. Palmarium quod est in palma . hoc est in laude. Ut uictoria. Corporale namque palmarium quod in palma est . ut baculus et sceptrum . species gestaminis est. Incorporale autem palmarium quod in laude est . qualitatem significat . quia palmarium quasi laudabile intellegitur . et eiusdem est cathegorię. Nam ut liuius scribit in $\overset{o}{x}$ libro ab urbe condita . quando triumphatum est a sabinis . lustrum rome conditum

---

Z 2,18 *2mal* *romę *(= G)* 2/3 *cerarius *(= G)* 6 est[1]] *unter* e *punktartiger Tintenfleck* quod[2] *bis* motorium *mit Einfügungszeichen davor und vor* quod[3] *von anderer Hand in 2 Zeilen auf dem linken Rand* 14 sceptrum] sceptr *auf Rasur* 17 *.$\overset{o}{x}$. 18 lustrum] *Ansatz zu einem Querstrich durch* l *Punkt gehört hinter* 5 pręfectura.

G 1 mercenarius 3 erarius 5 in *fehlt* 8 uelut] t *aus* d *verb.* 10 mensorium *bis* uelamenti *mit Einfügungszeichen auf dem linken Rand,* i *von* mensorium *übergeschr.* 10/11 Motorium . species] Mensorium species est 13,15 *2mal* palmarum 16/17 cathegorię est

---

Be 1 Tabellarius 2 attulit; //

est . a lucio cornelio aruina consule . et eodem anno ob res Z13r
bene gestas . uictores coronati spectabant ludos sibi
editos . et tum primum translato egregio more . palmę
datę sunt in manibus eorum. Inde ortum est ut a gestamine
palmę . ipsa manus gerens siue uictoria . palma dicatur .
et quod triumphale est . uel quod in laude est . palmarium dicatur.
Alia significant de quibus sunt . ut frumentaria lex de fru-
mento . agraria de agris . nummaria de nummis. Lex ergo
secundum ciceronem species iustitię est . eius iterum species sunt . P280
plautia cornelia . et cęterę de auctoribus earum uoci-
tatę . quarum partes sunt . frumentaria agraria nummaria .
et qualitates sunt. Alia dicta ex his quę continent . ut
uinaria cella . quę habet uinum . armarium in quo arma
sunt posita. Sic uiolarium auiarium uiridarium rosarium. Ergo cella uel officina substantie sunt . et species
ędificii. Cella item species habet armarium et uina-
riam. Officina uero species habet . molendinum pistri-
num refectorium et talia. Septum namque ea pars terrę

Z 13 uinaria] ui *vor der Zeile ergänzt* 15 *substantię (= *G*) 18 *Sęptum

G 5 palmę ipsa . uictoriatū ē] tū *und* ē *durch Punkte darunter getilgt* 6 palmarum 10 plautina 10/11 uicitatę 13/14 sunt arma 14 uialarium] a[1] *durch Punkt darunter getilgt*, o *übergeschr.* uiridiarum 16 habet species 17/18 pristinum

dicta est . quę sepe circumdata est . unde et dicitur . ut sunt horti Z13v et uineę . propterea partes terrę sunt horti . quibus nomen est uiolarium auiarium uiridarium . rosarium . ubi herbę et flores et aues nutriuntur . et substantiam significant. Alia sunt a temporibus . ut diurnus nocturnus . hesternus hibernus. Alia sunt a locis . ut externus internus. Igitur de temporalibus et localibus diligenter uidendum cui prędicamento asscribenda G74rb sint. Et sciendum quia sicut unius cathegorię sunt magnus et magnitudo . sapiens et sapientia .i. quanta et quantitates . qualia et qualitates . ita unius cathegorię a prescia-no notantur esse . ipse locus et tempus ipsum . atque ea quę ab his dicuntur localia et temporalia . ut a loco internus externus . a tempore hodiernus hesternus matutinus uespertinus. Hoc apparet in prioribus . ubi ille de loco exemplum dare non potuit . et localia posuit . ut longinquus propinquus . sicut et bini et terni numerum simpliciter non significant . sed numeralia sunt .i. substantię numeratę . ut bini homines . gemini fratres . terni lapides. Discre-

Z 1 *sępe 6 temporalibus] *Fleck in Bauch des* b 10/11 prędsciano] *über* ę *punktartiger Tintenfleck;* *prisciano 17 substantię] stantię *auf Rasur* *Punkt ist zu tilgen hinter* 3 uiridarium.

G 1 horti] h *mit Anfügungshäkchen übergeschr.* 2 sunt terrę 3 uiridiarium 7 prędicamento] icamen *verwischt* 8 sicut] icut *übergeschr.* 11 nominantur ipsum tempus 18 bini . homines gemini fratres terni lapides

tio tamen est in his quę localia ille confuse uocat. Nam aduer- Z14r
bia sursum . deorsum . supra infra . intra extra . ubi significant . sed et locum ipsum uidentur significare . unde et supernus
et infernus . internus et externus . quę inde tracta sunt . forsitan duarum cathegoriarum possunt dici . quantitatis et ubi. Urbanus autem et oppidanus et rusticanus . et pala-
tinus et capitolinus . ęsquilinus . quę similiter a locis dicta
ipse docuit . non quantitatis sunt . sed ubi significant. Nam
in oppido . ubi tantum significat. Oppidanus autem .i. qui in
oppido habitat . ubi et personam . scilicet in loco . et locatum in loco
significat. Et si hoc ratione constabit . quia nihil temere confir-
mandum est . nomina ad sex cathegorias extenduntur. Et
si hesternus hodiernus et similia temporum nomina . aliquis forte plus poterit . ad quando trahere . quam ad quantitatem . septem erunt cathegorię . in quibus nomina inueniuntur. Sed de his dubitare non est inutile . ut aristotiles ait. Alia a dignitatibus siue officiis . ut P281
tribunus antesignanus. Antea quoque de hac signifi-

Z 1 localia[] [*rad.* 4 internus] inte *auf Rasur* quę inde *auf Rasur* 9 significat] t *auf Rasur, dahinter 1-2 Buchstaben rad.* i. qui in *auf Rasur* 10 &^{1} *auf Rasur* 11 Et si] *unter* t s *punktartiger Tintenfleck (Trennungspunkt?)* 13 hesternus] hester *auf Rasur,* h *aus* e *verb.* 16/17 aristotiles] *zwischen* i^{2} *und* l *Tintenfleck auf Zeilenhöhe (nicht* i *zu* e *verb.)* 18 Antea] nt *auf Rasur* *Punkt gehört hinter* 2 supra *und* intra.

G 2 intra .] *dahinter Rasur* extra *mit Einfügungszeichen davor und vor* ubi *von anderer Hand auf dem rechten Rand* 5 duarum sunt cathegoriarum dici . *fehlt* 8 significamus 9 opido 10 persona 11/12 firmandum

catione dictum est a pręsciano . sed non in hac terminatione. Z14v Romulus exercitum suum in tres partes diuisit . et quos eis pręfecit . a tribus partibus tribunos uocitauit. Postea quoque tribuni in ciuitate usque ad nouenarium numerum creuerit . et creati sunt non solum militum . sed et plebis tribuni . et grece chiliarchi dicuntur . eo quod mille pręsint. Ergo Be2v dignitatis quę sunt . ad aliquid pleraque sunt dicta . ut rex regni sui rex est . et regnum regis est regnum. Dux quoque comitum dux est . et comites ducis sunt comites . et quęstor quęstu questor est . quęstus uero quęstoris quęstus est . et prępositus subpositis prępositus est . et subpositi prępositis subpositi sunt . et pręfectus suffectis pręfectus est . suffecti autem pręfecto suffecti sunt . quamuis in usu habemus suffectos successores dicere. Si autem Be2r uolumus pręfecto oppositum dare pręfecturam suam . ut pręfectura pręfecti sit pręfectura . et pręfectus pręfecturę suę pręfectus sit . oportet intellegere . quia suffecti prefecto . ipsi sunt eius pręfectura. Eodem modo consul

---

Z 1 *prisciano (= *G*) 6 *pręsunt 10 *quęstor^{2} (= *G*) 12 p̄fectus] pręStrich von Tintenfleck fast ganz verdeckt

---

G 6 chiliarchi] h^{2} *übergeschr.* 7 sunt?

Be 6 Chiliarchi pręsint. // 14 Suffecti successores dicuntur. //

dictator prętor pręses pręsul tribunus . ad consulatum dictaturam pręturam pręsidatum pręsulatum tribunatum relatiue atque reciproce dicuntur. Antesignanus est qui uexillum portat ante exercitum . et qui sequuntur eum signisequi sunt . et inuicem conuertuntur. Alia a generibus . ut masculinus femininus. Si quod suum est masculi et feminę . masculinum et femininum dicimus . possessiue dicimus . siue de exterioribus . ut masculinus et femininus amictus . siue de interioribus . ut masculinus et femininus color . uel masculinum genus et femininum. Si cui uidetur de solis exterioribus possessionem dici . sciat ad similitudinem exteriorum interiora prędicari . et sicut dicitur femininum opus . opus feminę . ita quoque femininum genus . genus feminę uel feminarum dicitur . et ut supra dictum est . ad aliquid dicitur. Si quis autem interrogat . qualem animum habet ille? et respondetur femininum uel femineum . feminę similem intellegimus . et qualitatis est. Sic semper ex significatione prędicamentum intellegitur. Alia sunt ex mutis anima- Z15r

---

Z 4 ante] a aus *Ansatz von* e *verb.* sequuntur] u^2 *auf Rasur* 12 &] *rechts darüber Tintenfleck* feminimum] .ni *mit Einfügungspunkt übergeschr.* 15 ille] *über* l^2 *Tintenfleck* 16 femininum] n^2 *auf Rasur*

G 1 pręsens 3 reciproce] r^1 *aus* c *verb.* 4 sequntur signis equi 6 qd (= quid) mascule 9 genus *von anderer Hand übergeschr.* 12 feminunum dicitur 15 ille 16 uel femineum . *fehlen*

libus . ut passerinus anserinus coruinus ceruinus. An ista pos- Z15v sessiue non dicuntur . quia nesciunt possidere muta animalia? Non utique minus de illis quam de rationalibus possessiua fit prędicatio. Quid est enim coruina uox . nisi uox corui? Si uero dicitur ceruina pellis manente ceruo . congrue uidetur intellegi pellis cerui . quodsi non manente ceruo de exuuiis hoc dicitur . secundum prioris temporis consuetudinem hoc dicitur. P282

Alia sunt a fortuna . ut libertinus egenus. Possessiue dicitur libertinus .i. filius liberti . egenus qualitatem significat. Ut qualis est? egenus est. Alia a materia ex qua constant . ut humanus terrenus . de humo et de terra factus. Hęc ad substantiam et quantitatem . et ad alias cathegorias nullam habent similitudinem . nisi ad qualitatem et ad aliquid. Si enim interrogauero qualis est . forte non est incongruum dicere humanus est . quod aliquando intellegitur misericors est. Si materiam requiro . numquam dico qualis est . sed potius unde est factus aduerbialiter interrogo . et respondetur . de humo de terra . quia non est inuentum nomen interrogatiuum

---

Z 1/2 possessiue] sessi *auf Rasur* 6 non *mit Einfügungspunkt übergeschr.* 8 Possessiue] P *auf Rasur von* p 12 nullam] *unten zwischen* l *und* l *Rasur* 13 ad] d *aus* l *rad. und verb.* 14 .enim *mit Einfügungspunkt übergeschr.* 17 respondetur] detur *auf Rasur*

G 4 quid uox nisi uox . 5 corui 5/6 congruę *bis* ceruo] *als Homoioteleuton mit Einfügungszeichen davor und hinter* 5 ceruo *von anderer Hand auf dem unteren Rand* 6 intelgi quod manente mante] mante *durch Strich darunter getilgt* 8 pos/siue 9 ut 14 interrogauero] *vor und hinter* g *punktartiger Tintenfleck* 16 est^{2} .] e 17 factus est

materiȩ . cui reddatur marmoreus lapideus . propterea nec Z16r qualitatis sunt ista quantum conici datur. Sint ergo relatiue et ad aliquid dicta . ut ostendimus supra. Comparatiua superlatiua diminutiua planissime ad aliquid prȩdicantur . et sunt species eius Nam potentibus potentior est . et potentium potentissimus est . ita ad positiuum uterque respondet gradus . comparatiuus et superlatiuus . quia quamuis potentibus . minus tamen potentibus potentior dicitur . et quamuis potentium minus tamen potentium potentissimus dicitur. Eodem modo regulus ad regem .i. paruus rex . ad magnum regem comparatiue dicitur. Denominatiua uero et uerbalia . et omnia similiter nomina . omnesque dictiones . quantum ad generalissima genera decem tantum significationes habere uidentur. Quantum autem ad genera eorum subalterna . et species et indiuidua . et partes generum et specierum . et indiuiduorum . innumerabiles et incomparabiles esse . quis dubitet? Intellegitur enim quando dicitur caput animalis . pars esse generis . quia animal G74va

---

Z 3 Compar$^{.a}$itiua] .a *mit Einfügungspunkt übergeschr.*, i^1 *nicht getilgt* 4 et sunt species eius *mit Einfügungszeichen davor und nach der Zeile von anderer Hand auf dem oberen Rand; darüber mit trockener Feder:* +Comparatiuum superlatiuum diminutiuum 5 est *auf Rasur* 13 decem *von anderer Hand auf Rasur* tantum *übergeschr.* *Punkt gehört hinter* 4 eius.

G *Diese Seite ist teilweise stark verwischt.* 8/9 et *bis* dicitur. *fehlen durch Homoioteleuton* 9 eodem 10 .i. *fehlt* 15 et^4] *dahinter* par/tes

genus et totum quiddam est. Et quando dicitur caput hominis . Z16v intellegitur pars speciei . quia homo species et totum quiddam est. Cum autem dicitur caput ciceronis . intellegitur pars totius indiuidui . quod non solum intellegitur . sicut genus et species . sed et oculis cernitur. Ergo denominatiuorum et uerbalium uarias significationes . prȩscianus in diuersis terminationibus ostendere conatus est . primo per uocales . deinde per consonantes. In ia quȩdam desinunt . ut duritia iustitia sapientia . quȩ quia qualitates sunt . quales faciunt durum iustum sapientem. Sed durus naturalem potentiam . iustus et sapiens habitum designant.

In a consonante antecedente . ut a cantu cantilena. Possunt ergo unum uidere . cantus et cantatio et cantilena. Dicimus tamen cantum ipsum inuentum carmen . quod scientia tenetur et a docente discitur . cantatio et cantilena ipsius est cantus depromptio .

Z 3 Cum autem *auf Rasur, danach* n *noch sichtbar* 5/6 *davor runder Wachsfleck* 6 *priscianus 10 faciunt] i *auf Rasur* 12/13 cantilena] e *aus* i *verb.* 14 .tamen *mit Einfügungspunkt übergeschr.*

G 1 Et] ⁊ (= et) 2/3 speciei *bis* pars *fehlen durch Homoioteleuton* 5 et *fehlt* occulis 11 potentiam iustus . 13/14 Possunt *bis* cantilena *fehlen durch Homoioteleuton*

et cantatio cantorem facit . cantilena tali deficit nomine. Z17r
Sic et lux . et lumen . dum idem significent . a luce fit lucidvs .
a lumine non est inuentum quale nomen. Nam et uirtus manifeste est
qualitas . et ex ea quale nomen est . dissimili uoce studiosus.
Contra autem inuenti sunt quales sine qualitatis nomine . ut palestri-
cator . qui dicitur non exercitio . sed corporis habitu. Hȩc in cathegoriis . ipse docet aristotiles. In .e . ut cubo cubile . P283
sedeo sedile. Cubile . ȩdificium et sedile domesticam
subpellectilem . genera substantialia habent. Uel Cubile edificii species
est aliquando autem pars domus est. / Sedile autem domesticȩ suppellectilis
species . et ideo substantiam / significant In .i . ut frugi nihili . id est abstinens et uilis . quȩ adiectiua sunt.
Si autem a frux nominatiuo datiuvs est frugi . quis dubitat
substantiam esse fruges et speciem germinis? Et nihili a nominatiuo nihilum . qui compositus est a non et hilum . negatiuum esse illivs
simplicis nominis hilum? quod olim in usu erat aliquantulum
significans substantiȩ Omnia autem negatiua quantitatis sunt . et partes orationis . ut nemo et nullvs . nusquam . numquam . nequaquam . et similia. In .v . ut tono tonitru. Quid est tonitrv .
nisi terribilis sonitus . discurrentis uenti in nubibus . et
conantis erumpere? Ergo tonitru nomen est de sono

Z 5/6 palestricator] a^{1} *von anderer Hand übergeschr.;* *palȩstricator 6 exercitio] exerticio 9a–c Ɫ (= Uel) Cubile *bis* significant *mit Einfügungszeichen davor und vor 8a* Cubile *von anderer Hand in 3 Zeilen auf dem oberen Rand; nach dem Einfügungszeichen vor 8a* Cubile *ein* Ɫ *rad.* 9a *suppellectilem (= G) *ȩdificii 11 frux] f *aus Ligatur* ſt *rad. und verb.* 13a qui *bis* hilum *mit Einfügungszeichen davor und vor* negatiuum *auf dem unteren Rand* hilo] um *übergeschr.* 13b .simplicis *und* .hilum. *mit Einfügungspunkt übergeschr.;* simpli *auf Rasur* in usu *bis* aliquantulum *hinter der Zeile ergänzt,* quan *übergeschr.* 14 significans substantiȩ] signifi *vor der Zeile angeschr.,* cans substantiȩ *auf Rasur* quantitatis] t^{3} *aus* ſ *verb.* 16 *.u *Punkt gehört hinter* 9a Uel, 9b est, 9c significant, 14 substantiȩ.

G 6 exercicicio] c^{2} *aus* i *verb.* 9a edificies] es *durch 2 Punkte darunter getilgt,* i *übergeschr.* 11 frûx nominanatiuo 12 nichili 12/13a nominatiuo] noiāo 13a nichilum 13b hilum . 15 et *fehlt* 16 ut tono] utono tonitru?^{2} 18 erumpere Ergo] r *übergeschr.*

uocis factum . sicut et eius primitiuum uerbum tono Et si uox est aer Z17v
ictus . tonitru similiter . est aer ictus; Aer namque substantia est . uox quoque et tonitru . quid sunt aliud? Partes enim sunt ipsius elementi; In al . ut a ceruice ceruical . a tribuno tribunal. Ceruical . torus . capitale . culcita . fulcimenta sunt. Fulcimentum autem sicut uestimentum . et indumentum et operimentum . substantiam significat . quamuis et ad aliquid dicuntur. Cuius est enim operimentum . uestimentum . indumentum . nisi opertę uestitę indutę rei? Item quo indutus . opertus . uestitus nisi indumento operimento . uestimento dicitur? Tribunal uero et solivm . et cathedram . et subsellium . et tripodas . communi nomine . sedem dicimus. Sedes autem et mensę . et lecti . et candelabra et eiusmodi quibus utimur in domo utensilia communiter dicuntur. De his quoque subpellectilem dicimus . quę nemo dubitat substantias esse. In .il . ut uigilo uigil . pugillus pugil. Uigil est . cui inest naturalis seu exercitata uigilantia. Unde et hęc naturalis potentię qualitas dicitur. .Aliter. Unde ad duas qualitatis species pertinere uidetur . / habitum et naturalem potentiam. Similiter et pugil. Pugil uero aliquando exercitio . aliquando quoque naturali potentia dicitur et ideo ad duas species qualitatis suscipitur. In .ul . ut exulo

Z 1 sicut *bis* tono *mit Einfügungszeichen davor und vor* Et *auf dem oberen Rand* 3 Partes *bis* elementi; *mit Einfügungszeichen davor und nach* aliud? *auf dem oberen Rand* 4 torus . *auf Rasur* 13 *suppellectilem *(= G)* 15 seu exercitata *mit Einfügungszeichen davor und vor* uigilantia *auf dem linken Rand* 16a-c .Aliter. *bis* pugil. *mit Einfügungszeichen davor und über* 15 Unde *in 2 Zeilen auf dem unteren Rand* 16c/17 exercitio] exerticio 18 ad duas] d^2 *übergeschr.* *Punkt gehört hinter* 1 tono, 8 uestitus. *Punkt ist zu tilgen hinter* 1 similiter *und vor* 16a Aliter.

G 1 si] sic 2 aer 3 partes 7 opperimentum 11 candelebra] e^2 *durch Punkt darunter getilgt,* a *übergeschr.* 15/16a *der Satz folgt auf das Gefüge* 16a-c .Aliter *bis* pugil. 15 unde 16a aliter Vnde 16c similiter

exul . prȩsulo prȩsul. Exul extra solum est . et ubi significat. Z18r Prȩsul dignitatis nomen est . significat enim magister uel . episcopus . quȩ quia ad aliquid sunt dicta . prȩsul ad aliquid dicitur . ut superivs commemoratum est. In .am . ut nequis nequam. Hoc adiectiuum est. In .um . ut oliua oliuetum . rosa rosetum . tendo tentorium . sto stabulum . prȩsideo prȩsidium. Horti sunt rosetum et oliuetum . id est partes terrȩ . in quibus multitudo rosarum et oliuarum inueniuntur. Tentorium uero tegumentum est . sicut et tugu- P284 rium. Domus quoque et cȩtera habitacula . nonne sunt tegumenta? Uestimenta quoque et operimenta et indumenta . quid sunt nisi tegumenta? Tegumenta uero defensacula sunt. Defensacula uero siue sint opificialia ut murus et propugnaculum . siue naturalia ut montes et siluȩ corporalia sunt. Non minus tamen et ad aliquid sunt dicta . tegumenta et defensacula sicut et operimenta et indumenta. Stabulum edificium est . dictum est privs. Presidium munitus locus . uel exercitus derelictus in prouintia . ut prȩsidendo et armis eam muniendo . tutam eam ab hostibus faciat . ut romana prȩsidia per totum pene orbem disposita quondam

Z 1 extra] t *ausgekratzt* solium] i *rad.* 3 superivs] *davor* p *rad.* 5 rosetum] t *unten durch Tintenfleck bedeckt* 6 Horti] Orti 12 opificialia] fi *übergeschr.* 15 *ȩdificium *Prȩsidium 16 *prouincia *(=* G*)* 17 .eam *übergeschr.* faciat .] iat . *auf Rasur* 18 *pȩne *Punkt gehört hinter* 2 magister, 11 uero, 13 siluȩ, 14 defensacula. *Punkt ist zu tilgen hinter* 2 uel *(ɫ)*, 14 dicta.

G 3 ad[2] *fehlt* 7 partes] te *übergeschr.* terrȩ] e *über verklecksteme* e[1] *übergeschr.* 9 Domus *bis* tegumenta? *mit Einfügungszeichen davor und über* Vestimenta *wohl von anderer Hand auf dem unteren Rand* 10 et[1] in] in *durch Strich darunter getilgt* 13 sint 14 dicta tegumenta . 15 Stabulum] t *übergeschr.* prȩsidium

fuerant . ad comprimendos statim primos motus prouinciarum . ne Z18v crescendo maiora damna rei publicę inferrent. Si tamen est pręsidium . est et subsidium . et ad aliquid sunt. Differunt autem . quia pręsidium est ad cauenda mala . subsidium ad auferenda uel . leuianda mala. Item pręsidium contra futura mala . auxilium et subsidium contra pręsentia mala . ita ut auxilium sit ab alienis uel extraneis . subsidium uero quod postea superuenit. In .ar . ut lacus lacunar . calx calcar . cędo cęsar. Si lacunar locus et receptaculum aquarum dicitur . de terra utique hoc dicitur . ipsa enim locus est et receptaculum aquarum. Ergo lacunar est pars terrę . pars totivs indiuidui elementi. Quando autem lucernam aut laquear significat similiter corpus est. Calcar uero instrumentum est equestre ut et lupati et strigiles. Illigatur namque calcaneo ad stimulandos equos. Instrumenta autem . siue domestica . siue rustica . siue naualia . siue equestria . siue bellica . corporalia sunt. Cesar aliquando proprium . aliquando appellatiuum . semper substantiam significat.

In .er. ut eques equester . macies macer. Equester est

Z 6 ad pręsentia] ad *durch 2 Punkte darunter und Strich dadurch getilgt,* contra *übergeschr.* 14 astimulandos] .d *übergeschr.* 14/15 domestica] *über* m *3 punktartige Tintenflecken* 16 *Cęsar 17 significat·] *Punkt sehr hoch* *Punkt gehört hinter* 4 auferenda, 12 significat. *Punkt ist zu tilgen hinter* 5 uel.

G 2 rei .p. 3 subsidium] *dahinter* ad auferenda *durch Strich darunter getilgt; vgl. Z.* 4 5 leuanda 15 siue[1]] sine 16 siue] sine 18 ęquester macies] inacies

possessiuum . macer est adiectiuum. In or . senatus senator Z19r amo amator. Senator dignitatis nomen est et qualem significat. Quȩ uero dignitatem simul et officium significant . ut dictator . magis ad aliquid sunt. Amator plane affectionem . quȩ est prima species qualitatis . et passionem quȩ est tertia species significat. In .ur . ut satio uel . saturo satur . murmuro murmur. Satur qualis est . murmur qualitas est . secundum quam quales dicimur . id est murmuratores. In .as . ut primus primas . optimus optimas . ciuis ciuitas . probus probitas . arpinvm arpinas. Primas et optimas nomina dignitatum sunt . id G74vb est honorabilis et electus . de quibus quales dicimur. Ciuitas substantia est ut oppida . ut urbes . et municipia et omnes structurȩ. Probitas qualitatis est. Arpi- P285 nas patrium est. Es correptam . pes pedes . equvs . eques . .teges. Pedites . et equites . et sagittarii . et uelit[r]es nomina sunt militum . non propria sed specialia et ab actu quales dicuntur.

Es productam . pauper pauperies . acvs acies . sepio sepes . struo strues .

Z 1 *or . ut (= *G*) 10/11 *harpinum harpinas 14/15 *Harpinas 15,17 *2mal* *In es 15 *ut pes eqvvs] v^1 (= u) *übergeschr.*, vs *Ligatur* .teges. *hinter der Zeile ergänzt*, eges. *auf Rasur;* *tego teges. 17 non *bis* specialia *mit Einfügungszeichen davor und über* et *auf dem unteren Rand* *ut pauper 18 *sȩpio sȩpes san *als Federprobe auf dem unteren Rand* *Punkt gehört hinter* 5/6 passionem, 6 species *und* satio, 17 specialia. *Punkt ist zu tilgen hinter* 7 uel, 15 eqvvs.

G 1 est *fehlt* 2 nomen est dignitatis 3/4 significant] nt *aus* t *verb.* 9 murmurationes] tiones *durch Punkte darunter getilgt,* tores *darübergeschr.* .as] us 11 primas 12/13 ciuitas 14 probitas 15 patriu est. Es] est es 16 pedites uelitres 17 artu] rt *zu Ligatur* ct *verb.*

sterno strages. Pauperies qualitas est . et qualem facit Z19v
pauperem. Acies acute rei acies dicitur . non minus tamen et qualem facit acutum. Sepes septę rei sepes est . relatiue enim prędicatur. Eodem modo strues et strages . structę et stratę rei dicuntur ., et eiusdem sunt prędicamenti. In .is . ędis . edilis . rex regalis . amo amabilis . penetro penetrabilis . athenę athenien-sis . sicilia siciliensis. Ędilis nomen officii . et dignita-tis est. Rome namque edium curam qui gerebat . edilis dictum est. Edilitate uero edilis est . edilitas autem edilis est. Et quia edilitas qualem quoque facit ędilem . duplex fit edilis prędica-tio . qualitatiua atque reciproca. Regalis possessiuum est. Amabilis naturalem potentiam ostendit . quia amabi-lis ille est qui alios potenter trahit ad amorem sui. Penetrabilis naturalem inpotentiam ostendit . quia facile penetratur. Atheniensis patrium est. Sicilien-sis gentile. De his dictvm est. Os . ut lepvs lepos . custo-dio custos. Lepos est eloquentia . et qualitas . facit enim lepidum. Custos qualis est . et ad aliquid . facit enim custodia custodem . utraque tamen custos et custodia custodite

---

Z 2 *acutę 3 *Sępes sęptę *sępes 5 *.is . ut 5,8,9,10 *5mal* ędilis 6 amabilis] unter ma *punktartiger Tintenfleck* penetrabilis] ne *verwischt* 8 *Romę *ędium 9 *Ędilitate 9,10 *2mal* *ędilitas 12 naturalem] r *aus* l *rad. und verb.* 12/13 amabilis *bis* q^{i}] amab *und* lis ille est q *auf Rasur* 16 *In os . ut *übergeschr.* lepos] l *auf Rasur von* p 19 custodite] te *auf Rasur;* *custoditę(= *G*) *Punkt ist zu tilgen hinter* 5 ędis.

G 1 pauperies 12 amabilis 14 penetrabilis 15 facile] *dahinter Rasur* 15/16 siciliensis 16 Os . ut] Os &

rei reciproce dicuntur. Us . diuersis consonantibus antepositis . Z20r saxum saxosvs . spuma spumosvs . uito uitabundus. Et a participiis . uersvs saltus . quando quartę sunt declinationis. Et ab aduerbiis supra . uel . super supervs . ab infra infervs . extra externus . hodie hodiernus. Saxosvs et spumosvs . id est plenus saxis . et plenus spvma . qualia sunt . sicut . et formosvs. Uitabundvs quod intellegitur . similis uitanti . comparatiue dicitur . et ut similis simili similis est . ita et uitabundvs uitabundo est. Supervs et infervs . externus et hodiernus . localia et temporalia . ante sunt dicta. In .x . fur . furax . capio capax . audeo audax . uerto uertex. Furax . capax . audax . qualia sunt. Uertex uero . partem corporis significat. In duas consonantes . picenum . picens quod gentile est . tiburtum tiburs quod patrium est . prius dictum est.

His addidi quę in questionem uenerunt. Montes quid sunt . nisi eminentes terrę? Et ualles nisi humiles terrę . et campi nisi planę terrę . et specus et putei et fossę et similia . nisi cauatę terrę? Et ille terre partes terrę sunt.

Foramen autem quia ad plura uadit . foratę rei est. Longi-

Z 1 *In us *bzw.* *In .us 3 .ab *mit Einfügungspunkt übergeschr.* aduerbiis] *unter* b *punktartiger Tintenfleck* 5 spuma] p *aus* u *verb.*, v (= u) *übergeschr.* 10 *ut fur 12 picenum] .n *übergeschr.* 13 tiburs] *unten zwischen* r *und* s *grünlicher Fleck* est² .] *Punkt sehr hoch* 14 *quęstionem 16 *davor altes Loch im Pgm.* 17 cauatę] a² *aus* e *verb.* *illę *terrę² (= G) *Punkt ist zu tilgen hinter* 4 uel, 6 sicut, 10 fur.

G 8 Sup vs] v (= u) *über* p, [*vor* v *rad.* 9 et¹ *fehlt* 11 furax 18 ad *übergeschr.* forate] *davor* i*-Strich durch Punkt darunter getilgt*

tudo . et latitudo . et altitudo et magnitudo . et Z20v
amplitudo et sublimitas et profundum . et similia . quantitates sunt . faciunt enim longum latum altum magnum amplum
sublimem . profundum. Et hę quantitates infinitę sunt . et
comparatiue dicuntur. Et sicut longus ad breuem dicitur .
ita et longitudo ad breuitatem comparatiuę dicitur . P286
et in cęteris eodem modo. Spatium quoque et intersticivm
et intercapedo et interuallum et rima et hiatvs et similia . ad aliquid sunt ·. et pene unum sunt. Quid est spacium .
uel unde dictum est? A patendo enim dictum est . et omnis
res panda uel patula . spatio patet . et nihil est
spatium nisi quod est in medio pande et patulę
rei. Vnde etiam quod in medio temporum est . per similitudinem spacium dicitur. Ergo spacium est protrac-
tio loci uel temporis .i. medietas locorum uel temporum
infinita. Sic et interuallum . quod est inter uallos.
Quando enim antiquitus castra fiebant . fossa
circumducta est . cuius egesta humus . interius missa

Z 3 amplū] 2. *Strich des u auf Rasur von u* 6 breuitatem] *unter* b *punktartiger Fleck* *comparatiue (= *G*) 7 *interstitium 8 interuallū] 2. *Strich des* u^{2} *auf Rasur von* u 9 *pęne 9,14 *3mal* *spatium 12 *pandę 16 *dahinter altes Loch im Pgm.* interuallum] *unter* u^{1} *punktartiger Tintenfleck* *Punkt gehört hinter* 1 altitudo, 2 amplitudo *und* sublimitas, 12 spatium. *Punkt ist zu tilgen hinter* 4 sublimem.

G 1 et^{1} *fehlt* 8 interuallum . et intercapedo 10 panendo] n^{1} *durch Punkt darunter getilgt,* t *übergeschr.* 11 et *fehlt* 14 est *fehlt* 17 Quando] Quo modo

Z21r

aggerem fecit . super quem aggerem ualli .i. sudes figebantur per circuitum . ut essent quasi murus intrinsecus positus . et non timerent hostium incursionem . et quę inter illos uallos distantia uidebatur . interuallum dictum est. Talis est . et rima et hiatus. Rima uero quasi a ramo est dicta. Unde et uerbum dicitur dirimo . quasi duos ramos facio. Quando enim quę coniuncta erant . aut continua dirimunt se . rima est et hiatus. Ergo rima et hiatus medietas est dirimencium se. Intersticium spatium inter stantes . intercapedo locus capiens medietatem duorum corporum. Nam in his omnibus nihil nisi medietatem inuenio aut locorum aut temporum et ideo ad aliquid sunt. Spatium ut dictum est pande rei uel patule rei spacium est . et ipsa res panda uel patula .i. quę patet . spatio patet. Rima dieremptorum est . et dirempta rima dirempta sunt. Hiatus hiantium est . et hi-

---

Z 1/2 fin/gebantur] n[1] *rad.* 3 positus] positis 4 uallos illos] *durch Zeichen (/.) umgestellt* 6 uerbum] *unter* bu *punktartiger grünlicher Fleck* dirimo] i[1] *aus* e *verb.* 8/9 *davor altes Loch im Pgm.* 9 hiatus] t *auf Rasur* 10 *dirimentium (= *G*) *Interstitium 14 ut] *davor* e *rad.* 14/15 *pandę 15 *patulę *spatium 16 spatio] *davor* spatio patet . *durch Strich darunter getilgt* *Punkt gehört hinter* 13/14 temporum. *Punkt ist zu tilgen hinter* 5 est[2].

G 1 aggerem[1]] *davor* aggregem *durch Strich darunter getilgt* agerem[2] 1/2 fingebantur 5 et *fehlt* 6 dicta est unde 10 est *fehlt* 10/11 inter stantes] interstans 11 intercapido] i[2] *durch Punkt darunter getilgt,* e *übergeschr.* 16 patet] patie 17 diremtorum

antia hiatu . hiant. Intersticium est circumstanti- Z21v um . et circumstancia . intersticium circumstant.

Intercapedo intercoeptorum est . et intercepta intercapedine intercoepta sunt. Quid autem est distantia? separatio alterius . ab altero . et ad aliquid est. Sicut enim separatio est separate rei . sic et distantia distantis rei . et distans res distantia distat. Item quid est Be2r uia? Forte uia est quantitas quia uidetur esse linea quę ducit de loco ad locum. Nam et latitudo quę uidetur in uia . circa illam lineam est . et ipsa non habet latitudinem . set longitudinem sine latitudine. Inuisibilis etiam est . uia enim que uidetur . non est ipsa linea . sed contricio et superficiei demolitio ex uestigiorum inpressione facta. Item quid est facies? Spe- Be2r cies et forma in corpore . et ideo qualitas.

Quid est uultus? instabilitas . et inmutatio quę cernitur in facie. Ergo facies ad formam . uul-

---

Z 1 *Interstitium 2 *circumstantia (= *G*) *interstitium 3 *interceptorum (= *G*) 4 *intercepta (= *G*) 6 separate] separa *auf Rasur, davor* al *noch sichtbar;* *separatę (= *G*) 8/9 *dahinter altes Loch im Pgm.* 12 *sed (= *Be*) longitudiniſ] i^3 *zu* e *verb.,* ſ *rad.* 13 *quę 14 *contritio (= *Be*) 17 inmutatio] in *durch bräunlichen Fleck fast ganz verdeckt* *Punkt gehört hinter* 8 quantitas. *Punkt ist zu tilgen hinter* 5 alterius.

G 8 forte quantitas . 18 ut fatie

Be 7 Quid 8 est] e 9 eesse] e^1 *verkleckst* 12 sine latitudine *fehlen* 13 Via 15 impresſione (*mit* pre-*Strich über* p̄s) 15 facta. // 16 et ideo] ideoque 17 Instabilitas immutacio

tus ad affectionem pertinet . quę species sunt Z22r
qualitatis.,

Z 3 *Anschließend folgt der Text von Ndia.*

G 1 effectionem 2 qualitatis·,·] *anschließend folgt der Schreibervers:* Hęc cum scripta uides scriptorem qui pote rides. Sic quod / non potui rusticus ut uolui. Actu complere . sed me decet utique flere.

Be 1 sunt species 2 qualitatis. //

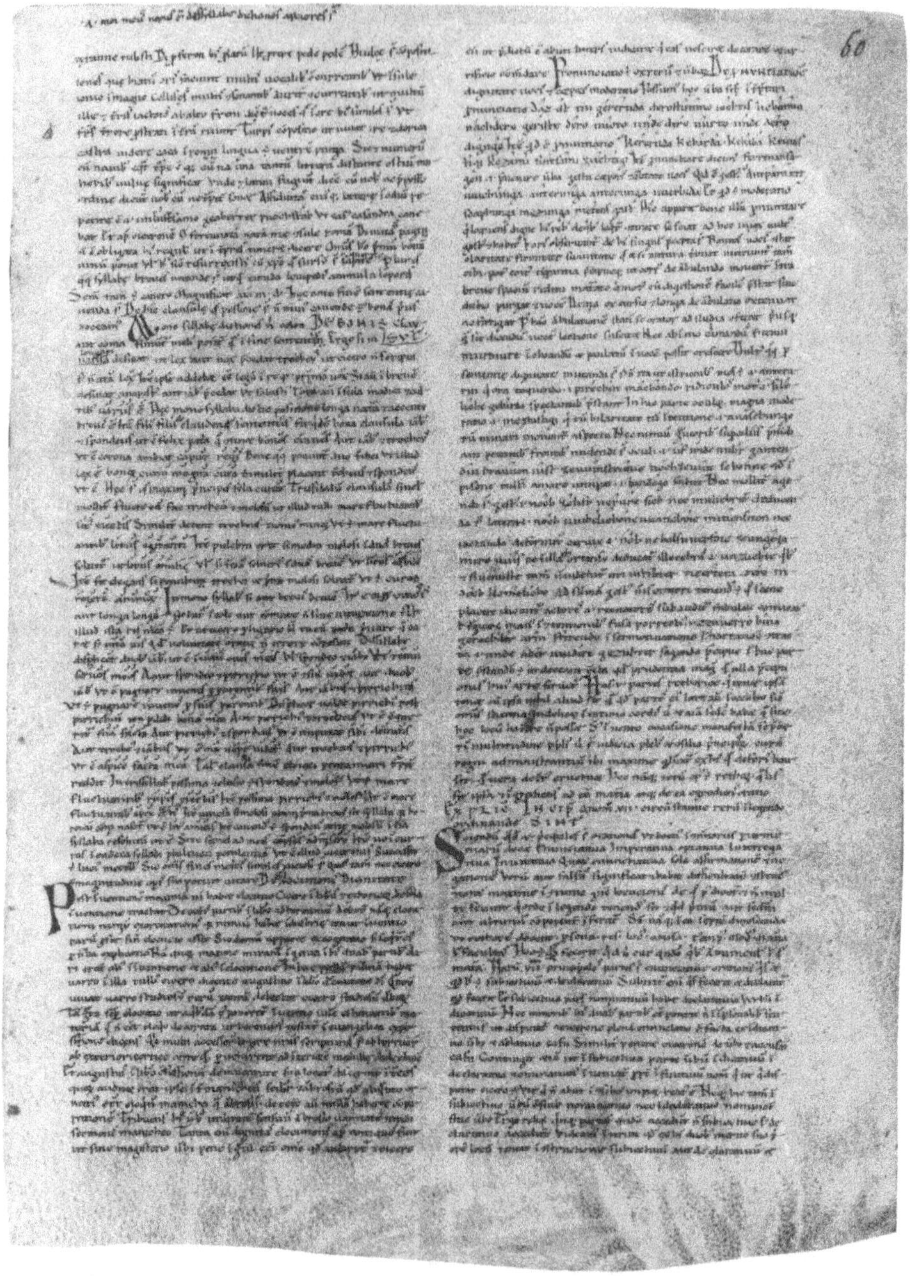

Codex Bruxellensis 10 615-729 (G), f. 60r, Schluß der Schrift *De arte rhetorica* und Anfang des St. Galler Traktats
Service photographique, Bibliothèque Royale Albert Ier, Bruxelles

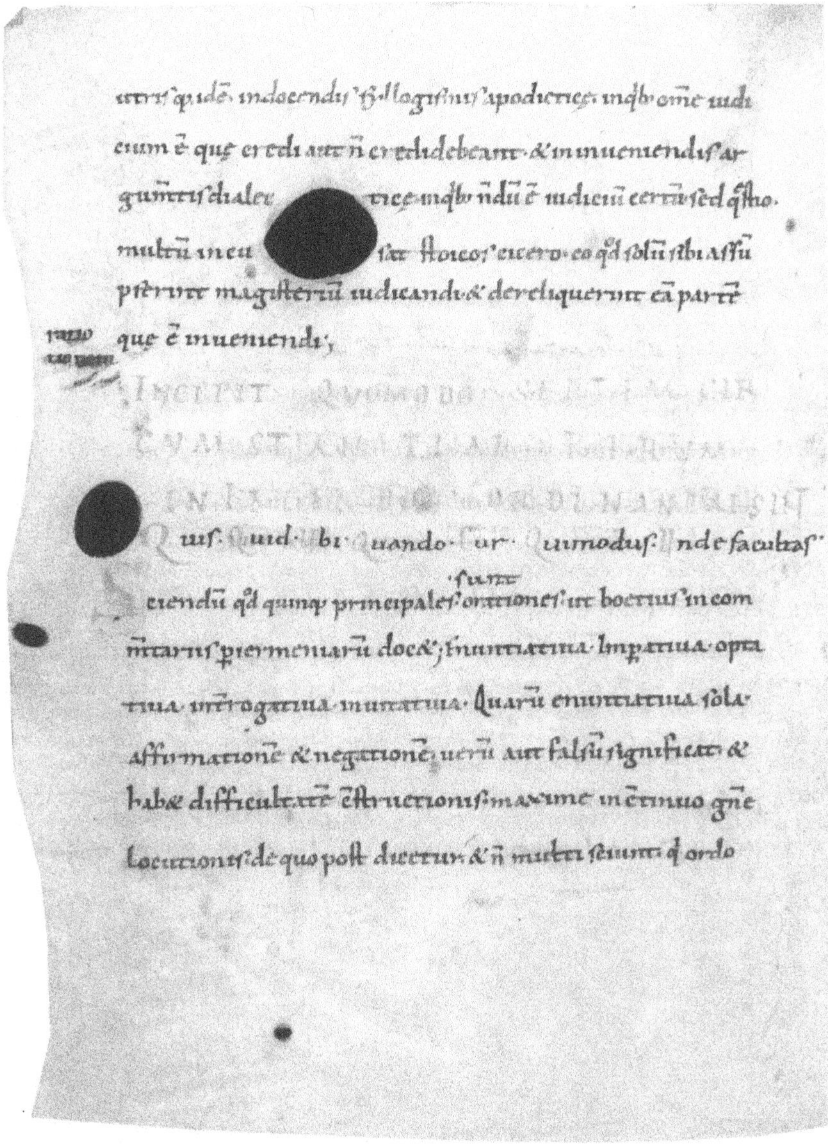

Codex Turicensis C98 (Z), f. 38v, Schluß der *Dialectica* und Anfang des St. Galler Traktats Photostelle der Zentralbibliothek Zürich

INCIPIT QVOMODO SEPTEM CIRCVMSTANTIAE RERVM IN LEGENDO ORDINANDAE SINT. 1. P,XIII Z38v G60rb G64va

Quis. Quid. Ubi. Quando. Cur. Qui modus. Unde facultas.

Sciendum quod quinque principales sunt orationes . ut boetius in commentariis periermeniarum docet; Enuntiatiua. Imperatiua . optatiua . interrogatiua . inuitatiua. Quarum enuntiatiua sola . affirmationem et negationem . uerum aut falsum significat . et habet difficultatem constructionis . maxime in continuo genere locutionis . de quo post dicetur ! et non multi sciunt . qui ordo P,LXXV

Z 1-6 *Ende von Ndia* 9/10 *davor altes Loch im Pgm.* 10 *alle Großbuchstaben rot* 11 *die Initiale* S *über einer vorgeritzten Initiale* S .sunt *mit Einfügungsspunkt übergeschr.* 12 *Enuntiatiua . imperatiua 16 locutionis .] i² *aus Ansatz von* ſ *verb., Punkt halb verwischt*

G 1-3 *Überschrift fehlt* 64va 10 *die ganze Zeile fehlt* 60rb 64va 13 Interrogatiua Inuitatiua 60rb enunctiatiua 60rb 14 Verum 60rb 15/16 genere . locutionis 64va

in legendo tenendus sit . et quid primum aut secundum aut ultimum Z39r
competenter inferatur; Sunt namque in ea septem dinoscenda . ut rethores docent . persona . res . locus . causa . tempus . modus . materia .
.i. Qua facul-
uel facultas; Hoc est quis fecerit.quid.ubi.cur.quando.quomodo.quibus ammini-
ta te.
culis . uel qua materia. Harum septem principales partes sunt enun-
tiatiuę orationis quis . et quid . hoc est subiectiuum et declaratiuum;
Subicitur enim quis fecerit . et declaratur quid fecerit; Et subiectiua pars
nominatiuum habet . declaratiua uerbum indicatiuum; Nec minor
his duabus partibus esse poterit . nisi in inpersonalibus sententiis!
Vt disputatur a cicerone . plena enuntiatio est ! facta ex in-
dicatiuo uerbo et ablatiuo casu; Similiter pęnitet ciceronem .
de uerbo et accusatiuo casu; Contingit etiam . ut in subiectiua
parte uerbum indicatiuum . in declaratiua nominatiuus in-
ueniatur . propter infinit[iu]um nomen qui; Ut qui disputat cicero est! P,XIV
Vir qui non abiit in consilio inpiorum . beatus est. Neque hic tamen in
subiectiuo uerbum est sine nominatiuo . nec in declaratiuo

Z 2/3 *rhetores 4 facultas;] *Haken dünn, wohl nachgetr.* .quomodo. *mit Einfügungspunkt übergeschr.* 4/5 *die Glosse von anderer Hand; nach* .i. *Punkt rad.,* Qua *auf Rasur* 5 culis . uel] *unter* s . u *dünner Strich* 10 *ut (= G 60rb und 64va)* est !] *Strich des* ! *sehr dünn, wohl nachgetr.* 14/15 *est ! uir 16 declaratiuo] *über* de *Tintenfleck rad. Punkt gehört hinter* 6 subiectiuum, 14 disputat.

G 2/3 rethores 60rb 64va 3/4 Modus. Materia / uel Facultas 60rb 4 quis] qd, d *durch Punkt darunter getilgt,* is *übergeschr.* 60rb 4/5 .quomodo *und die Glosse fehlen* 60rb 64va amminicilis] i³ *durch Punkt darunter getilgt,* v *übergeschr.* 64va 7 Subititur 60rb, *subititur* 64va 8 declaratiuum 64va Verbum 60rb minor] minoribus 60rb 9 peterit 64va 12 contigit 64va 13 accusat̄] at̄ *auf dem rechten Rand ergänzt* 60rb 14 infinitum] u *mit Einfügungshäkchen übergeschr.* 64va ut 60rb 64va quid disputat 64va 15 consilio // 64va

nominatiuus sine uerbo. Ergo reliquę quinque partes quando accedunt . non subiectiuo sed declaratiuo accedunt; Uideamus interim . quod ex his duobus merito suo priorem locum teneat in constructione . subiectiuum aut declaratiuum ! et utrum cicero disputat . aut disputat cicero in erudiendo lectionem melius dicamus; Sed hoc solum etiam nomen declarat; Subiectiuum enim quid al[l]iud intellegitur nisi fundamentum? et declaratiuum . nisi quod superedificatur? Pone ergo personam quasi fundamentum . et prędica de ea quicquid uis quasi superedificans; Nam eius dignitas est . de ea aliquid audiri . et de ipsa est actio uel passio . non ipsa de illis; Ex eo certum est recto ordine dici . cicero disputat; Ceterum . eundem intellectum habet . disputat cicero; Z39v G60va

Nam sicut boni ordinis est dicere . caput et pedes . dextera et sinistra . et tamen mutato ordine . pedes et caput . sinistra et dextera . idem significant . ita in scripturis indifferenter accipitur q<u>antum ad intellectum . dominus dixit . et dixit dominus . et equaliter uerum est . deus fecit hominem . et hominem fecit deus; Audi martianum hoc in sua dia-

Z 2 declaratiuo] über d *punktartiger Tintenfleck* 5 dicamus;] *Haken des ; in hellerer Tinte, wohl nachgetr.* 7 *superędificatur 8/9 *superędificans 15 *ęqualiter *Punkt gehört hinter* 6 intellegitur.

G 1 sine] n aus t verb. 9 nam 14 Ita 15 dixit dominus] dominus dixit, *durch übergeschr.* b *und* a *umgestellt* 16 fecit[1] *fehlt*

lectica docentem; Plenum inquit proloquium est . omnis homo animal est! Z40r Et quamuis natura illud exigat . ut primo nomen et postea uerbum dicatur . non desinit uerum esse proloquium . etiam si dicas . animal est omnis homo; Quę est illa natura? Dictum est . quia prius est de quo prędicatur . quam prędicatum . hoc est . prius est subiectiuum declaratiuo; Nec mediocriter confundit lectorem hec nescire . ita ut incipiat non catholicus esse . P,XV in euangelio . secutus ordinem uerborum pręposterum . ubi dicitur . et deus erat uerbum; Oportet namque illum ex agnitione subiecti et prędicati distinctionem hanc facere . ut dicat . et uerbum deus erat; Nec umquam admittit ratio pro subiectiuo poni deum in hoc loco . et prędicari de eo uerbum ut postquam dicat deus distinctione interposita prędicet de eo erat uerbum. Sic et in simbolo ubi fidem confitemur dicentes . ita deus pater . deus filius . deus spiritus sanctus . cautissime intendendum est proloquiorum ueritati quę fiunt ex subiectiuis trium personarum et declaratiuis trinę repetitionis in hunc modum. Ita pater . deus est . ita filius . deus est . ita spiritus sanctus . deus est. Ergo naturale est dicere sol splendet .

Z 2 illud *von anderer Hand übergeschr.* 6 *hęc *(= G)* 8 agnitione] g *aus Ansatz von* n *verb.* 12 *symbolo *Punkt gehört hinter* 11 uerbum, 12 simbolo, 14 ueritati, 16 dicere.

G 1 plenum inquid 2 priino 3 est^{2} *mit Einfügungshaken übergeschr.* 4 dictum 9 uerbvm] .v̄ *(=* um*) übergeschr.* 11 distintione 13 deus spiritus sanctus] d s.s. 14 caritati *durch Strich darunter getilgt,* veritati *übergeschr.* 15/16 *3mal* Ita 16 est^{2} *fehlt*

cicero disputat. Verum est dicere . splendet sol . disputat cicero; Z40v Maior quoque enuntiatio fiat . et addatur locus ad personam et ad rem . quod per nomen sepe fit et aduerbium; Per nomen hoc modo. Cicero disputat in tusculano; Locus postremus est in hac constructione. At si per aduerbium . dicamus rome . ordo mutabitur sic. Cicero rome disputat . quia aduerbium melius prępónitur uerbo Sicut enim adiectiua nomina solent prępóni aliis nominibus . sic et aduerbia adiectiua sunt uerborum . et eundem locum habent; Item si adiciamus tempus . dicendum est. Cicero disputat multo tempore. At si aduerbium posueris . mutabitur ordo . ut cicero diu disputat. Coniungamus hęc quatuor in unam sententiam . et erit talis. Cicero disputat in tusculano . multo tempore Uel aduerbialiter. Vt cicero rome diu disputat. Similiter deus regnat in cęlo omni tempore; Vel deus ubique semper regnat; Aut prępone tempus ut dicas. Deus semper ubique P,XVI regnat. Cicero diu rome disputat; Adiciamus et modum . ut sit. Cicero disputat miro modo . uel mirum in modum; Uel ad-

Z 3 *sępe 5,12,15 *4mal* *romę 6 aduerbium] *über* i *kleiner Tintenfleck* 7 aliis] *oben zwischen* ii *kleiner senkrechter Strich (wohl zur Trennung)* 10 cicero] *unter* r *punktartiger Tintenfleck* 15 disputat;] *Haken des* ; *sehr tief, wohl nachgetr.* *Punkt gehört hinter* 6 uerbo, 12 tempore, 14 tempus.

G 2 enunctiatio 3 per 3,9,15,16 *4mal* cicero 6 Verbo 7 sicut 9 longo *durch Strich darunter getilgt,* uel multo *übergeschr.* 10 Coniugamus 11 et ert 12 ut 14 deus[2] 16 uel[2]

uerbialiter . cicero mire disputat; Et coniungamus. Cicero diu rome Z41r
disputat . mirum in modum; Vel aduerbialiter. Ut cicero diu rome mire disputat. Sed tot aduerbia simul raro inueniuntur;

Causam quoque adiungamus huic sententię dicentes. Cicero disputat propter communem utilitatem. Facultatem quoque ut est; Cicero disputat magna excellentia ingenii; Ex his omnib<us> in unum conuenientibus . talis sententia erit; Cicero disputat in tusculano multo tempore . mirum in modum . propter communem utilitatem . magna excellentia ingenii; Uel aduerbialiter. Cicero rome diu mire disputat propter communem utilitatem . magna excellentia ingenii, Harum partium unaquęque in tantum potest crescere . ut non unam putes . sed duas aut plures; Ut cicero disputat agens et accio singulis dictionibus alterum de altero prędicatur; Item cicero patre natus equite romano . de regio tamen genere . uolscorum . rhetor eximius . et consulari dignitate pręclarus . ipse disputat de natura deorum . quę mirabilis et

---

Z 1,2,9 *3mal* *romę 5 est;] 6,9 *2mal* ingenii;] 7 erit;] 12 plures;] 13 prędicatur;] *Haken des ; von anderer Hand unter der Zeile nachgetr.* 10 communem] *über* n *kleines Loch im Pgm.* 10/11 ingenii,] *Haken in hellerer Tinte, wohl nachgetr.* 13 *actio (= *G*) *Punkt gehört hinter* 5 quoque, 7 tusculano, 12 agens.

G 1 Cicero[1] et cecero[2], i *über* e[1] *übergeschr.* 1/2 ut, *darüber durchstrichenes* d, Cicero[1] *bis* aduerbialiter *mit Einfügungszeichen auf dem oberen Rand* 2 ut 4,5,9 *3mal* cicero 7 sententia] ten *mit Einfügungshaken übergeschr.* 10 compvnem] p *durch Punkt darunter getilgt,* m *übergeschr.* 11 Vt 12 ut 14/15 de regno genere velscorum 15 rhetor] h *über* e *übergeschr.*

ignota mortalibus est . idem significat plurimis uerbis. Tem- Z41v
pus quoque declaratur uno uerbo; Vt quondam. Item . quondam post exactos reges . iam consulibus cessantibus et imperatorum monarchiis incipientibus . tantundem significat. Locus etiam uno. Ut romę. Sed si addas . ubi caput gentium . unde totius orbis iura leges magistratus et imperia suscipiebantur . idem significat; Similiter et in cęteris. Ordinem autem naturalem quem diximus earundem partium .
siue omnes forte siue quotlibet inueniantur in eruditione P,XVII
tantum scolastica tenemus ; scribentibus autem et loquentibus ex arbitrio suo licet quamlibet earum alteri pręponere . ut exemplis

Quis.
declaratur; A subiectiuo incipit hęc oratio. Dominus possedit me initio uiarum suarum . antequam quicquam faceret a principio.

Quid.
A declaratiuo incipit; Uidit iacob scalam summitas eius cęlos tangebat et descendentes angelos . et dixit . uere locus iste sanctus est;

Quando.
A tempore incipit. Priusquam te formarem in utero noui te . et antequam exires de uulua sanctificaui te;

Ubi.
A loco incipit;

Z 1 ignota] i *größtenteils abgeschnitten* 4 romę] *Schwänzchen des e von anderer Hand nachgetr.* 6 significat;] *Haken des* ; *von anderer Hand unter der Zeile nachgetr.* 7 in *vor der Zeile nachgetr.* cęteris] r *aus Ansatz von* ſ *verb.* 9 tenemus;] *Haken des* ; *von anderer Hand unter der Zeile nachgetr.* 10 pręponere] *über* o *kleines Loch im Pgm.* 11,13,15,16 *alle Großbuchstaben in den Glossen rot* *Punkt gehört hinter* 3 cessantibus, 5 iura *und* leges, 9 scolastica, 13 scalam, 13/14 tangebat, 15 utero, 16 uulua.

G 1/2 tempus 2 item 4 locus ut sed 6 similiter 8 siue[1] *fehlt* quodlibet 11,13,15,16 *die Glossen fehlen* 13 uidit 14 dixit *bis* sanctus] d.v.l.i.s. 15 priusquam 16 antequam exires] a.q. / ex.i.

In celestibus regni sanctorum habitatio est . et in eternum requies Z42r
eor<um.>

Quare.uel Cur. .Uel. Ut uinceret.ut sciret.quoniam omnivm potentior sapientia
A causa incipit. Propter sion non tacebo . donec egrediatur ut splen-

Quomodo.
dor iustus eius. A modo incipit; In sudore uultus tui ues-

Quibus adminiculis .i. Qua facul-
ceris pane tuo dixit dominus ad adam; A materia incipit. De tate.
quinque panibus et duobus piscibus saciauit dominus quinque milia hominum; Ita uarie incipere sententias quę enuntiant aliquid . uoluntatis quidem est scriptorum . aliquando tamen et necessitatis; Vt in exameron; Dixit quoque deus; Hunc ordinem mutare sic . deus quoque dixit . ea constrictus ratione . non potuit . ne uideretur . alter quis prius aliquid dixisse . quia coniunctio : quoque ! alternitatem significat;

QUOT SINT GENERA ELOCUTIONIS ET QUID SIT COLON ET COMMA. 2.

Ergo altius repetamus . ut possimus regulam dare constructionis; Duo genera sunt locutionum . quorum aliud est distinctum per cola et commata . et non moratur intellectum . aliud est continuum et non intellegitur usque ad finem sententię; Quid autem sit colon et comma statim

---

Z 1 *cęlestibus *ęternum (= *G*) eor<um.>] um. *abgeschnitten* 2,3,4 *alle Großbuchstaben in den Glossen rot* 2 .Uel.] *das Ganze rot, danach* .I. *rad.* pot sap. 5 *satiauit 6 Ita] I *verb.* 7 .quidem *und* .& *von anderer Hand mit Einfügungspunkt übergeschr.* 8 *hexa(e)meron *bzw.* *hexa(e)mero (*Dat./Abl.*) *hinter der Zeile 3-4 Buchstaben rad.*, os *noch sichtbar* 10 quis. *und* .aliquid *von anderer Hand mit Einfügungspunkt übergeschr.* :quoque*!*] : *und ! ohne Spatien eingefügt; sie fungieren anscheinend als Anführungszeichen; vgl. oben 8/9 2mal* quoque *Punkt gehört hinter* 15 continuum, 16 comma.

G 2,3,4 *die Glossen fehlen* 2 syon tacebo] *dahinter:* et propter Herl̄m (= Hierusalem) non q. (= quiescam) donec egrediatur] d.e 2/3 splendor iustus] s.i. 3/4 uultus *bis* ad] .u.t.u.p.t.d.d.a 5/6 panibus *bis* hominum] p. et d.p.s.d.v m.h. 8 ut sic? *(nur Schleife)* Deus[2] 10 quis. *und* .aliquid *fehlen* conuinctio alternitatem] r *mit Einfügungshaken übergeschr.* 12 QUID] q̄d̄ (= quod) 14 Duo] D *aus* d *geänd.* locucionum] u[1] *aus* o *verb.* 16 colon. *mit Einfügungsstrich unter der Zeile nachgetr.*

dicamus . ut ex eis hęc genera melius cognoscantur; Sunt enim G60vb Z42v partes sententiarum . ita ut colon dicas integrum et absolutum . intellectum . siue finita sententia siue non finita . comma autem pendente sententia; Et unum colon implet sententiam . P,XVIII ut homo animal est . cęlum uoluitur . sol est super terram . terra inmobilis est . pudet me uiuere . tedet me uitę. Commata autem . ut sunt . quando uenit plenitudo temporis . si offers munus tuum ante altare . ex quo mundus factus est . ille homo qui dicitur IESUS . si quis fecerit uoluntatem patris mei . quid perfecti habent? Non ergo possunt per se sententiam facere . ideo cum suspensione uocis in constructione legenda sunt . cola autem cum depositione . ut intellegas hęc tantum distare sensu . quantum et in metrica distant scansione. Nam ibi ad hanc similitudinem ubi in secundo aut tertio loco finitur pars orationis . cum pede . ut uirgilius in sexto ! ostendent terris hunc tantum . quia hoc aliquid integrum est . quasi uellas ramum de arbore aut

Z 2 integrum] r *aus Ansatz von* n *verb.* 6 *tędet 9 IH̄C *(in Kapitälchen)*; *iesus (= ih̄ſ *G)* 13 ibi] *davor* ad *rad.* 15/16 tantum . *auf Rasur* *Punkt gehört hinter* 3 sententia. *Punkt ist zu tilgen hinter* 2 absolutum.

G 6 Tedet Commota 7/8 munus tuum ante] .m.t.a. 7 tēpris 8 Ille 9 Si 10 sententias Ideo 11 autem Cola autem] autem[1] *durch Strich darunter getilgt*

pedem de uictima colon dicitur Dum autem pars orationis termi- Z43r
nata non simul pedem terminat . sed diuidit medium . ut arma uirumque cano . hęc sectio uelud si de uictima aliquid frustatim et non membratim abscidas . aut de uite caudicem falce reseces . comma dicitur. Et hęc metricis propria sunt quia sola scansione fiunt quę autem prius dicta sunt quia sententiam diuidunt omnibus scribentibus communia sunt. Hoc autem comma in utroque genere inuenitur . distincto et continuo. Fieri tamen non potest ut in distincto comma sit sine colo . sed colon sepe sine commate ut pene primus psalmus distinctus est colo sine commate. In continuo uero commatum contingit fieri conexionem sine colo . ut exemplis post liquebit. Item aliud comma est significans hoc idem quod et colon sed pautioribus uerbis uno scilicet aut duobus uel maxime tribus . ne si P,XIX
ultra extendatur colon potius esse uideatur Et possunt eiusmodi commata multiplicari in una sententia aliquando

Z 3 *uelut .de *mit Einfügungspunkt übergeschr.* 10 *sępe *pęne 13/14 *paucioribus *(= G)* *Punkt gehört hinter* 1 uictima, 5 sunt, 6 fiunt *und* sunt, 6/7 diuidunt, 9 potest, 10 commate, 13 colon, 14 uerbis, 15 extendatur *und* uideatur, 16 sententia.

G 1 aut 4 absidas 5 coma et 8 distinctio 11 in 12 post / post] post^{1} *durch Strich darunter getilgt* 14 ne] me 16 ei)^{o}mi

Z43v per se aliquando interpositis his quę cola dicuntur. Vt est illud in libro machabeorum. Hęc eadem scripta sunt demetrio regi et attalo et arabę et arsaci et in omnes regiones et samsamę et spartanis et delo et mido et sycione et carię et samum et pamphiliam et liciam et alicarnasum et rhodum et phaselida et choo et siden et arado . et gortinam et chnidum et cyprum et cyrenen. In hoc periodo prȩcedente uno colo quod est hęc eadem scripta sunt demetrio regi . reliqua quę sequuntur . quamuis per se plenum intellectum habeant propter paucitatem uerborum commata dicenda sunt quia tot cola in una sententia cumulari non possunt. Sic et in epistula numerantur uitia singulis uerbis . irę . rixę . dissensiones . sectę . inuidię . uel contra uirtutes . gaudium . pax . longanimitas . et plenum sensum habent . et tamen commata sunt In esaia quoque lunulas . torques . et monilia . et armillas . mitras . discriminalia . et periscelidas . et murenulas . et olfactoriola . et inaures . et anulos . et gemmas in fronte pendentes . et mutatoria . et pallia . et linteamina . et acus . et specula .

Z 2 *machabęorum *Punkt gehört hinter* 1 se, 7 est, 9 habeant *und* sunt, 13 sunt.

G 1 ut 3 arabę] r *aus Ansatz von* b *verb.* 3/4 spartamis] m *zu* n *(durch Punkt unter dem 1. Strich) verb.* 5 alicarmasvm . et rohdum 6 cheudvm] v *aus* o *verb.* in 8 regni 10 in[2] *fehlt* 11 Ire inuidię inuidie] inuidie[2] *durch Strich darunter getilgt* 12 Vel 13 in 16 speccula

Z44r

et sindones . et uittas . et teristra . quis nisi commata dicat? Forte sunt qui huiusmodi solum comma dici uelint quia et beda de metrica arte unum pene estimat colon et comma . tale exemplum de commate dans G60v^2 in epistula pauli. Sustinetis enim si quis uos in seruitutem redigit . si quis deuorat . si quis accipit si quis extollitur . si quis in faciem uos cedit. P,XX Martianus uero diffinitionem simul dat et exemplum de commate dicens. Cęsum est pars orationis ex duobus aut pluribus uerbis . dum quicquam absolute significamus . quamquam cęsam orationem dicamus dum singula uerba quiduis significantia proferuntur. Ut est Quis est iste lolius qui sine ferro ne nunc quidem tecum est ; quis est iste lolius? armiger catilinę stipator tui corporis . concitator tabernariorum percussor dilapidator curię; Et in uerrinis. Comites illi dilecti manus erant tuę accersiti medici aruspices . scribę . manus erant tuę. Abstulit enim nobis dubitationem his exemplis quid uelit comma dici utique singula uerba uel paulolum plura per se aliquid significantia Item comma dicitur breuis sententia de quo lucanus in titulo sui libri loquitur dicens

---

Z 3 *pęne *ęstimat *(= G)* 5 *cędit 10 est;] 13 curię;] *Haken des ; von anderer Hand* 13 scribę] scrib *auf Rasur* 15 *paululum *Punkt gehört hinter* 2 uelint, 5 accipit, 8 dicamus, 9 est^1, 10 catilinę, 11 tabernariorum *und* percussor, 12 tuę, 13 accersiti *und* medici, 14 exemplis *und* dici, 15 significantia, 16 sententia *und* dicens.

G 1 uictas dicat?] dicatur 2 me/trica arte.] trica arte. *ergänzt, danach* deest / hic pars *in 2 Zeilen auf dem rechten Rand;* hic est quod deest *sowie* 44r,3 Vnum penę *bis* 45r,13 uirumque cano *in 34 Zeilen von anderer Hand auf der verso-Seite eines zwischen f. 60 und 61 eingehefteten Blattes (= 60v^2)*
3 penę 9 lolius] Loivs 10 lolius] loius 12 Et] ⁊ 14 commam] m^3 *durch Strich darunter getilgt* 15 paulolum] paulo Cum

Continuo numquam direxi carmina ductu quę tractim serpant Z44v
plus mihi comma placet D E G E N E R E D I S T I N C T O. 3.

Quod ergo distinctum genus est locutionis . potest extendere sententiam usque ad sex cola sicut martianus docet et quę uno plus colo sententia extenditur periodos dicitur quę ad unum contrahitur monocolon dicitur. Sex membris constat. Omnes manus dissoluentur et omnia genua fluent aquis et accingent se ciliciis et operiet eos formido et in omni facie est confusio . et in uniuersis capitibus eorum caluitium. Uno constat. Deum nemo uidit umquam.

In hoc loquendi genere . esaiam prophetam totum se interpretatum fuisse hieronimus quo facilius possit intellegi in eiusdem prophetę prologo testatur . ad exemplum demostenis et tullii rhetorum qui in libris suis eo uti sunt . soliti non transeuntes ad aliud genus quod continuum P,XXI dicitur Talis est idem tullius in philippicis et rhetoricis de senectute et de officiis. Ad herennium quoque et in uerrinis ut legentibus liquet. Hoc genus et lucanus se elegisse testatur

---

Z 1 *über der Zeile* probatio penne et *als Federprobe* 2 DISTINCTO.] *nach* O *auch roter Punkt, darüber punktartiger brauner Tintenfleck* 9 caluitium] *über* i^1 *punktartiger Tintenfleck* 11 *hieronymus 12 demostenis] *Tinte der Ligatur* st *oben ausgelaufen;* *demosthenis rhetorum: h *übergeschr.* 13 sunt .] *Punkt unter der Zeile* transeuntes] *unter* nt *kleiner Tintenfleck* 15 uerrinis] uectiuis *(mit Piper; vgl. oben 44r,12)* *Punkt gehört hinter* 1 serpant, 2 placet, 4 cola *und* docet, 5 dicitur, 6 dissoluentur, 7 aquis *und* ciliciis, 8 formido, 11 hieronimus *und* intellegi, 13 genus, 14 dicitur *und* rhetoricis, 15 uerrinis.

G 2 michi 5 colo *fehlt* 11 hieronimus] i^1 *übergeschr.* 13 trans/seuntes 14 rhetoricis] h *übergeschr.*, r^2 *aus Oberlänge verb.* 15 officis 16 Vt

uerbis supradictis. Ergo totum uetus et nouum testamentum . ob dif- Z45r
ficultatem fugiendam morem tenet circumscriptę locutionis
et determinatę per cola et commata quod genus periodos dicitur idest
circuitus . quem circuitum partes eius faciunt dum singulę per se
perfectum sensum ostendunt et ad alium atque alium reuertuntur.
Circuitus enim reuersio est ! ut illud. Et samsame . et spartanis sicut
dictum est Propterea periodos dici non potest sententia quę unimembris est. In hoc scilicet genere quia singulę partes uersus per se construuntur leuis fit uerborum transpositio ut in psalmo si uolumus construere Uir qui non abiit in consilio impiorum . beatus est
et qui non stetit in uia peccatorum beatus est et qui non sedit in cathe-
dra pestilentię beatus est. Tam facile quoque construitur illud initium G60vb
eneidos . arma uirumque cano. Dicendum est enim. Cano arma et uirum.
Ibi in uerbo nominatiuus subauditur et fit comma quia incertum
est quem uirum canat . donec aliud adiciatur . et dicatur . qui profugus
ab oris troię . fato primus uenit ad italiam . ut comma cum com-

---

Z 6 *samsamę (= *G*) 10/11 *danach altes Loch im Pgm.* 13 *ęneidos cano.] *danach punktartiger Tintenfleck* 14 comma] *über* m^{2} *punktartiger Tintenfleck* 16 ab *vor der Zeile ergänzt* *troię fato . italiam] *unter* m *dünner schräger Strich (/)* *Punkt gehört hinter* 3 commata, 4 faciunt, 6 spartanis, 7 est, 8 genere, 8/9 construuntur, 9 transpositio, 10 construere, 10,11 *2mal* est, 14 subauditur *und* comma.

G 2 fugendam circum scriptę / scriptę] scriptę^{1} *rad.* 5 reuerduntur] d *zu* t *verb.* 6 Vt illud et 7 propterea 9 spalmo 11 et^{1} *fehlt* 11/12 cathetra 12 tam 12/13 quoque *bis* cano^{1} *am Ende des eingehefteten Blattes 60r^{2},34 stehen auch 60vb,36* 13 est *fehlt* cano^{2} 14 ibi in *fehlt* 15 quem] que

mate colon efficiat

D E C O N T I N U O. 4. Z45v

Quod autem continuum genus est epimone lexin greci dicunt id est conexionem dictionum . eo quod semper ultra tendat quod dicitur et donec ad clausulam ueniat non admittat perfectam intellegentiam. Diffusior enim P,XXII locutio est et porrigitur eius interdum sententia ad integram paginam . perpetuis et coherentibus partibus; Qualis est illa. Tempore quo siluius ęneas regnauit in italia . templum domino toto orbe famosissimum rex salomon filius dauid cui similis in sapientia nullus ante eum uel post inuentus est quia tabernaculum in sylo ubi erat arca angustum populo uisum est ad orandum et sacrificandum hierosolimis . loco . quem ad hoc elegit dominus ex lapidibus preciosis sectis et quadratis . et lignis cedrinis ex libano monte per irâm regem tyri administratis . prospere . plus quam credi potest construxit et ad perfectum elimauit; Hanc sententiam uerbum ad finem usque reseruatum . esse fecit continuam quia si ante finem aliqua uerba occurrerent . hęc colon aut comma formarent quę simili

---

Z 6 *cohęrentibus 9 *silo (= *G*) 10/11 *davor altes Loch im Pgm.* 11 *hierosolymis *pretiosis 12 *hiraṃ 16 *unter der Zeile links* fatigat *als Federprobe* occurrerent] occu *auf Rasur, davor 3 Buchstaben rad.; unter* r^2 *ganz kleiner Punkt Punkt gehört hinter* 1 efficiat, 2 est, 4 ueniat, 8 dauid, 9,10 *2mal* est, 10 sacrificandum, 11 dominus, 13 potest, 14 uerbum, 15 continuam, 16 formarent. *Punkt ist zu tilgen hinter* 11 loco, 13 prospere.

G 1 *die Überschrift steht auf dem rechten Rand* 2 epimone lex in 5 integram] a aus u *verb.* 6 choerentibus Tempore *fehlt* 10 archa 12 iram 14 hanc 16 Hec

modo sensum distinguunt dum idem significant et non fiunt sine uerbo Z46r uel subauditione uerbi sicut nec illud fit sine uerbo comma quod in utroque genere inuenitur et non sensum distinguit sed compaginem dictionum illius similitudine metrici commatis quo in scansione pedes distinguuntur et non partes orationis; Potest autem et questio fieri . si continua est quędam oratio quare aristotiles in cathegoriis . orationem inter eas numerauit quantitates quę distinctas ab inuicem partes habent

Ad quod respondendum . quam uerum est quod singulas dictiones et sillabas et literas habet oratio distinctas et quod de significatione sententię illę nihil dixit . quę intellectu sepe continuatur . literis et uocibus semper distinguitur. Singulę autem dictiones de quibus aristotiles dixit minimę sunt partes orationis maiores sunt septem supradictę quę plures possunt comprehendere dictiones; Hę quoque distinctę sunt . et in continuis sententiis locum ipsę respirandi legentibus monstrant . quia dum sint accionis et passionis adiacentię . pręmissę quidem per se agnoscuntur . nec aliter discernerentur cuius autem sint P,XXIII

Z 2 *danach senkrechter Strich auf dem Rand* 5 *quęstio 7 quantitates] über at *zirkumflexartiger Strich* 8 *syllabas 10 *sępe 15 *actionis *(= G)* *Punkt gehört hinter* 1 distinguunt, 2 uerbi, 3 distinguit, 4 commatis, 6 oratio, 7 quantitates *und* habent, 9 distinctas, 12 orationis *und* supradictę, 16 discernerentur *und* sint.

G 6 orationis 7 habent? 15 actiones et passiones 16 nec *bis* sint *mit Einfügungshaken übergeschr.*, darunter de non nouissimum uerbum adiciatur cuius autem / *durch Strich darunter getilgt*

non agnoscitur donec nouissimum uerbum adiciatur, Habent ergo ordinem Z46v
constructionis talem A S U B I E C T I U O. 5.

Rex salomon filius dauid cui similis in sapientia nullus ante eum uel post inuentus est. Ecce persona. Sequitur actio Construxit templum domino . toto orbe famosissimum et ad perfectum elimauit. Sequitur modus ne aduerbium longe sit a uerbo. Prospere plus quam credi potest. Ubi?

Iherosolimis . loco quem ad hoc elegit dominus. Unde? Qua materia?

Ex lapidibus preciosis sectis et quadratis et lignis cedrinis ex libano monte per irâm regem tyri administratis. Quando? Tempore quo siluius eneas regnauit in italia. Quare? Quia tabernaculum in silo ubi erat arca angustum uisum est ad orandum et sacrificandum;

Hęc oratio historica narratio est et bis ordinata eundem intel- G61ra
lectum habet . sed posterior ordo ad erudiendum pertinet

Sunt et in ea omnes illę .vii. partes quę simul in una sententia rarius inueniuntur. Quotquot tamen inueniuntur licitum est post principales duas . hoc est quis et quid fecerit sumere de reliquis quęli-

---

Z 7 *Hierosolymis 8 *pretiosis (= *G*) 9 *hiram tyri] *über* y *punktartiger Fleck* 10 *ęneas 16 hoc] h *auf Rasur von* q^{i}s *Punkt gehört hinter* 1 agnoscitur, 2 talem (?), 3 dauid, 4 actio, 13 pertinet, 14 partes, 15 inueniuntur^{2}, 16 fecerit *und* reliquis.

G 1 non] *davor* / sint *durch Strich darunter getilgt* 2 *die Überschrift steht auf dem rechten Rand* 4 est *fehlt* contrucxit 8 ex^{2}] et 9 yram 10 quia 11 archa 12 oracio *mit Einfügungshaken übergeschr.* historica] *unter* i^{1} *Punkt* 13 herudiendum 14 sunt 15 Quodquod 15/16 principales] in *mit Einfügungshaken übergeschr.* 16 summere

bet commoda fuerit; A S U B I E C T I U O. 6. Z47r

Construamus et illam quę similiter continua est. Christus assistens pontifex usque introiuit Ergo . christus assistens pontifex futurorum bonorum . hoc subiectiuum est. Introiuit semel in sancta hoc declaratiuum est. Quando? Eterna redemptione inuenta. Quomodo? quo ordine? qua uia? Per amplius et perfectius tabernaculum id est P,XXIV non per tabernaculum manu factum . neque huius creationis neque per sanguinem hircorum aut uitulorum . sed per proprium sanguinem

In his maxime necessaria est constructio: Frequens enim earum usus est non apud seculares tantum auctores sed et apud catholicos scilicet augustinum . cassianum . orosium . bedam . cęterosque; Inter quos omnes . saltim de cassiano proferatur exemplum. In prima enim parte collationum ipse prologum incipit his uerbis. Debitum quod beatissimo papę castori in eorum uoluminum pręfatione promissum est . quę de institutis cęnobiorum et de octo principalium uitiorum remediis duodecim libellis domino adiuuante digesta sunt in quo tenuitas nostri

---

Z 5 *Ęterna 8 sanguinem^2] über ē *ein* m-*Strich rad.; oben an* m *ein schräger Strich nach rechts angeschr.* 10 *sęculares 12 prima] secunda P^ und sancta,, *als Federproben auf dem unteren Rand, einige andere sind verwischt Punkt gehört hinter* 3 introiuit, 4 sancta, 7 creationis, 8 sanguinem^2, 10 catholicos, 16 sunt.

G 1 *die Überschrift fehlt* 2 christus 4 est subiectiuum introiuit 4/5 declaratvm 5 Quando?] Quomodo, *dahinter Einfügungszeichen (:.) übergeschr.,* :. eterna *bis* quomodo? *auf dem oberen Rand* redempcione] p *mit Einfügungsstrich unter* e^2 Quo 8 hyrcorum aut uittulorum 9,12 *2mal* in 16 quo &

Z47v

sufficit ingenii utcumque sancitum est Et inferius. Nunc autem quia derelinquens nos pontifex supradictus migrauit ad christum . has interim decem collationes summorum patrum . id est anachoretarum qui in heremo scithi morabantur quas ille incomparabili flagrans studio sanctitatis simili sibi iusserat sermone conscribi non expendens prę multitudine caritatis quanto infirmas ceruices pondere pręgrauaret uobis potissimum o beatissime papa leonti et sancte frater elladi credidi consecrandas A S U B I E C T I U O. 7.

Construamus ergo Debitum quod promissum est beato papę castori in prętatione eorum uoluminum . quę digesta sunt duodecim libellis domino adiuuante de institutis cęnobiorum et de remediis oc[c]to principalium uitiorum. Ecce subiectiuum Sancitum est predicatiuum est Vtcumque modus actionis est. In quo tenuitas nostri sufficit ingenii eiusdem partis est. Quicquid eiusdem partis est separari ab ea non debet Quod autem dictum est in quo intellegendum est . ad quam rem scilicet utcumque P,XXV soluere debitum quod promissum est. Ergo nominatiuus debitum

Z 7 pręgrauaret] *über* a^{2} *kleiner senkrechter Strich, über* e 2 *kleine Tintenflecken* 12 subiectiuu] *danach kleiner Tintenfleck* Sancitum] *unter* Sa *kleiner Tintenfleck* est^{1}] est sit *prędicatiuum *(= G)* 16 est.] *Punkt sehr hoch (über* E *von* Ergo*)* *Punkt gehört hinter* 1 est, 4 morabantur, 5 conscribi, 7 pręgrauaret, 8 consecrandas, 9 ergo, 12 subiectiuum *und* est^{2}, 14 debet, 15 quo *und* rem.

G 1 sanctitum et 4 scithi] *davor* sic *durch Strich darunter getilgt* 6 infirmas] firmas *mit Einfügungshaken übergeschr.* 7 o] a 8 consecrandas] c^{2} *aus* r *verb.* 9 est *fehlt* papæ castori] i *aus* e *verb.* 10 uuoluminum] u^{1} *anrad. oder verwischt* 12 est^{1}] sit

pro quis accipitur. Sancitum est pro quid accipitur. Utcumque pro modo accipitur Z48r

Et infra; A S U B I E C T I U O. 8.

Nunc autem credidi o beatissime papa leonti et sancte frater elladi interim consecrandas esse uobis potissimum has decem collationes . summorum patrum id est anachoretarum qui morabantur in heremo scithi quas ille subauditur castorius flagrans incomparabili studio sanctitatis . iusserat conscribi simili sibi sermone . non expendens pre multitudine caritatis quanto pondere prȩgrauaret infirmas ceruices meas;

Hucusque prȩdicatiua pars . quȩ dicitur quid; Subiectiua autem pars est nominatiuus qui subauditur in uerbo credidi. Q<u>ia supradictus pontifex derelinquens nos migrauit ad christum. Hȩc est causa facti. Sunt utique quis . quid . cur; Nam in priore uersu subiectiua pars dilatata est. In inferiore autem declaratiua . et neque tamen istam neque illam quis potest soluere ut pro una duas uel tres habeat. Ita semper supradictȩ .vii. partes . requiri et ordinari debent maxime ubi plurimis uerbis protrahitur sententia fitque ut ad magnam utilitatem legentium non sine difficultate . media primis

---

Z 3 beatissime] über a *kleines Loch im Pgm.* 7 *prȩ (= *G*) 13 dilatata] über a^{3} *kleiner Fleck* *2mal* sancta *als Federprobe auf dem unteren Rand* *Punkt gehört hinter* 1 accipitur^{3}, 5 scithi, 13 istam *und* soluere, 14/15 debent, 15 sententia. *Punkt ist zu tilgen hinter* 14 partes.

G 1 Sanctitum 5 schiti 9/10 nominatus 11 sunt 12/13 declaratiuo 14 ita 16 ad *fehlt*

Z48v et prima nouissimis construantur et longe separata concurrant ut sensus pateat et ut possit dinosci . quis et quid fecerit . uel passus sit cum cęteris circumstantiis sine quibus ad integrum res quemquam discere inpossibile est;

9. UNDE INCIPIENDUM SIT . QUANDO NON OPORTET A SUBIECTUO CONSTRUENTEM INCIPERE.

Sed tunc nominatiuum pręponere incongruum est quando a relatiuorum obliquis casibus incipit uersus. Ut est in euangelio Quam cum impleta esset educentes et secus litus sedentes elegerunt bonos in uasa sua malos autem foras miserunt. Hanc particulam in (P,XXVI) primo loco positam transferre et dicere educentes quam cum impleta esset non consentit relatio nominis . respitientis ad superius nomen hoc est sagenam Non enim sine causa dicuntur relatiua nomina . qui . et que . et quod. Propterea ubi hęc occurrunt in primo loco immobilia esse necesse est

Z 3 quemquam] über qu[1] *kleines Loch im Pgm.* 12 transferre] e[2] übergeschr. 13 consentit relatio *'gewährt'* bzw. consentit *relationi *'stimmt überein mit'* *respicientis *(= G)* 15 *quę 16 *es ist wohl Raum für eine Überschrift freigelassen, zumal das* E *von* 49r,1 Est *als rote Initiale erscheint* *Punkt gehört hinter* 1 concurrant, 3 circumstantiis, 9 euangelio, 10,13 *2mal* esset, 11 sua, 14 sagenam, 16 est.

G 1 primi 3 dicere 6 opportet assubiectiuo 9 ut 11 bonos] o[1] *aus Ansatz von* v *verb.* nasa maserunt] a *durch Punkt darunter getilgt,* i *übergeschr.* 15 propterea

Z49r

Est etiam . quando uel uerbum . uel aduerbium uel coniunctio . uel obliqui casus necessitate prępονuntur . tam a scribentibus quam a legentibus et constructionem meditantibus . et propterea uel a declaratiua parte . uel a cęteris circumstantiis ipsi adherentibus incipiendum est Quę deinde omnia nos persequi oportet

Preponitur uerbum; A U E R B O. 10.

In enuntiatiua oratione . ut illud quod prius dictum est Dixit quoque deus Et ut augustinus dicit Putauerunt etiam philosophi non unum mundum esse sed plurimos Huiusmodi sententias aliter construere magis est destruere quia si pręposuerimus nominatiuum dicentes . philosophi etiam putauerunt intellegitur hoc prius de aliis dictum quam de philosophis et secundum eum intellectum coniunctio nominatiuo seruiet et non uerbo Melius etiam interrogatiue pręponitur uerbum. Vt est. Uenit ille? Et sicut uirgilius dixit Heu cadit in quemquam tantum scelus?

A T E M P O R E. 11.

Sepissime etiam aduerbio constringimur uerbum nominatiuo pręponere cum per aduerbium posteriora copulantur superioribus . ut illud Interea medium eneas iam classe tenebat certus iter. Est enim constructio

---

Z 4 *adhęrentibus 5 *Pręponitur 14 *Sępissime 16 *ęneas certus] *unter s punktartiger Tintenfleck* *Punkt gehört hinter* 1 aduerbium, 4 est *und* oportet, 6 est *und* deus, 7 dicit, 7/8 plurimos, 8 destruere, 9 putauerunt, 10 philosophis, 11 uerbo, 12 dixit, 14 pręponere, 15 illud, 16 constructio.

G 2 asscribentibus 5 pręponitur 6 Et ut] Item 6/7 ag̅ (= augustinus) 7 putauerunt 9 nominatum putauerunt *fehlt* 10 dedictum aliis 12 ut 13 scelus *die Überschrift steht auf dem linken Rand* 15 aduerbum copularentur] rentur *durch Strich darunter getilgt*, ntur *übergeschr.*

Interea tenebat iam eneas classe medium iter certus eundi Non enim Z49v
uerbum potest separari a prędecente aduerbio. Item. Non aliter
si parua licet componere magnis . Cecropeas innatus amor apes
urget habendi . Munere quamque suo. Constructio est; A M O D O. 12. P,XXVII
Non aliter innatus amor urget habendi . quamque suo munere. Si licet
componere parua magnis. Hęc constructio cogit nos declaratiuę
parti subiectiuam interponere ne coniuncte dicamus urget apes
nisi iter[r]emus uerbum interrogando quem urget? cecropeas apes. Item ipse.
Hinc tibi quę semper uicino ab limite sepes Hibleis apibus florem depasta
salicti Sepe leui somnum suadebit inire susurro. Hinc alta sub rupe
canet frondator ad auras. Construitur sic; A LOCO. Hinc ab uicino limi- 13.
te semper est sepes quę depasta florem salicti ab hibleis apibus sepe
suadebit tibi leui susurro inire somnum. Hinc sub alta rupe ca- G61rb
net frondator ad auras. Hęc tam frequens est constructio . ut in nulla pene desit lectione A M A T E R I A. 14.
Ultimus etiam construitur nominatiuus ceteris dictionibus necessitate

---

Z 1 *ęneas 4 Constructio] u *übergeschr.* 5 Non] *das schwarze* N *rot gestrichelt* *munere . si 8 iterremus] *aus* terrenus *verb.* (i *übergeschr.*, m *aus* n *verb.*) 9,12 *2mal* *sępes 10 *Sępe A LOCO. *vor der Zeile nachgetr., das schwarze* H *von* Hinc *rot gestrichelt* 12 *sępe 15 *pęne *Punkt gehört hinter* 1 eundi, 2 aliter, 7 interponere *und* apes, 9,12 *2mal* sepes, 10 salicti, 12 apibus, 15 lectione.

G 1 interea 3 apes amor 4,11 *die Überschriften stehen auf dem linken Rand* 7 Vrget 8 itteremus] t^{1} *durch Punkt darunter getilgt* 8 Cecropeas aues 11 construitur auaro *durch Punkte darunter getilgt*, auicino *mit Einfügungspunkt übergeschr.* 13 susurru] u^{3} *durch Punkt darunter getilgt*, o *übergeschr.* 15 *die Überschrift steht auf dem rechten Rand* 16 contruitur

prędecentibus ut illud. Necnon et uario noctem sermone trahebat Z50r infelix dido. Ingreditur enim ista constructio per eam partem quę dicitur materia . et sicut dicimus construentes . nam et loquela tua facit te manifestum non ita possumus dicere necnon et dido trahebat noctem uario sermone quia pręcedentes duę coniunctiones prepositiua et subiunctiua seruiunt ablatiuo de ablatiuo autem ad uerbum et inde ad nominatiuum in ultimo peruenitur A M P L I U S. 15.

Similiter in sententiis incipientibus ab aduerbiis temporalibus . cum . quando . postquam . ut et similibus . cauendum est ne nominatiuum casum et indicatiuum uerbum pręponendo ea quę prius gesta sunt aut gerenda posterius dicamus ordine rerum turbato. Hę sententię commaticę sunt id est quę nullo P,XXVIII membro distinguuntur sed in pendulo et continuo sensu cesuram uerbi patiuntur cum repetitione aduerbii pręcedentis . in quibus ea quę tempore priora sunt ordine percurrentes et uocem ultra tendente sententia suspendentes ultimum uerbum signamus ipsius depositione uocis Ut illut uirgilii Postquam res asię priamique euertere gentem Inmeritam uisum

---

Z 5 *pręposițiua (= *G*) 8 Similiter] S[1] *rot, untere Schleife des roten* S *bedeckt teilweise ursprüngliches schwarzes* i[1] 9 est (ē) *von anderer Hand übergeschr.* 12 *cęsuram 15 *illud (= *G*) 16 Inmeritam] Imneritam *Punkt gehört hinter* 3 manifestum, 4 dicere, 4/5 sermone, 6 ablatiuo[1], 7 peruenitur, 15 uocis, 16 uirgilii.

G 1 ut] *davor* nominat̄ *durch Strich darunter getilgt* 4 dicere .] *Punkt sehr dünn* 6 seruiunt] u[2] *aus* n *verb.* 6/7 no/nominatiuum 7 *die Überschrift steht auf dem rechten Rand* 9 nominat̄ 11 turbatio Hęc] i *und* c *jeweils durch Punkt darunter getilgt* 12 censuram 15 vt 16 postquam inmeritam

superis. Hic quia uerbum occurrit uisum est et tamen pendet intellectus Z50v comma fit et suspendenda est uox Ceciditque superbum ilium. Hic quoque. Et omnis humo fumat neptunia troia. Et hic. Diuersa exilia . et desertas querere terras auguriis agimur diuum Hic demum deponenda est uox : ut intellegatur finis sententię et in hac ultima parte significatum est quis quid fecerit et ab ea incipiendum esset nisi hoc ordinem rerum confunderet. Quid ergo? Nullamne habent constructionem tales sententię? Habent utique illam quę communis est omnibus sententiis casuum et uerborum multiplicem et subtilem constructionem in qua prescianus sudauit quam commemorare hic breuiter oportet quoniam ab ipso plenius discenda est;

D E C O N S T R U C T I O N E C A S U U M I N T E R S E . 16.
E T U E R B O R U M C U M C A S I B U S.

Nam ut et antea dictum est nominatiui omnium casualium uerbis pręponuntur sed aliquando absolutis . ut homo [uiuit] uiuens spirat . socrates philosophatur Aliquando transitiuis . ut mater diligit

Z 4 *quęrere 10 *priscianus 15 uiuit *ist zu tilgen (= G); vgl. unten 52r,1/2* 16 *philosophatur . aliquando *Punkt gehört hinter* 1 est *und* intellectus, 2 uox, 4 diuum, 5 sententię, 6 fecerit *und* esset, 9 sententiis, 10 sudauit, 11 oportet, 14/15 pręponuntur, 16 philosophatur.

G 2 et 3 himo diuersa deſertaſ] t *aus* ſ *verb.* 4 augimur] u[1] *durch Strich darunter getilgt* 7/8,9/10 *2mal* contructionem 10 p̄cianus commemorarari 12 CONTRVCTINE

Z51r

filium uxor odit pelicem. Ipsa autem uerba transitiua . quando sunt actiua uel neutra aut deponentia prȩponuntur obliquis . alia genitiuo ut abstineo irarum . alia datiuo ut benedico tibi noceo illi . alia accusatiuo ut doceo te . amo te . alia ablatiuo ut potior illa re P,XXIX fruor ratione utor nummo Si autem passiua sunt solo ablatiuo ut doceor a te amor ab illo Quando autem uerbum prȩponatur nominatiuo prius dictum est. Item nominatiui qui per se non possunt intellegi et ideo uocantur ad aliquid prȩponuntur diuersis casibus Alii genitiuo ut heres patris uxor mariti. Datiuo ut carus deo utilis hominibus Accusatiuo nonnisi figurate ut celer pedes latus humeros. Ablatiuo ut dignus laude mactus uirtute Verbum autem aliquando prȩponitur obliquo simul et alio uerbo infinitiuo ut uolo te legere Aliquando prȩponitur obliquo trahenti post se alios obliquos ut fac te inmemorem iniuriȩ fratrum tuorum Construitur quoque unum atque idem uerbum sine prȩpositione simul duobus casibus et cum prȩpositione aliis duobus ut misereor tui misereor illi misereor

---

Z 11 *eigentlich* *macte (*Vokativ*) *Punkt gehört hinter* 1 filium, 2 deponentia, 3 tibi, 4 re, 5 ratione *und* nummo, 6 te *und* illo, 6/7 nominatiuo, 8 aliquid *und* casibus (casib›), 9 patris, deo *und* hominibus, 10 pedes, 11 laude *und* uirtute, 12/13 legere, 14 tuorum, 16 tui *und* illi.

G 1 oodit] o^{1} *durch Punkt darunter getilgt* 5 ratiti/tione 7 item 9 datiû 14 Contruitur

Z51v

super illum misereor super illo. Habent et nominatiui duplicem constructionem ad obliquos ut amicus illius amicus illi socius illius socius illi.

Et quia uerba transitiua sunt uideamus unde et quo transeant Scilicet a nominatiuo in obliquum si actiuum uerbum est hoc est ab agente in patientem ut uarro docet ciceronem Si autem passiuum est transitio fit de obliquo in nominatiuum ut cicero docetur a uarrone Itaque nisi discretionis causa . ut est . dixit quoque deus de qua prius dictum est aut
aduerbii aut
coniunctionis aut alicuius certę rationis siue dicta sit siue non sit dicta uerbum quod natura posterius est construi ante nominatiuum non potest neque item obliquus ante uerbum Trahit enim nominatiuus uerbum post se uerbum quoque obliquum casum et ille obliquus si per se non intellegitur necesse est
ut
et ipse trahat alias partes orationis usque ad plenum intellectum

Vt est. Omnis homo primum ponit uinum bonum Hic quia aduerbium quod est primum et adiectiuum quod est bonum ultra tendunt . sequitur et cum inebriati fuerint tunc id quod deterius est Quę autem intransitiua sunt uerba absoluta dicuntur uel idiopatha id est reciproca Et si sunt absoluta P,XXX

Z 12 trahat] hat *auf Rasur* *Punkt gehört hinter* 1 illum, 2 illius[1], illi[1] *und* illius[2], 3 sunt *und* transeant, 4 si *und* est[1], 5 ciceronem *und* est, 6 uarrone, 7 deus *und* est[2], 8/9 dicta, 9 potest, 10 uerbum[1] *und* se, 11 casum *und* intellegitur, 12 intellectum, 13 bonum, 15 tunc *und* est, 16 uerba, reciproca *und* absoluta.

G 5 Vt 6 dicero itaque *von anderer Hand auf dem rechten Rand nachgetr.* 10 Verbum[3] 12 arationes] o *mit Einfügungshaken über* a[1], e *zu* i *verb.* 13 vt 16 idiopatha] th *aus Ligatur* ſt *verb.*

Z52r

unde sunt absoluta? nisi a copula obliquorum casuum ut est homo uiuit homo spirat. Reciproca uero id est passionem a se in se retorquentia cur reciproca dicerentur si non retrograda fierent ad eosdem a quibus in alios tendere uisa sunt ut homo sudat homo febricitat Sed de his prescianus Propterea sciendum est hanc rationem constructionis obseruandam esse a quacumque parte incipiatur s<i>ue a subiectiua propter dignitatem siue ab alia qualibet propter ordinem rerum quę sicut gestę sunt ita et eodem ordine legende sunt Prius est enim troiam ruere quam ciues eius exulare Sic et in constructione obseruato ordine rerum sola uerba pro arbitrio scriptoris ordinata a construente alium ordinem suscipiant secundum legem grammaticorum pręscriptam Sed dicis forte Grammatici quid cui sit coniungendum non pręponendum docuerunt Donatus enim quamuis diceret comparatiuus seruit ablatiuo non tamen dixit pręponendus est Sed quis nesciat eum casum qui rectus est pręponendum esse obliquo Aut uerbum quod transit in obliquum ipsi pręponendum esse Quia prius semper transitur deinde peruenitur et prius semper actio est deinde passio In

---

Z 4 *priscianus 7/8 *legendę 8 enim] e *aus Ansatz von* r *oder* n *verb.* eius *übergeschr.* 14 *obliquo? *(vgl. G)* 15 *esse? *(= G) Punkt gehört hinter* 1 uiuit, 2 retorquentia, 3 dicerentur, 4 sudat, febricitat *und* prescianus, 6 incipiatur, 7 sunt, 8 sunt *und* exulare, 11 pręscriptam *und* forte, 12 docuerunt *und* enim, 13 ablatiuo *und* est, 14 obliquo, 16 transitur, peruenitur, est *und* passio.

G 1 Vnde 3 ad] d *aus* o *oder* e *verb., dann durch Punkt darunter getilgt, und ein zweites* d *übergeschr.* 8 prius 9/10 scriptores 11 sed 14 obliquo?] *das* ? *ganz dünn* 15 esse? 16f. ·:deinde *bis* 52v,1 est *mit Einfügungszeichen* :· *hinter* est[1] *von anderer Hand auf dem rechten Rand ergänzt* 16 in

uerbo enim actio est in obliquo casu fit passio Et ideo medium locum te- Z52v net uerbum inter nominatiuum et obliquum quia nominatiuus dirigit uerbum in obliquum Teneamus igitur hanc regulam et redeamus ad construendum su- G61va perius exemplum dicentes A T E M P O R E. 17. P,XXXI

Postquam uisum est superis euertere res asię et inmeritam gentem priami . et postquam superbum ilium cecidit et omnis neptunia troia fumauit humo agimur auguriis diuum querere diuersa exilia et desertas terras; Hoc modo fit ut subiectiua pars orationis quę dignior est quam declaratiua aut quę illi accedunt non debeat primum locum habere in construenda oratione quia melius rerum ordinem obseruamus quando alia res legitur sequi post aliam

Ergo semper subiectiuum naturaliter prius est declaratiuo sed non semper ab eo incipienda est constructio Hęc duplex regula constructionis teneatur quia est quando circumstantię rerum simul et uerba sunt transponenda ut in superioribus aliquando alterum sine altero locum mutabit ut in hoc nouissimo exemplo

---

Z 7 *quęrere 8 desertas] diuersas (*vgl. oben* 50v,3) 9 illi] illa accedunt] c^2 *aus* e *verb.* 16 *es ist wohl Raum für eine Überschrift freigelassen, zumal das* T *von* 53r,1 Talis *als rote Intitiale erscheint Punkt gehört hinter* 1 est *und* passio, 2,3 *2mal* obliquum, 4 dicentes (?), 7 humo, 10 oratione, 11 obseruamus *und* aliam, 12 declaratiuo, 13 constructio, 13/14 teneatur, 15 superioribus, 16 exemplo.

G 1 accio fit] sit 3 constrendvm 4 *die Überschrift steht auf dem linken Rand*

Z53r

Talis est et illa prȩsciani in prologo suo Cum omnis eloquentiȩ doctrinam et omne studiorum genus sapientiȩ luce prȩfulgens a grecorum fontibus deriuatum latinos inuenio proprio sermone celebrasse. Hic prima suspensio Et in omnibus illorum uestigia liberalibus artibus consecutos uideo. Hic secunda. Nec solum in his quȩ emendate ab illis sunt scripta sed etiam quosdam errores eorum amore doctorum grecorum deceptos imitari. Hic tertia. Cuius auctores quanto sunt iuniores tanto perspicatiores et ingeniis floruisse et diligentia ualuisse omnium iudicio confirmantur eruditissimorum. Hic quia interposita ratio est . et quasi extra hanc sententiam suscipienda est . et quia potius colon est quam comma . non suspendenda sed quodammodo mutanda est uox. Quid enim herodiani artibus certius? quid apollonii scrupulosis questionibus enucleatius possit inueniri? Hec interrogatiue legenda sunt. Cum igitur eos omnia fere uitia quȩcumque antiquorum commentariis sunt relicta artis grammaticȩ expurgasse comperio; P,XXXII
Hic quarta; Certisque rationis legibus emendasse. Hic quinta Nostrorum autem neminem post illos imitatorem eorum extitisse. Quippe

---

Z 1 *prisciani 4 csecutos] *n-Strich fast ganz verwischt* 5 .ſunt *von anderer Hand mit Einfügungspunkt übergeschr., davor* ſ *rad.* 6 quosdam] d *aus Ansatz von* q *rad.* 7 imitari.] *Punkt ganz dünn; es ist wohl anschließend nach dem Priszian-Text zu ergänzen:* *in quibus maxime greca uetustissima grammatica ars arguitur peccasse.; *vgl.* unten 53v, 15/16 13 *quȩstionibus *Hȩc *(= G)* 15 sunt *fehlt; vgl.* unten 54r,5 *Punkt gehört hinter* 1 suo, 4 suspensio, 5 scripta, 16 quinta.

G 1 cum 7 cuius 8 et omnium 12 cercius 13 inueniri?] ? *rad. oder verwischt*

in neglegentiam cadentibus studiis literarum propter inopiam scriptorum Z53v
Hic sexta. Quod hucusque dictum est ad eam partem pertinet quę causa facti
dicitur Sequitur. Quamuis audacter sed non inpudenter ut puto . conatus sum pro uiribus rem
arduam quidem sed officio professionis non indebitam supra nominato-
rum pręcepta uirorum quę congrua sunt uisa in latinum transferre sermonem Hęc sunt quis quid fecerit et qualiter fecerit et hic deponenda est uox
In uerbo enim conatus sum nominatiuus subauditur qui subiectiua pars est
huius sententię a qua parte nunc incipiendum esset si hoc ordini
rerum congrueret. Construamus ergo a causa incipientes in hunc
modum; A C A U S A Cum inuenio latinos celebrasse 18.
proprio sermone doctrinam omnis eloquentię et omne genus studiorum
pręfulgens luce sapientię deriuatum a fontibus grecorum et cum uideo eos consecutos uestigia eorum in omnibus liberalibus artibus nec solum
imitari in his quę emendate scripta sunt ab illis sed et deceptos amore doctorum grecorum imitari quosdam errores eorum in quibus greca
uetustissima grammatica ars maxime arguitur peccasse cuius
auctores confirmantur iudicio omnium eruditissimorum quanto

Z 2 sexta.] *Punkt ganz dünn* 3 conatus] *unter* n *punktartiger Tintenfleck* .sum pro uiribus *mit Einfügungspunkt von anderer Hand übergeschr.* 7 ũbo] ũb *auf Rasur* 10 celebrasse] e² *verwischt* *Punkt gehört hinter* 1 scriptorum, 3 dicitur, 5/6 sermonem, 6 fecerit *und* uox, 8 sententię *und* esset, 10 CAUSA, 12 grecorum, 14 illis, 16 peccasse.

G 1 litterarum inoppiam 2 sexsta 4 offitio 10 *die Überschrift steht auf dem linken Rand* 14 immitari

iuniores sunt tanto perspicatiores floruisse ingeniis et ualuisse Z54r diligentia. Quid enim possit inueniri certius artibus herodiani? Quid possit inueniri enucleatius scrupulosis questionibus apollonii? Cum igitur comperio eos expurgasse omnia fere uitia grammaticę artis quęcumque relicta sunt commentariis antiquorum et emendasse certis legibus rationis . neminem autem nostrorum exstitisse post illos P,XXXIII imitatorem eorum . quippe cadentibus studiis literarum in neglegentiam propter inopiam scriptorum . conatus sum quidem rem quamuis audacter sed ut puto non inpudenter arduam pro uiribus . sed non indebitam officio professionis . quid est hoc? transferre in latinum sermonem pręcepta supra nominatorum uirorum quę congrua uisa sunt

Sumatur quoque et de augustino aliqua talis sententia pendula et continua atque commatica De primo enim homine loquens dixit. Quia ergo contemptus est deus iubens qui creauerat. Hic prima suspensio Qui ad suam imaginem fecerat Hic secunda Qui cęteris animalibus pręposuerat Hic tertia Qui in paradiso constituerat Hic quarta Qui rerum omnium copia<m> salutisque pręstiterat Quinta Qui pręceptis

---

Z 1 iuniores] r aus *Ansatz von* n *verb.* 3 *quęstionibus 6 nostrorum] n *aus* r *verb.* exſtitiſſe] t[2] *aus* ſ *verb.* 7 literarum] *sowohl* e *wie* u *aus* *Ansatz von* a *verb.* 11 uisa] u *aus Ansatz von* ſ *verb.* 12 Sumatur] *rote Initiale* S *sehr dünn; es fehlt vielleicht eine Überschrift in* 11 *Punkt gehört hinter* 11 sunt, 13 commatica, 14 suspensio, 15 fecerat *und* secunda, 15/16 prępsuerat, 16 tertia, constituerat *und* quarta, 17 pręstiterat *und* Quinta.

G 2 cercius artibus ei] ei *durch Strich darunter getilgt* 7 litterarum 14 creauerat] a[1] *mit Einfügungshaken übergeschr.* 16 tertia] $\overset{a}{iii}$ *mit Einfügungshaken übergeschr.*

nec pluribus nec grandibus nec difficilibus onerauerat Sexta Sed Z54v uno breuissimo atque leuissimo ad obedientię salubritatem adminiculauerat quo eam creaturam cui libera seruitus expediret se esse dominum commonebat Septima Usque huc causa Sequitur subiectiuum cum declaratiuo Iusta damnatio subsecuta est Hic uox deponitur ut finis intellegatur Et quia causa damnationis prior est quam ipsa damnatio oportet nos hunc ordinem tenere et a causa quę prior est constructionem incipere ut dictum est. Commata huius sententię ut sunt breuia . ita quoque facilem constructionem admittunt . in hunc modum. A C A U S A 19.

Quia ergo deus qui creauerat iubens contemptus est . qui fecerat ad imaginem suam . qui pręposuerat cęteris animalibus . qui constituerat in paradiso . qui pręstiterat copiam omnium rerum et salutis . qui nec onerauerat P,XXXIV pluribus pręceptis nec grandibus nec difficilibus . sed amminiculauerat ad salubritatem . uno breuissimo atque leuissimo pręcepto obędientię . qui commonebat eam creaturam cui libera seruitus expediret esse se dominum . iusta damnatio subsecuta est;

Z 2 breuissimo] o *übergeschr.* ad] a *halb verwischt* 14 p̄luribus grandibus] r *aus* n *verb.* 17 est;] *Strich des ; sehr dünn, wohl nachgetr. Punkt gehört hinter* 1 onerauerat *und* Sexta, 3 adminiculauerat, 4 commonebat, Septima *und* causa, 5 declaratiuo *und* est, 5/6 deponitur, 6 intellegatur, 7 damnatio, 8 est, 10 CAUSA.

G 4 cavsa] v (= u) *übergeschr.* 6 et 8 Commota 10 *die Überschrift steht auf dem linken Rand* 12/13 paradyso

Notandum est autem in his tribus exemplis . quia prępositis primis particulis . postquam . cum . quia . quot commata erant . ablati[ti]s eis tot cola erant et ex continuis distinctę erunt orationes . ita pautiores dictiones colon faciunt quod finitum est . quam comma quod infinitum est, Nam et cicero disputat finitum est . et colon est . et proloquium est. Quia cicero disputat . nec finitum est . nec colon est . nec proloquium est; Veniamus et ad illam cassiani sententiam qua in prima parte collationum ita incipit dicens. Cum in heremo scithi . ubi monachorum probatissimi patres . et omnis commorabatur perfectio . abbatem moysen qui uehementius inter illos egregios flores . non solum in actuali . uerum etiam in theorica uirtute flagrabat . institutione eius fundari cupiens expetissem. Hic primi commatis suspensio; Una cum sancto germano . cum quo mihi ab ipso tyrocinio . ac rudimentis militię spiritalis . ita indiuiduum deinceps contubernium . tam in cęnobio quam in heremo fuit . ut cuncti ad significandam soliditatis ac propositi sensusque nostri parilitatem pronuntiarent unam mentem atque unam animam inesse duobus corporibus. Secunda. Pariterque ab eodem abbate edificationis sermonem fusis lacrimis ambiremus; Tertia. Quippe G61vb Z55r

---

Z 1 p̄.positis *(Punkt ganz klein)* 3 *pauciores 4 est,] *Strich dünn und tief nach unten gesetzt, wohl nachgetr.* 6 est;] *Strich des ; dünn und tief nach unten gesetzt, wohl nachgetr.* Veniamus] V *größere rote Majuskel; es fehlt vielleicht eine Überschrift* prima] secunda 8 moysen qui] n *und* q *durch dünnen Strich verbunden* 11 suspensio;] *Strich des ; dünn und tief nach unten gesetzt, wohl nachgetr.* 12 *tirocinio *(= G)* 16 corporibus;] *Strich des ; sehr dünn, wohl nachgetr.* 16/17 *ędificationis *Punkt gehört hinter* 8 moysen.

G 1 autem *fehlt* pręposi/tis] tis *unter der Zeile ergänzt* 2 erant[2]] erunt 5 quia 11 Vnâ 15/16 animam] aiām 16 pariterque 16/17 edifficationis

cuius hunc animi rigorem manifestissime noueramus . ut nisi Z55v fideliter desiderantibus et cum omni cordis contritione querentibus nequaquam penitus acquiesceret perfectionis aperire doctrinam. Quarta. Ne scilicet si passim uel nolentibus eam . uel tepide sitientibus eam exhiberet . res necessarias . et quę solis perfectionem cupientibus debent esse compertę . indignis et fastidiose suscipientib<us> pandens . P,XXXV aut iactantię uitium . aut proditionis crimen uideretur incurrere. Quinta Hęc omnia pro quando accipienda sunt. Tandem fatigatus precibus nostris . ita exorsus est. Hic finis cum depositione uocis adiungitur . et est subiectiuum cum declaratiuo; Hęc commata talia sunt . ut secundum seruiat primo . et quartum tertio . et quintum quarto; In secundo enim adimpletur primum . quia dum huiusmodi commata . quędam sint collectiones dictionum quę in uerbo concluduntur . quod uerbum tamen non finiat sed interrumpat intellectum . fit prima interruptio cum expetissem . fit secunda cum repetitione uel subauditione eiusdem uerbi sic . cum expetissem una cum germano. Quę duo commata in unum potuissent contrahi . si diceret cum expetissemus

Z 2 desiderantib·] *unter dem* us-*Haken punktartiger Tintenfleck* 2/3 *quęrentibus 3 nequaquam] *akutartiger Strich links unten an* q^1 12 quarto;] *Strich des* ; *unter* I *von* In *gesetzt, wohl nachgetr.* *Punkt gehört hinter* 8 Quinta. *Punkt ist zu tilgen hinter* 12 commata.

G 4 sicientibus 7 perdicionis 8 Qvnta 11 sunt talia 14 Fit

ego et germanus . ideo secundo primum adimpletur; Quod autem in tertio dicitur fusis Z56r
lacrimis . eius ratio redditur in quarto . propter rigorem animi eius; Vnde
uero ille rigor esset aperitur in quinto eo modo tria commata seruiunt
duobus; Sed et illud monendum est . ne quis in commatum numero er-
rare incipiat propter plurima uerba . quę aliquando in uno commate
reperiuntur; Primum enim huius sententię comma concluditur cum expetissem . interponuntur alia duo . id est commorabatur et flagrabat . quę non
concludunt comma . sed relatiue dicuntur. Refertur enim ad scithi . quod dicitur
ubi commorabatur; Refertur ad moysen quod dicitur qui flagrabat . sic et
in cęteris uerbis error cauendus est; Uideamus deinde ordinem constructionis; Prius ergo est ad abbatem in heremum uenire . deinde uo-
lentem tacere ad sermonem excitare; Curramus ita in constru- P,XXXVI
endo A T E M P O R E. 20.

Cum expetissem abbatem moysen in heremo scithi . ubi probatissimi patres monachorum et omnis perfectio commorabatur . qui moyses uehementius flagrabat inter illos egregios flores . non solum in actuali uerum
etiam in theorica uirtute . quare expetissem? cupiens fundari

---

Z 3 eo modo] eo m *auf Rasur* seruiunt] *über* n *kleiner akutartiger Riß im Pgm.* 4 duobus;] *Strich des* ; *sehr dünn, wohl nachgetr.* 6 reperiuntur;] 9 commorabatur;] 10/11 constructionis;] *Strich des* ; *sehr dünn und tief nach unten gesetzt, wohl nachgetr.* 12 in *auf Rasur* 15 qui] *Punkt davor erscheint als kleiner Strich* anima *als Federprobe links auf dem unteren Rand* *Punkt gehört hinter* 3 esset *und* quinto, 9 moysen, 12/13 construendo (?), 16 actuali.

G 6 huius huius] huius[2] *durch Strich darunter getilgt* 8 refertur 11 prius 16 egreios

Z56v

institutione eius cum expetissem eum una cum sancto germano . cum quo mihi contubernium fuit . ab ipso tirocinio ac rudimentis spiritalis militię . tam in cęnobio quam in heremo . ita deinceps indiuiduum . ut cuncti pronuntiarent unam mentem atque unam animam inesse duobus corporibus . quare? ad significandam parilitatem sodalitatis ac propositi sensusque nostri . et cum pariter ambiremus fusis lacrimis sermonem edificationis ab eodem abbate . quare fusis lacrimis? quippe cuius animi hunc rigorem manifestissime noueramus ut nequaquam penitus acquiesceret aperire doctrinam perfectionis . nisi fideliter desiderantibus . et querentibus cum omni contritione cordis . ne scilicet uideretur incurrere . aut uitium iactantię . aut crimen proditionis . si passim exhiberet . eam uel nolentibus . uel tepide sitientibus . pandens res necessarias . et quę debent compertę esse solis cupientibus perfectionem . cui pandens? indignis et fastidiose suscipientibus . tandem fatigatus nostris precibus ita exorsus est. Notandum quia relatiui nominis obliqui non patiuntur pręponi sibi uerba ut dicamus noueramus rigorem cuius animi . quia relatiuum nomen quod refertur ad prędentia .

Z 1 una eum] *durch Zeichen (%) umgestellt* 2 c̄tubernium] c̄ *vor der Zeile* 3 in] *davor kleiner Riß im Pgm.* ita] it *auf Rasur* 6/7 *ędificationis 9/10 *quęrentibus 11 proditionis] perditionis *(vgl. oben 55v,7)* 12 pandens] *unter* e *punkartiger Tintenfleck* 13 perfectionem .] *Punkt ganz klein* 17 ad] d *auf Rasur* *Punkt gehört hinter* 8 noueramus.

G 2 tyrocinio 4 inesse] in *mit Einfügungshaken übergeschr.* 7 hunc *mit Haken davor und Einfügungshaken übergeschr.* 11 perdicionis 12 sicientibus pandens] e *übergeschr.*

Z57r

primum locum necesse est optineat . sicut et antea dictum est; Inter has con- structiones . et illę numerantur . quę ex obliquo casu incipiunt . in quo aduerbium temporis aliquod de supra dictis intellegitur . cum . quando . uel postquam . ut est; A T E M P O R E. 21. P,XXXVII

Transito iordane filii israhel. Hic suspensio. Uenerunt in galgala. Depositio. Id est. Postquam transierunt iordanem filii israhel . uenerunt in galgala; Et illud In exitu israhel de egypto. Suspensio. Domus iacob de populo barbaro. Suspensio. Facta est iudea sanctifica- tio eius. Depositio. In exitu israhel de egypto . et in exitu domus iacob de populo barbaro . id est . quando israhel et domus iacob exi- runt de egypto . et de populo barbaro . facta est iudea sanctifica- tio eius. Similiter. In illo tempore . dixit iesus discipulis suis; In diebus illis . dixit esaias. Hoc est . quando ipsi erant . hęc et hęc locuti sunt; Quodsi aliter dixeris Uel construxeris .i. si a nominati-/ uo incoeperis . ordinem temporis . retrogradum fecisti /

Tale est et illud uirgilii. Uere nouo gelidus canis cum montibus G62ra humor Liquitur et zephiro putris se gleba resoluit De- presso incipiat iam tum mihi taurus aratro Ingemere

Construitur A T E M P O R E. 22.

Z 1 *obtineat & *übergeschr.* 7,9,11 *3mal* *ęgypto 8,11 *2mal* *iudęa 13b/c *mit Auslassungszeichen* + *davor und nach* 13a *unten auf der Seite von anderer Hand in 2 Zeilen nachgetr.* 13b ł (= Uel), *davor Rasur;* *uel 13c *inceperis *(= G)* 15 *zephyro *Punkt gehört hinter* 7 illud, 13c fecisti, 15 Liquitur und resoluit, 16 Ingemere, 17 Construitur (?). *Punkt ist zu tilgen hinter* 13c temporis.

G 1 inter 5 venerunt 6 id postquam 7 in[2] 10 Id 12 in[1] Dixit 15 zephero 15/16 De p̄so 16 ingemere 17 construitur sic] r[1] *übergeschr.*

Cum intrat uernum tempus. Hic suspensio Et cum liquitur gelidus humor . Z57v in canis montibus. Et hic; Et cum putris gleba resoluit se zephiro. Et hic; Iam tum incipiat mihi taurus gemere depresso aratro; Depositio; Nota quia uerbum construitur ante nominatiuum propter aduerbium;

A M P L I U S. Item sunt enuntiationes comparatiuę . quę 23. simili modo ut supradictum est legendę sunt. In quibus aduerbia similitudinis . uelut . quasi . ceu . sicut . siue nomina relatiua qualis . quantus . ordinem mutare non sinunt; Habent enim naturam prępositiuam . et tendentem ad sequentia redditiua; Preponuntur enim . uelut . quasi . ceu . sicut . et respondent . ita . sic . non secus . haud aliter; Vel prępontuntur qualis quantus . et respondent talis tantus; Multę sunt in uirgilio huiusmodi comparationes . atque similitudines; Uerbi gratia in decimo eneidos; Ac uelut ille canum morsu de montibus altis actus aper . multos uesulus quem pinifer annos defendit . P,XXXVIII multos palus laurentia silua pastus arundinea . postquam inter retia uentum est substitit . infremuitque ferox . et inhorruit armos . nec cuique irasci propiusque accedere uirtus . sed iaculis

---

Z 2 *2mal* hic;] ; *in hellerer Tinte, wohl nachgetr.* 2 *zephyro 3 *ingemere Depositio;] *vor* ; *Rasur* 4 aduerbium;] 13 eneidos;] *Strich des* ; *sehr dünn, wohl nachgetr.* 6 sunt.] *Punkt verwischt* aduerbia] *davor Rasur* 8/9 prępositiuam] a *aus Ansatz von* & *verb.* 9 redditiua] *über* a *ein* m-*Strich rad.* Preponuntur] *über* nt ur-*Haken rad.*; *Prępontuntur 13 *ęneidos 15 multos] *davor altes Loch im Pgm.* paulus: u^{1} *durch Punkt darüber und darunter getilgt, dann rad.* *harundinea 17 *cuiquam *Punkt gehört hinter* 1 suspensio, 7 relatiua.

G 1 et 2 &^{2} 3 iam 5 enunciationes] e^{2} *aus* i *verb.* cōpatiuę 6 in 7 velud 9 et &] et *anrad.* tendentem . ad] d^{2} *aus* t *verb.* prępontuntur 10,13 *2mal* uelud 10 cęu haut 12 comparationis] i^{2} *durch Punkt darunter getilgt,* e *übergeschr.* 16 recia Substitit 17 Nec

Z58r

tutisque procul clamoribus instant . haud aliter iustę quibus est mezentius irę non ulli est animus . stricto concurrere ferro; Cuius commata sic per ordinem construenda sunt A M O D O. 24.

Ac uelut ille aper quem pinifer uesulus defendit multos annos . et quem laurentia palus defendit multos annos . pastum arundinea silua . actus morsu canum de montibus altis . postquam uentum est inter retia . substitit; Hic prima suspensio. Et ferox infremuit Secunda Et inhorruit armos Tertia; Nec uirtus est cuique irasci; Quarta; Vel propius accedere; Quinta; Sed procul instant tutis iaculis et clamoribus; Sexta Sequitur clausula cum demissione uocis; Haud aliter non est animus ulli eorum . quibus mezentius est iustę irę . concurrere stricto ferro; Ergo naturalis ordo est; Uelut aper . haud aliter mezentius; Ac uelut nemo audet concurrere apro . haud aliter nemo audet concurrere mezentio. Et ideo si dixeris . ita nemo audet concurrere mezentio . uelut nemo audet concurrere apro . eundem sensum exprimis sed ordinem turbasti;

A M O D O. Similis quoque ordo cognoscendus est in omnibus eiusmodi; 25.

Z 1 mezentius] mezenzius 5/6 *harundinea 6 morsu.canum] *wohl Trennungspunkt* 7 infremuit] *von anderer Hand hinter der Zeile nachgetr.* 8 *cuiquam 9/10 clamoribus] o *aus* a *verb.* 12 ferro;] *Strich des* ; *dünn, wohl nachgetr.* *Punkt gehört hinter* 3 sunt (?), 7 infremuit, 8 Secunda *und* armos, 10 Sexta.

G 1,11 *2mal* Haut 2 Non 4 uelud 5 annos] *dahinter* & quem laurentia *durch Strich darunter getilgt* Pastum 8 et 9 vel 11 illi 12,15 *2mal* Velud 13,14 *2mal* haut 14/15 Et *bis* mezentio *fehlen durch Homoioteleuton* 16 fed

Ut qualis uirgilius . talis homerus. Quantus hector tantus eneas Z58v
Quot homines . tot sententię. Quotus in primo uersu numeri senarius totus in secundo sexagenarius;

QUOT SINT CONSTRUCTIONES. 26.

Dicamus ergo tot esse constructiones . quot earum sunt initia . et tot initia . quot et rerum circumstantię a quibus uicissim omnis lectio et omnis constructio incipienda est. Alia est enim quę a subiectiuo . et alia P,XXXIX
est quę a declaratiuo sumit initium. Item alia est quę a loco . et alia quę a tempore . alia quę a causa . et alia quę a modo uel materia incipit . ut prius exemplis declaratum est; Additur his quę a relatiuo exorditur . quę non est principalis . eo quod alia precedente . hanc necesse sit subsequi; QUÆ COMMUNIS SIT. 27.

His constructionibus dicamus eam communem esse . quę est casuum inter se . uel uerborum cum casibus . et omnium partium orationis atque accidentium eis. Ea talis est . quę lege quadam nos cogat . quę disiuncta sunt . et longe disiecta reuocare . et sibimet copulare . ut in cassiano . ubi cum expetissem . plus quam triginta dictionibus interpositum est;

Z 1 Ut] t *wohl von anderer Hand übergeschr.* *ęneas 11/12 *prędecente (= *G*) 17 expetissem .] *Punkt ganz dünn* *Punkt gehört hinter* 1 hector *und* eneas, 3 senarius, 16 disiecta.

G 2 Quot] Quod 6 et[1]] etiam circum__stantię *(Strich zur Verbindung)* 8 declaratiuo *bis* a *fehlen durch Homoioteleuton* 12 *die Überschrift steht auf dem linken Rand*

Sic in presciano cum inuenio . et in uirgilio uelut substitit . plurimis uerbis interposita sunt. Et tamen quis nesciat aduerbium uerbo coherere? Z59r

Qui hęc spernit uult sine lege loqui et legere

QUOD GENUS MAGIS IN USU SIT. 28.

Uix autem in tota serie ueteris . et noui testamenti . ob difficultatem fugiendam . multorum commatum suspensio inuenitur . si non necessitate interpres coartatus sit. Vt in ezechihele.

Et uir si fuerit iustus. Prima suspensio. Et fecerit iuditium et iustitiam. Secunda. In montibus non comederit. Tertia. Et oculos suos non leuauerit ad idola domus israhel; Quarta. Et uxorem proximi sui non uiolauerit. Quinta. Et ad mulierem menstruatam non accesserit. Sexta. Et hominem non contristauerit. Septima. Pignus debitori reddiderit. Octaua. Per uim nihil rapuerit. Nona. Panem suum esurienti dederit. Decima. Et nudum operuerit uestimento. Vndecima. Ad usuram non commodauerit. Duodecima Et amplius non acceperit Tertia decima. Ab iniquitate manum suam auerterit. Quarta decima Iudicium uerum fecerit inter uirum

---

Z 1 *prisciano 2 coherere?] rere? *nach der Zeile von anderer Hand nachgetr.*; *cohęrere 5 ueteris .] *Punkt ganz klein* 7 coartatus] a^{1} *aus Ansatz von* r *verb.* ezechihele] hieremia (= *G*) 8 *iudicium (= *G*) iustitiam *fehlt* 10 israhel;] *Haken des ; weit nach unten gesetzt, wohl nachgetr.* 12 contristauerit] tr *auf Rasur* *Punkt gehört hinter* 3 legere, 8 iustitiam, 15 commodauerit *und* Duodecima, 16 acceperit, 17 decima.

G 1 Velut 2 et 4 *die Überschrift steht auf dem linken Rand* 8 et^{2} 9 in commederit occulos 10 sui / sui] sui^{1} *rad.* 12 et 16 Terciad (= Tercia decima) *Punkt unter* d, xiii *von anderer Hand nach der Zeile ergänzt*

et uirum. Quinta decima. In pręceptis meis ambulauerit; P,XL Z59v

Sexta decima. Et iuditia mea custodierit ut faciat ueritatem. Septima decima. Hucusque quod ad subiectiuum pertinet;

Dehinc declaratiuum sequitur cum demissione uocis Hic iustus est.

Quę prolixio non studio facta est . sed coaceruatione uirtutum quę diffiniunt iustum . et quę non potuerunt interrumpi . donec in tantum prolongaretur uersus; Hic propter breuitatem commatum . nulla est difficultas constructionis.

Contingit etiam . ut in longo uersu . uix aliquod uerbum per constructionem possit transponi . ut est illud de iamplico philosopho exemplum augustini. Igitur homines inquit . ratione plaudentes . oratione pollentes . immortalibus animis . moribundis membris . leuibus et anxiis mentibus . brutis et obnoxiis corporibus . dissimilibus moribus . similibus erroribus . peruicaci audacia . pertinaci spe . casso labore . fortuna caduca . singillatim mortales . cuncti tamen uniuerso genere perpetui . uicissim sufficienda prole mutabiles . G62rb uolucri tempore tarda sapientia . cita morte . querula uita

---

Z 2 *iudicia 7 uersus;] ; *sehr dünn und in hellerer Tinte, wohl nachgetr.* 8 *es ist vielleicht Raum für eine Überschrift freigelassen; allerdings erscheint das* C *von* 59v,9 Contingit *nicht, wie zu erwarten, als rote Initiale* 9 uer[u] [*aus Oberlänge verb.* 10 *iamblicho *Punkt gehört hinter* 2 custodierit, 4 uocis, 17 tempore (?).

G 6 don&] & *durch Punkt darunter getilgt,* ec *übergeschr.* 12/13 lenibus 13 obnox__iis] *Strich zur Verbindung* 14 peruicati

Z60r

terras incolunt; Est enim totus uersus subiectiuum . usque ad illud decla-/ ratiuum . quo et clauditur . terras incolunt / Et quid hic per rationem constructionis mutandum est? nisi plaudentes ratione pollentes oratione . incolunt terras tantum reflectas? Similiter in cantico. Ignis . grando nix glacies . et spiritus procellarum quę faciunt uerbum eius . montes et omnes colles . ligna fructifera et omnes cedri . bestię et uniuersa peccora . serpentes et uolucres pennatę . reges terrę . et omnes populi . principes . et omnes iudices terrę . iuuenes et uirgines . senes cum iunioribus laudent nomen domini . inmobili ordine posita sunt; Sed hęc oratio cum subiectiuo protracto . et declaratiuo contracto . non enuntiatiua est sed exortatiua . aut potius imperatiua . ubi omnes creaturę P,XLI iubentur laudare deum

Uidetur quoque et illa immutabilem ordinem habere . quę in dani-hele est imperatiua ORatio tyranni. Nunc ergo si estis parati . sydrac misac et abdenago . quacumque hora audieritis . sonitum tubę . fistulę . et cytharę . sambucę . et psalterii . et symphonię . procidentes adorate statuam quam feci; Est enim de enuntiatiua oratione . quę sola obnoxia est ueritati . et falsitati trahendum

---

Z 1ab Est *bis* incolunt *mit Einfügungszeichen* + *davor und nach* 1a incolunt; *in 2 Zeilen auf dem oberen Rand von anderer Hand nachgetr.* 1a decla] *danach* rat *rad. und verwischt* 1c mutandum] m[1] *aus* in *verb.* 5 *pecora 10 *exhortatiua 11 *es ist vielleicht Raum für eine Überschrift freigelassen; allerdings erscheint das* U *von* 12 Uidetur *nicht, wie zu erwarten, als rote Initiale* 13 ORatio *(mit* or*-Ligatur in Kapitälchen)* parati] a[2] *aus* e *verb.* 14 *sidrac(h) 15 *citharę *(= G)* pſalterii] p *aus Ansatz von* ſ *verb.* 17 ueritati.] *Punkt ganz blaß* *Punkt gehört hinter* 1b incolunt, 2 ratione, 3 cantico, grando (?) *und* nix (?), 7 terrę, uirgines *und* iunioribus, 11 deum, 14 sydrac, 17 falsitati.

G 1c est 4 Montes 4/5 omnes *bis* cedri] .o.c.l.f. & .o.c. 6 Bestie 6/7 uniuersa *bis* pennatę] .v.p.S. & .u.p. 6 Reges 6/7 terrę *bis* terrę] t. & .o.p.p. 7 .o.i.t. 7 Iuuenes 7/8 uirgines *bis* domini .] .u.s.c. i.l.n d. 8 inmobili] *davor* quia e. est .n. eius .s. *durch Strich darunter getilgt* 10 ex hortatiua] h *durch Punkt darunter getilgt* pocius 12/13 danihele] h *übergeschr.* 13 nunc 15 simphonię 16 enunctiatiua

Z60v

exemplum ad imperatiuam et deprecatiuam et cęteras quia et in his membra et cęsa et circumstantię rerum dinoscendę sunt. Uerbi gratia. Sidrac misac et abdenago subiectiuum est . procidentes adorate statuam quam feci declaratiuum est . quacumque hora audieritis musicam . quando est si estis parati causa est. Q <U> A E S T I O. Querendum est si et hęc commata 29. quę non singulis uerbis clauduntur . cum suspensione uocis legenda sint. Dico autem qualia sunt quę prędicta sunt . uolucri tempore tarda sapientia . cita morte . querula uita. Vel ignis . grando . nix. Vel tubę . fistulę . cytharę . sambucę . et psalterii . ubi singulę dictiones uel paucule separatim sonant . quod fit ubi cumulantur plures substantię . uel plurima accidentia quę in oratione proprie cęsa dicuntur . quia minutatim et singillatim et tamen coaceruatim depromuntur Illa ergo commata quibus singulis singula uerba coaptantur solent finem nondum finitę sententię mentiri unde sepe auditor minus doctus fallitur nisi cum suspensi<o>ne uocis legantur; Est enim omnis uis intellectus . nec sine eo clauditur sententia; Tunc autem uerbum minime claudit sententiam dum apponuntur ei infinitę particulę cum . quando . si . nisi . postquam.

Z 2 cę[a] [*aus Ansatz von Oberlänge verb.* 4 musicam.] *Punkt ganz dünn* 5 *Quęrendum 9 *citharę 14 *sępe 15 legantur;] 16 sententia;] ; *ganz dünn, wohl nachgetr.* *Punkt gehört hinter* 1 cęteras, 2 Sidrac, 4 est^{2}, 5 est^{2} *und* commata, 7 tempore (?), 12 depromuntur, 14 mentiri *und* fallitur, 16 sententiam.

G 2 Sidrae] e *aus* i *verb., durch Strich darunter getilgt,* c *übergeschr.* mysac 7 tempore. Tarda 7/8 Cita 8 fistolę] *Ligatur* st *aus* e *verb.* 11 cęsa . cęsa] cęsa^{2} *durch Strich darunter getilgt* 11/12 singulatim 14 Vnde

Vel infinita aut relatiua nomina . qui . qualis . quantus . quot . Z61r quotus. Vel comparatiua aduerbia . sicut . uelut . quemadmodum . et similia; P,XLII Ad hęc discernenda . id est quando claudant uel non claudant sententiam uerba . oportet ut arsis et thesis in eis resultent; Uerbum uero si non sonat in commate . sed expectatur . ut est . ignis . grando . nix . nondum finem esse sententię possumus intellegere; Ergo in continua oratione . uel nullum est comma. Vt in illa. Christus assistens pontifex futurorum bonorum . uel tale quod integrum sensum nequeat expedire . ut est; Et uir si fuerit iustus. Ubi autem tale comma inuenitur . quod sensum possit distinguere . ut est et attalo et arsaci . continuum illud genus dici non potest; Distinguitur enim ex prȩcedenti uerbo; Quodsi uerbum non prȩcedit . sed expectatur . ut est . ignis . grando . continuum dicitur; Sciendum uero . ab auctoribus hoc genus scribendi optimum duci . et maxime in usu esse . quod uariatur continuis et distinctis orationibus . ut in augustino de ciuitate dei . aliisque eius uariis libris . et in orosio . et in cassiano . et cȩteris;

Q U O D Q U I D A M A U C T O R E S D E I L L I S G E N E R I- B U S S U N T A M B I G U E L O C U T I. 30.

Z 11 uerbo;] 12 dicitur;] *Haken des ; sehr dünn, wohl nachgetr.*

G 2 cōpatiua uelud 4 arsit] t *durch Punkt darunter getilgt, s übergeschr.* 5,8,10,14 *4mal* Vt 6 esse finem 7 ut 12 grando nix; *vgl.* Z60v,8

Omne tamen comma in periodo fieri quidam uoluerunt; Quodsi hoc uerum Z61v est . non est continua oratio . nisi ubi colon aut comma non est. Hoc et remigius affirmauit in commentariolo quem in martianum scripsit dicens. Caret enim illud genus conexę locutionis . colis et commatibus et periodis. Incertum tamen est . an de omni commate hoc dixerit . quia est comma quod distinguit sententiam . et est comma quod non distinguit sententiam . sicut prędictum est; Uerum martianus . quid sit conexa locutio incepit ostendere ex miloniana ciceronis paucissimis his uerbis. Occidi non spurium melium . quod annonę leuandę P,XLIII iacturis . et cętera. Cum ergo non sufficiant hęc uerba pro exemplo . his qui illum librum non legerunt . remigius tamen ad eum locum ueniens . de notioribus scripturis quod maxime debuit . nullum aliud exemplum dedit. Isydorus autem tamquam nulla sit continua locutio . orationis talem dedit diffinitionem . dicens; Componitur autem instruiturque omnis oratio . uerbis . commate . colo . et periodo. Fitque ex coniunctione uerborum comma . ex commate colon . ex colo periodos. Unde etiam et posituris ipse tot loca dedit . primum

Z 3 .scripsit *mit Einfügungspunkt übergeschr.* 5 omni *(= G)*] omne 8 conexa locutio] *von anderer Hand, teilweise vor der Zeile, auf Rasur von etwas höher stehendem* conexa locutio *sowie 4-5 weiteren Buchstaben ergänzt* 9/10 iactu/ris leuandę *durch je ein Zeichen oben davor (· :) umgestellt* 13 *Isidorus

G 3 remigius] m *aus* n *verb.* 12 nocioribus 15 construiturque

Z62r

commati . quę positura dicitur subdistinctio . propter punctum subpositum
literę . secundum colo . quę dicitur media distinctio . propter appositum
punctum
medię literę. Tertium periodo . quę ultima distinctio dicitur . quia claudit totam sententiam . ad summam literam puncto apposito; Queramus
has posituras tres secundum hunc modum in omni oratione . ut uideamus an periodica possit fieri omnis oratio; Apostolus dixit; Quodsi
spiritus eius qui suscitauit iesum christum a mortuis habitat in uobis .
comma est
cum puncto subtus notato. Qui suscitauit iesum christum a mortuis . ui-
uificabit et mortalia corpora uestra . colon est . punctum habens ad
mediam literam . propter inhabitantem spiritum eius in uobis . periodus est .
et ad
summam literam puncto signatus est. Item. Sanctus augustinus de ciuitate dei
scribens ait. Nunc uero quid a me expectetur agnoscens . meique non
immemor debiti . de duarum ciuitatum terrenę scilicet et cę- G62va
lestis . quas in hoc interim sęculo perplexas quodammodo diximus .
inuicemque permixtas . exortu et excursu . et debitis finibus . quantum ualuero disputare . eius ipsius domini et regis nostri . ubique opitulatione fretus aggrediar. Huius sententię nulla pars per se

---

Z 4 apposito;] ; *ungeschickt gesetzt, wohl nachgetr.* *Quęramus 8/9 uiui-ficabit] uiuificauit *(= G)* *Punkt gehört hinter* 13 ciuitatum.

G 2 punctum *fehlt* 3 tercium 17 huius

intellegitur . quę membrum dici debeat . et ad mediam literam adfixo puncto notetur; Neque hoc manifeste apparet . si uel commata dicenda sint conuenticula dictionum . quę casibus tantum constant . sine conclusione uerbi . vt est . meique non inmemor debiti . et quod sequitur . de duarum ciuitatum . terrenę scilicet et cęlestis . et iterum . inuicemque permixtas . et iterum . exortu et excursu! P,XLIV Z62v

Illud quoque . et debitis finibus . et cętera . ad quę singula respirandum est . et propterea subtus punctum habent . et per se tamen nihil sunt . propter coherentiam totius sententię; Quid hanc sententiam nisi continuam dicamus? quę periodum sine colo . et commate perficere non potest . et punctis locum non dat . nisi aut imum ante clausulam . aut in clausula summum; In periodo enim quot cola . uel commata numerantur . tot et uerba . et quot uerba . tot et constructiones. Et uel singulis sunt singula uerba . uel unum quod repetatur . et commune sit omnibus . aut pręcedens aut subsequens . ut prius ostendimus. Hic autem aggrediar unum solum uerbum est quod non repetitur . et in quo clauditur . et continuatur

Z 6 exortu (= *G*)] exortū 9 *cohęrentiam 16 solum] *danach* e *rad.*

G 1 membrorum 2 fixe] e *durch Punkt darunter getilgt,* o *übergeschr.* puncto] n *übergeschr.* 3 dictionum . quę] dictionumqu;

tota sententia. Quod ex constructione clarebit. Est enim huius- Z63r
modi. Nunc uero agnoscens quid expectetur a me . et non inmemor mei debiti. Ecce subiectiuum. Aggrediar disputare .
quantum ualuero . de exortu et excursu . et debitis finibus .
duarum ciuitatum . terrenę scilicet et cęlestis . quas diximus
quodammodo perplexas interim in hoc sęculo. Hoc declaratiuum. Qua facultate? Quibus amminiculis? Fretus ubique
opitulatione . eius ipsius domini et regis nostri. Mille sunt tales
sententię in eodem libro . sicut et in aliis auctorum commentariis .
aut historiis . quę conectuntur et non possunt singillatim
construi . per cola et commata . quemadmodum periodus; Utile est tamen
omnia quę de duobus locutionis generibus dici possunt . magis P,XLV
in questione esse apud scolasticos . quam temere quicquam
iudicare . quia et apud scriptores artium . hęc pene inconstan-
ter diffinita sunt. Supradictus uero mar-
tianus . postquam nimis breuiter et obs<c>ure de conexa locutione dixit . periodum nobis demonstrauit de ceciniana

---

Z 3 disputare] r *übergeschr.* 13 *quęstione 14 *pęne 15 *es ist vielleicht Raum für eine Überschrift freigelassen, wenn auch das* S *von* Supradictus *nicht, wie zu erwarten, als rote Initiale erscheint* 17 ceciniana] ni *aus* m *rad.;* *cęciniana

---

G 1 quod 3 Eece] e[1] *verwischt,* .c *übergeschr.* 4 debitis] debiti et 10 hystoriis 14 arcium

ciceronis hoc exemplo. Si quantum in agris locisque desertis Z63v
audacia potest . tantum in foro iudiciisque inpudentia ualeret . non minus nunc aulus cecina cederet sexti buti inpudentię . quam in ui faciunda cessit audacię; Item partem periodi quę membrum dicitur hoc exemplo; Etsi uereor iudices . ne turpe sit pro fortissimo uiro dicere incipientem timere; Isydorus namque uolens ostendere quid sit colon . secutus eum . eodem exemplo usus est . et hoc membrum constare dixit . ex duobus commatibus ita inquiens; Etsi uereor iudices . unum comma est . sequitur et aliud comma. Ne turpe sit pro fortissimo uiro dicere incipientem timere . et factum est colon . quod intellectum sensui pręstat . sed adhuc pendet oratio. Pendet inquid oratio. Quomodo ergo colon est? Audiamus iterum eundem . quem ille secutus est martianum . paulo inferius dicentem; Uerum periodos constat ex duobus membris . et ex tribus . et ex quatuor . interdum et sex . quamuis ex uno membro . putent nonnulli posse compleri . quem monocolon periodon appellant . cum sit colon potivs.

Z *mitten auf dem oberen Rand* ad *als Federprobe* 3 *cęcina *ębuti 4 faciunda] i *übergeschr.* 6 Isydorus] r *aus* n *verb.;* *Isidorus 12 *inquit 13 que] *m-Strich verwischt* 15 tribus membris^{2}] membris^{2} *durch Umpunktung getilgt* 17 potivs.] *ganz dünner, rechts unten anrad. Punkt* *Punkt gehört hinter* 8 commatibus. *Punkt ist zu tilgen hinter* 8 dixit.

G 1 de/desertis 4 periodi] i^{2} *aus* e *verb.* membrorum 9 iudicer] r *durch Punkt darunter getilgt,* s *übergeschr.*

His uerbis docemur . quia minimus periodus duobus membris constat . et quę minor est oratio . colon est .i. unimembris est; Huius exemplum sit. Omnis creatura dei bona est.. Item. Qui adheret deo unus sp<i>ritus est. Item. Nulla est homini causa philosophandi . nisi ut beatus sit. Huiusmodi cola . quia per se orationem faciunt . pendulum sensum habere non possunt. Quomodo ergo in pendula parte orationis colon est? Utique manifestum est . non conuenire eum sibi in eo quod primum . et postea dixit de membro orationis. Iudicio quoque isydori . non dubito periodum illum quem dedit idem . duobus membris constare . ita ut primum comma quod est . si quantum in agris locisque desertis audatia potest . et secundum quod est . tantum in foro iudiciisque inpudentia ualeret . colon perficiant. Similiter. Non minus nunc aulus cecina cederet sexti buti inpudentiæ . et quod sequitur . quam in ui faciunda cessit audatię . duo commata secundum colon

Z64r · P,XLVI

Z 4 *est. *adhęret 5 est homini] est hom *auf Rasur von* causa p 7 sensum] m *aus Ansatz von* ſ *verb.* n̄ (= non) *übergeschr.* 11 *isidori (= *G*) periodum] p̄iod *auf Rasur von* p̄idu 13 *audacia 15 Non] n *übergeschr.* *cęcina 16 *ębuti 17 *audacię

G 1 periodos] o^2 *aus* u *verb.* 3 omnis 3/4 dei *mit Einfügungshaken über* creatvra *übergeschr.* 4 qui 5 homini] h *übergeschr.* 6 ut *mit Einfügungshaken von anderer Hand übergeschr.* 9 non conuenire] n̄ (= non) *mit Einfügungshaken nach* con *übergeschr.* 10 Iudicio] Indico 14 indiciisque ualer&] le *übergeschr.* 15 non

faciant et finiant periodum. Sed preualuit consuetudo . ut quod pendet in oratione comma dicamus . et quod per se potest intellegi . colon dicatur. Vt sicut sunt duo commata . cum subleuasset oculos IESUS . et uidisset quia multitudo maxima uenit ad eum . et non possunt colon facere propter pendentem sensum . nisi addatur aliquid. Z64v

Ita sint duo cola . ite in castellum quod contra uos est . et statim inuenietis asinam alligatam . et pullum cum ea . quia per se intelleguntur quamuis nihil addatur. Beda quoque ut supra dictum est . cum esset scrutator talium . in libro de metrica arte . distinguere et diffinire cola et commata recusauit . dicens ea indifferenter et confuse ab auctoribus dici. Forte propter augustinum . qui in quarto libro de doctrina christiana . eorum quȩ dicuntur membra et cȩsa . ex apostolo plura dedit exempla . ita tamen . ut uix possint ulla ratione discerni.

Sed negari non potest . eum cȩsa dicere ut etiam

Z 1 *prȩualuit (= *G*) 2 pend& in] & i *auf Rasur von* er& 4 IH̄UC (*in Kapitälchen*); *iesus (= ih̄s *G*) & *auf Rasur* quia *auf Rasur, danach* ma *oder* nia *noch sichtbar* 5 multitudo maxima] multitudo ma *auf Ras. Punkt gehört hinter* 2 oratione.

G 2 oratione . / 4 occulos 7 ite] Ite 8 statim *fehlt* cum / cum] cum[1] *durch Strich darunter getilgt* 9 quamuis] quam 12 indeferenter 15 exempla dedit

martiano placet . quę singulis uel pauculis uerbis . P,XLVII Z65r numeris uel casibus uel terminatione similia . ueluti crebris ictibus pronuntiata sunt. Uerbi gratia . sex illa tria interrogando . et tria respondendo; Hebrei sunt? Et ego. Hisralitę sunt? Et ego. Semen abrahę sunt? Et ego. Et alibi quatuor . quę sunt. In laboribus plurimum . in carceribus abundantius . in plagis supra modum . in mortib<us> sepius. Et item quatuordecim sicut ipse numerat . quę sunt. In itineribus sepe . periculis fluminum . periculis latronum . periculis ex genere . periculis ex gentibus . periculis in ciuitate . periculis in deserto . periculis in mari . periculis G62vb in falsis fratribus . in labore et erumna . in uigiliis sepius . in fame . et siti . in ieiuniis sepius . in frigore . et nuditate; Membra autem nominauit quę maioris sunt ponderis . et non tam festinato fundi possunt. Quorum ille aliquando plura dicit comprehendi in uno periodo . et non minus quam duo Dat ergo bimembrem periodum hunc; Iterum dico . ne quis me existimet

---

Z 1 uerbis] über is *Riß im Pgm.* 2 numeris] is aus us *rad. und verb.* 4 interrogando] *davor kleines Loch im Pgm.* *Hebręi 5 *Isra(h)elitę 6 plurimum] p aus b *rad. und verb.* 7/8,12,13 *3mal* *sępius 9 *sępe 12 *ęrumna 13 frigore .] *Punkt ganz dünn* 17 me *übergeschr.* *Punkt gehört hinter* 16 duo. *Punkt ist zu tilgen hinter* 13 fame *und* frigore.

G 3 pronunctiata 4 Sex 5 Hisrahelite 7 habundantius 8 in 12 erumpna

insipientem esse. Item trimembrem. Alioquin . uelud insipientem sus- Z65v
cipite me . ut et ego modicum quid glorier; Item quatuor membra
habentem; Quod loquor non loquor secundum deum sed quasi in stultitia .
in hac substantia glorię;

Cicero quoque ad herennium . membrum diffinit dicens; Membrum orationis appellatur res breuiter absoluta sine totius sententię
demonstratione . quę denuo alio membro orationis . expli-
citur hoc modo; Et inimico proderas . idem unum quod appellatur
membrum. Deinde hoc excipiatur oportet altero. Et amicum
ledebas. Ex duobus membris hęc oratio constat. Sed commodis-
sima ad ornatum . et absolutissima est . quę ex tribus constat hoc
pacto. Et inimico proderas . et amicum ledebas . et tibi non consule- P,XLVIII
bas. Item . nec rei publicę consuluisti : nec amicis profuisti . nec
inimicis restitisti

Cęsum autem idem cicero alio nomine articulum uocans . ita
ostendit; Articulus dicitur . cum singula uerba interuallis dis-
tinguantur . cęsa oratione . hoc modo. Acrimonia . uoce .

Z 1 *uelut   4 *es ist wohl Raum für eine Überschrift freigelassen, zumal das* C *von* 5 Cicero *als rote Initiale erscheint*   10,12 *2mal* *lędebas   10 constant] n² *durch Punkt darüber und darunter getilgt*   14 *vielleicht ist Raum für eine Überschrift freigelassen, wenn auch das* C *von* 15 Cęsum *nicht, wie zu erwarten, als rote Initiale erscheint*   15 idem] i *aus Ansatz von* d *verb.* nomine] ne *aus* me *verb.*   16/17 distinguantur] a *aus* u *verb.*   17 oratione .] *Punkt sehr blass*   *Punkt gehört hinter* 14 restitisti. *Punkt ist zu tilgen hinter* 7 orationis.

G 2 quid] igitur   3 quod   4 substantię   5 Membrum²] Membrorum   16/17 distinguuntur

Z66r

uultu . perterruisti; Item inimicos . inui<dia . iniuriis potentia perfi->dia . sustulisti; Subiungit quoque quid inter<sit inter membrum et cesum> dicens Inter huius generis . et illius superio<ris uehementiam> hoc interest; Illud tardius . et rarius uenit . hoc <et> crebrius prouenit; Itaque in illo genere ex re<mo>tio<ne brachii> et contentione dexterę . gladius ad cor<pus afferri in hoc> crebro et celeri uulnere corpus consa<uciari uidetur.>

Secund<um hęc exempla et> secundum has diffinitiones . nequaquam congruum uidetu<r> eas partes orationis cęsa dicere . quę plurimis constan<t> dictionibus . ut illa est apud cassianum cum in heremo scithi abbatem moysen expetissem. Sed ut prędictum est . ubi prolixa sententia . uerbo interrumpitur . comma solet uocitari . ad similitudinem metrici commatis . quod fit dum scandendo pars orationis media inciditur; De partibus periodi quid cicero dicat audiuimus . audiamus quoque quid continuum ipse dicat; Subiungit ergo.

Continuatio est . extensa frequentatio uerbo- rum .

Z *Die Seite ist von der Mitte oben schräg nach rechts unten abgerissen; das* 1-10 *Eingeklammerte wurde nach G ergänzt.*
2 *cęsum 5 illo] i aus l verb. 8 *es ist wohl Raum für eine Überschrift freigelassen, zumal das S von Secundum als rote Initiale erscheint*
17 uerbo rum] *dazwischen altes Loch im Pgm. Punkt gehört hinter* 1 iniuriis und potentia, 3 dicens, 6 afferri, 11 cassianum.

G 3 Iterum] terum *durch Punkte darunter getilgt,* nter *übergeschr.* 4 hoc *bis* Illud] oc *bis* Illu *verwischt und unleserlich* 11 ſcithi] ſ *mit Einfügungshaken übergeschr.* 12 sed

<cum absolutione sententia>rum hoc pacto; Ei non multum potest ob- Z66v
<esse fortuna qui sibi f>irmius in uirtute . quam in casu prȩsidium
<collocauit. Item. N>a<m> si quis spei non multum collocarit . in casu . quid
<est quod ei m>agnopere casus obesse possit? Item. Quodsi in eos
<plurim>um fo<rt>una potest . qui suas rationes omnes in casum in-
<tulerunt non sunt omnia co>mmittenda fortunȩ . ne magnam nimis
<in nos habeat do>minationem. Hȩc tam breuis continua- P,XLIX
<tio oratoribus con>uenit . prolixior est historiographorum;:·

Z *Die Seite ist von der Mitte oben schräg nach links unten abgerissen; das*
1-8 Eingeklammerte wurde nach G ergänzt.
3 collocarit .] *Punkt ganz dünn* 5/6 *auch* *intulerint *Punkt gehört hinter*
5/6 intulerunt.

G 5/6 ī/tulēr 7 dn̄atione̅

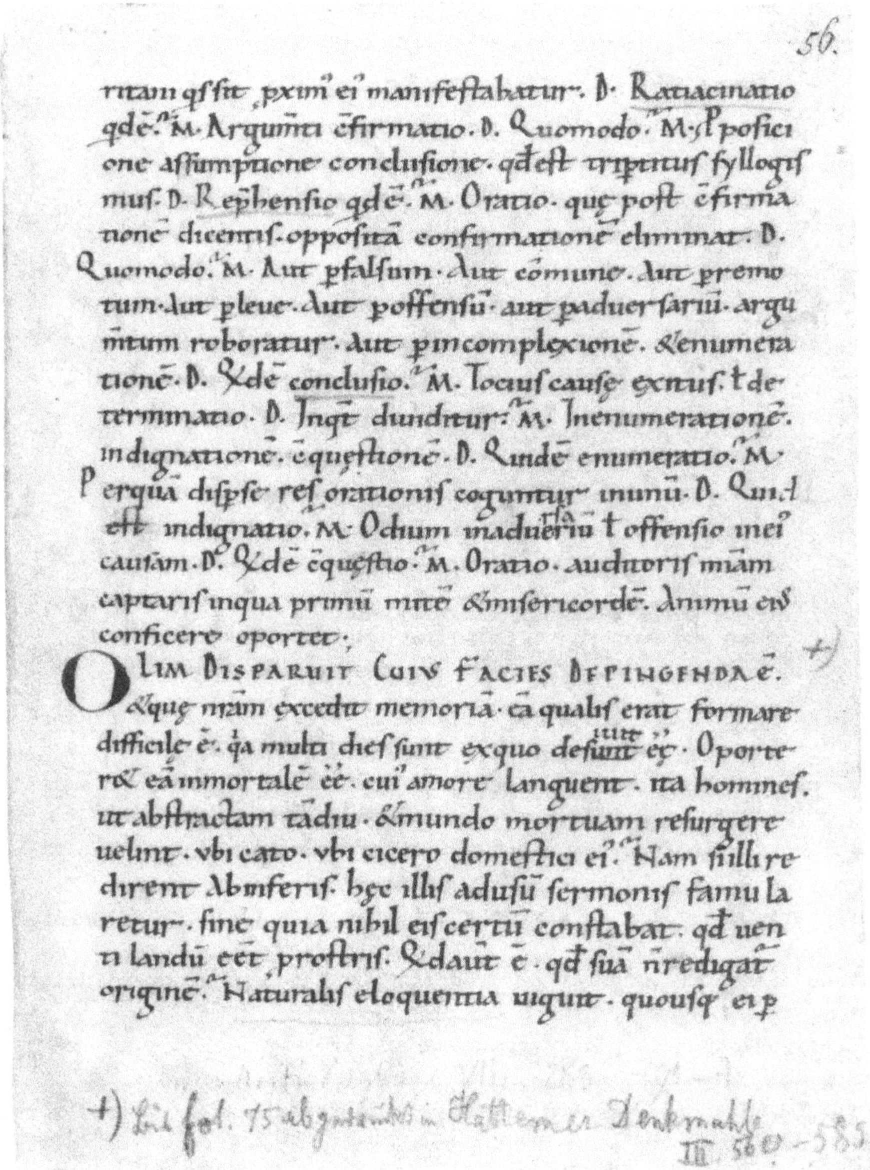

56.

ritam q̄s sit, pximi ei manifestabatur. D. Ratiacinatio
qđ ē? M. Argumti ēfirmatio. D. Quomodo? M. Ꝑ posici
one assumptione conclusione. qđ est tripertitus syllogis
mus. D. Repĥensio qđ ē? M. Oratio. quę post ēfirma
tionē dicentis. opposita confirmationē eliminat. D.
Quomodo? M. Aut pfalsum. aut comune. aut premo
tum. aut pleue. aut possensu. aut paduersariū. argu
mtum roboratur. aut pincomplexionē. & enumera
tionē. D. Qđ ē conclusio? M. Tocius causę exitus. t de
terminatio. D. Inqt diuiditur? M. Inenumerationē.
indignationē. ēquęstionē. D. Quid ē enumeratio? M.
Ꝑ erquā dispse res orationis coguntur inunū. D. Quid
est indignatio. M. Odium inaduersariū t offensio mei
causam. D. Qđ ē ēquęstio? M. Oratio. auditoris mām
captaris inqua primū mitē & misericordē. animū eiꝯ
conficere oportet.

OLIM DISPARUIT CUIUS FACIES DEPINGENDA Ē. +)
& quę mām excedit memoriā. eā qualis erat formare
difficile ē. qa multi dies sunt exquo defuncta ē. Oporte
ret eā immortalē ēē. cuius amore languent. ita homines.
ut abstractam tādiu. & mundo mortuam resurgere
uelint. ubi cato. ubi cicero domestici ei? Nam si illi re
dirent abinferis. hęc illis adusū sermonis famu la
retur. sine quia nihil eis certū constabat. qđ uen
ti landū eēt prostris. Qđ autē ē. qđ suā nredigat
originē? Naturalis eloquentia uiguit. quousq; eip

+) bis fol. 75 abgedruckt in Hattemer Denkmahle III. 560–585

Codex latinus Monacensis 4621 (H), f. 56r, Schluß der Praerhetorica und Anfang der Schrift *De arte rhetorica*

Photostelle der Bayerischen Staatsbibliothek München

. . . . EXCERPTVM RHETHORICĘ NOTKERI MAGISTRI G58ra

OLIM disparuit cuius facies depingenda et quę nostram excedit memoriam eam qualis erat formare difficile est quia multi dies sunt ex quo desunt esse. Oporteret eam inmortalem esse . cuius amore ita languent homines ut abstractam tamdiu et mundo mortuam resurgere uelint. Vbi cato vbi cicero domestici eius. Nam si illi redirent ab inferis hęc illis ad usvm sermonis famularetur sine qua nihil eis certum constabat quod uentilandvm esset pro rostris Quid autem est quod in suam non redigatur originem? Naturalis eloquentia uiguit quousque ei per . . . .

G 33 *RHETORICĘ MAǴ 34 *vor* et] *est 35 desunt] *desiuit 39 *vor* esset] ÷ (= est) *rad.*

H56r

conficere oportet;

OLIM DISPARUIT CUIVS FACIES DEPINGENDA est . P643

et quę nostram excedit memoriam . eam qualis erat formare difficilę est . quia multi dies sunt ex quo desiuit essę. Oporteret eam inmortalem esse . cuius amore languent . ita homines . ut abstractam tamdiu . et mundo mortuam resurgere uelint . vbi cato . vbi cicero domestici eius? Nam si illi redirent ab inferis . hęc illis ad usum sermonis famularetur . sine quia nihil eis certum constabat . quod uentilandum esset pro rostris. Quid autem est . quod suam non redigatur originem? Naturalis eloquentia uiguit . quousque ei per

---

H 1-16 *Ende der* Praerhetorica, 16 *Schlußworte* conficere oportet; 16/17 *etwa* *DE ARTE RHETORICA. PROLOGUS. *gegenüber* *DE ELOQVENTIA. PROLOGVS. *nach Hattemer 3:560 und Anm. 1* 17 *Beziehungswort von* CUIVS] *ELOQUENTIA 19 *difficile des^iuit^unt] iuit *von gleicher Hand* *esse 22 *uelint. Vbi 24 *qua 25 *vor* suam] *in *Punkt ist zu tilgen hinter* 20 languent.

. . . doctrinam filia successit artifialis G58ra

quę deinde rethorica dicta est Hęc postquam antiquitate temperis exstincta est illa iterum reuixit Vnde hodieque plurimos cernimus . qui in causis solo naturali instinctu ita sermone callent ut quę uelint quibuslibet facile suadeant nec tamen regulam doctrine ullam requirant Similes isti sunt huius qui ab initio plurimum potuerunt eloquio quos deinde alii admirati . et emulari conantes dum obseruant eos loquentes temptauerunt quendam huius rationis modum rapere et scripto ligare . qui sibi et posteris pro magisterio reseruaretur Ergo omnis ars immitatio est naturę uerbi gratia quis nesciat ad aliquem nuncius directus . salutationem pręmittere . qua se suamque legationem commendetur Hoc prius in consuetudine ualuit deinde inter rethorica pręcepta traditum ars dici ceperat ut ergo . augustinus dicit antiquorum sapientiam quasi ducem comitata est eloquentia . ideo sapientię non potuit deesse eloquentia ex eodem fonte emanans naturę Tv autem lector tria obseruando rethor eris Hęc sunt autem de quibus uicissim dicetur . pręcedens materia . et que hanc hauserit ars et hinc effusa oratio

Omnis res argumentando confirmatur aut ex eo D71v

quod personis aut ex eo quod negotiis adtributum est. Ac personis has res adtributas esse putamus. Nomen . natura . uictum . fortuna . habitum . affectionem . studia . consilia . facta . casus . orationes. Nomen est unicuique personę quo suo quęque proprio ac certo uocabulo nuncupatur . naturam ipsam diffinire dificile . . . .

G 40 *artificialis 44 huius] *his *Die Stelle* H56v,21-57v,15 *fehlt* G.

D 71v,8-72ar,3 *gibt die Stelle* H56v,21-57v,15 *erst hinter* §60. Epilogus *wieder*.
11 *naturam *fortunam 15 *difficile

doctrinam filia successit artificialis . quę deinde rethorica H56v dicta est. Hęc postquam antiquitate temporis extincta est ! illa iterum reuixit. Unde hodięque plurimos cernimus . qui in causis solo naturali instinctu ita sermone callent ut quę uelint quibuslibet facilę suadeant . nec tamen regulam doctrinę ullam requirant.

Similes isti sunt his qui ab initio plurimum potuerunt eloquio . quos deinde alii admirati et emulari conantes . dum obseruant eos loquentes . temptauerunt quendam huius rationis modum rapere . et scripto legare . qui sibi et posteris pro magisterio reseruaretur? Ergo omnis ars . inmitatio est naturę.

Uerbi gratia. Quis nesciat ad aliquem nuntius directus . salutationem pręmittere . qua se suamque legationem commendetur. Hoc prius in consuetudine ualuit . deinde inter rethorica pręcepta traditum . ars dici poterat. Ut ergo augustinus dicit antiquorum sapientiam . quasi ducem commitata est eloquentia . ideo sapientię non potuit deesse eloquentia . ex eodem fontę manans naturę. Tu autem lector . tria ob- P644 seruando rethor eris. Haec autem sunt de quibus uicissim dicetur . precedens materia . et quę hanc hauserit ars. Et hinc effusa oratio. Omnis res argumentando confirmatur . aut ex eo quid personis . aut ex eo quod negotiis attributum est. At personis has res attributas esse putamus. Nomen . naturam . victum . fortunam . habitum. Affectionem. Studia. Consilia. Facta. Casus. Orationes. Nomen est unicuique personę quo suo quęque proprio ac certo vocabulo nuncupatur . naturam ipsam diffinire diffi-

H 1 *rhetorica 2 *exstincta 3 *hodieque 5 *facile 6 *Nichts scheint ausgelassen worden zu sein.* 8 *ęmulari 10 *ligare 11 *reseruaretur. *imitatio 13/14 *commendet? 14 intret] p *leicht eingeschaltet,* 14/15 *rhetorica 15 poterat *bzw.* *cęperat 16 *comitata 18 *fonte 19 *rhetor *Hęc 20 *prędens materia] *Ansatz von* h *anrad.* *Die Stelle* 56v,21-57v,15 Omnis *bis* uidentur, *die* Cicero, De inventione I.XXIV.34.-XXV.36. *entnommen ist, gehört - wie ja in* D - *hinter* §60. EPILOGUS. (74v,18-75r,3), *wenn sie überhaupt von Notker abgeschrieben wurde.* 22 quid] *quod At] *Ac 24/25 *habitum . affectionem . studia . consilia . facta . casus . orationes. 25 Orationes.] s. *auf Rasur*

. . . est. Parte autem eius enumerare D71v eas quarum ad hanc perceptionem indigemvs facilius est . hę autem partim diuino partim mortali in genere uersantur. Mortalium autem pars hominum . pars bestiarum in genere numerantur. Ad hominum genus et in sexu considerantur uirile an muliebre sit. Et in natione . patria . etate . cognatione. Natione graius sit an barbarus. D72r Patria atheniensis an lacedemonius sit. Etate puer . uel adolescens . natu grandior . uel senex sit. Cognatione quibus maioribus uel quibus consanguineis sit. Preterea commoda aut incommoda considerantur ab natura data animo et corpore hoc modo. Valens autem inbecillis longus uel breuis memor at obliuiosus . formosus uel deformis acutvs an hebetior comis officiosus pudens patiens . an contra . sit. Et omnia quę ab natura dantur animo et corpori considerantur . et in hec quidem natura consideranda est. In uictu oportet considerare . apud quos aut quo more . aut cuius arbitratu sit educatus . quos habuerit liberalium artium magistros . quos uiuendi preceptores . quibus amicis utatur . quo in questu negotio an artificio sit occupatus . quomodo rem familiarem administret qua consuetudine domestica sit. In fortuna queritur . seruus sit an liber . pecuniosus an tenuis priuatus an cum potestate. Si cum potestate . iure . an iniuria . felix clarus . an contra sit . an si non de uiuo queritur D72v etiam quali morte sit affectus erit considerandum. Habitum autem . hunc appellamus animi aut corporis constantem et absolutam . . . .

D 15 *Partes 16 *pręceptionem 20 Ad] *Atque 21 E.t 1 *vor* etate *Rasur von 5 Buchst.* 7 autem] *aut *hinter* breuis] *uelox an tardus 8 at] *aut 10 *vor* omnia] *omnino 20 cum po *auf Rasur* 1 *hinter* sit] *quales liberos habeat

cilę est. Partes autem eius enumerare eas quarum ad hanc pręcep- H57r tionem indigemus facilius est . hę autem partim diuino . partim mortali in genere uersantur. Mortalium autem pars hominum pars bestiarum in genere numeratur. At hominum genus . et in sexu consideratur uirile . a muliebre sit. Et in natione . patria . ętatę . cognatione. Natione graius an barbarius sit. Patria atheniensis . an lacedemonius sit. Ętate . puer . an adolescens . natu grandior .uel. senex sit. Cognationę quibus maioribus . uel quibus sanguineis sit. Pręterea commoda . aut incommoda considerantur ab natura data animo et corpore hoc modo.

Ualens aut inbecillis . longvs uel bręuis uelox an tardus . memor aut obliuiosus . formosus . uel deformis . acutus an hebetior comis . officiosus . pudens . patiens . an contra sit.

Et omnino omnia quę ab natura dantur animo et corpore considerantur . et in hęc quidem natura consideranda est.

Jn uictu oportet considerari apud quos . aut quo more aut cuius arbitratu sit educatus . quos habuerit artium liberarium magistros . quos uiuendi pręceptores . quibus ami- P645 cis utatur . quo in negotio quęstu . an artificio sit ocupatus . quomodo rem familiarem administret qua consuetudine domestica sit. In fortuna queritur seruus sit an liber . pecuniosus . an tenuis . priuatus an cum potestate. Si cum potestate iure . an iniuria . felix . clarus an contra sit . quales liberos habeat . aut si de uiuo quęritur . etiam quali morte sit affectus erit considerandum. Habitum autem hunc appellamvs . animi aut corporis . constantem et absolutam .

H 56v,26-57r,1 *difficile   3/4 bestiarum] b *auf Rasur*   4 At] *Atque   5 a] *an   *ętate   6 *barbarus   7 *lacedęmonius   8 *Cognatione   9 *consanguineis   10, 14 *2mal* *corpori   11 *breuis   16 considerari] i[2] *aus* u *rad.*   18 *liberalium   19 *occupatus   20 administret] e *aus* a *korr.*   21 *quęritur   22 þriuatus] p *aus* b *korr.*   potestate] a *aus* e *korr.*   24 *vor* de] *non   *Punkt gehört hinter* 3 hominum, 11 bręuis, 12/13 hebetior, 16 more, 19 negotio *und* 20 administret.

. . . aliqua in re per- D72v
fectionem ut uirtutem aut artis alicuius perceptionem . aut quamuis scientiam.
Item aut corporis aliquam commoditatem non naturam datam sed studio et industrio paratam.
Affectio autem est animi aut corporis ex tempore aliqua de causa commutatio . ut letitia . cupiditas . metus . modestia . morbus . debilitas . et alia quę in eodem
genere . reperiuntur. Studium autem est animi assidua et uehemens ad aliquam rem applicata magna
cum uoluntate ocupatio . vt phylosophię . poetrię .
geometrię literarum. Consilium autem est aliquid
faciendi aut non faciendi . excogitata ratio.
Facta autem casus et orationes tribus ex temporibus
considerabuntur. Quid fecerit . aut quid sibi acciderit . aut quid dixerit . in pręterito tempore. Aut
quid faciat aut quid sibi accidat aut quid
dicat in pręsenti tempore. Au quid facturum
sit quid ipsi casurum sit . qua sit oratione usu- D72ar
rus in futuro tempore . ac personis quidem hęc
adtributa esse uidentur.

DE MATERIA ARTIS RETHORICĘ. D59r
Quot sunt genera causarum? tria . quę? iudiciale genus
causę. Deliberatiuum genus causę. Demonstratiuum genus causę.
Quid considerandum est in iuridiciali genere causę . quid . . . .

Quid est materia? **taz man haben sal ze vverche**. Vt causa G58ra
De Materia aRtis Rustolice.
est quam exigit rethorica sine qua ipsa nihil operis habet res
et negotia . de quibus
controuersię cause dicuntur id est **machunga dis trites** Verbi
gratia Orestes
de quo legitur in troiana historia matrem suam occidit clitemestram
eo quod ipsa oc-
cidit patrem suvm agamemnonem Hoc factvm causa dicitur .i. effectio
Cuius?
utique controuersię. Quomodo? Quia ipse et defensores sui iure factum
dicunt aduersarii
autem eius dicunt non iure factum Ecce causa que propterea dicitur .
strit quia effectrix
illius est. QVOD SINT GENERA CAVSARVM.
Est autem triplex iudicialis .i. **tíu dínclicha** que considerat quod . . . .

D 6 *vor* scientiam.] sapientiam. *rad.* 7/8 *natura 8 *industria partam 11 *molestia 21 *Aut *facturus 18^2 RETORICĘ 21^2 iuridiciali] i^5 *aus* e *korr.*, *iudiciali

G 54 Rustolice] *rhetoricę 56 trides] d *in* t *korr.*, *strites 58 suav *hinter* Hoc *Rasur* 61 *QVOT

aliqua in re perfectionem . ut uirtutem . aut artis alicuius perceptio- H57v
nem . aut quamuis scientiam. Et item aut corporis aliquam commoditatem . in natura datam sed studio . et industria partam. Affectio autem est animi aut corporis ex tempore aliqua de causam commutatio . ut lęticia . cupiditas . metus . molestia . morbus . deliberas . et alia quę in eodem genere reperiuntur. Studium autem est animi assidua et uehemens . ad aliquam rem applicata magna cum uoluntate ocupatio . ut philosophię poetrię geometrię litterarum. Consilium est aliquid faciendi aut non faciendi excogitata ratio. Facta autem casus et orationes tribus ex temporibus considerabuntur. Quid fecerit . quid sibi acciderit . quid dixit in pręterito tempore. Quid faciat . quid sibi accidat . quid dicat in pręsenti tempore. Quid facturus sit quid ipsi casurum sit . qua sit usurus oratione . in futuro tempore . ac personis quidem
hęc attributa esse uidentur; 1.

Quid est materia? **taz man haben scal ze uuerche**. Ut causa est quam exigit rethorica . sine qua ipsa nihil ope- P646
ris habet. Res et negotia de quibus fiunt controuersię . causę dicuntur .i. **māchunga dis stritis**. Uerbi gratia. Orestes de quo legitur in troiana hystoria . matrem suam occidit clitemestram . eo quod ipsa occidit patrem suum agamemnonem. Hoc factum . causa dicitur .i. effecio. Cuius? utique contrauersię. Quomodo? Quia ipse et desensores sui . iure factum dicunt. Aduersarii autem eius dicunt . non iure factum. Ecce causa quę propterea dicitur **strît** . quia effectrix illius est. 2.

Est autem triplex. Iudicialis .i. **tiu dinchlicha** . quę considerat . quid

H 3 in] *non 4 *causa 5 *lętitia 5/6 deliberas] r *aus* t, *debilitas 8 *occupatio 11 *dixerit 12 accidat] a[2] *aus* i *korr.* 13 qua] a *aus* u *korr.* 15 *DE MATERIA ARTIS RHETORICĘ. 16 *tâz man hâben sôl ze uuérche 17 *rhetorica 19 *máchungâ des strîtes 20 *historia 20/21 *clytęmnestram 21 qd] *1. Strich rad.* 22 *effectio *controuersię 23 *defensores 25 strît] ~ *rad.* *QUOT SINT GENERA CAUSARUM. 26 *dînglicha *Punkt gehört hinter* 8 philosophię *und* poetrię, 8/9 geometrię *und* 13 sit[1].

21 . . . ęquum D59r
quid iniquum . quid iustum . quid iniustum . quid bonum . D59v
quid malum. In qua re uersatur? In premii et penę petícione . in accusatione et defensione. Quid considerandum est in deliberatiuo genere causę . quid utile . quid inutile? In qua re consideratur? In suasione et disuasione. Quid considerandum in demonstratiuo genere causę? Quid honestum . quid turpe . in qua re uersatur? In laude . et in uituperatione.
Et unaquęque harum trium causarum diuiditur in duos statvs . in racionalem et legalem. Et rationalis statvs diuiditur in .ıııı.

. . . . Legalis statvs diuiditur in quinque in scriptum et sententiam . D60r
in ambiguas leges . et contrarias leges . diffinitionem . et ratiotinationem.

. . . equum . quid iniquvm G58ra
quid iustum quid iniustum Versatur autem tota in accusando et defendendo in petendo
ueniam aut penam ut illa est in horestem Deliberatiua .i. **tui spráclicha** quę
deliberat .i. **peméinet** uel **chuisit** uel **athtot** quid faciendvm quid non faciendvm
sit Hec considerat quid utile quid inutile et uersatur tota in suadendo et in dissuadendo Vt in bethulia presbyteri deliberant tradere ciuitatem oloferni
Suadet ergo multitudo. Iudith autem sola dissuadet. Demonstratiua
.i. **tíu zeigonta unde diu chiesenta .** subauditur quis dignus sit imperio .
uel episcopatv Hęc quid honestum in eo sit uel turpe et siderat Et uersatur tota in
laudando eum uel uituperando. QVE SIT HARVM TRIVM DIVISIO G58rb
Item quęlibet harum trium diuiditur in status legales et rationales . legales sunt qui
oriuntur de uerbis in lege scriptis dvm ea diuersi diuerse student interpretari Rationales sunt dum rationem facti uel consilii aliis approbantibus alii reprobant
QVOD SINT LEGALES
Legales quinque sunt scriptvm et sententia . **scríft uuillo** subauditur legislatoris ambigue leges contrarie leges diffinicio **récthsaga vvaz iz si**
subauditur de quo controuersia est ut apud ciceronem quod sit nauim relinquere
uel in naui remanere opus est diffinire sic in naui saucium se facere hoc est nauim
relinquere Egredi et de scrafa nauim gubernare hoc est in naui remanere
Ratiotinatio .i. **éinis dínges irraténi fóne fon andermo** .i. quod non
sit scriptvm de eo quod scriptum est QVOD SINT RATIONALES
Iste status uel constitutiones rationales sunt ıııı . . . .

G 65 athtot 70 Et 3 i dv ea 4 appbantib alii repbant 4, 11 *2mal* *QVOT 6 réct^h^saga 10 fon *ist zu tilgen.* 12 Iste] *Item

ęquum quid iniquum quid iustum quid iniustum. Uersatur autem tota in accusando et defendendo . in petendo ueniam aut pęnam . ut illa est in orestem. Deliberatiua .i. **tiu‿sprâchlicha** . quę deliberat .i. **pemeinit** uel **gechîusit** . uel **achtot** . quid faciendum . uel non faciendum sit. Hęc considerat . quid inutile . et uersatur tota in suadendo et dissuadendo. Ut in bethulia presbyteri . deliberant . tradere ciuitatem holoferni. Suadet ergo multitudo. Iudit autem sola dissuadet. Demonstratiua .i. **tiú zéigonta . vnde túi‿chîesinta** . subauditur . quis dignus sit imperio uel episcopatu. Hęc quid honestum in eo sit uel turpe desiderat . et uersatur tota in laudando eum uel uituperando; H58r 3. P647

Item quęlibet harum trium diuiditur in status legales . et rationales. Legales sunt qui oriuntur de uerbis in lege scriptis . dum ea diuersi diuerse student interprętari. Rationales sunt dum rationem facti uel consilii aliis approbantibus alii reprobant.

Legales quinque sunt . scriptum 4.

et sententia . **scripsit . unde‿uuillo** . subauditur legislatoris. Ambiguę legeslatoris. Ambigue leges. Contrarie leges.

Diffinitio **rect-saga‿uuaz‿ez‿sî** . subauditur . de quo controuersia est. Ut apud ciceronem . quid sit nauem relinquere . uel in naui remanere. Opus est diffinire sic. In naui sautium se facere. Hoc est nauem relinquere. Egredi . et de scafa nauem gubernare. Hoc est in naui manere. Ratiotinatio .i. **énis‿tingis irratem‿fone andermo** .i. quod non sit scriptum . de eo quod scriptum est. 5.

Item status uel constitutiones rationales sunt . quatuor.

H 2 defeǔdo] dǔn *am linken Rand ergänzt* 3 *sprâhlicha *peméinet 4 *gechîuset *âhtôt 5 *vor* quid] *quid utile . 7 *Iudith 8 *tiu zéigônta . *ûnde diu chîesenta 10 *considerat 11 *QUĘ SIT HARUM TRIUM DIUISIO. 14 *interpretari 16 *QUOT SINT LEGALES. 17 scrîpsit, *scrîft *ûnde uuîllo 18 legeslatoris. Ambigue *ist zu tilgen*. *Contrarię 19 *réht-sága uuáz iz contrauersia 21 *saucium 22 *scapha 23 *remanere *Ratiocinatio 23/24 *éines tînges errâteni fône ândermo 25 *QUOT SINT RATIONALES. 26 statuis] i *rad*. *Punkt gehört hinter* 1 ęquum, iniquum *und* iustum.

in coniecturam . et in finem . et in qualitatem . et in translationem. D59v Tres autem ex illis .i. coniecturalis . et difinitiuus . et tranlatiuvs . intelleguntur per se non in suis partibus. Et ille quartvs qualitatiuvs . non tractatur per se . sed in suis partibus .i. in iuridiciali . et negotiali. Negotialis enim intellegitur per se non in suis partibus. Iuridicialis autem non tractatur per se . sed in suis partibus .i. in absumptiuo . et in absoluto. Absolutum autem intellegitur per se . non in suis partibus. Absumptiuum autem non tractatur per se . sed in suis partibus .i. in comparatione . et in remotione . et in relatione . et in concessione. Tres autem ex illis .i. comparatio . remotio . relatio . intelleguntur per se . sed in suis partibus. Et ille quartvs concessio non tractatur per se . sed in suis partibus D60r .i. in purgatione . et deprecatione. Deprecatio intellegitur per se non in suis partibus. Purgatio autem non tractatur per se sed in suis partibus .i. in inprudentia . et in casu . et in necessitate. Et illi tres statvs intelleguntur per se non in suis partibus. . . .

. . . coniectura .i. **ratisca** subauditur feceritne ut de susanna daniel coniectatus est Hinc liber et miles singulari certamine seruus autem ignito ferro probatur. iii Diffinitio uel finis **des namen forderunga** uel **scaffunga** . uel **endunga** subauditur nominis facti. Vel aliquando contenditur . factum eius qui equum sustulit furtum aut rapina dicendum sit Grauius namque punitur rapina quam furtvm iii. Qualitas subauditur facti bonum an malvm sit. Justum aut iniustvm sit iii translatio **uuéhsal** subauditur persone uel loci uel temperis uel criminis . uel pęne. Vt olim erat contentio quia opportuit baptizari utrum aput arrianos uel apud catholicos De paRtibvs QvaLitatis SVBalternis. G58rb

Qvalitas diuiditur in iuridiciale .i. **strît umbe daz tiet-reht** et negotiale .i. **striht umbe daz quôneheite.** Item iuridiciale partes habet assumptiuum .i. **taz ântseigidiga** et absolutvm .i. **taz para** Est enim assumptiuum quod assumit defensionem .i. **ântseigida** et est absolutum quod non assumit defensionem Assumptiuum iiii partes habet Quę sunt concessio .i. **Keiicht** subaudis facti remotio **abenemunga** non facti sed criminis .s. a se in alterum Relatio .i. **uuideruuerfunga** non facti sed criminis . a se ledente in eum qui prior prouocauit comparatio criminis minoris ad maius . item de concessione fit purgatio .i. **unculdigunga** Et deprecatio .i. **gnadonflegha.** De purgatione imprudentia casvs necessitas ~~**vn-**~~**uuizzenheit vngeuuándvi geschit Nôt**

QVID SINT SATVS ET CONSTITVTIONES ET VNDE constent.

Status et constitutiones .i. **stâta unde gestelléda** ipsa . . . .

D 11/12 *translatiuvs 18 *vor* .comparatione.] ~~purgatione~~ *also Falsches getilgt* 18, 4 *2mal* &[I] 20 *vor* intelleguntur] *non §§7.-13. *fehlen* D.

G 15 namen] n[2] *aus* m *rad.* 16 Vel] *Vt 20 olim, erat *apud 21 *Majuskeln wechseln mit Minuskeln in den Überschr. von G ab.* 23 strîht guóneheide] t *aus* d *korr.* 24 *ántséidiga 25 *ántséida 30 *únscúldigunga 31 gnadonflega (h) 33 *STATVS

Coniectura .i. **ratisca** . subauditur feceritne. Ut de susanna daniel coniectatus est. Hinc liber et miles singulari certamine seruus autem ignoto ferro probatur.ıı. Diffinitio uel finis **día ná-min forderunga** uel **scafunga** . uel **endunga** . subauditur nominis facti. Ut aliquando contenditur . factum eius qui equum sustulit . furtum aut rapinam dicendum sit. Grauius namque punitur rapina quam furtum.ııı. Qualitas . subauditur facti . bonum an malum sit. Justum autem iniustum sit.ıııı. Translatio **uuechsil** . subauditur personę . uel loci . uel temporis . uel criminis . uel penę. Ut olim erat contentio . quia oportuit baptizari . utrum apud arrianos . uel apud catholicos. H58v P648

6.

Qualitas diuiditur in iuriditiale .i. **strît** . **unbe diz tiet-recht** . et negotiale .i. **strît umbe dez quoneheite**. Item iuridiciale partes habet . assumptuosum .i. **dáz ántseidiga** .i. **taz pára**. Est enim assumptiuum quod assumit defensionem .i. **antsegida** et est absolutvm . quod non assumit defensionem. Assumptiuum .ıııı. partes habet. Quę sunt? Concessio .i. **Keucht** .s. facti. Remotio .i. **ab-enemunga** non facti . sed criminis .s. a se in alterum. Relatio .i. **uuirder-uuerfunga** . non facti . sed criminis .s. a se ledente in eum qui prior prouocauit. Conparatio criminis . minoris ad maivs.

Item de concessione fit purgatio .i. **unsculdigunga**. Et deprecatio **gnadonfleha**. De purgatione . inprudentia . casus . necessitas . **únuuizenheit** . **ún-geuuandiu geskict nôt**.

7.

Status et constitutiones .i. **stata** . **unde gestellida** . ipsa

---

H 1 *râtisca 3 *ignito D(f)finitio 3/4 *tes námen fórderunga 4 *scáf-funga *éndunga 6 *rapina' 8 au̅ = autem, *aut 9 *uuéhsal 10 *pęnę 11 *arianos 12 *DE PARTIBUS QUALITATIS SUBALTERNIS. 13 *iuridiciale *strît *úmbe daz tîet-réht 14 *strît úmbe daz keuuónehéite 15 *assumptiuum *taz *ántséidiga *vor* .i.[2]] *et absolutum 16 *ántséida 17 absolutam 18 *ke-iíht 18/19 *ába/némunga 20 *uuíder-uuérfunga *lędente 22 *únscúldi-gunga 23/24 *vor* catio *und* necessitas *älteres Loch im Pgm.* 23 *.i. gnâdôn-fléha 24 *únuuízenthéit . úngeuuândíu geskíht . *in der Zeile* geskictnôt, *am unteren Rand* gescihtnôt *von anderer Hand* 25 *QUID SINT STATUS ET CONSTI-TUTIONES . ET UNDE CONSTENT. 26 *stâtâ únde gestélledâ *Punkt gehört hinter* 2 certamine.

. . . bella sunt eorum G58rb

quorum causa est sedente iudice et auditoribus ceteris in hunc modvm non iure orestes occidisti matrem tuam Hęc est intentio .i. **malîze**. At ille iure occidi Hęc est depulsio .i. **uueri** s. **dis unrehtis** .i. intentionis et subiungit illa enim occidit patrem meum Hęc est ratio .i. **antsêigida** .i. sui facti Item aduersarius . non ergo oportuit te ulcisci patrem tuum sanguine matris Hec est infirmatio .i. **lûzeda** .s. rationis eius Respondit ille mihi quoque mortem meditata est et uniuersę familie nostre .i. **gêmageda** parua sunt hęc maius scelus ansa est ita ut in ipsvm senatvm extendere manus et rem publicam delere conata fit Hoc est firmamentvm .i. **festinûnga** suę rationis. Hęc sunt partes uniuscuiusque constitutionis et status in coniectura tantvm sunt intentio depulsio in ceteris additur ratio et infirmatio pręter deprecationem In ea namque confessio est cum penitentia quia deest ratio facti in quibusdam et firmamentvm est Status autem et constitutiones dicuntur quia uerbis decertantes contra se inuicem statuuntur et constituuntur Solemus autem status et constituciones . **strît** interpretari sicut et causam Deinde uertitur disceptatio constitucionis ab his quorum causa est Ab oreste scilicet et eius aduersariis ad ceteros qui in iudicio assunt Et dum contendunt iurene fecerit occidendo matrem suam in ulcionem patris et defensionem sue uitę tociusque senatus et rei publice Hęc controuersia questio ex diuersa opinione nata dissimilis sententia Hec quoque **strît** dicitur materia talis est Qvid Sit Jpsa RethoRica

Sequitur ut oratores quos sibi parauerunt ex utraque parte orestes et aduersarii eius . . . .

G 39 ulcisci] c² *aus* 1 *korr.* 42 *ausa 43 fit] *sit 55 Si^t *hinter* Jpsa] Sta *zur Tilgung unterstr.*

bella sunt eorum quorum causa est sedente iam iudice et auditoribus ceteris in hunc modum. Non iure orestes occidisti matrem tuam. Hȩc est intentio .i. **malize**. At ille. Iure occidi. Hȩc est depulsio .i. **uueri** .s. **dia‿unrectis** .i. intentionis. Et subiungit. Illa enim occidit patrem meum. Hȩc est ratio .i. **antseida** .s. sui facti. Item aduersarius. Non ergo oportuit te ulscisci patrem tuum in sanguine matris. Hȩc est infirmatio .i. **luzeda** .s. rationis eivs. P649 H59r

Respondit ille. Mihi quoque mortem meditata est . et uniuersȩ familiȩ nostrȩ .i. **gemágedo**. Parua sunt hȩc. Maius scelus ausa est . ita ut in ipsum senatum extendere manus . et re publicam delere conata sit. Hoc est firmamentum .i. **festinunga** siue rationis. Hȩ sunt partes uniuscuiusque constitutionis et status.

Jn coniectura tantum sunt intentio et depulsio. Jn cȩteris additur . ratio et infirmatio . prȩter deprecationem. In ea namque confessio est cum penitentia quia deest ratio facti. In quibusdam et firmamentum est . quia verbis decertantes . contra se inuicem statuuntur et constituuntur. Solemvs autem status et constitutiones . **strît** interpretari . sicut et causam. Deinde uertitur disceptatio constitutionis . ab his quorum causa est . ab oreste scilicet et eius aduersariis ad cȩteros qui in iuditio adsunt. Et dum contendunt iurene fecerit . occidendo matrem in ultionem patris . et defensionem suȩ uitȩ totiusque senatus et rei publicȩ . hȩc controuersia quȩstio dicitur. Est autem quȩstio ex diuersa opinione nata dissimilis sententia. Hȩc quoque **strît** dicitur. Materia talis est.

Sequitur. Vt oratores quos 8. P650
sibi parauerunt ex utraque parte . orestes et aduersarii eius

H 3 tuam] a *aus* u *korr.* *mâlize o̧cidi] e *durch* ̧ *zu* c *korr.* 4 *uuéri *tes únrêhtes 5 *ântséida 6 *ulcisci 7 *lúzzeda 9 *gemâgedo 10 *rem 11 *féstenunga 12 siue] *suȩ Hȩc] c *rad.* 15 *pȩnitentia 17, 24 *2mal* *strît 20 *vor* ad] .: *auf Rasur von* & *iudicio 25 *QUID SIT IPSA RHETORICA.

. . . finem faciant huius dissensionis suadendo cęteris et G58rb maxime iudicibus utrum penam uel impunitatem orestes meruerit illam artem et illam scientiam qua hęc fieri rationabiliter possunt rethoricam dicimus Hęc in anima oratoris sedet Materia uero artis non in ipso sed exterius posita est in disceptatione scilicet orestis cum aduersariis suis Primum semper materia datur deinde artificium datur VNDE SIT SVMENDA ORATIO

Ecce orator parat se ut . oratione sua defendat orestem Habet materiam orationis causam obiecti criminis ostendat artificium defensionis quantum ipse oratione est ualidus tantvm ille apparebit innoxius DE EXORDIO NARRATIONIS Et mox in exordiendo ıı̄ es ipsius exordii debet ostendere uirtutes ut iudices faciat beniuolos .i. **táz si . in guodemô sin** attentos .i. **zuo ze imo losende** . dociles .i. **fernúmstige** Quomodo hęc fiant a cicerone in rethoricis discendvm est DE PARTITIONE ET NARRATIONE

Sequitur particio deinde narratio iste tres partes orationis ab G58va oratoribus accepte . etiam apud historiographos inueniuntur .i. Prologus. Capitula textus. Prologus lectores attentos et dociles facit . beniuolentiam comparare non opus habemus in hystoriis et commentariis sed in causis rethoricis Capitula sequentis libri distinctionem faciunt Textus uero ipsam rem expedit Textus siue narratio in causis oratoriis et in libris historicis tres uirtutes habet sicut exordium Vt breuis sit .i. **spuêdich** lucida .i. **ôffin** probabilis .i. **kelovplich** pro his quoque uade ad ciceronem DE CONCLVSIONE . ET CONFIRMATIONE

G 57 huius] *eigentl.* huɔ *ohne* i 58 artem *am rechten Rand nachgetr.* 59 *vor* &] au̅ = autem *zur Tilgung unterstr.* 68 i gude mo sinne] *Zkfl.*[2] *rad.*, ne *zur Tilgung unterstr.* zimo

finem faciant huius dissensionis . suadendo cęteris et maxime iudicibus utrum pęnam uel inpunitatem orestes meruerit. Illam artem et illam scientiam qua hęc fieri rationabiliter possunt . rhetoricam dicimus. Hęc in anima oratoris sedet. Materia uero artis non in ipso si exterius posita est . in disceptatione scilicet . orestes cum aduersariis suis. Primum semper materia datur . deinde artificium exspectatur; H59v 9.

Ecce orator. Parat se . ut in oratione sua defendat orestem. Habet materiam orationis suę causam obiecti criminis . ostendat artifitium defensionis. Quantum ipse oratione est ualidus . tantum ille apparebit innoxius. 10.

Et mox in exordiendo . tres ipsius exordii debet ostendere uirtutes . vt iudices faciat beniuolos .i. **taz se in gûotomo sîn**. Attentos .i. **zû ze îmo lôseende**. Dociles .i. **firnum̂stige**. Quomodo . hęc fiant a cicerone in rethoricis discendum est;

Sequitur partitio. 11. P651

Deinde narratio. Iste tres partes orationis ab oratoribus acceptę . ętiam apud hystoriographos inueniuntur . prologus capitula . textus. Prologus lectores attentos et dociles facit. Beniuolentiam comparare non opus habemus in hystoriis . et commentariis . sed in causis rhetoricis. Capitula sequentis libri distinctionem faciunt. Textus vero ipsam rem expedit. Textus siue narratio in causis oratoriis . et in libris hystoricis tres uirtutes habet . sicut exordium. Ut breuis sit .i. **spûtich**. Lucida .i. **offin** . probabilis .i. **kelôuplich**. Pro his quoque uade ad ciceronem.; 12.

H 5 si] *sed 6 *orestis 7 *UNDE SIT SUMENDA ORATIO. 10 *artificium 11 *DE EXORDIO NARRATIONIS. 13 *táz sie in gûotemo sîn 14 *lósente *fernúmestîge 15 *rhetoricis 16 *DE PARTITIONE ET NARRATIONE. 17 *Istę 18 *etiam *historiographos 20 Benê uolentiam 20/21 *historiis 24 *historicis 25 spûetich] etich *in der Zeile rad.*, *spûotîg *óffen *kelóublîh 26 *DE CONCLUSIONE ET CONFIRMATIONE. *Punkt gehört hinter* 18 prologus. *Punkt ist zu tilgen hinter* 15 modo.

Nam in coniectvra . de intentione . depulsione facti . constitutio D60r
dinoscitur .
ut ante regem salomonem duę meretrices contendunt . dormiens inquit
altera obpressit filium suum. E contrario illa dicebat . mentiris. In diffinitione non factum sed nomen facti negatur. Vt in ciceronis exemplo.
Qui sacra uasa de domo priuati subtraxit . sacrilegi arguitur . confessus furtum . sacrilegium negat. In translatione minime certatur de facto aut de nomine facti . non oportere tamen fieri ubi factum est .
vt in platea missas celebrare . aut quando factum est . vt archiepiscopum pallio uestiri . in die non sollemni aut quibus factum est . vt
ab hereticis babtizari . au quo crimine . vt si scismaticvs est hereticvs
scribatur . at qua pena . vt morte affici qui uerberibus castigandus sit.

Post narrationem . si orestis adversarii eam reprehenderint.́ Oportet G58va
eius defensorem
argumentis instare et narrationem suam confirmare Si conuicerit eos
et si iam
iudices post se inclinauit concludat breuiter uel indignando super
improbitate eorum
uel mouendo auditores super innocentia orestis sicutque peroratum est Ne
Iudicatio ergo sua et aliorum sibi consentiens impunitvm eum De ivdicatio-
et immunem a crimine facit Quę forte talis est . orestem qui sceleratissimę
suę
matris nece non suam sed communem generis humani calamitate extinxit non
parridiđam sed patrie liberatorem et pręmio dignum adiudicamus Hoc exemplvm
relatiue constitucionis est De CONiectvRa.
De ceteris quoque constitutionibus uel statibus sicut et apud ciceronem
exemplum tradendvm
Nam in coniectura de intentione et depulsione facti constitucio dinoscitur
ut ante regem salomonem meretrices contendunt Dormiens inquid altera
oppressit filium suum E contrario illa dicebat mentiris DiffiNitio.
In diffinitione autem non factvm negatur sed nomen facti Vt in exemplo
ciceronis qui sacra
uasa de domo priuati subtraxit sacrilegii arguitur confessvs furtvm
sacrilegium ne-
gat In translatione aut minime certatur TRANSLATIO
de fecto aut de nomine facti non oportere tamen dicitur fieri ubi factum est
Vt in platea missas
celebrare Aut quando factum est. Vt archiepiscopum pallio uestiri dię
non solempni
Aut a quibus factum est ut ab hereticis baptizari aut quo crimine ut si
scismaticus est .
hereticus scribatur aut qua pęna factum est ut morte affici qui uerberibus
castigandus sit.

D 16 au *und* 17 at] *2mal* *aut

G 10 ^i am 15 *calamitatem 16 *parricidam 21 dicebant] n *durch Häkchen getilgt* 23/24 ne/gat = negat uel negauit 24 aut] *autem 25 *facto 26 *am linken Rand* pro

Post narrationem. Si orestes aduersarii eam reprehenderint. H60r
Oportet eius defensorem argumentis instare . et narrationem
suam confirmare. Si conuicerit eos . et suam iudices post se inclinauit concludat breuiter . uel indignando super improbitate
eorum uel mouendo auditores super innocentiam orestis . sicque
peroratum est: 13.

Iudicatio ergo sua et aliorum sibi consentiens inpunitum
eum et immunem a crimine facit. Quę forte talis est. Orestem . qui scderatissimę suę matris necę non suam . sed communem generis humani calamitatem extinxit . non parricidam sed P652
patrię liberatorem . et pręmio dignum adiudicamus. Hoc exemplum relatiue constitutionis est; 14.

De ceteris quoque constitutionibus uel statibus sicut et apud ciceronem exemplum tradendum est. Nam in coniæctura de intentione
et depulsione facti . constitutio dinoscitur. Ut ante regem sala-
monem meretrices contendunt. Dormiens inquit altera opprę-
sit filium suum. Et contrario illa dicebat. Mentiris;
one autem non factum negatur . sed nomen facti. Ut in exemplo fur- 15.
tum . sacrilegum negat. 16.

In translatione . autem minime certatur de facto . aut de nomine facti. Non oportere tamen dicitur fieri ubi factum est ut in
platea missas cęlebrare. Aut quando factum est. Ut archi-
episcopatum pallio uestiri die non solemni. Aut a quibus factum
est. Ut ab hereticis baptizari. Aut quo crimine. Ut si scismaticus . est . hereticus scribatur. Aut qua pęna factum est.
Ut morte affici qui uerberibus castigandus sit; 17. P653

H 1 *narrationem . si orestis 1/2 *reprehenderint . oportet 3 suam] *si iam 5 *innocentia 6 *DE IUDICATIONE. 9 *sceleratissimę *nece sed *auf Rasur* 10 *exstinxit 12 *relatiuę *DE CONIECTURA. 14 coniæctura] e *aus* a *korr.* 15/16 *salomonem 16 *vor* meretrices] *duę 16/17 *oppressit 17 Et] *E *vor* Mentiris] Meritis *zur Tilgung durchgestr.; am rechten Rand* X, *darüber 3 Buchst. rad.* 18 *vor* one] *DIFFINITIO. In diffiniti *hinter* exemplo] *ciceronis qui sacra uasa de domo priuati subtraxit . sacrilegii arguitur . confessus 19 *sacrilegium *TRANSLATIO. 22 *celebrare 23 *episcopum 24 *hęreticis 24/25 *schismaticus 25 us.ē. (= est) *auf Rasur* *hęreticus 26 *QUALITAS. *Punkt gehört hinter* 3/4 inclinauit *und* 21 est.

In qualitate .i. in generali constitutione . queritur hoc quod factum est D60r
bonum sit an malum . utile aut inutile . iustum . aut iniustum . ut in
partibus eius declaratur . sunt enim iuridiciale et negotiale. Negotiale
enim est dum inuoluta est questio et ex utraque parte uerisimile uide- D60v
tur hoc quod dicitur . nec facile altera pars alteri concedit . vt quidam
uxorem duxit in quadragesima . quę ex eo genuit filium . patre iam mortuo . et germani fratres . hereditatem conantur subripere filio dicentes . non
potest heres patris fieri . qui de tali matre natus est . quę tempore
ducta non legitimo . ipsa facta est non legitima. Defensores eius dicunt quomodo quę licita erat patri . non legitima quoque esset?
Et si licita matrimonia inlicite perpetrasset et inique . filius non portabit
hanc iniquitatem patris. De quibus uerbis hinc et inde oriuntur plurima . quę implicitas in ciuili iure generant questiones. Ergo ciceronis exemplum de hac constitutione aliquantum abhorret a nostra
consuetudine. Iuridiciale autem planius est . quia in eo . quid ęquum
quid iniquum sit . secundum iura naturę requiritur . non secundum consuetudinem iuris ciuilis . et ideo iuridiciale ista constitucio uocatur . quia
in eo de iure naturali dicitur. Habet ergo partes . absumptiuum et absolutum. Absolutum est ut qui seruum distraxit obiurgatvs ab aliquo
nil defensionis aliunde requirit . licere . . . .

Qvalitas In qualitate .i. generali constitutione queritur hoc quod est bonum sit G58va
an malum utile aut inutile
equum aut iniquum . iustum aut iniustum . ut in partibus eius declaratur
de Negociali
Sunt enim negotiale et iuridiciale. Negotiale dinoscitur dum inuoluta est
questio
et ex utraque parte uerisimile uidetur quod dicitur . nec facile pars altera
alteri concedit
vt quidam uxorem in **xlma** duxit que ex o filium genuit patre iam mortuo et germani
fratres eius hereditatem conantur subripere filio . dicentes non potest
heres patris iure
fieri qui de tali matre natus est que tempore ducta non legitimo . facta
est ipsa non legit-
tima defensores eius dicunt Quomodo quę patri eius licita erant non legitima
quoque essent? Et
si licita matrimonia inlicite pater contraxerat et inique . filius non portabit hanc iniquitatem
patris De quibus uerbis et hinc oriuntur plurima que in iure ciuili
implicitas generant questiones
Ergo de hac constitutione ciceronis exemplum aliquantum abhorret a nostra
consuetudine
Iuridiciale autem planius est quia in eo quid equum quid iniquum sit secundum
iura nature JvRidiciale.
requiritur non secundum consuetudinem iuris ciuilis Et ideo iuridiciale
vocatur ista constitu-
tio quia in ea de iure dicitur se naturali ASSVMPTIVVM . ET SOLVTVM
ABET ergo partes assumptiuum .s. defensionis extrinsecus et absolutvm .s.
a defensi-
one .i. **mit ant-segido . unde ane antsegida** Vt qui seruum distraxit
obiurgatus
ab aliquo nil defensionis aliunde requirit licere . . . .

In qualitate .i. in generali constitutione queritur . hoc quod factum H60v
est bonum sit an malum utile aut inutile . ęquum aut iniquum . iustum aut iniustum . ut in partibus eius declaratur sunt
enim negotiale et uiridiciale. 18.

Negotiale dinoscitur dum inuolunta est quęstio . et ex utraque parte uerisimile uidetur . quod dicitur . nec facile pars altæra alteri concedit. Ut quidam uxorem in quadragesima duxit . quę ex eo filium genuit . patre iam mortuo . et germani fratres eius hereditatem conantur subripere filio dicentes. Non potest heres fieri . qui de tali matre natus est que tempore ducta non legitimo facta est ipsa non legitima. Defensores eius dicunt. Quomodo quę patri eius licita erat non legitima quoque esset . et si licita matronia illicite pater contraxerat et iniquę . filius non portabit hanc iniquitatem patris. De quibus verbis hinc et inde plurima oriuntur . quę in iure ciuile inplicitas generant quęstiones. Ergo ciceronis de hac constitutione exemplum aliquantum abhorret
a nostra consuetudine. 19.

Iuriditiale autem planivs est quia in eo quid equum uel quid iniquum
sit secundum iura naturę requiritur . non secundum consuetudinem P654
iuris ciuilis . et ideo iurediciale vocatur ista constitutio . quia in ea de iure dicitur .s. naturali.

Habet ergo partes. Assumptiuum . 20.
s. defensionis extrinsecus . et absolutum .s. a defensione .i. **mit ánt-seido . unde âne ánt-seida**. Ut qui seruum distraxit . obiurgatus ab aliquo nil defensionis aliunde requirit . lice-

---

H 1 constitutio[ne]] ne *in anderer Tinte* *queritur 3 iustu̅] u² *auf Rasur* 4, 21 *2mal* *iuridiciale 4 *DE NEGOTIALI. 5 *inuoluta 6 altæra] e *aus* a *korr.* 10 *hinter* heres] *patris *quę 13 *esset? Et litita *matrimonia 14 *inique 16 rre] r¹ *am Rand rad.* *ciuili 18 *DE IURIDICIALI. 19 *Iuridiciale *ęquum 22, 24 *3mal* .ſ) *bzw.* ſ) = sed, *aber der Sinn verlangt* *.ſ. = subaudis. 23 *ASSUMPTIUUM ET ABSOLUTUM. 25 *mít ântséido *ântséida *Punkt gehört hinter* 2 malum, 3 declaratur, 11 legitimo *und* 19 est.

D 19 vor iustum] *ęquum aut iniquum 15 *adsumptiuum

G 29 *Überschrift am Rand nachgetr.* a[n] *hinter* utile] sit *durch Unterstr. getilgt* 30 Ne[de]gociali 33 o] *eo 36 *erat *esset 42 se] *.s. natuřale *ABSOLVTVM 43 *Habet

. . . hoc tantum dicit. Absumptiuo sunt .iiii. partes . comparatio . remotio . relatio . concessio. D60v

Agnoscitur enim comparatio dum ille qui arguitur de aliqua inprobanda re . ea se dicit maius damnum uitasse . ut eius consideratione laudandum sit quod ipse fecit. Ergo quidam D61r piscator . socium lapsum de naui dum cerneret mergi . retraxit eum unco ferreo quem habuit ad piscandum . eius infixo oculo . qui postea ductus in iudicium . pro lesione eius oculi . defendit se comparatione maioris periculi quod non aliter euaderet mortem. Remotio est . vt defendat se quis neglegentie dicens . non ad me pertinuit ut hoc facerem . aut si arguitur facti . alterius iussu . ad quem hoc pertinet se fecisse dicit . vt minister qui panem obtulit obiurgatvs cur et potum non dederit . remouet a se culpam . et pincernam hoc officii habere dicit. Et si sumptuose agere non se sed dominum sibi iubentem hoc agere ostendit. Relatio est dum culpa retorquetur in prouocantem . vt de oreste dictum est. Concessio criminis duplex est. In purgatione . et deprecatione. Deprecationem cottidiana exempla docent quando delinquentes in iudicio ueniam postulant et nil defensionis aliunde parant . sicut et dauid confessus est peccata sua dicens . peccaui domino . et nathân propheta . indulgentiam promisit . atque respondit . dominus transtulit peccatum tuum, o dauid. Purgatio sequitur triplex. Inprudentia . casus . necessitas inprudentia purgat se . qui patrem . uel fratrem in tumultu non agnouit . et occidit. Paulus quoque confessus est inprudentiam D61v

. . . hoc sibi tantvm dicit hoc absolutum est G58va
assumptiuo sunt iiii[or] partes Comparatio Relatio. Remotio Concessio

Comparatio

Agnoscitur autem comparatio dum ille qui arguitur de aliqua re improbanda ea se dicit maius damnum uitasse ita ut eius consideratione laudandvm sit quod fecit Ergo quidam piscator socium de naui lapsum cum cerneret mergi retraxit eum unco ferreo quem ad piscandum habuit occulo eius infixo Qui in iudicium postea ductus pro lesione eius occuli . defendit se comparatione maioris periculi quod non aliter euaderet mortem. Remotio autem talis est ut defendat se De ReMotioNe quis neglegentię dicens . non ad me pertinuit ut hoc facerem uel si facta arguitur alterius iussv ad quem hoc pertinet fecisse se dicit ut minister qui panem opbtulit obiurgatus cur et potum non dederit . remouet a se culpam et pincernam hoc officii habere dicit Aut si arguitur sumptuose agere . non se sed dominum iubentem hoc agere
De ReLAtione ostendit Relatio est quando culpa retorquetur in prouocantem ut de oreste dictum est De conceSSioNe Concessio criminis duplex est in deprecatione et
De deprecatione purgatione Deprecationem cottidianam exempla docent quando delinquentes in iudicio ueniam postulant et nil defensionis parant Sicut et dauid confessus est peccata sua dicens . peccaui domino Et nathan propheta indulgentiam promisit atque respondit Dominus transtulit peccatum tuum o dauid. DE PVRGatione
DE INPRVdentia Pvrgatio sequitur triplex imprudentia casus necessitas Inprudentia se purgat qui patrem uel fratrem in tumulto non agnoscit et occidit paulus quoque imprudentiam . . . .

re sibi hoc tantum dicit. Hoc absolutum est. Assumptiuo sunt qua- H61r
tuor partes. Comparatio. Relatio Remotio. Concessio˙; 21.
Agnoscitur autem comparatio dum ille qui arguitur de aliqua re improbanda . ea se dicit maius damnum uitasse . ita ut eius consideratione laudandum sit quod fecit. Ergo quidam piscator socium
de naui lapsum cum cerneret mergi . retraxit eum unco ferreo . quem ad piscandum habuit oculo eius infixo. Qui in iuditium postea ductus pro lesione oculi eius defendit se comparatione maioris periculi . quod non aliter mortem euaderet.
Remotio autem talis est. Ut defendat se negligentię di- 22.
cens. Non ad me pertinuit . ut hoc facerem. Uel si facti arguitur
alterius iussu ad quem hoc pertinet fecisse se dicit. Ut minister qui
panem optulit obiurgatus cur et potum non dederit . remouet a se P655
culpam . et pincernam hoc officii habere dicit. Aut si argueret
sumptuose agere . non se sed dominum iubentem hoc agere ostendit
Relatio est. Quando culpa retorquetur in pro- 23.
uocantem . ut de oreste dictum est. 24.
Concessio. Criminis duplex est . in deprecatione et purgatione;
Deprecationem cottidiana exempla docent . 25.
quando delinquentes in iudicio ueniam postulant et nil defensionis parant. Sicut et dauid confessus est peccata sua dicens
peccaui domino. Et nathan prophęta indulgentiam promisit atque
respondit. Dominus transtulit peccatum tuum o dauid. 26.
Purgatio sequitur triplex . inprudentia casus necessitas.
Imprudentia se purgat . qui patrem uel fratrem 27. P656
in tumultu non agnoscit . et occidit. Paulus quoque imprudentiam

---

H 2 *COMPARATIO. 6 unico] i *durch Punkt getilgt* 7 h abuit] *hinter* h *Rasur* Qui^{in}] in *in gleicher Tinte* 7/8 *iudicium 8 *lęsione 10 *est . ut *hinter* se] *quis *DE REMOTIONE 13 *obtulit 14 *arguitur 16 *est . quando *DE RELATIONE. 17 *DE CONCESSIONE. 18 *Concessio criminis 19 *DE DEPRECATIONE. 21 confessus] e *aus* i *korr.* 22 *propheta 23 *DE PURGATIONE. 25 *DE IMPRUDENTIA. *Punkt gehört hinter* 2 Relatio, 7 habuit, 15 ostendit, 21 dicens, 24 inprudentia *und* casus.

D 17 *vor* hoc] *sibi *hinter* dicit] *Hoc absolutum est. 17/18 *Adsumptiuo 6 *vor* est] *autem talis 10 *hinter* si] *arguitur

---

G 53 *facti 57, 59, 63 *Die Überschr. steht am Rand, der darauf folgende Text ist nicht eingerückt. In der Überschr. wechselt Majuskel mit Minuskel ab, meistens von der gleichen Höhe.* 58 Coñ^{ce}ssio 59 *cottidiana 59/60 delinquentes *aus* delinquere *korr.* 64 patrem uel patrem fratrem] patrem^{2} *durch Unterstr. getilgt*

. . . dicens . nesciui eum esse principem D61v
sacerdotum . scriptum est enim principem populi tui non maledices. Et item plasphemus . et persecutor eram . sed ueniam consecutvs sum . quia ignorans feci. Casus defendit eum . cui aliquid iniungitur . et prȩuentvs morbo . aut uulnere . aut hostili gladio . aut subita inundatione fluuii . aut aliqua re graui inopinata non potest obedire. Non sicut ille qui ait . uxorem duxi . et ideo non possum uenire . potuit enim . sed noluit. Necessitatem docet quod sepe audiuimvs . ui obpressam mulierem . et innoxiam iudicari. Legalis status diuiditur in quinque in scriptum et sententiam . in ambiguas leges . et contrarias leges . difinitionem . et ratiocinationem. . . .

. . . confessus est dicens nesciui eum principem esse sacerdotum G58va
Scriptum est ergo principem populi tui non maledicens Et item Blasphemus persecutor eram sed
De caSv. ueniam consecutus sum quia ignorans feci Casus defendit eum cui aliquid iniungitur et morbo prȩuentus aut munera aut hostili gladio . subita inundatione fluuii aut aliqua re graui et inoppinata non potest obedire Non sicut ille qui ait Vxorem duxi et ideo non possvm uenire. Potuit quidem . sed noluit
Necessitatem docet quod sepe audiuimus ut oppressam mulierem et innoxiam G58vb
iudicari. De NeceSSitate

DE SATIBVS LEGALIBVS SCRIPTVM ET SENTENTIA Status legales sunt controuersiȩ de legibus ortȩ Vt pro equo iniuste ablato quidam reddere uoluit xii solidos secundum legem alamannorum . repetitor hos recusauit suscipere dicens . uile sibi precium offerre pro equo preciossissimo At ille satisfecisse se ait secundum iusticiam legis nec eum posse statutum legis recusare nisi uelit ipsam legem dissoluere de lege inquid umquam incommodi uenit nec ob hoc data est ut noceat sed omnium utilitatibus consulat Et dum euangelium cui nulla lex christiana contradicit . si quid aliquem defraudaui reddo quadruplum dicat quomodo tu qui fraudem fecisti nec tantvm pro eo quod fravdasti restituere cogitas? Eme talem tanto si potes ea sola ratio est que suadeat mihi quod offers suscipiendvm esse et tam carum estimare eo pacto qui legem dedit credendus scribere de solutione damni et aliquem modvm de restituendo equo ponere uel boue uel asino quo eum non . . . .

D 1 *hinter* principem *Rasur* 2 *vor* sacerdotum *Rasur* 9-11 Legalis *bis* ratiocinationem *wiederholt* D60r,5/6 *zu* H58r,16-25.

G 66 populi principem populi] populi[1] *zur Tilgung unterstr.*, populi[2]] p[2] *aus* b *korr.* *maledices 68 munera] *uulnere 2 *STATIBVS *Status 6 *inquit, *dahinter* *nihil umquam *aus* numquam *korr.* 9 fraỴdasti 9/10 potesṭ

confessus est dicens. Nesciui eum principem esse sacerdotum. Scriptum H61v
est ergo. Pricipem populi tui non maledices. Et item. Blasphemus .
et persecutor eram . sed ueniam consecutus sum quia ignorans feci.

Casus defendit eum . cui aliquid iniugitur . et morbo 28.
prępuentus . aut uulnere . aut hostili gladio aut subita inundatione fluuii . aut aliqua re graui et inopinata . non potest
oboedire. Non sicut ille qui ait. Uxorem duxi . et ideo non possum
venire. Potuit quidem sed noluit 29.

Necessitatem . docet quod sepe audiuimus . ui oppressam mulierem
et innoxiam iudicari. 30.

Status legales sunt . contrauersiae
de legibus orte. Ut pro ęquo iniustę ablato quidam reddere
uoluit .xii. solidos secundum legem alamannorum. Repetitor hos recusauit suscipere dicens. Uile sibi precium offerre . pro ęquo P657
preciosissimo. At ille satisfecisse se ait secundum iustitiam legis . nec eum posse statutum legis recusare . nisi uelit ipsam
legem dissoluere. De lege inquit nihil umquam incommodi
uenit . nec ad hoc data est ut noceat . sed omnium utilitatibus consulat. Et dum euangelium cui nulla lex christiana contradicit . si quid aliquem defraudaui reddo quadruplum .
dicat quomodo tu qui fraudem fecisti . nec tantum pro eo
quod fraudasti restituere cogitas? Eme talem tanto si potes ea sola ratio est . que suadeat mihi . quod offers . suscipi-
endum esse et tam carum estimare. Eo pacto qui legem dedit credendum est scribere de solutione damni . et aliquem modum
de restituendo ęquo ponere uel boue uel asino . quo eum non

H 2 *Principem 4 *hinter* eū *1 Buchst. rad.* *iniungitur *DE CASU. 7 *obę-dire 8 *DE NECESSITATE. 9 sępe] *Häkchen rad.,* *sępe 10 *DE STATIBUS LEGALIBUS . SCRIPTUM ET SENTENTIA. 11 *controuersię 12 *ortę 12, 14, 26 *3mal* *equo 12 *iniuste quidam] a *aus* e *korr.* 13 sc̄dm^{lege}] legē *in gleicher Tinte* 14 *pretium 15 *pretiosissimo 23 *quę 24 *ęstimare 24/25 *credendus 26 d^{re}ēstituendo] re *in gleicher Tinte* *Punkt gehört hinter* 5 gladio, 8 noluit *und* 22/23 potes. *Punkt ist zu tilgen hinter* 9 Necessitatem.

. . . . Scriptum et sentenciam. Ergo cicero huius statvs nobile dedit exemplum de greca historia . quomodo epemenondas dux thebanorum dum annuam potestatem haberet . successori suo statuto tempore exercitum secundum scriptum legis non reddidit . sed pro utilitate rei publice . diutius aliquantum secum retinuit . seque contra scriptum sentencia scriptoris racionabiliter defendit. Ambiguę leges sunt . ut est ciceronis exemplum. Meretrix coronam auream non habeto . uel si habuerit publica esto. Potest dubitari . meretrix an corona publicetur. Apud nos paulus legem statuit dicens . vnvsquisque habeat suam uxorem propter fornicationem. Melius est enim nubere quam uri. Ambiguum enim uidetur an de laicis . uel etiam de clericis dixerit. Contrariȩ leges uidentur de quibus scriptum est . in libro salomonis. Ne respondeas stulto . secundum stulticiam suam ne efficiaris ei similis. Et item. Responde stulto secundum stulticiam suam ne sibi sapiens uideatur. Sed utraque per discretionem suscipienda sunt. De romanis legibus exemplum est . qui tirannum occiderit . rem quam uelit a senatu pro premio accipiat. Item altera lex est. Tiranno occiso . eius quoque quinque proximos cognatione magistratvs necato. Contigit alexandrum tirannum ab uxore interfici . hec filium suum quem ex tirano habebat . sibi in premii locum deposcebat . sunt qui consentiant . sunt qui puerum occidi ex lege dicant. Diffinitio communis status est . quia sicut rationalis . ita et legalis . . . . D61v / D62r

. . . deberet quisquam carius emere. Iste status uocatur G58vb
scriptum et sententia quia alius legislatoris scripto nititur . alius scriptum interpretando de sententia .i. uoluntate scriptoris scriptor contradicit Cicero huius status nobile dedit exemplum de greca historia quomodo epaminondas dux thebanorum dum annuam potestatem haberet successori suo statuto tempore exercitum secundum scriptum legis non reddidit sed pro utilitate rei publicȩ diucius aliquanto secum retinuit seque contra scriptvm sententia scriptoris rationabiliter defendit DE AMBIGVIS LEGIBVS Ambiguȩ leges sunt ut est ciceronis exemplum de lege Meretrix coronam auream ne habeto si habuerit publica esto potest dubitari meretrix an corona publicetur Apud nos autem paulus legem statuit dicens Vnusquisque suam uxorem habeat propter fornicationem Melius est enim nubere quam uri Ambiguum uidetur an de laicis uel etiam de clericis Contrarie uidentur quȩ huiusmodi sunt Ne respondeas DE CONTRARIIS LEGIBVS stulto secundum stulticiam suam Et item responde stulto secundum stulticiam suam ne sibi sapiens uideatur Sed per discrecionem utraque suscipienda sunt De romanis legibus exemplum est qui tyrannum occiderit rem quam uelit a senatu pro prȩmio accipiat Item altera lex est Tyranno occiso quinque eius proximos cognatione magistratus necato Contigit alexandrum tyrannum ab uxore interfici Hȩc filium suum quem ex tyranno habebat sibi in prȩmii loco depoposcit Sunt qui consentiant sunt qui puerum occidi ex lege dicant De diFFiNiTioNe Diffinitio communis status est quia sicut rationalis ita et legalis . . . .

deberet quisquam carius emere. Iste status uocatur et sententia H62r quia alius legislatoris scripto nititur . alius scriptum interprętandum . de sententia .i. uoluntate scriptoris . scripto contradicit.

Cicero huius status exemplum de greca hystoria nobile dedit quomodo epaminondas dux thebanorum dum annuam . potestatem . haberet . successori suo statuto tempore . exertitum secundum scriptum legis non reddidit . sed pro utilitate rei publicę diutius aliquando si eum retinuit seque contra scriptum sententia scriptoris rationabiliter defendit. 31.

Ambigue leges sunt. Ut exemplum ciceronis de lege. Meretrix coronam auream ne habeto · si habuerit publica estu.

Potest dubitari . meretrix an corona publicetur. Apud nos autem paulus legem statuit dicens. Unusquisque suam uxorem habeat P658 propter fornicationem . melius est enim nubere quam uri. Ambiguum uidetur an de laicis dixerit tantum . uel etiam de cliceris.

Contrarię leges uidentur . 32.

quę huivsmodi sunt. Ne respondeas stulto secundum stulticiam suam . ne sibi videatur sapiens. Sed per discretionem utraque suscipienda sunt. De romanis legibus exemplum est. Qui tyrannum occiderit . rem quam uelit a senatu pro pręmio accipiat

Item altera lex. Tyranno occiso quinque eius proximos cognatione magistratus necato. Contigit alexandrum tyrannum ab uxore interfici. Haec filium suum quem ex tyranno habebat sibi im prępmii loco depoposcit. Sunt qui consentiant Sunt qui occidi puerum ex lege dicant. 33.

Difinitio. Communis status est . quia sicut rationalis ita et le-

H 1 *vor* et] *scriptum 2 alius[2], *am rechten Rand* alt̃ru *in anderer Tinte, sicher eine Verballhornung* 2/3 *interpretando 4 *historia 6 *exercitum 7/8 *aliquanto 8 si eum] *secum 9 *DE AMBIGUIS LEGIBUS. 10 *Ambiguę *sunt . ut est 11 *esto 14 uri] u *aus* ui *rad.* 15 *clericis 16 *DE CONTRARIIS LEGIBUS. 17 *stultitiam 18 *vor* ne] *ne efficiaris ei similis. Et item. Responde stulto secundum stultitiam suam . 21 *hinter* lex] *est 23 *Hęc tyranno] o *aus* u *korr.* 24 *in 25 *DE DIFFINITIONE. 26 *Diffinitio communis *Punkt gehört hinter* 1 sententia, 20 accipiat, 24 consentiant *und* 26 rationalis. *Punkt ist zu tilgen hinter* 5 annuam *und* potestatem.

D 1 ū enī u *auf Rasur*

G 12 *vor* emere] esse *zur Tilgung unterstr.* 14 scriptor] *scripto 24 $\overset{n}{\text{ve}}$

. . . est in hunc modvm. D62r

Diuina lex est diliges proximum tuum sicut te ipsum . fit questio . quis est meus proximvs? fit diffinitio . qui facit misericordiam. Et item . saucium se facere in naui .i. relinquere nauem . et de scapha gubernare nauim . hoc est remanere in naui. De ratiotinatione tale exemplum habetur . . . .

. . . est in hunc modvm . diuina lex est G58vb

Diliges proximum tuum sicut te ipsvm Questio est quis est proximus meus? Fiat diffinitio Qui facit misericordiam Cicero de naui exemplum legale dedit ita Lex est Qui nauim in tempestate relinquerit ammittat uniuersa quę sua sunt in naui Duo quidem iactati sunt in alto quorum alterius nauis et alterius onus fuit vident interim naufragum quendam natantem et manus ad se tendentem Misericordia uero moti nauim ad eum adplicauerunt . hominem ad se sustulerunt Mox et illos tempestas in tantvm urgebat ut dominus nauis cum idem gubernator esset in scafam confugeret et inde a funiculo quia pupi religatus scafam adnexam trahebat . naui quod posset moderaretur Ille autem cuius merces erant in gladium ibidem in naui incumberet Hinc ille naufragus ad gubernaculvm accessit ad naui quod potuit est opitulatus Sedatis fluctibus nauis in portum deuehitur Ille autem qui in gladium incubuerat leuiter saucius facile ex uulnere est recreatus Nauim cum onere horum trium suam quisque esse dicebat Difficionibus namque quid sit nauim relinquere aut in naui remanere discernitur

Sequitur status qui ratiotinatio dicitur Et talis est Quidam indicatus est parentem occidisse De RatiotiNatione et statim eo quod effugiendi potestas non fuit ligneę soleę in pedes inditę sunt . os autem obuolutum est folliculo et pręligatum Deinde est in carcerem deductus ut ibi esset tantisper dum culleus compararetur in quem coniectus in profluentem defereretur interea . . . .

D 13 *hinter* proximū *1 Buchst. rad.*

G 33 *reliquerit *quidam 37 *inde funiculo qui a puppi *quoad 39 *Hic ad[2]] *et 41 Na uim] a *auf Rasur* ḥonere 43 *vor* occidisse] oct *zur Tilgung unterstr.* 46 *deferretur

galis est in hunc modum. Diuina Lex est. Diliges proximvm H62v tuum sicut te ipsum. Quęstio est. Quis est meus proximus? Fit diffinitio. Qui facit misericordiam. Cicero de naui exemplum legale dedit ita. Lex est. Qui nauem in tempestate reliquerit . amittat uniuersa quę sua sunt in naui.

Duo quidam iactati sunt in alto . quarum alterius nauis et alterius onus fuit. Uident interim naufragum quendam . natantem . et manus ad se tendente. Misericordia vero mo- P659 ti nauim . ad eum applicarunt . hominem ad se sustulerunt;

Mox et illos tempestas in tantum urgebat vt dominus nauis . cum idem gubernator esset . in scapham confugeret et inde funiculo qui a puppi religatus scapham adnexam trahebat naui quod posset moderaretur. Ille autem cuius merces erant.

In gladium ibidem in naui incumberet. Hac ille naufragus ad gubernaculum accessit . et naui quod potuit est opitulatus. Sedatis fluctibus nauis in portum deuehitur. Ille autem qui in gladium incubuerat . leuiter saucius . facile ex uulnere est recreatus. Nauim cu onere horum trium suam quisque esse dicit. Diffinitionibus namque quid sit nauim relinquere aut in naui manere discernitur 34.

Sequitur status qui ratiotinatio dicitur. Et talis est. Quidam indicatus est parentem occidisse . et statim eo quod fugiendi potestas non fuit ligneę soleę et in pedes inditę sunt.

Os autem obuolutum est folliculo . et pręligatum. Deinde est in carcerem deductus . ut ubi esset tantisper dum culleus compararetur . in quem coniectus in profluentem deferetur. Interea

H 1 *lex 6 *quorum 8 *tendentem 9, 19 *2mal* naueI] e *durch* i *ersetzt* 13 *quoad 13/14 *erant . in 14 *Hic 17 incubu‿erat 18 *cum 20 *DE RATIOCINATIONE. 21 *ratiocinatio 22 *effugiendi 23 et *ist zu tilgen*. 25 *ibi 26 iniquem] i^2 *rad.* *deferretur *Punkt gehört hinter* 20 discernitur. *Punkt ist zu tilgen hinter* 9 nauim.

17 . . . famis tempore a quodam auditum est qui humanis carnibus uescebatur . quo ducto in iudicium . non est inuentum qua pęnitentia . uel qua pęna dignus sit. . . . D62r

. . . quidam eius familiares in carcerem tabulas affervnt et testes adducunt heredes quos ipsis libet scribunt tabule obsignantur de illo post supplicium sumitur inter eos qui heredes in tabulis scripti sunt et inter agnatos de hereditate controuersia est Hic certa lex que testamenti faciendi potestatem adimat his qui in eo loco sunt nulla profertur Ex ceteris legibus et quę hunc ipsvm supplicio eiusmodi afficiunt et quę ad testamenti faciendi potestatem pertinent per ratiotinatione ueniendum est ad eiusmodi rationem ut queratur habueritne testamenti faciendi potestatem Tale est et illud famis tempore auditum est de quodam qui humanis carnibus uescebatur et eo ducto in iudicium non est inuentum qua penitentia uel pęna dignus sit Hec exempla de iudiciali tantum causa data sunt Jn ceteris generibus faciliora sunt . quia pręter coniecturam raro inuenies aliam constitucionem in eis rgo causę de legibus orte status legales dicuntur /VNde dicatvr/ Satvs et consti/vtio G58vb

Cetere uero quę aliunde oriuntur constitutiones uel status rationales dicuntur quia in eis ratio facti exquiritur Vt de oreste cur occiderit matrem suam QUESTIO DICATVR

iscendum est et illud quia et proprię dicitur questio ut est feceritne QVOD MODIS et communiter cause omnesque partes .i. intentio depulsio ratio et infirmatio uel iudicatio questiones dicuntur Et he sunt que ciuiles dicuntur quia inter ciues agitantur sunt enim ciues **purchliute** ciuiles .i. **purchliche strite** Ciues dici possunt etiam qui in agris habitant . . . .

D 19- *nach* sit *entspricht* H66r,14-, *also* §45. §§35.-43. *fehlen* D.

G 47 afferant 49 heditate 51 *ratiocinationem 56 de *Die Überschr. steht am rechten Rand,* *STATVS 59 *QVOT 62 purhcliute] *zur Umstellung* purchlice

quidam eius familiares in carcerem tabulas afferunt . et testes H63r
adducunt heredes quos ipsis libet scribunt tabule obsignantur de illo ; post supplicium sumitur. Inter eos qui heredes in tabulis scripti sunt . et inter agnatos . de hereditate controuersia est. Hic certa lex . quȩ testamenti faciendi potestatem adimat his qui in eo loco sunt nulla profertur. Ex ceteris legibus et quȩ hunc ipsum supplicio eiusmodi affici- P660
unt et quȩ ad testamenti faciendi potestatem pertinent . per ratiotinationem ueniendum est ad eiusmodi rationem . ut quȩratur . habueritne testamenti faciendi potestatem.

Tale est et illud. Famis tempore auditum est de quodam qui humanis carnibus uescebatur . et eo ducto in iudicium . non est inuentum qua poȩnitentia . uel poena dignus sit. Hȩc exemplo de iudiciali tantum causa data sunt. In cȩteris generibus faciliora sunt . quia prȩter coniecturam raro inuenies aliam constitutionem in eis•; 35.

Ergo causȩ de legibus ortȩ ! status legales dicuntur. Ceterȩ vero que aliunde oriuntur . constitutiones uel status rationales dicuntur . quia in eis ratio facti exquiritur! Ut de horeste . cur occiderit matrem suam. 36.

Discendum est . et illud . quia et proprie dicitur quȩstio . ut est feceritne . et communiter causȩ . omnesque partes earum .i. constitutiones et status et earum partes .i. intentio depulsio . ratio . et infirmatio uel iudicatio . quȩstiones dicuntur. Et hȩ sunt quȩ ciuiles dicuntur . quia inter ciues agitantur . sunt enim ciues **purchliute** . ciuiles .i. **púrclîche strîte.** Ciues dici possunt etiam qui in agris habi-

H 2 ipsis libet] *ipse iubet *tabulȩ 8 quȩ[ad]] ad *in anderer Tinte* 8/9 *ratiocinationem 9-11 *älteres, ovales Loch am rechten Rand* 10 habuerit‿ne 13 qua] a *aus* e *korr.* *pȩnitentia *pȩna 13/14 *exempla 16 *UNDE DICATUR STATUS ET CONSTITUTIO. 17 *quȩ 19 *oreste 20 *QUOT MODIS QUȨSTIO DICATUR. 25 *púrglîute 26 *púrglîche strîte ag[r]is] r *in gleicher Tinte Punkt gehört hinter* 2 adducunt *und* scribunt, 6 sunt, 7 legibus, 7/8 afficiunt *und* 23 intentio. *Punkt ist zu tilgen hinter* 21 est[1].

. . . .i. **in demo geûue** alie sunt philosophice ut ergo discernantur G58vb philosophice questiones sunt controuersię in dicendo posite sine certarum personarum interposicione Vt celum rotundum est celum non est rotundum Hę ad oratorem non pertinent Ciuiles autem questiones sunt controuersię in dicendo posite cum certarum personarum interpositione .i. **dâz sînt dîe strîtę dîe einlîche quissê menniscin ânagânt.** Vt est feceritne .s. susanna concubitum cum iuuene uel iurene fecerit .s. orestes occidendo matrem suam ITEM PLVS DE geNeRibvs Qvestionvm

Ergo philosophicas questiones . thesin dicunt .i. propositvm . quasi a longe et in absentia positum quia philosophi non requirunt eorum aspectum . G59ra de quibus disputant Ut puta de naturalibus rebus huius mundane molis aut de deo aut de moribus in hunc modum Verine sint sensus . que mundi sit forma que sit solis magnitudo quid sit bonum pręter honestatem an philosophandum sit . an casû cuncta constent uel diuina prouidentia regantur Ciuiles autem questiones ipothesin dicunt. Hoc est subpositum persona subposita est occulis illa de qua questio mouetur Considerant enim illi de his que proponuntur quid uerum . quid falsvm sit. Jsti autem in his que facta sunt uel que facienda sunt . quid bonum quid malum equum aut inequum . iustum aut iniustum . utile aut inutile . honestum aut turpe . possibile aut impossibile . necessarium aut non necessarium sit. Jlli ut sciant quid adfirmandum sit quid negandum Jsti ut sciant quid suadendum quid dissuadendum sit. Jlli in disputando isti . . . .

G 63 î = *ahd.* in 67 qſſ ê 69 *Die Überschr. endet am Rand,* ITEM] I aus E *korr.*

tant .i. **in demo geuue**. Aliȩ sunt philosophicȩ. Ut ergo discer- H63v
nantur ! philosophicȩ quȩstiones sunt . controuersiȩ in dicendo
positȩ . sinȩ certarum personarum interpositione. Ut cȩlum rotundum est . cȩlum non est rotundum. Hae ad oratorem non pertinent.
Ciuiles autem quȩstiones sunt . controuersiȩ in dicendo positȩ . cum P661
certarum personarum interpositione .i. **táz sint díe strîtȩ díe eín-**
liche quisse menniscin ánagant. Ut est feceritne .s. susanna concubitum cum iuuene . uel· iurene fecerit .s. orestes occidendo matrem suam. 37.

Ergo philosophicas. Quȩstiones thesin dicunt .i.
propositum quasi a longe et in absentia positum . quia philosophi non requirunt eorum aspectum . de quibus disputant.
Ut puta de naturalibus rebus huius mundanȩ molis . aut
de deo . aut de moribus in hunc modum. Uerine sint sensus . quȩ mundi sit forma . quȩ sit sola magnitudo . quid
sit bonum prȩter honestatem . an philosophandum sit an casu cuncta constent . uel diuina prouidentia regantur. Ciuiles
autem quȩstiones ipothesin dicunt . hoc est subpositum . ut
persona subposita est oculis illa de qua quȩstio mouetur.
Considerant enim illi de his quȩ prȩponuntur . quid uerum
quid falsum sit. Jsti autem in his quȩ facti sunt . uel quȩ facienda sunt . quid bonum quid malum equum aut iniquum iustum aut
iniustum . utile . honestum . aut turpe . possibile aut inpossibile . necessarium aut non necessarium sit. Illi ut sciant
quod affirmandum sit quid negandum. Isti ut sciant quid suadendum . quid dissuadendum sit. Illi in disputando . isti

---

H 1 *géuue *bzw.* *góuue 3 *sine 4 *Hȩ 6 *sínt tîe strîte 7 *guísse mén-nisken ánagânt 7/8 *2mal* .ꝭ = sed *für* *.ſ. = subaudis 9-11 *älteres, ovales Loch am linken Rand* 9 *ITEM PLUS DE GENERIBUS QUȨSTIONUM. 10 *philosophi-cas quȩstiones 14 aūt] *Strich rad.* Uerinenȩ 15 *solis 18 *hypothesin 20 *proponuntur 21 *facta 23 *hinter* utile] *aut inutile 25 quod] *quid *Punkt gehört hinter* 6 strîte, 11 propositum, 20 uerum, 22 bonum, malum *und* in-iquum, 25 sit. *Punkt ist zu tilgen hinter* 23 honestum.

. . . autem in discendo illi fugientes frequentiam hominum Isti G59ra
sine cętu . et sine multitudine hominum nihil facientes Ergo dissimilis est questio et causa . thesis et ipothesis . quod philosophicum est et quod ciuile Et causa quidem .i. ciuilis questio materia est artis rethoricę .i. ipsi oratori ad ostendendam suam scientiam iudicando et inueniendo in iudicali genere . quid equum quid iustum sit. Jn deliberatiuo .i. in consiliis et consultis rei publicę suadendo quod utile est in demonstratiuo .i. in comprobandis et creandis ordinandisue magistratibus ostendendo quid in singulis honestum et laudabile sit et dignum honore et quid contrarium Questici uero que thesis est materia philosopho ad exercitandum suum ingenium in discernendo uerum a falso

De constitutionibus et statibus secundo dicere ut exemplis clarescerent RATIO REPE-opus fuit quia materia que semper danda est ante artificium obscura esse TITIONIS non debet sua que materiam secutura est oratio nisi ex ipsius introductione materię Hinc exordium orationis sumitur hinc narratio et particio .i. distinctio narrationis et confirmatio reprehensio quoque assercionis contrarię et epilogus quomodo disponi debeant considerantur Huic congruere hoc est commodas facere omnes has quas nunc partes orationis diximus Parum ab ea dissentire uiciosissimum est De quibus partibus pręcepta tam plura data sunt in libris rethoricorum ut ea . . . .

G 11 *dicendo 15 *iudiciali 16 .r.p. = rei publicę 18 *Quęstio 23 particio

autem in dicendo. Illi fugientes frequentiam hominum. Isti H64r sine coetu . et sine multitudine hominum nihil facientes. Ergo dissimilis est quęstio et causa . thesis . et ipothesis . quod philosophicum est et quod ciuile. Et causa quidem .i. ciuilis P662 quęstio . materia est arti rethoricę .i. ipsi oratori . ad ostendam suam scientiam . iudicando et inueniendo in iuditiali genere . quid ęquum quid iustum sit. Jn deliberatiuo i. in consiliis et consultis rei pupplicę . suadendo quod utile est. Jn demonstratiuo .i. in comprobandis et creandis ordinandisve magistratibus . ostendendo quid in singulis honestum et laudabile sit . et indignum honore . et quid contrarium. Quęstio vero que thesis est similiter est materia philosopho ad exercitandum suum ingenium in discernendo verum a falso.

De constitutionibus 38. et statubus secundo dicere ut exemplis clarescerent opus fuit quia materia quę semper danda est ante artificium obscura non debet esse . nec aliunde potest ipse orator dinoscere qualis esse debeat sua quę materiam secutura est oratio . nisi ex ipsius introductione materię. Hinc exordium orationis sumitur . hinc narratio et partitio .i. distinctio narrationis . et confirmatio . reprehensio . quoque asertionis contrarię et epilogus quomodo disponendi debeant . considerantur. Huic congruere hoc est commodas facere omnes has quas nunc partes orationis diximus. Parum ab ea dissentire . uitiosissimum est. De quibus pręcepta tam plura data sunt . in libris rethoricorum ut ea

H 2 *cętu 3 *hypothesis 5 artiret‿horicę] *arti rhetoricę *(dat.) bzw.* *artis rhetoricę *(gen.) nach* D59r,18 G58ra,54 G59ra,14 5/6 *ostendendam 6/7 *iudiciali 7 Jnde‿liberatiuo 8 *publicę 9 Jnde‿monstratiuo 9/10 ordinandis‿/‿ve 11 *dignum 12 *quę 14 *RATIO REPETITIONIS. 15 *statibus 18 suaq̄ 21/22 *assertionis 22 *disponi 26 data] a^1 *aus* e *korr.* *rhetoricorum *hinter* ea] ÿ *rad.* *Punkt gehört hinter* 7 ęquum, 22 epilogus *und* 26 rethoricorum. *Punkt ist zu tilgen hinter* 3 thesis *und* 21 reprehensio.

. . . breuiter nemo comprehendere ualeat propterea magisterio ciceronis discenda sunt Ad hoc humanum ingenium nouas sibi cottidie parit rationes suadendi atque dissuadendi G59ra

QVOD GENERA SINT ORATORVM

Jn quibus rationibus alii sunt grauiores ut romani alii accuciores ut greci alii ornatiores ut attici alii copiosiores ut asiani

DE GRAVI

Doccumentum est ad grauitatem aliquando magnifice loqui et ita narrare quamlibet rem quatenus salua ueritate nil pene possit de ea maius estimari Ut medo prandente epota sunt flumina eo contranseunte constrati sunt maria nauigati sunt montes excite sunt gentes commotus est orbis Re uera flumina non sufficiebant ad potandum exercitui eius et bosforum mare ex nauibus ponte constructo copiis meabile fecit athon thessalię montem a continenti abscidens a mare adducens nauigabilem prębuit Sed hęc de homine pene incredibilia aucta sunt quoque arte loquendi Cicero ad herennium de graui locutione exemplum iudiciale protulit his verbis Nam quis est uestrum iudices qui satis idoneam possit in eum penam cogitare qui prodere hostibus patriam cogitaret? Quod maleficium cum hoc scelere comparari quod huic maleficio dignum supplicium potest inueniri? Jn his qui uiolassent aliquem aut postremo necassent ingenuum matrem familias constuprassent uiolassent aliquem aut postremo necassent maxima supplicia maiores . . . .

G 28 ṣịṭ sunt 29 *QVOT 34 *constrata 37 ţ^{h}essalię *abscindens a^{2}] *et
39 hęsv bis

breuiter nemo comprębendere ualeat . propterea magisterio cice- H64v
ronis discenda sunt. Ad hoc humanum ingenium nouas sibi cottidie parit rationes suadendi atque dissuadendi 39. P663

In quibus Rationibus alii sunt grauiores ut romani . alii acutiores ut greci . alii ornatiores ut attici alii copiosiores ut asini 40.

Documentum est. Ad grauitatem aliquando magnifice loqui . et ita narrare quamlibet rem . quatenus salua ueritate . nil pęne possit de ea maius estmari. Ut medo prandente epotata sunt flumina . eo transeunte constrata sunt maria . nauigati sunt montes . excitę sunt gentes . commotus est orbis. Re uera flumina non sufficiebat ad potandum exercitui eius et bosforum . mare ex nauibus ponte constructo copiis meabile fecit. Athon thessalię monte a continenti abscindens . et mare adducens nauigabile prębuit. Sed hęc de homine pene incredibilia . acuta sunt quoque arte loquendi. Cicero ad herennum de graui locutione . exemplum iuditiale protulit his uerbis. Nam quis est uestrum iudices qui satis idoneam possit in eum penam cogitare . qui prodere hostibus patriam cogitaret? Quod maleficium cum hoc scelere comparari . quod huic maleficio dignum supplicium potest inueniri? In his qui uiolassent ingenuum matrem familias constuprassent . uiolassent aliquem . aut postremo necassent . maxima supplicia mai-

H 1 breuit̄] bre *von anderer Hand ergänzt* *comprehendere 3 rationes] a *aus* e *korr.* 4 *QUOT GENERA SINT ORATORUM. 5 *rationibus 7 *asiani *DE GRAUI. 8 *est . ad 10 est mari] *ęstimari 11 epota^{ta}] ta^2 *in anderer Tinte, richtiger ist eigentl.* epota. 14 *sufficiebant ad] d *aus* b *korr.* *bosphorum *bzw.* *bosporum 16 *montem 18 *pęne *aucta 19 *herennium 19/20 *iudiciale 21 *pęnam *Punkt gehört hinter* 3/4 dissuadendi, 6 attici, 7 asini, 14 eius *und* 24 ingenuum. *Punkt ist zu tilgen hinter* 14 bosforum.

. . . consumpserunt truculentissimo ac nefario facinori singularem penam non relinquerunt Atqui in aliis maleficiis ad singulos aut ad paucos ex alieno peccato iniuria peruenit Huius sceleri qui sunt affines uno consilio uniuersis ciuibus atrocissimas calamitates machinantur ó feros homines . ó crudeles cogitationes . ó derelictos homines ab humanitate qui id agere ausi sunt aut cogitare possunt quo pacto hostes reuulsis maiorum sepulcris . deiectis menibus ouantes irruerent ciuitatem quomodo deum templis spoliatis obtimatibus trucidatis aliis abreptis in seruitutem matribus familiis et ingenuis sub hostilem libidinem subiectis accerbissimo concidat incendio conflagrata Qui se non putant id quod uoluerint ad exitum perduxisse nisi sanctissime patrie miserandvm scelerati uendiderint cinerem Nequeo uerbis consequi iudices indignitatem rei sed neglegentius id fero quia uos mei non egetis Verum enim uos animus amantissimus rei pupplicę facile edocet ut eum qui uoluerit omnium fortunas prodere . prȩcipitem proturbetis ex ea ciuitate . quam iste hostium spurcissimorum dominatu nefario uoluit obruere Quid his uerbis ciceronis grauius? **uúio machter iz heuígor chôsón** Et ille hoc in causis Ambrosius noster in inuitatorio christi non tenuior est dicens Veni gemine gigas substancie carnis tropheo cingere et cętera

Plus miranda sunt pauli tonitrua G59ra

G 55 feṛro amantissimus] t *aus* s *korr.* 57 *spurcissimo nefario

ores consumpserunt . huic truculentissimo ac nefario facinori . singularem pęnam non reliquerunt. Atqui in aliis maleficiis . ad singulos aut ad paucos . ex alieno peccato iniuria peruenit . huius sceleri qui sunt affines . uno consilio uniuersis ciuibus atrocissimas calamitates machinantur. O feros homines o crudeles cogitationes o derelictos homines . ab humanitate . qui id agere ausi sunt . aut cogitare possunt quo pacto hostes reuulsis maiorum sepulcris deiectis moenibus ouantes irruerent ciuitatem . quomodo deum templis spoliatis . obtimatibus trucidatis aliis abreptis in seruitutem matribus famvlus et ingenius . sub hostilem libidinem subiectis acerbissimo concidat incendio conflagrata. Qui se non putant id quod uoluerint ad exitum perduxisse . nisi sanctissimę patrię miserandum scelerati uenderint cinerem. Nequeo uerbis consequi iudices indignitatem rei sed neglegentius id fero . quia uos mei non egetis. Uerum enim vos animvs animantissimus rei publicę facilę edocet ut eum qui uoluerit omnium fortunas prodere . pręcipitem proturbetis ex ea ciuitate . quam iste hostium spurcissimo dominatu nefario uoluit obruere. Quid his uerbis ciceronis grauius? **uui machter iz heuigor choson**? Et ille hoc in causis. Ambrosius noster in inuitatorio christi non tenuior est dicens. Ueni geminę gigas substantię carnis tropheo cingere et cetera. Plus miranda sunt pauli toni-

H65r P664

H 9 *męnibus 10/11 *optimatibus 12 famylus] *familiis *bzw.* *familias *ingenuis 13 *vor* acerbissimo] *urbs 15 patrię] e *auf Rasur* *uendiderint *bzw.* *uiderint 18 Uerum *bzw.* *Uestrum *amantissimus 19 *facile 22 *uuîo 22/23 *mâh/ti er 23 *héuigôr chôsôn 24 inuitato‿rio] *vor* rio *kleines Loch im Pgm.* 25 *tophęo 26 *accingere *Punkt gehört hinter* 6 homines *und* cogitationes, 9 sepulcris, 11 trucidatis *und* seruitutem, 12/13 subiectis. *Punkt ist zu tilgen hinter* 7 homines *und* 12 ingenius.

. . . qui fugiens sapientiam uerbi excellentia tamen et grauitate sermonis supergressus est cunctos non arte sed spiritu sancto G59ra

Item accute loqui argumentis rem declarare Hoc modo QVID SIT ACVTE LOQVI Rufum ne fidelem dicas Vel sic Tu auarum dicito et ego infidelem intellego

Qvid sit oRNate loqvi

Item ornatus causa circuitione uel similitudine uel aliquo schemate uerborum aut sententiarum utimur Vt uino madens pro ebrius et extrema pati pro mori uel asinum sapit pro stultus est uel sicut uirgilius Magnarvm uirium est clauam erculis ui ex- extorquere de manibus eius Hoc est difficile est homerum imitari Sed et hęc grauitatis sunt Sunt enim eis communia pręcepta quia et decet et grauius est genus et speciem pro indiuiduo totum pro parte superlatiuo pro positiuo pluralem numerum pro singulari ponere Sed post declinatione dicturi que ad ornatum proprie pertinet docebimus

G59rb

Aut copiosum est propositionem rethoricam

Qvid copiosvm sit

multis affirmare rationibus ad huc modum proposicio est Melius accurantur que consilio geruntur quam que sine consilio amministrantur Approbatio est domus ea que ratione regitur omnibus est instructior rebus et apparatior quam ea que temere et nullo consilio amministratur Similiter exercitus is cui prępositus est sapiens et callidus imperator omnibus partibus commodius regitur quam is qui stulticia et temeritate alicuius administratur Non enim facile

G 64 dicas] s _aus_ t _korr._ 65 _Die Überschr. steht völlig am Rand gegenüber_ 65/66. 67/68 ex/extorquere] ex^2 _ist zu tilgen._ 69 et^3 _im Text, am linken Rand_ genus _ergänzt_ 70 pluralem _im Text, am unteren Rand_ totum _bis_ positiuo _ergänzt_ declinatione] *de elocutione 1 *pertinent *At _Die Überschr. steht am rechten Rand._ 2 *hunc

trua qui fiugens sapientiam uerbi . excellentia tamen et H65v
grauitate sermonis supergressus est cunctos . non arte
sed spiritu sancto ·; 41.

Item acute. Loqui est . argumentis rem declarare. Hoc
modo Rufum ne fidelem dicas. Uel sic. Tu auarum dicito et ego fidelem intellego. 42. P665

Item oratus causa . circuitione uel similitudine uel aliquo
scemate ueborum aut sententiarum utimus. Ut uino madens pro ebrius et extrema parti pro mori . uel asinum sapit
pro stultus est uel sicut uirgilius. Magnarum uirium est clauam erculis ui extorquere de manibus eius. Hoc est Difficile est
homerum imitari. Sed et hęc grauitatis sunt . sunt enim
eis communia pręcepta quia et decet et grauius est genus et speciem pro indiuiduo totum pro parte superlatiuo pro positiuo
pluralem numerum pro singulari ponere. Sed post de e-
locutione dicturi . quę ad ornatum proprie pertinent
docebimvs. 43.

At copiosum est . propositionem rethoricam multis rationibus affirmare. Ad hunc modum. Propositio est. Melius accurantur quę consilio geruntur quam quę sine consilio
amministrantur. Approbatio est. Domus ea quę ratione regitur . omnibvs est instructior rebus et apparatior . quam ea
quę temere et nullo consilio amministratur. Similiter
exercitus is cui prępositus est sapiens et callidus imperator . omnibus partibus commodius regitur . quam is qui stultitia
et temeritate alicuivs administratur. Non enim facile

H 1 *fugiens excellentiā] m-*Strich rad.* 3 *QUID SIT ACUTE LOQUI. 4 *acute loqui 5/6 dici‿/‿to 6 *infidelem *QUID SIT ORNATE LOQUI. 7 *ornatus 8 scemate *bzw.* *schemate *uerborum *utimur 9 *pati 10/11 erculis *bzw.* *herculis 14 *superlatiuum 17 *QUID COPIOSUM SIT. 18 *rhetoricam 19 *affirmare . ad 24 *vor* et *kleines Loch im Pgm. Punkt gehört hinter* 5 modo, 10 est[1], 11 est[1], 14 indiuiduo, parte *und* positiuo.

. . . . Ait ergo omnis orator . ut D63v
aduersarios frangat . iudices et auditores attrahat . et ut cicero dicit persuadeat dictione. Quid persuadeat? Utique hoc
factum quod ipse defendit bonum . iustum . aut honestum D64r
esse . aut e contra quod inpugnat turpe . et inpudendum .
et ab omni religione atque iusticia alienum. . . .
. . . . Ergo prima est materia .i. cau- D62r
sa . de qua diximus . deinde oratio . quam nunc dicimus . quę ostendit causam qualis sit. Ipsa oratio ex oratoris procedit sen- D62v
tentia quam rethoricam uocitamus. Vt bene intellegas eam
extrinsecus haurire de materia quę deintus propinet. Et
eadem quid sit . sic definiatur. Rethorica est . bene dicendi scientia. Quid est bene dicere? apposite .i. apte uel congrue
aliquid dicere . ad persuadendum . uel ad disuadendum. Vnde quis
hęc potest? natura administrat ea . doctrina uero nutrit
et auget. Partes eius sunt quinque. Inuentio . dispositio .
memoria . elocutio . . . .

discuntur hęc genera orandi quia proprii et magni operis sunt singula et quia scemata .i. figu- G59rb
re orationum argumenta quoque ratiotinationes et diefinitiones et pręcepta grauitatis
et omnia pręcepta non solum rethoricę artis sed et quędam grammatice . et dialecticę
artis ad hęc genera et ad has partes orationis aptantur et auctores arcium in his
tota studia consummabant QVID SIT OPVS ORATIONIS
Agit ergo omnis orator ut aduersarios frangat iudices et auditores attrahat et ut
cicero dicit persuadeat dictione Quid persuadeat utique hoc factum quod ipse
defendit iustum bonum et honestum esse uel utile aut necessarium esse Vel e contra quid impugnat noxium esse turpe et pudendum et ab omni religione atque iusticia alienum
Ergo prima est materia .i. causa de qua diximus / deinde oratio VNDE SVMATVR ORATIO
quam nunc dicimus que ostendit causam qualis sit Jpsa oratio ex oratoris procedit scientia
quam rethoricam uocitamus ut bene intellegatur eius extrinsecus haurire de materia
quod ipsa deintus propinet in oratione Eadem ergo quid sit diffiniatur QVID Sit Rethorica
Rethorica est bene dicendi sciencia Diffinitio interpretatur . **gnotmezunga** .i. nihil
plus nihil minus potest et aliter dici ut ante ostendi Et quid est bene dicere Apposite .i. apte et congrue ad persuadendum dicere Unde hęc quis potest Natura administrat eam doctrina uero nutrit et auget QVE SINT PARTES EIVS
Partes eius sunt .v. inuentio . disposicio. Memoria Elocucio . . . .

D 18 *Agit 6 *dissuadendum

G 14 *quod 16 Erga prim] a *in anderer Tinte ergänzt* 18 ei] *eam 20 sci-
endcia geotmezunga 23 *ea

discuntur hęc genera orandi . quia proprii et magni operis H66r sunt singula . et quia scemata .i. figurę orationum . argumenta quoque et ratiotinationes . et diffinitiones . et pręcepta grauitatis . et omnia pręcepta non solum rhethoricę artis . sed et quedam grammaticę et diolecticę artis . ad hęc genera et ad has par- P666 tes orationis aptantur . et auctores artium in his tota studia consummabant •; 44.

Agit ergo. Omnis orator ut aduersarios frangat . iudices et auditores attrahat . et ut cicero dicit persuadeat dictione. Quid persuadeat? utique hoc factum quod ipse defendit iustum . bonum et honestum esse uel utile aut necessarium esse. Uel est contra quod impugnat . noxium esse . turpe et pudendum . et ab omni religione atque iustitia alienum •; 45.

ERGO prima est materia .i. causa de qua diximus. Deinde oratio quam nunc dicimus . quę ostendit causam qualis sit. Ipsa oratio ex oratoris procedit scientia . quam rethoricam uocitamus. Ut bene intellegatur eam extrinsecus haurire de materia quod ipsa deintus propinet in oratione.

Eadem ergo quid sit . diffiniatur•/ 46.

Rhetorica est bene dispudandi scientia. Et quidem require .a. bene dicere? Diffinitio interpretatur **gnôtmezunga** .i. nihil plus nihil minus Potest et aliter ut ante ostendi .b. Apposite .i. apte et congrue ad persuadendum dicere. Unde haec quis potest? Natura administrat ea . doctrina vero nutrit et auget•/ 47. P667

Partes eius sunt .v. inuentio . dispositio . memoria elocu-

H 2 scemata *bzw.* *schemata 3 *ratiocinationes 4 *rhetoricę *quędam 5 *dialecticę 7 *QUID SIT OPUS ORATIONIS. 8 *ergo omnis °arator aduersarios frangat] os f *verwischt* 9 attrahat] r *auf Rasur* 10 *Utique 11 ē = est, *e 13 *UNDE SUMATUR ORATIO. 16/17 *rhetoricam 19 *QUID SIT RHETORICA. 20 dispudandi] *dicendi 20/21 Et *bis* dicere *ist zu tilgen, wofür* 23 *vor* Apposite] *Et quid est bene dicere? 20 require ‚prüfe nach' *sowie* 21, 23 *die Umstellungsbuchst.* .a. *und* .b. *bezeichnen eine verdorbene Stelle.* 21 *gnôtmēzunga 22 *vor* ut] *dici ostendi] di *verwischt* 24 *hęc 25 *QUĘ SINT PARTES EIUS. 26 memoria] a *aus* o *korr.* *Punkt gehört hinter* 22 plus, minus *und* ostendi, 26 memoria.

. . . pronuntiatio. Non solum orator . sed et prę- D62v
dicator et qui nuncium fert . et quicumque uiua uoce uult narrare . his partibus indiget. Scriptores autem librorum . etsi non quinque .
quatuor tamen partibus fretos esse oportet. Et cum sex sunt
partes orationis illius qua orator utitur in causis. Exordium.
Particio. Narratio. Confirmatio. Reprehensio. Conclusio . earum nulla nisi his quinque poterit partibus expediri. Quicquid
enim in omni locutione reprehenditur . uel laudatur . ad has quinque
pertinet partes. . . .

. . . pronunciatio Non solum G59rb
orator sed et prędicator et qui nuncium fert et quicumque uul uiua uoce
enarrare his
partibus indiget Scriptores librorum etsi non .v. iiii[or] tamen partibus
fretos esse oportet
et cum sex partes supradictę orationis illius qua orator in causis utitur
exordium
particio narratio . confirmatio . reprehensio conclusio earum nulla nisi his
.v.[que] poterit
expediri Enimuero quicquid in omni locutione laudatur uel reprehenditur
ad harum quemlibet
parcium pertinet Ipse cicero false inuectionis arguebat ermogoram in
rethoricis DE VICIIS HARVM .V./PARCIVM
dicens nec quid dicat attendere . nec quid polliceatur intellegere uidetur Sic
terentius sciens comicum debere uerisimilem materiam habere . derisit
lucilium suum
emulum inuentionis quod non esset idonea sed uilis et friuola per caliopium
recitatorem
suum dicentem Poęta uęrus . nouum poętam maledictis ne scribat deterrere parat quia nusquam insanum scripsit adolescentulum ceruam uidere fugere et
sectari
canes . et eam plorare et orare ut subueniat sibi Sic etiam uirgilium multi
culpant uiciose disposicionis quando errores enęe non a principio sed ex
medio iti-
neris cepit describere dicens Uix e conspectu sicule telluris in altum uela
dabant
lęti. Teoctistus pręceptor presciani grammatici arguebat probum itidem
grammaticum . . . .

D §48. *fehlt* D.

G 25 *uult 28 ⁘earum *im Text,* ⁘conclusio *am rechten Rand ergänzt* nulla <u>sibi</u>, *Tilgung durch Unterstr.* 29 *quamlibet 30 *inuentionis *Die Überschr. steht am rechten Rand in zwei Zeilen.* 32 suum *am rechten Rand ergänzt* 34 uęrus] *uetus 37/38 itiner[s] 38 d[e]scribere 39 *prisciani

tio. Pronuntiatio. Non solum orator . sed prędicator . et qui nun- H66v
tium fert . et quicumque uult uiua uoce asserere his partibus indiget. Scriptores librorum . etsi non .V. quatuor
tamen partibus fretos esse oportet. Et cum sex sunt supradictę
partes orationis . illius qua orator in causis utitur .
exordium . partitio . narratio . confirmatio . reprehensio
conclusio . earum nulla nisi his quinque poterit . expediri. Enimuero. Quicquid in omni locutione laudatur uel reprehenditur ad harum quamlibet partivm
pertinent. 48.

Ipse cicero. Falsę inuentionis arguebat . erma-
goram . in rethoricis dicens. Nec qui dicat attendere quid
polliceatur intellegere uidetur. Sic terentius
sciens comicum debere uerisimilem materiam habere derisit lucilium emulum suum . inuentionis . quod
non esset idonea . sed uilis et friuola . per caliopium recitatorem suum dicentem. Poeta uetus . nouum poetam
maledictis ne scribat deterrere parat . quia nusquam insanum scribit uel scripsit adolescentulum . ceruam uidere fugere . et sectari canes . et eam plorare
et orare ut subueniat sibi. Sic etiam uirgilium multi culpant uitiosę dispositionis . quando errores eneę . non a principio sed ex medio itineris cępit
describere dicens. Uix e conspectu siculę telluris
in altum uela dabant lęti. Teoctistus pręceptor pres- P668
ciani . grammatici arguebat probum itidem gramma-

H 1 *pronuntiatio *hinter* sed] *et 3 .V. *auf Rasur* 4 *sint 5 °arator 8 *Enimuero quicquid 10 *pertinet *DE UITIIS HARUM .V. PARTIUM. 11 *cicero falsę 11/12 *hermagoram 12 *rhetoricis qui] *quid *hinter* attendere] *nec 15 *ęmulum 16 eet *für* *ēet = esset *calliopium 22 uitio‿sę 23 *ęneę 25 *Theoctistus 25/26 *prisciani *Punkt gehört hinter* 2 asserere, 6 reprehensio, 9 reprehenditur *und* 12 attendere. *Punkt ist zu tilgen hinter* 7 poterit, 11 arguebat, 15 suum, 19 adolescentulum *und* 25/26 presciani.

. . . . D e i n u e n t i o n e. D62v

Inuentio est excogitatio rerum uerarum . aut uerisimilium . quȩ causam probabilem reddunt .i. quam defendere uis in iuridiciali genere causȩ . uel suadere in deliberatiuo genere causȩ .uel. laudare in demonstratiuo genere cause. Cur aliter defendatur . D63r suadeatur . laudetur . nisi sit probabilis? Excogitauit enim salomon rem . qua probauit quȩ ex duabus meretricibus mater esset infantis uiui dicens . diuidatur gladio . hoc noluit audire quia quȩ mater est diligit filium . quȩ autem mater non erat hoc postulauit fieri. Sic et danihel inuenit argumentum . quo probauit . falsum testimonium prolatum esse contra sussannam. Quia sub cino . et sub rino repugnant . et non possunt simul stare . causam igitur sussannȩ quam ipse defendit fecit probabilem . hȩc sunt in coniectura iudiciali. In coniectura autem deliberatiua . . . .

. . . quod non G59rb
haberet in memoria excipere satur saturi quando scripsit omnia in ur desinentia terciȩ declinationis esse Elocucionem reprehendimus cum barbarismum et solȩcismum solemus audire uel alia decem uicia que connumerantur uel cum aliquid minus urbanum profertur Vnde cicero dixit Quemquam mandare litteris cogitationes suas qui nesciat eas rite disponere uel ornare hominis est abutentis ocio et litteris Quid de pronuntiatione loquor? quȩ non minus in legentibus et canentibus obseruatur quam in oratoribus cuius uitia cauere post docebimus ITEM DE INVENTIONE

Est autem inuentio excogitatio rerum uerarum uel uerisimilium que causam probabilem reddunt .s. quam defendere uis in iudiciali genere uel quam suadere uis in deliberatiuo uel laudare in demonstratiuo Cur aliter defendatur uel suadeatur nisi sit probabilis? .i. **lobesam** uel **cloublich** Excogitauit enim salomon rem quam probauit que ex duabus meretricibus mater esset infantis uiui dicens diuidatur gladio Hoc mater noluit audire . quia que mater est diligit filium Quȩ autem mater non erat fieri hoc postulauit Sic et daniel inuenit argumentum quo probauit falsvm testimonium prolatum esse contra susannam quia sub cino et sub prino repugnant et non possunt simul stare Causam igitur susanne quam ipse defendit fecit probabilem .i. **clovblicha** Hȩc sunt in coniectura autem deliberati-

D 19/20 *iudiciali 4 *hinter* hoc] *mater 8 *prino

G 44 occio 49 *hinter* suadeatur] *uel laudetur 50 lobesá *qua 52 ȩ = est postut uoluit 54 repugnant 55 sunt in *hinter* coniectura] *iudiciali. In coniectura

ticum . quod non haberet in memoria excipere satur saturi . H67r
quando scripsit omnia in ur desinentia tertię declinationis esse. Elocutionem reprehendimvs . cum barbarismum et solloetismum solemus audire . uel alia decem uitia que connumerantur . uel cum aliquid minus urbanum profertur. Unde cicero dixit. Quemquam mandare litteris cogitationes suas . qui nesciat eas rite disponere . uel ornare hominis est abbutentis otio et litteris. Quid de pronuntiatione loquor? quę non minus in legentibus et canentibus obseruatur quam in oratoribus cuius uitia cauere post docebimus: 49.

Est autem inuentio excogitatio rerum uerarum aut uerisimilium . quę causam probabilem reddunt .s. quam defendere vis in iuditiali genere uel quam suadere uis in deliberatiuo . uel laudare in demostratiuo. Cur aliter defendatur . uel suadeatur . uel laudetur . nisi sit probabilis? i **lóbesam** . uel **clóublich**. Excogitauit enim salamon rem quam probauit . que ex duabus meretricibus mater esset infantis uidi . dicens diudatur gladio. Hoc mater audire noluit . quia quę mater est diligit filium. Quę autem non erat mater . fieri hoc postulauit. Sic et daniel inuenit argumentum quo probauit falsum testimonium prolatum esse contra susannam quia sub cino et sub prino repugnant . et non possunt simul stare. Causam igitur susannę quam ipse defendit . fecit probabilem .i. **cloublicha**. Hęc sunt in coniectura iuditiali. In coniectura autem deliberati- P669

H 4 sollo^{e}tismum] *solęcismum 4, 18 *2mal* *quę 8 *abutentis 11 *ITEM DE INUENTIONE. 14, 26 *2mal* *iudiciali 15 *demonstratiuo 16 *.i. lóbesám 17 *k(e)lóublîh *salomon *qua 19 *uiui *diuidatur 21 daniel *bzw.* *danihel 23 *schino 25 *k(e)lóublicha *Punkt gehört hinter* 7 ornare, 10 oratoribus *und* 14 genere.

. . . iudith inuenit rationem . qua holofernem D63r
occidendo hostes fugando causam suam quę est . non oportere tradi ciuitatem reddidit probabilem. In coniectura autem demonstratiua . samuhel ostendit saulem populo dicens . hic est quem elegit deus. Fit controuersia in populo . alii salutant eum dicentes. Viuat rex . filii autem belial dicunt . num poterit iste saluare nos? Deinde pergunt simul saul et samuel cum populo . contra filios ammon et reuersi sunt cum uictoria. Inde inueniunt qua causam suam probabilem faciant . hi qui studiosi erant parcium saulis et samuhelis
dicentes . ad samuhelem . ubi sunt uiri qui dixerunt . non D63v
poterit saul regnare super nos . date nobis illos ut occidamus eos. . . .

ua iudiht rationem inuenit qua holofernem occidendo hostes fugando causam G59rb
suam que est non oportere tradi ciuitatem reddidit probabilem .i. **lobesama** . in coniectura demonstratiua samuel ostendit saulem populo dicens Jste est quem elegit deus Fit controuersia in populo alii salutant eum dicentes Uiuat rex Filii autem belial dicunt num saluare nos poterit iste? Pergunt deinde saul et samuel cum populo contra filios ammon et reuersi sunt cum uictoria Jnde rationem inueniunt quia suam causam probabilem faciant . hi qui studiosi erant parcium saolis et samuhelis dicentes ad samuelem Ubi sunt uiri qui dixerunt non regnabit super nos? date nobis illos ut occidamus eos Sed et athenienses quondam obiurgati . cur claudvm regem haberent defenderunt se hac ratione inuenta quod melius est regem claudicare quam regnum . et hic status comparatio dicitur in demonstratiuo genere Pętrus defendebat se per remotionem criminis contra iudeos in iudiciali genere iurgantes quare gentiles introduceret ad fidem Inuenit ergo rationem que probabilem facit rem Dum orarem inquid in solario et esuriens uellem gustare . celitus mihi uas summissum est plenum bestiis et serpentibus cum hac uoce macta et manduca
et ego numquam absit a me quia immundum et commune numquam commedi G59va
et statim audiui quę deus mandauit . tu ne commune aut immundum dixeris ut intellegerem quia deus non est personarum acceptor . . . .

D 11 iudit oloferne 17 saluare] e *auf Rasur* 19 *hinter* Inde] *rationem *Mit* 3 *endet* §49. *in* D.

G 58 Jtem *im Text,* Jste *am rechten Rand ergänzt* 62 quia] *qua sar 63 *hinter* regnabit] *saul 70a duca *unten in anderer Tinte ergänzt* 1 numquam[1]] *inquam

ua iudit . rationem inuenit . qua holofernem occidendo . hostes fugando causam suam quę est non oportere tradi ciuitatem reddidit probabilem .i. **lobesama**. In coniectura demonstratiua samuel ostendit saulem populo dicens. Iste est quem elegit deus. Fit controuersia in populo. Alii salutant eum dicentes. Uiuat rex. Filii autem belial dicunt. Num saluare nos poterit iste? Pergunt deinde saul et samuhel cum populo . contra filios ammon . et reuersi sunt cum uictoria. Inde rationem inueniunt . quam suam causam probabilem faciant . hi qui studiosi erant partium saulis et samuhelis . dicentes ad samuhelem. Ubi sunt uiri qui dixerunt . non regnabit saul super nos? date nobis illos ut occidamus eos. Sed et athenienses quondam obiurgati . cur claudum regem haberent . defenderunt se hac ratione inuenta quod melius est regem claudicare quam regnum. Et hic status comparatio dicitur in demonstratiuo genere. Petrus defendebat se per remotionem criminis contra iudeos . in iudiciali genere iurgantes quare gentiles introduceret ad fidem. Inuenit ergo rationem . quę probabilem fecit rem. Dum orarem inquit in solario . et esuriens uellem gustare . celitus mihi uas summissum est plenum bestiis et serpentibus cum hac uoce . macta et manduca . et ego inquam . absit a me quia inmundum et commune numquam commedi. Et statim audiui. Quę deus mandauit . tu ne commune aut inmundum dixeris . ut intellegerem quia deus non est personarum acceptor H67v

H 1 *iudith 3 *lőbesáma 4 samuel *bzw.* *samuhel 8 samuel 10 *qua 11 dicentes] e[2] *aus* i *korr.* samuele̅ 12 *Date 16 inde mons 18 *iudęos 21 *cęlitus 23 macta] ct *auf Rasur* 24 *comedi *Punkt ist zu tilgen hinter* 1 iudit.

. . . De disposione D63v

Dispositio est rerum inuentarum et sententiarum in ordinem distributio. **Táz chít scáfunga . vnte órdenúnga des ke-cósis**. Bona dispositio est . rem eo ordine quo gesta est narrare . non est hoc obseruatum in libris regum nouissimis . ubi prępostero ordine . quorundam regum obitvs . deinde quid in uita gesserit narratur. Rationabilis dispositio lucidam facit orationem. De memoria.

Memoria est firmą animi rerum et uerborum ad inuentionem percepio. **Táz chít kehúgída . dés tú ge-dáhtóst . ze spréchénne**. Sufficit de memoria dicere . si non sit naturalis artificiosam parere quod solet fieri . uigiliis et assiduis meditationibus. Solemus etiam . . . .

. . . sed in omni gente qui facit uoluntatem eius G59va

hic acceptus est illi Et qui sum ego qui contradicam deo? Remouit ergo a se in deum auctoritatem facti Paulus quoque eodem statu cur iudaismo derelicto ad euangelium se conuerteret iudeis reddidit rationem dum narrabat eis quę sibi contigerant in uia quando epistolas portabat in damascum contra christianos Item in alio loco magistratus et pharisei ad apostolos Nonne pręcipiendo pręcepimus uobis ne in nomine iesu prędicetis? At petrus Oportet inquid magis obedire deo quam hominibus. Sic ergo in omnium generum diuersis constitutionibus agnoscenda est inuentio quę ualidior est cunctis rethoricę reliquis partibus DE DISPOSITIONE Disposicio est rerum inuentarum et sententiarum in ordinem distributio .i. **scaphúnga unde ordenunga des kechoses** Dona dispositio est rem eo ordine quo gesta est narrare Non est hoc obseruatum in libris regum nouissimis ubi prępostero ordine quorvndam regnum obitus deinde quid in uita gesserint narratur Rationabilis dispositio

QVID SIT MEMORIA

lucidam facit orationem Memoria est firma animi rerum ac uerborum ad inuentionem perceptio. **Daz chít. Kéhugeda dés tú gethadost ze sprę́chenne** Sufficit de memoria dicere si non sit naturalis artificiosam parere quod solet fieri uigiliis et assiduis meditationibus Solemus etiam . . . .

D 3 *dispositione 9 *gesserint 12 *perceptio

G 9 *vor* inquid] enim *durch Unterstr. getilgt* 11 reliqis 13 *Bona 15 *regum

sed in omni gente . qui facit voluntatem eius. Hic acceptus H68r
est illi. Et qui sum ego qui contradicam deo. Remouit ergo
a se in deum auctoritatem facti. Jtem in alio loco . ma- P670
gistratus et pharisei ad apostolos. Nonne pręcipiendo pręcepimus uobis . ne in nomine iesu prędicetis? At petrus.
Oportet inquit magis obedire deo quam hominibus. Sic
ergo in omnium generum diuersis constitutionibus agnoscenda est inuentio . que ualidior est cunctis rhetorice reliquis partibus 50.

Dispositio est. Rerum inuentarum et sententiarum . in or-
dinem distributio .i. **scáffunga unde órdinunga dis kechôsis**. Bona dispositio est rem eo ordine quo gesta est narrare.
Non est hoc obseruatum in libris regum nouissimis . ubi pręposte-
tero ordine . quorundam regum obitus . deinde quid in uita
gesserinit narratur. Rationabilis dispositio lucidam
facit orationem. Paulus quoque eodem statu cur iudaismo
derelicto ad euangelium se conuerteret iudeis reddit rationem dum narrabat eis quę sibi contingerant . in uia
quando epistolas portabat in damascum contra christianos.; 51.

Memoria est firma animi rerum ac uerbo-
rum ad inventionem perceptio. **Daz chît kehugeda dés tu ge-dachtost ze sprechenne.**
Sufficit de memoria dicere . si non sit natu-
ralis . artificiosam parere . quod solet fieri
uigiliis et assiduis meditationibus Solemvs etiam

H 1 *eius . hic 2 *deo? 4 *pharisęi 5 ihu = iesu 8 *quę 8/9 *rhetoricę 9 *DE DISPOSITIONE. 10 *est . rerum 11 *ûnde órdenunga des 11/12 *kechôses 12 quo] o *aus* e *korr.* 15 *gesserint Rationabilis] a[1] *aus* e *korr.* 16-19/20 Paulus *bis* christianos *gehört inhaltlich in* §49. *zwischen* 3 facti *und* Item, *wo diese Stelle in* G *steht.* 17 *iudęis reddidit 18 *contigerant 19/20 xp̄ianos 20 *DE MEMORIA. *bzw.* *QUID SIT MEMORIA. 21-26 *älteres Loch im Pgm.* 22 *Táz 22/23 *kehúgeda 23 *gedâhtôst spechenne] *sprêchenne
Punkt gehört hinter 9 partibus, 18 uia, 22/23 kehugeda *und* 26 meditationibus.
Punkt ist zu tilgen hinter 10 sententiarum *und* 18 contingerant.

. . . succurrere obliuioni scribendo et notando quę cogitauimvs . et monitores substituendo. Nam ut solinvs dicit bonum memorię facile elabitur . uel morbo . uel aliquo casu. . . . D63v

. . . . Quid sit elocutio. D64r

Elocutio est idoneorum uerborum ad inuentionem accommodatio. Elocutio . **daz chit reht ke-sprache . uel rat ke-chose ist.** Idoneorum uerborum acommodatio ad inuentionem. **Dero sculdigon uuorto legida ze‿dinen kedanchin . ze demo so du sprechen uuellest** . quodsi hoc non feceris . acyroloyam paris. Item elocutio est perfecta locutio. Sicut enim ebibe est . totum bibe . ita est eloqui ad integrum loqui. Idoneorum uerborum acommodatio ad inuentionem .i. propiorum et conuenientium uerborum adiunctio . ad excogitationem. Ergo elocutio pars eloquentię . quia elocutio ipsa . et cetere partes pariunt eloquentiam. Elocutionis duplex ratio est. Vna qua in singulis uerbis lumen apparet. Altera ut dignitas eloquendi . copulationis ipsius decore seruetur. Et structurę totius elocutionis cicero duo fundamenta posuit . latine posuit loqui . planeque dicere . duo fastigia copiose ornateque dicere . propria uerba rebus dare . hoc est plane dicere. Hęc propterea fundamenta sunt . quia stabilem intellectum et certum D64v

. . . succurrere obliuioni scribendo et notando G59va
quę cogitauimus et monitores substituendo. Nam ut solinus dicit bonum memorię facilę elabitur uel morbo uel aliquo casu QVID SIT ELOCVTIO

Elocutio est idoneorum uerborum ad inuentionem accommodatio Elocucio **daz chit recht gesprache . uel recht ke-cose** . idoneorum uerborum accommodatio ad inuentionem **Dero sculdigon uuordo leida le‿dinen gedarthchen ze demo so du sprethen uuellest** Quid si hoc non feceris achirologiam paris Item Elocucio est perfecta locutio. Sicut enim ebibe est totum bibe ita est eloqui ad integrum loqui idoneorum uerborum accommodatio ad inuentionem .i. propriorum et conuenientium uerborum adiunctio ad excogitationem. Ergo elocutio pars est eloquentię . quia elocucio ipsa et cętere quatuor partes pariunt eloquentiam Quarum si deest aliqua . siue inuencio siue memoria . siue disposicio/siue pronunciacio . euacuatur dignitas eloquencie

Elocutionis duplex est ratio QVOD BIPERTITA SIT ELOCVTIO
Vna qua in singulis uerbis lumen apparet Altera ut dignitas eloquendi copulationis ipsius decore seruetur Et structure totius elocucionis cicero duo fundamenta posuit . latine loqui planeque dicere Duo fastigia copiose ornateque dicere propria uerba rebus dare . hoc est plane dicere
Hęc propterea fundamenta sunt quia stabilem intellectum et certum . . . .

D 4–6, 11 *3mal* *accommodatio 11 *propriorum *hinter* 13 ce *und* 14 du *2 ältere Löcher im Pgm.* 18 posuit[2] *ist zu tilgen.*

G 19 suc *im Text,* currere obliuioni *am linken Rand ergänzt* 24 sculdegon 25 sprethen uuellest *Quodsi 29 *hinter* eloquentiam] currere, Quarum *bis* eloquencie *am oberen Rand ergänzt* 30 *vor* Elocutionis] obliuioni *und vor* duplex] exemplum *zur Tilgung unterstr.*

succurrere obliuioni scribendo et notando quę cogitauimus H68v
et monitores substituendo. Nam ut solinus dicit . bonum P671
memorię facilę elabitur . uel morbo . uel aliquo casu. 52.

Elocutio est . idoneorum uerborum ad inuentionem accom-
datio. Elocutio . **daz chit. Récht kespraché** . uel **recht
kechôse.** Idoneorum uerborum accommodatio ad inuentionem. **Dero sculdigon uuorto legida ze dinen gedanc-
hin . ze démo so du sprechen uuellest.** Quodsi hoc non feceris achitologiam paris. Item. Elocutio est perfecta locutio Sicut enim conbibe est . totum bibe ita est eloqui ad integrum loqui. Idoneorum uerborum accommodatio ad inuentionem .i. propriorum et conuenientium verborum adiunctio
ad excogitationem. Ergo elocutio pars est eloquentie .
quia elocutio ipsa et cętera iiii[or]. partes pariunt eloquentiam. Quarum si deest aliqua siue memoria siue
dispositio siue pronuntiatio euacuatur dignitas eloquentię 53.

Elocutionis duplex ratio est. Una quia in singulis verbis
lumen apparet. Altera ut dignitas eloquendi copulationis ipsivs decore feruetur. Et structurę totius
elocutionis cicero duo fundamen- ta posuit
latine loqui pleneque dicere. Duo fastigia . copiose ornateque di- cere.
Propria uerba rebus dare . hoc est plane
dicere. Haec propterea fun- damenta
sunt . quia stabilem intel- lectum et cer- P672

H 2 substituendo] i *aus* a *rad.* 3 *facile *Kein Raum ist für die Überschr.* *QUID SIT ELOCUTIO. *freigelassen.* 4/5 *accommodatio 5 *dáz chît . rêht ke-sprâche *reht[2] 7 *scúldigôn uuórto legida] a *aus* u *korr.*, *légida *dî-nên 7/8 *gedánchen 8 *sô *spréchen uuéllêst 9 *acyrologiam patris] t *rad.* 10 *ebibe 12 *hinter* c̄uenientiū *1 Buchst. rad.* 13 *eloquentię 14 *.iiii[or]. 15 *vor* siue[1]] *siue inuentio 17 *QUOD BIPERTITA SIT ELOCUTIO. 18 *qua 20 *seruetur 21-26 *älteres Loch im Pgm.* 22 *planeque 25 *Hęc *Punkt gehört hinter* 9/10 locutio, 10 bibe *und* eloqui, 15 aliqua, 16 pronuntiatio, 16/17 eloquentię *und* 21 posuit.

. . . constitu- D64v
unt. Sunt tamen et alia propria pręcepta quemadmodum plane quis dicat. Translata uerba et alienienata . ad ornatum pertinent. Nam dum uilescunt propria requiruntur aliena . ut eis splendida et illustris efficiatur oratio. Propter hanc sublimitatem . hęc quasi fastigia dicuntur. Nostri itaque scriptores plerique scriptores in fundamentis studiosi posuerunt . fastigia uero quasi superuacua refutauerunt. Ergo ad inuentionem idonea sunt propria uerba . aut pro eis aliena quę decenti similitudine sint propinqua uel contraria . ut si minus intellegentem stultum dicamus proprium est. Si asinum uel insulsum . alienum est . commodum tamen propter similitudinem. Si sapientem plus alienum est . sed per contrarium non minus commodum est ad intellegendum. In propriis simplex locutio est. In alienis figurata locutio est. His et dominus usus est. Nam quod dixit. Ite dicite iohanni . simplex et propria locutio est. Ite dicite uulpi illi pro herodi . per similitudinem figurata locutio est. Illa autem . quid existis in desertum uidere harundinem uento agitatam? uel hominem . mollibus uestitum? per contrarium similiter figurata est locuti. Aliquando desunt propria . queruntur aliena . ut gemmare uites . .i. **ougen die reba** dicimvs . et letas segetes .i. **sconiu chorn** D65r
non inuenientes quid alius dicamus. Aliquando sunt propria quę quia non sunt ornata requirimus aliena . ut fluctuare segetes pro moueri dicimvs. Non solum autem singula uerba idonea . sed et sententias oportet fieri idoneas. Sunt namque et ipsę simplices et figuratę. Intendendum . . . .

. . . constituunt Sunt tamen G59va
et alia propria pręcepta quemadmodum plane quis dicat Translata uerba et ali- ena ad ornatum pertinen/t nam dum uilescunt propria/requiruntur aliena ut eis splendida et illustris efficiatur oratio Propter hanc sublimitatem hęc quasi fastigia dicuntur. Nostri itaque scriptores plerique in fundamentis studiosi fuerunt . fastigia uero quasi superuacua refutauerunt Ergo ad inuenti- onem idonea sunt uerba propria aut pro eis aliena que decenti similitudine sint propinqua uel contraria Vt si minus intellegentem stultum dicamus proprium est Si asinum uel insulsum alienum est . commodum tamen propter similitudinem. Si sapientem . plus alienum est sed per contrarium non minus commodum est ad intellegendum in propriis simplex locucio est in alienis figurata locutio est His et dominus usus est Nam quod dixit ite dicite iohanni simplex et propria locutio est Jte dicite uulpi illi pro herodi per similitudinem . figurata locutio est. Illa autem Quid existis in desertum uidere hominem mollibus uestitum? per contrarium similiter figurata locucio est Aliquando desunt propria queruntur aliena ut gemma/re uites .i. **ôugen réba**/dicimus Et letas pegetes/.i. **scôniu chorn** . non in/uenientes quod aliud dica/camus Aliquando sunt propria que quia non sunt ornata requirimus aliena ut fluctuare segetes pro moueri dicimus Non solum autem singula uerba idonea sed et sententias oportet fieri idoneas sunt namque et ipse simplices et figuratę intendendum . . . .

tum constituunt. Sunt tamen et alia propria prȩcepta quemadmodum plane quis dicat Translata uerba et aliena ad ornatum pertinent. Nam dum uilescunt propria . requiruntur aliena . ut eis splendida et illustris efficiatur oratio. Propter hanc sublimitatem . hȩc quasi fastigia dicuntur. Nostri itaque scriptores plerique in fundamentis studiosi fuerunt . fastigia vero quasi superuacua refutauerunt. Ergo ad inuentionem idonea sunt propter uerba . aut pro eis aliena . quȩ decenti similitudine sint propinqua uel contraria. Ut si minus intellegentem studium dicamvs . proprium est. Si asinum uel insulsum alienum est . commodum tamen propter similitudinem. Si sapientem . plus alienum est sed per contrarium non minus commodum est ad intellegendum. In propriis simplex locutio est. In alienis figurata locutio est. H69r

His et dominus usus est. Nam quod dixit. Ite dicite iohanni . simplex et propria locutio est. Ite dicite uulpi illi . pro herodi . per similitudinem figurata locutio est . illa autem. Quid existis in desertum . uidere hominem mollibus vestitum? per contrarium similiter figurata locutio est. Aliquando desunt propria quȩruntur aliena . ut gemmare uites .i. **ôugen dé rébâ** dicimus . et lȩtas segetes .i. **scônio chórn** . non inuenientes quid aliud dicamvs. Aliquando sunt propria . quȩ quia non sunt ornata requirimvs aliena ut fluctuare segetes . pro moueri dicimus. Non solum autem singula uerba idonea sed et sententias oportet fieri idoneas. Sunt namque et ipse simplices et figuratȩ. In-

H 6 scrtores (p übergeschr.) 8 propter] *propria 10 studium] *stultum 17 *est. Illa 21 *ôugen die rébâ, ræba] e *aus* a *korr.* *scônîu 26 *ipsȩ *Punkt gehört hinter* 2 dicat, 11 insulsum, 20 propria *und* 23 aliena.

D 3 *aliena 7 posuerunt] *fuerunt 8 superuacua] u[1] *auf* s *vor* 13 num *und* 14 gendum] *2 ältere Löcher im Pgm.* 19 *locutio 2 *aliud

G 37 ena *im Text,* ad *bis* aliena *am linken Rand ergänzt* 38 *vor* hȩc] hanc *zur Tilgung unterstr.* 39 *hinter* festigia (a übergeschr.)] fuerunt *durch Unterstr. getilgt* quasi uero 45 ihoni 46 erodi 48 deest quȩ quia *im Text,* queruntur *bis* propria *am linken Rand ergänzt* *segetes *dicamus

. . . est caute . quia quod orator dicit D65r
ad inuentionem pertinet qualiter dicat . et quo ministerio uerborum aut sententiarum ad elocutionem pertinet. Si quodcumque causa
remedium requirat hoc paratum habeant ex inuentionis abundantia est. Vt si irati sunt iudices . et ille sciat rem uel personam
introducere . qua illos placatos et beniuolos faciat. Hic non
parum refert splendidis an festiuis . **tagaltlichen** . an grauibus
instet . quia grauem rem aut personam grauibus uerbis . iocosam rem .
aut ridiculosam . sicut est parasiti . festiuis conuenit explicare.
Hoc ad elocutionem pertinet. Ergo omnis locutio simplex uel
figurata . siue in sententiis . siue in singulis dictionibus idonea fieri potest ad inuentionem. Simplex intellegentiam rei amministrat proprietatem uerborum . figurata commendat se etiam uenustate compositionis artificiosę . aut significationis alienę . vt apto uirgilium. Marsa
peligna cohors festina uirum uis. Ma . et na . gna . et sa . ors . et ars . D65v
uis . et ui . similes sillabę . dissimilibus distinctę gratam quodammodo concinnitudinem et concordem uarietatem dant . et fit
per industriam talis compositio . in omni lingua causa delectationis sicut et illud teutonicum. **Sose snel snellemo pegagenet
andermo . so uuirdet sliemo fir-sniten scilt-riemo.** Et item
**Der heber gat in litun tregit sper in situn . sin bald ellin ne-
lazet in uellin.** Hę figurę lexeos grece dicitur . . . .

. . . est caute quia quid orator dicat ad inuentionem perti- G59va
net qualiter dicat et quo ministerio uerborum aut sententiarum ad elocutionem
pertinet Si quodcumque causa remedium requirat hoc paratum habeat ex
inuentionis habundantia est Vt si irati sunt iudices et ille sciat rem uel personam introducere qua placatos et benuiolos faciat Hic non parum refert
splendidis an festiuis .i. **tagaltlichen** an grauibus instet quia grauem rem
aut personam grauibus uerbis iocosam rem aut ridiculam sicut est parasiti festiuis conuenit explicare. Hoc ad elocutionem pertinet. Ergo omnis locucio simplex uel figurata siue in sententiis siue in singulis dictionibus idonea fieri potest ad inuentionem Simplex intelligentiam
rei administrat proprietate uerborum figurata commendat se etiam uenustate compositionis artificiose aut significationis aliene.
Vt apud uirgilium. Marsa manus peligna chocys festina uirum uis.
Ma et na . gna et sa . ors . et ars . uis et ui similes . sillabe dissimilibus distincte . gratam quodammodo concinnitudinem et concordem uarietatem dant
et sit per industriam talis compositio in omni lingua causa delectationis
sicut et illud teutonicum **So-se snel suellemo pegagenet andermo so uuirt file silumo fersniden scilriemo** Et item **Der
eber gat in litun er teget sper in situn . sin bald ellen nela-
zet in uuellen** He figure lexeos grece dicuntur . . . .

D *hinter* 17 intellegen, 18 com *und* 19 artifici *älteres Loch im Pgm.* 18 *proprietate 20 apto] *apud *hinter* Marsa] *manus 7 *vor* tregit] *er 8 *dicuntur

G 51 *quod 55 *beniuolos 63 chocys] *cohors 66 sịnt] *fit 67 ṣteutonicum
*snéllemo pegagen& 68 *slîemo 69 *2mal* î = *ahd.* in teg&] *tréget bald] d
aus t *korr.* 69/70 nelaz& 70 *uállen

tuendum est caute quia quid orator dicat ad inuentionem H69v
pertinet . qualiter dicat et quo ministerio uerborum aut
sententiarum . ad elocutionem pertinet. Si quodcumque causa P673
remedium requirat . hoc paratum habeat . ex inuentionis abundantia est. Ut si irati sunt iudices . et ille sciat rem uel personam introducere . qua placatos eos et beniuolas faciat. Hic non parum refert splendidis an festiuis .i. **tágalichen** . an grauibus instet . quia grauem rem aut personam . grauibus uerbis iocosam rem aut ridiculam . sicut est parasiti . festiuis conuenit explicare.

Hoc ad elocutionem pertinet. Ergo omnis locutio simplex uel figurata siue in sententiis . siue in singulis dictionibus . idonea fieri potest ad inuentionem.

Simplex intellegentiam rei administrat propietate uerborum . figurata commendat se etiam uenustate compositionis artificiosę aut significationis alienę. Ut apud uirgilium. Marsa manus peligna cohors festina uirum uis. Ma et na . gna . et sa . ors et ars . ius et ui similes syllabę dissimilibus distinctę gratam quodammodo concinnitudinem . et concordem uarietatem dant . et fit per industriam talis compositio in omni lingua . causa delectionis . sicut et illud teutonicum. **Sose snel snellemo pegágenet andremo so uuirt filo slîemo firsníten sclitriemo.** Et item. **Der heber gat in lîtun . er tregit sper in sîtun . sînt balt**
ellen nelazit in uallin. Hę figurę lęxeos grece di- P674

H 69r,26-69v,1 *Intendendum 1 quid] *quod ạ̊rator 6 placatôs] *Zkfl.rad.* 6/7 *beniuolos 8 *tágaltlichên instæt] e *aus* a *korr.* 14/15 *proprietate 17 *pęligna 18 *vestina 19 ius] *uis 22 *delectationis 23 *Sô se snél snéllemo *begágenet ándermo sô 24 *uuírt fílo *fersníten skíltrîemo 25 *éber gât *lîtûn *tréget spér *sîtûn *sîn báld 26 *éllen nelâzet în uállen, uallin] a *aus* e *korr.* lęx͡ęos] *lexeos *Punkt gehört hinter* 7 refert, 9 uerbis, 17 manus, 18 cohors *und* 23 andremo. *Punkt ist zu tilgen hinter* 18 gna.

. . . .i. dictionis . D65v
in quibus sola compositio placet uerborum. Alię sunt daneos
.i. sententiarum . ubi aliud dicitur . et aliud intellegitur . ut est illud.
Porcus per taurum sequitur uestigia ferri. Nam sinodochę de o-
pere sutoris totum dicitur, et pars intellegitur. Vel yperbolice . ut
uirgilius dixit de caribdi . atque imo baratri ter gurgite uastos . sorbet in abrutum fluctvs . rursusque sub auras. Egerit
alternos et sidera uerberat unda. Nam plus dicitur . et minus
intellegitur. Sicut et teutonice de apro. **Imo sint fuoze fuodermaze . imo sint burste eben-ho forste . unde
zene sine zuuelifelnige.** Hec aliena sed propinqua
sunt. Item per contrarium intelleguntur sententię. Vt in
suetudine latinorum interrogantibus quesiuit nos aliquis
respondetur . bona fortuna .i. **Hel unde salida** . et intellegi- D66r
tur nemo quod durum esset .i. **unminesam ze sprechenne.**
Similiter teutonice postulantibus obsonia promittimus sic.
Alles liebes gnuoge . et intellegitur per contrarium propter grauitatem uocis. Sed hi modi numerati sunt in grammaticę tropis.
Hic tantum dicitur quia aliquando idonei sunt ad inuentionem. Ad hoc pertinet scire alias orationes esse continuas . alias
uero per membra distributas. Continua est. Christus assistens
pontifex futurorum bonorum per amplius et perfectivs tabernaculum .
non manu factum .i. non huius creationis . neque per sanguinem
hircorum aut uitulorum . sed per proprium sanguinem introiuit semel
in sancta. Hec non recurrit . sed semper ultra tendit . . . .

. . . .i. dictionis G59va
in quibus sola placet compositio uerborum Alie sunt dianoeos .i. sen- G59vb
tentiarum ubi aliud dicitur et aliud
intelligitur ut est illud Porcus per taurum sequitur uestigia ferri Nam
sinecdochice de
opere sutoris dicitur tintum dicitur et pars intelligitur Uel yperbolice
ut uirgilius dixit de
caribdi atque imo baratri ter gurgite uastos . sorbet in abruptum fluctus
rursusque sub auras eigerit alternos et sidera uerberat unda Nam plus
dicitur et minus in-
tellegitur Sicut et theutonice de apro. **Imo sint fueze fudermaze . imo sint
purste ebenhoh forste unde zene sine zvelifelnige.** Hec aliena sed propinqua sunt Item per contrarium intellegitur sententie ut in consuetudine
latinorum interro-
gantibus quesiuit nos aliquis respondetur bona fortuna .i. **heil unde salda**
et in-
tellegitur nemo . quod durum esset .i. **unminnesam ze sprceohene**
Similiter theutonice postulantibus obsonia promittimus sic **Alles libes cnuge**
et intelligitur per contrarium propter grauitatem uocis Sed hi modi
numerati sunt
in grammaticę tropis Hit tantum dicitur quia aliquando idonei sunt ad
inuentionem Ad hoc
pertinet scire as orationes esse continuas alias uero per membra esse
distributas Continva
est Christus assistens pontifex futurorum bonorum per amplius et perfectius
tabernaculum non ma-
nu factum .i. non huius creationis . neque per sanguinem hyrcorum aut
uittulorum
sed per proprium sanguinem introiuit semel in sancta Hęc non recurrit sed
semper ultra tendit

cuntur .i. dictiones . in quibus sola placet compositio H70r
uerborum. Alię sunt dianoeos .i. sententiarum . ubi aliud dicitur et aliud intellegitur. Ut est illud. Porcus per taurum sequitur uestigia ferri. Nam sinedochice de opere sutoris dicitur . totum dicitur . et pars intellegitur. Uel iperbolice. Ut uirgilius dixit de carbdi. Atque imo baratri ter gurgite uastos . sorbet in abruptum fluctus . rursusque sub auras egerit alternos . et sidera uerberat unda. Nam plus dicitur et minus intellegitur. Sicut et teutonicę de apro. **Imo sint fueze fuodermaze imo sint purste ebenho forste unde zene sine zuuelif-elnige.** Hęc aliena sed propinqua sunt Item per contrarium intelleguntur sententię. Ut in consuetudine latinorum interrogantibus quęsiuit nos aliquis . respondetur . bona fortuna .i. **hel unde salda** . et intellegitur nemo . quod durum esset .i. **unminnesam . ze sprechinne.** Similiter teutonice postulantibus obsonia promittimvs sic. **Alles liebes cnuege** . et intellegitur per contrarium propter grauitatem uocis. Sed hi modi numerati sunt in gramatice tropis. Hic tantum dicitur . quia aliquando idonei sunt ad inuentionem. Ad hoc pertinet scire alias orationes esse continuas . alias vero per membra distributas.

Continua . ut. Christus assistens pontifex futurorum bonorum per amplius et perfectus tabernaculum non manu P675
factum .i. non huius creationis . neque per sanguinem hyrcorum aut uitulorum . sed per prorium sanguinem introiuit semel in sancta. Hęc non recurrit . sed semper ultra tendit

---

H 1 dictionis, *eine Verballhornung,* *dictionis 4 sine dochice, *synecdochice 5 *hyperbolice 6 *charybdi *barathri 9 *teutonice *Ímo *fûoze 9/10 *fûodermâze 10 *ímo sínt púrste ében-hôh 11 *zuélif-élnîge 13 *aliquis? 14 *héil únde 15 *únmínnesám *spréchenne 16 *Álles 17 *líebes cnûoge 18 *grammaticę 22 ut *auf Rasur*] *est Xpc = Christus 23 *perfectius 24/25 *hircorum 25 *proprium *Punkt gehört hinter* 9/10 fuodermâze, 10 fórste, 11 sunt *und* 26 tendit. *Punkt ist zu tilgen hinter* 22 Continua.

D 10 *vor* dicitur *ca. 4 Buchst. rad.* 14 *abruptum 17-19 *älteres Loch links im Pgm.* 20 *consuetudine

---

G 3 tintum] *totum 5 *egerit 8 *latinorum 10 *hinter* .i.] unmise *durch Unterstr. getilgt* 13 *Hic 14 as] *alias 15 pontifex

. . . quia non D66r
possunt superiora intellegi . nisi proxima consequantur .
propterea finis totius sententię expectatur . ut intellegatur.
Alia autem est districta . cuius omnes partes per se intelleguntur . quę dicuntur cola et commata hoc est membra et ce-
surę . ut est illud. Noli mihi molestus esse . iam ostium clausum est . et pueri mei mecum sunt intvs in cubili non possum
surgere et dare tibi. Hec periodos dicitur . et potest constare duobus
membris . uel tribus . uel quatuor . uel sex. Si uno membro
sententia constat non peridos sed colon dicitur. Deum ne- D66v
mo uidit umquam. Martianus pene similem diffinitionem de colo et commate dat plura uerba absoluta membris . duo uerba uel plura itidem absoluta cęsis tribuens.
Cęsum est autem pars eius quod colon dicitur . et per se non intellegitur . vt est . omnis plantatio quam non plantauit pater meus
celestis. Hic necessario ad plenum intelletum subiungendum
est eradicabitur . et fit colon duobus commatibus Sed cęsum
est . quando sensus per se non stat statim autem subinfertur
ita. Nisi dominus edificauerit domum . cęsum est . mox sequitur . in uanum laborant qui edificant eam . et impletur
sententia fitque colon commate diuisum.
icendum est quoque de uitiis elocutionis
quę cauenda sunt singulis et compositis dictionibvs .
et quę non sunt idonea ad inuentionem. In singulis . ut
sunt barbara . corrupta . inpropria . antiquata . turpia .
differentia . longe recta . insolenter prolata . barbara .i. **En-
dirskiu , alder froemidiu** .i. qualia donatus dicit. Mastruga . cateia . magalia . et legibus alamannorum . . . .

quia non possunt superiora intellegi . nisi proxima consequantur Propterea finis tocius G59vb
sententię exspectatur ut intellegatur Alia autem est distincta . cuius omnes partes per se
intelleguntur quę dicuntur cola et commota . hoc est membra et cesure Vt est illa Noli mihi
molestus esse iam hostium clausvm est et pueri mei mecum intus sunt in cubili non possvm surgere et dare tibi Hęc periodos dicitur . et potest constare duobis membris uel tribus uel iiii uel
sex Si uno membro sententia constat non periodos . sed colon dicitur Deum nemo uidit
umquam Marcianus pene similem diffinitionem de colo et commate dat plura uerba
absuluta membris . duo uerba uel plura itidem absoluta cesis tribuens Cesum est autem
pars eius quod colon dicitur . et per se non intellegitur ut est Omnis plantatio quam non plantauit
pater meus celestis Hic necessario ad plenum intellectvm subiungendum est eradicabitur Et fit colon ex duobus comatibus Sed cesum est quando sensus per se
non stat . statim autem subinfertur ita Nisi dominus edificauerit domum . cesum est . sequitur
mox.]n uanum laborant qui edificant eam . et impletur sententia. Fitque colon commate diuisum DE VITIIS SINGVLARVM DICTIONVM
icendum quoque est de uitiis elocucionis que cauenda sunt in singulis et compositis
dictionibus et quę non sunt idonea ad inuentionem. In singulis ut sunt barbara

quia non possunt superiora intellegi nisi proxima consequantur. H70v
Propterea finis totius sententię exspectatur ut intellegatur. Alia autem est distincta . cuius omnes partes per se intelleguntur . quę dicuntur cola et commota . hoc est membra et cęsurę. Ut est illa. Noli mihi molestus esse . iam ostium clausum est . et pueri mei mecum sunt in cubili. Non possum surgere et dare tibi. Haec periodos dicitur . et potest constare duobis membris . uel tribus . uel quattvor . uel sex. Si uno membro sententia constat . non periodos dicitur sed colon. Deum nemo uidit umquam. Martianus pene similem diffinitionem de colo et commate dat . plura uerba absoluta membris duo uerba uel plura itidem absolvta cęsis tribuens. Cęsum est autem pars eius quod colon dicitur et per se non intellegitur ut est. Omnis plantatio quam non plantauit pater meus cęlestis. Hic necessario ad plenum intellectum . subiungendum est cradicabitur. Et fit colon ex duobus commatibus. Sed cęsum est quando sensus per se non stat . statim autem subinfertur ita. Nisi dominus edificauerit domum . cęsu est . sequitur mox . in uanum laborant qui edificant eam et impletur sententia . fitque colon commate diuisum. 54.

Dicendum est quoque de uitiis elocutionibus . quę cauenda sunt in singulis et compositis dictionibus et quę non sunt P676
idonea ad inuentionem. In singulis . ut sunt barbaria . corrupta . impropria . antiquata . turpia . differentia . longe repetita . insolenter prolata. Barbaria .i. **éndirskiú álde frémidiu** . qualia donatus dicit mastruga . cateia . magalia . et in legibus alamanno-

corrupta impropria antiquata turpia differentia longe repetita insolenter prolata G59vb
Barbara .i. **endriskiv alde fremidiu** qualia donatus dicit mastruga . cateia . magalia et in legibus alamannorum . . . .

H 4 *commata 6 *vor* in] *intus *Hęc 7 quattvor 9 *pęne 11 absolvta 13 plantatio] a[2] *aus* u *korr.* 14 *eradicabitur 17 *ędificauerit *cęsum 18 *ędificant 19 *DE UITIIS SINGULARUM DICTIONUM. 20 *elocutionis 22 barbaria, *eine Verballhornung,* *barbara 24 *Barbara 25 *énderskíu *frémedíu *Punkt gehört hinter* 1 intellegi, 10 membris, 12 dicitur *und* intellegitur, 18 eam.

D 15 districta] *distincta *vor* omnes] sunt *zur Tilgung unterstr.* 19 c̄stare 20 *vor* membris *älteres Loch im Pgm.* 1 *periodos 2 Martianus 3 *vor* plura *ein Buchst. rad.* 7 *intellectum 13 *Dicendum 17 recta] *repetita 19 *hinter* et] *in

G 19 ut itellegat 20 *commata 21 *ostium 22 stare 25 *absoluta[1] 28 *commatibus necessariu

. . . plurima D66v
leguntur. ut **nahisteit** . et **uueregeldum** . et **fredum**. Corrupta .i. **samerartiu** . ut est cirographum pro chyrographum . perfodiri . vt quidam D67r
legunt in euangelio pro perfodi . et peiurvs pro periurvs . intelligere pro intellegere . et omnes barbarismi. Inpropria sunt .i. **tiu unsculdigen** . quas
grammatici achyroloias grece dicunt . et interpretari possumvs
manuales dictiones . ut sperare pro timere. Sicut in illo uersu.
Hunc ego si potui tantum sperare dolorem. Nam sperare de bonis dicimus . timere de malis. Tale est . iusto itinere pro recto itinere . aut ueniam dei pro gratia dei. Antiquata .i. **firniu** uel **uiruuorfe-
niu**. Vt alucinari cerritum . caperratum quę antiqus in usu fuisse
martianus testatur. Intellegitur enim alucinari uana somniare
Est autem proprie alucinare titiones agitare ut lumen uideatur. Cerritvs est
insanus a cerere dictus. Caperratus hispidus et pilosus . uel rugosus sicut est cornu capri . et apud plautum plurima iam obsoleta. Turpia sunt . ut arrige aures pamphile . quod in romana lingua de erectione uirilis membri dicitur . et si clodius
pro malicia sua stercus curię dicatur . et si propter uirtutem
affricani morte eius castrata res publica dicatur. Differentia sunt aliena .i. **ungehaftiu** quę secundum martianum sine
ulla ratione dicuntur . ut si hominem neque corpore durum
neque ingenio stolidum . lapidem dicamus . longe repetita sunt
.i. **ze uerro genomeniu**. Vt si uastam caribdim luxuri-
osam dicamus. Insolenter prolata sunt . id est **uuider geuuoneheite** quę D67v
per deriuationem aut interpretationem nouantur . . . .

. . . plurima leguntur ut **nasthai** et **fre-** G59vb
dum et **uueregeldvm** Corrupta .i. **samerartiu** ut est chirographum pro
chyrographum perfodiri ut quidam legunt in euangelio pro perfodi . et peiurus pro periurus
intelligere pro intellegere et omnes barbarismi impropria sunt .i. **tiu unsculdegen** quas
grammatici achirologias grece dicunt et nos interpretari possumus immanuales dictiones ut sperare pro timere sicut in illo uersv Hunc ego si potui tantum sperare
dolorem. Nam sperare de bonis dicimus timere de malis Tale est iusto itinere
pro recto itinere . aut ueniam dei pro gratiam dei Antiquata .i. **firniu** uel **ferunorfeniu**
Vt alucinari cerritum capratum que antiquis in usu fuisse marcianus testatur
Huius modi apud plautum sunt plurima . iam absoleta. Intellegitur enim alucinari et uana
somniare. Est autem proprie alucinari ticiones agitare ut lumen uideatur Cerritus
est insanus . a cerere dictus Capratus hyspidus et pilosus uel rugosus sicut est cornu capri Turpia
sunt .s. **unchiuskiu** Vt arrie aures . quod in romana lingua de erectione uirilis membri dicitur et si clodius pro malicia sua stercus curię dicatur et si propter uirtutem affricani morte eius castrata res publica dicatur Differentia sunt aliena
.i. **ungehastiu** quę secundum martianum sine ulla ratione dicuntur Vt
si hominem neque corpere durum neque ingenio stolidum lapidem dicamus longe repetita sunt .i. **ze uerro genominiu** Vt si uastam caribdim
luxuriosam dicamus Insolenter prolata sunt .i. **uuider geuuoneheite** que per
diriuationem aut interpretationem nouantur . . . .

rum plurima leguntur . ut **nasthai** . et **fredum** . et **uuerigeldum**. H71r

Corrupta .i. **samerartiu** . ut est cyrographum . pro chirographum perfodiri . ut quidam legunt in euuangelio pro perfodi . et pereiuirus . pro periurus . intelligere . pro intellegere . et omnes barbarismi. Jnpropria sunt .i. **tui unsculdigun** quas grammatici achirologias . grece dicunt . et interpretari possumvs inmanuales dictiones. Ut sperare pro timere. Sicut in illo uersu. Hunc ego si potui tantum sperare dolorem. Nam sperare de bonis dicimus . timere de malis. Tale est iusto itinere . pro recto itinere . aut ueniam dei pro gratiam dei. Antiqua .i. **firniu** . uel **firuuorfeniu**. Ut alucinari cerritum caperratum . quę antiquis in usu fuisse martianus testatur. Huivs apud plautum sunt plurima . iam absoleta. Jntellegitur enim alucinari . uana somniare. Est autem proprie alucinare ticiones agitare . ut lumen uideatur. Cerritus est insanus a cerere dictus. Capratus hispidus et pilosus . uel rugosus sicut est cornu capri

Turpia sunt .i. **unchiusciu**. Ut arrige aures . quod in romana lingua de erectione uirilis membri dicitur . et si glodius pro malitia sua stercus curię dicatur . et si propter uirtu- tem africani . morte eius castrata res publica dicatur.

Differentia sunt aliena .i. **ungehastiu** quę secundum martianum sine ulla ratione dicuntur . ut si hominem neque corpore durum neque ingenio stolidum . lapidem dicamus. Longe repetita sunt .i. **ze uuerro genominiu**. Ut si uastam caribdim luxuriosam dicamus. Jnsolenter prolata sunt .i. **uuider geuuoneheite** . quę per diriuationem aut interpretationem nouantur P677

H 1 *nâhestéid *frîd(o)-um *uuéregélt-um 2 *sâmerártîu cyrographum *bzw.* *cirographum 3 *euangelio *peiurus[1] 5 *tiu únscúldigen *acyrologias 10 *Antiquata *fírnîu 10/11 *feruuórfenîu 12 *hinter* Huivs] *modi 13 *obsoleta 14 *alucinari titiones 15/16 *Caperratus 17 *ûnchîuskîu *hinter* aures] *pamphile 18 *clodius *hinter* 19 uirtu *und* 20 dicatur. *älteres Loch im Pgm.* 20 *africani 21 *úngeháftîu 24 *uérro genómenîu *charybdim 25/26 *uuîder geuuóneheite, geuuó neheite *Punkt gehört hinter* 5 unsculdigun, 10 dei[1], 11 alucinari *und* cerritum, 14 alucinare, 16 rugosus *und* capri, 21 ungehastiu. *Punkt ist zu tilgen hinter* 5 achirologias.

D 20 Corrup] *über* rr *älteres Loch im Pgm.* 9 *antiquis 11 aut pprie *alucinari 1 osam] o *am linken Rand ergänzt*

G 36 nastai 40 gcre = grece 41 timerę, *Häkchen also getilgt* 42 *vor* malis] bonis *zur Tilgung unterstr.* 43 firniu *feruuórfenîu 44 *caperratum 45 *obsoleta 46 alucinare 47 cerre *Caperratus 50 .p. = publica alen 52 *corpore 54 geuuoneheide] t *aus* d *korr.*

. . . .i. noua inueni- D67v
untur et potuissent quidem dici singulariter . sed non solent.
Vt a capite capitatus . manu manuatvs . ala alatus . remo remitus . a quibus temperandum est propter insolentiam .i. **seltsani alde ungeuuotieheite**. Sic ciceroni insolens uisum est soterem interpretari saluatorem . quod apud nos sollemne et celeberrimum est . et ait qui salutem dedit. D e u i t i i s c o n i u c-
I n compositis autem uerbis aliquando t o r u m u e r b o r u m.
structura aliquando clausula fit uitiosa. Malam structuram soloecismum grammatici uocant. Cuius species sunt moitacismi . lautacismi . iotacismi . polisignia . omoeoprofora . diprofora . hiatus . freni . collisiones . turpia quoque . uel cuiuslibet literę assiduitas repetita uel multę breues sillabę. Moitacismi .
lautacismi . iotacismi . polisigmia sunt . ubi he literę . m . l . i . s .
uel plurimum sonant . uel male distinguuntur a sequentibus uocalibus m . ut bonum aurum . bonum amicum . l . ut sol et luna .
cęlo lucent et luna lucet luce aliena . i . vt iure iuno ioui
iuncta est . uel non est istud iudicium iudicii simile iudices . s . ut
sosias sedens in solario suo suebat soleas suas. Omoeopro-
foron est similis pronuntiatio . vt apud ennium. O tite . tine .
tati tibi tanta tyranne tulisti. Diproforon bis prolatum . vt protere D68r
pedem pede. Hiulcę sunt compositiones quę hiatum oris faciunt
multis uocalibus concurrentibus vt insulę ionio in magno. Collisę multis consonantibus duriter concurrentibus vt multum ille et terris iactatus et alto. Freni dicuntur uoces . quę in ore his . . . .

. . . .i. noua inueniuntur et potuissent G59vb
quidem dici regulariter . sed non solent ut a capite capitatus . manu manuatus
ala alatus . remo remitus a quibus temperandvm est propter insolentiam .i. **selsani .**
aldê ungeuuonehêide. Sic ciceroni insolens uisvm est sotherem interpretari
saluatorem . quod apud nos sollemne et celeberrim est et ait . qui salutem dedit
In coniunctis autem uerbis aliquando structura DE VITIIS CONIUNTORVM VER-
aliquando clausula fit uitiosa Malam structuram soloecismum BORVM
grammatici dicunt Cuius species sunt moitacismi . lautacismi . iotacismi .
polisigmia omeeoprofora hiatus freni collisiones turpia quoque uel cuiuslibet lit-
tere assiduitas repetita uel multe breues syllabe Moitacismi . lautacismi iotacismi pilosigmia sunt ubi hę litterę . m . l . i s . uel plurimum sonant
uel male distinguntur a sequentibus uocalibus . m . ut bonum aurum bonum
amicum uel ut sol et luna celo lucent et luna luce lucet aliena . i .ut
iure iuno ioui iuncta est uel non est istud iudicium iudicii simile iudices . s .ut sosias sedens in solario suebat soleas suas Omoeoproferon
est similis pronunctiatio Ut apud ennium O tite tute tati tibi tanta
tyranne tulisti Diproferon bis prolatum Ut protere pede pedem Hiulcę sunt compositi- G60ra
iones quę hiatum oris faciunt multis uocalibus concurrentibus Vt insule
ionio in magno Collisę sunt multis consonantibus duriter concurrentibus ut multum
ille et terris iactatos ab alto freni dicuntur uoces que in ore his . . . .

i. noua inueniuntur et potuissent quidem dici regula- H71v
riter . sed non solent. Ut a capite capitatus . manu manuatus . ala alatus . remo remitus . a quibus temperandum est propter insolentiam .i. **seltsani** . **alde‿ungeuuone-**
heite. Sic ciceroni insolens uisum est soterem interpretari
saluatorem . quod apud nos sollemne et celeberrimum est et
ait qui salutem dedit. 55.

In coniunctis autem uerbis aliquando structura . aliquando clausula fit uitiosa. Malam structuram
soloecismum grammatici dicunt. Cuius speties sunt moitacismi . lautacismi iotacismi . polysigmia . omoeoprofo-
ra . diffora . hiatus . freni . collisiones . turpia quoque uel cuiuslibet . litterę assiduitas repetita uel multe bręues
syllabę. Moitacismi lautacismi . iotacismi . polysigmia sunt . ubi hę literę m . l i . s . uel plurimum sonant . uel male distinguntur . a sequentibus uocalibus . m . ut bonum aurum .
bonum amicum . l . ut sol et luna cęlo lucent . et luna luce
lucet aliena . i . ut iure uino uiui uincta est uel non est . istud
iu- ditium iuditii simile iudices sunt. Ut sosias sedens in
so- lario suebat soleas suas. Omoepproforon est similis P678
pronuntiatio. Ut apud ennium. O tite tute tati tibi tanta tyranne tulisti. Diproforon bis prolatum. Ut protere pede pedem.
Hiulce sunt . compositiones . quę hiatum oris faciunt multis uocalibus concurrentibus. Ut insulę ionio in magno. Collisę sunt
multis consonantibus diruiter concurrentibus. Ut multum ille et
terris iactatus et alto. Freni dicuntur uoces . quę in ore his

H 1 *.i. 4 *séltsâni . álde 4/5 *úngeuuóneheite 7 *DE UITIIS CONIUNCTORUM UERBORUM. 10 *solęcismum *species 10/11 *myotacismi 11/12 omo‿eoprofora, *homęoprophora 12 diffora] *dysprophora 13 *multę breues 14 *Myotacismi 16 *distinguuntur 18 uino uiui uincta] *iuno ioui iuncta 19 *iudicium iudicii sunt. Ut] *. s . ut *hinter* 19 iu *und* 20 so *älteres Loch im Pgm.* 20 suebat] *sarciebat *Homęoprophoron 22 *Dysprophoron 23 *Hiulcę 25 *duriter *Punkt gehört hinter* 6 est, 11 lautacismi, 12 quoque, 13 repetita, 14 Moitacismi, 15 l *und* 18 est[1]. *Punkt ist zu tilgen hinter* 12/13 cuiuslibet, 18 est[2] *und* 23 sunt.

D 6 *úngeuuóneheite 8/9 *coniunctorum 12 poligsinia omoeoprfora, *polysigmia

G 58 ungeuuoneheide] o *aus* e *korr.* 59 *celeberrimum 60 *CONIUNCTORUM 63 *hinter* omeeoprofora] *diprofora 65 *polysigmia 70 *pronuntiatio 1/2 *compositi/ones

. . . sunt. D68r

Vt fratres terrore prostrati in terram ruunt. Turpis compositio . ut iuat ire et dorica castra uidere. Casa in romana lingua est uentrem purga. Sic et numerum cum nauibus ęquat . turpe est quia cunna una tantum litera distante . ostium muliebris uuluę significat. Vnde et latini fugiunt dicere cum nobis . ac prępostero ordine dicunt nobiscum ne turpiter sonet. Assiduitas cuiusque literę in odium repetitę est . **vnlustsamo gehabenter buostab** . ut casus cassandra canebat. Et apud ciceronem. O fortunatam natam me consule romam. Diuina uero pagina non est obligata his regulis . ut interpres timeret dicere. Omnis homo primum bonum uinum ponit . uel hoc si conresurrexistis cum christo . quę sursum sunt querite. Plures quoque sillabę breues uitandę sunt. Vt quam timida leuipedis animula leporis. Sanctum est canere. Magnificat anima mea dominum. Hęc ante finem sententię cauendę sunt. Dehinc clausulę quę pessimę sunt . non minus cauendę. Sed de bonis prius doceamus. De bonis clausulis. Monosilbę dictiones . ubi colon . aut comma D68v finiuntur . melius ponuntur . quam in fine sententię. Ergo si in longam desinat . ut lex . aut nox . pręcedat trocheus . ut cicero . non scripta sed nata lex. Item ipse. At debet esse legum in re publica prima uox. Si autem in breuem desinat . anapestus . aut iambus pręcedat. Vt salustius. Tota autem insula modica . et cultibus uariis est. Hęc monosillabę dictio positione longa natura et accentu

. . . similes sunt Vt G60ra

fratres terrore prostrati in terram ruunt Turpis compositio ut iuuat ire et dorica castra uidere caca in romana lingua est uentrem purga Sic et numerum cum nauibus equat turpe est quia cunna una tantum littera distante ostium mulieribus uuluę significat Vnde et latini fugiunt dicere cum nobis ac prępostero ordine dicunt nobiscum ne turpiter sonet Assiduitas cuiusque litterę in odium repetitę est .i. **unlustsamo geaberter puochstab** Vt casus casandra canebat Et apud ciceronem O fortunatam natam me consule romam Diuina vero pagina non est obligata his regulis ut interpres timeret dicere Omnis homo primum bonum uinum ponit Vel hoc si conresurrexistis cum christo que sursvm sunt querite Plures quoque syllabę breues uitande sunt ut quam timida leuipedis animula leporis Sanctum tamen est canere Magnificat anima mea dominum. Hęc ante finem sententię cauenda sunt Dehinc clausulę que pessimę sunt non minus cauende Sed bonas prius doceamus Monosillabę dictiones ubi colon aut coma finiuntur melius ponuntur quam in fine sententie Ergo si in longam desinat . ut lex aut nox pręcedat trochevs ut cicero non scripta sed nata lex Item ipse ad debet esse legum in re publica prima uox Si autem in breuem desinat anapestus aut iambus pręcedat Vt salustius Tota autem insula modica et cultibus uariis est Hęc monosyllaba dictio positione longa natura et accentv

DE BONIS CLAVSVLIS.

similes sunt. Ut fratres terrore prostrati . in terram ruunt. H72r

Turpis compositio. Ut uiuat ire et dorica castra uidere. Caca in romana lingua est ventrem purga. Sic et numerum cum nauibus equat turpe est quia cunna una es tantum littera distante . ostium muliebris uuluę significat. Unde et latini fugiunt dicere cum nobis ac prępostero ordine dicunt nobiscum ne turpiter sonet. Assiduitas cuiusque litterę in odium repetitę est .i. **unlustsamo geaberter puchstab**. Ut causus cascandra canebat. Et apud ciceronem. O fortunatam natam me consule romam. Diuina vero pagina . non est obligata his regulis . ut interpres timeret dicere. Omnis homo primum bonum uinum ponit. Uel hoc. Si conresurrexistis cum christo quę sursum sunt quęrite. Plures quoque syllabę breues uitandę sunt. Ut quam timida leuipedis animalia leporis.

Sanctum tamen est canere. Magnificat anima mea dominum. Hęc ante finem sententię cauenda sunt. Dehinc clausule quę pessimę sunt . non minus cauende. Sed bonas prius doceamus.

Monasyllabe. Dictiones . ubi 56. P679 colon aut comma finiuntur . melius ponuntur quam in fine sententię. Ergo si in longam desinat . ut lex aut nox pręcedit trocheus. Ut cicero. Non scripta sed nata lex Item ipse. Ad debet esse legum in re publica prima uox.

Si autem in breuem desinat . anapestus aut iambus pręcedat. Ut salustius tota autem insula modica . et cultibus uariis est Hęc monosyllaba dictio positione longa . natura et accen-

H 2 *iuuat 4 *ęquat 5 est] t *rad.*, es *ist zu tilgen*. mulieris] s *auf Rasur von* b̄ = bus 8 *ůnlůstsámo 8/9 geabter] *geábertêr 9 *bûohstáb *casus *cassandra 13 Sic = Sicut] *Si c̄ = Si con xp̄o = christo 15 *animula 17 *clausulę 18 *cauendę 19 *Monosyllabę dictiones *DE BONIS CLAUSULIS. 21/22 *pręcedat 22 *trochęus 23 *At publi[ca] 24 *anapęstus *Punkt gehört hinter* 4 equat, 6 nobis, 13 christo, 21 nox, 22 lex, 25 salustius *und* est.

D 5 *vor* sunt] *similes 7 *iuuat 12 vnlustsamo, gehabenter] o, *auf Rasur*, *geábertêr 13 cassadra 14 *vor* obli *1 Buchst. rad.* 20 *cauenda 7 *monosyllaba

G 7/8 *muliebris 11 Diuina] 13 sapite querite 15 aia m.d. = anima mea dominum 18 *comma sententen 19 nullam longam 20 *at .p. = publica

breuis est. Item filius filii mei meus nepos est. Dissilabę dictiones D68v aptiores sunt claudendis sententiis. Et quidem bona clausula iambus et spondeus . vt est. Felix patria quę continet bonos conciues. Aut iambus et trocheus . vt est. Corona ambiat caput regis. Bene quoque ponuntur duo trochei . vt illud est. Lex est bonorum ciuium magna cura. Similiter placent trocheus et spondeus . vt est. Hęc sunt quę maximi principes sola curant Trissillabam clausulam si uelis molliter fluere eam . fac trocheum . et molosum . vt illud tullii. Mare fluctuantibus litus agitanti. Item pulchra erit , si media molosi in duas breues soluitur . vt litus emilię. Vel si terciam solueris in duas breues . vt litus ęquabile. Item fit elegans . si penultima trochei et prima molosi soluatur. Vt est curas regere animorum. Item de uitiosis. In monosillabis . si aut breuis breuem . aut longa longam sectatur in colo aut commate . non D69r sine uituperatione est . vt illud. Ista mea res est. Et ut cicero pro ligario. Non tu eum qui patria priuare qua caret . sed uita uis. Quod uoluntate orator . non errore composuit. Dissillabę displicent duobus iambis. Vt est . inueni oues meas. Vel spondeo et iambo . vt tenui seruos meos. Aut spondeo et pirrichio . vt est. Consul uidet. Aut duobus iambis. Vt est pugnare iuuenes pro parentibus suis. Aut iambus et pirrichius . vt est pugnare iuuenes pro suis parentibus. Displicet ualde pirrichius . . . .

breuis est. Item filius filii mei meus nepus est dissyllabe dictiones G60ra apciores sunt claudendis sententiis fit quidem bona clausula iambus et spondeus . ut est felix patria que continet bonos ciuues Aut iambus et trochevs Vt est corona ambiat caput regis Bene quoque ponuntur duo trochei Vt illud lex est bonorum ciuium magna cura Similiter placent trocheus et spondeus Vt est Hęc sunt que maximi principes sola curant Trissilabam clausulam si uelis molliter fluere eam fac trocheum et molosum ut illud tulli mare fluctuantibus litus electis Similiter decent trocheus . et ionicus minor Vt est mare fluctuantibus litus agitanti Item pulchra erit si media molosi in duas breues soluitur ut litus emilię Vel si terciam solueris in duas breues Vt litus equabile Item fit elegans si penultima trochei et prima molosi soluatur Vt est curas regere animorum In monosyllabis si aut breuis breuem ITEM DE VITIOSIS aut longa longam sectatur in colo aut commate non sine uituperatione est Ut illud ista res mea est Et ut cicero pro ligario Non tu eum patria priuare qua caret sed uita uis Quod uoluntate orator non errore composuit Dissillabe displicent duobis iambis . ut est inueni oues meis Vel spondeo et iambo Vt tenui seruos meos Aut spondeo et pirrichio ut est consul uidet aut duobus iambis Vt est pugnare iuuenes pro parentibus suis Aut iambus et pirrichius Vt est pugnare iuuenes pro suis parentibus Displicet ualde pirrichius . . . .

tu breuis est. Item. Filius filii mei filius nepos est. Dis- H72v
syllabę dictiones aptiores sunt claudendis sententiis. Fit quidem bona clausula iambus et spondeus. Ut est
Felix patria quę continet bonos ciues. Aut iambus et trocheus. Ut est. Corona ambigat capud regis. Bene quoque
ponuntur duo trochei. Ut illud. Lex est bonorum ciuium
magna cura. Similiter placent trocheus et spondevs.
Ut est. Hęc sunt quę maximi principes sola curant. Tris-
syllabam clausulam si uelis molliter fluere eam . fac trocheum et molosum. Ut illud tullii. Mare fluentibus litus ei-
ectus. Similiter decent trocheus et ionicus minor. Ut est.
Mare fluctuantibus litus agitanti. Item pulchra erit . si
media molosi breues soluitur. Ut litus emilię. Uel si tertiam
solueris in duas breues. Ut litus ęquabile . item fit elegans
si penultima trochei . et prima molosi soluatur. Ut est curas
curas regere . animorum te de uitiosis, 57. P680

In monosyllabis si aut breuis breuem aut longa longam
sectatur in colo aut commate non sine uituperatione est.
Ut illud. Ista res mea est. Et ut cicero pro ligario. Non tu
eum patria priuare . qua caret sed uita uis. Quod uoluntate orator . non errore composuit. Dissyllabę displicent
duobis iambis. Ut est inueni oues meas. Uel spondeo . et iambo.
Ut tenui seruos meos. Aut spondeo et pyrrichio. Ut est.
Consul uidet. Aut duobus iambis. Ut est pugnare iuuenes
pro parentibus suis. Aut iambus et pyrrichius. Ut est. Pugnare iuuenes pro suis parentibus. Displicet ualde pirrichivs .

H 1 filius] *meus 2/3 sententiis 4/5, 7, 11 *3mal* *trochęus 5 *ambiat caput 6, 15 *2mal* *trochęi 9/10 *trochęum 10/11 *efectis 13 *vor* breues] *in duas *emilię 15 *pęnultima 16 curas *ist zu tilgen*. te de uitiosis,] *ITEM DE UITIOSIS. 17 *breuis 22 in_ueni 23 *pyrrhichio 25/26 *2mal* *pyrrhichius *Punkt gehört hinter* 3 est, 16 animorum, 17 breuem, 18 commate *und* 20 caret. *Punkt ist zu tilgen hinter* 16 regere.

D 9[1] sententiis / uerbis 2/3[2] *cicero 10[2] pirricius

G 23 filii *im Text*, mei *bis* sunt *am oberen Rand*, *nepos, dissyllabe 24 *ciues 37 *meas 38 Aut 39 pirrichius] p *aus* b *korr*.

D69r
. . . post pirrichium . ita perdidi bona mea. Aut pirrichius et trocheus. Vt est. Conqueritur sua facta. Aut pirrichivs et spondeus . vt est. Imputat sibi demens. Aut trocheus et iambus vt est. Omnia nempe uides. Aut trochevs . vt est. Aspice facta mea Talis clausula finem elagiaci pentametri metri turpiter reddit. In trissillabis pessima conclusio est . spondeus et molosus . vt est. Mare fluctuantibus rupes eiectis. Item pessima pirrichius et molosus . vt est. Mare fluctuantibus apex eiectis. Item uiciosa si molosi ultimi prima breuis sit syllaba . quia heroicum comma nascitur . vt est litus amicis. Item cauendus est spondeus ante molosum s. in tercia syllaba resolutum . vt est. Si semel ad meas capsas admisero Item ne incurras in endecassillabi phalleutii petulantiam D69v . vt est illud ciceronis. Successit tibi lutius metellus. Sic omnes fines metricis similes uitiosi sunt. Quos tamen nec cicero prę magnitudine operis sui potuit uitare. De elocutionis dignitate. Post inuentionem maximam uim habet elocutio. Cicero in libris rethoricorum . de sola inuentione tractat. De ceteris partibus ad herentium scripsit. Namque habet elocutio . nimium exercitationis .i. et nimium industrię . ita ut inuentio parum prosit . si non elocutio assit. Sic demum aparet excogitatio . si sequitur eius per uerbum explicatio. Nam quorum maxime miramus ingenia duabus partibus clari erant alius inuentione . et alius in elocutione. In hac palmam habet . . . .

. . . post G60ra
pirrichium ita perdidi bona mea Aut pirrichius et trocheus Vt est conqueritur sua facta Aut pirrichius et spondeus Vt est imputat sibi clemens Aut trocheus et iambus Vt est omnia nempe uides Aut trocheus et pirrichius Vt est aspice facta mea Talis clausula finem eleiaci pentametri turpiter reddit Jn trissillabis pessima conclusio est spondeus et molosus Vt est mare fluctuantibus rupes eiectis Item pessima pirrichius et molosus. Ut est mare fluctuantibus apex eiectis Jtem uitiosa si molosi ultimi prima breuis sit syllaba quia heroicum comma nascitur Vt est litus amicis Item cauendus est spondeus ante molosum in tertia syllaba resolutum ut est. Si te semel ad meas capsas admisero Item ne incurras in endecasyllabi phaleucii petulantiam Vt est illud ciceronis Successit tibi lucius metellus Sic omnes fines metricis similes uiciosi sunt Quos tamen nec cicero prę magnitudine operis sui potuit uitare De Elocutionis DiGnitate

Post inuentionem maximam uim habet elocutio Cicero in libris rethoricorum de sola inuentione tractat De ceteris partibus in libro ad herennium debetur namque elocutioni nimivm exercitationis quia nimium habet industrię ita ut inuentio parum prosit si non elocucio assit Sic demum apparet excogitatio si sequitur eius per uerba explicatio Nam quorum maxime miramur ingenia in his duabus partibus clari erant alius in inuentione et alius in elocutione In hac palmam habet

post pirrichium. Ita. Perdidi bona mea. Aut pirric- H73r hius et trocheus. Ut est. Conqueritur sua facta. Aut pirrichius et spondeus. Ut est. Imputat sibi clemens. Aut trochevs et iambus. Ut est. Omnia nempe uides. Aut trocheus et pyrrichius. Ut est. Aspice facta mea. Talis clausula finem elegiaci pentametri turpiter reddit.

]n trissyllabis pessima conclusio est spondeus et molosus. Ut est mare fluctuantibus tupes eiectis. Item uitiosa . si molosi ultimi primi breuis sit syllaba . quia heroicum comma nascitur. Ut est. Litus amicis. Item cauendus est spondeus ante molosum in tertia syllaba resolutum. Ut est. Si te semel ad meas capsas admisero

]tem ne incurras in endecasyllabi phaleucii petulantiam. Ut est illud ciceronis. Successit tibi lutius metellvs. Sic omnes fines . metricis similes . uitiosi sunt. Quos tamen nec P681 cicero prę magnitudine operis sui potuit uitare.

Post inuentionem. 58.

Maximam uim habet elocutio. Cicero in libris rethoricorum . de sola inuentione tractat. De ceteris partibus in libro ad herennium. Debetur namque elocutioni nimium exercitationis . quia nimium habet industrię . ita ut inuentio parum prosit . si non elocutio assit. Sic demum apparet excogitatio . si sequitur eius per uerba explicatio. Nam quorum maxime miramur ingenia . in his duobus partibus clari erant . alius in inventione et alius in elocutione. In hac palmam habet

H 1 *pyrrhichium 1/2, 2/3, 5 *3mal* *pyrrhichius 2 trocheus] e *aus* i *korr.* 2, 4, 4/5 *3mal* *trochęus 4 *uides 8 *est. Mare *rupes *hinter* eiectis] *Item pessima pyrrhichius et molosus. Ut est. Mare fluctuantibus apex eiectis. 9 *prima *hinter* her *kleines Loch im Pgm.*, r *rad.* 13 *hendecasyllabi phalęcei 14 *lucius 17 *DE ELOCUTIONIS DIGNITATE. 17/18 *inuentionem . maximam 18/19 *rhetoricorum 21 exercitationes 25 *duabus *Punkt gehört hinter* 12 admisero *und* 25/26 inventione.

D 12 demens] *clemens 13 *hinter* trochevs] *et pyrrhichius 14 *elegiaci 15 metri *ist zu tilgen.* 21 *hinter* Si] *te 7 *herennium 9 *apparet 11 *hinter* ingenia] *in his *hinter* alius] *in

G 44 clau^su^la *elegiaci 47 ecti^s^ 48 tia = tertia 52 ^E^locutioni^s^ 58 palla palma

. . . uarro . D69v
in illa tullius cicero. Dicente augustino in libro de ciuitate dei . quantum iuuat uarro studiosum rerum . tantum
delectat cicero studiosum uerborum. Ea grata semper est elocutio . Vt a quibusdam postponeretur inuentio . vilem estimantibus materiam . quę non esset eloquio decorata . vt
hieronimus testatur in expositione euangelica dicens. Quia
multi accesserunt legere nostras scripturas . sed abhorruerunt . ab exteriori cortice . antequam peruenirent
ad interiorem medullę dulcedinem. Et augusti-
nus in libro confessionum de iuuentute sua locutus . discer- D70r
nit inter eos . quorum auditor erat ipse . inter manicheum scilicet
et ambrosium . quod aliquanto ornatus esset eloquium manichei quam ambrosii. De cetero autem nullam haberet comparationem. Tribuens his uerbis . utilitatem sensuum ambrosio . uanitatem nitidi sermonis manicheo. Tanta enim dignitas elocutionis apud antiquos fuit . ut sine magisterio
uerbi pene ingratum esset . omne quod audiretur . et cicero
ut prędictum est abuti literis iudicaret . qui eas nesciret decorare et artificio commendare. D e p r o n u n t i a t i o n e.
Pronuntiatio est . ex rerum et uerborum dignitate uocis et corporis moderatio. Possumus hęc uerba sic interpretari.
Pronuntiatio **dáz ist tíu gerértída déro stímma . íoh tís**
líchamin . náh tero geríste déro uuórto . únde déro
díngo. Item . quid est pronuntiatio? **Kerértida** . . . .

uarro in illa tullius cicero dicente augustino in libro de ciuitate dei Quantvm G60ra
iuuat uarro studiosvm rerum tantum delectat cicero studiosum uerborum
Tam grata semper elocutio ut a quibusdam postponeretur inuentio uilem estimantibus materiam que non esset eloquio decorata ut heronimus testatur in euangelica expositione dicens Quia multi accesserunt legere nostras scripturas sed abhorruerunt
ab exteriori cortice antequam peruenirent ad interiorem medullę dulcedinem
Et augustinus in libro confessionum de iuuentute sua locutus discernit inter eos
quorum auditor erat ipse . inter manicheum scilicet et ambrosium quod aliquanto ornatius esset eloquium manichei quam ambrosii . de cetero autem nullam haberet comparationem. Tribuens his uerbis utilitatem sensuum ambrosio uanitatem nitidi
sermonis manicheo Tanta enim dignitas elocutionis apud antiquos fuit
ut sine magisterio uerbi pene ingratum esset omne quod audiretur et cicero
eum ut prędictum est abuti litteris iudicaret qui eas nesciret decorare et ar- G60rb
tificio commendare Pronunciatio est ex rerum et uerborum De proNVNtiatione
dignitate uocis et corporis moderatio Possumus hęc uerba sic interpretari
pronunciatio **dâz îst tiu gêrertida dero stîmmo ioch tis lichâmin**
nâch dero geriste dêro uûoto unde dero uûrto unde dero
dîgngo Item quid est pronuntiatio? **Kerertida** . . . .

uarro . in illa tullius cicero. Dicente augustino in libro de ciuitate dei. Quantum iuuat uarro studiosum rerum . tantum delectat cicero studiosorum uerborum. H73v

Tam grata semper elocutio ut a quibusdam postponeretur inuentioni uilem estimantibus materiam . quę non esset eloquio decorata . ut hieronimus testatur in expositione euuangelica dicens. Quia multi accesserunt legere nostras scripturas . sed abhorruerunt ab exteriori cortice . antequam peruenirent ad interiorem medullę dulcedinem. Et augustinus in libro confessionum de iuuentute sua locutus . discernit inter eos . quoque auditor erat . ipse . inter manicheum et ambrosium quod aliquanto ornatius esset eloquium manichei quam ambrosii . de cetero autem nullam haberet comparationem. Tribuens his uerbis . utilitatem sensuum ambrosio . uanitatem nitidi sermonis manicheo. Tanta enim dignitas elocutionis apud antiquos fuit . ut sine magisterio P682
uerbi pene ingratum esset omne quod audiretur et cicero eum ut prędictum est abuti litteris iudicaret . qui eas nesciret decorare et artificio commendare.

PRONUNTIATIO 59.
est. Ex rerum et uerborum dignitate vocis et corporis moderatio. Possumus hęc uerba sic interpretari. Pronuntiatio. **Daz ést tíu gerértida dero stímmo ióch tis lîchamin nâch téro geríste dero uuórto únde dero dingo.** Item quidem pronuntiatio? **Kerertada**

H 3 *studiosum 4/5 inuentio^{ni}, *eine Verballhornung,* *inuentio 5 *ęstimantibus 6 *hieronymus 7 *euangelica 9 *vor* cortice *kleines Loch im Pgm.* 11 quoque] *quorum 12 erata] a^{2} *rad.* *hinter* manicheum] *scilicet, *manichęum 13 manicheia] c *aus* o *korr.*, a^{2} *rad.*, *manichęi 14 am *in anderer Tinte am linken Rand ergänzt* 16 *manichęo 18 *pęne 21 *DE PRONUNTIATIONE. 22 *est . ex 24 *Pronuntiatio . dáz îst *stîmmo ióh 25 *tes lîchamen nâh téro gerîste 26 *dîngo *Item . quid est *Kerértida *Punkt gehört hinter* 4 elocutio, 4/5 inuentioni, 12 ambrosium, 18 esset *und* audiretur, 26 Kerertada. *Punkt ist zu tilgen hinter* 12 erat.

D 15 Ea] *Tam 3 *ornatius 13 *stîmmo

G 62 *hieronymus 62/63 exposi^{t}ione 3 si^{c} 5 uûoto] *uuórto únde déro úurto *ist zu tilgen.* 6 *dîngo

. . . **Kebarda.** D70r
Ke-haba. Keuurftigi. Kezami . sintsami . Zuhtigi. Item
pronuntiare dicimus . **ferrenan sagen** .i. prȩuenire uerba . gestu corporis et qualitate uocis. Quid est gestvs?
Antpara . tatuuichunga . anterunga . uuerbida. Et quid est
moderatio . **scafunga . mezunga . metenscaft.** Hinc
aparet bene illum pronuntiare . qui loquens digne
his rebus de quibus loquitur continere se sciat. Ad hęc in D70v
oratore . uox . uultus . gestus . et habitus oris obseruantur.
De his singulis pręcepta rethorice digesta sunt. Bonitas uocis constat . claritate . firmitate . suauitate . quę etsi natura
tribuit . nutriuntur tamen cibi . potus . coitus . temperantia .
pręcipueque . ut corpus deambulando moueatur intra breue spacium reditu maturato. Qui motus cum digestionem facilem prestat . sine dubio purgat et uocem. Nimia
excursio et longa deambulatio . extenuat et fatigat uocem. Post hanc deambulationem . statim se orator ad
studia conferat . priusque quam sit dicendum . uocem lectione
suscitet. Nec ab inicio clamandum . sed tenui murmure
inchoandum . vt paulatim in uocem possit crescere. Vul-
tus quoque pro sententię dignitate mutandi sunt . sed non ita .
ut ystrionibus mos est .i. **anterarin** . qui ora torquendo
.i. **prieken machondo** . ridiculos motvs .i. **spileliche
gebarda** . spectantibus prestant. In hac parte oculorum
magna est moderatio .i. **mezaftigi** . qui tum hilaritate .
tum intentione . **anaseungo** . tum minaci mouentur aspectu. Nec nimium grauioribus superciliis premendi . aut petentibus frontem nudandi sunt oculi .i. **uf unde nider**

. . . **Kebarda. Kehaba Keuus-** G60rb
tigi Kezami sintsami zuchtigi Item pronunctiare dicimus **ferrenan sagen** .i. prȩuenire uerba gestu corporis et qualitate uocis Quid est gestus?
Antpara tat-
uuichunga anterunga anterunga uuerbida Et quid est moderatio?
scaphunga mezunga metens-gast Hinc apparet bene illum pronuntiare
qui loquens digne his rebus de quibus loquitur continere se sciat ad hec
uox uultus
gestus et habitus oris obseruantur de his singulis prȩcepta sunt Bonitas
uocis constat
claritate firmitate suauitate que etsi natura tribuit nutriuntur tamen
cibi . potus coitus temperantia prȩcipueque . ut corpus deambulando moueatur
intra
breue spacium reditu maturato qui motus cum digestionem facilem prȩstat siue
dubio purgat et uocem. Nimia excursio et longa deambulatio extenuat
ac fatigat Post hanc ambulationem statim se orator ad studia conferat
priusque
quam sit dicendum uocem lectione suscitet Nec ab initio clamandum sed tenui
murmure inchoandum et paulatum in uocem possit crescere Uultus quoque pro
sententię dignitate mutandi sunt sed non ita ut istrionibus mos est .i. **anterarin** qui ora toquendo .i **pirechen machondo** . ridiculos motus .i. **sile-
liche gebarda** spectantibus prȩstant In hac parte oculorum magna moderatio .i. **mezhastigi** qui tum hilaritate tum intentione .i. **anasehungo**
tum minaci mouentur aspectu Nec nimium grauioribus superciliis premendi
aut petentibus frontibus nudendi sunt oculi .i. **uf unde nidir ganten**

Kebârda. Kehaba. Keuuirftigi Kezâmi . sint-sámi . such- [H74r] **tigi.** Item pronuntiare dicimus . **ferrenan sagan** .i. prȩuenire uerba gestu corporis . et qualitate vocis. Quid est gestus? Aut **parauîuchunga . anterunga . uuerbida.** Et quid est moderatio? **scafunga mézunga metelscaft.** Hinc apparet bene illum pronuntiare . qui loquens digne his rebus de quibus loquitur continere se sciat. Ad hȩc uox uultus . gestus . et habitus . oris obseruantur. De his singulis prȩcepta sunt. Bonitas uocis constat claritate . firmitate suauitate . quȩ etsi natura tribuit . nutriuntur tamen cibi . potus . coitus temperantia . prȩcipueque ut corpus deambulando moueatur intra breue spatium . reditu maturato. Qui motus cum digestionem facilem prȩstat . sine dubio purgat et uocem. Nimia excursio et longa deambulatio extenuat . ac fatigat. Post hanc ambulationem statim se orator ad studia conferat . priusque quam sit dicendum uocem lectione suscitet. Nec ab initio clamandum sed tenui mur- [P683] mure inchoandum ut paulatim in uocem possit crescere. Uultus quoque pro sententiȩ dignitate mutandi sunt . sed non ita ut istrionibus mos est .i. **ánterarin** . qui ora torquendo .i. **prîeken machondo** ridiculos motus i. **spîlelîche gebârda** spectantibus prȩstant. Jn hac parte oculorum magna moderatio .i. **mezhaftigi** . qui tum hilaritate tum intentione .i. **ánaseunga** tum minaci mouentur aspectu. Nec nimium grauioribus superciliis premendi . aut petentibus frontem nudandi sunt oculi .i. **ûf unde**

H 1 *Kehába *Keuuúrftigi *Síntsámi 1/2 *Zúhtigi 2 *férrenân sâgên 3/4 Aut parauîuchunga] *Ántpâra . tâtuuîchunga, uîuchunga] u^{3} *aus* n *korr.* 4 *ánterunga . uuérbida 5 *Scáffunga *métemscáft 9 quȩr] r *anrad.* 12 dige] ge *rad.* 14 Nimia] N *am Rand nachgetr.* 17 clamādū 20 *histrionibus *ánterâren 21 *máchôndo 22 *spíloliche gebârdâ 23 *mézháftigi 24 *ánaséhungo 26 frontē *únde *Punkt gehört hinter* 1 Keuuirftigi, 5 scafunga *und* mézunga, 7 uox, 9 firmitate, 16 dicendum, 17 clamandum, 18 inchoandum, 20 ita, 23/24 hilaritate *und* 24 ánaseunga. *Punkt ist zu tilgen hinter* 8 habitus.

D 21 *apparet 16 prîekemo] m *in* n *korr.*, o *rad.* 19 *vor* ánaseungo] *.i.

G 9 anterunga^{2} *ist zu tilgen.* 11 uuox 12 horis 15 siue] *sine 18 camandū 19 *ut paulatim 21 *torquendo 25 *frontem nudandi

D71r

gándên din brâuuôn nîst ze uînstrînne nóh ze uuît-sehônne. Quod in pisone tullius amare uituperat .i. hántegô scîltit. Nec molliter agitandi sunt gestus .i. nóh ze lîso neruôre sîh . nec muliebriter deducenda sunt latera . nóh uuîblîcho neuuánchôe mît ten sîton . nec iactanda deformiter ceruix . nóh ne-hálsuuérfôe ze úngezêmero uuîs . ne in illas hortensii illecebras .i. únzúhte . quibus etsi uenuste tamen non uidebantur uti uiriliter .i. dî ér téta zîero nî dóch kómelîcho. Ad sumam gestus non is oratori tenendus est quo schenæ placere dicuntur . actores .i. recitatores .s. fabularum comicarum . uel traicarum . manus in contentionibus fusa porrectius .i. ze uérro hîna-gerártêr árm strîdendo . in sermocinatione . uel narratione contracta .i. únde aber uuîdere gezúhtêr ságendô. Prȩcipue . in hac parte prȩstandum . ut deceant cuncta . quod magis prudentia . quam ulla prȩceptionis huius arte seruatur. Has . quinque partes rethoricȩ . qui tenet ipsam . tenet et partes . cum ipsa nihil aliud sit . quam quod partes eius. Latet autem in occulto . sicut omnis scientia . videlicet in intimo cordis . ubi et anima sedem habet qua sine hȩc locum habere non posset. Sed in-

Epilogus

D71v

uenta occasione manifestam se prȩbet . et in multitudine populi . ubi sunt iudicia plebis . et consilia principum . curam regni ministrantium . ibi maxime gloriatur . ex his quȩ deforis hausit quam uera deintus eructuet. Hoc namque totum opvs est rethorum . qualis sit ipsa . et ingrediens ad eam materia . atque de ea egrediens ORATIO

G60rb

dîn brauuon nîst ze uuînstrûnie nôch ze uûit-sehonne quod in pisone tullius amare uituperat .i. handêgo sciltit Nec molliter agendi sunt gestus .i. nôch ze liso nerûre sich nec muliebriter deducenda sunt latera .i. nôch uuibêlîcho neuuanchôie mitîen sîton nec iactanda deformiter ceruix .i. nôh nehalsuuerfoie ze ungêzamero uuîs ne in illas hortensv deducatur illecebras .i. unzuchte quibus etsi uenuste tamen non uidebatur uti uiriliter tie er teta zêro ni dôch komelîcho Ad summam gestus non is oratori tenendus est quo scene placere dicuntur actores .i. recitatores subauditur fabularum comicarum uel tragicarum manus in contentionibus fusa porrectius .i. ze uuerro hîna-gerachdêr arm stîtendo in sermotinatione uel narratione contracta .i. unde âbêr uuidêre-gezuhter sagendo prȩcipue in hac parte prȩstandum est ut deceant cuncta quod prudentia magis quam ulla prȩceptionis huius arte seruetur Has .v. partes rethorice qui tenet ipsam tenet cum ipsa nihil aliud sit quam quod partes eius latet autem in occulto sicut omnis scientia uidelicet in intimo cordis ubi et anima sedem habet qua sine hȩc locum habere non posset. Sed inuento occasione manifestam se prȩbet et in multitudine populi ubi sunt iudicia plebis et consilia principvm curam regni administrantium ibi maxime gloriatur ex his que deforis hausit . quam uera deintus eructuet Hoc namque totum opus est rethorum qualis sit ipsa et ingrediens ad eam materia atque de ea egrediens oratio

EXPLICIT . . . .

D 4 *hinter* latera] *.i. 5/6 *hinter* ceruix] *.i. 7 *hinter* hortensii] *deducatur 8 *uidebatur 9 *summam 15 *hinter* prȩstandum] *est 1 inuenta] in *rad.*

G 27/28 agendi] *agitandi 31 illa ortensy *hortensii 32 *hinter* uiriliter] *.i. 39 *seruatur 42 *inuenta 43 pncipo

niderganten din brauuon . nist ze uinistrine . noc ze uuît-seonne. Quod in pisone tullius amare uituperat .i. **han-dego sciltit.** Nec molliter agitandi sunt . gestus .i. **noh ze lîso nerure sich.** Nec muliebriter deducenda sunt latera .i. **noch uuiblicho neuuánchoge mit tin sîton** . nec iactando deformiter ceruix . **noh ne-halsuuerfoie ze ungeze-mero uuîs** . ne in illas hortensii deducatur illecebras .i. **unzuhte** . quibus etsi uenuste tamen non uidebatur uti uiriliter .i. **di er teta zéero ni doh komelicho.** Ad summam gestus non is oratori tenendus est quo scęne placere dicuntur actores .i. recitatores subauditur fabularum comicarum uel traicarum manus in contentionibus fusa porrectius .i. **ze uérro hína-geracht́er arm strî-tendo** . in sermocinatione uel narratione contracta . i. **unde abér uuidere-gezúhter ságendo.** Pręcipue in hac parte pręstandum est . ut deceant cuncta . quod prudentia magis quam pręceptionis huius arte seruatur. H74v 60. P684

Has quinque Partes rethoricę qui tenet ipsam tenet . cum ipsa nihil aliud sit quam quod partes eivs. Latet autem in oculto . sicut omnis scientia . uidelicet in intimo cordis . vbi et anima sedem habet . qua sine hęc locum habere non posset. Sed inuenta occasione manifestam se prębet . et in multitudine populi cibi sunt iuditia plebis et consilia principum curam regni amministrantium ibi maxime gloriatur . ex his quę defo-

H 1 nidergaten, *nîdergândên *dien brâuuôn nist zeuinistrine (nist zeufstrine) , *neîst ze *uînsterenne 1, 3/4, 6 *4mal* *nôh 2 *sêhônne 2/3 *hándego 3 *scîltet 4 *nerûore sîh 5 *uuîblicho neuuánchoe mît tien sîtôn *iactanda 6 *hinter* ceruix! *.i. *nehálsuuérfoe 6/7 *úngezâmero 8 *únzúhte 9 *dîe *téta *zîero nî dôh kómelicho 10 *scęnę 11 subaudit subaudit 12 *tragicarum 13 *geráhtêr árm 15 *únde âber uuídere gezúhtêr 16 pstatidum deceant 17 *hinter* quam! *ulla 18 *EPILOGUS. 19 *partes rhetoricę 21 *occulto 24 cibi! *ubi 24/25 *iudicia 25/26 amministrantium *bzw.* *administrantium *Punkt gehört hinter* 12 traicarum, 19 tenet[1], 24 populi *und* 25/26 amministrantium. *Punkt ist zu tilgen hinter* 3 sunt.

ris hausit . quam uera deintus eructuet. Hoc namque totum opus est rethoricorum qualis sit ipsa . et ingrediens ad eam materia . atque de ea egrediens oratio;• H75r

H 2 *rhetorum *Punkt gehört hinter* 2 rethoricorum.

Die althochdeutschen Glossen in Cod. Berol. 429 (H2)

Die Glossen sind hier aufs genaueste wiedergegeben, u.zw. mit Abkürzungen, Sonderzeichen, Getrennt- und Zusammenschreibung, auch mit falsch gelandeten Akzenten. ſ = an- und inlautendes einfaches *s*, ß = auslautendes einfaches *s*. / bezeichnet den Zeilenschluß.

Cod.Berol.429		Clm.4621	
(H2) f.21v,6	=	(H) f.57v,16	*Raum für die Glosse* (*táz man háben sōl ze uuérche) *freigelassen*
21v,9	=	57v,19	.i.māchunga diſtriciß ā = á
21v,15	=	57v,25	ſtrît
21v,16	=	57v,26	.i.cui dinchlicha.
21v,20	=	58r,3	i.cuißprâchlicha
21v,20/21	=	58r,3/4	.i.peme^{i}nit.ł./grechuiſit.ł.achtot. i *in der Tat übergeschr.*
22r,4/5	=	58r,8	*hinter* .i. *Raum für den ersten Teil der Glosse* (*tiu zéigônta.) *freigel.* /vnde ciuchîeſinta
22r,12/13	=	58r,17	ſcripſit vnde/viullo.
22r,14/15	=	58r,19	reci ſagauua/zezſi
22r,19/20	=	58r,23/24	.i.eniſtingiß/Irracimfone andermo
22v,2	=	58v,1	.i.ratiſca
22v,5/6	=	58v,3/4	diſnamin forderunga.ł ſcafunga.ł endū/ga ū = un
22v,10	=	58v,9	uuerhſil.ſ.
22v,14/15	=	58v,13	.i.ſtritꝰ.vnbe/diznet recht. *Der Zkfl. auf* t *in* H *wurde hier zu* ꝰ = -uß.
22v,15/16	=	58v,14	ſtrît vmbedeß q^{o}/nechene. o *in der Tat übergeschr.*
22v,17	=	58v,15	.i.dazantſeidiga.i.taſpara
22v,18	=	58v,16	.i.antſêgida
22v,20	=	58v,18	*hinter* .i. *Raum für die Glosse* (*keiîht) *freigel.*
22v,21	=	58v,18/19	. benemūga ū = un
23r,1	=	58v,19/20	*.s. a se in alterum. Relatio .i. uuíder uuérfunga . non facti . sed criminis *ausgel.*
23r,2/3	=	58v,22	.i.vnſ/culdigunga.
23r,3	=	58v,23	gnadonflecha
23r,4/5	=	58v,24	vnuiuzenheit.vngeuuā/diu geſcichtnôt ā = an
23r,6	=	58v,26	.i.ſtata.vnde geſtelida.

Cod.Berol.429		Clm.4621	
(H2) f.23r,9	=	(H) f.59r,3	.i.malic̄h̄e. ħ = z *in* H *wurde hier zu* c̄h̄.
23r,10	=	59r,4	.i.vueri.diſunrectiß
23r,11	=	59r,5	.i.antſeida
23r,13	=	59r,7	.i.luc̄ħeda ħ = z *in* H *wurde hier zu* c̄ħ.
23r,15	=	59r,9	.i.gemagedo.
23r,18	=	59r,11	.i.feſtinūga ū = un
23v,4	=	59r,17	ſtrît
23v,11	=	59r,24	ſtrît
24r,6/7	=	59v,13	.i.tazſein/guoto moſinuß *Der Zkfl. auf* n *in* H *wurde hier zu* -uß.
24r,7	=	59v,14	*hinter* .i. *Raum für die Glosse* (*zû ze îmo lôsente.) *freigel.*
24r,8	=	59v,14	.i. *fehlt vor* frinumſtige.
24r,19	=	59v,24/25	ſita ſpûtich.
24r,20	=	59v,25	.i.offin.
24r,20	=	59v,25	.i.Kelôuplich
25v,13/14	=	60v,24/25	.i.mitant/ſeido vndêane ánt ſeida.
29r,18	=	63r,25	*hinter* purch *Raum für* *liute *freigel.*
29r,18	=	63r,26	.i.purclîche ſtrîte.
29r,19/20	=	63v,1	.i.inde/mo geuue.
29v,5-7	=	63v,6/7	.i.tāz/ſint dîe ſtrîte dieeinlichequißſe meniſcina/nagant. ā = á
32r,3/4	=	65r,22/23	ûuimachterizheiugor/chôſon.
33r,18	=	66r,21	gnôtmezunga
34v,7/8	=	67r,16/17	.i.lobaſam ꝉ choub/lich.
34v,18	=	67r,25	.ꝉ.cloublicha.
35r,2	=	67v,3	.i.lobaſama
35v,21-36r,1	=	68r,11/12	.i.ſcaffūga v̄de/Ordinūga dißkechoſiß. *2mal* ū = un, v̄ = vn
36r,13/14	=	68r,22/23	Dazchîtkehu.ge/cladeß tuge dachtost eſp̄chenne. p̄ = pre
36v,2/3	=	68v,5/6	dazechit recht keſprachi./ꝉ rechtkechoſi.
36v,4-6	=	68v,7/8	Deroſculdigonouuorto legi/da zedinen gedanchin.zedemoſodu ſp̄ch/en uuellest. p̄ = pre
37v,7	=	69r,20/21	.i. *fehlt vor* oûgendereba.

Cod.Berol.429		Clm.4621	
(H2) f.37v,7/8	=	(H) f.69r,21	.i./ſcônuuiochorn
38r,1	=	69v,8	.i.tagalichen
38r,19-21	=	69v,23/24	Soſeß nelß nellemo/pe geginit andremo ſuo viri filoß liêmo/firſniten ſclitriemo.
38r,21-38v,2	=	69v,24-26	Derẓebê gat/inlîtun eriregit ſperinſîtun ſint.baltellē/nelaẓit in vellin. ê = er, ē = en nelaẓit] ẓ = z *in* H *wurde hier zu* ẓ.
38v,14-16	=	70r,9-11	Imoſint fueẓe fuodermazeimo ſ̄/ p̄ſte ebenhôforte.vnde zendiſine zuue/ lif el nige. fuege] g = ẓ *bzw.* z *in* H ſ̄ = *ahd.* sint, *sonst lat.* sunt p̄ *nur hier für ahd.* pur
38v,20	=	70r,14	.i.heil vnde salda.
38v,21	=	70r,15	.i.vnminneſā.heſprechine ā = am, h = ẓ *bzw.* z *in* H
39r,2	=	70r,16/17	Alleſliebeß cnuege. e *aus* i *korr.*
40r,1	=	70v,24/25	.i.endirß.kiûalde fremidui
40r,4	=	71r,1	vt naſchai et fredū et uuerigeldū h *aus* t *korr.* *2mal* ū = um
40r,5	=	71r,2	i.ſamerariui.
40r,8/9	=	71r,5	.i.cuiun/ſculdigun.
40r,16	=	71r,10/11	i.virniu ⸗ firuuor fenui.
40v,3	=	71r,17	.i.unchuiuß cui
40v,9	=	71r,21	i.vngehaſtui
40v,12/13	=	71r,24	.i.geuuerro/genominui. ge[1]] *ze
40v,14/15	=	71r,25/26	.i.uiu/der geuuo neheitte
40v,20/21	=	71v,4/5	.i./ſeltſani aldeūga eu voneheitâ. ū = un a *gestrichen,* e *aus* a *korr.*
41v,17	=	72r,8/9	.i.un luſtſamo geab̄t pûchſtab b̄ = ber, t̄ = ter
			Ab 44v,6 (§59. *DE PRONUNTIATIONE.) *strich irgendwann ein Leser sämtliche althochdeutschen Glossen und manchmal auch die lateinische Überleitung als belanglos bzw. störend durch.*
44v,6-9	=	73v,23-26	~~poſſumuß-hec-v̂ba-ſic/inp̄tare-pnunciacio dazest-cui-gerê/cida-dereſtimmo.iochteß iſchaminnach/terigiriſti-derouuerto unterodingo~~. i *aus* e *korr.* ê = er
44v,10-12	=	73v,26-74r,2	~~Itē-quidē-pnunciacio.Kerertada-Kebârda/ Kehaba.Keuuarftigi-Kezami.ſint-ſami/ Zuchtigi.~~

Cod.Berol.429	Clm.4621	
(H2) f.44v,12-14 =	(H) f.74r,2/3	Itē ꝓnunciare dicimuß.~~fer/renāß-agan·i·~~ p̄venire v̂ba geſtu cor/poriß et qualitate vociß. ā = an
44v,14/15 =	74r,3/4	~~ꝗd-ē-geſtuß~~ aut/~~paraufuchunga·anterunga-uuerbida~~
44v,16/17 =	74r,4/5	~~Et-qđ-ē-moderacio·ſeafungame-ȝun/gameteiſeaft~~. ȝ = ɣ bzw. z in H
45r,15 =	74r,20	.~~i·anterari~~n
45r,16 =	74r,21	.~~i·prſoken-machende~~
45r,17 =	74r,22	.~~i·ſpſieiſc-hege-barda~~.
45r,19 =	74r,23	.~~i·mechȝgaftigi~~. cȝg = ɣh in H
45r,20 =	74r,24	~~·i·ana-ſeunga~~
45v,2-4 =	74r,26-74v,2	.~~i·v̂fundn̂ider-gan/dęndin-brauuon-niſt-zeuiniſtine-noeze/uût-ſeonne~~. ^e schon in der Hs.
45v,5 =	74v,2/3	~~·i·handego-ſeilut~~.
45v,6/7 =	74v,3/4	~~·i·nochȝȝelio-neru/re-ſich~~. ȝ² = ɣ bzw. z in H
45v,8/9 =	74v,4/5	~~·i·nochuuibliche-neuuanchog~~e/~~mittin-ſito~~n.
45v,10/11 =	74v,6/7	~~nohne-haiſuuerfoie-zeūgezēmero/uiuß~~ ū = un, ē = ê
45v,12 =	74v,7/8	.~~i·vnzuhte~~
45v,13/14 =	74v,9	.~~i·diereet/a-zêeronidoch-komeliche~~.
45v,18-20 =	74v,13/14	.i.~~zeverro/hina-gerachter-armſtr̂itendo·inſermo~~/cinacione
45v,20/21 =	74v,15	~~·i·vnde/aber-uiudere-gezunt̄-ſagēdo~~ t̄ = ter, ē = en

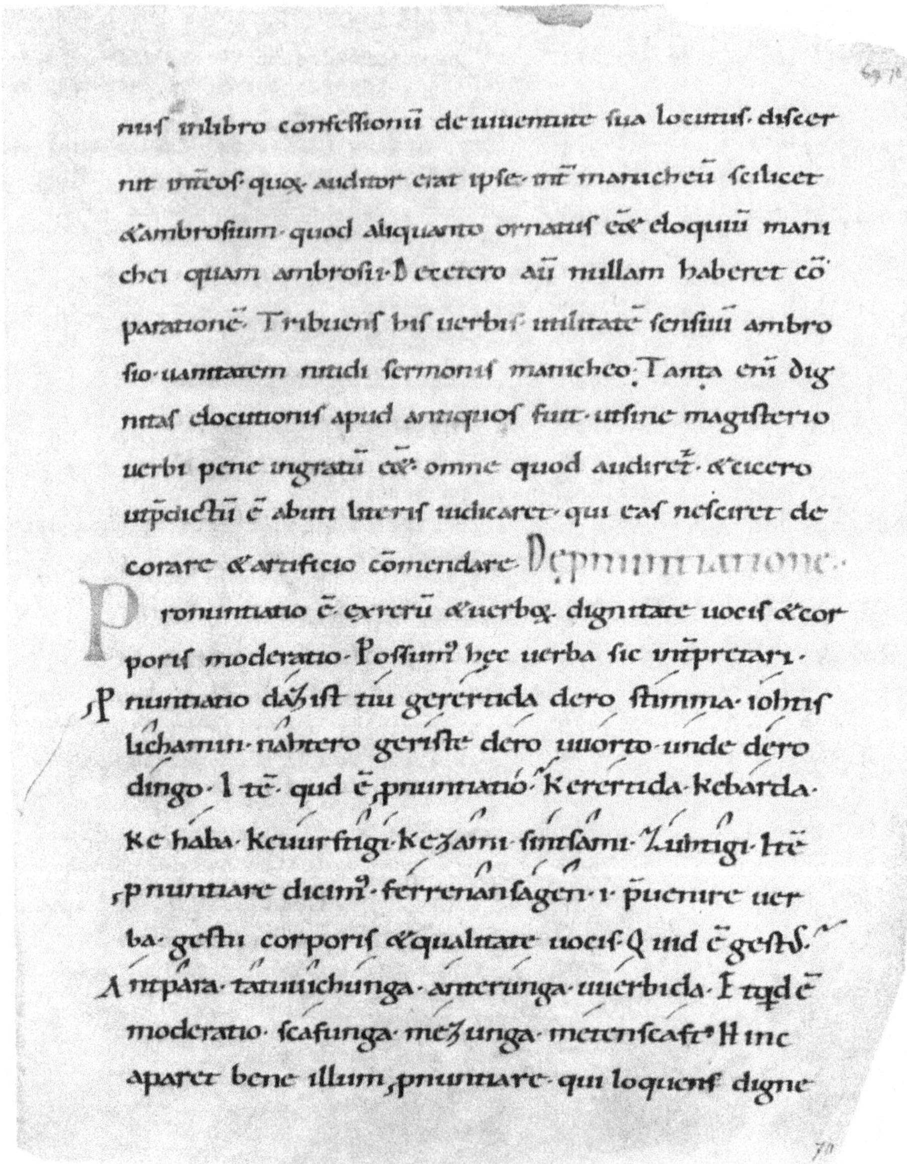

nus in libro confessionum de iuuentute sua locutus. discernit inter eos quorum auditor erat ipse. inter manicheum scilicet et ambrosium. quod aliquanto ornatius esset eloquium manichei quam ambrosii. De cetero autem nullam haberet comparationem. Tribuens his uerbis utilitatem sensuum ambrosio. uanitatem nudi sermonis manicheo. Tanta enim dignitas elocutionis apud antiquos fuit. ut sine magisterio uerbi pene ingratum esset omne quod audiretur. et cicero imperfectum esse ab eis literis iudicaret. qui eas nesciret decorare et artificio commendare. DE PRONUNTIATIONE.

Pronuntiatio est exterior uerborum dignitate uocis et corporis moderatio. Possumus hec uerba sic interpretari. Pronuntiatio daz ist tiu gerertida dero stimma. iohis lichamin. nah tero geriste dero uuorto. unde dero dingo. Item. quid est pronuntiatio? Kerertida. kebarda. Ke haba. Keuuirtigi. Kezami. Sintsami. Zuhtigi. Item. pronuntiare dicimus. ferrenansagen. i. pucnire uerba gestu corporis et qualitate uocis. Quid est gestus? Anapara. tatuuichunga. anterunga. uuerbida. Item quid est moderatio? scafunga. mezunga. meteniscaft. Hinc aparet bene illum pronuntiare qui loquens digne

Codex Turicensis C121 (D), f. 70r, aus der Schrift *De arte rhetorica*
Photostelle der Zentralbibliothek Zürich

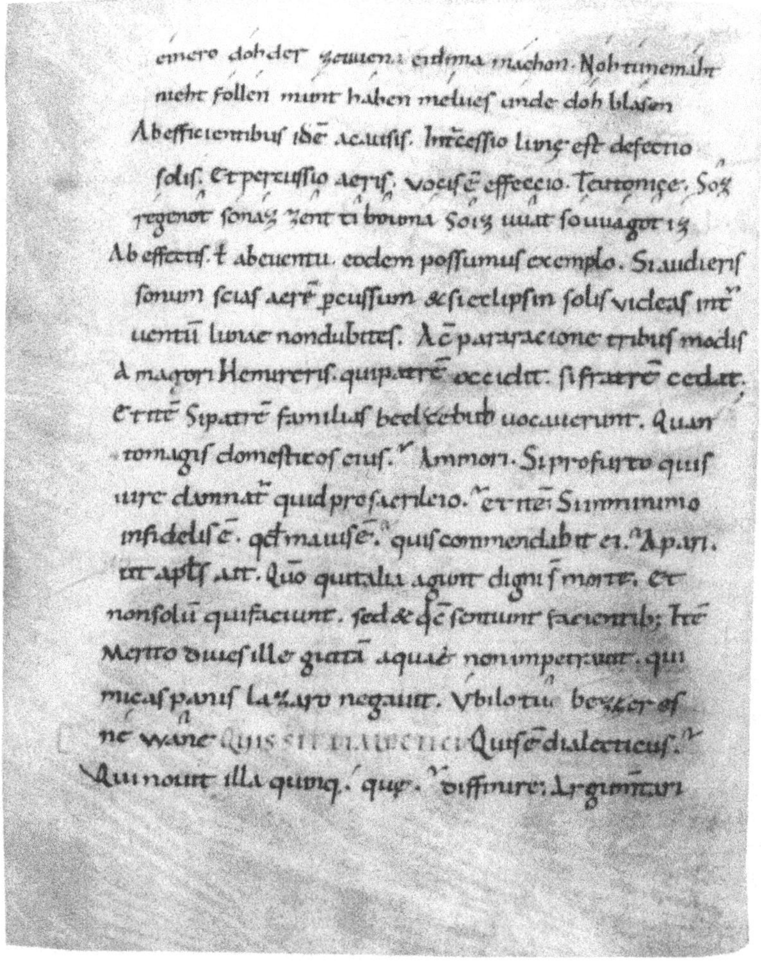

Codex Turicensis C121 (D), f. 54v, Schluß der Schrift *De partibus logicae*
Photostelle der Zentralbibliothek Zürich

INCIPIT DE PARTIBUS LOICĘ. P591 D51v

Quot sunt partes *logicę? quinque secundum aristotilem. Sextam partem* E91v F267 G64va *addidit aristotelicus porphirius. Quę sunt? isagoge . cathegorie .* G64vb *periermenie . prima analitica . secunda analitica . topica.*
Quid consideratur in isagogis? quid sit genus . quit species . quid diferentia . quid proprium . quid accidens. Quid est genus?

D 14 *LOGICĘ 15 *Quinque (= *E*) sedm̄] scdm̄ *mit Griffel übergeschr.* 16 addidit] i^{1} *übergeschr.* porp̄hirius] *pre-Strich über unten anrad.* p^{2} *rad.;* *porphyrius *Isagoge *bzw.* *Isagogę (= *E*) cathegorie] *davor Rasur und kleines Loch im Pgm.;* *cathegorię (= *F*) 18 *Quid^{2} (= *F,G*) *quid^{3} (= *F,G*) 19 *differentia (= *E,F,G*)

F 14 *Überschrift fehlt* (= *E,G*) 15 Q^{o}t] t *auf Rasur von* ę loycę? sextam (= *G*) 16 prophirius (*mit pro-Strich*) aristotelicus Ysagogę 18 consideratur] tractatur ysagogis sit *fehlt*

E 15 // vot (Q *nicht eingetr.*) SUNT PARTES logicę? 16 Cathegorię] h *übergeschr.* 17 Periermini̢ę Prima Topica 18/19 *immer* Quid

---

G 15 Quod quoque partem 16 ysagoge .i. introductiones categorię .i. prędicamenta 17 piermenie .i. de interpretatione analitica^{2} .i. resolutoria topica .i. sedes argumentorum 18 considerantur ysagogis?] *danach* Genus est quod de pluribus *durchgestr.*

D52r

Genus est . quod de pluribus specie differentibus in eo quod quid sit predicatur. Species est quę ponitur sub genere . et de qua genus in eo quod quid sit prędicatur. Item species est . quę de pluribus numero differentibus in eo quod quid sit predicatur. Differentia est quę de pluribus specie differentibus in eo quod quale sit predicatur. Proprium dialectici quadrifariam diuidunt . nam id quod alicui speciei accidit . soli etsi non omni . vt homini accidit . medicum esse uel geometrem . et quod omni etsi non soli . vt homini bipedem esse. Et quod soli . et omni . et aliquando . vt homini in senectute canescere. Quartum est in quo concurrit . soli homini risibile esse . quamuis non semper rideat . tamen naturam habet ridendi . P592 *quia quicquid risibile est . homo est . et quicquid homo est risibile est . et quicquid equus est . hinnibile est . et quicquid hinnibile est ęquvs est. Accidens est . quod adest . et quod abest . id est quod accedit et recedit . propter subiecti corrupcionem . et quod neque genus . nec species . nec differentia . nec proprium est. Quid tractatur in cathegoriis? Prima rerum significatio . et quid singule dictiones significent Vtrum substanciam . an accidens. Et si substanciam . quid in substancia . generalem . uel specialem . vniuersalem . an particularem.* F268

D 1/2,4,5 *3mal* *prędicatur *(= E,F,G)* 6 id] *über* d *punktartiger Fleck* 8 geometrem] g *größtenteils verwischt* 9 et omni] *dazwischen in oder* m *rad., unter Rasur Strich* 13 aequus[1]] a *rad.* *equus[2] *(= G)* 15 *corruptionem *(= E,F,G)* 17 *singulę *(= E,G)* 17/18 *significent . utrum *(= F)*

F 1 genus 8 esse] est 9 Et] & *(= G)* 10 homini] & omni & semper . ut homini accidit *(vgl. E,G)* 11 naturam habet ridendi .] naturale est ei . risibile. Sicut equo naturale *(auf Rasur)* est hinnibile. 12 Quia *2mal* risibile, homo] hinninile, equus equus[2]] eq *auf Rasur* 13 *2mal* equus, hinnibile] homo, risibile quicquid[2]] *Querstrich durch* d *rad.* 15 pręter *(= E,G)* 16 Quid] *danach Rasur* 17 et quid] .i. quod 19-52v,2 substancia *bis* inferiorem.] substantia . utrum // corporalem an incorporalem . animatam uel inanimatam . mobilem an immobilem . uiuam uel non uiuam . sensatam uel insensatam . rationalem uel inrationalem . generalem uel specialem . uniuersalem aut particularem . primam an secundam . partes primarum aut partes secundarum. *(vgl. E)*

E 3 que numero *fehlt, aber Raum für 4-5 Buchstaben freigelassen* 6 quadrifarię 7 accidet[1]] *von anderer Hand auf Rasur* 7/8 accidit[2] *bis* homini *fehlen durch Homoioteleuton* 10 homini] homini . & omni . & semper . ut homini 11 non] *davor Rasur* 13 *2mal* equum 15 nec[1]] neque 16 differentia] e[1] *aus* i *verb.* 18 Utrum] Ut *rad.* substantia[1] 19-52v,2 substancia *bis* inferiorem.] substantia. Corporalem . an incorporalem? Viuam an uiuam *(*m *rad.)* Spiritalem an carnalem / Animatam an inanimatam. Mobilem an inmobilem. Superiorem an inferiorem. Subiectam uel prędicatam. Uniuersalem . uel particularem. Generalem uel specialem. Totam uel indiuiduam.

G 2/3 Species *bis* prędicatur. *fehlen durch Homoioteleuton* 7 medicum] ed *verb.* 10 soli] & soli . lomi *(so)* . & semper ut / 14 adest] d *über durch Punkt darunter getilgtem* b quod[2] *fehlt* accidit 15 Et 15/16 *immer* neque 17 prima dictiones] uoces 18 Vtrum] ut an] et 19 an] uel

Primam an secundam . partes primarum . uel partes secundarum D52v
substantiarum. Subiecta<m> an prędicata<m> . superiorem an inferiorem.
Quid narratur in periermeniis? quid composite . et quid coniuncte
dictiones significent. Vt cicero disputat . cicero non disputat . homo currit homo non currit . et proloquia. Omnis <ho>mo animal est .
uniuersale dedicatiuum . *ullus homo animal est uniuersa-
le abdicatiuum. Quidam homo animal est . particulare dedicatiuum . quidam homo animal non est . particulare
abdicatiuum. Quid consideratur in primis analiticis? sillogis- P3,61r Be2v
tica quae est communis regula . omnium sillogismorum . necessariorum . et probabilium . cathegoricorum . et ippotheticorum . id est predicatiuorvm et conditionalium. Quid
tractatur in secundis analiticis? Apodictica id est demon- P593
stratiua quę demonstrat ueritatem . id est necessarios sillogismos. Quid consideratur in topicis? Dialectica id est sedecim H75r H2,46r
loca argumentorum. Quot sunt loca argumentorum?
XVI. Quę? a toto . a parte . a nota . id est ab ethimologia . hęc tria loca argumentorum sunt intrinsecus . hoc
est in ipso negocio . extrinsecus autem sunt ista tredecim . H2,46v

---

D 2 substantiarum] unter u^2 *kleiner Fleck* superiorem (= *E*)] superiora inferiorem (= *E*)] inferiora (= *G*) 3 *Quid^2 (= *E,F,G*) *compositę (= *G*) *coniunctę (= *G*) 4 dictiones] t *aus* c *verb.* *significent . ut 5 <ho>mo *mit Einfügungszeichen darüber und hinter* Omnis . *auf dem linken Rand,* ho *abgeschnitten* 9/10 *Syllogistica (= *F,P3*) 10 *syllogismorum (= *F*) 11/12 *hypotheticorum 12 *prędicatiuorum (= *F,G*) 14/15 *syllogismos (= *F*) 15 *anscheinend fehlt etwas vor* sedecim 17 *A^1 17/18 *et(h)ymologia 19 *negotio (= *H*) *Punkt ist zu tilgen hinter* 10 regula.

F 3 tractatur periermeniis] en *auf Rasur* composite *bis* coniuncte] Quid coniuncte & copulate (*vgl. E.*) 4/5 Vt] utrum simplicia proloquia . aut composita. Simplicia proloquia sunt; *dann zuerst das Beispiel mit* homo, *wonach das mit* cicero; disputat^2] disputat . alexander regnat . alexander non regnat. (*vgl. E*) 5 et proloquia.] Composita proloquia sunt. 6 Nullus (= *G*) 7 abdicatiuum proloquium falsum est. 7/8 dedicatiuum proloquium (pro-*Strich bei* p *rad.*) est . uerum est 8 Quidam (= *G*) 9 abdicatiuum proloquium uerum est. consideratur] tractatur 11 cathetegoricorum] te *auf Rasur, durch 3 Punkte getilgt* 12 conditionaleum] e *durch Punkt darunter getilgt,* i *übergeschr.* 11/12 ypotheticorum 13 apodictica (= *G*) 13/14 demonstratiua] ti *auf Rasur* 15 consideratur *fehlt* (= *Be*) 16/17 Quot *bis* XVI. *fehlen* (= *G,H,H2*) 16 argumentorum] r^1 *übergeschr.* 17 Quę sunt? (*vgl. G,H,H2*) A^1 A^{2,3} 17/18 ethimoloia 18-53r,1 hęc *bis* sequuntur. *fehlen* (= *G*)

E 3 in] im composite *bis* coniuncte] Quid coniunctę & copulatę 4/5 Vt *bis* dis/putat] Vt est illud. Christus uincit 5 currit^2] currit / alexander regnat . alexander non regnat. (*vgl. F*) Et proloquia ut est illud. Omnis //

G 1 partes^2 *fehlt* 2 Superiora 4 ut 5 Et 6 dedicatiuum proloquium 6/7 Uniuersale 8 non est animal 9/10 Sillogistica 11/12 et ippotheticorum *fehlen* 17 Que sunt 17/18 ab imologia

H,H2 15 tractatur 16/17 argumentorum^1 *bis* Quę?] quę sunt. 17/18 id *bis* ethimologia *fehlen* 18 Hęc 19 Extrinsecus ista *fehlt*
H 15 sedecim] xui *bzw.* xiii 17 A^{1,2,3}
H2 15 q uid] q *nur vorgeritzt* sedecim] iii 17 A^{1,2} nota] *durchgestr.,* fine *von anderer Hand übergeschr.*

Be 2 9/10 Sillo/gistica; g *über* g *übergeschr.* 11 kate/goricorum] te *rad.,* te *mit Einfügungspunkt über* go *übergeschr.* 11/12 ypotetikorum 12 id *bis* conditionalium. *fehlen* (= *P3*) quid 14 id est] & 15 topica Dialetica 16 argumentoru$_M$^{1}; //

P3 9/10 Syllogistica] y *von anderer Hand aus* i *verb.* 10 quae] id omnium regula 11 et^2 *fehlt* 11/12 ypoteticorum] y *aus* i *verb.* 13/14 demon-ſtratiua] *Ligatur* ſt *von anderer Hand aus* t *verb.* 14/15 sillogismos. //

quę sequuntur. A con[g]iugatis . a genere . a specie. Ab adiunctis . D53r
A simili. A dissimili. Ab antecedentibus A consequentibus A contrariis. A repugnantibus Ab efficientibus id est a causis. Ab effectis id est ab euentu. A comparacione quę est triplex . a maiori . a minori . a pari. A toto fit argumentum ad partem . ita. Si mundvs regitur diuina prouidentia . quomodo fiet vt non homo . eius nanque pars est non uilis. Item. Si quis habuit argentea uasa et absque liberis moriens alicui legauit totam pecuniam . cuius sunt illa argentea uasa nisi illius cui legauit totam peccuniam. Item omnibus membris validus pede non claudicat. Et tevtonice. Târ-der íst ein fúnt úbelero féndingo Tár nist nehéiner guot Vnde dârder íst ein hûs follez úbelero lîuto Târ níst nehéiner chústic. A parte fit argumentum ad totum ita . Vno membro languente compatiuntur omnia membra. Et in euangelio. Si oculus tuus fuerit simplex totum corpus lucidum erit . et si nequam totum corpus tuum tenebrosum erit. Teutonice. Fóne‿demo límble so‿begínnit tír húnt léder ézzen. A nota hoc est ab ethimoloia fit argumentum teutonice Dir árgo dér íst dér úbelo. Ter-der stúrzzet dér uállet

---

D 1 2mal *A 4 *comparatione (= G,H) maiori .] Punkt ganz blaß 5 pari] a aus Ansatz von i oder r verb. 6 *homo? (= G,H) 7 *namque (= G,H,H2) 8 totam] tot verwischt 10 *pecuniam? (= G,H2) 11 *Târdir 11,12 2mal *éin *târ² 11,13 2mal *neíst 12,13 2mal *nehéinêr 12 nehéiner] e² aus i verb. *gûot *Vnde dârdir *fóllez úbelero líuto 13 *târ *chústîg 17 *límbele *sô begínnit] g aus i verb.; *begínnet *ter 17/18 *ézen 18 *ethimologia (= G,H,H2) bzw. *et(h)ymologia 19 Dir] *Ter *ter úbelo *Térdir stúrzet tér uállet] dahinter kleines Loch im Pgm., kein Punkt Punkt gehört hinter 2 antecedentibus und consequentibus, 3 repugnantibus, 9 uasa, 10 Item, 11 féndingo, 12 guot und lîuto, 15 simplex, 16 nequam, 17 teutonice, 19 uállet.

F 1 a^1 ab 2 $a^{1,2,3}$ ab A^4 contra//

G 1 specie] s übergeschr. ab 2–5 immer a(b) 7/8 uasa argentea 11 Et fehlt 11–13 Teutonice Tárder ist eîn funt ubelero phenningo . tár nîst ne héiner guôt Vnde dâr.dêr îst eín hûs fóllez ubelero liûto . dârnist neheiner chûstêg 13 A] a Ita 15 corpus tuum 16 Et 17 Fone dêmo lîmble begînn& der hûnt lêdêr ezzen 18 argumentum. Qui amat bis abstinentiam. (vgl. 53v,1) teutonice fehlt 19 Dîr argo dér ist dêr ubélo Ter dêr sturz& . dêr uall&.

H,H2 1 secuntur ab 7 Et item si 8 abiisque 10–13 Item bis chústic. fehlen 13 ita fehlt 14 Vno 15 euuangelio corpus tuum 16 et fehlt corpus tuum fehlen 16–18 Teutonice bis ézzen. fehlen 18 hoc est] .i. 18–53v,1 fit bis etiam fehlen
H 1 specię 2/3 8mal a(b) 4 A^2 8 peccuniam 14 menbro
H2 1 a^1 2 $a^{1,2,3}$ disimili ab anteciedentibus] i^1 durchgestr. 3 repugnantibus] g mit Einfügungshäkchen übergeschr. 2mal ab efficientibus] efeccionibus 4 A^3 5 A^1 7 argentea] e^2 übergeschr. 8 alicuis] s durchgestr. 9 vasea 15 oculus] u^2 über Rasur übergeschr. 16 ⌈ erit] ⌈ durchgestr. 18 echimologia

Latine etiam qui amat parsimoniam non odit abstinentiam . hęc D53v
tria loca sunt intrinsecus hoc est in ipso negotio . extrinsecus autem
sunt haec
tredecim quę secuntur. A coniugatis fit argumentum . vt est ci- P594 H2,47r
ceronis exemplum si compascuus ager est licet eum compascere
Si rex est oportet eum regere. Si dux est oportet eum ducere
Si consul est oportet eum consulere. Si doctor est oportet eum docere
Si scriptor est oportet eum scribere. Et ęua si de uiro sumpta est
uirago est Et in euangelio . si filivs uos liberauerit uere liberi
eritis. Teutonice. Dír scólo dír scófficit îo Vnde dir gouh
dér gúccot îo. A genere fit argumentum . ita. Si uirtus bona
est castitas quoque bona est. Vnde in uirgilio varium et mutabi- H75v
le semper est femina. Ergo et dido uarium et mutabile uideatur. Teutonice. V́be‿man álliu dîer fúrtin sál nehéin
só harto só den mán. A specie fit argumentum . ita . si homo ra-
cionabilis est non omne animal brutum est. Item possumus coniec-
tari omne genus mulierum esse auarum . quia euriphila uitam
uendidit auro uiri. Ab adiunctis fit argumentum . ita.
Vbi dolor ibi manus . ubi amor ibi oculus . ubi mors ibi timor.
A simili locatus alicui bos aut equus si casu mortuus fuerit

D 1 *Hęc 3 *sequuntur coniugatis i^1 *auf Rasur von* g 4 sicut] cut *rad.* compascuus] u^2 *aus* ſ *rad. und verb.* 7 scriptor (= G)] scrictor, c^1 *übergeschr.* scribere] *über* e^2 *2 umlautartige Tintenflecken* *eua (= G,H) 9 *Ter *dér scóffezet *únde der góuh 10 *tér gúccôt 13 *Ube *állíu tîer fúrhten sál] fál; *sól 14 *2mal* *sô *hárto 14/15 *rationabilis (= G) 19 A] *darin kleines Loch im Pgm. Punkt gehört hinter* 1 Latine, 4 exemplum *und* compascere, 4-8,11,15 *10mal* est, 5 ducere, 6 docere, 8 liberauerit, 9 îo, 11 uirgilio, 13 sál, 15 Item, 19 simili, equus *und* fuerit.

G 1-3 Latine *bis* secuntur. *fehlen (aber vgl. zu 53r,18)* 4 Si (= H,H2) 7 est^1 *fehlt* 8 Si 9 Têr scolô scoffîcit . îo der gouhgûchot (h^1 *mit Einfügungshäkchen übergeschr.*) îo 10 genere /] *danach* argumentum *von anderer Hand in 2 Zeilen auf dem Rand nachgetr.* si 12 ergo 13 vbê allîutîer 13/14 furbtin (r *übergeschr.*) sal . nehêin so harto so den man 14 spece fit *fehlt* Si (= H,H2) 16/17 auro uendidit uitam 18 occulus 19 mortuus] o *verb.*

H,H2 1 Qui 2 loca sunt] locatur (*mit ur-Schleife*) Extrinsecus haec *fehlt* 4 Si eum *fehlt* 5 Si^1] Et si 6/7 Si^1 *bis* scribere. *fehlen* 8 euuangelio Si filius dei 9 eritis] estis 9/10 Teutonice *bis* îo. *fehlen* 11 est bona 11-14 Vnde *bis* mán. *fehlen* 14 ita . si] Si 14/15 rationalis 16/17 auro uitam uendidit uiri 17 fit *bis* ita. *fehlen* 18 ubi^1 ubi^2 *bis* timor. *fehlen* 19 simili fit argumentum. Locatus aut equus *fehlen*
H 1 Haec 15 prutum
H2 1 h ec] h *nur vorgeritzt* 4 compasci 7 sumpto 15 non omne] nome prutum] *durchgestr.*, non ne *von anderer Hand über* nome 15/16 coniecttari (*mit* ct-*Ligatur*) 16 Omne 19 mortvus] v (= u) *übergeschr.*

non iure repetitur . quia nec seruus alicui comes aut operari- D54r
us datus si casu mortuus fuerit restituitur. A dissimili. Non
si holeribus uesci licet propterea ellebore aut cicuta herbis
uenenosis uesci oportet. Differt namque multum inter hortu-
lanas et agrestes Nec sic alea sicut trocho ludendum
est. Dissimilis est enim simplex et contentiosus ludus. Ab antecedentibus. Si semel et secundo fefellit forsitan et tertio
fefellerit. Et si omnes maiores mortui sunt quomodo mino- H2,47v
res qui successerunt eis inmortales sunt? Et si nupsit uirgo
non est. A consequentibus Si peperit cum uiro concubuit.
Si cicatrix est uulnus fuit. Si mortuus est antea uixit. Si
senex est quondam iuuenis. A contrariis. Si mors fugenda P595
est vita est apetenda. Et si stulticia est fugenda sapientia
est apetenda. Si sanus est imbecillis non est. Et si in uiridi
ligno haec faciunt . in arido quid fiet? V́be dír
wé íst sô‿níst dír áber nîeht wóla. A repugnantibus
Non potueris simul parasitus esse et non ridiculus. Qui non
colligit mecum . spargit. Et si satanas in se ipso diuisus est .
quomodo stabit regnum eius? Túne máht niêht mít

D 3 *(h)elleboro (vgl. G,H,H2) 8/9 minores] davor Rasur 9 successerunt] ss mit Griffel übergeschr. 10 peperit] Fleck über pep, durch den auch p[2] sowie ta von 9 inmortales fast ganz verdeckt sind 12 mors] dahinter Rasur 12,13 2mal *fugienda (= H2) 13,14 2mal *appetenda (= G,H) 13 *stultitia 14 apetenda] d aus Ansatz von t verb. 15 *V́be 16 *uuê *neíst 19 *Tû nemáht nîeht mít] dahinter längliches Loch im Pgm. Punkt gehört hinter 2 datus und fuerit, 3 licet, 5 agrestes, 7 fefellit, 8 sunt, 9 nupsit, 10 consequentibus und peperit, 11-14 5mal est, 13 fugenda, 16 íst und repugnantibus.

G 2 dissimili fit argumentum (= H,H2) 3 oleribus uesci licet] ne scł& (= scilicet) elleboro (= H,H2) 4/5 hortulanas] h übergeschr. 5 agrestes herbas troco 6/7 antecedentibus fit argumentum 7 tercio (= H,H2) 8/9 quomodo minores bis inmortales sunt?] minores qui eis successerunt . quomodo sunt inmortales (vgl. H,H2) 10 consequentibus fit argumentum 12 contrariis fit argumentum. 13 fugienda (= H) 15 hęc 15/16 Vbê dîr uue (u[2] übergeschr.) ist son esist abêr uuola. 16 repugnantibus fit argumentum 17 esse parasitus 18 ipsum 19 Teutonice Tune maht nieht mit

H,H2 1/2 quia bis restituitur fehlen 2 A dissimili fit argumentum. 4 Multum namque difert 5/6 Nec bis ludus. fehlen 8 & 8/9 quomodo minores bis inmortales sunt?] minores qui successerunt eis . quomodo sunt inmortales? 10,12 2mal si 11/12 Si[1] bis iuuenis. fehlen 14 est[2] fehlt
H 3/4 his herbis uesci 13,14 2mal appetenda est 14 non est ·,· //
H2 3/4 his herbis uesci] his herbis durchgestr. 7 feffellit 8,9 2mal et 12 fugienda 13 apetenda est 14 appetenda est] davor appenda durchgestr. non est;· ;· //

eínero dóh-der zeuuena eidima máchon. Nóh tú‿nemáht nieht föllén múnt háben mélues únde dóh blásen D54v

Ab efficientibus id est a causis. Intercessio lunę est defectio solis. Et percussio aeris . vocis est effeccio. Teutonice. Sôz régenôt só‿náz-zênt tî bôuma Sô iz uuât só uuágôt íz

Ab effectis . uel ab euentu . eodem possumus ⟨uti⟩ exemplo. Si audieris sonum scias aerem percussum et si eclipsin solis videas interuentum lunae non dubites. A comparacione tribus modis

A maiori Ne mireris . qui patrem occidit . si fratrem cedat;

Et item Si patrem familias beelzebub uocauerunt. Quanto magis domesticos eius? A minori. Si pro furto quis iure damnatur quid pro sacrileio? Et item. Si in minimo infidelis est . quod maius est? quis commendabit ei? A pari . ut apostolus ait. Quoniam qui talia agunt digni sunt morte. Et non solum qui faciunt . sed et qui consentiunt facientibus Item Merito diues ille guttam aquae non impetrauit . qui micas panis lazaro negauit. V́bilo tûo bezzeres né-wâne //

D 1 *éinero tóhter zuêna éidema máchôn *tû 2 *nîeht fóllen *méluues *plâsen 4 *effectio (= *G*) *Sô iz 5 2*mal* *sô *názênt tie bóuma bôuma] o aus Ansatz von u *verb.* *uuáhet *iz 7 aere] e auf Rasur 8 *comparatione (= *G*) 9 magori] g zu i *rad.* Nemireris] N aus n *verb.* *cędat 10 beelzebub] z aus̨ c *verb.* 10/11 *uocauerunt . quanto (= *G*) 12 *sacrilegio (= *G*) 17 *Úbelo tûo] o *verwischt* *bézeres *bzw.* *bézeren (*siehe zu dieser schwachen Form Notkers oben die Einl. zu N1, §2, Anm. 5*) 18 *neuuâne *Von gleicher Hand schließt sich ein Text mit der Überschrift* QUIS SIT DIALECTICVS *unmittelbar an. Punkt gehört hinter* 2 blásen, 5 régenôt, bôuma *und* íz[2], 7 sonum, percussum *und* videas, 8 modis, 9 maiori, 10 Item, 12 damnatur, 15 facientibus *und* Item, 17 tûo, 18 wâne.

G 1/2 einêro dôchder zuêna eîdâma mâchôn. Noch dune mâch nîet fôllen (e *über durch Punkt darunter getilgtem* o) mûnt melues haben (e *über durch Punkt darunter getilgtem* a) undê doh blasen. 3 causis fit argumentum lene] v (= u) *über* e[1] *übergeschr.* de-ue/ctio] -ue *von anderer Hand auf dem Rand nachgetr.* 4 est effectio uocis 4/5 Soiz regênot so nazzen dî boûma So (o *aus* i *verb.*) iz uvaêt (v *mit Einfügungshäkchen übergeschr.*) so (o *mit Einfügungshäkchen übergeschr.*) uuagent di bouma 6 possemus uti exemplo 7 sonum uocis . esse percussum Et 8/9 comparatione fit argumentum modis. A maiori. A minori. A pari / 10 si belzebub 12 dampnatur si 17/18 Vbele tûo bezeres ne uuane //

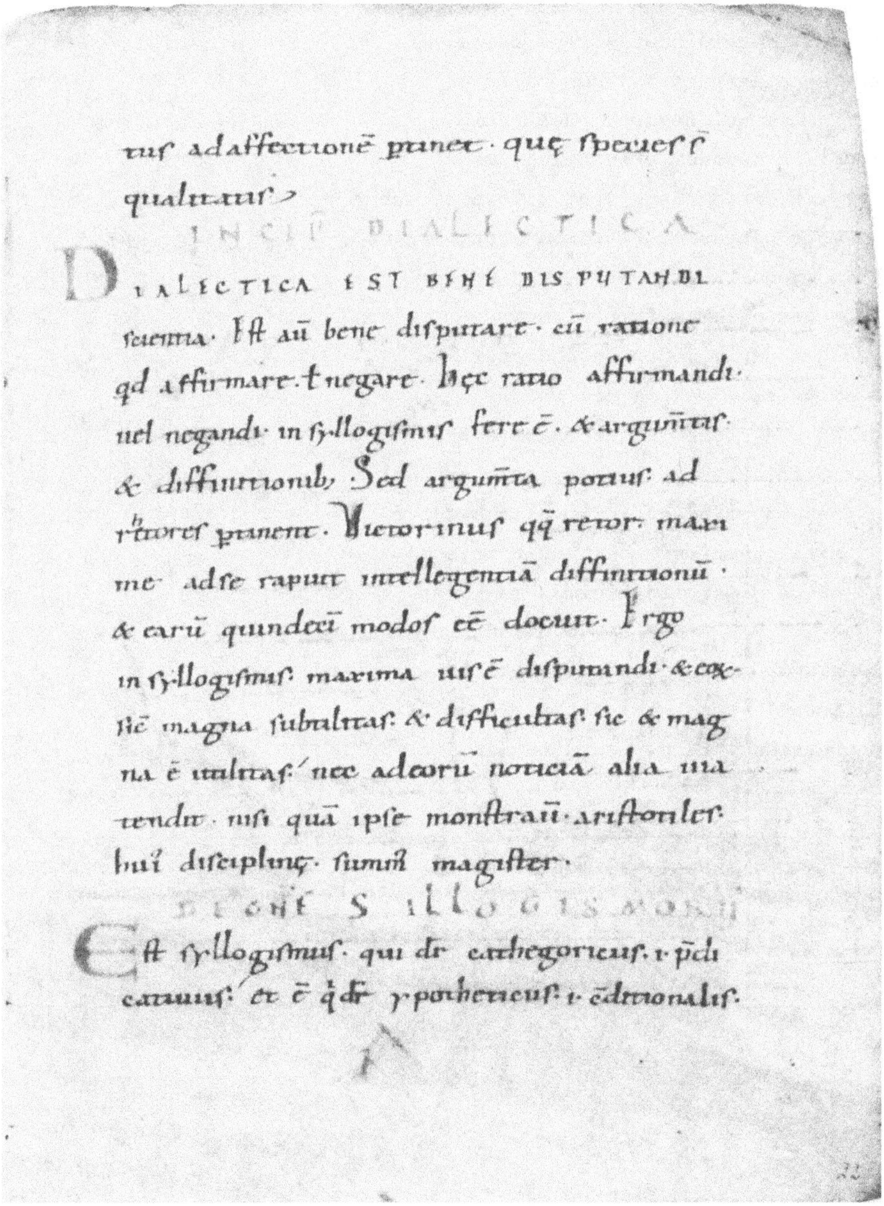

tur ad affectionem pertinet. quae species est qualitatis.

INCIPIT DIALECTICA

DIALECTICA EST BENE DISPUTANDI scientia. Est autem bene disputare cum ratione quid affirmare vel negare. Haec ratio affirmandi vel negandi in syllogismis fere est. et argumentis et diffinitionibus. Sed argumenta potius ad rhetores pertinent. Victorinus quoque rhetor maxime ad se rapuit intellegentiam diffinitionum. et earum quindecim modos esse docuit. Ergo in syllogismis maxima vis est disputandi. et ex his magna subtilitas. et difficultas. sic et magna est utilitas. nec ad eorum notitiam alia materia tendit. nisi quam ipse monstravit aristoteles huius disciplinae summus magister.

DE GENERE SILLOGISMORUM

Est syllogismus qui dicitur cathegoricus id est praedicativus. et est qui dicitur ypotheticus id est conditionalis.

Codex Turicensis C98 (Z), f. 22r, Schluß der *Distributio* und Anfang der *Dialectica* Photostelle der Zentralbibliothek Zürich

D E D I A L E C T I C A. 1. P,LVI S2,51b

Dialectica est bene disputandi scientia. Est autem bene disputare . cum racione quid affirmare uel negare. Hęc ratio affirmandi et negandi . in sylogismis fere est . et argumentis . et diffinitionibus Sed argumenta potius ad rhetores pertineNT. Victorinus quoque rhetor maxime ad se rapuit intellegentiam diffinitionum . et earum quindecim modos esse docuit. Ergo in sylogismis maxima uis est disputandi . et eorum sicut magna subtilitas et difficultas . sic et magna est utilitas . nec ad eorum noticiam alia uia tenditur . nisi quam ipse monstrauit aristotiles . huius disciplinę summus magister.

D E G E N E R E S Y L L O G I S M O R U M 2.

Est syllogismus qui dicitur dialecticus . id est prędicatiuus ! et est qui dicitur apodicticus uel apotheticus . id est conditionalis et demonstratiuus.

3 *ratione 5,11 *2mal* *syllogismis 14 *notitiam 14/15 tenditur] ur-*Haken von anderer Hand (andere Form, dunklere Tinte)* *Punkt gehört hinter* 6 diffinitionibus, 17 SYLLOGISMORUM.

INCIPIT DIALECTICA 1. P,LVI G63rb Z22r

DIALECTICA EST BENE DISPUTANDI scientia. Est autem bene disputare . cum ratione quid affirmare . uel negare. Hęc ratio affirmandi . uel negandi . in syllogismis fere est . et argumentis . et diffinitionibus. Sed argumenta potius ad rhetores pertinent. Uictorinus quoque r<h>etor . maxime ad se rapuit intellegentiam diffinitionum . et earum quindecim modos esse docuit. Ergo in syllogismis maxima uis est disputandi *!* et eorum sicut magna subtilitas . et difficultas . sic et magna est utilitas *!* nec ad eorum noticiam alia uia tendit . nisi quam ipse monstrauit . aristotiles . huius disciplinę . summus magister.

DE GENERE SILLOGISMORUM. 2.

Est syllogismus . qui dicitur cathegoricus .i. prędicatiuus . et est qui dicitur ypotheticus .i. conditionalis.

Z 1/2 *Ende von Ndis* 9 rhetores] h *übergeschr.* 14 *notitiam 17 *SYLLOGISMORUM *(= G)* 19 *hypotheticus *Punkt gehört hinter* 3 DIALECTICA. *Punkt ist zu tilgen hinter* 15 monstrauit, 16 disciplinę.

G 8 distinctionibus] *durch Strich darunter getilgt, darüber von anderer Hand* diffinitionibus 9 rethores 12 sylogismis 19 ypoteticus

Horum scientia dicitur S2,51b
dialectica et apodictica . suNTque species illius quę dicitur syllogistica. Peruenitur ergo a genere ad speties . ita ut in
eo libro aristotiles quem prima analitica apellauit . syllogisticam generaliter
comprehendat . deinde in topicis suis dialecticam . et in secundis analiticis apodixen .
speties syllogisticę discernat et doceat;
Ante hos tres libros . alios quoque duos
ipse conscripsit . cathegorias et perier- S2,52a
menias . ut is ordo discentibus sit . per duos ad tres peruenire. Itaque ut boetius
monet . ante apodicticam dialectica .
ante dialecticam syllogistica . ante syllogisticam periermenię . et ante has cathegorię legendę sunt atque discendę. His quinque libris porphirius unus ex aristotelicis. Postea sextum addidit . et logicam P,LVII
adimpleuit . est enim eius non mediocris utilitas ad cathegorias . et ideo uocauit
eum isagogas . id est introductiones.

24,29 *2mal* *species 25/26 *analytica 26 *appellauit 28 *analyticis
6 ante] *über* e *punktartiger Tintenfleck* 8 *porphyrius 11 uocauit] it *auf Rasur*

Horum scientia dicitur apodictica . et dialectica . Z22v suntque species illius quę dicitur syllogistica. Peruenitur ergo a genere ad species . ita ut in eo libro aristotiles . quem prima analitica apellauit . sillogisticam generaliter comprehendat . deinde in topicis suis dialecticam . et in secundis analiticis apodixen . species syllogisticę discernat et doceat.

Ante hos tres libros . alios quoque duos ipse conscripsit . cathegorias . et periermenias . ut is ordo discentibus sit . per duos ad tres peruenire. Itaque ut boetius monet . ante dialecticam apodictica . ante apodicticam syllogistica . ante syllogisticam periermenię . et ante has cathegorię legendę sunt . atque discendę. His quinque libris porphirivs unus . ex aristotelicis postea sextum addidit . et lo- P,LVII gicam adimpleuit. Est enim eius non mediocris utilitas . ad cathegorias . et ideo uocauit eum isagogas i. introductiones.

Z 2 syllogistica *auf Rasur* 4 e *auf dem linken Rand* *analytica *appellauit (= G)* *syllogisticam 6 *analyticis 11 e *auf dem linken Rand* apodicticam dialecticam] *durch Zeichen (%) umgestellt*, m-*Strich über* a^2 *von* apodicticam *rad.* 12 apodicticam *über durchgestrichenem* dialecticam *von anderer Hand übergeschr.* 14 *porphyrius 14/15 unus] *unter* u^2 *punktartiger Tintenfleck* 18 *.i. *Punkt ist zu tilgen hinter* 14/15 unus, 16/17 utilitas.

G 2 Suntque 4 analictica syllogisticam] l^2 *übergeschr.* 5/6 deinde in secundis analiticis apodixen in topicis dialecticam 7 Species discernan] n^2 *durch Punkt darunter getilgt*, t *übergeschr.* 9 pergermenias] per *übergeschr.*, g *durch Punkt darunter getilgt*, i *übergeschr.* 12 syllogistica] l^2 *übergeschr.*

QUID SIT INTER LOGICAM ET DIALECTICAM. 3. S2,52a

Hinc manifestum est . a parte ad totum uocabulo tracto . eam nunc dici dialecticam . quę olim logica dicta est . et a platone tertia speties philosophię numerata est. Ante ergo philosophi in usu habuerunt phisicam et ethicam. Ille addidit logicam.

4.

Ergo logicę tota intentio spectat ad sylogismos . et dum eorum in arte postremum sit studium . pręcedentes libros . his materiam et instrumenta philosophus dedit . ita ut quicquid conferat hoc artificium . quicquid ualeat in sylogismorum sit firmitate solidatum.

Sex enim librorum supra scriptorum . unusquisque tendit ad sequentem.

Et ingredientibus primo sciendum- 5. S2,52b
est . quid sit genus . quid speties . quid differentia . quid proprium . quid accidens . de quibus porphirius in isagogis

14 H inc] vor i *Rasur*   17,2 *2mal* *species   19 *physicam   21 *die Überschrift fehlt, obwohl Raum freigelassen wurde*   23 *syllogismos   27/28 *syllogismorum
1 *die Überschrift fehlt, es wurde kein Raum freigelassen*   4 *porphyrius

QUID SIT INTER LOGICAM ET DIALECTICAM. 3. Z23r

Hinc manifestum est a parte ad totum uocabulo tracto . eam nunc dici dialecticam . quę olim logica dicta est . et a platone tertia species philosophię . inuenta est. Ante enim philosophi in usu habuerunt phisicam et ethicam . ille addidit logicam.

D E I N T E N T I O N E L O G I C Ę. 4.

Ergo logicę tota intentio spectat ad syllogismos . et dum eorum in arte postremum sit studium . pręcedentes libros . his materiam et instrumenta philosophus dedit . ita ut quicquid conferat hoc artificium . quicquid ualeat . in syllogismorum . sit firmitate solidatum. Sex enim librorum supra scriptorum . unusquisque tendit ad sequentem. D E I S A G O G I S. 5.

Et ingredientibus . primo sciendum est . quid sit genus . quid species . quid differentia . quid proprium . quid accidens . de quibus porphirivs in ysagogis .

Z 1 LOGICAM] G aus I *verb.* 6 *physicam 18 *porphyrius *isagogis *Punkt gehört hinter* 4 platone (tertia species philosophię *'als eine dritte Art der Gattung Philosophie'*). *Punkt ist zu tilgen hinter* 12/13 syllogismorum.

G 3 logica] g *mit Häkchen übergeschr.* 5/6 inuenta est ante; enim *bis* logicam. *fehlen* 7 LOICe 8/9 sylogismos 11 dedit] *davor* dicit *durch Punkte darunter getilgt* 15 DE YSAGOGIS *auf dem rechten Rand* 18 ysagogis

diffiniendo et exponendo nos habun- S2,52b
danter informat.

In cathegoriis uero quod decem sunt genera
generalissima tardius ab aristotile
disceremus . si non prius quid ipsum genus sit a porphirio perciperemus . et dum ab eo genera in differentias et speties . et item speties in propria
diuidantur . quomodo diuisionem hanc internoscere potuissemus . ignoratis his ipsis quę
diuidantur. Ita etiam et accidens in nouem
diuidi docebimur dum quid sit ipsum pręnoscimus 6.

Accedamus ducatu porphirii ad cathegorias. Librum inter philosophicos pene incomparabilem . conuincitur enim nihil integrum nihil
perfectum scire . et neque se ipsum scire . qui cathegoricę sit penitus expers industrię.

Sicut ergo rusticus est qui ex grammatica non nouit
octo partes orationis . et quales in se ipsis P,LVIII
sint id est casibus debeant flecti aut temporibus aut forte inflexibiles sint
sic multo peius desipit . qui ipsas partes
orationis id est singulas dictiones . non
nouit substan-

5/6 habun/danter] habun *hinter Z. 5, danter vor Z. 6 ergänzt;* *abundanter
6 informat.] *dahinter 4-5 Buchstaben rad.* 7 gn̄a] gn *auf Rasur von* g
9/10 *porphyrio 11 *2mal* *species 14 *diuidantur? 16 *die Überschrift fehlt, obwohl Raum freigelassen wurde* 17 *porphyrii 17/18 cathegorias . librum 18 *pęne 23 & quales] *darüber 3 kleine punktartige Tintenflecken (wohl von* & ipse *der gegenüberliegenden Seite abgefärbt)* *Punkt gehört hinter* 15/16 pręnoscimus, 24,25 *2mal* sint, 27 orationis.

diffiniendo et exponendo nos abundanter informat. Z23v

In cathegoriis uero quod decem sint genera generalissima . tardivs ab aristotile disceremus . si non prius quid ipsum genus sit a porphirio perciperemus. Et dum ab eo genera in differentias et species . et item species in indiuidua diuidantur . quomodo diuisionem hanc internoscere potuissemus . ignoratis his ipsis quę diuidantur. Ita etiam et accidens in nouem diuidi docebimur . dum quid sit ipsum prenoscimus.

D E C A T H E G O R I I S. 6.

Accedamus ducatu porphirii . ad cathegorias . librum inter philosophicos pene incomparabilem. Conuincitur enim . nihil integrum . nihil perfectum scire . et neque se ipsum scire . qui cathegoricę sit penitus expers industrię. Sicut ergo rusticus est . qui ex grammatica non nouit octo partes orationis . et quales in se ipsis sint .i. P,LVIII casibus debeant flecti . aut temporibus . aut forte inflexibiles sint ! sic multo peius desipit . qui ipsas partes orationis .i. singulas dictiones . non nouit substan-

Z 3/4 *porphyrio 7 *diuidantur? 8 *pręnoscimus 10 *porphyrii 11 philosophicos] ic *auf Rasur* *pęne 12 *davor Federproben rad., ar noch sichtbar* 15 *Großbuchstabe (Federprobe?)* O *auf dem linken Rand* *Punkt ist zu tilgen hinter* 10 porphirii.

G 1 habundanter 2 In] *Initiale* I sint] sunt, *darüber* uel sint *übergeschr.* 13 exper[] [*über* x *übergeschr.* 16 debeat

tiam aut accidens significare . et rerum naturam quamlibet extra se notare . et nouem esse genera accidentium . dum unum solum sit substantiarum. S2,52b / S2,53a

Sciamus ergo interim in hoc opere . quid sibi uoces uelint singulę ut sciamus in sequenti opere quid et uelint compositę. Quę enim nesciuntur singulę . minus coniunctę.

Hoc uero . iam dictum est . omnes dictiones non ultra quam ad decem significationes extendi . quę sunt substantia . quantitas . qualitas . ad aliquid . ubi . quando . situs habitus . facere . pati. Grece autem ut uictorinus interpretatur. Usia poeon . pason . prosti . pu . pote . siste echin . piin . pascin. Hęc decem genera dicuntur generalissima . id est amplissima genera . et quę tantum sunt genera.

Horum sunt plures et innumerabiles speties . quę et ipsę . si alias sub se habent speties . subalterna dicuntur genera id est genera . sub generibus.

Sunt enim speties superioribus generibus . et genera subpositis sibi spetiebus. Quę uero speties solum sunt et non genera . specialissimę dicuntur.

31 ſubſtantiarum] ſ[2] *übergeschr.* 12 echin . piin] ech *und* ii *auf Rasur* 15,16,18,19/20 *4mal* *species 17 id est genera. *mit Einfügungszeichen davor und hinter* genera[1] *übergeschr.* 19 *speciebus *Punkt gehört hinter* 3 singulę, 4 opere, 9 situs, 11 Usia, 12 siste, 17 genera[1]. *Punkt ist zu tilgen hinter* 6 uero.

tiam aut accidens significare . et rerum naturam quamlibet extra se notare . et nouem esse genera accidentium . dum unum solum sit substanciarum. Sciamus ergo interim . in hoc opere . quid sibi uoces uelint singulę . ut sciamus in sequenti opere . quid et uelint compositę. Z24r

Quę enim nesciuntur singulę . minus coniuncte. Hoc uero iam dictum est . omnes dictiones non ultra quam ad decem significationes extendi . quę sunt substantia . quantitas . qualitas . ad aliquid . ubi . quando . situs . habitus . facere . pati. Grece autem ut uictorinus interpretatur. Vsia . poeon . pason . prosti . pu . pote . siste . echin . piin . pascin. Hęc decem genera dicuntur generalissima .i. amplissima genera et quę tantum sunt genera.

Horum sunt plures . et innumerabiles species . que et ipsę . si alias sub se habe- nt species . subalterna dicuntur genera .i. genera sub generibus. Sunt enim species . superioribus generibus . et genera subpositis sibi speciebus.

Quę uero species solum sunt et non genera . specialissimę dicuntur.

Z 3 *substantiarum $\overset{o}{g}$ (= ergo)] *danach* o *rad.* 6 *coniunctę 13 et *bis* genera. *mit Einfügungszeichen davor und nach* genera[2] *auf dem unteren Rand* 14 *quę 15 habe nt] *dazwischen altes Loch im Pgm.* 16 .dicuntur *mit Einfügungspunkt übergeschr.* *Punkt ist zu tilgen hinter* 3/4 interim, 16 species.

G 1 aut / aut] aut[1] *rad.* 4,5 quid] *2mal* qđ (= quod) 11 usia . peon 13 genera et] ⁊ genera, ⁊ (= et) *übergeschr.*

Sub his spetiebus indiuidua S2,53a
tantum sunt . et ipsę infinitæ sunt. Sciendum est a grammaticis propria dici . quę a dialecticis indiuidua dicuntur . et ab eis apellatiua dici . quę a dialecticis genera et speties dicuntur
Distat uero inter genera et speties . quod genera multo plura comprehenduNT quam speties.,

Homo enim species est et risibilia tan- S2,53b
tum significat . animal genus est . et omnia spiritu uiuentia significat.
Item speties de indiuiduis dicitur . genus non solum de indiuiduis . sed et de
ipsis speciebus dicitur . quia sicut indiuidu- P,LIX
um quod est socrates animal est ita et speties quod est homo animal est. Per hęc quasi per quandam scalam diuidendo descendendum est . colligendo ascendendum est. Genus diuiditur in speties . et speties in indiuidua. Item colliguntur indiuidua et rediguntur in speties . colliguntur speties et rediguntur in genera.
Amplius his

21 *speciebus 22 & ipsę *übergeschr.* infinitæ] æ *aus* a *verb.* 24 *appellatiua 25,26,28,4,7/8,11,13,14 *9mal* *species 27 plura⌈ re⌈] ⌈ *von* plura⌈ *ergänzt,* re⌈ *übergeschr., aber beides wieder fast ganz rad.* 28 speties.,] *Haken in hellerer Tinte ergänzt, danach 1 1/2 Z. am Ende der Spalte freigelassen* 4 indiuiduis] diuiduis *auf Rasur* dicitur .] *dahinter Rasur* 6/7 indiuiduum] *unter* in *punktartiger Fleck* 7 animal] *unten vor* a¹ *punktartiger Tintenfleck* 9 scalam] *unter* l *punktartiger Fleck* 14 genera.] *dahinter Rasur (A noch sichtbar)* *Punkt gehört hinter* 1 est, 7 est².

Sub his speciebus indiuidua tantum sunt . et infinita sunt. Z24v

Sciendum est a grammaticis propria dici . quę a dialecticis G63va indiuidua dicuntur ! et ab eis appellatiua dici . quę a dialecticis genera et species dicuntur.

Distat uero inter genera et species . quod genera multo plura comprehendunt quam species . ita . ut et ipsę a generibus species comprehendantur. Homo enim species est . et risibilia tantum significat . animal genus est . et omnia spiritu uiuentia significat. Item species de indiuiduis dicitur . genus non solum de indiui- P,LIX duis . sed et de ipsis speciebus dicitur . quia sicut indiuiduum ut est socrates animal est . ita et species quod est homo animal est. Per hęc quasi per quandam scalam diuidendo descendendum est . colligendo ascendendum est. Genus diuiditur in species . et species in indiuidua. Item colliguntur indiuidua et rediguntur in species . colliguntur species . et rediguntur in genera. Amplius his

[non inuenies in cathegoriis.]

Z 7 comprehendantur] n² *übergeschr.* 11 dicitur !] *Strich des ! sehr dünn* 13 ꝗđ] *Querstrich durch* q *anrad., durch* d *nachgetr.* 15 est.] *danach altes Loch im Pgm.* 19 *der wohl von einer anderen Hand (dunklere Tinte!) und in einer extra Zeile geschriebene Text steht am Ende der Lage; nicht getilgt*

G 1 sub tantum] tn̄ (= tamen) 2 gramaticis] i² *verwischt* 3 dicuntur ab 10 dicitur . *fehlt* 11 et *fehlt* 19 *fehlt*

non inuenies in cathegoriis. S2,53b
Omnia enim quę sunt et quę dici possunt . aut
genus sunt . aut speties . aut indiuiduum aut pars alicuius ipsorum Ut
enim animal et arbor genera sunt ita caput
animalis . et ramus arboris . partes sunt generis.
Et ut homo et uitis speties sunt . ita quoque
et brachium hominis et palmes uitis .
partes sunt spetiei. Similiter et cicero .
et una quędam arbor dum indiuidua sint .
manus ciceronis et astile unius arboris partes indiuiduorum sunt. Partes
semper totius esse dicuntur. Totum autem
solemus potius de indiuiduo dicere .
quod nullam aliam sectionem recipit nisi
partium . et ideo hęc sectio particio
dicitur. In genere autem et spetie quia in- S2,54a
telleguntur tantum partes quę non cernuntur . plus fiunt diuisiones quam
particiones . generis in species . et speciei in indiuidua. Differentie quę dicuntur
ut rationale et inrationale . mortale et inmortale . aut bipes aut quadrupes .
siue uolatile siue nata-

17,21 *2mal* *species 21 homo] *über* ho *kleines Loch im Pgm.* 23 spetiei] i[2] *aus* ⌈ *rad. und verb.;* *speciei 25 *hastile 30 partium *auf Rasur* *partitio 1 *specie 4 *partitiones 5 *Differentię 6/7 mortale] *davor* & in *rad.* 7 et inmortale] & in *mit Einfügungspunkt übergeschr.* *Punkt gehört hinter* 17/18 indiuiduum, 18 ipsorum, 19 sunt, 1 spetie.

Z25r

non inuenies in cathegoriis; Omnia quę sunt . et que dici possunt . aut genus sunt aut species . aut indiuidua . aut pars alicuius ipsorum; Ut enim animal et arbor genera sunt . ita caput animalis et ramus arboris . partes sunt generis; Et ut homo et uitis species sunt . ita quoque et brachium hominis . et palmes uitis . partes sunt speciei; Similiter et cicero et una quedam arbor dum indiuidua sint ! manus ciceronis . et astile univs arboris . partes indiuiduorum sunt; Partes semper totivs esse dicuntur; Totum autem solemus potius de indiuiduo dicere . quod nullam aliam sectionem recipit nisi partium . et ideo hęc sectio partitio dicitur; In genere autem et specie . quia intelleguntur tantum partes quę non cernuntur . plus fiunt diuisiones quam particiones ! generis in species . et speciei in indiuidua; Differentię quę dicuntur ut ra[ra]tionale et inrationale . mortale et inmortale . aut bipes aut quadrupes . siue uolatile siue nata-

Z 1 non] *von Wachsfleck fast ganz bedeckt* *quę[2] 1/2 dici] di *auf Rasur* 4 partes] *nach* ⌈ *kleiner senkrechter Riß im Pgm.* 7 *quędam 8 *hastile (= *G*) 13 e *auf dem rechten Rand* particiones ./] *Strich wohl nachgetr.* *partitiones generis 15 &[1] *mit Einfügungspunkt übergeschr.* 16 siue[1,2]] u *2mal aus* n *rad. und verb.* *Punkt gehört hinter* 7 arbor.

G 2 sunt *fehlt* 4 sunt[2] *fehlt* 8 indiuidua 15 et inrationale . *fehlen durch Homoioteleuton* 16 siue[1]] sine

tile uel gressibile S2,54a uel reptile . et similia . genera esse subalterna . quis dubitat? Habent enim sub se plures speties Non sunt quoque unius cathegorię . sed communes sunt. Significant enim racionale et mortale . uel inrationale et inmortale substanciam et qualitatem . bipes et quadrupes substantiam et quantitatem. Similiter uolatile et natatile gressibile et reptile substantiam et qualitatem significant.

Diuidunt namque hę differentię genus quod est animal . et habent cum eo commu- P,LX nes speties . auem . bestiam piscem . serpentem . quę nondum sunt spetialissimę. His uero suppositę si alias non habent sub se specialissimę dicuntur . ut asinus et turtur . et delphinus et similia. Genvs et speties nomen suum dant subiectis suis . totum autem idest indiuiduum . neque subiecta habet . neque suum nomen partibus dabit. Non enim manus ciceronis . cicero dicitur . ipse autem a superioribus suis trahit id est spetie et generę . ut homo et ani- S2,54b

11,21,26 *3mal* *species 13 *rationale 14 *substantiam 21 piscem] *oben dahinter kleines Loch im Pgm.* 22 spetiali⌈⌈imę] ⌈^{2} *aus* 1 *rad. und verb.;* *specialissimę 26 suum] *unter* u^2 *punktartiger Tintenfleck* 28 da] *danach* bit *rad.* 1 *specie *genere *Punkt gehört hinter* 11 speties, 17 natatile, 21 bestiam, 23 se, 27 autem, 30 trahit.

tile uel gressibile uel reptile . et similia . genera esse subalterna . Z25v quis dubitat? Habent enim sub se plures species,

Non sunt quoque univs cathegorię . sed communes sunt, Significant enim rationale et mortalę . uel inrationale et inmortale . substantiam et qualitatem . bipes et quadrupes substantiam et quantitatem; Similiter uolatile et natatile . gressibile et reptile substantiam et qualitatem significant, Dividunt namque hę differentię genus quod est animal . et habent cum eo communes . auem . bestiam . P,LX piscem . serpentem . quę non sunt specialissimę; His uero suppositę si alias non habent sub se . specialissimę dicuntur ! ut . asinus et turtur . et delphinus . et similia; Genus et species . nomen . suum dant subiectis suis ! totum autem .i. indiuiduum . neque subiecta habet . neque suum nomen partibus dabit,

Non enim manus ciceronis . cicero dicitur . ipse autem a superioribus suis trahit .i. genere et specię . ut homo et ani-

Z 1 tile] ti *fast ganz verwischt* 4 rationale] *im* n *kleiner senkrechter Riß im Pgm.* *mortale (= *G*) 5 quadrupes] r *mit Punkt darüber und Einfügungspunkt übergeschr.* 12 nomen . *hinter der Zeile nachgetr.* 14 suum] *über* u^1 *kleiner Tintenfleck* 16 *specie (= *G*) *Punkt gehört hinter* 5 quadrupes, 7 reptile. *Punkt ist zu tilgen hinter* 11 ut, 12 nomen.

G 2 habent 3 non cathegorie] h *übergeschr.* 10 subposttie] t^2 *mit Einfügungspunkt übergeschr.*, i *durch Punkt darunter getilgt* (postie > posite *verb.*)

mal dicatur. Uidetur autem contrarium rationi quod scolastici faciunt. S2,54b

Respondent enim de generalibus et spetialibus nominibus . apellatiua ea esse . et mox in declinando appositis articulis . ex apellatiuis propria faciuNT dicentes . nominatiuo hoc animal . Genitiuo . huius animalis. Uel nominatiuo hic homo . Genitiuo huius hominis . quod de proprio solet intellegi . ut hic cicero . huius ciceronis.

In omnibus ergo cathegoriis infima sunt quę indiuidua dicuntur . et subiecta tantum sunt . neque de subiecto ullo prędicantur. E contrario uero supprema sunt genera generalissima . que tantum de subiecto prędicantur . non sunt autem ipsa alicui subiecta . pręter substantiam generalissimam . quę et ipsa quoque non habet supra se cui subiecta sit . sed alio modo aliis nouem subiecta est.

In medio sunt species specialissime . et subalterna genera . quę et subiecta sunt . et de subiectis prędicantur. Nouem autem cathegorię quę accidentia significaNT

4/5 *specialibus 5 *appellatiua 7 *appellatiuis 9,10 *2mal* Genit̄ *(mit Kapitälchen G)* 9 nominat̄ 13 [unt] *davor* [*rad.* 16 supprema] p^1 *aus* b *rad. und verb.;* *suprema generalissima] *über* r *Ansatz einer Oberlänge* *quę 21 *specialissimę *Punkt ist zu tilgen hinter* 9 Genitiuo.

mal dicatur, Videtur autem contrarium rationi . quod scolastici faciunt, Respondent enim de generalibus et specialibus nominibus appellatiua ea esse et mox in declinando appositis articulis . ex apellatiuis pro-   pria faciunt dicentes. Nominatiuo hoc animal. Genitiuo huius animalis. Vel nominatiuo hic homo . genitiuo huius hominis . quod de proprio solet intellegi . ut hic cicero . huius ciceronis; In omnibus ergo cathegoriis infima sunt quę indiuidua dicuntur . et subiecta tantum sunt . neque de subiecto ullo prędicantur, E contrario uero su[b]prema sunt genera generalissima . quę tantum de subiecto prędicantur . non sunt autem ipsa alicui subiecta *!* pręter substantiam generalissimam . que et ipsa quoque non habet supra se cui subiecta sit . sed alio modo aliis nouem subiecta est., In medio sunt species specialissimę . et subalterna genera . quę et subiecta sunt et de subiectis prędicantur; Z26r

Nouem autem cathegorię que accidentia significant .

Z *Das ganze Blatt 26r/26v ist stark fettig oder ölig; dadurch scheint die andere Seite oft durch und ist u.a. die rote Überschrift auf 26v kaum noch zu lesen.*
4 *appellatiuis *(= G)* pro   pria] *dazwischen altes Loch im Pgm.* 5 Genitī 6 nominat̄ genit̄ 6 huius²] 7 huius] *2mal* h· 8 infima] *über* f *punktartiger Tintenfleck* 11 subiecto ullo] ullo *durch Strich darunter getilgt* 12 *quę 16 *quę *(= G)*

G 5 dicentes nominatiuo 8 infirma 9/10 contrarium 11 prędicatur

in subiecto sunt. S2,54b
Sola substantia non est in subiecto .
sed ipsa est subiectum . sicut dictum est. Tale est
quod singulę uoces significant.

D E P E R I E R M E N I I S. P R I M U M 7.
Q U I D S I N T E L O Q U I A . E T P R O L O Q U I A

Quę singula substantiam significaNT
aut accidens . ut in cathegoriis decla- S2,55a
ratum est . coeunt et nihil horum designaNT. Erit enim ex his iunctis eloquium . P,LXI
aut proloquium. SuNT autem eloquia composita
uerba usque ad plenum intellectum . que non sunt obnoxia ueritati et falsitati . vt sunt imperatiuę . et obtatiuę . int<er>rogatiue . et inuitatiuę orationes. De quibus exemplum
dare facillimum est. Imperatiue in terentio dictum est. Cape hoc et da dorcio.
Optatiue in lucano. O utinam in talamos
inuisi cęsaris issem. Interrogatiue autem
uirgilius protulit. Et

---

29 ELOQUIA .] *Punkt ganz klein* 3 ex his *übergeschr., darunter altes Loch im Pgm.* 5/6 *davor altes Loch im Pgm.* 5 *quę 7 *optatiuę *interrogatiuę 9 Imperatiuę] 11 Optatiuę] 12 Interrogatiuę] *Schwänzchen von* ę *rad.* 11 ut̄ talamos] t *aus* l *rad. und verb.;* *thalamos *Punkt gehört hinter* 29 PROLOQUIA.

in subiecto sunt, Sola substancia non est in subiecto . Z26v
sed ipsa est subiectum . sicut dictum est. Tale est quod
singulę uoces significant; D E P E R I E R M E N I I S 7.
P R I- M U M Q U I D S I N T E L O Q U I A E T P R O L O Q U I A
Quę singula substantiam significant . aut
accidens . ut in cathegoriis declaratum est . coeunt et nihil horum designant; Erit enim P,LXI
ex his iunctis eloquium aut proloquivm, Sunt
autem eloquia composita uerba usque ad plenum intellectum . que non sunt obnoxia ueritati . et falsitati . ut sunt imperatiue . optatiue . interrogatiue . et inuitatiue orationes, De quibus exemplum dare facillimum est, Imperatiue in terentio
dictum est; Cape hoc et da dortio, Optatiue
in lucano, O utinam in talamos inuisi cęsaris
issem, Interrogatiuę autem uirgilivs protulit, Et

Z 1 *substantia 4 PRI MUM] *dazwischen altes Loch im Pgm.* 10 *quę 11 imperatiue] a *aus* e *verb.* 11/12 *imperatiuę . optatiuę . interrogatiuę . et inuitatiuę 15 *thalamos 16 Interrogatiuę] iuę *übergeschr. und auf Rasur;* *Interrogatiue *Punkt gehört hinter* 3 PERIERMENIIS, 4 PROLOQUIA.

G 3 PERGERMENIIS 14 est cape 15 ut̄

quę tanta fuit romam tibi causa uidendi? Inuita<ti>ue quoque idem in alio loco. Huc ades o melibeę. Eloquia autem quia ad disputacionem sunt non necessaria . et nullus ex eis potest confici syllogismus . ideo proiecta sunt a philosopho. Pertinent enim ad rhetores et istoricos. Proloquia autem sunt quę similiter habent plenum intellectum . et significant uerum aut falsum. S2,55a

Horum principalis oracio est . que dicitur enuntiatio . cuivs primę sunt species affirmatio . et negatio . ut socrates disputat . socrates non disputat. Hęc partes habent subiectiuum et declaratiuum. Subiectiuum est . quod subicitur . ut socrates . declarativvm est quod de eo prędicatur ut disputat.

D E D I F F E R E N T I I S E O R U M. 8.

Habent et differentias quatuor . duas in quantitate et duas in qualitate. Quantitatis sunt . quod alia sunt uniuersalia . ut omnis homo animal est . alia parti- S2,55b

16 meli b eę] *melibęe *bzw.* *meliboee 16/17 *disputationem 20 rhetores &] he *und* & *auf Rasur*, h *unter* e *noch sichtbar* *historicos 23 *oratio *quę dr̄] r *auf Rasur* 23/24 enunti/atio] a *vor der Zeile ergänzt* 30 DIFFERENTIIS] I^3 *auf Rasur von* A *Punkt gehört hinter* 29 prędicatur.

quę tanta fuit . romam tibi causa uidendi, Inuitatiue quoque. Idem in alio loco. Huc ades o moelibee. Z27r

Eloquia autem . quia ad disputationem sunt non necessaria . et nullus ex eis potest . confici syllogismus . ideo proiecta sunt a philosopho, Pertinent enim ad rhetores et hystoricos; Proloquia autem sunt . que similiter habent plenum intellectum . et significant uerum aut falsum; Horum principalis oratio est . quę dicitur enuntiatio ! cuius primę sunt species affirmatio et negatio ut socrates disputat . socrates non disputat, Héc autem partes habent subiectiuum et declaratiuum, Subiectiuum est quod subicitur . ut socrates! Declarativvm est quod de eo prędicatur . ut disputat, D E D I F F E R E N T I A E O R U M·. 8.

Habent et differentias quatuor . duas in quantitate . et duas in qualitate; Quantitatis est . quod alia sunt uniuersalia . ut omnis homo iustus est . alia parti-

Z 1 *uidendi? (= *G*) 2 quoque. Idem *auf Rasur, davor* qu *rad.* moelibee] *melibęe *bzw.* *meliboee 5 *historicos 6 *quę 7 significant] *über* ic *kleiner Fleck* 10 *Hęc habent] *unter* nt *kleiner Fleck* *Punkt gehört hinter* 9 negatio. *Punkt ist zu tilgen hinter* 4 potest.

G 1 fiunt 2 ome libée 5 ręthores istoricos

cularia . ut quidam S2,55b
homo ambulat. Nam quę dicuntur infinita ut
homo ambulat . ascribuntur particulari .
quia non necessario uniuersaliter accipiuntur.
Item qualitatis sunt quod alia sunt dedicatiua ut
omnis homo albus est . alia abdicatiua
ut nullus homo albus est.

QUAE EX HIS CONUERTANTUR 9.
ET NON CONUERTANTUR.

Est autem certa regula . ea posse conuerti
quę ęqua sunt . ut species cum proprio suo . uel cum differentiis suis. Quę autem disparia sunt ut
species cum genere aut accidente aut
cum proprio . non possunt conuerti. Propterea uniuer- P,LXII
sale dedicatiuum non semper conuerti potest .
aliquando potest. Non potest conuerti
omnis homo animal est . ut sit similiter uerum omne animal homo est. Uerum autem fit .
si adhibeas ad prędicationem differentias
aut proprium hoc modo. Omnis homo animal
rationale mortale est . omne rationale
mortale homo est. Aut omnis

---

8 Item] te *auf Rasur* 17 poſſe] e *rad., unt-Strich über* ſ² *übergeschr.*
21/22 *danach altes Loch im Pgm. Punkt gehört hinter* 20/21 uerum.

cularia . ut quidam homo iustus est, Nam quę dicuntur Z27v
infinita . ut homo iustus est . ascribuntur particulari .
quia non necessario uniuersaliter accipiuntur; Item qualitatis est . quod alia sunt dedicatiua ut omnis homo iustus est .
alia abdicatiua . ut nullus homo iustus est,

Q U A E E X H I S C O N U E R T I P O S S I N T. 9.

Est autem certa regula . ea posse conuerti . quę ęqua sunt .
ut species cum proprio suo . uel cum differentiis suis,
Quę autem disparia sunt . ut species cum genere . aut accidente .
aut proprio . non possunt conuerti, Propterea uniuersale dedi- P,LXII
catiuum . non semper conuerti potest . aliquando potest,
Non potest conuerti . omnis homo animal est . ut sit simili- G63vb
ter uerum . omne animal homo est, Verum autem sit . si adhibeas ad prędicationem differentias aut proprium . hoc
modo, Omnis homo . animal rationale mortale est .
omne rationale mortale homo est, Aut omnis

Z 10 conuerti,] *Haken sehr lang und dünn* *Punkt gehört hinter* 4 dedicatiua.

G 1/2 Nam *bis* est . *fehlt durch Homoioteleuton* 13 sit] fit, *darüber* uel sit *übergeschr.* 16/28r,1 Aut *bis* homo est. *fehlen durch Homoioteleuton*

homo risibilis est omne risibile homo est. S2,55b Similiter particularis abdicatiua non recurrit semper. Ut enim uere dicitur . quidam homo albus non est . quoddam album . homo non est . non ita ex utraque parte fit uerum . quidam homo non grammaticus est . quidam grammaticus non homo est. S2,56a

Item uniuersalis abdicatiua necessario . recurrit. Ut est nullus homo inrisibilis est nullum inrisibile homo est. Ita et particularis dedicatiuua. Quidam homo albus est . quoddam album homo est. Per se proloquia talia sunt.

Q U A L I A   A U T E M   S I N T   A D   I N U I C E M 10.

Hę quatuor differentię sibi oppositę . fiunt aliquando contrarie . aliquando contradictorię. Sunt enim contrarię quę delentur ab inuicem . ut omnis homo iustus est . nullus homo iustus est.

Sunt autem contradictorię . que se non ex toto destruuNT . Ut omnis homo iustus est . non omnis homo iustus est. Propterea hęc ordinanda sunt in quadrata figura.

2 Item] *davor* quod deuſ (dſ̄, ſ *auf Rasur*) grammaticum *durch Kreis drum getilgt* 5 particularis] i[2] *aus* e *rad. und verb.* 10 *contrarię 14 *quę 15 homnis] h *rad.* *Punkt gehört hinter* 26 est[1], 3,4 *2mal* est, 8 INUICEM. *Punkt ist zu tilgen hinter* 29 album, 3 necessario.

homo risibilis est . omne risibile homo est. Similiter particularis abdicatiua non recurrit semper. Ut enim uere dicitur. Quidam homo albus non est . quoddam album homo non est . non ita ex utraque parte fit uerum . quidam homo non grammaticus est . quidam grammaticus homo non est. Item . uniuersalis abdicatiua necessario recurrit . ut est . nullus homo inrisibilis est . nullum inrisibile homo est. Ita et particularis dedicatiuua. Quidam homo albus est . quoddam album homo est. Per se proloquia talia sunt. Z28r

Q U A L I A   S I N T   A D   I N U I C E M. 10.

Hę quatuor differentię sibi oppositę . fiunt aliquando contrarię . aliquando contradictorię. Sunt enim contrarię quę delentur ab inuicem . ut omnis homo iustus est . nullus homo iustus est. Sunt autem contradictorię . quę se non ex toto destruunt. Ut omnis homo iustus est . non omnis homo iustus est. Propterea haec ordinanda sunt in quadrata figura

Z 12 quę] *oben davor kleine schadhafte Stelle im Pgm.* *Punkt gehört hinter* 16 figura.

G 1 particularem] ē *und* m-*Strich jeweils durch Punkt darunter getilgt,* is *übergeschr.* 2 quidam 4 est *fehlt* 5 abdicatiui 6 Vt 7 particulares] e *durch Punkt darunter getilgt,* i *übergeschr.* 14 ut 15 propterea hęc

P,LXIII S2,56a

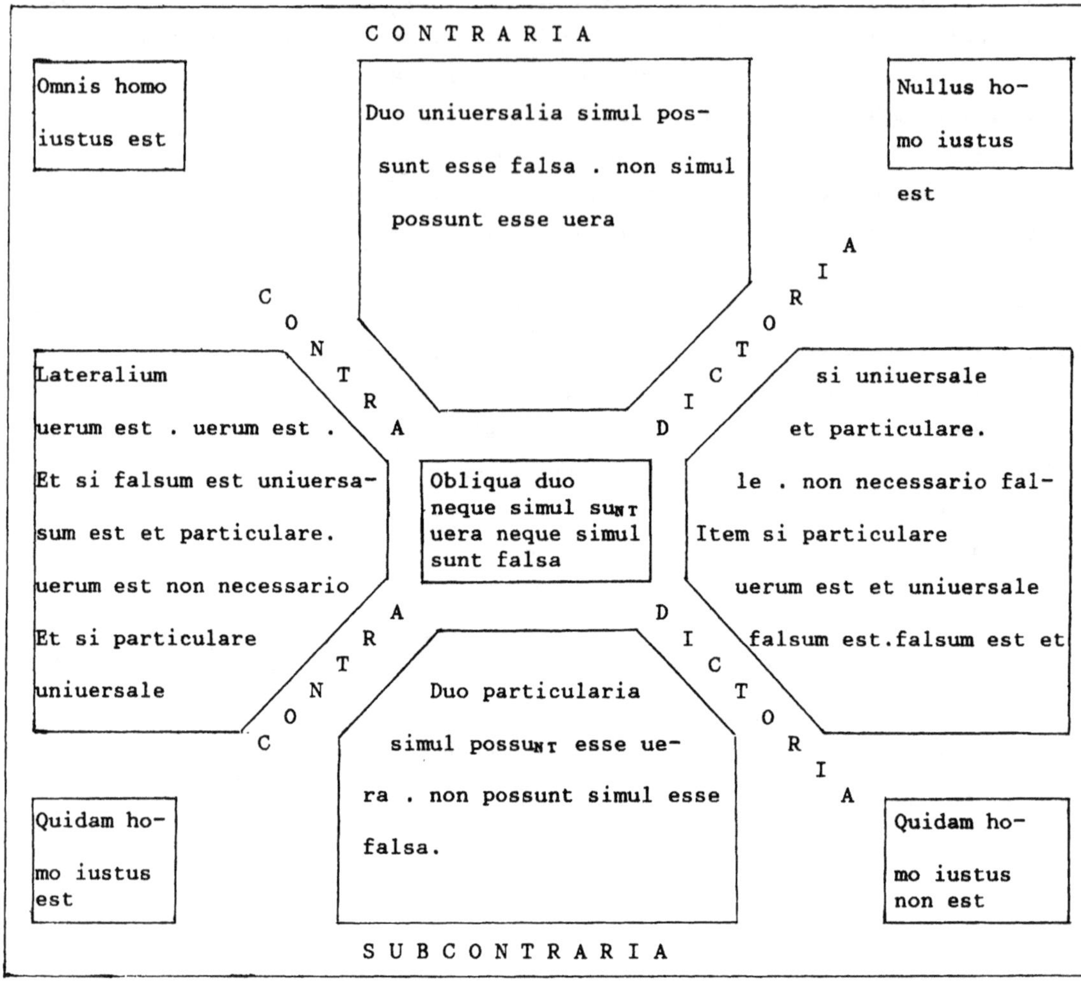

Ex multis huiusmodi descriptionibus in primo P,LXII S2,56b

et secundo boetii in periermenias commento . quales sint ad inuicem propositio- nes agnoscitur. Fit namque earum non paruus

---

30 Lateralium] *davor altes Loch im Pgm.* 32 particulare.] *Punkt ganz klein* 33 si *auf Rasur* 39 falsum[2]] alsu *auf Rasur* 48 mo iustus[2]] mo iu *auf Rasur von* iustus 3 propositio nes] *dazwischen altes Loch im Pgm.* *Punkt gehört hinter* 21,23,36,49 *5mal* est, 24,35 *2mal* uera, 36 falsa, 37 est[1], 37,41 *2mal* uniuersale. *Punkt ist zu tilgen hinter* 32 est[2].

P,LXIII Z28v

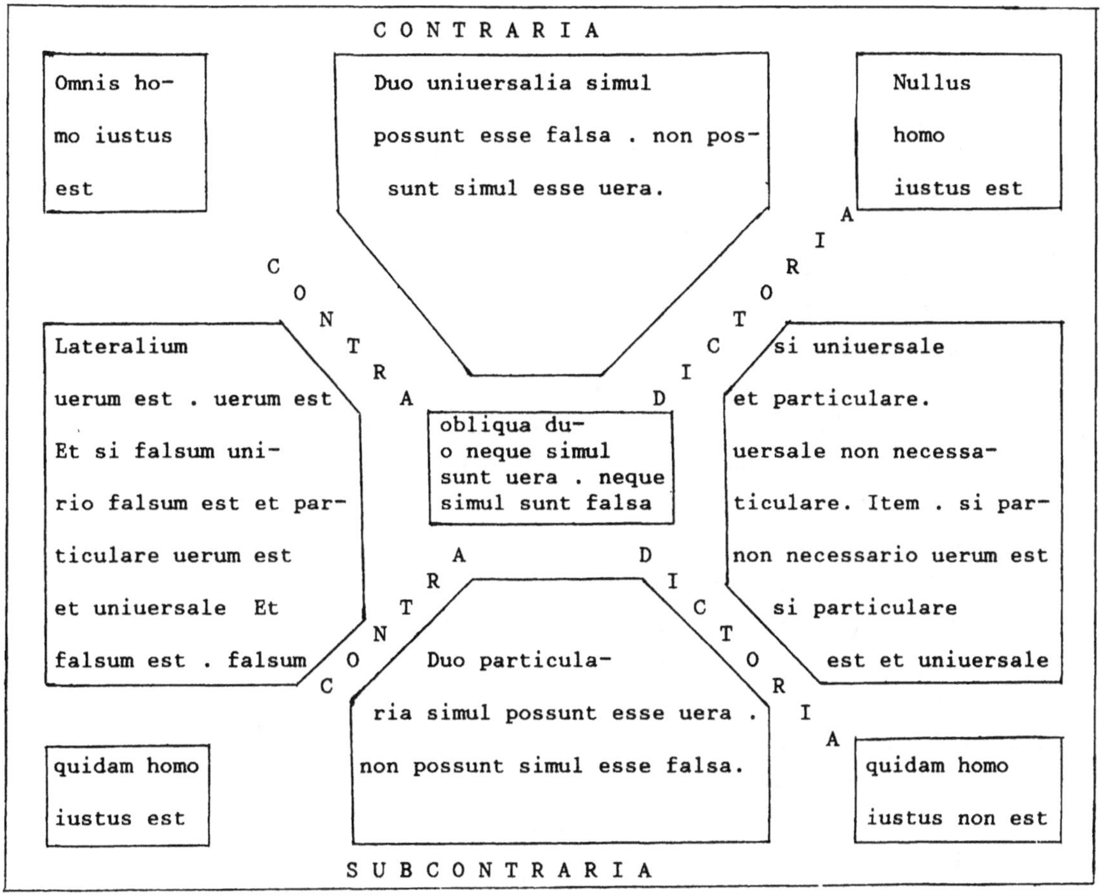

Ex multis huiusmodi descriptionibus in primo et secundo boetii in periermenias commento quales sint ad inuicem propositiones agnoscitur. Fit namque earum non paruus P,LXII

Z 19 si particulare] si particul *auf Rasur* 25 homo[2]] *oben dahinter kleine schadhafte Stelle im Pgm. Punkt gehört hinter* 4,26 *4mal* est, 14,19,21 *3mal* uniuersale, 16 falsa, 17 est[1], 29 commento.

G 1 omnis 10 Lateralium] a[1] *über unterpungiertem und verwischtem Buchstaben (e ?) übergeschr.* 14 falsum est 25 *2mal* Quidam fal[a] ſ *aus* l *verb.*

error . qui nascitur ex particulis S2,56b
negatiuis in et non . et nullus et non omnis . et non in
et in non et non non. Uidentur ergo eędem esse dum dissimiles sunt . et dissentire quando consentiunt . et
uerę esse dum falsę sunt . et falsę dum uerę sunt . quarum di- P,LXIII
ligenti discretione stoici se muniebant et
peripathetici . contra sophysticas conclusiones .
quę fiunt dum mendaciter colliguntur syllogismi .
ut capiantur incauti. Sophystę uero possunt
latine dici falsi argumentatores. Inde est quod a-
ristotiles dum earum uim ex profundo sensu eructuat . calamum in corde tinxisse per<h>ibetur. Sciendum est autem propositiones et proloquia . unum atque idem significare. D E P R I M I S A N A L I T I C I S. 11.
Dictum est autem quia singulę
dictiones componuntur . ut
fiant proloquia . iterum compo- P,LXIV
nuntur proloquia . id est propositiones . ut fiant syllogismi .
qui latine dicuntur ratiotinationes. Sunt autem proloquia

6 in] *über* n *ein* n-*Strich rad.* (n̄ = non *zu* in *rad. und verb.*) 6 dissi] *rechts über* i^2 *altes Loch im Pgm.* 10 *peripatetici *sophisticas 11,22 ſyllogiſmi] *2mal* m *aus* ſ *rad. und verb.* 12 *Sophistę 17 *ANALYTICIS 23/24 ratiotinationes] o^1 *aus* a *verb.;* *ratiocinationes *Punkt gehört hinter* 11 fiunt, 13/14 aristotiles, 18 autem.

error . qui nascitur ex particulis negatiuis . in et non . Z29r
et nullus . et non omnis . et non in . et in non . et non non. Uidentur ergo eędem esse . dum dissimiles sunt . et dissentire quando consentiunt .
et uere esse dum falsę sunt . et false dum uere sunt. Quarum diligen- P,LXIII
ti discretione stoici se muniebant . et peripathetici contra
sophisticas conclusiones . quę fiunt dum mendatiter colliguntur syllogismi . ut capiantur incauti. Sophistę uero possunt lat<in>e dici . falsi argumentatores.
Inde est quod aristotiles dum earum uim ex profundo sensu
eructuat . calamum in corde tinxisse perhibetur
Sciendum est autem propositiones et proloquia unum
atque idem significare. [de primis analiticis]

D E P R I M I S A N A L I T I C I S. 11.

Dictum est autem . quia singulę dictiones componuntur ut fiant proloquia . iterum componuntur proloquia P,LXIV
id est propositiones . ut fiant syllogismi qui latine
dicuntur ratiotinationes. Sunt autem proloquia

Z *Die Seite ist mal naß geworden, so daß manches verwischt erscheint.*
4 *2mal* *uerę *falsę^2 (= *G*) 5 *peripatetici 6 *mendaciter 12 *die von einer anderen Hand stammende (dunklere Tinte) Vorwegnahme der Überschrift wurde nicht getilgt* 13 *ANALYTICIS 17 *ratiocinationes *Punkt gehört hinter* 1 in, 3 dissentire, 4 esse *und* false^2, 6 fiunt, 9 aristotiles, 10 perhibetur, 14/15 componuntur, 15 proloquia^2.

G 3 dissentirę] r *übergeschr. (Schwänzchen = Einfügungshäkchen?)* 4 quarum 5 discrtoione loici peripathetici] h *übergeschr.*, t^2 *aus* e *verb.* 8 latine] uel latę *übergeschr.* false 12 *Vorwegnahme der Überschrift fehlt*

membra S2,56b syllogismi . quę fiunt aliquando plura . quando minimum tria . et non uocitantur eodem modo in omnibus syllogismis. In predicatiuis syllogismis . siue duo siue plura quę precedunt . sumpta dicuntur . quod ultimum infer- S2,57a tur . illatio dicitur. In cęteris id est conditionalibus . qui tribus constant membris . primum dicitur propositio . secundum assumptio . tertium conclusio. Nectuntur autem sibi certa ratione . ita ut non alienum sit sequens sumptum . a prȩcedente sumpto . neque his ultima illatio. Eodem modo prȩcedente propositione . assumptio et conclusio quę sequ<u>ntur . ex his sumenda sunt. Non potest autem fieri syllogismus . nemine quicquam concedente . sed prolata sententia . quę tendit ad conclusionem . si non concessa fuerit ab aduersa-

29 *prędicatiuis   1 sumpta] *unter* m *und über* p *punktartiger Tintenfleck*   5 autem *übergeschr.*   7 modo] $\overset{o}{m}$ do   8 assumptio] *davor Ansatz zu einem* [11 si non] i n *auf Rasur*   *Punkt gehört hinter* 2 cęteris.

membra syllogismi . quę fiunt aliquando plura . Z29v quando minimum tria . et non uocicantur eodem modo in omnibus syllogismis. In prędicatiuis syllogismis . siue duo . siue plura quę precedunt sumpta dicuntur . quod ultimum infertur illatio dicitur. In cęteris id est conditionalibus qui tribus constant membris . primum dicitur propositio . secundum assumptio . tertium conclusio.

Nectuntur autem sibi certa ratione . ita ut non alienum sit sequens sumptum . a pręcedente sumpto . neque his ultima illatio. Eodem modo pręcedente propositione . assumptio et conclusio . quę sequ<u>ntur . ex his sumenda sunt.

Non potest autem fieri syllogismus . nemine quicquam concedente . sed prolata sententia quę tendit ad conclusionem . si non concessa fuerit ab aduersa-

Z 2 *uocitantur (= *G*) 4 *pręcedunt 5 In] I *aus* i *verb.* 9 pręcedente] n *auf Rasur von* d 15 aduersa] *dahinter Federprobe rad.* *Punkt gehört hinter* 4 plura *und* precedunt, 5 cęteris, 6 conditionalibus, 13 sententia.

G 2 et / et 3 in 4 sine] n *durch Punkt darunter getilgt,* v *übergeschr.* 6 constat

rio . propositio est . si autem S2,57a concessa fuerit in prędicatiuo syllogismo . sumptum est . utique eius qui eam sumit et confitetur. Item altera proposita . quę ad eundem finem tendat . si et illa non refellitur . iam duo sunt sumpta. Tunc demum tertia est inferenda . quę generata sit ex prioribus . de qua non habeat expectare concessionem . pręcedentium ratione eam solidante . etiam inuito aduersario. Sumamus exemplum de uoluptate . quam multi maxime epicurei . bonam prędicabant . quia secundum naturam est. Quod autem secundum naturam est . numquam fugiendum . sed appetendum esse iudicabant. Contra illos phitagorici qui aliter sentiunt . proponant dicentes. Omnis uoluptas semper uana est. Non acquiescunt eis hi qui dicunt. Non est uanum procreare filios . et substituere prolem omnis carnis . quod non potest fieri sine uoluptate. Laborat in isto loco P,LXV propositio . et confice-

15 quę] *über* q *Rasur* 24 *pythagorici 25 $\overset{i}{q}$ *vor der Zeile ergänzt,* aliter] a *auf Rasur von* $\overset{a}{q}$ (qualiter *zu* qui aliter *verb.*) 29 fierii] i^3 *rad.* *Punkt gehört hinter* 21 multi *bzw. Punkt is zu tilgen hinter* 21 epicurei.

rio . propositio est . si autem concessa fuerit in prędicatiuo Z30r syllogismo sumptum est . utique eius . qui eam sumit et confitetur, Item altera proposita quę ad eundem finem tendit . si et illa non refellitur . iam duo sunt sumpta. Tunc demum tertia est inferenda . quę generata sit ex prioribus . de qua non habeat exspectare concessionem . pręcedentium ratione eam solidante . etiam inuito aduersario. Sumamus exemplum de uoluptate . quam multi maxime epicurei bonam prędicabant . quia secundum naturam est, Quod autem secundum naturam est . numquam fugiendum sed appetendum esse iudicabant, Contra illos phitagorici qui aliter sentiunt . proponant dicentes, Omnis uoluptas semper uana est,. Non acquiescunt eis hi qui dicunt . Non est uanum procreare filios et filias . et substituere prolem omnis carnis . quod non potest fieri sine uolup- P,LXV tate, Laborat in isto loco propositio . et confice-

Z 3 altera] *über* a^2 *kleiner Fleck* 11 *pythagorici 13 sem *vor der Zeile an* per *angeschr.* est,,] *Haken von* ,^{2} *rad. oder verwischt, Punkt übriggeblieben Punkt gehört hinter* 2 syllogismo, 3 proposita, 11 phitagorici.

G 2 fumit 4 et] ad 5 inferenda] i *aus* c *verb.* 10 fugendum . 11 pitagorici 13 hii 14 non 16f. confitere

re nihil potest . quia retun- S2,57a
sa est. Iterum ergo prouocandi sunt . donec acquiescant. S2,57b
Quodsi acquiescunt . sumptum est. Accedat ad hoc. Quicquid uanum est . spernendum est. Quo concesso duo sumpta sunt. Sequitur necessario . quę his duobus constat illatio. Omnis namque uoluptas spernenda est. In conditi<o>nali autem syllogismo prima sententia . siue concessa . siue non concessa propositio dicitur . ut est illud. Aut uoluitur mare . aut tranquillum est. Si conceditur . ad primam secunda adsumenda est . quę et adsumptio dicitur . ita. Uoluitur autem. Si et hoc conceditur . necessario sequitur conclusio talis. Ergo tranquillum non est. Omnis autem syllogismus oritur quęstione . conficitur argumento . uel diffinitione . quę pro argumento sumitur . et dum incerta est quęstio . per certam rationem argumenti . uel diffinitionis . ad certum et ipsa deducitur. Ut in exemplo pręcedenti . quęstio est. Uoluptas an bona an mala sit. Diffini-

5 hiſ] ſ *aus* i *verb.* 6 conditiali] na *von anderer Hand über* ia *übergeschr.* 9 primam .] *Punkt rad.* 10 adsumptio] t *auf Rasur* 13 argumento] t *aus* i *oder* v *verb.* 17/18 *est . uoluptas *Punkt gehört hinter* 7 concessa.

re nihil potest . quia retunsa est, Iterum ergo prouocandi sunt . donec acquiescant, Quodsi acquiescent sumptum est, Z30v

Accedat ad hoc, Quicquid uanum est . spernendum est, Quo concesso . duo sumpta sunt. Sequitur necessario . quę his duobus constat illatio. Omnis namque uoluptas spernenda est; In condicionali autem syllogismo . prima sententia siue concessa . siue non concessa . propositio dicitur. Vt est illud, Aut uoluitur mare . aut tranquillum est, Si conceditur . ad primam secunda assumenda est . quę et assumptio dicitur . ita,

Voluitur autem. Si et hoc conceditur . necessario sequitur conclusio talis, Ergo tranquillum non est, Omnis autem syllogismvs oritur questione . conficitur argumento . uel diffinitione quę pro argumento sumitur ! et dum incerta est questio . per certam rationem argumenti uel diffinitionis . ad certum et ipsa deducitur, Vt in exemplo prędecenti questio est, Voluptas an bona an mala sit, Diffini-

---

Z 2 acquiescant] über n *kleiner punktartiger Fleck* *acquiescunt[2] (= *S2*) 6 *conditionali (= *G*) 8 Si·c̄ cedit̃] Sicut ceditur zu Si conceditur *verb.* 11 syllogismvs] über mvs *kleiner Fleck* 12 *quęstione 13,16 *2mal* *quęstio 16 *est . uoluptas *Punkt gehört hinter* 2 acquiescent, 6 sententia, 12 diffinitione.

G 2 aquiescant 6 in 9 quę] quia

tione S2,57b

hoc discitur. Omnis uoluptas uana est . et. Item . quicquid uanum est . spernendum est. Item in alio exemplo . quęstio est de mari . tranquillum sit aut non. Quę dum duo sint de quibus dubita- ch punctuation tur . quorum alterum necesse est inesse . quod maius est argumentum . unum debere concedi . dum alterum tollitur? Hanc communem regulam syllogismorum in primis analiticis aristotiles dedit . et eam syllogisticam uocauit.

D E T O P I C I S. Est enim secunda species syl- 13. P,LXV S2,58b
logismi . prędicatiuus syllogismus . qui constat ut dictum est duobus sumptis et illatione.

Hęc sumpta ita nexa sunt . ut secundo subiectiua pars . uel declaratiua primi . et no-

19 *et item 21 est *übergeschr.* 25 tollitur. *(mit* ur-*Haken) durch Striche dadurch und Strich darunter getilgt,* tollitur? *(ohne* ur-*Haken) vor der Zeile ergänzt* 26 analiticis] l *aus* t *verb.;* *analyticis
19 *Abschn. 13 folgt - mit der Überschrift von Abschn. 13 in Z - in S2 auf Abschn. 12, der unten S. 240 beginnt und S. 262 endet, und wurde hier wegen der inhaltlichen Parallelität mit Abschn. 12 in Z umgestellt; siehe oben die Einl.* zu Ndia, §5.

tione hoc discitur, Omnis uoluptas uana est. Et G64ra Z31r item, Quicquid uanum est spernendum est, Item in alio exemplo . questio est de mari . tranquillum sit . aut non; Quę dum duo sint de quibus dubitatur . quorum alterum necesse est inesse . quod maius est argumentum unum debere concedi . quam quod alterum tollitur,? Hanc communem regulam syllogismorum . in primis analiticis aristotiles dedit . et eam syllogisticam uocauit,

DE SECUNDIſ ANALITICIS. 12.

Ergo syllogismus genus est . eius species sunt prędicatiuus et condicionalis . ut prędictum est. Predicatiuus idem est . qui et categoricus . qui constat duobus sumptis et illatione, Et hoc prius dictum est, Sed hęc sumpta ita sibi nexa sunt . ut secundo subiectiua pars uel declaratiua primi . et no-

---

Z *Dieses Blatt 31r/31v ist wie das Gegenblatt 26 (siehe oben) sehr fettig oder ölig, so daß die andere Seite oft durchscheint.*
2 item] i *vor der Zeile nachgetr., durch Bogen mit* tem *verbunden* 3 *quęstio 6 *tollitur? 7 *analyticis 9 *SECUNDIS ANALYTICIS 11 *conditionalis (= *G*) 11/12 *Prędicatiuus 12 gategoricus] g[1] *durch Punkt darüber und darunter getilgt,* c *darübergeschr.;* *cathegoricus (= *G*) *Punkt gehört hinter* 5 argumentum.

G 2 quicquid 3 aut] an 6 excedi tollitur

uum S2,58b
aliquid quod accedit . extrinsecus suppletionem tribuant. Deinde . illatio conficiatur . ex P,LXVI eo quod accessit extrinsecus in secundo . et ex eo quod de primo non est repetitum. Exemplo iam dato superius utamur. Hoc est . omnis uoluptas uana est. Uana quod est declaratiuum repetatur . et spernendum ei extrinsecus accedat . ut sumptum S2,59a posterius fiat sic. Omne uanum spernendum est. Ergo spernendum quod nouum uenit in secundo proloquio . et de primo uoluptas . quod non est repetitum . conueniant ad confectionem illationis . ita. Omnis ergo uoluptas spernenda est. Huius generis tres formę sunt. Prima est . in qua declaratiua particula prioris sumpti . sequentis efficitur subiectiua. Aut subiectiua superioris . declaratiua sequentis.

Declaratiua prioris . fit subiectiua sequentis . ut in priori proposito exem-

---

24 excedit] ex *durch Strich darunter getilgt*, ac *darübergeschr.*, extrinsecus *danach übergeschr.*, *mit Trennungsstrich von* ac *davor und mit Einfügungsspunkt vor* suppletionem 25 Deinde .] e . *auf Rasur* conficiatur . ex *auf Rasur* 27 qđ] q *auf Rasur* 29/30 declaratiuum] d *und* u² *auf Rasur* 1 ei] *davor* qđ *rad.* accedat] e *auf Rasur* 3 spernendum] dum *auf Rasur* 4/5 uolup/tas] p *aus* u *verb.* 11 suprioris] ꝑ (e darüber) *mit per-Querstrich*, e *übergeschr.*, *Querstrich nicht rad.*

uum aliquid quod accedit extrinsecus suppletionem Z31v
tribuant ! deinde illatio conficiatur . ex eo quod accessit P,LXVI
extrinsecus in secundo . et ex eo quod de primo non est repetitum, Exemplo iam dato superius utamur, Hoc est . omnis uoluptas uana est. Uana quod est declaratiuum repetatur . et spernendum ei extrinsecus accedat . ut sumptum posterius fiat sic, Omne uanum spernendum est, Ergo spernendum quod nouum uenit in secundo proloquio . et de primo uoluptas . conueniant ad confectionem illationis ita, Omnis ergo uoluptas spernenda est; Huius generis tres formę sunt; Prima est . in qua declaratiua particula prioris sumpti . sequentis efficitur subiectiua ! aut subiectiua prioris . declaratiua sequentis, Declaratiua prioris . fit subiectiua sequentis . ut in priori proposito exem-

---

Z 1 extrinsecus] *Strich über* n *rad.* 3 in *bis* quod *auf Rasur* 4 utamur] *unter* u^1 *kleiner Fleck* 14 *dahinter 3 Striche (von* in *32r,14 abgefärbt)*

G 2 tribuat 5 hoc 7 ut] in 11 uoluptas] *unter* p *punktartiger Tintenfleck* 12 *davor* I *auf dem Rand* prima

plo. S2,59a

Subiectiua superioris . fit declaratiua sequentis . si hoc modo uelis conuertere. Omnis ho/mo ca/ro est. Omnis caro substantia est. Omnis homo substantia est. Secunda forma est . in qua declaratiua superioris sumpti . eadem est etiam declaratiua sequentis. Ut omnis homo animal est . et omne non uiuum . non est animal. Omne non uiuum . non est homo. Tertia forma est . in qua subiectiua superioris sumpti . eadem est etiam subiectiua sequentis. Ut quidam homo caro est. Omnis homo / substantia est. / Quędam sub/stantia caro / est. Concluditur autem aliquando directim . aliquando reflexim. Est enim directim concludere . particulam quę in sumptis erat subiectiua . aut declarativa . eam similiter fieri in illatione. Cum autem hoc fit uersa uice . reflexim est. In prima forma et uniuersaliter et particulariter . et dedicatiue et abdi- S2,59b
catiue concludi potest.

15 si *übergeschr.* Omnis *bis* est. *mit Einfügungszeichen davor und vor* Omnis² *von anderer Hand auf dem linken Rand* 16 est *übergeschr.* 18/19 declaratiua] .ua *mit Einfügungspunkt übergeschr.* 24a/24b Omnis *bis* est. *von anderer Hand in 5 Zeilen auf dem linken Rand* 24b autem *mit Einfügungspunkt übergeschr.*

plo, Subiectiua autem superioris . fit declaratiua sequentis . si hoc modo uelis conuertere, Omnis uirtvs bona est . omnis iustitia uirtus est . omnis iustitia bona est; Secunda forma est . in qua declaratiua superioris sumpti . eadem etiam . est declaratiua sequentis! Vt omnis homo animal est ! et omne non uiuum non est animal ! omne non uiuum non est homo, Tertia forma est . in qua subiectiua superioris sumpti . eadem est etiam subiectiua sequentis. Vt quidam homo caro est ! omnis homo substantia est ! quedam substantia caro est, Concluditur autem . aliquando directim . aliquando reflexim, Est enim directim concludere . particulam quȩ in sumptis erat subiectiua . aut declarativa . eam similiter fieri in illatione, Cum autem fit uersa uice reflexim est., In prima forma et uniuersaliter et particulariter . et dedicatiue et abdicatiue concludi potest. Z32r

Z 1 plo] o *aus* u *rad. und verb.* declaratiua] a³ *aus* u *rad. und verb.* 2 conuertere *auf Rasur, davor* c *noch sichtbar* uirtvs] ui *auf Rasur* 3 bona est ., iustitia uirtus est ., iustitia bona est *auf Rasur* oben vor omnis¹ *Einfügungszeichen rad.* omnis iustitia¹] *iustitia (= *G*) omnis iustitia bona est; *mit Einfügungszeichen davor und vor* Secunda *auf dem unteren Rand;* iustitia] ti² *übergeschr.* 8 *unter* etiam *Strich - zur Tilgung? Vgl.* Z. 4 9 substantia] subst *auf Rasur* 10 *quȩdam 11 directim] i² *aus* e *verb.* 14 in *vor der Zeile* *Punkt gehört hinter* 12 particulam, 14 uice.

G 3 *davor* II *auf dem Rand* 4 declatiua 7 *davor* III *auf dem Rand* 11 drectim 11/12 directum

In secunda uniuer- S2,59b saliter et particulariter . nisi per contrarium concludi non potest. Est enim contrarium omne et nullum. Omne est et omne non est . ut P,LXVII in exemplo eiusdem formę . primum sumptum prędicat de homine. Omnis est . et illatio de non uiuis . omne non est. In tertia uero particulariter tantum concluditur. Quapropter non frustra hic est ordo seruatus. Nam merito prima forma dicitur . in qua omnimodo concludi potest. Secunda item recte . in qua potest concludi uniuersaliter et particulariter . quamuis per contrarium. Tertia item recte . quia in quantitate minor est . in qua nisi particulariter concludi non potest. Nunc dicendum est . singulę formę . quot modos recipiant. Nam recipiunt intra certum numerum.

Extra quos modos quicquid conclusum fuerit . non est temere concedendum. Recipit autem prima nouem modos. Secunda quatuor. Tertia sex. De quibus mar-

8 omne] o *aus Ansatz von* m *oder* n *verb.* 8/9 par/ticulariter] *unter* r^1 *dünner Strich*

In secunda uniuersaliter et particulariter . nisi per contrarivm Z32v concludi non potest, Est enim contrarium omne et nullum ! omne est . et omne non est ! ut in exemplo eiusdem formę . P,LXVII primum sumptum prędicat de homine omnis est . et illatio de non uiuis omne non est, In tertia uero particulariter tantum concluditur; Quapropter non est frustra hic ordo seruatus, Nam merito prima forma dicitur . in qua omnimodo concludi potest, Secundum item recte . in qua concludi potest uniuersaliter et particulariter . quamuis per contrarium, Tercia item recte . quia in quantitate minor est . in qua nisi particulariter concludi non potest,

Nunc dicendum est . singule formę quot modos recipiant, Nam recipiunt intra certum numerum, Extra quos modos . quicquid conclusum fuerit . non est temere concedendum, Recipit autem prima nouem modos, Secunda quatuor. Tertia sex. De quibus mar-

---

Z 1 n⌈i⌈i] ⌈1 *durch Punkt darüber und darunter getilgt* 5 non] *unten davor schmutzige Stelle im Pgm.* 10 *Tertia 12 *singulę quot] quod 14 fuerit] *über* u *kleiner Fleck (Rotes der anderen Seite scheint durch) Punkt gehört hinter* 4 homine, 5 uiuis.

G 6 Quiapropter] i *durch Punkt darunter getilgt* 8 omninimodo 12 modis

tianus in sua S2,59b
dialectica . et apuleius in suis periermeniis . ita caute et distincte docent . ut ab eis potius discendę sint.
Hic autem aliquid addere uel demere aut
mutare . rem est obscurare. Hęc ergo
pars tantum dialectica proprie dicitur;

D E S E C U N D I S A N A L I T I C I S. 12. P,LXVII S2,57b

Syllogismus genus est . species eius sunt ut dictum est .
apodicticus . et dialecticus. Apodicticus autem
est qui et conditionalis . cuius modi numerati sunt S2,58a
septem. Primus est argumentum trahens a pręce-
dentibus . ut ortus solis pręcedit diem. Forma
eius hęc est. Si primum et secundum. Si sol est super terram dies est. Primum autem . est autem sol super terram.
Igitur et secundum . igitur dies est. Secundus est a consequęn-
tibus . ut dies sequitur ortum solis. Forma eius
est hęc. Si primum secundum . si sol est super terram .
dies est. Non secundum autem . non est dies. Igitur non
primum . non igitur sol est super terram. Tertius est a repugnantibus . ut repugnant . solem esse super terram . P,LXVIII
et non diem esse. Forma est. Neque primum neque
secundum . non est sol super terram . et non est dies. Primum
autem. Est autem sol super terram. Igitur et secundum.

28 *Abschn. 12 steht - mit der Überschrift von Abschn. 12 in Z - in S2 vor Abschn. 13, der oben S. 232 beginnt und auf dieser Seite mit S2,59b,29* dicitur; *endet, und wurde hier wegen der inhaltlichen Parallelität mit Abschn. 13 in Z umgestellt; siehe oben die Einl. zu* Ndia, §5. SECUNDIS] S^2 *übergeschr.* *ANALYTICIS 4/5 ter/ram] *unter* r^2 *Rasur (*r *aus Ansatz von* ſ*)* 5 sol *auf Rasur* 6/7 *consequentibus

tianus in sua dialectica . et apuleivs in suis periermeniis . Z33r
uel discende
ita caute et distincte docent . ut ab eis potius discernen-
dę sint. Hic autem aliquid addere . aut demere . uel mutare .
rem est obscurare. Hęc ergo pars apodictica .i. demonstratiua proprie dicitur. D E T O P I C I S 13.
Ypotheticus syllogismus est . qui et conditionalis . cuius modi
numerati sunt septem. Primus est . argumentum trahens a pręce-
dentibus . ut ortus solis pręcedit diem. Forma eius
hec est. Si primum et secundum; Si sol est super terram dies est,
Primum autem ! est autem sol super terram. Igitur et secundum . igitur dies est; Secundus est a consequentibus . ut dies sequitur ortum solis. Forma eius est hęc. Si secundum ! et primum . si dies est !
sol est super terram. Non secundum autem . non autem est dies. Igitur non
primum . non igitur sol est super terram. Tertius est a repugnantibus . ut repugnant solem esse super terram . et non esse di- P,LXVIII
em Forma est; Neque primum neque secundum . non est sol super / terram et
non est dies; Primum autem . est autem sol super terram. Igitur et secundum .

Z 2 *discendę 3 uel[1] *durch Punkte getilgt,* aut *von anderer Hand übergeschr.* 6 *Hypotheticus 7 pręceda it] a *rad.,* d *und* i *durch Bogen verbunden* 9 *hęc 12 Secundum ! et primum . *mit Einfügungshaken über getilgtem* primum secundum *übergeschr.* 12/13 dies *bis* terram. *mit Einfügungshaken über getilgtem* sol est / super terram . dies est, *übergeschr.* 15 ēe[2]] e[2] *von anderer Hand ergänzt* 15/16a die] *danach Buchstabe rad.* 16a/b Forma *bis* dies; *mit Einfügungszeichen davor und nach* 16a est[1] *in 2 Zeilen auf dem unteren Rand* 16b autem[2] *übergeschr.* *Punkt gehört hinter* 5 TOPICIS, 9,16a *2mal* terram, 15/16a diem.

G 2 pocius discende 3 aut] uel uel] aut 6 Ypoteticus 7 *davor* I *auf dem Rand* thrahens] h[1] *durch Punkt darunter getilgt* 8 pręcedat 11 *davor* II *auf dem Rand* 14 *davor* III *auf dem Rand* 14/15 pugnantibus 16a neque

Igitur dies est. Quartus est argumentum tra- S2,58a
hens a contrariis per disiunctionem propositionis . et affirmationem assumptionis . in hanc
formam. Aut primum est . aut secundum . aut sanus
est aut inbecillis. Primum autem . sanus est autem. Non
est igitur secundum . non est igitur inbecillis. Quintus
est eiusdem argumenti . per disiunctionem propositionis . et negationem assumptionis . secundum
hanc formam. Aut primum aut secundum . aut
sanus est aut inbecillis. Non autem primum . non autem
sanus. Igitur secundum . igitur inbecillis. Sextus
quoque a contrariis est . negans ea simul inesse posse . et assumens per unius confirmationem . et
concludens per alterivs infirmationem . hac
forma. Non et primum et secundum . non est sanus
et inbecillis. Primum autem . sanus est autem. Non
igitur secundum . non igitur inbecillis. Septimus S2,58b
similem sexto propositionem habet . uersa
in contrarium assumptione et conclusione.
Forma eius est. Non et primum et secundum . non et
sanus et inbecillis. Non pri-

15 argumentū] tū *auf Rasur* 15/16 trahen[] n *aus* ſ *rad. und verb.* 23 Aut] ut *auf Rasur* 28 infirmatione] e *auf Rasur* 1 inbecillis] is *aus* e *rad. und verb.* 3 conclusione] e *auf Rasur* 5 inbecillis] ec *auf Rasur, Oberlänge noch sichtbar*

Z33v

igitur dies est. Quartus est argumentum trahens a contrariis . per disiunctionem propositionis . et affirmationem assumptionis . in hanc formam. Aut primum est aut secundum . aut sanus est . aut inbec[c]illis. Primum autem . sanus est autem. Non est igitur secundum . non est igitur inbecillis.

Quintus est eiusdem argumenti per disiunctionem propositionis . et negationem assumptionis . secundum hanc formam. Aut primum aut secundum ! aut sanus est aut inbecillis. Non autem primum . non autem sanus. Igitur secundum . igitur inbecillis. Sextvs quoque a contrariis est . negans ea simul inesse posse . et assumens per unius confirmationem . et concludens per alterivs infirmationem . hac forma., Non et primum et secundum . non est sanus et inbecillis. Primum autem . sanus est autem. Non igitur secundum . non igitur inbecillis. Septimus similem sexto propositionem habet . uersa in contrarium assumptione et conclusione.

Forma eius est. Non et primum et secundum non et sanus et inbecillis. Non pri-

---

Z 14 secundum *bis* Septimus *auf Ras.* *Punkt gehört hinter* 3 est, 8 primum *und* est, 16 secundum.

G 1 *davor* IIII *auf dem Rand* 6 *davor* V *auf dem Rand* 9 *davor* VI *auf dem Rand* 14 *davor* VII *auf dem Rand* 15 et] ⁊ *dünn übergeschr.*

mum autem . non autem sanus. S2,58b

Igitur secundum . igitur inbecillis. Conditionalis autem unde dicitur? Uidetur namque a uerbo condo condis nato participio conditus conditi . et addita o fieri conditio . a quo rursus fit conditionalis. Sed isidorus et alii conditionalem dicunt . quasi condictionalem . eo quod condicit et pactum facit . qui aliud de alio confirmat dicens. Si hoc est aut non est . illud quoque est aut non est. Hęc enim condicuntur . quorum unum non dicitur sine altero . ut nemo sanum prędicat . nisi abdicando inbecillum. // P,LXIX

Non autem estimandum / pręter hos solos septem modos ! S2,60a
alios non esse ypotheticos syllogismos ! et non de reliquis eos quoque sumi argumentis; De omnibus enim argumentis sumuntur syllogismi; Qui autem de tribus surgunt supra dictis locis argumentorum ! .i. de antecedentibus ! consequentibus ! repugnantibus ! phylosophorum proprii sunt ! sicut et illi decem et nouem modi syllogismorum ! qui in apodictica numerati sunt; Quare hoc? Quia in his semper ueritas inuenitur ! et ineuitabilem euentum habent;

Qui autem de reliquis surgunt argumentis . probabiles sunt .i. similes ueritati . et ad rhetores . uel iuris peritos . potius pertinent; Quodsi manifesta falsitas ex eis colligitur . hi tales sophistici et cauillatorii syllogismi

6 Igitur] itur *auf Rasur* 6/7 Conditiona/lis] na *hinter der Zeile nachgetr.*, lis *auf Rasur von* nalis 7 autem *übergeschr.* Uidetur] i *aus* e *rad. und verb.* 8 participio] ci *auf Rasur* 9 addita] *Querstrich durch* d^1 *rad.* 11 conditionale] e *auf Rasur* 12 eo *vor der Zeile ergänzt* 16 *dahinter* Ꝁ (= Karet/caret 'fehlt') *auf dem Rand, dann im Falz und teilweise vom Bindfaden der Lagenmitte verdeckt:* Hanc notulam quere in quarta columna; *dort, vor 60a,1, steht tatsächlich ein* Ꝁ, *dann folgen bis S. 62b 6 Spalten in kleinerer Schrift, die hier folgen* 1 *ęstimandum 2 *hypotheticos 3 quoque] *über* q^2 *punktartiger Fleck* 7 *philosophorum 11 *davor* ·N̄· (= Nota) *auf dem Rand* probabiles] b^1 *aus* p *rad. und verb.*

mum autem . non autem sanus. Igitur secundum . igitur inbecillis; Conditionalis autem unde Z34r
dicitur? Uidetur namque a uerbo condo condis nato participio conditus conditi et
addita o fieri conditio . a quo rursus fit conditionalis; Sed isidorus
et alii conditionalem dicunt . quasi condictionalem . eo quod condicit et pactum facit
qui aliud de alio confirmat dicens. Si hoc est aut non est illud quoque est aut non est.
Hęc enim condicuntur quorum unum non dicitur sine altero . ut nemo sanum prędicat .
nisi abdicando inbecillum. Non autem estimandum pręter hos solos septem P,LXIX
modos . alios non esse ypotheticos syllogismos . et non de reliquis eos quoque sumi
argumentis; De omnibus enim argumentis sumuntur syllo- gismi. Qui autem de
tribus surgunt supra dictis locis argumentorum id est de antecedentibus
consequentibus re- pugnantibus . phylosophorum proprii sunt . sicut et illi decem et
nouem modi syllogismorum . qui in apodictica numerati sunt. Quare hoc?
Quia in his semper ueritas inuenitur . et ineuitabilem euentum habent;
Qui autem de reliquis surgunt argumentis probabiles sunt . id est similes ueri- G64rb
tati . et ad rethores uel iuris peritos . potius pertinent. Quodsi manifesta
falsitas ex eis colligitur . hi tales sophistici et cauillatorii syllogismi

---

Z 3 isidorus] y über i[1] von *anderer Hand (dunklere Tinte!)* 4 conditionalem[1]] conditionales *(= G)* 4 facit] 5 est[2]] *dahinter 2mal kleiner Fleck* 6 nemo] über e *kleines Loch im Pgm.* 7 *ęstimandum 8 *hypotheticos 9 syllo gismi] *unter* llo *und dem Zwischenraum längliches, altes Loch im Pgm.* 10 argumentorum] o *auf Rasur* 11 re pugnantibus] *dazwischen altes Loch im Pgm,* pu *nach* re *rad.* *philosophorum *(= G)* 13 ineuitabilem] b *aus* l *verb.* 14 *vor* de *altes Loch im Pgm.* 15 *rhetores *Punkt gehört hinter* 5 est[2], 6 condicuntur, 10 argumentorum, 14 argumentis.

G 3 ysidorus 4 condictionalem] conditionalem 5 alia] a[2] *durch Punkt darunter getilgt,* o *übergeschr.* 8 ypoteticos 12 nom *durch Strich darunter getilgt,* nouem *übergeschr.* apodictica] a *über* p *übergeschr., vor* p *2 Buchstaben rad.* 13 quia 16 cauillatori

dicuntur ! et hereticorum sunt. Ergo S2,60a
conditionales syllogismi . ex argumentis fiunt.
Debemus autem et ipsa argumenta syllogismos dicere . sed inperfectos . quia uel sola propositione constant .!
ut si licitȩ sunt nuptiȩ . non sunt damnandȩ ; uel propositione simul et assumptione . ut si licitȩ sunt nuptiȩ
non sunt damnandȩ . licitȩ autem sunt; His duabus partibus
si addideris tertiam .i. conclusionem ! erit plenus et
legitimus syllogismus. In hunc modum! Si licitȩ
sunt nuptiȩ ! non sunt damnandȩ ! licitȩ autem sunt ! non igitur sunt damnandȩ; Deinde ipsa loca de quibus loquimur . cer-
tius noscenda sunt ! a quibus omne argumentum sumendvm
esse aristotiles censuit .! et cum tribus supra dictis !
sedecim numero dedit; A toto ! ut omnibus membris ualidus . pede non claudicat; A parte ! ut
si caput tueri debemus . cur non totum corpus?,
A nota !i. interpretatione . uel sicut greci dicunt ethimologia ! in hunc modum; Ense necatus ! gladio periit; Haec in ipso negotio sunt; Affecta autem !i.
extrinsecus cognata sunt quȩ sequuntur; A coniugatis ! quȩ P,LXX S2,60b
sub unum iugum / declinando uel deriuando ueniunt !
ut illud! Qui consul est . oportet eum consulere; A genere!
4 Qui scientiam desiderat !

15 *hȩreticorum 23 legitimus] *darunter scheinbarer Strich; die sehr kräftige Liniierung hat unter* timus *sogar das Pgm. durchschnitten* *syllogismus . in 28 toto] *über* to[1] *punktartiger Fleck* 31/32 *ȩtymologia 32/33 peri/it] *vor* it *Rasur, hinter* peri *in der Mittelspalte ein* $\overline{\text{N}}$ (= Nota), *das sich aber genau so gut auf 60b, 32 beziehen könnte*

Z34v

dicuntur . et hereticorum sunt. Ergo conditionales syllogismi . ex argumentis fiunt. Debemus autem et ipsa argumenta syllogismos dicere . sed inperfectos . quia uel sola propositione constant . ut si licitę sunt nuptię . non sunt damnandę . uel propositione simul et assumptione . ut si licitę sunt nuptię . non damnandę . licitę autem sunt; His duabus partibus . si addideris tertiam . id est conclusionem . erit plenus et legitimus syllogismus . in hunc modum. Si licitę sunt nuptię . non sunt damnandę . licitę autem sunt . non igitur sunt damnandę; Deinde ipsa loca de quibus loquimur . certius noscenda sunt . a quibus omne argumentum sumendum esse aristotiles censuit . et cum tribus supra scriptis sedecim numero dedit. A toto . ut omnibus membris ualidus . pede non claudicat. A parte . ut si caput tue- ri debemus cur non totum corpus? A nota id est interpretatione . uel sicut greci dicunt ethimologia . in hunc modum ; ense necatus . gladio periit; Hęc in ipso negotio sunt; Affecta autem . sunt quę sequuntur, A coniu- P,LXX gatis . quę sub unum iugum declinando uel deriuando ueniunt . ut illud. Qui consul est . oportet eum consulere. A genere. Qui scientiam desiderat

Z dnr (= dicuntur) *als Federprobe (?) links auf dem oberen Rand* 1 dn̄r] r *aus Ansatz von* t *verb.* *hęreticorum 9 aristotiles] *unter* totil *längliches, altes Loch im Pgm.* 6 *oben nach* erit *kleines Loch im Pgm.* 11 tue ri] *dazwischen altes Loch im Pgm.* 12/13 *etymologia 14 sunt] *davor* id est extrinsecus cognata *rad.;* *.i. extrinsecus cognata (= *G*) *hinter* sequuntur *altes Loch im Pgm.* *Punkt gehört inter* 11 debemus, 12 nota, 16 desiderat. *Punkt ist zu tilgen hinter* 14 autem.

G 3/4 constant *bis* propositione *fehlen durch Homoioteleuton* 4 sunt . nuptie / non sunt 7 nuptię non sunt . 8 cercius 11,14 *2mal* a 13 Ense negatio 16 qui

grammaticam non spernat; S2,60b

A specie! Castitatis amator ! homo uirtutis est.; A simili ! ut quod tibi non uis ! alio ne feceris; A differentia ! i. a dissimili . ut est! Non quia oculus uidet ! totum corpus uidet; A contrariis ! ut in ebrietate / nemo sobrius est., Ab adiunctis !i. quę uicina sunt ! et non necessitate coherent ! ut ubi amor ! ibi oculus ; ubi dolor ! ibi manus; Ab antecedentibus ! ut si concubuit ! uirgo non est; A consequentibus ! ut si peperit ! cum uiro concubuit; A repugnantibus . ut quomodo qui parasitus est ! ridiculus non sit; Ab efficientibus rebus .i. a causa ! ut ubi sol . ibi lux; Ab effectis ! ut ubi fumus ! ibi ignis; A comparatione tribus modis! A maiore! A minore! A pari; A maiore ! ut ne mireris fratrem cedere . qui patrem occidit; A minore ! ut putas qui furtum punit ! sacrilegium inpunitvm relinquat?, A pari ! ut nihil differt qui preest / faciat ! aut consentiat; Ergo grece ! topos ! locus dicitur ; inde dicuntur topica ! hęc sedecim loca argumentorum ! ab aristotile inuenta; Ipsa autem argumenta in eis inclusa ! idem philosophus dialecticam uocitauit ! separans hanc partem argumentationum !

5 uirtutis] u^2 *auf Rasur* 8 contrariis] i^2 *aus Ansatz von* a *rad. und verb.* 9/10 *cohęrent 10 amor *bzw.* oculus *von anderer Hand über durch Strich darunter getilgtem* oculus *bzw.* amor *übergeschr.* 13/14 paraſituſ] ſ^1 *auf Rasur und unten durch Strich mit* a^2 *verbunden* 18 frēm *cędere 20 *pręest *Punkt gehört hinter* 18/19 putas, 20 differt.

grammaticam non spernat; A specie castitatis amator . homo uirtu- Z35r tis est; A simili ut quod tibi non uis . alio ne feceris. A differentia . id est a dissimili . ut est. Non quia oculus uidet totum corpus uidet; A contrariis . ut in ebrietate nemo sobrius est. Ab adiunctis id est quę uicina sunt et non necessitate coherent . ut ubi oculus . ibi amor . ubi dolor . ibi manus; Ab antecedentibus . ut si concubuit uirgo non est. A consequentibus . ut si peperit . cum uiro concubuit. A repugnantibus . ut quomodo qui parasitus est ridiculus non sit. Ab efficientibus rebus id est a causa . ut ubi sol ibi lux. Ab effectis . ut ubi fumus . ibi ignis; A comparatione tribus modis ; a maiore . a minore . a pari; A maiore ut ne mireris fratrem cedere . qui patrem occidit; A minore ut putas qui furtum punit . sacrilegium inpunitum relinquat? A pari . ut nihil differt qui pręest fa- ciat aut consentiat; Ergo grece topos locus dicitur . inde dicuntur topica hec sedecim loca argumentorum ab aristotile inuenta; Ipsa autem argumenta in eis inclusa . idem philosophus dialecticam uocitauit . separans hanc partem argumentationum

---

Z *Das Blatt 35r/v ist fettig oder ölig.*
5 *cohęrent 6 ut] *über u kleiner Tintenfleck* uirgo] r *übergeschr.*
10 pari;] 13 consentiat;] *Haken des ; wohl von anderer Hand (andere Tinte) ergänzt* 11 *cędere 13 fa ciat] *dazwischen altes Loch im Pgm.* 14 *hęc
16 uocitauit .] *Punkt sehr dünn, vielleicht nur kleiner Tintenfleck Punkt gehört hinter* 1 specie, 2 simili, 3 uidet, 4 adiunctis, 6 concubuit, 8 est[1] *und* rebus, 9 sol, 10 maiore[2], 11 minore.

G 2 Assimili feceris] facias 3 non 3,5 *2mal* occulus 5 choerent
6 sic cubuit 10 a maiore[2] 11 partē] t *durch Strich darunter getilgt,* t *von anderer Hand zwischen* a *und* r *übergeschr.* 12 sacrilegum relinquat
16 uocicitauit

ab ea parte ! quam in secundis analiticis / ipse apodicticam uocauit ; ut intellegas dialecticam ! probabilem argumentationem !i. uerisimilem ; apodicticam vero ! necessariam et ueram argumentationem; Et quia plato ! et post illum stoici ! omnem necessariam argumentationem . dialecticam uocauerunt ! placuit aristoteli ! translationem huius nominis facere . de necessariis / ad probabiles argumentationes; Cum autem dialecticorum sit ! semper studere ueritati ! et inreprehensibiliter astruere uel destruere . quę in questionem ueniuNT / nonnumquam . et aliquando eis utilia sunt / ad argumentandum ! ea loca . quę non semper falluNT ; quę autem numquam fallunt / certissima eorum sunt . et firmissima prȩsidia; Propterea et cicero in topicis suis . tria loca supra dicta dialecticorum esse dixit propria ! eo quod semper eueniant;

S2,60b P,LXXI S2,61a

Sed ipse / in rhetoricis / quasi alia loca ostendit ! unde coniecturam et argumenta ducere debeamus . siue necessaria . siue probabilia . dicens / omnem rem argumentando firmari ! ex his / quę personis attributa sunt . uel negotiis; Deinde / personis undecim attributa numerat ;i. nomen ! naturam ! uictum ! fortunam ! habitvm ! affectionem ! studia ! consilia ! facta ! casus !

25/26 *analyticis 28 et uero] o *durch Punkt darunter getilgt, am übergeschr.* 32 Dum] D *durch Strich darunter getilgt,* C *übergeschr.* 1 *quȩstionem ueniuNT] uen *auf Rasur* & *übergeschr.* 5 dialecticorum] ec *auf Rasur*

---

ab ea parte quam in secundis analiticis ipse apodicticam uocauit . Z35v ut intellegas dialecticam probabilem argumentationem . id est uerisimilem . apodicticam uero necessariam et ueram argumentationem. Et quia plato et post illum stoici omnem necessariam argumentationem dialecticam uocauerunt . placuit aristoteli translationem huius nominis facere . de necessariis P,LXXI ad probabiles argumentationes; Dum autem dialecticorum sit semper studere ueritati et inreprehensibiliter astruere uel destruere . quę in questionem ueniunt aliquando eis utilia sunt ad argumentandum ea loca .

quę non semper fallunt . quę autem numquam fallunt certissima eorum sunt . et firmissima pręsidia. Propterea et cicero in topicis suis . tria loca supra dicta dialecticorum esse dixit propria eo quod semper eueniant. Sed ipse in rethoricis ; quasi alia loca ostendit unde coniecturam et argumenta ducere debeamus . siue necessaria siue probabi- lia . dicens omnem rem argumentando firmari . ex his quę personis attributa sunt uel negotiis, Deinde personis undecim attributa numerat . id est nomen . naturam . uictum . fortunam . habitum . affectionem . studia . consilia . facta . casus .

Z 1 *analyticis 6 dialecticorum] c[2] *übergeschr.* 7 *quęstionem 8 ueniunt non numquam] non *durch Strich darüber und darunter getilgt,* numquam *durchgestrichen* 12 *rhetoricis 13 probabi lia] *dazwischen altes Loch im Pgm.* *Punkt gehört hinter* 1 parte, 8 ueniunt, 9 fallunt[2], 11 propria, 12 ostendit, 13 necessaria, 14 his.

G 2 similem] *dahinter nochmals durch Homoioteleuton* apodicticam uocitauit . ut intellegas dialecticam probabilem argumentationem 5 aristotili 8 ueniunt nonnumquam 14 atributa] i *mit Einfügungspunkt übergeschr.* 15 atributa numen

ora- S2,61a
tiones; Negotiis ! quatuor ;i. quȩ sunt continentia cum ipso negotio ! et quȩ in gestione negotii considerantur ! et quȩ adiuncta negotio sunt ! et quȩ gestum negotium consequuntur; Quȩ loca ! in subdiuisionibus ipse tam plura ostendit ! quot sunt naturȩ in hominibus ! quot affectiones ! quot studia ! quot consilia ! quot facta ! quot casus ! uel quot partes cȩterorum esse possunt ! quȩ attributa sunt personis . et negotiis; Necessaria uero discernens a probabilibus ! non locis ea distare docet ! sed qualitate ; et quod necessaria tractentur in dicendo / tribus modis ; aut per complexionem ! aut per enumerationem ! aut per simplicem conclusionem ; et quod necessaria sint ! quȩ nec aliter fieri ! nec aliter credi possint ; probabilia autem sint ! quȩ credi possint / ex tribus rebus ! consuetudine ! opinione ! similitudine;

Hinc questio nascitur ! quomodo alia loca argumentorum / cicero quam aristoteles monstrarit ; uel cur eadem res a duobus tam diuerse tractetur ; maxime / quod preter illa sedecim loca P,LXXII
supra dicta ! boetius in commento testetur ! nullum ulterius locum posse reperiri; Ad hȩc respondendum ! quia aristotiles loca argumentorum / philosophis et oratoribus commvnia demonstrauit ! et quod sub his comprehenduntur omnia .
quȩ cicero com-

19 probabilibus] b^1 *aus* p *rad. und verb.* 21 complexionem] complexion *auf Rasur* 25 *quȩstio 27 *prȩter *Punkt ist zu tilgen hinter* 22 sermo.

Z36r

orationes; Negotiis quatuor . id est . quę sunt continentia cum ipso negotio et quę in gestione negotii considerantur . et quę adiuncta negotio sunt . et quę gestum negotium consequuntur; Quę loca in subdiuisionibus ipse tam plura ostendit . quot sunt naturę . in hominibus . quot affectiones . quot studia . quot consilia . quot facta . quot casus . uel quot partes ceterorum esse possunt . quę attributa sunt personis et negotiis; Necessaria uero discernens a probabilibus . non locis ea distare docet . sed qualitate et quod necessaria tractentur in dicendo tribus modis . aut per complexionem . aut per enumerationem . aut per simplicem conclusionem . et quod necessaria sint . que nec aliter fieri . nec aliter credi possint ! probabilia autem sint quę credi possint ex tribus rebus . consuetudine opinione similitudine; Hinc questio nascitur . quomodo alia loca argumentorum cicero quam aristoteles monstrarit . uel cur eadem res a duobus tam diuerse tractetur . maxime . quod prętер illa sedecim loca supra dicta boetius in commento testetur . nullum ulterius locum posse reperiri; Ad hęc respondendum . quia aristoteles loca argumentorum philosophis et oratoribus communia demonstrauit . et quod sub his comprehenduntur omnia quę cicero com- P,LXXII

Z 1 id] d *aus* i *verb.* sunt *übergeschr.* 5 *hinter* casus *kleines, altes Loch im Pgm.* 8 enumerationem] *über* a *kleines Loch im Pgm.* 9 *quę 10 sint] n *übergeschr.* 11 *quęstio *Punkt gehört hinter* 1/2 negotio, 16 omnia. *Punkt ist zu tilgen hinter* 4 naturę.

G 3 consequent̄ (= consequentur *bzw.* consequenter) 4 quot[1]] t *aus* d *verb.* 8 per[1] *fehlt* 12,15 *2mal* aristotiles 12 monstrat posite posse] posite *durch Strich darunter getilgt* 15 argumentorum] gu *übergeschr.*

memorauit quasi alia loca; Inpossi- S2,61a
bile enim est / quicquid coniecturatur ex his ! ad aliquem locum
eorum sedecim non pertinere ! quę nobis ab aristotile sunt insinuata; S2,61b
Quę uero philosophus / infinitę multitudinis loca ! sub breuitate constrinxit ! ex eis oportuit oratorem / aliqua certius nominatim exprimere ! quę ad oratorem maxime pertinent;
Quapropter / et illud singulariter ad eum pertinuit ostendere ! quia dum iiiior sunt conclusiones necessariorum argumentorum ! ut uictorinus testatur ! tres ex illis tantvm conueniunt oratoribus ! quę supra dictę sunt ; et quod probabilia argumenta !i. credibilia ! quę in tredecim locis inueniuntur ! tribus causis fiunt credibilia . quę similiter dictę sunt! Consuetudine ! opinione ! similitudine; Ea enim maxime credimus / quę ita fieri consuerunt ; ut si mater est ! diligit filium; Medea tamen non dilexit ; nam si dilexisset ! non occidisset; Sic et ea facile creduntur ! quę in opinione sunt ! etiam si uera non sint ; ut antipodes sub terra ; ut cętus in abisso ! qui ambiat terram ; et dum bis se uertat inter diem et noctem ! accessum maris facere et recessum; Ita et illa ! quę similitudinem habent; Ut si oppugnator

33 locum] *dahinter* d *rad.* 8 sunt;] *Punkt des* ; *ganz dünn* 14 *abysso

memorauit q<u>asi alia loca. Inpossibile enim est . quicquid Z36v
coniecturatur ex his .
ad aliquem locum eorum sedecim non pertinere . quę nobis ab aristotele sunt insinuata. Quę uero philosophus infinitę multitudinis loca sub breuitate constrinxit . ex eis oportuit oratorem aliqua certius nominatim exprimere . quę ad oratorem maxime per- tinent. Quapropter et illud singulariter ad eum pertinuit ostendere . quia dum quatuor sunt conclusiones necessariorum argumentorum . ut uictorinus testatur . tres ex illis tantum conuenire oratoribus . quę supra dicte sunt . et quod probabilia argumenta id est credibilia . quę in tredecim locis inueniuntur . tribus causis fiunt credibilia . quę similiter dictę sunt ; consuetudine opinione similitudine; Ea enim maxime credimus quę ita fieri consuerunt . ut si mater est diligit filium; Medea tamen non dilexit! Nam G64va
si dilexisset non occidisset. Sic et ea facile creduntur . quę in opinione sunt . etiam si uera non sint . ut antipodes sub terra . ut cętus in abysso . qui ambiat terram . et dum bis se uertat inter diem et noctem . accessum maris
facere
et recessum. Ita et illa quę similitudinem habent! Ut si oppugnator

---

Z 2 eorum locum] *durch Zeichen umgestellt* 5 per tinent] *dazwischen kleines altes Loch im Pgm.* 8 oratoribus] *über* o^{1} *kleines Loch im Pgm.* *dictę 12 filium] u *auf Rasur* 14 uera uera] $uera^{2}$ *durch Einrahmung getilgt* 15 maris] i *auf Rasur* 16 *habent . ut *Punkt gehört hinter* 9 argumenta, 11 credimus, 12 est, 13 dilexisset, 16 illa.

G 2 aristotile 4 cercius 13 ea] ipsa 14 non *fehlt* 16 ita

patrię pęnam meretur . propugna- S2,61b
tor pręmium meretur; In his omnibus / nihil aristoteli cicero contrarium sensit;/ Sane ex illo habuit / ut hęc eadem diceret; Sumpta sunt autem ex ea parte logicę ! quam nunc agimus !i. dialectica ! quod interpretatur de dictione; Liquet enim ex ipso uo- P,LXXIII
cabulo ! ad oratorium usvm magis ea pertinere ! quia sermo .
est philosophorum ! oratorum est dictio; Unde et rhetorica dicitur
bene dicendi scientia; Constat ergo tota dialectica . in argv-
mentis ! et in eis quę ex ipsis producuntur ypotheticis syllogismis; Quorum propositiones per quamlibet coniunctionem proferuntur ! copulatiuam ! aut disiunctiuam ! aut causalem ! ut
aut ! et . si; Ideo ex duobus sumptis prędicatiuorum syllogismorum !
una efficitur conditionalis propositio; Unum sumptum est in prędicatiuo syllogismo! Omnis homo animal est ; et aliud est! Omnis
homo inmortalis est; Copulantur hęc coniunctione !si! in
unam condicionalem propositionem ; ut si omnis homo animal
est . nullus homo inmortalis est; Vna quoque propositione
prędicatiua . ut omnis homo animal est ! S2,62a

22 ea] eā 25 *hypotheticis 32 *conditionalem

patrię pęnam meretur . propugnator pręmium me- retur, Z37r In his omnibus nihil aristoteli cicero contrarium sen- sit. Sane ex illo habuit ut hęc eadem diceret; Sum- pta sunt autem ex ea parte logicę . quam nunc agimus . id est dialectica . P,LXXIII quod interpre- tatur de dictione. Liquet enim ex ipso uocabulo . ad oratorium usum magis ea pertinere . quia sermo est phylosophorum . oratorum est dictio. Unde et rhetorica dicitur . bene dicendi scientia. Constat ergo tota dia- lectica . in argumentis et in eis quę ex ipsis producuntur ypothe- ticis syllogismis; Q<u>orum propositiones per quamlibet coniunctionem profe- runtur . copulatiuam aut disiunctiuam aut causalem . ut et . aut . si . Ideo ex duobus sumptis prędicatiuorum syllogismorum una efficitur conditionalis propositio. Vnum sumptum est in prędicatiuo syllogismo . omnis homo animal est . et aliud est . omnis homo inmortalis est. Copulantur hęc coniunctione si. in unam condicionalem propositionem . ut si omnis homo animal est . nullus homo inmortalis est, Vna quoque propositione prędicatiua . ut omnis homo animal est .

Z 1-3 *großes altes Loch im Pgm.* 5 Liquet] *unter* i *punktartiger Tintenfleck,* u *übergeschr.* 6 *philosophorum 8/9 *hypotheticis 14 *.si. *bzw.* *si *conditionalem *Punkt gehört hinter* 3 habuit, 8 eis.

G 2 in aristotili 3 ſumpta 4 logice] g *übergeschr.* 5 oratorum 6 sermo philosophorum oratorum 7 rethorica 8/9 ypoteticis 10 ut] *davor* aut *durch 3 Punkte darunter getilgt* 14 si.] .si 15 si *fehlt*

fit conditionalis ! in hunc modum! Si homo est . animal est; Sola autem coniunctio .si! facit ut conditionales dicantur; Recte ergo apodictica dicitur . argumentatio ! quia ueritas demonstratur in disputando ; recte quoque et dialectica / cui in dicendo credibilis est argumentatio ;/ et non tam apta est disputantibus ! quam rhetorice suadentibus; Illi enim qui ratiocinantur ! in sua quadrata figura depictum cernunt ! quibus proloquiis conuenientibus necessitate credendum sit ! isti autem / quibus suadendi officium est ! certa loca habent ! unde sumant . quę credibilia dicant; Propterea latior est hęc pars argumentandi ! quam illa ratiocinandi; Ad plures enim uadit opinio . quam scientia ! et tamen pluris est scientia . quam opinio ! quia fallitur opinio ! non fallitur scientia; Nascitur autem opinio . maxime ex consuetis rebus ! ueluti consuetum est ! et fere solet fieri ! ut quod in toto ualeat ! ualeat in parte ; uel quod ualet in parte ! ualeat in toto; Quodsi semper ue- P,LXXIV
rum esset ! numquam in eis falleretur opinio; Nam si a toto uelis argumentvm ducere ! hoc aliquando uerum erit

S2,62a (zu fit conditiona-)

8 ratiocinantur] 13 ratiocinandi] ci *2mal übergeschr.* 14 scientia ;] *Haken des* ; *rad.*, / *übergeschr.* 18 ualeat[1]] *ualet 19 partæ] (*a zu e verb.*) *Punkt ist zu tilgen hinter* 4 dicitur.

fit con- ditionalis in hunc modum. Si homo est . animal est. Z37v Sola autem coniunctio si. facit ut conditionales dicantur. Recte ergo apo- dictica dicitur . argumentatio quia ueritas demon- stratur in disputando . recte quoque et dialectica cui in dicendo credibilis est argumentatio . et non tam apta est disputantibus qua<m> rethorice suadentibus. Illi enim qui ratiocinantur . in sua quadrata figura depictum cernunt . quibus proloquiis conuenientibus necessitate credendum sit . isti autem quibus suadendi officium est . certa loca habent unde sumant quę credibilia dicant. Propterea latior est hęc pars argumentandi . quam illa ratiocinandi. Ad plures enim uadit opinio quam scientia . et tamen pluris est scientia quam opinio . quia fallitur opinio . non fallitur scientia. Nascitur autem opinio maxime ex consuetis rebus . ueluti consuetum est et fere solet fieri . ut quod in toto ualeat . ualeat in parte . uel quod ualet in parte . ualeat in toto, Quodsi semper uerum esset . numquam in eis falleretur opinio. P,LXXIV Nam si a toto uelis argumentum ducere . hoc aliquando uerum erit

Z 1-4 *großes altes Loch im Pgm.* 2 *.si. *bzw.* *si 6 rethorice] rehtorice; *rhetorice 10 ista] *darüber* .illa *von anderer Hand als Korrektur übergeschr.* 14 ualeat[1]] *ualet quod[2] *übergeschr.* *Punkt gehört hinter* 3 argumentatio, 4 dialectica, 8 autem, 9 habent, 13 est. *Punkt ist zu tilgen hinter* 3 dicitur.

G 1 fit] sit 2 si facit . 3 dicitur argumentatio . 8 sit] fit isti sunt 10 illa] ta, *davor 2 Buchstaben rad.*

in hunc modum; Si mundus regitur diuina S2,62a prouidentia ! homo quoque qui pars eius est ! diuina prouidentia regitur; Item falsum erit hoc modo!

Si cicero homo est ! pes quoque ciceronis homo est;

Similiter a parte ! uerum aliquando trahitur argvmentum . hoc modo; Uno membro languente ! compatiuntur omnia membra; Falsum quoque ! ut est! Quia oculus uidet ! totum corpus uidet; Potest autem et unum exemplum proferri ! in quo aliquando sit uerum argumentum ! aliquando falsum;

Ut si putes lętum hominem ! si quem uideas ludentem et ridentem ! et dicas de eo! Lętus est ! namque ridet . et in lusu est; Hoc non semper uerum est ! quia S2,62b re uera et simulatione fit; Ab adiunctis enim hoc argumentvm ducitur; In omnibus namque argumentis probabilibus ! ad hunc modum ueritas et mendacium inuenitur; Tria sola argumentorum loca sunt ! quę et prius excepta sunt ! in quibus semper uervm est dicere ! secundum ciceronem ! si hoc est . illud est;

Sed uictorinus hoc destruit ! et contendit omnia argumenta potius esse probabilia ! ut scientia tantvm in apodicticis argumentationibus sit ! opinio autem in dialecticis; Et cum aristotiles ęque laborauerit in

24 prouidentia !] *Strich rad.* 28 Quia] i *übergeschr.* 2 adiunctis] i^2 *aus* e *rad.*

in hunc modum Si mundus diuina prouidentia regitur . homo quoque qui pars eius est diuina prouidentia regitur. Item falsum erit hoc modo. Si cicero homo est . pes quoque ciceronis homo est Similiter a parte uerum aliquando trahitur argumentum . hoc modo. Uno membro languente . compatiuntur omnia membra. Falsum quoque ut est Quia oculus uidet . totum corpus uidet. Potest autem et unum exemplum proferri . in quo aliquando sit uerum argumentum aliquando falsum; Vt si putes lętum hominem . si quem uideas ridentem et ludentem . et dicas de eo. Lętus est . namque ridet et in lusu est. Hoc non semper uerum est . quia re uera et simulatione fit, Ab adiunctis enim hoc argumentum ducitur In omnibus namque argumentis probabilibus . ad hunc modum ueritas et mendatium inuenitur; Tria sola argumentorum loca sunt . quę et prius excepta sunt . in quibus semper uerum est dicere secundum ciceronem . si hoc est . illud est. Sed uictorinus hoc destruit et contendit omnia argumenta potius esse probabilia . ut scientia tantum in apodicticis argumentationibus sit . opinio autem in dialecticis; Et cum aristoteles ęque laborauerit in Z38r

---

Z 3/4 *größeres altes Loch im Pgm.* 9/10 *dahinter größeres altes Loch im Pgm.* 11/12 *mendacium 13 dicere] *unter* d *punktartiger Tintenfleck* 15 argumentationibus] *unter* b *punktartiger Tintenfleck* *Punkt gehört hinter* 1 modum, 1,5 *2mal* quoque, 2,5 *2mal* est, 3 est², 7 argumentum, 10 ducitur.

G 6 occulus et] ut 7 sit] fit 9 de eo] dō (= deo) 10 adiuctis 11 in 12 et que p accepta] p acc *rad.* 13 cicerorem 14 distruit] i¹ *durch Punkt darunter getilgt,* e *übergeschr.* 16 aristotiles

utrisque !i. S2,62b
in docendis syllogismis apodicticę ! in quibus
omne iudicium est ! quę credi aut non credi debeant ! et in inueniendis argumentis dialecticę !
in quibus nondum est iudicium certum ! sed questio !
multum incusat stoicos cicero ! eo quod solum sibi assumpserint magisterium iudicandi !
et dereliquerint eam partem . quę est inue- P,LXXV
niendi.,

17 Huiusmodi syllogismorum scientiam apodi- S2,58b
cticam aristotiles nuncupauit.

---

16 *quęstio

Z38v

utrisque . id est . in docendis syllogismis apodictice̜ . in quibus omne iudicium est que̜ credi aut non credi debeant . et in inueniendis argumentis dialec- tice̜ . in quibus nondum est iudicium certum . sed questio . multum incu- sat stoicos cicero . eo quod solum sibi assumpserint magisterium iudicandi . et dereliquerint eam partem que̜ est inueniendi; P,LXXV

Z 3/4 *größeres altes Loch im Pgm.* 3 *que̜stio 6 *davor und darunter auf dem linken Rand Federproben* (ratio / tionem / *2 Neumen) halb rad. Punkt gehört hinter* 2 est, 5 partem. *Ntr folgt anschließend.*

G 1 apodictice, 3 dialectice (*Adverbien ?*) 1/2 iudicium est] iudicium .

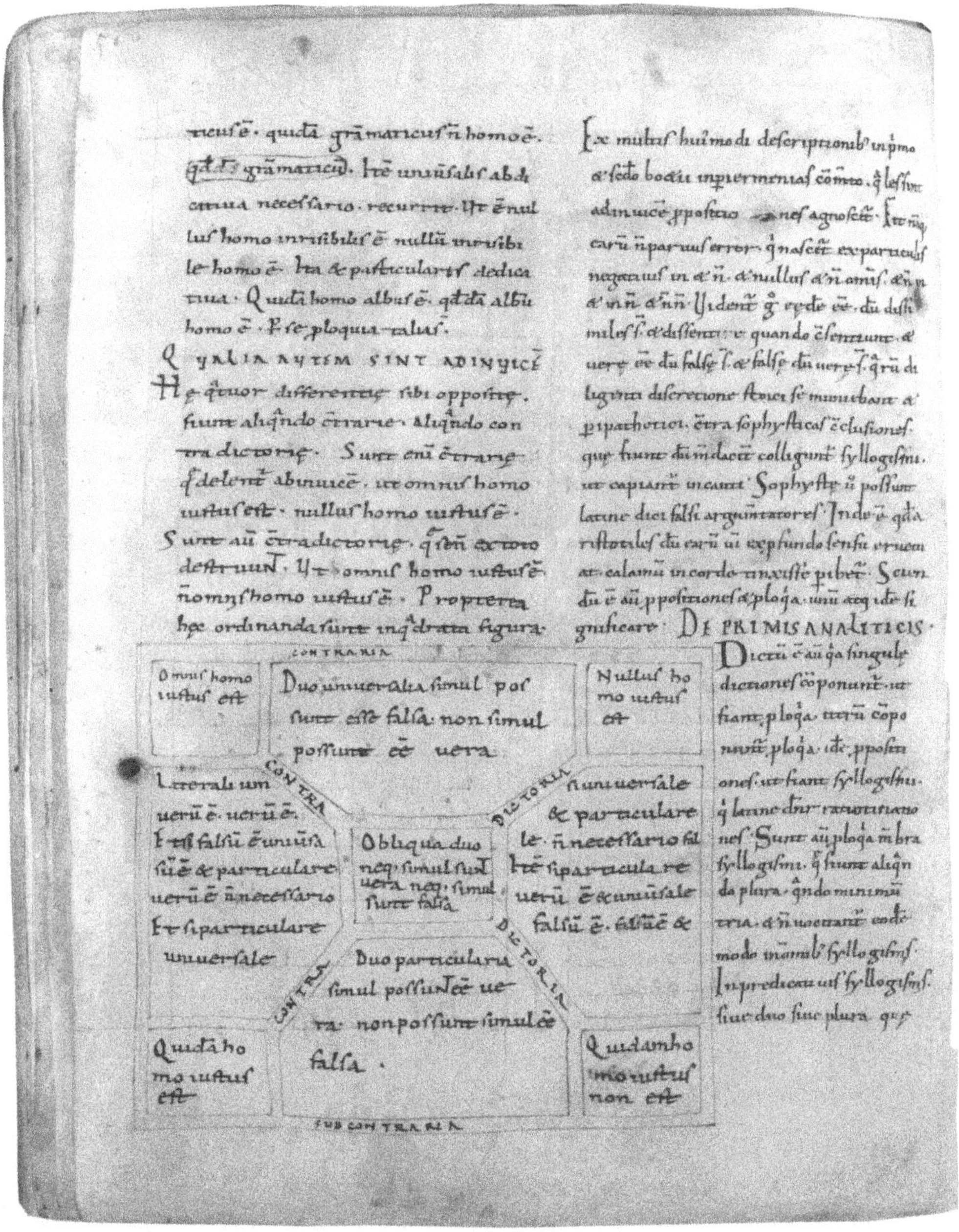

Codex Sangallensis 820 (S2), S. 56, aus der Schrift *De dialectica*
Carsten Seltrecht, dipl. Fotograf, St.Gallen

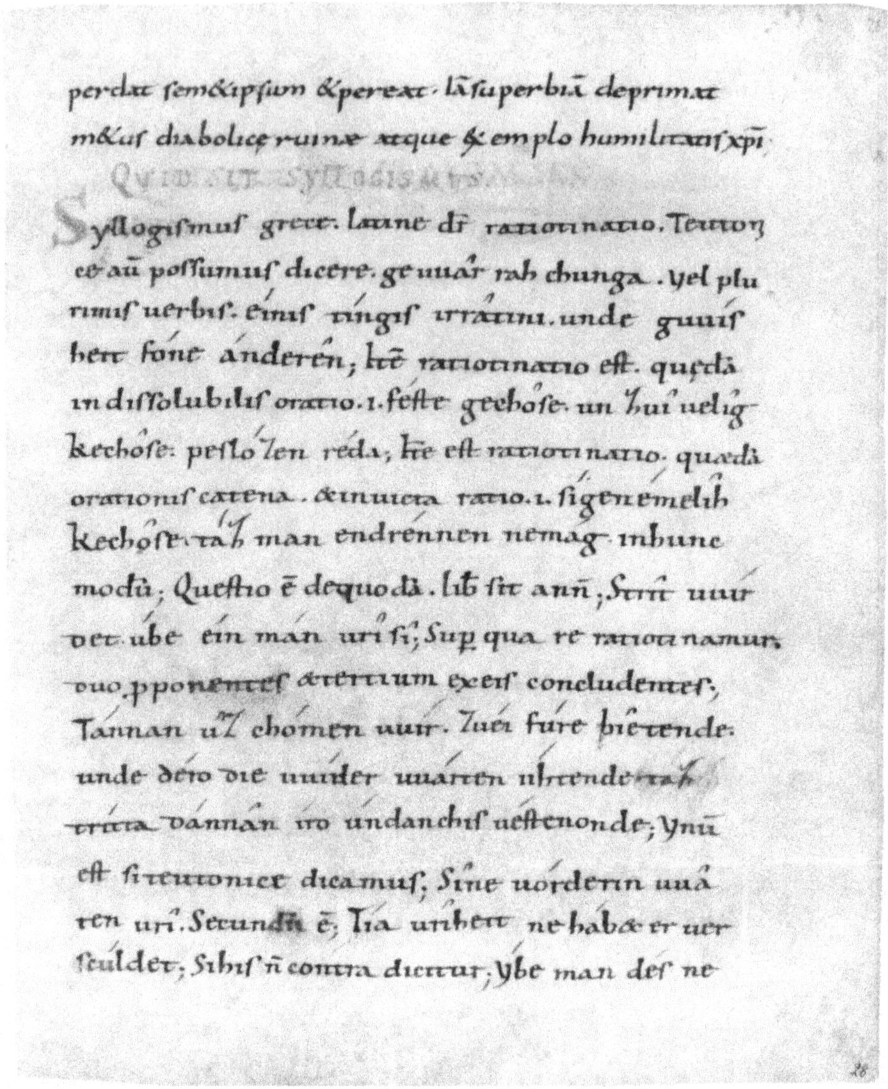
perdat semetipsum et pereat. ita superbiam deprimat
meus diabolice ruine atque exemplo humilitatis xpi.
QVID SIT SYLLOGISMVS
Syllogismus grece. latine dicitur ratiocinatio. Teutonice
autem possumus dicere. geuuar rahchunga. Vel plu
rimis uerbis. éinis díngis irrátini. unde guuís
hert fóne ánderen; hec ratiocinatio est. quedam
indissolubilis oratio. i. feste gechóse. unde unlig
kechóse. pesloзen réda; hec est ratiocinatio. quedam
orationis catena. et inuicta ratio. i. sigenemelih
kechóse. tah man endrénnen nemag. in hunc
modum; Questio est de quo dam. lib sit an non; Sóna uuir
det ube éin man urî sî; Super qua re ratiocinamur
duo proponentes et tertium ex eis concludentes;
Tánnan uuirt chómen uuir. zuei fúre biétende.
unde dero die uuíder uuárten uhtende. tah
trítta dánnán iro undanchis uéstenonde; Vnum
est si teutonice dicamus; Síne uórderin uuâ
ren urî. Secundum est; Ita unbert ne habet er uer
sculdet; Sibus non contra dicitur; Ybe man des ne

Codex Turicensis C121 (D), f. 28r, Anfang der Schrift *De syllogismis*
Photostelle der Zentralbibliothek Zürich

QUID SIT SYLLOGISMUS. 1. P596 D28r

Syllogismus grece . latine dicitur ratiotinatio. Teutonice autem possumus dicere . ge-uuâr-rah-chunga. *Uel plurimis uerbis .* éinis tíngis irrâtini . unde guuísheit fóne ánderên; *Item ratiotinatio est . quędam indissolubilis oratio .i.* féste gechôse . ún-zuî-uelîg kechôse . peslózen réda; *Item est ratiotinatio . quædam orationis catena . et inuicta ratio .i.* sígen-émelîh kechôse . táz man endrénnen nemág . in hunc modum; *Questio est de quodam . liber sit an non;* Strît uuírdet . úbe éin mán urî sî; *Super qua re ratiotinamur . duo proponentes et tertium ex eis concludentes;* Tánnan-ûz chómen uuír . zuéi fúre-bîetende . unde déro die uuíder-uuárten iíhtende . taz trítta dánnân íro úndanchis uéstenonde; *Unum est si teutonice dicamus;* Sîne uórderin uuâren urî. Secundum *est;* Tía urîheit ne-hábet er uersculdet; *Si his non contradicitur;* Úbe man dés ne-

1/2 Ende des 2. Buches der Differentiae von Isidorus Hispalensis.
3 Überschrift (rot) auf Rasur desselben, breiter und größer geschriebenen Textes, MUS danach noch sichtbar 4,7,9 3mal *ratiocinatio 5 *geuuârráchunga 6 *éines tínges errâteni 6,16 2mal *únde 6/7 *guísheít 9 *beslózen 10 sígen-émelîh] nach Akut[1] Punkt; *síge-némelîh 11 kechôse] unter ô kleiner Fleck, keine Rasur *indrénnen 13 *ratiocinamur 14 proponentes] nentes auf Rasur 15 bîetende] b aus p rad. und verb. 16 uuíder] d aus r verb. taz auf Rasur, über a rad. Akut, nach z rad. z noch sichtbar 17 *úndánches féstenônde 18 *uórderen 19 Secundū] dū auf Rasur *Tîa urîhéit háb&

mág kelóugenen; *Sequitur;* Pe‿díu ist óuh ér urî. D28v
Tale est; Úbelis keséllin mág man uuóla in- P597
gélten; *Hoc primum est;* Tés man mág ingél-tin . tén sól man mîden. *Hoc secundum;* Úbe-lin ge-séllin . sól man uirmîden. *Hoc tercium . ex duobus conficitur; Similiter cum dicitur.* Ne-âze dû; Nedrún-che dû . *duo sunt quę generant hoc tercium.* Sô bíst tu nûehternîn. *Item queritur de quolibet . quare uxorem non ducat; Et respondetur;* Úbela neuuíle er. Cuôta ne-uíndet er; *Hæc duo . conficiunt hoc tercium;* Pe díu nege-hîit er; *Item.* Scálh nehábet er; Díu nehábet er; *Sequitur;* Uués hêrro ist er dánne? *Item dubitanti . eat an maneat . proponitur sic .I.* sús crûozit man in. Sús kât man in ána. Tû ne máht pêdiu tûon . pîtin ióh hína-rîtin; *Respondet.* Íh uuíle hína-rîtin. *Dicitur ei.* Pe‿díu nemáht tû bîten; *Item proponitur ei . qui inminente periculo . recusat nudus effugere . et sic se saluum facere;* Uuédir ist pézera . állero únsâldon héime zé‿ge-bîtenne. Álde állen sâldon . ze hólz ze in-drín-nen-ne.,

2 *Úbeles keséllen 3/4 *ingélten 4/5 *Úbelen geséllen 5 *uermîden 5,7,10/11 *3mal* *tertium 6 âze] *danach Tintenfleck auf Zeilenhöhe, kein Punkt* 6/7 Ne drúnche] e *und* d *durch Strich verbunden (darunter Strich mit Bleistift);* *Netrúnche 8 *tû *nûohternîn queritur] *über* q *ein* V *oder* N *rad.; über* e *und über Schleife des* r *punktartiger Tintenfleck;* *quęritur 10 *er . kûota uínd& 11 *negehîet nehább& 12,19 *2mal* *íst 12 dánne;] ; *unter Schleife des Fragezeichens (Haken des ; nicht rad.?)* 13 maneant] n² *durch Punkt darüber und darunter getilgt* *.i. 14 cruôzit] o *aus* u *verb.;* *crûozet *2mal* *ín 15 *péidíu *pîten 15/16 *2mal* *rîten 16 uuílæ] a *zu* e *verb.* Dicitur] Dioitur 18 facere] fa *auf Rasur* *Uuéder 19 *únsâldôn *ze 20 *állên sâldôn in-drín-nen-ne] *Akut auf kleinem Tintenfleck*

Assumenti . ze‿hólz . ze‿hólz. *Infertur.* Pe‿díu ne-bît D29r
hîer hêime! *Uulgares syllogismi tales sunt;* I. Tîe
die líute ûobint; *Et ex eis uidentur quidam esse qui*
latine dicuntur predicatiui . alii autem qui dicuntur
conditionales; Hęc enim duo sunt eorum genera; Predica-
tiuus est . ter gesprócheno âne íba . *conditionalis* . ter
gesprócheno mit íbo; *Est autem* íba . *quod dicimus* úbe . *con-*
iunctio si; Constat autem omnis syllogismus proloquiis .i. propo-
sitionibus . ut homo animal est; Álle syllogismi uuérdent
ûzer proloquiis; *Proloquia dicamus* . crûezeda. *Similiter*
propositiones . crûezeda; *Item; Propositiones* . pîetunga;
Alii dicunt . peméinunga; Uuémo pîeten uuír sie?
Uuémo . beméinen uuír sie? *Utique illi . quem uolumus con-* P598
cludere . tén uuír úber-uuínden uuéllên. D E 2.
P R Ę D I C A T I U O. *In predicatiuo syllogismo . inueniuntur*
tria proloquia . quorum duo sumpta dicuntur .i. keiíhte;
Uués keiíhte? uués iêunga? *scilicet aduersarii; His*
infertur . tertium . quod inlatio dicitur .i. nâh-spréchunga. *A quo infertur? A conuincente .i.* fóne demo úber-
uuindâre. *Sumpta conexa sibi sunt . ita ut utrumque*

1 *ze hólz ze indrínnenne . *infertur* 2 *héime *sunt .i. tîe 3 *ûobent 4 *prędicatiui 5/6 *Prędicatiuus 7 íbo] *darüber scheint Rotes der anderen Seite durch, keine Rasur* 8 syllogismus] *rotes T der anderen Seite scheint durch* syll *hindurch,* ⌈2 *übergeschr.* 9 syllogismi] *danach punktartiger Tintenfleck auf Zeilenhöhe* 10,11 *2mal* *crûozedâ 12 *bîetên 12,13 *2mal* sie;] ; *unter Schleife des Fragezeichens (Haken des ; nicht rad.?)* 13 *beméinên 15 PRĘDICATIUO] O *übergeschr.* *prędicatiuo 16 keiíhte] ei *auf Rasur* 17 *iéhungâ 19/20 *úberuuíndâre *Punkt ist zu tilgen hinter* 13 uuémo, 18 infertur.

partem habeat alterius; Tíe geiíhte . háftent zu éinen ánde- D29v
rên . îo-uuéderiz ánderis téil hábende; *His duobus con-*
ficitur illatio . partem capiens utriusque sumpti; Fóne dîen
zuéin uuírdit taz slóz . pé<i>dero téil hábende; *Ipsius autem*
proloquii partes . sunt subiectiuum et declaratiuum .i. táz
fúndament . unde dáz úber-zímber; *Homo subiectiuum*
est . animal est declaratiuum QUOT FORMAE SINT 3.
PRAEDICATIUI. *Tres formę sunt predicatiui* .i. tríu
bílde; *Prima est . in qua declaratiua particula supe-*
rioris sumpti . sequens efficitur subiectiua . aut sub-
iectiua superioris . declaratiua sequentis; Án‿demo êristin
bílde . uuéhselônt tiu sumpta; Tes êrerin úber-zímber .
uuírdit tes áfterin fúndament . álde des êrer[er]in fúndament uuírdit tes áfterin úber-zímber; *Ut omnis*
homo animal est; Omne animal substantia est; Omnis
homo substantia est; Ál dáz ménnisco íst . lîb-háfte díng
íst. Ál daz lîb-háfte íst . cáscaft íst. Ál daz ménnisco íst .
cáscaft íst. *Declaratiua prioris sumpti . facta est subiectiua* P599
sequentis. Item. Omnis homo animal est. Omne risibile
homo est; Omne risibile animal est; Ál dáz ménnisco

1 *Tie háftent] n übergeschr.; *háftênt *éinên 2 *uuéderez ánderis] s auf Rasur; *ánderes 4,13,14 3mal *uuírdet 5 *taz 6 *daz 8 *prędicatiui 9 Prima] P auf Rasur 10 effecitur] e^2 zu i verb. 11 *êresten 12 uuéhse-lônt] h übergeschr. 12,13 2mal *êreren 13,14 2mal *áfteren 14 dament] 15 substantia] Rotes der anderen Seite scheint durch, keine Rasuren 17,18 2mal *keskáft 17 2mal *íst Punkt gehört hinter 7 declaratiuum.

íst . lîb-háfte ist; Ál daz láchên mág . ménnisco ist; D30r
Al dáz láchêt . lîbhafte ist; *Subiectiua prioris . facta est . declaratiua sequentis ; predicantur autem proloquia . uniuersaliter et particulariter . dedicatiue et abdicatiue.* Síu tûont ío éin-uuédir . ságent álde uerságent . ál . álde súm; QUOT MODOS HABEAT PRIMA 4.
FORMA. *Prima forma nouem modos habet;* Taz êrista bílde . hábit níun uuîsun; *Primus modus est;* Tiu êrista uuîsa ist; *In quo conficitur ex duobus uniuersalibus dedicatiuus . uniuersale dedicatiuum directim;* Tíu uóne zuéin ál-uéstenungôn . éina ál-uéstenunga máchôt . in ríhtî .i. álso sî befóre bechêrit uuárd; *Ut est omne iustum honestum; Omne honestum bonum; Omne igitur iustum bonum.* Állero réhtolîh . zímîg. Ál zímilîh . cûot; Álliz réht . cûot; *Si reflexim inferas;* Úbe dû áber dia illationem mísse-chêrist; *Omne bonum iustum;* Álliz cûot réht . *non sequitur* . táz ne-íst nîeht uuâr; *Sed particulariter potest inferri;* Aber éines téiles . mág iz uuâr sîn; *Quoddam igitur bonum iustum;* Súmelih cûot . ist réht; *Et efficitur quintus modus; Qui sola inlatione differt a primo modo;* Tér demo

1,2,9,19 5*mal* *íst 2 *Ál *lîbháfte 3 *prędicantur 5 *îo éinuuéder uerságent] e[1] *aus* i *verb.* 6 QUOT] QUOD 7 Prima] P *auf Rasur* 7,8 2*mal* *êresta 8 *hábet *uuîsûn 10 uniuersale] r *übergeschr.* directim] di *auf Rasur* 11 ríhti 12 *bechêret 14 *zímelîh 14,16,19 4*mal* *kûot 14,16 2*mal* *Állez 15 *míssechêrest 19 *Súmelîh 20 differt] f[1] *übergeschr.* démo] *Akut rad.*

êristin úngelîh ist . échert án demo ûz-lâze; *Secundvs modus est . in quo conficitur ex uniuersali dedicatiuo et uniuersali abdicatiuo . uniuersale abdicatiuum directim;* Án‿demo ándermo uuírdit . fóne állis-féstenúngo . unde álles-lóugene . éin állis-lóugen . in ríhti . *ut est. Omne iustum honestum; Nullum honestum turpe; Nullum igitur iustum turpe.* Állez réht . kezâme; Nehéin gezâme . únêra; Ne-héin réht únêra; *Si reflectas;* Úbe du iz mísse-chêrist; *Nullum igitur turpe iustum;* Ne-héin únêra réht; *Efficitur sextus modus; Et sunt similiter isti duo . in clausula tantum dissimiles; Tertius modus est; In quo conficitur ex particulari dedicatiuo . et uniuersali dedicatiuo . particulare dedicatiuum directim;* Ter drítto gíbit . fóne súmis-féstenungo . únde állis-féstinungo . éina súmis-féstenunga; *Ut est quoddam iustum honestum; Omne honestum utile; Quoddam igitur iustum utile.* Súmelîh réht zímelih; Ál zímelîh núzze. Súmelîh réht . núzze; *At si reflectas;* Úbe du iz áber mísse-chêrist ; *quoddam igitur utile iustum;* Súmelîh núzze réht; *Erit septimus modus; Et hi duo tantum in clausula dissimiles; Quartvs*

D30v P600

1 *êresten ist .] *unter Punkt kleiner Tintenfleck rad.;* *íst 3 abdicatiuum] ab *auf Rasur* 4 *uuírdet 4/5,14 *2mal* *állesféstenungo 5 *únde *álleslóugen^2 6/7 *Rotes der anderen Seite scheint oft durch* 9 *davor kurzer Strich auf dem Rand* du iz mísse] *auf Rasur, nach* du *ein* z, *über* mi *2mal Schleife von* ſ *noch sichtbar* 9,18 *2mal* *míssechêrest 14 *gíbet súmis-féstenungo] festen *auf Rasur;* *súmesféstenungo 15 *súmesféstenunga . in ríhte. quoddam] d^2 *aus Ansatz einer Oberlänge verb.* 17 zímelih] z *aus Ansatz von* r *oder* n *verb.;* *zímelîh 20 Et hi duo] Et hi d *auf Rasur*

modus est . *in quo conficitur ex particulari dedicatiuo . et uniuersali abdicatiuo particulare abdicatiuum . directim.* Ter uîerdo máchôt fóne téilis-uéstenungo . unde uóne allis-lóugene . éinen téilis-lóugen . in ríhte; *Ut est; Quoddam iustum honestum; Nullum honestum turpe; Quoddam iustum non est turpe;* Ételih réht . zímîg; Ne-héin zímelîh únera; Ételih réht . nehéin únera; *Reflecti non potest; Quia particulare abdicatiuum et uniuersale dedicatiuum . non semper si conuertantur uera sunt; Octauus modus est . in quo conficitur ex uniuersali abdicatiuo et uniuersali dedicatiuo . particulare abdicatiuum reflexum;* Ter áhtôdo tûot fóne álles-lóugene . únde álles-féstenungo . éinin téilis-lóugin . missechêrtin; *Ut est; Nullum turpe honestum; Omne honestum iustum; Quoddam iustum non est turpe;* Ne-héin únera zímîg; Ál zímilîh réht; Súmilih réht . ne-héin únera; *Nonus modus est . in quo conficitur ex uniuersali abdicatiuo et particulari dedicatiuo . particulare abdicatiuum reflexim;* Ter nîundo máchôt

D31r · P601

3/4 *téilesféstenungo 4 *únde allis-lóugene] u über o, Akut über g übergeschr.; *állesloúgene 4/5 *téileslóugen 6 non] n^{1} aus Ansatz eines p mit pro-Schleife verb. réht] danach e rad. 7,8,17,18 4mal *únêra 13 *reflexim 14 *éinen téileslóugen *míssechêrten 16 iustum] iustu auf Rasur non est auf Rasur 17 zímîg; Ál] rotes H der anderen Seite scheint durch g; Á hindurch, keine Rasuren *zímelîh *Súmelîh 20 *níundo

fóne állis-lóugine . únde téilis-féstenungo . éinen téilis-lóugen míssechêrtin; *Ut est; Nullum turpe honestum; Quoddam honestum iustum; Quoddam igitur iustum . non est turpe;* Nehéin únera zímelîh; Súm zímelîh réht; Súmelîh réht . ne-íst únera. *Ubicumque reflexio est .i. conuersio . predicati in illatione;* So uuâr míssechêrda uuírdit . tés man spríchit án demo slóze; *Ibi semper fit subiectiuum . quod prius erat in sumptis declaratiuum . aut fit declaratiuum . quod in sumptis prius erat subiectiuum;* Târ uuírdit ío daz fórdera . táz fóre uuás taz áftera; Álde daz áftera . dáz êr uuás taz fórdera; D31v

D E S E C U N D A F O R M A. 5.

Secunda forma est . in qua declaratiua superioris sumpti . eadem est etiam declaratiua sequentis; Taz ánder bílde ist . án démo der áftero téil . tero êrerun geiíhte . áber uuírdit ter áftero . án dero ánderûn geiíhte;

Q U O T M O D O S H A B E T. 6.

Habet autem quatuor modos; Primus est . in quo conficitur ex uniuersali dedicatiuo . et uniuersali abdicatiuo . uniuersale abdicatiuum directum; Án demo êristen modo

1 *álleslóugene *téilesféstenungo 2 *téileslóugen míssechêrten 4,5 *2mal* *únêra 6 reflexio] i über o übergeschr. *prędicati Sô] *Zkfl. rad.* 7,10,16 *3mal* *uuírdet 7 *spríchet 8 prius] pri auf Rasur 10 dáz] Akut rad. 11 Alde] Akut über d 15 *íst *dér *dero *êrerûn 17 *HABEAT Hab&] ab& auf Rasur 20 *directim *êresten modo] o[1] übergeschr.

uuírdit . fóne állis-féstenungo . únde uóne állis-lóugene . ein állis-lóugen . in ríhte; *Ut omne iustum honestum; Nullum turpe honestum; Nullum igitur iustum turpe;* Álliz réht zímelîh; Ne-héin únera zímelih; Ne-héin réht únera; *Si reflectas. Nullum turpe iustum;* Mísse-chêrist tû den ûz-lâz; Ne-héin únera réht . *hoc iterum uniuersalis abdicatiua erit . et uerum erit.* Táz cât ál éinis; *Ita et in ceteris tribus modis; Secundus modus est . in quo conficitur ex uniuersali abdicatiuo . et uniuersali dedicatiuo . uniuersale abdicatiuum directum;* Ter ánder máchôt fóne állis-lóugene . únde állis-féstenungo . éinen állis-lóugen; *Ut est; Nullum turpe honestum; Omne iustum honestum; Nullum igitur turpe iustum;* Nehéin únera zímelîh. Álliz réht zímelih. Ne-héin únera réht. *Si reflectas eadem uniuersalis abdicatiua erit . et idem modvs; Tertius modus est . in quo conficitur ex particulari dedicatiuo . et uniuersali abdicatiuo particulare abdicatiuum directim;* Ter drítto máchôt fóne téilis-féstenungo . únde állis-lóugene . éinin téiles- P602 D32r

1 *uuírdet 1,12 2*mal* *állesféstenungo 1,11/12,20 3*mal* *állеslóugene 2,12 2*mal* *álleslóugen 3,15 2*mal* *Állez 4,5,14,15 4*mal* *únêra 4 *zímelîh[2] 5/6 *Míssechêrest 6 Ne-héin] *über* éin *wohl Tintenfleck rad.* 8 *kât *éines . 9/10 abdicatiuo;] ; *zu* . *rad. und verb.* 11 *directim 12 *álleslóugen . in ríhte. 14 Nehéin réht] réht *durch Kreis drum getilgt, Zkfl. rad.* 15 *zímelîh Si reflec-] *über* i ref *Rasur* 18 particulare] a[2] *aus* e *verb.* 19/20 *téilesféstenungo 20 *éinen Punkt gehört hinter* 15/16 reflectas.

lóugen in‿ríhte; *Ut est; Quoddam iustum honestum;* D32v
Nullum turpe honestum; Quoddam igitur iustum non est turpe. Súmelîh réht zímelih. Nehéin únera zímelîh. Súmelih réht . neíst únera; *Quartus modus est . in quo conficitur ex particulari abdicatiuo et uniuersali dedicatiuo particulare abdicatiuum directum;* Ter uîerdo tûot fóne téiles-lóugene . únde álles-féstenungo . éinen téiles-lóugen; *Ut est. Quoddam iustum non est turpe; Omne malum turpe; Quoddam igitur iustum non est malum;* Súmelih réht neist únera. Álliz úbil íst únera; Súmelih réht neist úbel;

D E T E R T I A F O R M A. *Tertia forma est . in* 7. P603
qua subiectiua superioris sumpti . eadem est etiam subiectiua sequentis; Taz trítta bílde íst . án‿démo der êrero téil . tés fóre gântin *sumpti* . áber der êrero uuírdit . án‿demo áfterin *sumpto*; Q U O T M O D O S H A B E A T. 8.

Sunt autem eius sex modi; Primus est . in quo conficitur ex duobus uniuersalibus

---

1 lóugen inríhte] lóugen inri auf Rasur, ú über o, Schleife eines g unter u, r vor und Akut über in noch sichtbar 3 *zímelîh 3/4,4,11,12 4mal *únêra 5 modus] m auf Rasur 4,11,12 3mal *Súmelîh 7 *directim 9 lóugen] danach * . in ríhte non] über erstem Strich von n^1 Oberlänge rad. 11 réht] mit Einfügungspunkt übergeschr. únera] Akut auf leichtem Tintenfleck, keine Rasur 11/12 2mal *neíst 12 *Allez úbel 15,16 2mal *dér 16 *des *gânten 17 *uuírdet 18 *áfteren 20 uniuersalibus .] $\lceil^2$ aus Ansatz von r (?) verb., Punkt rad.

dedicatiuis . particulare dedicatiuum directum; Ter êristo tûot fóne zuéin álles-féstenungon . éina téiles-féstenunga . in‿ríhte; Ut est; Omne iustum honestum; Omne iustum bonum; Quoddam igitur honestum bonum. Álliz réht zímilih; Állez réht cûot; Súm zímelîh cûot; Secundus modus est ; in quo conficitur ex particulari dedicatiuo et uniuersali dedicatiuo . particulare dedicatiuum directim. Ter ánder máchôt fóne téilis . únde állis-féstenungo . éina téilis-féstenunga in‿ríhte. Ut est; Quoddam iustum honestum; Omne iustum bonum; Quoddam igitur honestum bonum; Súmiz réht zímelîh; Álliz réht cûot; Súm zímelîh cûot; Tertius modus est . in quo conficitur ex uniuersali dedicatiuo et partilari dedicatiuo . particulare dedicatiuum directim; Ter drítto tûot fóne állis-féstenungo . únde téilis-féstenungo . éina téiles-féstenunga . in‿ríhte; Ut est; Omne honestum iustum; Quoddam honestum bonum; Quoddam igitur iustum bonum; Ál zímelîh réht; Súm zímelîh cûot; Súmiz réht cûot; Quartus D33r

1 *directim 2 *êresto *állesféstenungôn 5,12 2mal *Állez *zímelîh réht[2]] re auf Rasur 5,6,13,20 6mal *kûot 9 *téiles állis-féstenungo] Akut auf durchscheinender Schleife des roten Q der anderen Seite, keine Rasur 9,16 2mal *állesféstenungo 10,17 2mal *téilesféstenunga 12,20 2mal *Súmez 15 dedicatiuo] über ca scheint das rote S der anderen Seite durch 16/17 *téilesféstenungo 20 Quartus] das h von ríhte der anderen Seite scheint durch t hindurch, keine Rasur

P604 D33v

modus est ; in quo conficitur ex uniuersali dedicatiuo . et uniuersali abdicatiuo . particulare abdicatiuum directum; Ter uîerdo tûot fóne állis-féstenungo . únde allis-lóugene . éinen téilis-lóugen in‿ríhte; *Ut est; Omne iustum honestum. Nullum iustum malum; Quoddam igitur honestum non est malum;* Álliz réht zímelîh; Ne-héin réht úbel; Súm zímelîh . ne-íst úbel; *Quintus modus est . in quo conficitur ex particulari dedicatiuo . et uniuersali abdicatiuo particulare abdicatiuum . directim;* Ter uínfto tûot fóne téilis-féstenungo . únde állis-féstenungo . éinin téilis-lóugen; *Ut est; Quoddam iustum honestum; Nullum iustum malum; Quoddam igitur honestum non est malum.* Súmez réht zímilîh. Ne-héin réht úbel. Sum zímilîh ne-íst úbel; *Sextus modus est . in quo conficitur ex uniuersali dedicatiuo . et particulari abdicatiuo . particulare abdicatiuum directim;* Ter séhsto tûot fóne állis-féstenungo . únde téilis-lóugene . éinen téilis-lóugen . in ríhte. *Ut est; Omne iustum honestum; Quoddam iustum*

3 directum] direhtum; *directim 3,11/12,18 *3mal* *állesféstenungo 4 *álles-lóugene 4,19 *2mal* *téileslóugen 6 *Állez 8 est;] *Haken des ; rad.* 11 *téilesféstenungo 12 *éinen téileslóugen . in ríhte. 14,15 *2mal* *zímelîh 15 *Súm modus] o *übergeschr.* 19 *téileslóugene 20 Ut] *rotes Q der anderen Seite scheint durch, keine Rasur*

D34r *non est malum; Quoddam igitur honestum non est malum;* Álliz réht zímelîh; Súmelih réht ne-íst úbel. Súm zímelîh ne-íst úbel. *Omnes igitur modi certum ordinem tenent. Eiusdemque ordinis ratio est quę in ipsis formis demonstrata est;* Álle die módi stânt pe hêri; Uuáz tíu hêri sî . táz skînit án‿sélben tien formis. *Quia merito prima dicitur . in qua omnimodo concludi potest . uniuersaliter et particulariter . dedicatiue et abdicatiue; Deinde secunda . in qua uniuersaliter et particulariter . nisi per contrarium .i. abdicatiue concludi non potest; Tertia demum in qua tan[n]tum particulariter concluditur.* Tíu forma íst hêrista . tíu ze állen uuîson beslózin uuírdit. Tíu dára-nâh . tíu ze zuéin uuîsôn; Tíu óuh tára nâh . P605 tíu ze éinero uuîs . peslózen uuírdit; *Item in prima forma illatio fit ex præcedenti subiectiua et declaratiua; In secunda forma . ex duabus subiectiuis præcedentibus. In tertia ex duabus declaratiuis præcedentibus efficitur illatio; Item in prima forma concluditur . aliquando directim aliquando re-*

2 *Állez *Súmelîh 4 ratio] *auf Rasur, davor* e *noch sichtbar* .est *mit Einfügungspunkt übergeschr.* 5 *modi 6 *skînet *sélbên 11 n̄ (= non) *übergeschr.* 11/12 tan/ntum] ta *auf Rasur*, n^2 *nicht rad.* 12 particulareter] e^1 *zu* i *verb.* 13 *hêrôsta *állên uuîsôn beslózen 13,15 *2mal* *uuírdet 16-18 *Rotes der anderen Seite scheint durch, keine Rasuren* 18/19 præcedentibus] bu *übergeschr. Punkt gehört hinter* 20 directim.

flexim; In secunda et tertia nonnisi directim; D34v
Uel si reflectas . modum non mutabis; Possumus autem non uno modo interprætari honestum et turpe; Dicamus zímîg únde unzímîg . chú-isg únde únchuisg . êra únde únera . uel differentius êrsam únde únersam; Sed hæc uidentur unum significare; Intellegimus tamen êrsam . sámint êron; Sic[c]ut dicimus lóbesam; Sámint loben ; mínnesam . sámint mínnon; Hánt-sam . sámint hándin; Lústsam sámint gelústin. Rât-sam sámint râte; Nam et antiqui . bonum honestum uirtutem . idem esse iudicabant; Similiter malum turpe uitium . pro uno putabant. Nos autem bonum dicimus omnem dei creaturam . illi eam indifferens uocabant .i. neque bonum neque malum;

DE CONDITIONALI SYLLOGISMO . QUOT MODOS ET PARTES HABEAT. 9.

Sicut decem et nouem modi sunt prędicatiui syllogismi; Ál-so níun-zên uuîsun sínt . tés sléhto gespró-che-

3 *interpretari 4 *únzímîg 4/5 *chíuske 5 *únchíuske *únêra 6/7 2mal *êrsám 6 *únêrsám 8,9,10,11 5mal *sáment 8 *êrôn 8/9 *lóbesám . sáment lóbên; Mínnesám 9 *mínnôn *Hántsám 10 *hánden Lústsam] t übergeschr.; *Lústsám *gelústen 10/11 *Râtsám 11 bonum] über u Rasur 15 bonum übergeschr. 18 andere Seite scheint durch, keine Rasuren, kein Punkt nach decem 19 modi] Oberlänge des d oben anrad. syllogismi] punktartiger Tintenfleck über l²; gi auf Rasur 20 *uuîsûn tés] danach punktartiger Tintenfleck; *tes 20f. *gespróchenen

nin *syllogismi . sic sunt conditionalis vii. modi.* D35r Sô sint síben uuîsun tés mít kedíngun gespróchenin . únde mít íbo. *Et sicut eius partes tres sunt . duo sumpta et illatio . ita et istius tres* SUNT . *propositio adsumptio conclusio.* U N D E E I V S P A R - 10. P606 T E S S I N T D I C T A E *Reddenda est autem ratio quare sic dicantur partes utriusque.* Mán sol uuîzin . zíu sie sô héizên. *Nam ut dictum est . sumpta .i. concessa . aduersarii sunt . illatio proponentis.* Zuêne téila sínt tés . tén man iíhtet . ter drítto des iíhtâris. *Et nisi prius sumat aduersarius quę ei proponuntur! Non habet proponens . quod inferat.* Ter aduersarius ne-iéhe . ánderis nebíndit ín . ter iíhtâre. *Illatio uinculum est . ex sumptis factum.* Mít tíu man ín bíndit . táz chúmet fóne sînero geiíhte. *Ergo in sumptis concessio . in illatione uiolentia.* Fóne díu . échert ér zuéio iéhe . tes tríttin íst nôt. *In predicatiuo namque syllogismo . alius sumit et eius sunt sumpta .*

1 syllogismi] über y *Strich (Akut?) rad.* *.vii. *bzw.* *vii 2 *sínt *uuîsûn *des 2/3 *kedíngûn gespróchenen 4 duo] *unter* u *kleines Loch im Pgm.* 7 autem] *über* e *dünner Strich (*z *von* ze *der anderen Seite scheint durch)* 8 *Man sól uuízen 9 sumpta] *über* m *Strich (*T *von* Táz *der anderen Seite scheint durch)* 10 Zuêne] Z *mit Bleistift unterstr.* 11 iíht& *iíhtâres 12 *non 13 inferat] infe *auf Rasur* 14 *ánderes *nebíndet 16 *bíndet 16 chúm& 17 Ergo] E *auf Rasur* concessio] i *aus* e *verb.* 19 tés] *Akut rad.* *trítten nôt] t *aus* ht *rad. und verb.* *prędicatiuo *Punkt gehört hinter* 5 DICTAE, 6 ratio.

alius infert et eius est illatio. Án‿dero sléhtûn slóz-rédo . téilint síh tiu partes. Zuéi sínt tes éinen . daz trítta des ánderin. *In conditionali autem* . cuius est propositio . *eius est et* assumptio . atque conclusio. Áber mít kedíngun uuâr-ráchondo . hôrint álliu diu téil . ze‿éinero hánt. *Sed* propositio *est* . táz man ze êrist píutet*!* Assumptio daz ánder . dáz man nímet zûo demo êrerin. *Quare?* Táz man siu béidiu bîete. Quę duo *si* conceduntur . eadem *lege sicut in* prędicatiuo . *tertia necessitate subsequitur* conclusio. Úbe dánne déro gebótenôn zuéio geiégen uuír-det . só‿ne-urâget nîo-man des trítten . uuánda sîn nôt íst. D35v

Namque *qui concludit in conditionali* . suam sententiam concludit*; Qui autem infert in* prędicatiuo . sumenti .i. concedenti *aduersario infert* . et *ideo non sunt eadem uocabulo* . tribus *illis* partibus et istis. Án‿demo conditionali . séhent tie námen dero pár-

1 dero] *unter* e *kleiner, kommaförmiger Tintenfleck* 2 *téilent 3 dáz] *Akut rad.* *ánderen eius] *unter* s *kleines Loch im Pgm.* 5/6 *andere Seite scheint durch, keine Rasuren* 5 *kedíngûn 6 *uuârráchôndo *hôrent állíu 7/8 *êrest 8 píut& *píutet . assumptio 9 ním& *êreren *síu 10 *béidíu 13 uuír d& *sô urâg&; *urâgêt 20 tîe 20f. *partium

tium . zûo demo éinen déro strîtenton. In‿demo prędicatiuo . séhent siu mêr zûo demo ánderen. P607 D36r

D E F O R M A E I U S Est et illud sciendum . quia conditionalis propositio . componitur ex duabus prędicatiuis. Prędicatiuę et simplices propositiones sunt . quę singulis uerbis constant ut homo est . animal est. Sine uerbo enim nulla propositio. Compositę et conditionales sunt . quando si coniunctio duas prędicatiuas in unam copulauerit. Ut si homo est animal est. Aliæ quoque coniunctiones copulatiuę aut disiunctiuę tales faciunt. Ut aut dies est aut nox. Et sol super terram est . et dies est. Neque sol super terram est . neque dies est. Tiu coniunctiones uuírchint éina propositionem . ûzer zuéin. Et quia ipsa propositio .i. prima pars conditionalis syllogismi . ita bifida est in suis partibus quibus composita est . harum partium utramuis assumere necesse est . per affirmationem uel negationem . et dehinc ex ea quę restat con- 11.

1 *démo *dero strîtentôn 2/3 ánderen] a aus i-Strich verb. 3 Überschrift teilweise vorgeritzt 15 *uuírchent Punkt gehört hinter 3 EIUS, 11,13 2mal est[1].

cludere . *simili affirmatione uel negatione.* Taz êrista D36v stúcche des syllogismi íst zuískiz. Ûzer dés hálben téile . uuírdit taz ánder stúcche des syllogismi . mit lóugene álde mit féstenungo. Ûzer des kemáchin . uuírdit taz trítta . óuh mít lóu-gene álde mít féstenungo. V N D E S V M A N T V R 12.

*F*iunt autem omnes *ypotetici* .i. *conditionales syllogismi . aut ex naturaliter coherentibus .* aut omnimodo *dissidentibus.* Síe uuérdint álle uóne dîen . díu síh nîo-mer neskéident . P608 álde nîomer zesámene nechóment. *Sedecim loca sunt ex quibus omnia argumenta fiunt . et omnes syllogismi.* Séhs-cên stéte sínt . tánnân mán álliu díng irrâtit. *Tria tantum ex eis conueniunt ypotheticis syllogismis.* Trîe sínt échert . ûzer dîen díse syllogismi spríngint. *Dicuntur autem prędecentia sequentia repugnantia .* i. tíu fóregânt . fólgent . ríngint. *Prędecentia et sequentia non separantur. Repugnantia dissiliunt.* Fóregânt fólgênt . tíu neskéident .

1 *êresta 2 *zuískez 3 Rotes der anderen Seite scheint durch, keine Rasuren 3,5 2mal *uuírdet 4 2mal *mít *dés 5 *kemáchen 6 SVMANTVR] VR verwischt 7 ypotetici] t² aus c verb.; *hypothetici 8 *cohęrentibus 9 *Sîe uuérdent 10,11 *nîomêr 10 neskéident] neské auf Rasur 11 *zesámine 13 *Séhszên *man 14 *állíu *errâtet 15 ypotheticis] h übergeschr.; *hypotheticis 16 *spríngent 18 fóregânt] e übergeschr. *fólgênt *ríngent 20 Fóregânt] e übergeschr. Punkt gehört hinter 6 SVMANTVR.

síh. Tíu áber ríngint . tíu neuuéllin sámint D37r sîn. Primus ergo fit ex antecedentibus . ut antecedit dies lucem. Secundus a sequentibus . ut sequitur lux diem. Tertius a repugnantibus . ut repugnat diem esse . et lucem non esse. Quatuor deinde uel a repugnantibus uel a contrariis quę medium non habent. Sunt enim contraria quę medium non habent . ut sanus et inbecillis. Sunt et quę habent ut album et nigrum . quorum medium inuenitur . quod neque album est neque nigrum . ut fuscum et pallidum .i. sátcrâ . pléih-crâ. D E O R D I N E M O D O R V M 13.

Primus modus est secundum boetium. Quotiens in conexa propositione . primum ut in propositione locatur assumitur . ut consequatur secundum. Tiu êrista uuîsa ist! Sô der êrero téil . déro zesámine háftentûn pîetungo . áber ánderêst zûo íro gestôzin uuírdit . táz ter gemácho téil geuuârit uuérde! Hoc modo. Si dies est lux est. Atqui dies est. Lux est igitur. Úbe

---

1 *ríngent *neuuéllen sáment 11 neque] rotes T der anderen Seite scheint durch q hindurch, keine Rasur 13 Quo] danach n rad. 16 *êresta *íst . sô *dér 17 *dero háftentûn] n² aus m rad. und verb. *bîetungo ˏ 18 *gestôzen uuírdet 19 *geuuâret *uuérde . hoc 20 lux est auf Rasur Úbe] e auf Rasur Punkt gehört hinter 12 MODORVM, 20 est¹.

tág ist . lîeht íst. Ist quísso tág. Pe‿díu ist óuh D37v lîeht. *Secundus modus est . quotiens in conexa* P609 *propositione secundum e contrario adsumitur . quod in propositione locatum est . ut id quod primum est . auferatur.* Tiu ánderiu uuîsa íst . sô dára-uuídere . der áftero téil déro zesámine háftentûn pîetungo . áber ánderêst zû íro gestôzin uuírdit . táz ter gemácho gelóuginit uuérde . *hoc modo. Si dies est . lux est. Atqui non est lux. Non est igitur dies.* Úbe tág íst . lîeht ist. Nû neíst iz lîeht. Só‿ne-íst íz óuh tág. *Tertius modus est . cum conexę propositionis partes ex affirmationibus iunctę . negatione diuiduntur . totique propositioni . negatio rursus adiungitur.* Ter drítto modus ist . sô án dero bîtungo geháftiu díng . álso tág únde lîeht íst . êr geuástiu . án dîen êristen modis . mit lóu-gene ge-skéidin uuérdent . únde áber des lóugenis lóugen uuírdit. *Assumiturque quod prius est . ut in propositione est enuntiatum . ut*

---

1 2*mal* *íst *kuísso 2 modus] über m *waagerechter Strich rad.* 3 secundum quod] quod *durch Strich darüber und darunter getilgt* 5 Tíu] Akut *rad.* *ánderíu 6 *dér *dero zesámene 7,15 2*mal* *bîetungo 7 *zûo íro] *danach* g *rad.* 8 *gestôzen *gemácho téil; *vgl.* 37r,19 8,19 2*mal* *uuírdet 8/9 *gelóugenet 9 hoc] h *aus Ansatz von* H *verb.* 11 *íst[1] neíst] e *übergeschr.* *Sô *iz 12 *Rotes der anderen Seite scheint durch, keine Rasuren* propositionis] is *auf Rasur* 15 Ter drítto modus ist *auf Rasur, über* od *Zkfl. noch sichtbar* 15 *íst 15/16 *geháftíu 16/17 *geuástíu 17 *dien êrestên 18 *geskéiden 18/19 *lóugenes 20 *die andere Seite scheint durch, keine Rasuren*

D38r

e contrario concludatur secundum . quod in propositione prolatum est. Ióh zû íro áber ánderêst ke-lé[i]git uuírdit . íro êriro téil . ál sô ér stûont . táz ter gemácho beslîeze. Hoc modo. Non si dies est . lux non est. Atqui dies est . lux igitur est. Náls úbe tág ist . lîeht ne-íst. Ze uuâre tág íst. Târ-míte lîeht íst. Quartus modus est . cum in disiunctiua propositione primum ponitur ut auferatur secundum. Ter uîerdo íst . sô déro geskídot-lîchun pîetungo . der êrero téil geuéstenôt uuírdit . dáz áber der ánder uerságet uuérde. Hoc modo. Aut dies aut nox est. Atqui dies est . nox igitur non est. Álde dág . álde náht íst. Quísso íst tág ; sô ne-íst áber náht. Quintus modus est . quotiens in disiunctiua propositione aufertur quod prius est! Vt ponatur secundum. Ter uínfto íst . sô dero in-fûoctûn pîetungo . der uórdero téil uer-ságet uuírdit . P610
táz ter ánder geuéstenôt uuérde. Hoc modo.

1 secundum] s auf Rasur 2 *zûo 3 ke léigit] rotes S der anderen Seite scheint durch it hindurch, keine Rasur; *keléget 3,11,19 3mal *uuírdet 3 *êrero 5 Atq[i]] q[i] auf Rasur 6 *íst 7/8 Quar/tus] Q nicht eingetr., aber vorgeritzt 10 *dero geskídôtlichûn 10/11,18/19 2mal *bîetungo 11 *táz 12 uerság& 14 *tág *Kuísso 16 quontiens] n[1] durch Punkt darüber und darunter getilgt 17 *est . ut 18 *infûogtûn 19 uer ság& Punkt gehört hinter 9 ponitur.

Aut dies aut nox est. Non est autem dies. Nox igitur est. Álde tág . álde náht íst. Íz ne-ist tág. Pe‿díu ist náht. *Sextus modus est . cum his rebus quę in disiunctionem uenire possunt .i. contrariis uel repugnantibus medietate carentibus negatio pręponitur . et copulatiuę coniunctiones adiunguntur.* Ter séhsto ist . tánne ríngintên únde uuíder-uuártigên díngin . tíu ío geskéiden sínt . lóugin gegében uuírdit fóre . únde dára-nâh fûegi. *Ponitur quoque primum ut id quod est subsequens auferatur.* Únde daz êrera uuírdit kesézzit . táz áber díz ánder uuérde ze-stôrit. *Hoc modo. Nec et dies est et nox. Dies autem est. Nox igitur non est.* Sámint ne-íst ióh tág . ióh náht. Íz ist tág. Sô ne-íst íz áber náht. *Septimus modus est . cum in eadem propositione aufertur quod pręcedit . ut ponatur quod consequitur.* Ter síbindo íst . tánne án dero sélbûn bîetungo . lóugin uuírdit tés . táz fóre-gât . táz féstenunga uuérde D38v

3 *neíst   náht] unter na *punktartiger Tintenfleck*   3,7,15 *3mal* *íst   5 contrariis] unter o, t, i^1 und s *je ein punktartiger Tintenfleck*   8 *ríngentên *díngen   9 *îo   9,19 *2mal* *lóugen   9,12,20 *3mal* *uuírdet   10 *fûogi   12 *kesézzet   13 *zestôret   15 *Sáment   18 Tér] *Akut rad.*   *síbendo   19 *déro   20 uuérde *auf Rasur von* uuér, *unter* rde *ein* de. *rad.*   *Punkt gehört hinter* 11 primum.

dés . táz nâh-kât. *Hoc modo. Non et dies est et* D39r *nox. Atqui dies non est. Nox igitur est.* Sámint ne-íst . ióh tág . ióh náht. Ze uuâre tág ne-íst. Quísso dánne náht íst. *Primus hanc regulam habet secundum ciceronem. Si primum secundum. Primum autem. Secundum igitur.* Úbe daz êrera íst . sô ist taz ándir. Taz êrera íst ; taz ánder ist óuh. *Secundus hanc. Si primum secundum. Non secundum autem ; et non primum igitur.* Úbe daz êrera íst . sô ist taz ánder ; taz ánder ne-íst. Sô‿ne-íst óuh taz êrera. *Tertius hanc. Non ut et primum et non secundum. Primum autem. Igitur et secundum.* Nî . táz taz êrera sî . únde daz ánder ne-sî. Taz êrera ist ; sô ist óuh taz P611 ándir. *Quartus hanc. Aut primum aut secundum. Primum autem. Non igitur secundum.* Alde daz êrera ist . álde daz ándir. Daz êrera íst. Taz ánder óuh. *Quintus hanc. Aut primum aut secundum. Non autem primum. Igitur secundum.* Álde daz êrera ist . álde daz

2 *Sáment 4 *Kuísso 5 secundum] rotes S der anderen Seite scheint durch cu hindurch, keine Rasur 7 dáz] Akut rad. 7,8,10,14,17,20 7mal *íst 7,15,17 3mal *ánder 14 daz[1]] d aus Ansatz von t verb. 18 Taz] T aus Ansatz von d verb. 20 dáz[1,2]] Akut 2mal verwischt

ánder. Taz êrera ne-íst ; sô íst áber daz ánder. D39v

Sextus hanc. Non et primum et secundum. Primum autem. Non igitur secundum. Náls péidiu . ióh taz êrera . ióh taz ánder. Taz êrera íst ; pe‿díu ne-íst taz ánder. *Septimus hanc. Non et primum et secundum. Non primum autem. Igitur secundum.* Náls sámint . taz êrera . únde daz ánder. Taz êrera ne-íst. Sô íst taz ánder;

Notandum est diligenter . quia tertius modus qui est a repugnantibus difficilior est cęteris . eo quod quatuor eius sunt propositiones . et assumptiones conclusionesque totidem . ortę de quatuor repugnantibus et manifeste falsis prędicationibus. Quę ita fiunt . dum pręposita si coniunctione . affirmatio affirmationem . et negatio negationem! Et item affirmationem negatio . et negationem affirmatio sequ<u>ntur . in hunc modum. Si dies est . nox est. Si dies non est . nox non est. Si dies est . lux non est. Si lux non est . dies est. Ex his duæ prima et nouissima prędicant

1 ist;] Strich des ; wohl von anderer Hand ergänzt sô] unter s ganz dünner akutartiger Strich dáz] Akut verwischt 3/4 *péidíu 4,7 táz] 2mal Akut rad. 7 *sáment 8 ne íst] rotes S der anderen Seite scheint durch, keine Rasur 9 Notandum] N nicht eingetr., nur vorgeritzt 10/11 *Tinte stellenweise etwas ausgelaufen* 11 quatuor] rotes T der anderen Seite scheint durch u[1] *hindurch* 13 manifeste] danach ſ oder Ansatz von f rad. 16 *negationem . et 18 n̄ (= non) übergeschr.

esse quod non est. *Aliæ* uero *duę prędicant* D40r non esse quod est. *Quibus contradicitur in hunc modum*. Non *si dies* est *nox* est. *Non si dies* non est . nox non est. Non si dies est . lux non est. Non si lux non est . dies est. *Unius enim modi sunt hæ quatuor propositiones* . ut dictum est. *Qui modus a repugnantibus non diceretur . si non plane repugnantia et falsa conuinceret* . et ea *destrueret*. *His propositionibus tales accedunt adsumptiones* P612 *et conclusiones . et fit unus modus* siue dicas ; non *si dies est nox est*. *Atqui dies est*. *Nox igitur non est*. *Siue dicas*. *Non si dies non est . nox non est*. *Atqui dies non est*. *Nox igitur est*. *Aut si dicas*. *Non si dies est . lux non est*. *Atqui dies est*. *Lux igitur est*. *Hoc solum exemplum prius positum est*. *Aut si dicas*. *Non si lux non est . dies est*. *Atqui lux non est*. *Dies igitur non est*. Fîeruáltêr íst ter drítto modus . fóne uîer sképfedôn déro uuórto . díe álle éina repugnantiam máchont. Sô man díe uîere uer-ságet .

1 Aliæ] duę] *nach und unter* æ *sowie vor und unter* du *je ein grüner Fleck (Öl?)*
11 dicas;] *Haken des* ; *dünn und tief nach unten gezogen, wohl nachgetr.*
12 Non] *über* N *ein* N̄ (= Non) *rad.* Non *bis* non *auf Rasur* 19 *dero
19,20 *2mal* *dîe 20 máchont] n *übergeschr.;* *máchônt uer sag& Punkt gehört hinter 3 est^{1}, 11 est^{1}.

sô sínt tar-ûz uuórtin uîer propositiones. D40v Tîen uólgênt tánne . sámo mánege assumptiones . únde conclusiones. Fúre-ním dáz uuóla. Álsô der uîerstunt líugit . tér-dir chídit . úbe tág íst . sô íst iz náht . únde úbe tág ne-íst . sô ne-íst iz náht . únde úbe tág íst . sône íst lîeht . únde úbe lîeht neíst . sô ist íz tág. Álsô ságet tér uîer-stúnt uuâr . tér-dir chídit . táz ne-mág sîn . nóh táz . nóh óuh táz . nóh óuh táz. Sâr dâr-bî . úbe ér uuíle . uólle-récchen den syllogismum . táz uuír-dit sús. Nímet ér daz eîna dero únge-skéidenon . án dero assumptione . sô nímet er óuh taz ánder . án dero conclusione. Kelôubit ér síh áber des éinen . sô gelóubet ér síh óuh tes ánderin. Tára-in-gágene . genímit ér daz éina déro geskéidenôn . án dero assumptione . sô uuérit ér síh tes ánderin . án dero conclusione. Uuérit ér síh áber des éinen . sô ne-uuérit ér síh des ánderin. *Neque hoc neglegenter*

Auf dieser Seite wurden die meisten Akute oben anrad. und so verkürzt.
1 târ] *Zkfl. rad.;* *târ   ûz] *davor Fleck (Öl?)*   *uuórten   4,8 *2mal* *Álso
4 *uîerstúnt   *líuget   4,8/9 *2mal* *chídet   7 *íst[2]   8 ság&   10 bî] *Tinte der Oberlänge ausgelaufen, keine Rasur*   uuíle .] *Punkt ganz klein*   11 réc-chen] c[2] *übergeschr.*   *uuírdet   12 Ním&   dáz] *Akut rad.;* *dáz   eîna] *Zkfl. aus Akut verb.;* *éina   *úngeskéidenôn   13 ním&   14 Kelôubit] *Zkfl. aus Akut verb.;* *Kelóubet   15 gelóub&   15/16,18,20 *3mal* *ánderen   16 *genímet *dáz   17 *dero[1]   18,20 *2mal* *uuéret   19 *Uuéret   *Punkt ist zu tilgen hinter* 10 uuíle.

cernendum est . qualiter ex duobus primis . ter- D41r
tius modus oriatur. Sunt enim sibi conexa
dies et lux. Propterea uerę propositiones sunt
primi modi et secundi. Si dies est . lux est. Deinde si quis apposita negatione hanc uult destruere ueritatem dicens. Si dies est non lucet. P613
Hanc falsam prędi- cationem iterum redu-
cit ad ueritatem . qui secundam apponit .
negationem dicens. Non si dies est . non lucet.
Fiunt ergo primi duo per conexionem naturaliter coherentium . ut si dies est . lux est. Tertius
per negationem repugnantium . ut non potest fieri .
diem esse et non lucere. Quartus et quintus per disiunctionem repugnantium . ut aut dies est aut
nox. Sextus et septimus . per negationem copulationis eorundem repugnantium . ut non et dies
et nox. Est ergo in illis septem modis . tota dialectica secundum ciceronem. QVALIS S<IT> / RETHOR<ICVS> 14.
/ SYLLOGI<SMVS.> Transeunt uero syllogis-
mi et ad rhetores . iam latiores et diffusiores facti. Tie
syllogismi zetûont síh tánne báz . sô die rédenâra

7-9 altes Loch in der Mitte der Seite 11 *cohęrentium 18a/b Überschrift hinter 18/19 in 3 Zeilen und rot auf dem rechten Rand nachgetr., das Eingeklammerte abgeschn.; *RHETORICVS 18b Transeunt] keine rote Abschnittsinitiale T, sondern schwarzer Großbuchstabe rot gestrichelt 19 rhetores] e[1] übergeschr.

in dínge álde in sprâcho míte-spílent. *Et quia* D41v
contingit dubitatio propositionis uel assumptionis .
datur eis quoque robur approbationis .i. târ
man síu bî chîesen mág. *Quod si alterius horum*
fit approbatio . erit syllogismus quadripertitus;
Si autem utriusque quinque partibus constabit syl-
logismus. Horum ex- empla sunt apud
ciceronem in libris rhetoricorum. Ex his
unum ponamus adbreuiatum . quod ad
quinque partes ueniat. Quęstio est inter philosophos .
mundus iste casu an consilio regatur. Tie uuîsen
urâgetôn . úbe diu uuérelt hábe ríhtâre .i. úbe
íro díng stánde in‿skáffe . álde âne skáf. *Hęc quę-*
stio quamuis sit philosophica . syllogismus tamen
inde fit . rhetoricus in hunc modum. Propositio
est. Tíz ist ter úr-sûoh. *Melius accurantur quę*
consilio geruntur . quam quę sine consilio ad-
ministrantur. Approbatio est. Domus ea quę ra- P614
tione regitur . omnibus est instructior rebus et
apparatior . quam ea quę temere et nullo consilio am-

2 assumptionis] p über um übergeschr. 7-9 *altes Loch in der Mitte der Seite*
9 adbreuiatum] b aus p rad. und verb. 12 díu] Akut *verwischt* 16 úr sûoh]
danach mit *Griffel* tero ::nahtat übergeschr. 20 .quę mit *Einfügungspunkt*
übergeschr. Punkt ist zu tilgen hinter 15 fit.

ministratur. Assumptio est. *Nihil autem omnium* D42r
rerum melius quam omnis mundus amministratur. Approbatio. *Nam et signorum ortus et obitus . et annue temporum commutationes . definitum quendam ordinem seruant . et eodem modo semper fiuNT.* Conclusio. *Igitur consilio hic mundus administratur.* Propositio. Tíu díng uuérdent páz peuuárôt . tíu-dir bedénchet uuérdent . tánne úmbedénchit. *Approbatio.* Dáz skînet târ-ána uuóla. Dáz hûs . tés réhto únde rédelîcho geflégen uuírdet . táz hábit sâr állen gezîug pézeren . únde íst geréchera . dánne dáz sî . táz in únrûo-cheskun únbedénchit stât. *Adsumptio.* Sô ne-íst tánne . ne-héin díng keréchera . únde órdin-háftera . dánne sélbiu diu uuérelt. Approbatio. Vuánda diu zéichin . únde zîte des iâris . hábint keréccha únde geuuíssa uárt . únde día neuuéhselont sia nîeht. *Conclusio.* Fóne díu skînet . táz sî ríhtâre hábit . fóne dés uuíllin iz ke-skíhet . únde sô órdenháfto

3/4 *annuȩ 8/9,13 *2mal* *únbedénchet 9,19 *2mal* skîn& 11 uuírd& 11,19 *2mal* *hábet 11 *gezíug 12/13 *únrûochiskûn 15 *órdenháftera *sélbíu díu 16 *díu zéichen *dîe zîte 17 *iâres *hábent keréccha] cch *auf Rasur, über* c^1 *Oberlänge noch sichtbar;* *kerécha *guíssa
18 *dîa neuuéhselônt siu 20 *uuíllen ke skíh&

D42v uérit. Haec est *summa syllogismi*. Tíz íst taz cnô[e]testa. Réhto geskáféniu díng . fárint ío gerécho. Ne-héines tíngis fárt keré-chera . dánne dero uuérelte. Fóne díu ist pe nôte íro uérte . ételîh sképfo. *Predicatiuus est iste syllogismus . aut conditionalis? Si prędicatiuus est . cur ei datur propositio . assumptio et conclusio? Si conditionalis est ubi sunt formule eius!* Vuâr sínt sîniu módul . si . nec . aut . coniunctiones? *Plane ergo prędicatiuus est . cuius sumpta et illatio . licite suscipiunt nomen propositionis assumptionis et conclusionis . et approbationem unius partis uel duarum. Nam et omnes partes syllogismorum . siue propositio* P615 *siue approbatio . siue sumptum . siue illatio . siue conclusio . siue ut alii dicunt complexio . aut confectio . communi nomine enuntiatio uocantur. Est autem enuntiatio . oratio uerum aut falsum significans. Hæc teutonice* sága *dicitur . quia solemus enuntianti respondere* . tû ságest uuâr . dû ne-ságest uuâr. *Huius species sunt affirmatio et negatio .*

---

1 *uéret 2 *geskáffeníu *fárent îo gerécho] c übergeschr. 3 *tínges *fárt íst keré chera] era auf Rasur déro] Akut rad. 5 sképfo] f auf Rasur von h *Prędicatiuus aut] ut auf Rasur 7 formule] darüber *Griffelglosse* particules *(?);* *formulę *eius? 8 *sîníu 13 propositio] sitio übergeschr. Punkt gehört hinter 7 est, 11 propositionis, 13 propositio.

quę tunc tantum propositio uel proloquium nuncupanda sunt . quando his aliquid conficere uolumus. Ergo conficere est ex duobus uel plurimis unum facere. Vt ex duobus sumptis una conficitur illatio. Sô uuír míte îomannen ge-iíhten uuéllên sô héizent síu . grûezeda . pîetunga . álde uérrolîh kechôse . álde úrsûoh. *Assumptio dicitur* . dáz man dára-zûo légit .i. táz kemácha . dáz man stôzit zûo dero propositione. *Approbatio* . mít tîu man dia propositionem . álde dia assumptionem geuuârit . únde gelóublih ketûot. *Complexio est conclusio* . mít téro man begrîfet tíu êreren zuéi . tíu man uóre sprách *in hunc modum.* Ín ne-tóufta mán in netóufta uuîb. V́be in mán netóufta . nóh uuîb netóufta . sô íst er ún-getóufet. *Eadem est et confectio* ; táz íst áber daz trítta . dáz fóne dien êreren zuéin ge-uúrchit uuírdit. *Hæc et illatio . quę sumptis illata inuito aduersario* . nâh-spréchunga *ut dictum est potest dici* . álde nôt-fólgunga. *Conclusio tamen semper est syllogismi . siue* D43r

5 *grûozeda 6 *bîetunga uérrolîh] u auf Rasur 7 *léget 8 *stôzet 8/9 *propositioni 9 *tíu 10 *geuuâret *gelóublîh 13 tóufta[1]] tóuf auf Rasur 13 *ín[2] 14 *ín 16 *êrerên 17 *geuúrchet uuírdet illatio] *Tinte von 11 etwas ausgelaufen, keine Rasur* 20 syllogismi] *Tinte von 11 oben etwas ausgelaufen, keine Rasur* *auf dem unteren Rand mit Griffel* ALIA DIFINITIO SYLOGISMI *eingeritzt* *Punkt gehört hinter* 5 uuéllên, 12 sprách, 13 mán.

illatio dicatur! Siue confectio . siue complexio. D43v
Táz íst ter ûz-lâz . táz íst taz slóz . táz íst taz
énde;·.· *Item. Propositio est* . mít téro uuír chórôen. *Assumptio* mít téro uuír áber chórôen .
úbe man úns uuélle iéhen. *Collectio et conclusio*
est . táz uuír némen uóne dîen geiíhtin . únde daz tîen be‿nôte uólgêt . úbe man úns fó- P616
re iíhet. *Similiter duo sumpta sunt.* Zuuô
ge-iíhte déro uuír bítin. *Illatio* . táz uuír
dára-nâh féstenôen . unde ne-héinero geiíhte
ne-bîtên. ALIA DIFFINITIO SYLLOGISMI. 15.

Item. *Quid est syllogismus? Ratiocinatio .*
disputatio . argumentatio uel argumentum .
dissertio . discussio . iudicium . experimentum.
Est enim ratiocinari . rationem rerum dare
in hunc modum. Quia sic hoc est . illud est .
uel si hæc duo sunt . tertium illud erit. Hoc est
et disputare . et argumentari . et disserere . et
discutere . et iudicium facere . et experiri.
Vbe dû chéden máht . hínnân uuéiz íh iz .

Die Seite ist zum Innenrand hin verschmutzt.
1 *siue[1] 3/4 2mal *chóroên 6 *némên *dien geiíhtin] e übergeschr.; *geiíhten 7 *dáz uólg& 8 Similiter] danach Punkt rad. *Zuô 9 déro] der auf Rasur *bîtên 10 *féstenoên 12 Item.] 16 modum.] 17 erit.] 19 experiri.] Punktwechsel 12 syllogismus?] unter ? niedriger Punkt rad. Punkt gehört hinter 4 Assumptio, 15 dare.

úbe dáz íst . sô íst tíz . sínt tíu díng sô . sô íst D44r tíz sús . sólih kechôse héizit syllogismus. Táz héizit rédenôn únde ráchon . irrâtin . chléin-chôson . ersûochen . ze úrtéildo uuérfen . be-uínden. *Prodest quoque et originem eorum nominum scire.* Uuízîn óuh uuánnân die námen chómene sîn. *Ratio est quȩ ostendit rem. Ratio est indita uis animȩ . ad discer-nendum bonum et malum . uerum et falsum. Hæc est qua facti sumus ad imaginem et similitudinem dei. Hæc est . qua distamus a brutis animalibus.* Tíu máht dero sêlo ge-gébin íst . kûot únde úbel ze be-chén-nín-ne . únde uuâr únde lúgi . dáz íst réda. Tía hábendo . íst ter mán cóte gelîh . án-derên dîerin úngelîh. *Faciamus deriuationem . ut a nomine quod est ratio . fiat uerbum ratiotinor .i. ratione loquor . uel rationabiliter loquor. Hinc iterum uerbale nomen . ratio-cinatio .i. rationabilis oratio.* Ze êrist chídit P617

Die Tinte mehrerer Buchstaben, bes. der Oberlängen, ist ausgelaufen, und es finden sich auch sonst mehrere Tintenflecken. Der Punktwechel ist überall durchgeführt.
2,3 *2mal* *héizet 3 *ráchôn *errâten 3/4 *chléinchôsôn 7 *chómen 12/13 *gegében 13/14 *bechénnenne 14 *táz 15 *Tîa 16 *tîeren 18 *ratiocinor 20 *êrest chídet *Punkt gehört hinter* 6 óuh, 10 est.

man réda . dánnân chídit man rédenôn . únde rédenúnga. *Item disputare est diuersos diuerse putare . ut philosophorum alii mundum ex igne . alii ex aqua . alii ex aere factum putabant . et disputabant. Intellegitur tamen disputare . cum ratione aliquid affirmare uel negare . aut per coniecturam probabiliter dicere . quod solemus interpretari* ráchôn. *Item argumentum uel argumentatio dicitur . ut boetio placet . quod rem arguit .i. probat. Nos autem dicimus argumentum* . tánnân man iz uuízen mág . álde irrâtin mág . ál-de dara-nâh chómen mág . uuórt-zéichin . quíssunga . irréchida . iruáreni . clôublîchi. *Item est dissertio uerbum quod inter duos seritur . donec diligenter inuestigatur. Ideo dissertus est* chléin-chôsiger . rédo-spáher *.i. explorator rationis uel orationis . quia* spéha *exploratio est .* réda *utrumque potest significare . rationem* D44v

1 *chídet 2 rédenúnga.] 5 disputabant.] 9 ráchôn.] *Punktwechsel* 2 *rédenunga 3 philosophorum] pho *übergeschr.* 8 interpr&ari .] *Punkt rad.* 10 dicitur] dici *auf Rasur* argumentatio] tio *auf Rasur* 13 *errâten *dára 14 *uuórtzéichen *kuíssunga *erréccheda 14/15 iruáreni] *Akut über* r[1] *rad.;* *eruáreni 15 *klóublichi 16 diligenter] *rechts von der Oberlänge des* l *Rasur (Querstrich rad.)* 17/18 *chléinchôsigêr 18 *rédospáhêr 20 rationem & ora] & ora *rad.*

et orationem . *hinc et dissertio* rédo-spáhi *dicitur. Item discutere est . diligenter rem quatere .i.* úr-sûochenon . *inde et discussio est* úr-sûoh. *Item iudicare est ius dicere* . réht fínden . réht spréchen. *Est autem iudicium facere* . rêht frúmmin . ze úrteildo uuérfen. *Ipsum autem iudicium dicimus* geríhte. *Sed si de syllogismo iudicium dicitur* . pesûecheda unde chîesunga *interprętatur. Item experimentum est* . *quasi extra operimentum . ipsa detectio rei . et manifestatio.* Táz man be-uíndet únde gé-eiscôt tia uuâr-heit . táz ist experimentum . táz ist syllogismus. D45r

QVID SIT INTER APODICTICAM ET DIALECTICAM. 16. P618

Querendum autem magnopere est . quare ci- *cero dialecticam in ypotheticis tantum constituerit syllogismis . dum plures sint cathegorici .i. prędicatiui syllogismi.* Tés ist cnôto ze urâgenne . zíu échert tíe

2 dicitur.] 9 interprętatur.] 18 syllogismi.] *Punktwechsel* 3 *úrsûochenôn & discussio] & di *auf Rasur* 5/6 *frúmmen 6 úrteildo] t *aus* l *rad. und verb.;* *úrtéildo 8 *pesûocheda únde 9 interpr&̨atur; *interpretatur 10 detectio] e^1 *übergeschr.* 11 be uínd& 11/12 *geéiscôt 12 *uuârhéit 12,13,19 3*mal* *íst 15 *Quęrendum 16 ci cero] *dazwischen kleines Loch im Pgm.* *hypotheticis 19 *tîe *auf dem unteren Rand mit Griffel* QVID SIT INTER APODICTICAM *eingeritzt*

sí - bin modos cicero dialecticam hîeze . âne dîe êrerin nîun-zêne. *Est enim medius inter aristotilem et stoicos.* Er gât únder-zuísken . nóh aristoteli ne-iîhet er . nóh stoicis. *Stoici uero solebant omnem necessariam argumentationem . siue prędicatiuam . siue conditionalem . dialecticên nuncupare.* Stoici uuóltôn álle geuuâre syllogismos dialecticam héizen . mít íbo . únde âne íba gespróchene. *Aristoteles autem . conditionalibus syllogismis . et argumentis probabilibus . propter communes eorum sedes . quę in topicis numerantur . hoc nomen aptauit.* Tén námen gáb aristotiles . tîen síben geuuâren syllogismis ypotheticis . ú- nde dien gelóublîchen argumentis . tíu sámiNT ín uúnden uuérdint in séh-zên stétin . tîe stéte . <dîe>der genémmit sínt in thopicis. Prę- D45v

Die andere Seite scheint oft durch, das Pgm., bes. in Z. 1, war teilweise zu dünn zum Beschreiben.
1 sí bin] *davor* sibin *rad.;* *síben 2 *êreren *níunzêne 4 *zuískên
5 iîh&; *iíhet 8 nuncupare] n² *übergeschr.* 15/16 *geuuârên 16 *hypotheticis ú nde] *dazwischen kleines Loch im Pgm.* 17 *dîen gelóublichên *sáment 18 *uuérdent *séhszên stéten 19 *dîedir *genémmet thopicis] h *übergeschr.;* *topicis

dicatiuos uero syllogismos . in quibus semper D46r *est ueritas . placuit ei apo.dixen .i. demonstrationem apellare;* Áber die geuuâren níun-zêne syllogismos . âne íba gespróchene . hîez er zéigun .s. ueritatis. *Cicero deinde argumenta omnia prȩter ea quæ tribus locis supra dictis sumuntur . ad rhetores potius pertinere dixit quam ad phylosophos . quia magis similitudinem ueritatis astruunt . quam ipsam ueritatem.* Tára-nâh skîed ûz cicero . díu uóne drín stétin[i] genóminin argumenta . díu nehéinêst P619 netrîegent . tíu ún-ge-uuísserin . díu fóne dîen ánderên drín-zênin chómint . chád er uuésin núzerin sprâhmánnin . únde díng-mánnin . dánne uuîstûomis flégerin. *Tria uero tantum loca quȩ excepta sunt ab eo . dialecticorum esse propria dixit . et in septem modis syllo-*

Die Tinte ist oft ausgelaufen, auch sonst gibt es viele Tintenflecken.
3 apellare;] *Haken des ; wohl ergänzt;* *appellare 5 *zéigûn 6 pr&er
7 rhetores] e[1] *übergeschr.* 8 *philosophos 11 *stéten 12 *genómenen
13 *únguísseren *uóne 14 *dien *drînzênen chóment 15 *uuésen núzeren
sprâchmánnin] c *durch Punkt darüber und darunter getilgt;* *sprâhmánnen
16 *díngmánnen uuîstûomis] û *übergeschr.;* *uuîstûomes 17 *flégaren
19 septem] rotes S *der anderen Seite scheint durch* m *hindurch*

gismorum inde prolatis . totam dialecticam constituit. Échert tríe stéte . únde dáz tánnan chúmit . káb er dialecticis . *propterea boetius aristotilem in thopicis dialecticam . et in secundis analiticis apodicticam* docuisse testatur. Fóne díu ságet boetius . aristotilem zuuô sláhta syllogismorum . lêrin in zuéin bûochin. *Est enim dialectica nominatiuus casus . ut apparet in declinando cum dicimus . ars dialectica . artis dialecticę . artem dialecticam .* sed in interprętatione sonat ablatiuus. *Grece uero ipsa ars dialecticê dicitur . quod interprętatur de dictione .i.* fóne chédenne. *Apud illos enim dia prępositio est . lecton autem dictionem significat;.* D46v

DE POTENTIA DISPUTANDI. 17.

.I. Fóne dero máhte des uuîssprâchônis. *Si ergo satis intellectum est .*

2 *trîe 3 *tánnân chúmet 4 *topicis 5 *analyticis 6 ság& 7 zuuô] u[1] *übergeschr.;* *zuô *sláhtâ 8 *lêren *bûochen 11 dialecticam] a[1] *übergeschr.* 12 interpr&atione; *interpretatione 14 inter-pr&atur; *interpretatur 16 dictionem] onem *auf Rasur* 18 *Pgm.* vor .I. *zu dünn zum Beschreiben* *déro 18/19 *uuîssprâchônnes *Punkt ist zu tilgen hinter* 7 syllogismorum.

omnem apodicticam constare in decem D47r *et nouem modis syllogismorum . et dialecticam in septem modis syllogismorum . non sit dubitandum totam earum utilitatem esse . in inuenienda ueritate.* Úbe níunzen slóz apodicticę . únde síbiniu dialecticę . uuóla gelírnet sîn . sô uuízi[n] man dâr-míte . dáz sie núzze sínt . álle uuârheit mít ín ze er-uárenne. *Omnia enim his constant . quę in humanam cadunt rationem.* Ál dáz ménniskin irrâtin múgin . táz uuír-dit P620 hínnân guuíssot. *Diuina excedunt humanam rationem . intellectu enim capiuntur.* Tíu gótelîchin díng . uuérdent kêistlîcho uer-nómen . âne dísa méisterskáft.

QVID SIT DIALECTICA VEL APODICTICA. 18.

Ergo diffinienda est dialectica siue apodictica. Nû sól man ze getâte chéden uuáz apodictica sî . únde dialectica. *Pos-*

5 *níunzên 6 *síbeníu 7 gelírn&; *gelírnêt *uuíze 8 *núze *uuârhéit 11 *ménnisken errâten múgen *uuírdet 12 *guíssôt 14 *Tiu gótelichen *kéistlicho 15 âne] *Zkfl. aus Akut verb.* 19 sî.] i *aus* u *rad. und verb., Punkt ganz klein* Possū] sū *rad.*

sunt enim unam et eandem suscipere diffinitionem . D47v
in hunc modum. Sîe mág man glîcho nôtmézôn . mít tísen uuórtin. *Dialectica est siue apodictica . iudicandi peritia. Uel ut alii dicunt . disputandi scientia.* Méister-scáft chîesennes . únde ráchonnis . táz íst dialectica . táz ist óuh apodictica. *Prius diximus . quia ratio est quę ostendit rem.* Réda skéinit uuáz iz íst. Pídero rédo . sól man chîesen . úbe iz uuésen múge. Síhet er dés cnôto . daz héizet chîesen. Tára-nâh mág er ráchôn .i. disputare . ióh uuâr-ráchôn .i. ratiocinari. Tér mán ráchôt . tér rádo chôsot . spûetigo chôsôt . râtiscôt . clôublîcho chôsot. Tér uuâr-ráchôt . tér mít rédo stérchit . unde ze uuâre brínget . táz er chôsot . *in hunc modum.*
Cęlum si rotundum est . uolubile est. Íst ter hímel sín-uuélbe . sô mág er uuálbôn. *Rotunditas . ratio est uolubilitatis.* Tiu sín-uuélbi . máchot tia

1 .unam *mit Einfügungspunkt übergeschr.* æande] a[1] *zu* e *verb.,* de *auf Rasur von dem* 2 *gelîcho 2/3 nôtmézôn] z *aus* h *rad. und verb.* 3 *tísên uuórten 6 *ráchônnes 7 ist óuh apo *auf Rasur;* *íst 8 *skéinet 9 *Pî 10 Síh& *táz 10/11 héiz& 13,14,16 *3mal* *chôsôt 13 *spûotigo 14 *clóublicho 15 *stérchet *únde 16 bríng& 19 *máchôt

uuálbi. Taz éina . stérchit taz ánder. Ube D48r hímel sín-uuélb neuuâre . nóh uuárblîh neuuâre. Úbe sêla únde lîchamo neuuârîn . nóh ménnisco neuuâre. Éin uuírdit fóne zuuéin. Úbe zuuéi neuuârin . daz trítta ne-uuâre. Réda erríhtet únsih állis tés man strîtet. Tér día chán uínden . dér P621 íst iudex . tér íst ratiocinator . tér íst disputator. Tér íst argumentator . tér íst dialecticus . dér íst apodicticus et syllogisticus. SIMILI MODO INTERPRETATA SENSU DISTARE *Nec parum* 19. *hoc attendendum est . quantum intellectu quędam distant . quę simili modo solent interpretari . ut sunt . uerbum sermo dictio. In eodem enim uerbo . in eodem sermone . in eadem dictione . indiscrete interpretamur . dicentes .* in éinemo uuórte. *Quę si unum significarent . nequaquam sermo daretur philosophis . dictio uero rhetoribus . ut auctores do-*

1 *stérchet 4 *uuírdet 5 *zuéin *zuéi *neuuârîn dáz] *Akut rad.;* *taz 6 erríht& *álles 7 *dîa *tér 8/9 *disputator . tér 10 *tér 10/11 DS/IT/A/RE (= DISTARE) *mit Einfügungspunkten davor und nach* SENSU *rot auf dem rechten Rand* 19 rhetoribus] *h über r& übergeschr. Punkt gehört hinter* 11 DISTARE.

cent. Nam et aristotiles dialecticam quę interpretatur de dictione ad rhetores traxit . et uoluit eam esse in argumentis rhetoricis . .i. probabilibus . quę ille iudicauit non esse discernenda a necessariis argumentis . de quibus fiunt ypothetici syllogismi . et tota dialectica . ut cicero docuit. Loca enim omnium argumentorum siue credibilium . siue prorsus necessariorum . sedecim in topicis ipse aristotiles connumerauit . ut dictum est. Dignior est namque sermo et grauior . ut sapientes decet. Dictio humilior est et plus communis . data rhetoribus. Uerbum autem omnium est. Et in interpretando proprie sermo sága dicitur . sicut et enuntiatio . quę similiter philosophis tradita est . et disputantibus necessaria est . quia inest ei semper uerum aut falsum. Nam sermonem facere populo . hoc est . ságen demo líute . lêrin . únde brédigon. Predicare autem est inquit boetius . aliquid de aliquo D48v

3 esse] es *auf Rasur* 5/6 *hypothetici 11 & grauior] N von Nec der anderen Seite scheint durch & g hindurch; keine Rasuren 18 *lêren *brédigôn 18/19 *Prędicare

dicere .i. éteuuaz ságen fóne éteuuiu. *Un-* D49r
de et prędicamentum dicitur . et prędicatio . éinis tíngis kesprócheni fóne demo ándermo. P622
Ut sol splendet . ueritas uirtus est. Tiu
súnna skînet . tiu uuârheit tóug. *Dictio*
namque interpretatur chéda . *unde et dicere*
chéden. *Sermo enuntiat quid uerum quid*
falsum. Hoc possunt soli philosophi. Dictio
uero suadet . ueris et uerisimilibus. Hoc est of-
ficium rhetorum. Deinde uerbum uuórt *dicitur . quod om-*
ni professioni famulatur. Sed hęc confuse pro inui-
cem ponuntur.

---

1 &́euuaz] *éteuuáz &́éuuiu] *Akut*^{2} *rad.*; *éteuuíu 2 vor éinis *Rasur* 2/3 *éines tínges 3 kesprócheni] ke *auf Rasur* 4 Ut sol] t s *auf Rasur* 5 skînet] t *auf Rasur* *uuârhéit 8 philosophi] p^2 *aus* p̵ *rad. und verb.* 9 uerisimilibus] m *auf Rasur von* li *Punkt gehört hinter* 7 enuntiat *und* uerum.

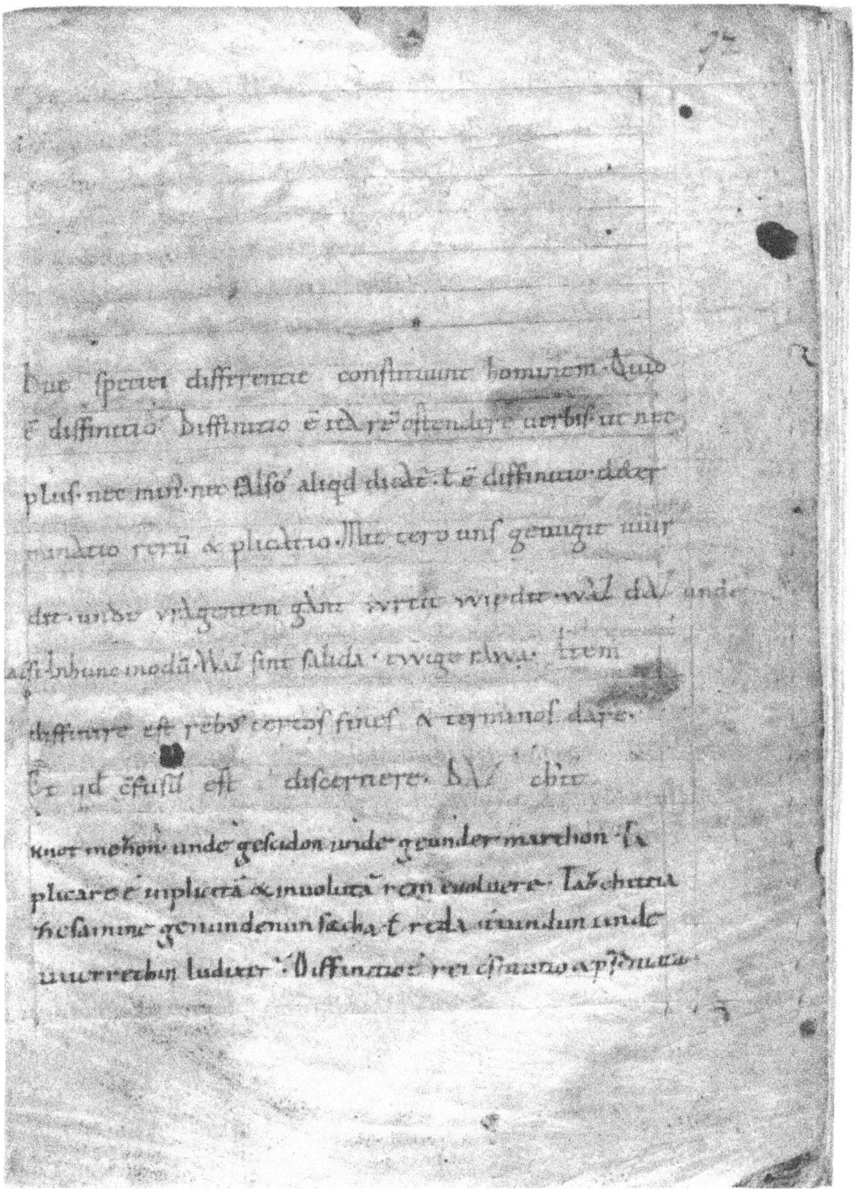

Codex Vindobonensis 275 (E), f. 92r, *De definitione*
Photostelle der Österreichischen Nationalbibliothek Wien

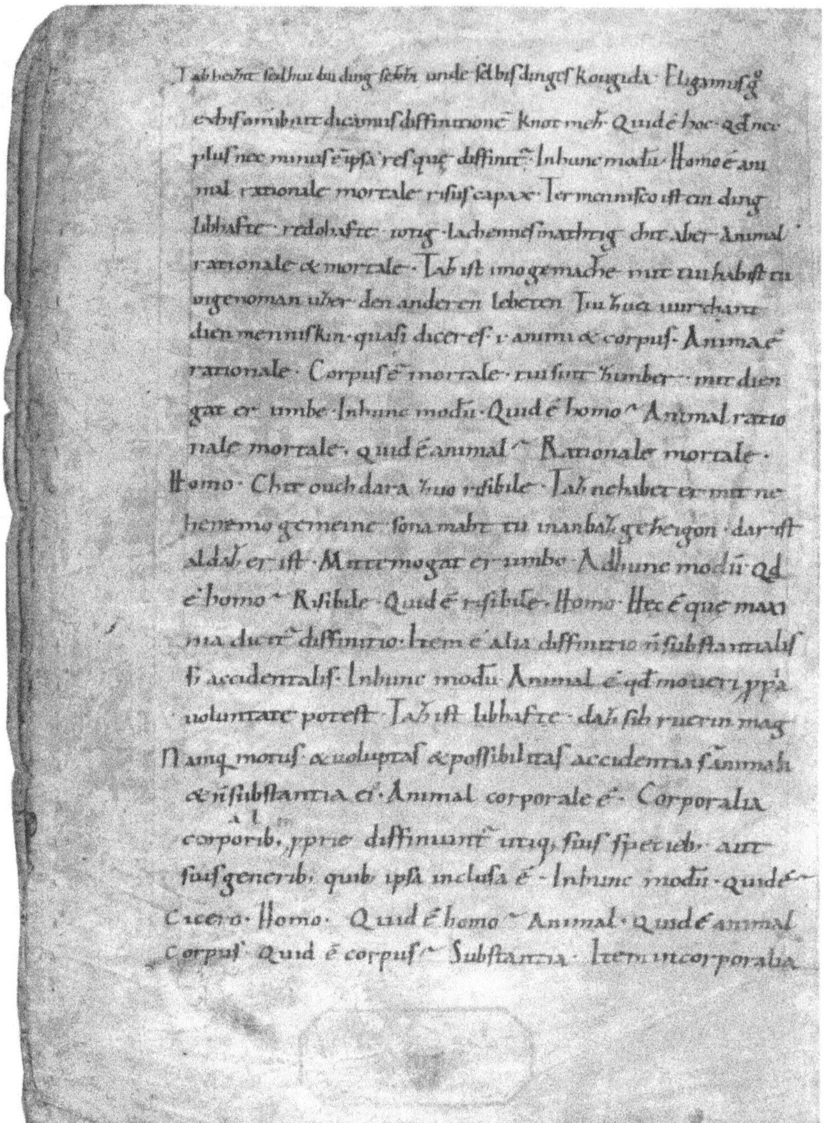
Taz heizit selbiu daz ding selbiz unde selbis dinges kouuida. Eligamus ergo
ex his omnibus quam dicamus diffinitionem. knot meist. Quid est hoc. quod nec
plus nec minus est ipsa res quae diffinitur. In hunc modum. Homo est ani
mal rationale mortale risus capax. Termenniscо ist ein ding
libhafte. redohafte. tôtig. lachennes mahtig. chit aber. Animal
rationale et mortale. Taz ist ungemache. uuir tu habist in
ingenoman über den anderen lebeten. Tiu zuei uuirchent
dien menniskin. quasi diceret. i. anima et corpus. Anima est
rationale. Corpus est mortale. Tiu sint zuuuei. mit dien
gât er umbe. In hunc modum. Quid est homo? Animal ratio
nale mortale. Quid est animal? Rationale mortale.
Homo. Chit ouch dara zuo risibile. Taz nehabet er mit ne
heinemo gemeine. sô na mahtu in anderhalb gekeigon. dar ist
aldaz er ist. Mit temo gât er umbe. Ad hunc modum. Quid
est homo? Risibile. Quid est risibile? Homo. Haec est quae maxi
ma dicitur diffinitio. Item est alia diffinitio non substantialis
sed accidentalis. In hunc modum. Animal est quod moveri propria
voluntate potest. Taz ist libhafte. daz sih rueren mag.
Namque motus et voluptas et possibilitas accidentia sunt animali
et non substantia eius. Animal corporale est. Corporalia
corporibus proprie diffiniuntur. utique suis speciebus aut
suis generibus quibus ipsa inclusa est. In hunc modum. Quid est
Cicero? Homo. Quid est homo? Animal. Quid est animal?
Corpus. Quid est corpus? Substantia. Item incorporalia

Codex Vindobonensis 275 (E), f. 92v, *De definitione*
Photostelle der Österreichischen Nationalbibliothek Wien

Dic substanti- P,VI D55v
alem diffini<ti>onem. Quid est homo? Animal rationale P,VII
mortale risus capax. Duę specifice differentie
constituunt hominem //

Duę specificę differentię constituunt hominem. Quid P,CL St118 MSD260 W288 E92r
est diffinitio? Diffinitio est ita rem ostendere uerbis . ut nec
plus . nec minus . nec falso aliquid dicatur . uel est diffinitio . deter-
minatio rerum et <ex>plicatio. Mit tero uns geougit uuir-
dit . unde vragenten gant-wrtit wirdit . waz daz unde
az si. *In hunc modum.* Waz sint salida . ewige rawa. *Item*
diffinire est rebvs certos fines et terminos dare.
Et quod confusum est discernere. Daz chît MSD261 W289
knot-mezon . unde gescidon unde geunder-marchon. *Ex-*
plicare est inplicitam et inuolutam rem euoluere. Taz chit tia
zesamine geu<u>undenun sacha . uel reda intu<u>indun unde
u[u]errechin *Alii dixerunt. Diffinitio est rei constitutio et presentatio*

D 7 rationale] *Querstrich oben durch* l *links anrad.* 8 *specificę differentię 9 hominem] *dahinter rad.* probatio penne *von derselben Hand und einige Neumen* *Punkt gehört hinter* 9 hominem.

E 1 specificę] speciei speciei] i^2 *mit dunklerer Tinte* 3 falso] *über* o *kleines* o *(statt Zkfl. ?) von anderer Hand;* *falso modo *(?; mit Wagner 1860, 288 Anm. 1; Scherer, MDS, 260; Steinmeyer 1916, 118)* 4 geougit] o *aus* u *verb.;* *keouget 4/5,5 *2mal* *uuirdet 5 *uragenten *bzw.* *fragenten *geant-uuurtet wirdit] r *aus Ansatz von* d *verb.* *uuaz taz unde *hinter der Zeile auf dem Rand* 6 dâz *vor der Zeile auf dem Rand* *Uuaz *salida? *Êuuiga râuua *(Sg.) bzw.* *Êuuige râuuâ *(Pl.)* 7/8 *dare . et 8 d discernere] d^1 *rad.* *Taz 11 *intuuinden 12 *uerrechen Alii dixerunt] Iudixet? *bzw.* Iudixer? *(vgl. Steinmeyer 1916, 118 Apparat)* constitutio] t^1 *verwischt* pręsentatio] io *verwischt* *Punkt gehört hinter* 12 u[u]errechin *und* pręsentatio. *Punkt ist zu tilgen hinter* 9 knot-mezon.

E92v

Taz heizit selbiu diu ding-sezzi unde selbis dinges kougida. *Eligamus ergo ex his omnibus ut dicamus diffinitionem* knot-mez. *Quid est hoc* . *quod nec plus nec minus est ipsa res que diffinitur. In hunc modum. Homo est animal rationale mortale risus capax.* Ter mennisco ist ein ding libhafte . redohafte . totig . lachennes ma[t]htig chit aber *animal rationale et mortale.* Taz ist imo gema[c]ze mit tiu habist tu in genoman uzer den anderen lebe<n>ten Tiu zuei u<u>urchant d[i]en menniskin . *quasi diceres .i. anima et corpus. Anima est rationale. Corpus est mortale* . tiu sint zimber . mit dien gat er umbe. *In hunc modum. Quid est homo? Animal rationale mortale. Quid est animal rationale mortale?*

Homo. Chit ouch dara-zuo *risibile.* Taz nehabet er mit nehenemo gemeine . so ne-maht tu inan baz gezeigon . taz ist al daz er ist. Mit temo gat er umbo. *Ad hunc modum. Quid est homo? Risibile. Quid est risibile. Homo. Hec est que maxime dicitur diffinitio. Item est alia diffinitio non substantialis sed accidentalis. In hunc modum. Animal est quod moueri propria uoluntate potest.* Taz ist libhafte . daz sih ruerin mag St119

Namque motus . et uoluptas . et possibilitas . accidentia sunt animali et non substantia eius. Animal corporale est. Corporalia corporalibus proprie diffiniuntur utique suis speciebus . aut suis generibus quibus ipsa inclusa sunt. In hunc modum . quid est cicero? Homo. Quid est homo? Animal . quid est animal corpus . quid est corpus? Substantia. Item incorporalia //

1 *heizet selbiu] seilhiu sezzi] z[1] verb. *selbes tinges keougeda
2 *gnotmez 2/3 *hoc . quod ... est[1]? (*Scherer, MSD, 261; Steinmeyer 1916, 118*) bzw. *hoc? Quod ... est . 3 quę] *Schwänzchen rad.;* *quę 5 *todig
6 gema[c]ze] *h-förmiges z aus h verb.;* *gemâze bzw. *gemáh *habest 7 *dien *genomen *lebenden *uuurchent 8 *ten mennisken 8 quasi diceres .i.] *quasi diceres (*Scherer, ebda*) bzw. *.i. anima (*mit Scherer, ebda*)] animi
9 *rationale . corpus *tien 11 animal rationale mortale?] Animal? Rationale mortale. 12 *chid *ouh 12/13 *neheinemo 13 na] ne *in taz] dar
14 *umbe 15 risibile] 1 *mit Querstrich;* *risibile? Hęc], quę] *2mal Schwänzchen rad.;* *Hęc, *quę 15/16 maxime (*mit Scherer, ebda*)] maxima 18 sih] h *aus c verb.* *ruoren 19 motus .] *Punkt verwischt oder anrad.* uoluptas] *uoluntas (*Scherer, ebda*) possibilitas .] *Punkt verwischt oder anrad.* animali] 1 *unten undeutlich, weil auf schadhafter Stelle im Pgm.* 21 corporibus] a 1 *über* ori *übergeschr.* proprie] *davor verwischtes* in *übergeschr.*
22 sunt (*mit Scherer, ebda*)] est 22/23 est cicero? (*mit Scherer, ebda*)] est? Cicero. 23 *animal?[2] *Punkt gehört hinter* 5 ma[t]htig, 6 gema[c]ze, 7 lebe<n>ten, 16 substantialis, 18 mag, 19 animali, 21 diffiniuntur.

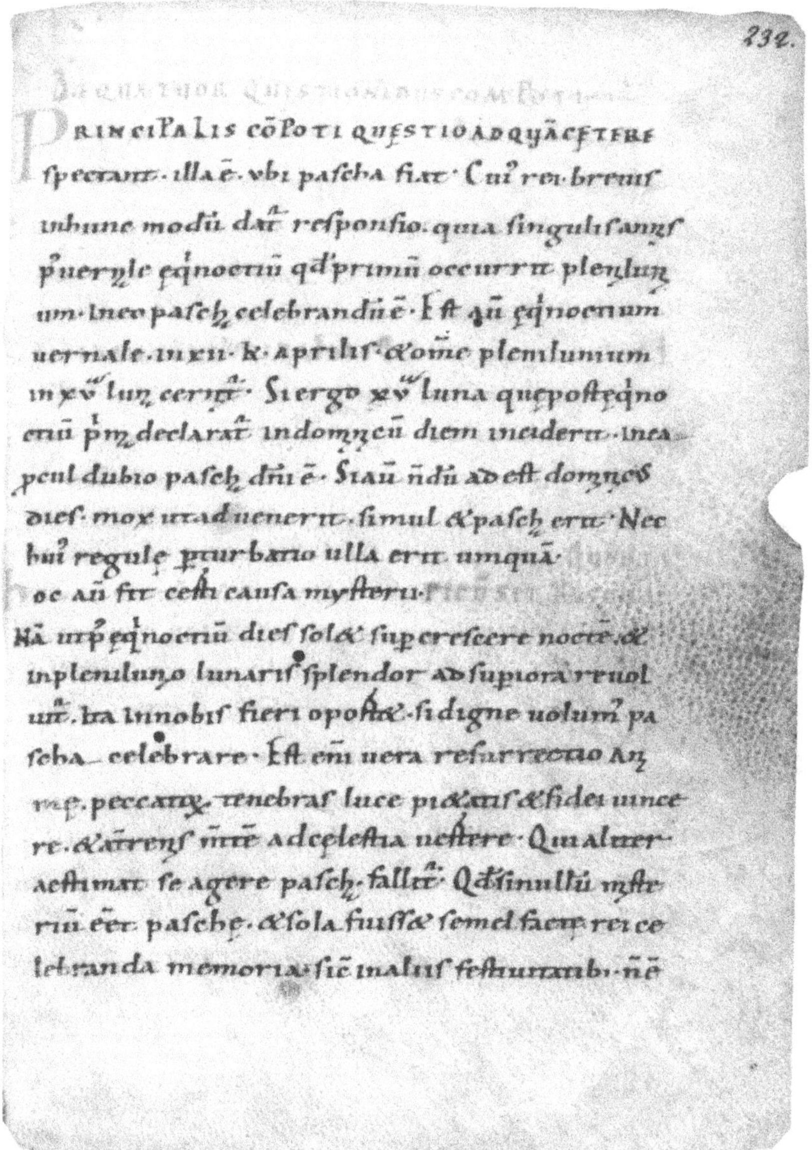

PRINCIPALIS CŌPOTI QUESTIO AD QUĀ CETERE
sperant. illa ē. ubi pascha fiat. Cuius rei breuis
in hunc modū dat responsio. quia singulis annis
post uernale eqnoctiū qđ primū occurrit plenilun
um. in eo pascha celebrandū ē. Est aū eqnoctium
uernale in xii. k. aprilis. & omē plenilunium
in xv luna certū. Si ergo xv luna que post eqno
ctiū primū declarat in dominicū diem inciderit. in ea
procul dubio pascha dni ē. Si aū nō dū ad est dominicus
dies. mox ut aduenerit. simul & pascha erit. Nec
huius regule perturbatio ulla erit umquā.
Hoc aū fit certi causa mysterii.
Nā ut post eqnoctiū dies sol& supercrescere nocte. &
in plenilunio lunaris splendor ad supiora reuol
uitur. Ita in nobis fieri oportet. si digne uolumus pa
scha celebrare. Est enī uera resurrectio an
ime. peccatis tenebras luce pietatis & fidei uince
re. & terrena mente ad celestia uertere. Qui aliter
aestimat se agere pascha fallitur. Quod si nullū myste
riū esset paschae. & sola fuisset semel facte rei ce
lebranda memoria. sic in aliis festiuitatibus non

Codex Turicensis Car C176 (Z2), f. 232r, Anfang des *Computus*
Photostelle der Zentralbibliothek Zürich

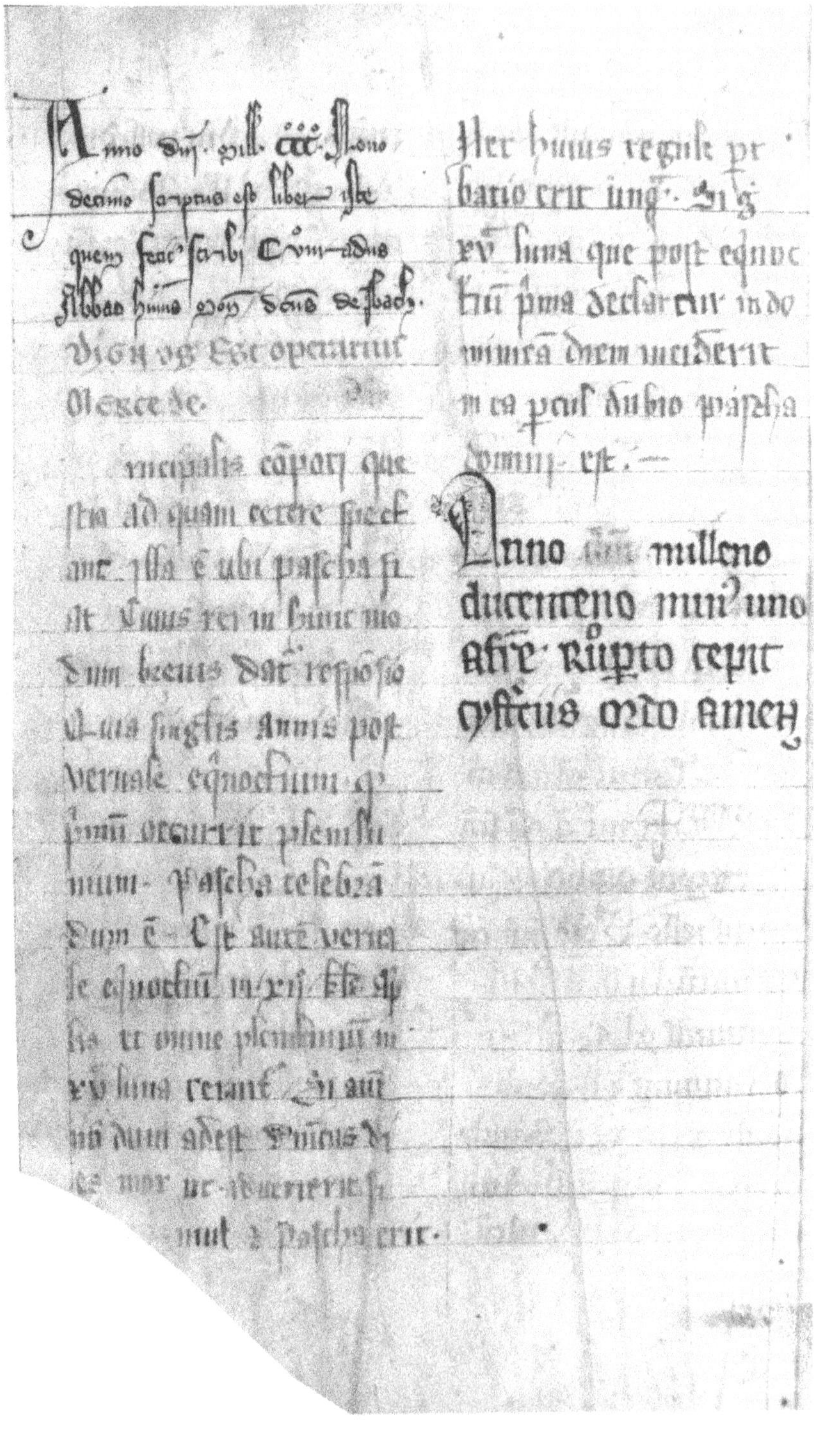

Codex Fuldensis Aa72 (F2), f. 152v, Fragment des *Computus*
Photostelle der Hessischen Landesbibliothek Fulda

Z2,232r

DE QUATUOR QUĘSTIONIBUS COMPOTI. 1. P312

M31a M3,188r M2,172r P2,10v

PRINCIPALIS COMPOTI QUĘSTIO AD QUAM CĘTERE F2,152va
spectant . illa est . vbi pascha fiat. Cuius rei . breuis
in hunc modum datur responsio . quia singulis annis
post uernale ęquinoctium quod primum occurrit plenilunium . in eo pascha celebrandum est. Est autem ęquinoctium
uernale . in xii. kalendis ʌprilis . et omne plenilunium
in xv^{a} luna cernitur. Si ergo xv^{a} luna quę post ęquinoctium prima declaratur in dominicum diem inciderit . in ea
procul dubio pascha domini est. Si autem nondum adest dominicvs
dies . mox ut aduenerit . simul et pascha erit. Nec M2,172v F2,152vb
huius regulę perturbatio ulla erit umquam.

QUOD TYPICUM SIT PASCHA. 2. F3,4r

Hoc autem fit certi causa mysterii.
Nam ut post ęquinoctium dies solet supercrescere noctem . et
in plenilunio lunaris splendor ad superiora reuoluitur . ita in nobis fieri oportet . si digne uolumus pascha celebrare. Est enim uera resurrectio ʌni-
mę . peccatorum tenebras luce pietatis et fidei uince-
re . et a terrenis mentem ad cęlestia uertere. Qui aliter
aestimat se agere pascha . fallitur. Quodsi nullum misterium esset paschę . et sola fuisset semel factę rei ce-
lebranda memoria . sicut in aliis festiuitatibus . non est M2,173r

---

Z2 1,2 *2mal* *COMPUTI 2 *CĘTERĘ (*vgl. M3*) 6 autem] *unter* a *kleines Loch im Pgm.* 7 nale *bis* ʌprilis .] *Rückseite scheint durch, keine Rasuren* 11 aduenerit] *Fleck über unterer Hälfte von* d 15 lunari[] *über Schleife des* [*kleines Loch im Pgm.* 17 celebrare] *über* e² *kleines Loch im Pgm.* 20/21 *mysterium (= *M2,P2,F3*) *Punkt ist zu tilgen hinter* 3 rei.

M3 1 questionibus 2 questio (= *M2,P2,F2*) cęterę (= *P2*) 4 qua 6,8/9 *2mal* equinoctium 11 pasca 12 umquam fuerit 12/13 *Überschrift:* De tipica paschę interpretatione 15 supora 20 estimat

---

M2 1 *vor Überschrift* Incipit tractatus notkeri magistri . 1/2 *klein* 1 de quatuor questionibus] atuor questi *auf Rasur, wahrscheinlich von* estionib; 3 spectant] ct *auf Rasur von Ligatur* ct 5,6,8/9 *3mal* aequinoctium 8 cernitur] *dahinter kleines Loch, wahrscheinlich über Punkt* 12/13 *Überschrift klein;* tipicum 15/16 reuoluitur] reuertitur 16 ita] ita & 22 aliis //] alii *auf Rasur* *Punkt steht hinter* 7 plenilunium. *Punkt fehlt hinter* 3 est, 22 festiuitatib;.

P2 1 *vor Überschrift* NOTGER ERKENHARDO Discipulo. QVESTIONIBVS 3 fiat *!* cuius 10 pascha] h *übergeschr.* 12/13 tipicum

---

F2 2 r<i>ncipalis] *Initiale P nicht eingetr., aber auf dem linken Rand vorgeritzt* cetere 4 Quia 5,8/9 *2mal* equinoctium 6 in eo *fehlen* 6/7 vernale equinoctium 8-10 Si *bis* est *! - // fehlen hier, folgen aber am Ende, 154vb, 2-7, im Anschluß an* umquam. *(Z232r,12)* 8 que 9 declartur dominicam 12 regule ulla *fehlt*

F3 20 ęstimat 21 paschę *fehlt*

dubium quin et in sexta kalendis aprilis in qua dominus resurrexit . annua nobis eadem festa manerent . absque ulla temporis uarietate. Nunc autem quę ratio sit . huius tantę diuersitatis . ut in quibusdam annis maturius . in quibusdam tardius idem cultus agendvs sit . hoc non sine omni difficultate ex cursu lunę comprehenditur. Z2,232v P313

DE SOLARIBVS ET LUNARIBVS ANNIS. 3.

Hinc namque sciendum est . quod apud egiptios et alias plures gentes . tempora secundum cursum solis computantur . apud hebreos uero secundum lunę. Qui autem uult compotista uideri . cursvs huic utriusque sideris est obseruandvs . et anni et menses solares et lunares . pari modo ab eo dinoscendi sunt. Duodecim ergo menses qui uulgô numerantur . uidelicet . iaNuarius . FEBRUARIUS . MARTIUS . APRILIS . MAIUS . IUNIUS . IULIUS . AUGUSTUS . SEPTEMBRIS . OCTOBRIS . NOUEMBRIS . DECEMBRIS . secundum solem dimetiuntur. His secundum ordinem exactis . simul et annus qui secundum solem dicitur exactus est. Quia uero totidem menses secundum lunam xi dierum numero decrescunt . ipse qui ex eis constat lunaris annvs . eodem dierum numero adbreuiatur. Unde fit ut luna quę in kalendis ianuarii quolibet anno prima numeratur . secundo anno ibidem xii[a]. et in .iii[o]. anno xx[ma] iii[a] existat. Atque sic computati anni ii[o] secundum lunam . duobus secundum solem computatis . xx[ti] iiobus diebus contractio- P2,11r M31b M2,173v M2,174r M3,188v

Z2 6 difficultate] unter 1 *kleines Loch im Pgm.* 7 DE SOLARIBVS] DE SO *auf Rasur schwarzer Buchstaben* 8 *ęgyptios (= M2)* 9 hebreos] *unter* b *kleines Loch im Pgm.*; *hebręos 10 *computista 13 qui uulgô] *Rückseite scheint durch* ui uu *hindurch, keine Rasuren;* *uulgo (= M3,P2) 15 ordinem] *über* r *kleines Loch im Pgm.* 17 decrescunt] *über* sc *kleines Loch im Pgm.* 21 .sic *mit Einfügungspunkt übergeschr.* *duo *(= M2,P2)* 22 *duobus² *(= M3,M2,P2)* *Punkt gehört hinter* 1 dubium. *Punkt ist zu tilgen hinter* 3 sit.

M3 3 teporis 6 dificultate 7 ſciendum] *unter* ſ *punktartiger Tintenfleck* 8 alios 9 ebreos 15 demetiuntur 16 dicetur 20 .anno¹] *mit Einfügungshaken übergeschr.*

M2 8 apud] *davor altes Loch im Pgm.* gentes .] *Punkt verwischt* 12 lunares .] *Punkt verwischt oder rad.* 12/13 .i. annus. *von anderer Hand auf dem linken Rand* 13 uulgô] u² *unten anrad., Zkfl. von anderer Hand* ergo] r *auf Rasur* 13/14 *klein* 13 februarius] eb *auf Rasur* 17 die rum] *dazwischen altes Loch im Pgm.* 20 .II. *von anderer Hand auf dem linken Rand* 21 duo anni 22f. .III *auf dem rechten Rand* contractiores] i *von anderer Hand übergeschr.*

P2 1 aprilis] *unter* il *punktartiger Tintenfleck* 3 quę] *über* q *anrad.* i 8 ęgiptios 13 Videlicet 14 Secundum 19 ut luna *fehlen* 21 anno] n² *mit Einfügungshäkchen davor und Einfügungspunkt übergeschr.* computati] i *aus Ansatz von* a 22 duobus²] uob *auf Rasur*

F3 6 comprehenditur. //

res erunt. Deinde si ipse tertius annus solitis xii^{im} mensibus qui com- Z2,233r munem annum faciunt secundum lunam computaretur . necesse esset tres lunares annos tribus solaribus xxxta tribus diebus breuiores existere. Quia uero addito xiii^{o} prolongatur . quem greci embolismum dicunt . et hic idem xxxta numeratur . erunt tres anni lunares tribus tantum diebus breuiores tribus solaribus . et ideo iiii^{ta} luna in kalendis iaɴuarii .iiii^{to}. anno computatur. Hic iiii^{tvs} annus lunaris .xiiii^{im} diebus finitur ante quam solaris .iiii^{tvs}. finiatur . et ideo .xv^{a} luna supputatur . quinto anno in kalendis ianuarii. Ipse quo- M2,174v que annus quia prius finitur .xxv diebus secundum lunam quam secundum solem . erit . .xxvi^{a}. luna in kalendis ianuarii in vi^{o} anno. Cui si non addederetur . secundum lunam xiiimvs mensis .xxx.vi^{ta}. diebus priusquam P2,11v solaris ad exitum duceretur. Sed adnumerato xiii^{mo} cum suis xxx^{ta} diebus . erit ei terminvs .vi. tantvm diebvs ante ter- P314 minum solarem. Ideo inueniuntur .vi. anni lunares . senum dierum numero minores . aliis sex annis solaribus . eritque septima luna in kalendis ianuarii vii^{o} anno. Ipse uero vii^{mus}. secundum lunam quam secundum solem citius finitur decem . et vii^{tem}. diebus. Inde est quod xviii^{a}. luna numeratur in kalendis iaɴuarii .viii^{o}. anno. Huic uero nisi ad- M2,175r M32a deretur .xiii^{mvs}. mensis .xx^{ti} viii^{o}. dierum fine prius clauderetur secundum lunam quam secundum solem. Sed addito embolismo tricenorum dierum secundum lunam . fit ut excedat solarem duobus

Z2 6 breuiores] unter e² *kleines Loch im Pgm.* 9 luna] *angehängtes* a *unten anrad.* supputatur] unter t¹ *Fleck* 11 erit] *danach Rasur* 16 numero] nu *und 1. Strich von* m *auf Rasur von* die minores] *links unter* m *kleines Loch im Pgm.* 19 xviii^{a}] viii^{a} *auf Rasur,* a *über* v *noch sichtbar* Punkt *ist zu tilgen hinter* 11 erit.

M3 5 híc îdem 6 breuiores] i unter u ſolariſ] *auf längerer Rasur stehendes* ſ² *durch Punkt darunter getilgt,* bus. *übergeschr.* 17 septimus annus] annus *durch Strich darunter getilgt* 18 inde 20 dierum² *durch Strich darunter getilgt* 21/22 tricenorum] xxx^{ta} 22 excedat] d *aus* t *verb.*

M2 1 xii^{im} *fehlt* 4 .I. EMb *von anderer Hand auf dem linken Rand* 5 idem *fehlt* xxx. dierum 6 lunares .] *Punkt verwischt oder rad.* solarib;*!* 7/8 .IIII. *von anderer Hand auf dem rechten Rand* 8 lunaris *durch Strich darunter getilgt,* solaris *übergeschr.* finitur] *Strich unter* r, *danach wohl Punkt rad.* 9 supputatur] p¹ *aus* b *rad. und verb., über* u³ *ein m-Strich rad.* 9/10 .V. *von anderer Hand auf dem linken Rand* 10 finitur .] *Punkt verwischt* diebus] dierum 11 .VI. *von anderer Hand auf dem linken Rand* non *übergeschr.* 12 mensis] *danach* finiretur lunaris annus *von anderer Hand übergeschr.* 13 .II. EMB *von anderer Hand auf dem rechten Rand* 14 ei *unterstrichen, dann rad.* terminus] *danach* lunaris anni *von anderer Hand übergeschr.* 15 lunares] e *aus* i *verb.* 16 . aliis . *rad.* 17 .VII. *von anderer Hand auf dem linken Rand* 17/18 lunam cicius quam secundum solem finitur] *urspr. Wortfolge durch von anderer Hand übergeschr. Buchstaben a-f umgestellt* 18 diervm.] ervm *von anderer Hand auf Rasur von* ebus 20 clauderetur prius

P2 4 ḡci 9 Et subputatur 13 ad] d *auf Rasur* 19 Hinc

diebus. Propterea manifestum est sic secundum lunam calculatos Z2,233v
viii[o] annos . totidem solaribus annis duobus his diebus
productiores existere. Deinde in nono anno sola-
ri . numeratur xx[a] viiii[a] luna in kalendis iaNuarii . et in .iiii[ta]. nonas
iaNuarii xxx[a]. Quę xxx[a] lunari ocdoadi finem imponit.

Nonus autem lunaris qui de hinc in .iii[a]. nonas ianuarias ingreditur . solarem annum in exitu suo .viiii[em]. pręuenit diebus . et sequitur .x[ma]. luna in kalendis IANuarii in decimo anno. Ipse
quoque pręoccupat solarem xx[ti] diebus . fitque luna xxi[a]. in M2,175v
kalendis IANuarii in undecimo anno. Qui si embolismvm non haberet .
ante solaris anni finem xxx[ta] et uno die clauderetvr.

Recepto vero embolismo cum triginta diebus . uno
tantum die inuenitur solarem pręuenire . et reseruare kalendis ianuariis secundam lunam in .xii[o]. anno. Duodecimus ergo lunaris . pręuenit solarem xii. diebus . et i- M3,189r
deo kalendis ianuarii succedit xiii[a] luna in xiii[o] anno.

Qui rursus finitur prius secundum lunam quam secundum solem
xx[ti] iii[bus] diebus . moxque erit in kalendis iaNuarii xx[a] iiii[ta] luna xiiii[o] P2,12r
anno. Hic si non extenderetur embolismo secundum lunam
ad triginta dies computato . terminus ei esset ante
solaris anni terminum .xxx[ta] iiii[or] diebus. Sed inserto em- M2,176r
bolismo iiii[or] tantum dies fient . quibus pręoccupat solarem .

Z2 6 lunaris] *unter* n *kleines Loch im Pgm., Großteil des angehängten* a *nicht mehr sichtbar* 10 undecimo] e *teilweise auf Rasur* 14 lunam] *unter* l *kleines Loch im Pgm.* 16 in] *unter* i *kleines Loch im Pgm.* 17 solem] *danach Art Komma (wohl nur Feder etwas ausgerutscht)* 19 lunam] *danach vielleicht ganz dünner Punkt*

M3 4 numeratur *fehlt* 5 Quę triginta] nta *durch Strich darunter getilgt,* esima *übergeschr.* 8 Ipse] *über* p *punktartiger Tintenfleck* 9 pręoccupat] c[1] *übergeschr.* 10 habent] n *durch Strich darunter getilgt,* re *übergeschr.* 14 scdm (= secundum) 15 so//solarem] so[1] *durch Strich darunter getilgt* 22 pręocupat

---

M2 1/2 r (= require) *auf dem rechten Rand* 2 annos.!] ! *und Strich darunter rad.* annisduobus] *oben vor* d *Strich zur Trennung* 4 numeratur] n *aus* u *verb.* 5 ogdoadi 8 in[1] *fehlt* 14 ianuariis *bis* lunam *auf Rasur* 14/15 Duodecimus] ci *übergeschr.*

P2 5 lunari] luna ogdoadi.inponit finem 10 kalendis *bis* in *fehlen durch Homoioteleuton* 21 anni *mit Einfügungshaken davor und nach* solaris *übergeschr.* 22 dies tantum

et quinta luna irradiantur kalendę ianuarii in quin- Z2,234r
to decimo anno. Hic in fine suo pręueniet lunaris solarem xv^{im}. diebus . et stabit ianuarii kalendis xvi^{a} luna in
xvi^{o} anno. Sextus decimus uero lunaris accelerat clausulam
habere xx^{ti} vi diebus ante clausulam solaris . ut xxma vii^{a}
luna fiat in kalendis iaɴuarii in xvii^{o} anno. At uero ipse nisi prolongaretur embolismo mense . xxx^{ta} et vii^{tem} dierum nume- P315
ro prius finem faceret secundum lunam quam secundum solem.

Quia uero embolismus accedit . et in ipso anno cuiuslibet mensis
xxx^{ma} luna transitur . quę transilitio saltus dicitur . erit
eius finis prius secundum lunam quam secundum solem octo die-
bus. Et mox in kalendis iaɴuarii viiii^{a} luna sequitur . in xviii^{o} anno.

Sed et ipse terminatur x et viiii^{em} diebus prius secundum lunam M2,176v
quam secundum solem . ideo xx^{a} luna erit in kalendis ianuarii in xviiii^{o} anno. Hic lunaris xxx^{ta} dierum anticipatione claude-
retur ante finem solaris anni . si non ei embolismus adde- M32b
retur. Additvs ergo xxx^{ta} dies implebit . facietque lunarem annum cum solari anno finiri. Sicque redit luna pri-
ma ad kalendas iaɴuarii post .x et viiii^{em} annos exactos. Ex his ergo .x.
et viiii^{em} annis . circulus decennouenalis dicitur . quia tunc
demum remeat omnis luna ad suum kalendarem diem.

LUNARES ANNOS A PASCHALI LUNA INITIUM SUMERE. 4.

Z2 1 kalendę] kelendę 5 vii^{a}] *darüber kleines Loch im Pgm., a nur teilweise sichtbar* 6 iaɴ̄] *unter Abkürzungsstrich kleines Loch im Pgm.* uero] *unter r kleines Loch im Pgm.* 14 quam] *davor Tintenfleck rad.* xx^{a}] t *vor* a *rad.* 15 xxx^{ta}] *nach* t *kleines Loch im Pgm.,* a *kaum noch sichtbar* 16 solaris] *unter* r *kleines Loch im Pgm.* 17 Additvs] *über* i *kleines Loch im Pgm.* dies] *über* d *Art Punkt (Tintenfleck?)*

M3 2 Hîc (= *P2*) 3 kalendis iaɴuarii 8 scdm[1] 10 tranſ_ſilitio 11 lunam *übergeschr.* 12 luna] *über* a *Rasur* decimo] o *über* m *übergeschr.* 13 .x. *mit Einfügungspunkt übergeschr.* 15 antitipatione

---

M2 4/5 accelerat clausulam ha] *auf Rasur bzw. abgeschabter Stelle* 14 erit] sequitur 18/19 p̄ma 21 kalendarem /] *danach* diem *über einem alten Loch im Pgm. rad.*

P2 3 in *fehlt* 6 nisi ipse 8 finet faceret 14 luna /] *nach* a *punktartiger Tintenfleck auf Zeilenhöhe* 22 LUNARES ANNOS] Quod lunares anni debeant

Si quis autem canonicam institutionem paschalis temporis Z2,234v nosse desiderat . hunc circulum necesse est . ut reuol- M2,177r uere sciat . et recursum facere inoffensum . siue a ianuario incipiat . siue a quolibet alio loco. Initium tamen eius auctoritate ueteris testamenti . a paschali luna sumendum est . hoc est a mense paschali. De ipso namque P2,12v scriptum est. Hic mensis nouorum est . hic tibi primus erit . in mensibus anni . in eo facies phasę. Et hinc apparet . hębreos suos annos et menses . ad lunę cursum computare. Quia uero huiusmodi anni non eiusdem sunt longitudinis . nec ab eodem loco semper incipiunt . sed a decem et nouem ut dictum est . propter hoc et xv^{a} paschalis totidem habet loca diuersa. Hęc te ergo oportet agnoscere . et in memoria habere. Si enim nosti .xv^{am}. nosti et M3,189v primam. Si primam . utique et xv^{am}. Quotamlibet pascha- M2,177v lis mensis lunam noueris . totum mensem inde cognoueris. In prima luna est initium anni . in xv^{a} locus paschalis festi . si tamen dies concurrit dominicvs ut dictum est. Quę cum ita sint . promptissimum patribus uisum est . hunc eundem circulum decennouenalem incipere in eo anno . quo xxvii^{a} luna pręcedit in kalendis iaNuarii . ut exacto anno in .iii^{a}. nonas aprilis . crastino .ii^{e}. noNę aPRilis

---

Z2 2 necesse] *über* n *kleiner Tintenfleck* 5 tamen] *oben davor kleines Loch im Pgm.* 6 est .] *unter Punkt kleines Loch im Pgm.* 9 *hebręos 12 *davor Rasur von 3 Buchstaben* 15 xv^{am}] *unter* a *kleines Loch im Pgm.* 16 mensem] *unter* m^{1} *kleines Loch im Pgm.* 17 xv^{a}] *über* x *kleines Loch im Pgm.* 22 *duę (*vgl.* P2) *Punkt gehört hinter* 18 dominicvs.

M3 8 paschę *durch Strich darunter getilgt,* phase *übergeschr.* 9 curſum] ſ *aus* c *verb.* 11 a] ad 13 hec *durch Strich darunter getilgt,* hab& *übergeschr.* 14 nosti^{2} *fehlt* (= *M2*) 18 cucurrit 20 eundem] un *mit Einfügungspunkt übergeschr.*

M2 2 circulum] ciclum 6 paschali] *unter* ch *Rasur* 14 memoria] me *von anderer Hand übergeschr.* 14 enim] ergo 16 totv̄] v *auf Rasur* 17 .xv. locus] *darüber Rasur* 18 tamen concurrerit dies dominicus 22 crastino .ii^{e}.] crastino . pridie; crastino . p *auf Rasur*

P2 1 kanonicam 6 paschali] h *übergeschr.* 7 hic 12 a xv. 14 habere] retinere 16 moueris 17 In^{2} 17/18 paschalis] h *übergeschr.* 18 occurrit 21 luna] na *aus* m *verb.* procedit 22 .ii^{ę}.

ubi festiuitas est . sancti ambrosii . noua luna paschalis Z2,235r
initium faciat anni et circuli. Ad eundem uero diem re-
deunte anno fit ibidem xiii^{a} paschalis. Oporteret autem
eam fieri xii^{am} si non abstraheret transilitio xxx^{ę} lunę nouembris mensis quam saltum dicimus. Anno uero tertio fit ibi M2,178r
xx^{a} iiii^{a} paschalis. Et primo embolismo iiii^{a} nonas inser- P316
to . reuertitur ad eandem diem v^{a} luna paschalis in iiii^{o} anno.
Ibi quoque in .v^{o} anno censetur xvi^{a}. In sexto ibidem xx^{a} vii^{a}
paschalis. Eo anno .ii^{vs}. embolismus in .iiii^{a} nonas septembris in-
nectitur. Item in .vii^{o}. anno computatur viii^{a} luna paschalis
in prędictis kalendis. In octauo uero xx^{a} viii^{a} luna paschalis M33a
ibi recitatur. Eodem anno embolismus .iii^{vs}. pridie nonas
martias iniungitur. Huius embolismi xxx^{a}. finem dat ogdoadi pridie nonas aprilis . ubi eius quoque sumptum est initium.
Hinc manifestum est . quia lunaris ogdoas in quo saltus est . uno P2,13r
die transcendit solarem . ii^{bus}. uero si transfertur saltus ad
endecadem. Sequitur in viiii^{o} anno prima luna paschalis in
nonis aprilis . qui dies iam secundus est solaris anni . quia sicut dictum M2,178v
est ubi finitur lunaris ogdoas . ibi incipit solaris endecas.
Decimo uero anno fit in eisdem nonis xii^{a} luna paschalis.
Undecimo xx^{ma} iii^{a} paschalis in eodem die . et embolismvs
iiii^{vs}. eivs anni oritur pridie nonas decembris. Duode-

Z2 5 ibi] *über* b *kleines Loch im Pgm.* 8 censetur] *über* e^{1} *punktartiges Loch im Pgm.* 12 nonas] *unter* o *kleines Loch im Pgm.* 15 lunaris] *über* n *kleines Loch im Pgm., oberer Teil des* n *nicht mehr sichtbar* 17 endecadem] *über* de^{2} *kleines Loch im Pgm., linke Hälfte des m-Strichs unsichtbar* in^{1}] *darüber kleines Loch im Pgm.* 17 viiii^{o}anno] *vor* a *oben und unten Strich zur Trennung* 18 *Rückseite scheint oft durch, keine Rasuren* *Punkt gehört hinter* 4 xii^{am}, 5 mensis, 19 est. *Punkt ist zu tilgen hinter* 1 est.

M3 4 lunæ 6 noɴas decembris (= *M2*) 8 uii] u *durch Strich darunter getilgt,* v *übergeschr.* 9 pascalis 11 kalendis] nonis .x^{a} viiii^{a} 13/14 ocdoadi 15 limaris

M2 2 circuli] ci *auf Rasur* 3 anno . fit] o . fit *auf Rasur* 6 primo] *links unter* m *punktartiger Tintenfleck* 7 ad *bis* lun] *auf Rasur* 8 censetur] c *auf Rasur von* ſ. 9 ſecunduſ] uſ *aus* ſ *rad. und verb.* 12 retitatur 16 tranſfertur] ſ *übergeschr.* 18 secundus] du *anrad.* 21 Vndecimo] Vn *auf Rasur, davor Rasur*

P2 4 ſi] ſ *aus Oberlänge verb.* transsilicio; i^{3} *auf Rasur* 7 eundem 9,11,17,20 paschalis] *4mal* h *übergeschr.* 12 .iii. embolismvs pridie] .ii^{ę}. 13 martias] martii. 16 Duobus 17 endæcadem] æ *durch Punkt unter* a *zu* e *verb.* 22 pridię

cimo anno fit ibi iiii[ta] paschalis. Tertio decimo xv[a] Z2,235v paschalis. Quarto decimo xx[ma] vi[ta] paschalis . et quintvs embolismus iiii[ta] nonas nouembris. Quinto decimo anno in eodem die vii[ma] paschalis. Sexto decimo . xviii[a] paschalis. Septimo decimo xx[ma] viiii[na] paschalis . et sextus embolismvs quarta nonas augusti. Octauo decimo ibidem decima paschalis. Nono decimo xxi[ma]. paschalis in eisdem nonis . et in tertia nonas martias septimus embolismus . cuius xxx[a] finem facit endecadi . et ipso circulo decennouenali M2,179r .iii[a]. nonas apRILis . reditque iterum prima luna ad pridie nonas aprilis in uigisimo anno.

5. DE OBSERUANDA UICE MENSIUM.

Hoc autem toto circulo tenendum est ut alternatim vi. mensibus tribvas xxx[am] . aliis vi uigisimam nonam M3,190r lunam. Ianuario . Martio . Maio . iulio . septembrio . Nouembrio . adscribatur xxx[a]. Februario . aprili . iunio . augusto . octobrio . Decembrio . xx[a] viiii[a]. In bissextili anno februario quoque xxxam adice.

6. QUARE NON SEMPER EMBOLISMUS FINITO ANNO SUBPONATUR.

Et sciendum quia tam certa loca sparsim per circulum semper embolismis ideo tradita sunt . ut nullus de cęteris lunaribus mensibvs tam longe remoueatur a suo solari mense . quin eum M2,179v possit contingere incipientem aut desinentem. Nam ex pri-

Z2 5 Septimo] *kleines Loch in oberer Schleife des S* 6 augusti] *unter* au *kleines Loch im Pgm.* decimo] *über* im *kleines Loch im Pgm.* 8 septimus] *über* p *punktartiges Loch im Pgm.* 11 *uigesimo (= *M3*) 13 *uigesimam (= *M3*) 15 adscribatur] Adscribatur Februario] *über* r[1] *kleines Loch im Pgm.* aprili] r *aus* l *rad. und verb.* iunio] i[1] *aus einem anderem Buchstaben rad. und verb.* 17 adice] *über* d *kleines Loch im Pgm.* QUARE] *über* AR *kleines Loch im Pgm.* 20 embolismis] i∫[2] *aus* u∫ *rad. und verb.* *Punkt gehört hinter* 12 est.

M3 3 nouembris iniungitur 6 Octau[o] 10 rediitque] i[1] *durch Punkt darüber und darunter getilgt* 16 in 18 subponantur (= *P2*) 19 semper] septem

M2 1 Tertio decimo] xiii.; x *auf Rasur* 3 non] n *aus* u *verb.* 7 paschalis[1]] i *auf Rasur* 19 sēp̄] m-*Strich auf Rasur*

P2 2 paschalis[1]] h *übergeschr.* 5/6 et *bis* augusti. *fehlen* 11 pridię 15 asscribatur 16 xx[a] viiii[a]] xx ii[ii] (= *24*) 18 Embolismi 21 moueatur

mo embolismo qui oritur iiii^{ta} NONIS decembris liquido Z2,236r colligitur . quid incommodi nos sequeretur . si quemadmodum tertius et septimus . ita quoque ipse et cęteri ad P2,13v extremum annorum locarentur. Pro eo namque luna ianuarii tota in decembrio expenderetur . et similiter in ianuario luna februarii . et in februario luna martii . et nul- P317 lum illorum mensium sua luna contingeret.

QUOD SECUNDUM LUNAM COMPUTANDUS SIT CIRCULUS. 7. M33b

Omnis ergo inęqualitas temporum secundum lunam maxime censetur . quia sol singulis annis eundem cursum habet . et non eius secundum naturam ulla est uarietas. Ideo ad lunarem cursum M2,180r referendus est totus ipse decennouenalis circulus. Secundum ipsum enim dicimus. Primus et secundvs annus communes . tertius embolismus. Quartus et quintus communes . sextus embolismus. Septimus communis . octauus embolismus. Nonus et decimus communes . undecimus embolismus. Duodecimus et tertius decimus communes . quartus decimus embolismus. Quintus decimus et sextus decimus communes . septimus decimus embolismus. Octauus decimus communis . nonus decimus embolismus. Qui autem non intelleguNT a paschali mense secundum lunam hunc circulum decennouenalem esse incipiendum . et eum potius secundum solem a luna ianuarii . quę primo anno fit nona incipiunt . his contingit primus em-

---

Z2 4 locarentur] unter r *Tintenfleck* 5 ianu] *über* u *kleines Loch im Pgm.* 6 februarii] *über* ua *kleines Loch im Pgm.* luna] *unter* l *kleines Loch im Pgm.* 8 COMPUTANDUS] *über* C *kleines Loch im Pgm.* 12 Secundum] *unter* S *kleines Loch im Pgm.* 15 Septimus] *2. Hälfte des* m *auf Rasur* octauus] *über* uu *kleines Loch im Pgm.* 16 embolismus] *unter* li *kleines Loch im Pgm.* 17 quartus] *über* qu *kleines Loch im Pgm.* 19 communis] i *aus* e *verb.*

M3 1 embolismo] ſ *übergeschr.* 4 collocarentur] col *durch Strich darunter getilgt* 8 lunam decennouenalis / *(vgl. P2; Rest der Überschrift nicht mehr erkennbar)* 12 est *fehlt* 15 Septimus] *danach Rasur* 21 incipiendum *mit Einfügungshaken übergeschr.* 22 contigit

---

M2 2 siquem] *vor* q *oben und unten Strich zur Trennung* 5 decembrio] d *auf Rasur* 6 februario] bruar *auf Rasur* 7 illorum] eorum 10 ânnis 11 nulla 18 xvii] x *mit Einfügungspunkt übergeschr.* 20 pascali 21 potius *fehlt* solem] *so auf Rasur*

P2 2 quod 7 illorum] horum 8 COMPUTANDUS SIT CIRCULUS] decennouenalis circulvs sit computandvs 18 communes.communes 22f. embolismus primus

bolismus in secundo anno . et secundus in quinto anno . et quartvs Z2,236v
in decimo . et quintvs in tertio decimo . et sextus in sexto decimo . et saltus lunę in nouissimo non in primo.

QUAE RATIO SIT SALTUS. 8.

Huius saltus quę causa sit . multi inquirunt . quibus respon- M2,180v
dendum est . quia non iste solus . sed illi sex qui singulis annis
prȩter istum fiunt . ex quantitate lunaris mensis dinoscun-
tur. Totiens enim saltus fit . quotiens in anno trigisima absumitur . quamuis hic solus hoc nomen teneat . eo
quod inconsuete fiat. Longitudo namque lunaris mensis extenditur ad uiginti nouem semis dies. Inde est . quod .vi. mensi- M3,190v
bus in anno trigisima . aliis vi.xx^{a} viii^{a}. alternatim im- P2,14r
penditvr. Quodsi nihil ultra xx^{ti} viii. dies et semissem
tenderet eius capacitas . eandem uicem quoque embolismis
mensibus et bissextilibus reseruaremus. Ita ut unus trigisi-
mam . alter uigisimam nonam solito reciperent . et nequaquam uerum esset annum lunarem undecim tantum diebus bre-
uiorem existere anno solari. Aliquantum ergo ultra
trigisimum diem dimidium extenditur. Sed non tantum ut et
in cunctis bissextilibus atque embolismis mensibus trigisima M2,181r
recitetur . et tamen cȩteris per circulum mensibus alternatio
intemerata reseruatur. Alioquin uno die excelle-

Z2 5 *inquirunt. Quibus (= *P2*) 6 iste] *unter* i *kleines Loch im Pgm.* sex] *über* x *kleines Loch im Pgm.* 8 quotiens] *über* qu *kleines Loch im Pgm.* 12,20 *2mal* *trigesima (= *M3*) 15 reseruaremus] *über* r^{3} *kleines Loch im Pgm.* *ita (= *M3,P2*) 15/16 *trigesimam (= *M3*) 16 *uigesimam (= *M3*) 19 *trigesimum (= *M3*) *Punkt gehört hinter* 3 nouissimo.

M3 2 tercio *mit Einfügungspunkt übergeschr.* 3 decimo . & septimus in septi decimo; septi *durch Strich darunter getilgt,* nono *übergeschr.* 4 *nur* < > ſal < > ne < > *sichtbar;* *De saltu lune 9 hiſ] ſ *durch Punkt darunter getilgt,* c *übergeschr.* 11 Inde 12 sex xx.xx^{a}] xx^{1} *durch Strich darunter getilgt* 13 dies & / &] &^{1} *rad.* 14 capatitas] c *über* t^{1} *übergeschr.* 19 Sed *auf Rasur, darunter Strich* et *fehlt*

M2 10 consuete] con *mit Einfügungshaken übergeschr.*

P2 10 lunaris] n *mit Einfügungshäkchen davor und vor* a *übergeschr.* 13 nichil 21 cȩteris *fehlt*

rent decem et viiii anni lunares . totidem annos sola- Z2,237r
lares . et unus dies ueluti plures in $\overset{o}{\text{xx}}$ anno ad concordiam M34a
sydera reuerti non sineret. Tam clara autem res est . et tam ue-
ra ratio huius saltus . ut in ipso uespere quando solitam $\overset{am}{\text{xxx}}$
prętermittimus . et postea primam computamus . egredien-
tibus nobis nouiter accensa luna in cęlo appareat . et con-
cordia decennouenalis certa et perpetua maneat. Sed
si tu feriatus et scrupulosus calculator exstiteris . in tantum ut nec ipsam morulam . quanta sit supra tricesimum
diem medium . ignotam tibi esse pateris . uix eam a te posse
ad certum comprępehendi dinoscito. Ex lectione tamen
sancti columbani quam super hac quęstione scripsit didici-
mus . eam pensari ad dimidiam horam . et decem pene momen- M2,181v
ta. Pene autem dixit ille et non plene. Quodsi ambiguum
auersaris . tu potius illa minuta discute . ut certum quan- P318
titatis numerum inuenias . et integrum exprimas . et
scias te sagatiorem columbano. Si autem et momentvm
quantum temporis sit requiris . unius horę quadrage-
simam partem intellege. Nam inclinatio librę qua pensa-
re solemus . momentum dicitur. D E R A T I O N E B I S S E X T I. 9.
Constat autem solaris annus trecentis $\overset{a}{\text{lx}}$.v. diebus et vi P2,14v M34b
horis. Quare hoc? Quia sol tanto spatio circuit cęlum.

Z2 3 *sidera (= *M3,P2*) 4 in *übergeschr.* 6 nouiter] *über* r *kleines Loch im Pgm.* cęlo] *unter* l *kleines Loch im Pgm.* 11 *comprehendi 12/13 didicimus] *unter* i^1 *kleines Loch im Pgm.* 13 *pęne 14 *Pęne 16 inuenias] *unter* n^1 *kleines Loch im Pgm.* 17 *sagaciorem 20 solemus] m *auf schadhafter Stelle im Pgm.* *Punkt gehört hinter* 14 et.

M3 10 pateris *!* Vix (*wohl große Pause zu kleiner verb.*) 11 lectione] questione 15 aduersaris 17 momentu] u *aus* o *verb.*

M2 12 Columbani 15 potius tu 21 lunaris annus .ccc.lx. diebus

---

P2 6 in cęlo *fehlen* 10 eam] *mit Einfügungshäkchen davor und vor* a *übergeschr.* 11 dinoscito ex 12 hanc questionem 12/13 Dicimus 14 ille et *fehlen* 18 quantum temporis] *dazwischen Rasur, unter Rasur Strich* 21 lxv] v *übergeschr.*

Eius namque circuitus annus est. Transeunt ergo duode- Z2,237v
cim menses in trecentis sexaginta v diebus . vi autem horȩ
que remanent rite triennio negleguntur. Propterea
dum unius anni terminus prȩoccupatur vi horis . alterius
xii . tertii uero x et viii^{to} . si et terminus .iiii.^{ti}xx^{ti} iiii.^{or} horis
prȩoccuparetur necesse esset unum diem deesse iiii.^{or} annis. M2,182r
Hinc fit ut in quarto semper anno bis dicatur vi.^{ta} kalendas martias
in februario . qui cȩteris annis xxviii^{o} tantum diebus expenditur . in bissextili autem xx^{ti} viiii. Apparet ergo a bis- M3,191r
sexta kalendas bissextum nuncupari. Quȩ repetitio adi-
cit iiii^{to} anno unum diem . qui non ccc.lx.v.^{tis} diebus ut prȩcedentes
tres sed ccc.lx.vi. diebus recitatur. Hȩc tibi ergo breuiter
scripsi supra .iiii.^{or} questionibus . hoc est ubi pascha fiat . et cur
in quibuslibet annis aut maturius aut tardius occurrat.
Et quid sit saltus lunȩ . et quid sit bissextus. Quodsi amplius et
perfectius inbui desideras . lege mecum helphericum no-
uellum compoti scriptorem . et bedam de natura rerum. Duosque eius libros de temporibus minorem et maiorem. EXPLICIT.

Z2 3 *quȩ 6 necesse] *davor kleines Loch im Pgm. (über Punkt?)* diem] *über* e *kleines Loch im Pgm.* 8 anni⌈] *über* ⌈ *kleines Loch im Pgm.* 12 sed] *davor kleines Loch im Pgm. (über Punkt?)* 13 *quȩstionibus 15 bi⌈⌈extus] *über* ⌈^{2} *kleines Loch im Pgm., Schleife nicht mehr sichtbar* 17 *computi 17/18 *duosque (= *P2*) *Punkt gehört hinter* 6 prȩoccuparetur, 7 fit, 12 tres, 18 temporibus.

M3 1 ergo] o *über* g *übergeschr.* 3 triennio] ri *auf Rasur* 4 prȩocupatur 5 uero .x & viiii. 6 prȩocuparetur] a *aus* o *verb.* 7 anno bis] a nobis (= *M2*) 10 expenditur *durch Strich darunter getilgt*, kalendas *übergeschr.* 11 kalendas *durch Strich darunter getilgt*, quarto *mit Einfügungspunkt vor* anno *übergeschr.* Lxv] L *auf Rasur* 12 ccc Lx.vi.] L *auf Rasur*, i *übergeschr.* 14 maturius] i *mit Einfügungspunkt übergeschr.* 16/17 helfericum *bis* rerum *mit Bleistift unterstr.* 17 scriptorem] *über* r^1 *kleines* o 18 temptoribus] t^2 *durch Punkt darüber und darunter getilgt*

M2 5 et^1 *fehlt* 8 tantum *fehlt* 9 au̅ (= autem)] anno 13 .iiii.] i^1 *auf Rasur* 17 beda de] eda d *auf Rasur* regum] g *durch Punkt darunter getilgt*, r *übergeschr.* 17/18 duosque

---

P2 2 Sex 4 prȩocupatur hori⌈] h *übergeschr.*, ⌈ *verb.* 6 diem deesse *auf Rasur* .ii.^{ii}] .ii. *auf Rasur* 7 hinc .vi.^{to} 8 diebus^{b} tantum^{a}] b a *zur Umstellung übergeschr.* 9 ergo] autem 10 kalendas *fehlt* 13 pascha] h *übergeschr.* 15 sit^2 *fehlt* 16 helpricum 18 maiorem et minorem. / VSQVE HVC NOTGER ERKENHARDO DISCIPVLO.

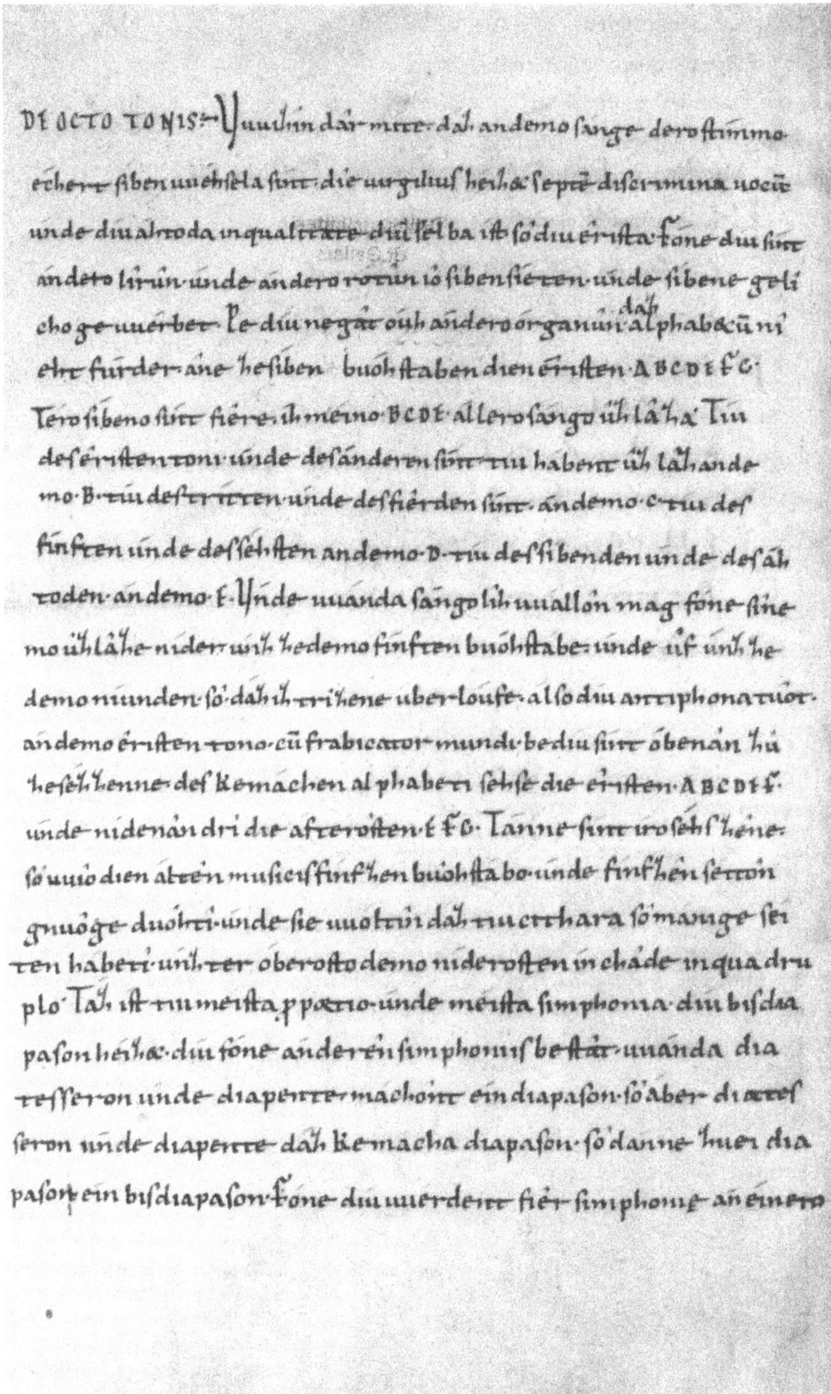
DE OCTO TONIS. Uuizîn dar mite. daz an demo sange dero stimmo
echert siben uuehsela sint. die uirgilius heizet septem discrimina uocum.
unde diu alt roda in qualitate diu selba ist so diu ersta. sone diu sint
andero lirun. unde andero rotun io siben siten. unde sibene geli
cho geuuerbet. Te diu negât ouh anderro organun daz alphabetum ni
eht furder âne ze siben buohstaben dien ersten. A B C D E F G.
Tero sibeno sint fiere. ih meino B C D E. allero sango uzlâza. Tiu
des ersten toni unde des anderen sint. tiu habent uzlaz ande
mo. B. tiu des tritten unde des fierden sint. andemo. C. tiu des
finften unde des sehsten andemo D. tiu des sibenden unde des ah
toden. andemo E. Unde uuanda sango lih uuallon mag sone sine
mo uzlâze nider unz ze demo finften buohstabe. unde uf unz ze
demo niunden. so daz ih triskene uber loufet. also diu antiphona tuor.
an demo ersten tono. cum fabricator mundi. bediu sint obenân zû
ze sehzenne des kemachen alphabeti sehse die ersten. A B C D E F.
unde nidenân dri die aftrosten. E F G. Tanne sint iro sehszene.
so uuio dien alten musicis finfzen buohstabo unde finfzen seitôn
gnuoge duohti. unde sie uuoltin daz tiu cithara so manige sei
ten habeti. unz ter oberosto demo nidrosten in chade in quadru
plo. Taz ist tiu meista proportio. unde meista simphonia. diu bisdia
pason heizet. diu sone anderen simphoniis bestât. uuanda dia
tesseron unde diapente machont ein diapason. so aber diates
seron unde diapente daz kemacha diapason. so danne zuei dia
pason ein bisdiapason. sone diu uuerdent fier simphonie an einero

Codex Sangallensis 242 (F), S. 10, aus der Schrift *De musica*
Carsten Seltrecht, dipl. Fotograf, St.Gallen

In demo regulari monachordo vuerden ze erist finf-zehen buohstaba fure also manigen seiten . vnde si .F. der niderosto fure den lengisten seiten . der Proslambanomenos heizit . unde si daz oborosta .F. der churzisto seito . der nete heizit . unde si daz mittera .F. mese . der zui-ualti lengi habe gagen Nete . unde si dar erera .B. lichanos . der triualta lengi habe gagen nete . unde si . Proslambanomenos ter fier-ualta lengi habe gagen nete. Tara-nah teile nete in ahte teil . unde sezze fure in den ahtoden teil sinero lengi . so ist dar Paranete . der mit .E. gezeichenet ist. Ten selben paranete teile aber in ahto teil . unde fure-sezze imo den ahtoden teil . so ist daz trite . der mit .D. gezeichenet ist. So fahe aber an de churzisten nete . unde teile in in driu . unde fure-sezze imo den dritten teil sinero lengi . so habest du nete diezeugmenon . der mit .C. gezeichenet ist. K295v

1 *Die Überschrift* *DE MONOCHORDO. *fehlt.* *monochordo 8 *zuiualta 9 dar] *daz 10 lengi] 1 *auf Rasur von* g 13 *ahto 17 ~~fure~~ fure] fure[1] *durch Streichung getilgt* 18 *ist 19 *fah de] *den

An demo regulari monachordo 1. P851 L60rb,35

uuerden ze erist finf-zehen buohstaba . fure also manigen seitun . unte si .F. der niderosto fure den lengesten seitun . der , Proslambanomenos heizzit . unte si daz oborosta .F. der churzisto seito . der nete heizzit . unte si daz mittera .F. mese . der zuiualte lengi habe gagen nete . unte si daz êrere .B. lychanos . der triualta lengi habe gagen nete . unte si Proslambanomenos der uier-ualta lengi habe gagen nete. Tara-nah teile nete in ahte teil . unte sezzo fure in den ahtoden teil sinero lengi . so ist dâr . Paranete . der mit .E. gezeichenet ist. Ten selben paranete teile aber in ahto teil . unte furesezze imo den ahtoden teil . so ist daz trite . der mit .D. gezeichenet ist. So fah aber an den churzisten nete . unte teile in nin driu . unte fure-sezze imo den dritten teil sinero lengi . so habest tu nete diezeugmenon . der mit .C. gezeichenot ist. L60va,1

35 *Die Überschrift* *DE MONOCHORDO. *fehlt.* *monochordo 5 *zuiualta 6 *êrera 10 *ahto *sezze 15 sezze] z^1 *auf Rasur* 18 nin] *in

So teile aber in zuei den churcesten K296r
nete . unde fure-sezze imo den halben teil sinero lengi . so habest tu paranete diezeugmenon . der mit .B. gezeichenet ist. Ten selben teile in ahto teil . unde fure-sezze imo daz ahtoda . so habest tu trite . diezeugmenon der mit A. gezeichenet ist. Tara-nah sih uuio lanc nete diezeugmenon si . unde fure-sezze imo sinen dritten teil . so habest tu paramese . der mit .G. gezeichenet ist. Temo folget mese der mit .F. gezeichenet ist . der demo churzisten nete in zui-ualtero geroubi inquit . uuanda er zuiualtero lengi habet . also imo ouh tie andero so uilo gerobor inquedent . so uilo so si lengeren sint. Taranah fure-sezze mese . sinen ahtoden teil . so ist daz lichanos meson mit .E. Temo fure-sezze ouh . sinen ahtoden teil . daz ist parypate meson mit .D. So teile danne paramese in zuei unde fure-sezze imo sinen halben teil . daz ist ypa-

1 *churzesten 14 *gerobi *(siehe ZfdPh 20:145)* 15 *zuiualta 16 *anderen

So teile aber in zuei den churzesten L60va,22
nete . unte fure-sezzi imo den halben
teil sinero lengi . so habest tu paranete diezeugmenon . der mit .B. ge- P852
zeichenot ist. Ten selben teile in ahto teil . unte fure-sezze imo daz
ahtoda . so habest tu trite diezeugmenon der mit .A. gezeichenet ist.
Tara-nah sih uuio lanc nete diezeugmenon si . unte fure-sezze imo sinen
dritten teil . so habest tu paramese .
der mit .G. gezeichenet ist. Temo
folget mese . der mit .F. gezeichenet ist . der demo churzisten nete
in zuiualtero geroubi inquit . uuanta er zui-ualtero lengi habet . also
uel oborore
imo ouh tie andra so uilo gerobor in- L60vb,1
quedent . so uilo so si lengeren sint.
Tara-nah fure-sezze mese sinen ahtoden teil . so ist daz lychanos meson
mit .E. Temo fure-sezze ouh sinen
ahtoden teil . daz ist parypate meson mit .D. So teile danne paramese in zuei . unte fure-sezze imo sinen
halben teil . daz ist ypate meson .

23 *sezze 36 *gerobi 37 *zuiualta 1 *anderen gerobor] g *auf Rasur, das in gleicher Tinte übergeschriebene ist eine Verballhornung.*

te meson mit .C. Nah demo ist lychanos ypaton mit .B. der dri-ualta geroubi habet gagen demo churzisten nete . uuanda er driualta lengi habet. Sezze danne fure lichanum sinen ahtoden teil . daz ist parypate‿ypaton . mit .A. Nim dara-nah den dritten teil tes ypate meson . unte fure-sezze imo . daz ist ypate‿ypaton mit .G. Sezze aber demo selben ypate‿ypaton sinen ahtoden teil fure . daz ist proslambanomenos . mit .F. der fier-ualt gerobero ist denne der churzisto nete uuada er fier-ualt lengero ist. Noh danne fure-sezze proslambanomeno sinen ahtoden teil mit .F. unde habe mit diu gezeichenet den seh-zehendun seiten ane namen . daz primo tono dar negebreste sinero gerobustun lutun Sus-licha mazza habet daz regulare monocordum in diatonico genere. Uuiohil si uuesen sule in chromatico genere unde in‿armonico daz lierne in‿mu- K296v

2/3 *gerobi 14 *uuanda 21 *monochordum 21/22 *Uuiolih 23 *harmonico
Punkt gehört hinter 19 lutun.

sica boetii. Diatonicum ist echert nu in‿usu . daz chit tia einun slahta sanges uobet man‿nu . unde diu ist nu genge . also ouh iu ena zuo uuaren. K297r

4 *hinter* iu] *uorn *ene

L60vb,10 mit .C. Nah demo ist lychanos‿ypaton mit .B. der driualta geroluti ubi habet gagen demo churzisten nete . uuanta er driualta lengi habet. Sezze danne fure lychanum sinen ahtoden teil . daz ist parypate‿ypaton mit .A. Nim dara-nah den dritten teil tes ypate‿meson . unde furesezze‿imo . daz ist ypate‿ypaton mit .G. Sezze aber demo selben ypate‿ypaton sinen ahtoden teil fure . daz ist . proslambanomenos mit .F. der fier-ualt gerobero ist denne der churzisto nete . uuanta er fier-ualt lengero ist. Noh danne fure proslambanomeno sinen ahtoden teil mit .F. unte habe mit diu gezeichenet den seh-zehentun seitun ane namen . daz primo tono dar negebreste sinero gerobustun lutun. Suslicha mazza habet daz regulare monochordum in‿diatonico genere. Uuio-lich si uuesen sule in‿chromatico unte in armonico genere . daz lierne in‿musica

11/12 geroluti/ubi] *gerobi   24 *hinter* fure] *sezze   32/33 *harmonico

P853 L60vb,34 boetii. Diatonicum ist echert nu in‿usu . daz chit tîa‿einan slatha sanges ûobet man‿nu . unte diu ist‿nu genge . also ouh iu‿uoro ena‿zuo uuaren.

35 *slahta   37 *uorn ene

DE OCTO TONIS.— Uuizîn dâr-mîte . dáz an démo sánge dero stîmmo . 2. F10 échert sîben uuéhsela sînt . dîe uirgilius héizet septem discrimina uocum . únde dîu áhtoda in‿qualitate dîu sélba îst . sô diu êrista. Fóne dîu sînt án dero lîrûn . únde án dero rótûn îo sîben sîeten . únde sîbene gelîcho ge-uuérbet. Pe dîu negât óuh án‿dero órganûn·.daz alphabetum nîeht fúrder . âne ze‿sîben buóh-staben dien êristen .A B C D E F G. Téro sîbeno sínt fîere . îh méino .B C D E. állero sángo ûz-lâza. Tîu des êristen toni . únde des ánderen sînt . tîu hábent ûz-lâz án demo .B. tîu des trîtten . únde des fîerden sînt . án demo .C. tîu des fînften únde des séhsten an demo .D. tîu des sîbenden únde des áhtoden . án demo .E. Ûnde uuánda sángolîh uuâllôn mág fóne sînemo ûzlâze nîder . únz ze‿demo fînften búohstábe . únde ûf únz ze demo nîunden . sô . dáz iz trîzene úberlóufe . álso dîu antiphona tûot . án demo êristen tono . cum frabicator mundi . be‿dîu sînt óbenân zûze‿sézzenne . des kemáchen alphabeti séhse die êristen .A B C D E F. únde nîdenân drî die áfterôsten .E F G. Tánne sînt îro séhszêne . sô-uuîo dien áltên musicis fînfzen bûoh-stábo . únde fînfzên séitôn gnuôge duôhtî . únde sie uuóltîn dáz tiu cithara sô mánige séiten hábetî . únz ter óberosto demo nîderosten în-châde in quadru- P854 plo. Táz îst tiu méista proportio . únde méista simphonia . dîu bis diapason héizet . dîu fóne ánderên simphoniis bestât . uuánda diatesseron únde diapente . máchônt éin diapason . sô áber diatesseron únde diapente dáz kemácha diapason . sô dánne zuéi diapason éin bis diapason. Fóne dîu uuérdent fîer simphonię án éinero

1 *Uuizîn *án 2 *tîe discrimina] a aus o *korr.* 3 *diu[1] 4 *róttûn *séiten 5 .daz *in gleicher Tinte übergeschr.* 6 sîbene] e[2] *rad.* *bûohstáben êristen] *Zkfl. aus Akut korr.*, *êristên 11 *uuállôn 12 *bûohstábe ûf] u *auf Rasur* 13 *trîzêne 14 *fabricator *zûo 17 *so *fînfzên[1] 18 *dûohti 19 *hábeti *óberôsto *nîderôsten *inchâde 21 *tîu *pestât 23 *daz 23/24 diapason] *also* t *getilgt* *Punkt gehört hinter* 6 buóh staben, 10 fînften, séhsten *und* sîbenden, 18 uuóltîn.

fúnden. DE TETRACHORDIS. An diên fînfzên séitôn . záltôn sie 3. F11 quatuor tetrachorda. Án áhto séitôn zúei disiuncta . án sîbenen zuéi coniuncta . dáz chît zuéi geskéideníu . zuéi ún-geskéideníu. Uuánda áber nû éinêr zû-getân îst . pe‿dîu sînt sîu álliu fiêrîu ge-skéiden. Únde daz nîderosta héizet grauium . daz ánder héizet fóne állero sánge ûz-lâze finale . daz drîtta superiorum . daz fiêr-da excellentium. Táz áber fúre dîe séhszên séiten án dero lîrûn drîo-stunt sîbene sînt . álso óuh súmelîchero órganûn drîu alpha-beta sînt . dáz îst úmbe dia sémpfti getân . dáz man ána-geléitên béiden hánden . ûf-stîgendo fólle-sîngen múge sángolîh . únde óbenân negebréste . nóh túrft neuuérde . dia hánt ába demo óberôsten alphabeto . ze uuéhselônne án daz nîderôsta. Tîu drîu alphebeta sînt tánne nôte sô gelîh . dáz án lô-gelîchemo sî dia-pason . únde dârána diatesseron . únde diapente . únde án diates-seron sîn drî únderlaza . tonus tonus semitonium . únde án diapente fîe-re . tonus tonus semitonium tonus. DE OCTO MODIS:- Tér oúh tia lî- 4. P855 rûn uuérbe . dér uuérbe sia ze‿démo méze . dáz sî úber-dénetiu ne-hélle . nóh sî fóre slâchi ze únlûtréiste nesî. Dîu hóhesta uuár-ba . únde díú nîderôsta . dîe sînt fóre ún-méze úngezâmestûn. Be dîu lóbetôn friges únde dores . tîa métenskáft . tîu únder diên zuéin îst. Únde álso dores uuóltôn éteuuáz náheren sîn dero nîderôstûn . dánne dero óberostûn . sô uuóltôn friges . éte-uuáz náheren sîn dero óberostûn dánne dero nîderostûn. Dîe zuô uuárbâ námôt musica . nâh‿tiên sélbên gentibus dorium .

1 *Án 1, 21 *2mal* *dîen 2 *zuéi 4 *zûo *állîu fîerîu 5 *nîderôsta 6 *sángo 6/7 *fîerda 7 séhszên] s[2] *auf Rasur des Ansatzes von* z 8 *stúnt órganûn] n[1] *und* drîu] dr *auf Rasur* 9 dáz[1]] *táz *sémfti *gelégetên 10 *béidên 11 áber] e *zu* a *korr.*, r *rad.* 13 *alphabeta *táz 15 *únderlâza 16 *óuh 17 *dénetîu 18 hélle] h *aus* a *korr.* *Tiu 19 *diu 20 *Pe *mé-temskáft 22 *nîderostûn 23 *Tîe 24 námôt] *Akut auf Zkfl.* *tîen *Punkt ist zu tilgen hinter* 24 dorium.

modum únde frigium. Únder diên zuîskên îst tonus . táz îst îro zuéio ún- F12 derskéit. Óbe frigio îst lidius . téro únderskéit îst tonus. Óbe lidio Îst éines semitonii hóhôr mixolidius . únde óbe démo hóhôr éines toni ypermixolidius. Nóh tánne sînt trî únder dorio. Nîderôr éines semitonii îst ypolidius . únder démo nîderôr éines toni ypofrigius . únde áber éines toni nîderôr ypodorius. Táz îst ter nîderosto. Fóne démo îst hîna-ûf ter áhtodo . únde der óberosto ypermixolius. Án dîen octo modis . îh méino ypodorio . ypofrigio . ypolidio . dorio . frigio . lidio . mixolidio . ypermixolidio . sînt úns keóuget octo species . diapason simphonię . án diên uuîr fîndên ûf-stîgendo fóne demo nîderôsten ze demo óberôsten dîse sîben únderskéita . tonum . tonum semitonium . tonum tonum semitonium tonum. Pe dîu lîutet tîu óberôsta uuárba . duplum gágen dero nîderostûn. Únde be‿díu férnîn. Úbe dáz ypodorius modus îst . tánne uuîr stîllôst ána-uáhên ze‿síngenne . únde úbe ypofrigius îst . tánne uuîr éines P856 toni hóhôr ána-fáhên . únde ypolidius tánne zuéio . únde dorius tánne éines diatesseron . únde frigius tánne éines diapente hóhôr . únde ypermixolidius dánne uuîr fólles diapason . îh méino zuîualat hóhôr . dáz uuîr dánne hóhôr ána-fáhen nemugen . uuánda óuh sélbez taz sáng . nôte stîgen sól fóne déro stéte dâr iz ána-gefángen uuîrt . únz tára sîn hóhi gât . îh méino uuîlôn ióh ze‿démo áhtodên buôh-stábe . dér zuîualt lîutet . tánne dér buôh-stáb . ze démo iz ána-fiêng. Ménnisken stîmma nemág fúre fiêrualt nî-

1, 10 *2mal* *dîen 3 îst *von gleicher Hand nachgetr.* 6/7 *nîderôsto 7 *óberôsto 7/8 *ypermixolidius 11 óberôsten *auf Rasur* 13 *tîu 14 *fernîm 15 úbe *von gleicher Hand ergänzt* 18 ypermixolidius] di *mit Punkten von gleicher Hand ergänzt* *tánne 19 zuîualat.] *Punkt anrad.*, *zuîuált 20 nemugen:] g *aus* b *korr.*, *nemúgen 22 gât] a *aus* e *korr.* uuîlôn] *1.Zkfl. auf Akut* *áhtoden 23 *zuîuált 24 *fîeng *fîeruált *Punkt gehört hinter* 12 tonum² ³ ⁴ *und* semitonium².

eht keréichet uuérden. Tíu fiêr-uálti íst sô ze‿férménne . álsô F13 íh nû chád . táz fóne demo êrísten ána-fánge in ypodorio . sô .B. íst . álde .C. zuíualt íst hína-ûf hóhi ze‿demo .B. álde ze‿demo .C. in ypermixolidio . únde áber dánnân zuíuált hína-ûf ze‿síne áhtoden buôh-stabæ . dér ímo zuíualt . únde énemo fiêruált líutet. Târ máht tû chísen . úbe dáz sáng férrôr stíget fóne sínemo ána-fánge . dánne ze demo áhtôden buóh-stabe . sô díu fóre-genámda ántiphona tuôt . dáz iz tánne in permixolidio . ána-ze-fahenne ne-íst . uuánda án démo modo niô-man úber den áhto-den buóh-stab kestígen ne-mág. Áber an sô-uuélichemo buôh-stá-be ímo hóho ána-uáhentemo gebrístet . ába démo stúrzet er nô-te . án daz nídera alphabetum . ze démo sélben buôh-stábe . álso er óuh sâr dánnân . úbe iz ímo peníderêt . uuídere ûf-kestépfen mág án daz óbera. Ána-fáhendo hábet er geuuált ze erhé-uénne sô nídero . álde sô hóho er uuíle . áber sô er erhéuet . únde fúrder gerúcchet . sô ne-hábet síngendo nehéin geuuált . níderôr álde hóhôr . ze‿fáhenne . âne ába duplo in simplum . álde ábe simplo in duplum . álso er chúnn̷̆n mág án demo monochordo . álde án de- P857 ro órganûn. Tér die suégela méze . dér bórgee dés sélben . dés án dero lírûn ze‿bórgenne íst . uuánda úbe die êrístûn ze láng uuérdent . sô sínt síe sélben únhélle . únde hábent héisa lûtûn . dóh óuh tie ándere sín lûtréiste. Uuérdent sie áber ze chúrz . tánnân sínt tie áfterôsten ze‿chléin-stimme . dóh tie êrísten gnûog lûtréiste sín. Fóne díu chédên dáz éinero élno lángíu

---

1 *fernémenne *hinter* álsô] íh nû chád. *am Rand rad.*, *álso 3, 5 *2mal* *zuí-uált 4 *sínemo 5 buôh stabæ] *m.a.W.* e *aus* a *korr.*, *bûohstábe *fíeruált 6 *chíesen *daz 7 *áhtoden buôh stabe] buoh *auf Rasur*, *bûohstábe *díu 8 *antiphona *táz *ypermixolidio 9 *fáhenne 10 *bûohstáb *án so 13 *beníderêt 14/15 *erhéuenne 16 *hinter* ne hábet] *er *nehéinen 17 *ába[2] 18 chúnn&] (e)n *aus* & *von gleicher Hand, also* chúnnen 19 *suégelâ 20 êrí-stûn] stun *auf Rasur* 23 *stímme *Punkt gehört hinter* 24 chédên.

Sid tu nu benechennest uuio alle die/suegalan ein-anderen encheden ./so ne-bedrieze dich ouch iro mazza/ze lirnenne. PRIMA. Macha dia eristun/so langa unte so uuita so du uuellest . de/ro uuiti sulen sio alle sin . unte miz tia/anderun bi dero eristun sus. Sih ze/ erist uuio uuit si sî . du uuîti heizet/diametrum.II.Tara-nah la an dero ./eristun suegelun lengi fore . den/ahtoden teil dero uuîti . unte teile/L61rb,1/sîa dannan nider unze ze dero zun/gun diu plectrum heizet . in niun/teil eben-micheliu. Dero niun teilo gib/ahto teil dero anderun . daz ist iro/lengi fon dero zungun ûf.III.Lâ da/ra-nah fore an dero anderun suue/gelun lengi zuene ahto teila des dia/metri . vnta teila daz ander aber/also in nuniu . vnte gib tero niuno/ahto teil der der trittun . daz ist/iro lengi fon dero zungun ûf. Nim .IIII./dara-nâh tie eristun . unte la fora/an iro lengi den drittun teil des dia/metri . unte teila sîa dannan nider/unza ze dero zungun fiar teil . unte/dero gib driu dero fierdun . daz ist/iro lengi. Vnte unze dara giêt . dya-/tesseron . mit tono tono semitonio./Vnte fer-nim ioh ze iegelichemo male .V./fon L61ra,27

lichemo mále . fóne M75r,1

Sîd tu nû bechénnêst uuîo álle díe suégelâ éin-ánderên enchédên . sô ne-bedrîeze dich óuh îro mâza ze lîrnenne./.I.Mácha dia êristûnt sô lánga únte sô uuîta dû uuéllêst . téro uuîti súlen sio álle sîn . únte méz tia ánderûn/bêdero êristûn sús. Sîh ze êrist uuîo uuít si sî . diu uuîti héizet diámetrum.II.Tara-nah la an dero eristun/suegelun lengi fore . den ahtoden teil dero uuiti . unde teile sia tannan nider unze dero zungun/diu plectrum heizet . in niun teil ebenmicheliu. Dero niun teilo gib ahto teil dero anderun. Daz/ist iro lengi . fon dero zungun úf.III.La dara-nah fore an dero anderun suegelun lengi zuene ahto teila/des diametri . unde teile taz ander aber also in niuniu . unte gib tero niuno ahto teil tero drittun ./daz ist iro lengi fon dero zungun uf.IIII. Nim tara-nah tia eristun unte la fore an iro lengi/den tritten teil des diametri . unte teile sia tannan nider unze ze dero zungun in fier/teil . unte dero gib triu dero fierdun . taz ist iro lengi. Vnte unze dara gat diatesseron mit/tono tono semitonio.V. Vnte fernim io ze gelihemo male . fon N50v,1

L 1 *bechennest *suegela 3 so[3] *fehlt* F N. 5 du] *diu 11 *niuniu der[1]] *dero, der[2] *ist zu tilgen.* 14 *hinter* zungun] *in *Punkt ist zu tilgen hinter* 6 dero.

M 1 *Das Fragment beginnt mitten im Satz.*

N 1 ánderên] ê *etwa von gleicher Hand aus* o *korr.* 2 Máchá] *2. Akut rad.* 4 *mîz *be dero 5 .II. *übergeschr.* suegelunt] t *rad.* 6 sia *auf Rasur hinter* unze] *ze 7 plectrum] r *viell. von gleicher Hand ergänzt* 9 .III. *übergeschr.* 11 lengi] i *wohl von gleicher Hand aus* o *korr.* .IIII. *übergeschr.* 15 .V. *übergeschr.* *hinter* ze] *io

suégela . fóne dero zúngûn ûf . án demo êristen buôhstábe . ze chúrz F14 sî . únde zuêio lángîu ze láng sî . únde áber únder diên zuîskên gágen ánderro hálbero lángîu gelîmflîh sî. Sô hábet tiu áhtôda âne hálb diametrum . éinero élno dodrantem in léngi . únde diu fînfta-zênda mêr dánne trientem . dáz chît den drîtten téil éinero élno. DE MENSURA FISTULARUM ORGANICARUM:- 5.

Sîd tû nû becennêst . uuîo álle die suégela éin-ánderên énchédên . sô ne-bedrîeze dîh óuh îro mâza ze‿lîrnenne. Mácha dia êristûn sô lánga . sô dâr-fóre geságet îst . úbe dû uuéllêst . únde sô uuîta dû uuéllêst . téro uuîtî súlen sie álle sîn. Únde mîz tia ánderûn bi‿déro êristûn sús. Sîh ze érist uuîo uuît si sî . dîu uuîtî héizet diametrum. Tára-nâh lâ án dero êristûn suégelûn léngi . fóre . den áhtoden téil déro uuîtî . únde téile sia dánnân nîder únz ze‿dero zúngûn dîu plectrum héizet . în nîun téil ében-mîchelîu. Déro nîun téilo . gîb áhto téil dero ánderûn. Táz îst îro léngî . fóne dero zúngûn ûf. Lâ dára-nâh fóre án dero ánderûn suégelûn léngi . zuêne áhto téila des diametri . ún- P858 de téile dáz ánder áber álso in nîunîu . únde gîb téro nîuno áhto téil dero drîttûn. Dáz îst îro léngi . fóne dero zúngûn ûf. Nîm dánne dia êristûn . únde lâ fóre án îro léngi den drîtten téil des diametri . únde téile sia dánnân nîder únz ze‿dero zúngûn in fîer téil . únde déro gîb trîu dero fîerdûn. Táz îst îro léngî. Únde tára gât diatesseron . mît tono tono semitonio. Únde fernîm îo ze îo-gelîchemo . mâle . fó-

F 1 *bûohstábe 2 *zuéio *dîen 3/4 *áhtoda 5 trientem] trien *auf Rasur* *ten drîtten 6 *Die Überschr. fehlt* L N. 7 *bechénnêst *suégelâ 7/8 *enchédên 8 *mâzâ *hinter* lîrnenne] *.I. Mácha] a^2 *auf Rasur,* *Mácho 9 sô^2 *bis* uuéllêst *fehlt* L N. 10/11, 13 *3mal* *uuîti 11 *dero *êrist uuîo sî^1] *Zkfl. rad.* 12 *hinter* diametrum] *.II. 14 *in 14/15 mîchélîu] *2. Akut rad.* 15 *Téro 16, 23 *2mal* *lêngi 16 *hinter* ûf] *.III. 18 *daz 19 *Táz 20 *hinter* ûf] *.IIII. dánne F *gegenüber* dara nâh L, tara nah N 21 téil] *Akut auf Zkfl.* diâmetri] *Zkfl. rad.* dánnân] a^2 *aus* e *korr.* 23 *hinter* Únde] *únz 24 *hinter* semitonio] *.V. *Punkt gehört hinter* 14 zúngûn. *Punkt ist zu tilgen hinter* 12 léngi *und* 24 îo gelîchemo.

. . .‿dero zungun ûf. So‿nim aber dia/eristun la fore an iro lengi L61rb,20 den halben/teil iro uuîti . unte teila sîa in‿driu/teil . unte gib dero zuei dero finftun ./daz ist iro lengi. Nim dara-nah sel- .VI./ bun dia finftun unte la in‿iro lengi/fore den ahtoden teil des diametri ./ unte teila sîa in‿niun teil . unte gib/tero ahto-uuiv dero sehstun . an‿dero/stete scoltu sinomenon haben. La/an‿dero fierdun fore den halben teil/des diametri . unte teile daz ander/in‿fieriu . unte gib dero driu demo/sinonmenon . daz ist iro lengi. Tara- .VII./nah miz tie sibuntun bi‿dero sehstun./Teile daz diametrum in‿ahto teil ./unte lâ daz ahtoda fore . unte fon/dero zungun ûf teil daz ander/L61va,1/in‿niuniu . unte gib dero ahto-uuiu/dero sibentun . daz ist iro maza./.VIII. Danne miz‿tie ahtodun bi‿dero eristun ./lâ in‿dero eristun fore so‿uilo des dia/metri . si . daz chit la fore alle die‿uui/ti . unte teile daz ander in‿zuei eben/michiliu teil . unte gib einez dero/ahtodun . daz ist iro lengi fonne/demo plectro ûf. Vnze dara gat dya/pente . mit tono tono semitonio tono./Dara-nah gib tie selbun mazza den/anderen sibinun tie du nach dero eris/tun ten ereren sibenen gabe. So habet/tanne diu eresta zuo lengi dero ahto/dun . unte ein diametrum ubere. Vn/te so-samo habet tiu ahtoda zuo len/gi dero finftun-zehentun . unte ein/diametrum ubere. Aber diu erista/habet fier lengi dero finftunzehen/tun . unte dara-ubere driu diametra./Vbe dih uunter ist ziuu iro driu sin/nalso zuei ih kibo dir is rationem./Uuanta so‿man an‿dero eristun fore/lazet ein diametrum . unte noch/danna ist dupla gagen dero ahto/dun diu iro simpla ist . unte auer/dero lengi fir-lazanemo diametro/halbiu uuirt dero finftunzehen/tun . so‿ist dero ahtodun note zuui/ualt tanne dero finftunzehentun ./ unte ein diametrum . unte dero/erestun note fierualt . unte zuei/diametra . ane daz ereste diame/trum. . . .

. . . dero zungun uf. Só nim áber/dia érestûn . unde lâ an îro lengi M75r,1 fóre . den halben teil/iro uûiti . unde téile sia in driu téil . unde gîb téro/zúei teil déro finftun. Daz ist îro lengi. Nim dára-nah ./selbun . dia finftûn . unde lâ an îro léngi . fore . den áh/toden téil des diá-metri . unde teile sia in‿niun téil ./unde gîb téro áhtouuiu déro sehstun. Dára-nâh mîz/tîa sibendûn . bî dero fierdûn. Lâ an déro fiêrdun fóre ./den drîttun téil . des diámetri . unde téile daz ánder/in‿fieriu . unde gîb téro drîu dero sibendun. Dánne/mîz tia áhtodûn . bî dero êrestûn. Lâ an‿déro eristûn/fóre . so uûio uîlo des diámetri sî . daz quîd lâ fóre ./alla dia uuiti . unde téile daz ánder in‿zúeiében-mi/cheliu téil . unde [illegible] Daz/ diametrum úbere. Áber diu êrista . hábet fîer len/gi déro finfto‿ M75v,1 zehendun . unde dára-úbere driu/diámetra. Vbe dîh uunder ist . ziu îro driu sin ./nals zúei . ih gîbo dîr‿is rationem. Wánda só‿man/an‿déro eristun fóre-lazet ein diámetrum . unde/si noh‿tanne dupla est gágen déro áhtodun . diu/iro simpla ist . unde áber déro lengi . fóre ferla-/zenémo diámetro . halbiu uuirt dero finftoze/hendun . so ist déro áhtodun nôte zuî-ualt . tanne/déro finftozehendûn . unde ein diámetrum . unde/déro êristun nôte fîerualt unde zúei diámetra ./âne daz erista diámetrum.

. . .

ne dero zúngûn ûf. Sô nîm áber dia êristûn . ûnde lâ . ân îro F15
léngi fóre dén hálben téil îro uuîtî . ûnde téila sia in drîu
téil . ûnde gîb téro zuéi dero fînftûn. Dáz îst îro léngi. Nîm
dára-náh sélbûn dia fînftûn . ûnde lâ in îro léngi fóre
den áhtôden téil des diametri . ûnde téile daz ánder in fiê-
riu . ûnde gîb téro drîu dero sîbendûn. Tánne mîz tia áhtô-
dûn bî dero êristûn . lâ án dero êristûn fóre . sô uîlo des diametri sî . dáz chît lâ fóre álla dia uuîti . ûnde téile daz ánder in zuéiében-mîchelîu téil . ûnde gîb éinez tero áhtodûn.
Dáz îst îro léngi fóne demo plectro ûf. Únz tára gât diapente .
mît tono tono semitonio tono. Tára-nâh kîb tîa sélbûn mâza
dien ánderên sîbenen . tîa dû nâh tero êristûn dien êrerên sîbenen gâbe. Sô hábet tánne diu êrista zuô léngi dero áh- P859
todûn . ûnde éin diametrum úbere. Únde sô-sámo hábet tiu áhtoda zuô léngi dero fînfto-zendûn . e ûnde éin diametrum
úbere. Áber diu êrista hábet fiêr léngi dero finfto-zêndun .
ûnde dára-úbere trîu diametra. Úbe dîh uuúnder îst . zîu
iro drîu sîn . nâls zuéi . îh kîbo dir is rationem. Uuánda sô
man án dero êristûn fóre-lâzet éin diametrum . ûnde sî nôh
tánne dupla îst gágen dero áhtodûn . dîu îro simpla îst . únde áber déro léngi fóre ferlâzenemo diametro . hálbîu uuîrt
tero fînftozêndûn . sô îst tero áhtodûn nôte zuîuált . tánne dero fînftozêndûn . ûnde éin diametrum . ûnde dero êristûn
nôte fiêruált . ûnde zuéi diametra . âne daz êrista diametrum.

F 1 *án 2 *den *uuîti *téile 3 *Táz *hinter* léngi] *.VI. 4 in] *án
5 *áhtoden *Zwischen* diametri *und* ûnde *fehlt:* *ûnde téile sia in nîun téil .
ûnde gîb téro áhtouuîu dero séhstûn. Án déro stéte sólt tu sinemenon háben.
Lâ án dero fîerdûn fóre den hálben téil des diametri . 5/6 *fîerîu 6 dero
sîbendûn] *demo sinemenon, *zwischen* *sinemenon *und* Tánne *fehlt:* *Táz îst sîn
léngi.VII.Tára nâh mîz tia sîbendûn bî dero séhstûn. Téile daz diametrum in
áhto téil . ûnde lâ daz áhtoda fóre . ûnde fóne dero zúngûn ûf téile daz ánder in nîunîu . ûnde gîb téro áhtouuîu dero sîbendûn. Táz îst îro mâza.VIII.
6/7 *áhtodûn 10 *Táz 13, 15 *2mal* *zuô 13 áh *auf Rasur von* ahto 14 *so
15 *fînftozêndûn e, *etwa für* et *bzw.* éin, *ist zu streichen.* 16 *fîer finf-
to zêndun] t *auf Rasur,* *fînftozêndûn 17 *drîu 18 *îro 24 *fîeruált dia-
metra] diamet *auf Rasur* *Punkt ist zu tilgen hinter* 1 lâ.

. . . . Vuile auer der organicus/fure finfzehene ode fure sehs-ze/ne buohstabe folliu driu alfabeta/machon . so scol er daz dritta mez-/L61vb,1/zan nah den eron zuein . also er/daz ander maz nah demo/ erestun. L61va,34

. . . . Vuil áber der organicus/fure sipenzehen . alde sehszehen seiten buohstaba/fólliu [illegible] sól ér daz dritta M75v,12

. . . dero zungun uf. So nim aber/dia eristun . unte la fore an iro lengi den halben teil iro uuiti . unte teile sia in trui teil . unte/gib tero zuei dero finftun . daz ist iro lengi.vi.Nim dara-nah selbun dia finftun . unte la/in iro lengi fore den ahtoden teil tes diametri . unte teile sia in niun teil . unte gib tero ./ ah-touuiu dero sehstun. An dero stete scolt tu sinemenon haben. La an dero fierdun fore den/haben teil des diametri . unte teile daz ander in fieriu . unte gib dero driu temo sinemenon ./daz ist sin lengi.vii.Tra-nah miz ti sibentun bero sehstun. Teile daz diametrum in ahto teil ./unte la daz ahtoda fore . unte fon dero zungun uf teile daz ander in nuniu . unte gib tero ahtouuiu ./dero sibentun . taz ist iro maza.viii.Danne miz tia ahtodun be dero eristun. La an dero eristun/ fore so uilo des diametri si . taz chit . la fore alle di uuiti . unte teile daz ander in zuei eben/mícheliu teil . unte gib einez dero ahtodun . daz ist iro lengi fone demo plectro uf./Vnze dara gad diapente . mit tono tono semitonio . tono. Tara-nah gib tia selbun maza/dien anderen sibenen . tia tu nah tero erestŏn . tin eren sibenen gabe. So habet tanne/tiu erista zuo lengi dero ahtodun . unte ein diametrum ubere. Vnte so samo habet tiu/ ahtoda zuo lengi dero finftozehentun . unte ein diametrum ubere. Aber diu erista/habet fier lengi dero finftozehentun . unte dara-ubere driu diame-tra. Vbe dih/uunter ist ziu iro driu sin nals ziuuuei . ih gibo dir is rationem. Vuanda so man an dero/eristun fore-lazet ein diametrum . unte noh tanne dupla ist gagen dero ahtodun dia/iro simpla ist . unte aber dero lengi fore firlazenemo diametro halbiu uuirt dero finfto/zehen-tun . so ist dero ahtodun note zui-ualt tanne dero finfto-zehentun ./ unte ein diametrum . unte dero eristun note fierualt . unte zuei diame-tra ./ane daz erista diametrum. Vuile aber der organicus fure finf-cehene . alde/fure sehszehene . buoh-stabo folliu driu alfabeta machon . so sol er . daz tritta mezen/nah tien eren zuein . also er daz ander maz nah demo eristen. N50v,11

Uuíle áber der organicus fúre fínfzên . álde sehszen séiten: F16
buoh-stába . fólliu dríu álphabeta máchôn . sô sól er daz drítta
mézen nâh tiên êrerên zuêin . álso er daz ánder maz .
4 nâh temo êristen.

F 1 *Mit den Zeichen wird der Korrektor* séiten *haben tilgen wollen;* *séhszên 2 *bûohstába *fólliu *alphabeta daz *von gleicher Hand nachgetr.* *trítta 3 *tíen *zuéin *máz 5-24 *unbeschrieben*

L *zu* F15 1 *vor* la] *unte 8 iro] *sín 9 ahtoda] d *aus* t *korr.* 23 *hinter* unte[1]] *si 24 *vor* fir] *fore *Punkt ist zu tilgen hinter* 12 diametri.

L *zu* F16 *Nihil*

M *zu* F15 1 zungun] n[2] *aus* f *korr.* 6-8 Dára nâh *bis* sibendun *weicht von* 5-11 an *bis* maza *nach* L *ab.* 9 uûio *ist zu tilgen.* 11 *Das Teilblatt ist hier abgeschnitten.* 12 *Dieses Fragment beginnt auch mitten im Satz.* 15 *hinter* si *Rasur* é = est] *ist *Punkt ist zu tilgen hinter* 3 selbun, 4 léngi *und* 7 téil.

M *zu* F16 2 *Das Teilblatt ist hier abgeschnitten.*

N *gegenüber* F16 2 *hinter* iro[1] *Rasur* truui] *triu 3 .vı. *übergeschr.* 7 halben] l *von gleicher Hand ergänzt* 8 driu] d *aus* p *korr.* 9 .vıı. *übergeschr.* bero] *be‿dero 10 fore] o *leicht aus* e *korr.* unte[2]] n *und* dero] ro *leicht ergänzt* 11 *niuniu *hinter* tero *Rasur* 12 mazà.Dánne (.vııı. *übergeschr.*), *also wie auch früher bei* .ıı. *bis* .vıı. 13 des *leicht nachgetr.* 15 *gat 16 kib] k *viell. von gleicher Hand aus* g *korr.* 17 erestvn] v *von gleicher Hand aus* o *korr.* 18 ein *wohl von anderer Hand nachgetr.* 21 ziuuuei] *ziu zuei, ziu *ist zu tilgen.* 22 Vuanda] n *leicht ergänzt* *hinter* unte] *si 23 dia] *diu 24 uuirt] t *leicht ergänzt* 25 note] n *auf Rasur* *hinter* 25 zui, 26 eristun *und* 27 der *ein älteres Loch im Pgm.* 26 fierualt] r *etwa von gleicher Hand ergänzt*

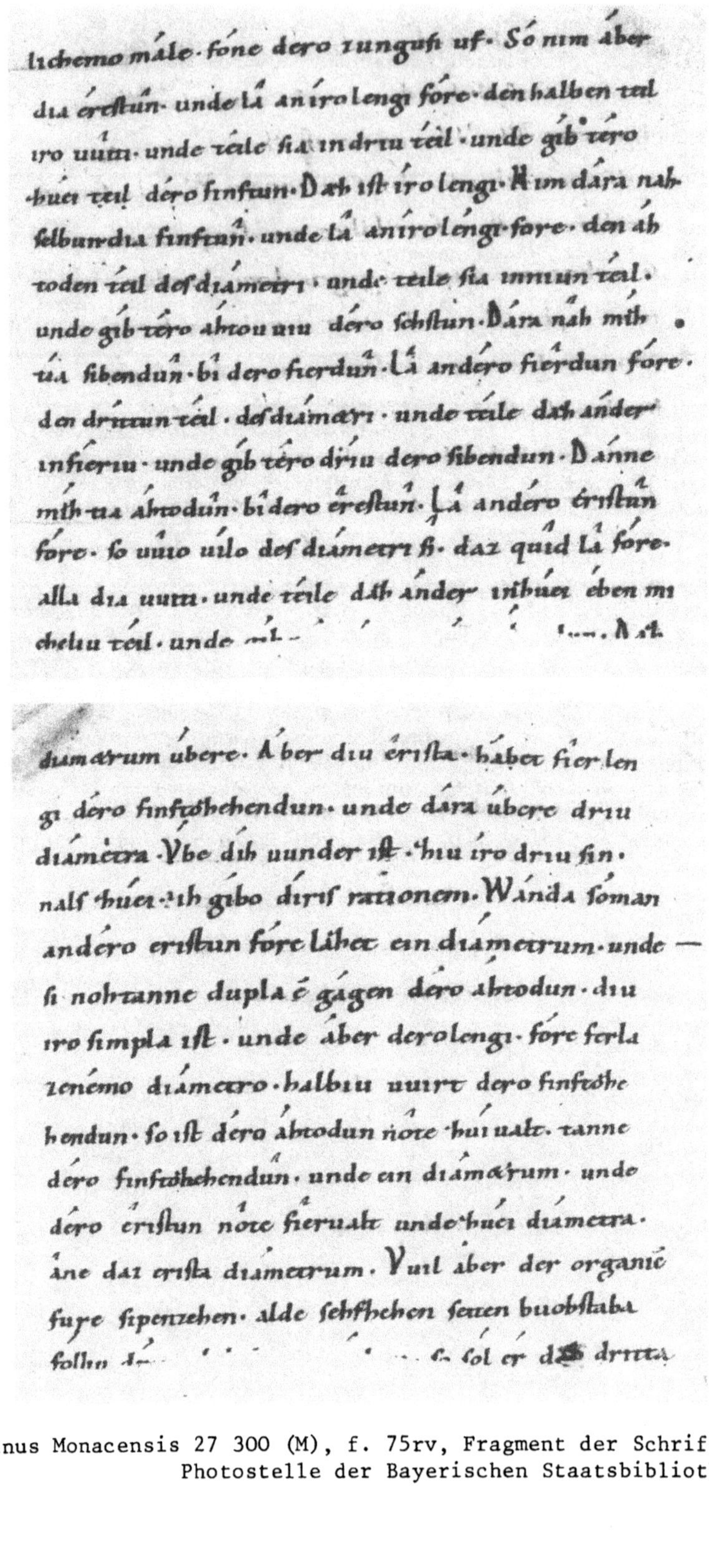
lichemo mále · fóne dero zunguft uf · Só nim áber
dia érestun · unde lá an iro lengi fóre · den halben teil
iro uuiti · unde teile sia in driu téil · unde gib tero
fiuer teil dero finftun · Daz ist iro lengi · Nim dára nah
selbun dia finftun · unde lá an iro lengi fóre · den ah
todén téil des diámetri · unde teile sia in niun teil ·
unde gib téro ahtou niu déro séhstun · Dára nah mit
tía sibendun · bi dero fierdun · Lá andéro fierdun fóre ·
den drittun téil · des diámetri · unde téile daz ánder
in fieriu · unde gib téro dríu dero sibendun · Dánne
mít tía áhtodun · bi dero érestun · Lá andéro éristun
fóre · so uuío uílo des diámetri sí · daz quid lá fóre ·
alla dia uuiti · unde téile daz ánder in fiuer eben mi
chelíu téil · unde ...

diametrum ubere · Áber diu érista · habet fier len
gi dero finfzehendun · unde dára ubere driu
diametra · Ube dih uunder ist · uuiu iro driu sin ·
nals fiuer · ih gibo diris rationem · Wánda soman
andéro éristun fóre lâzet ein diametrum · unde
si nohtanne dupla ê gágen dero ahtodun · diu
iro simpla ist · unde áber dero lengi · fóre ferla
zenémo diámetro · halbiu uuirt dero finfzehe
hendun · so ist déro áhtodun nôte fiuruualt · tanne
déro finfzehendun · unde ein diamétrum · unde
déro éristun nôte fieruualt unde fiuer diametra ·
âne daz érista diametrum · Vuil áber der organic
fure sipenzehen · alde sehszehen seiten buohstaba
sollen ... sol er daz dritta

Codex latinus Monacensis 27 300 (M), f. 75rv, Fragment der Schrift *De musica*
Photostelle der Bayerischen Staatsbibliothek München

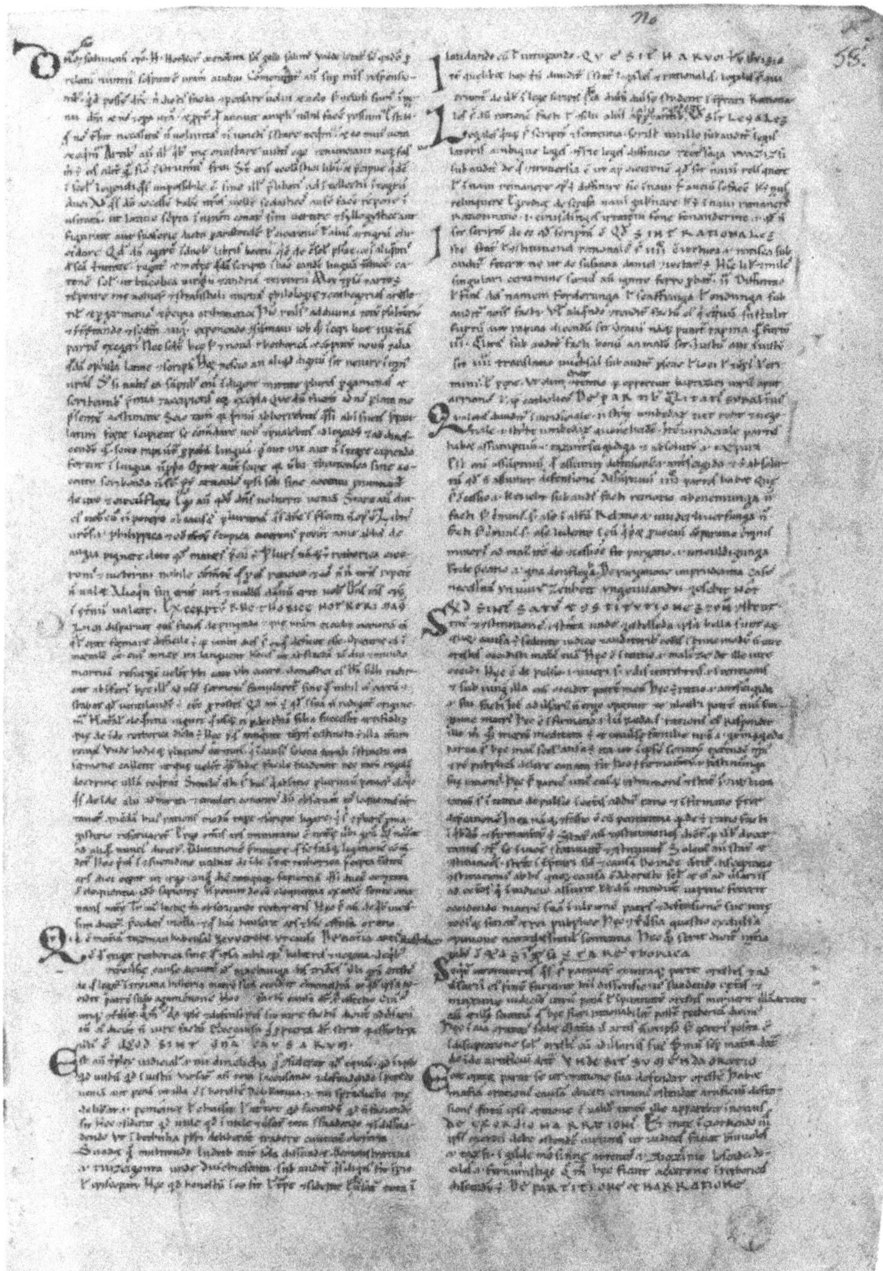

Codex Bruxellensis 10 615-729 (G), f. 58r, Notkers Brief an Bischof Hugo von Sitten und Anfang der Schrift *De arte rhetorica*
Service photographique, Bibliothèque Royale Albert Ier, Bruxelles

G58ra

DOMINO sancto sedunensi episcopo .H. Notkerus coenobita sancti galli salutem Valde letatus svm quando per H172 P859
relatum nuntii sospitatem uestram audiui Commonitus autem super meis responsio-
nibus . quid possvm dicere nisi dictis facta compensare? uolui et uolo sed conclusi sumus in ma- P860
nu domini et nos et opera nostra ! et prȩter quod annuit amplius nihil facere possumus Est enim
quȩ nos trahit necessitas non uoluntas et iniunctis instare nequimus ! et eo minus uota
exequimur Artibus autem illis quibus me onustare uultis ego renunciaui neque fas
mihi est eis aliter quam sicut instrumentis frui Sunt enim ecclesiastici libri ! et prȩcipue quidem
in scolis legendi quos impossibile est sine illis prȩlibatis ad intellectum integrum
duci Ad quos dum accessvm habere nostros uellem scolasticos aus<us s>vm facere rem pene in-
usitatam . ut latine scripta in nostram linguam conatus sim uertere et syllogystice aut
figurate aut suasorie dicta per aristotelem uel ciceronem uel alium artigr<aph>um elucidare Quod dum agerem in duobus libris boetii qui est de consolatione philosophiae . et in aliquantis
de sancta trinitate ! rogatus et metrice quedam scripta in hanc eandem linguam traducere . ca- H173
tonem scilicet . ut bucolica uirgilii et andriam terentii Mox et prosam et artes
temptare me uoluerunt et transtuli nuptias philologiȩ et cathegorias aristotilis et pergermenias et pri<n>cipia arithmetice Hinc reuersus ad diuina totvm psalterivm

---

1 sc̄o *mit Einfügungszeichen ; über der Zeile* .H.] *Hugoni *lȩtatus 2 commonitatus] ta *durch Strich darunter getilgt* 4 prȩter] propter 5 uota] nota 6 *exsequimur *renuntiaui 9 *pȩne 10 linguam *fehlt; vgl. aber* 13 in hanc eandem linguam, 24 per patriam linguam *syllogistice 13 rogatus] ragatus *quȩdam 14 ut] *uel *(Glauche, 84)* uirgilii] i^{2} *übergeschr.* *terentii . mox artes] s *tief gesetzt und groß* 15 stranstuli] s^{1} *durch Punkt darunter getilgt* 15/16 arestotilis] e *zu* i *verb.* 16 *periermenias arithmetice] arihtmetice; *arithmeticȩ *Punkt gehört hinter* 1 salutem *und* sum, 2 audiui, 3 dicere *und* uolo, 4 domini, nos, annuit *und* possumus, 5 necessitas *und* uoluntas, 6 exequimur *und* renunciaui, 7 frui, 8 legendi, 9 duci *und* scolasticos, 11/12 elucidare, 12 boetii, 14 terentii, 15 uoluerunt, 16 arithmetice.

G58ra (Forts.)

et interpretando et secundum augustinum exponendo consummaui iob quoque incepi licet uix tertiam partem exegerim Nec solvm hec sed et nouam rhet[h]oricam et computvm nouum et alia quedam opuscula latine conscripsi Horum nescio an aliquid dignum sit uenire in manus uestras Sed si uultis ea . sumptibus enim indigent mittite plures pergamenas et scribentibus prȩmia et accipietis eorum exempla Qve dum fuerint ad uos perlata me prȩsentem aestimate Scio tamen quia primum abhorrebitis quasi ab insuetis sed pau- P861 latim forte incipient se commendare uobis et prȩualebitis ad legendvm et ad dinoscendvm quam [s]cito capiuntur per patriam linguam . quȩ aut uix aut non integre capienda forent in lingua non propria Oportet autem scire quia uerba theutonica sine accentv scribenda non sunt . prȩter articulos ipsi soli sine accentu pronuntiantur acuto et circumflexo Ego autem quando dominus uoluerit ueniam Stare autem diucius uobiscum non potero ob causas plurimas quas dicere in prȩsenti non opus est. Libros uestros .i. philippica et commentvm in topica ciceronis peciit a me abbas de augia pignore dato quod maioris precii est Pluris namque est rethorica ciceronis et uictorini nobile commentvm que pro eis retineo et eos nonnisi uestris repetere non ualet Alioquin sui erunt uestri et nullum dampnum erit uobis Dominus meus episcopus in ȩternum ualeat.

18 *hȩc 21 *Quȩ uos] nos 24 capiuntur] rapiuntur 27 acuto] $\overset{i}{q}$e uto 27/28 *diutius 29 *petiit 30 pignore] pignere *pretii *rhetorica 31 *quȩ 32 non ualet] *ualet dampnum] p *mit Einfügungshaken übergeschr.;* *damnum *Punkt gehört hinter* 17 consummaui *und* incepi, 18 exegerim *und* hec, 19 conscripsi *und* nescio, 20 uestras *und* indigent, 21 prȩmia, exempla *und* perlata, 22 aestimate *und* insuetis, 23/24 dinoscendvm, 25 propria, 26 articulos, 27 circumflexo *und* ueniam, 28 plurimas, 30 dato *und* est, 31 retineo, 32 ualet, uestri *und* uobis. *Der sich anschließende Text ist Notkers* De arte rhetorica.